吉林人民出版社

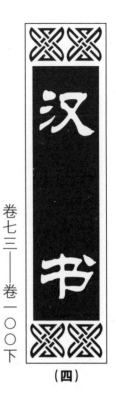

汉书

卷七三—卷一〇〇下

（四）

〔汉〕班固 撰

〔唐〕颜师古 注

宋超等 标点

汉书卷七三
列传第四三

韦贤　子玄成

韦贤字长孺,鲁国邹人也。其先韦孟,家本彭城,为楚元王傅,傅子夷王及孙王戊。①戊荒淫不遵道,孟作诗风谏。后遂去位,徙家于邹,又作一篇。其谏诗曰:

①师古曰:"官为楚王傅而历相三王也。"

肃肃我祖,国自豕韦,①黼衣朱绂,四牡龙旂。②彤弓斯征,抚宁遐荒,③总齐群邦,以翼大商,④迭彼大彭,勋绩惟光。⑤至于有周,历世会同。⑥王赧听谮,实绝我邦。⑦我邦既绝,厥政斯逸,⑧赏罚之行,非繇王室。⑨庶尹群后,靡扶靡卫,五服崩离,宗周以队。⑩我祖斯微,迁于彭城,⑪在予小子,勤诶厥生,⑫阽此嫚秦,耒耜以耕。⑬悠悠嫚秦,上天不宁,乃眷南顾,授汉于京。⑭

①应劭曰:"在商为豕韦氏也。"

②师古曰:"黼衣画为斧形,而白与黑为彩也。朱绂为朱裳画为亚文也。亚,古弗字也,故因谓之。绂字又作韨,其音同声。"

③师古曰:"言受彤弓之赐,于此得专征伐也。"

④师古曰:"翼,佐助也。"

⑤应劭曰:"《国语》曰'大彭、豕韦为商伯'。"师古曰:"迭,互也。自言豕韦氏与大彭互为伯于殷商也。迭,徒结反。"

⑥师古曰:"继为诸侯预盟会之事也。"

⑦应劭曰:"王赧,周末王,听谗受谮,绝豕韦氏也。"

⑧应劭曰:"言自绝豕韦氏之后,政教逸漏,不由王者也。"臣瓒曰:"逸,放
　　也。管仲曰'令而不行谓之放'。师古曰:"瓒说是也。"

⑨师古曰:"繇,与由同也。"

⑩应劭曰:"五服,谓甸服、侯服、绥服、要服、荒服也。"师古曰:"庶尹,众
　　官之长也。群后,诸侯也。队,失也,音直类反。"

⑪师古曰:"言我之先祖于此遂微也。罴,古迁字。其下并同。"

⑫师古曰:"诶,叹声,音许其反。"

⑬师古曰:"言遭秦暴嫚,无有列位,躬耕于野。"

⑭师古曰:"高祖起在丰沛,于秦为南,故曰南顾。言以秦之京邑,授与汉
　　也。"

　　　於赫有汉,四方是征。①靡适不怀,万国逌平。②乃命厥
弟,建侯于楚,俾我小臣,惟傅是辅。兢兢元王,恭俭净壹,③惠
此黎民,纳彼辅弼。飨国渐世,垂烈于后,④乃及夷王,克奉厥
绪。咨命不永,唯王统祀,⑤左右陪臣,此惟皇士。⑥

①师古曰:"於,读曰乌。乌,叹辞也。赫,明貌。凡此诗中诸叹称於者,其
　　音皆同。"

②师古曰:"怀,思也,来也。逌,古攸字。攸,所也。言汉兵所往之处,人皆
　　思附而来,万国所以平也。"

③师古曰:"兢兢,谨戒也。"

④师古曰:"元王立二十七年而薨,垂遗业于后嗣也。"

⑤师古曰:"咨,嗟也。永,长也。夷王立四年而薨,戊乃嗣位,故言不永
　　也。"

⑥师古曰:"《尔雅》云:'皇,正也。'"

　　　如何我王,不思守保,不惟履冰,以继祖考!①邦事是废,
逸游是娱,犬马繇繇,是放是驱。②务彼鸟兽,忽此稼苗,烝民
以匮,我王以媮。③所弘非德,所亲非俊,唯囿是恢,唯谀是
信。④瞻瞻诮夫,哻哻黄发,⑤如何我王,曾不是察!既藐下臣,
追欲从逸,⑥嫚彼显祖,轻兹削黜。

①师古曰:"惟亦思也,言不思念敬慎如履薄冰之义,用继其祖考之业
　　也。"

②师古曰:"繇,与悠同。悠悠,行貌。放,放犬也。驱,驱马也。"

③师古曰："嬉，与愉同，乐也。言众人失此稼穑，以致困匮，而王反以为乐也。"

④师古曰："恢，大也。诶，诮言也。"

⑤如淳曰："瞻瞻，自媚貌也。"师古曰："号号，直言也。瞻，音逾。号，五各反。"

⑥应劭曰："藐，远也。言疏远忠贤之辅，追情欲，从逸游也。"臣瓒曰："藐，陵藐也。"师古曰："藐，与邈同。应说是也。下臣，孟自谓也。从，读曰纵。"

　　嗟嗟我王，汉之睦亲，①曾不夙夜，以休令闻!②穆穆天子，临尔下土，明明群司，执宪靡顾。③正遐繇近，殆其怙兹，④嗟嗟我王，曷不此思!

①师古曰："睦，密也，言服属近。"

②师古曰："休，美也。令，善也。闻，声名也。"

③师古曰："靡，无也。言执天子之法，无所顾望也。顾，读如古，协韵。"

④师古曰："言欲正远人，先从近亲始，而王怙恃与汉戚属，不自勖慎，以致危殆也。繇，读与由同。"

　　非思非鉴，嗣其罔则，①弥弥其失，岌岌其国。②致冰匪霜，致队靡嫚，瞻惟我王，昔靡不练。③兴国救颠，孰违悔过，追思黄发，秦缪以霸。④岁月其徂，年其逮耇，⑤於昔君子，庶显于后。⑥我王如何，曾不斯览!⑦黄发不近，胡不时监!⑧

①师古曰："不思鉴戒之义，是令后嗣无所法则也。"

②应劭曰："弥弥犹稍稍也，罪过兹甚也。岌岌，欲毁坏也。"师古曰："岌岌，危动貌，音五合反。"

③师古曰："言坚冰之成起于微霜，陨队之咎由于怠嫚也。练犹阅历之，言往昔之事，皆在王心，无所不阅也。"

④师古曰："言兴复邦国，救止颠队之道，无如能自悔其过恶。秦穆公伐郑，为晋所败而归，乃作《秦誓》曰：'虽则员然，尚犹询兹黄发，则罔所愆。'谓虽有员然之失，庶几以道谋于黄发之贤，则行无所过矣。黄发，老寿之人也，谓发落更生黄者也。员，与云同。"

⑤师古曰："逮，及也。耇者，老人面色如垢也。言岁月骤往，年将及耇，不可殆忽。"

⑥师古曰:"於,叹辞也。言昔之君子,庶几善道,所以能光显于后世也。"

⑦师古曰:"览,视也,叶韵音滥。"

⑧师古曰:"黄发不近者,斥远耆老之人也。近,其靳反。"

其在邹诗曰:

　　微微小子,既耇且陋,①岂不牵位,秽我王朝。②王朝肃清,唯俊之庭,顾瞻余躬,惧秽此征。③

①师古曰:"自言年老,材质鄙陋也。"

②应劭曰:"言岂不恋此爵位乎?以王朝污秽不肃清故也。"师古曰:"此说非也。恐己秽王朝,所以去耳,故下又言'惧秽此征'也。"

③李奇曰:"于此便行也。"师古曰:"此皆孟已去逊辞,不欲显王之过恶也。"

　　我之退征,请于天子,天子我恤,矜我发齿。赫赫天子,明哲且仁,悬车之义,以洎小臣。①嗟我小子,岂不怀土?庶我王瘵,越迁于鲁。②

①应劭曰:"古者七十县车致仕。洎,及也。天子以县车之义及我也。"师古曰:"洎,巨冀反。"

②应劭曰:"言岂不怀土乎?庶几王之瘵觉,欲还辅相之,相近居鲁也。"

　　既去祢祖,惟怀惟顾,①祁祁我徒,戴负盈路。②爰戾于邹,鬎茅作堂,③我徒我环,筑室于墙。④

①师古曰:"父庙曰祢。言去其父祖旧居,所以怀顾也。祢,乃礼反。"

②师古曰:"祁祁,众貌。一曰,祁祁,徐行也。徒,谓学徒也。戴负者,谓随其徒居也。"

③师古曰:"戾,至也。鬎字与剪同。"

④师古曰:"环,绕也。"

　　我既迁逝,心存我旧,梦我濆上,立于王朝。①其梦如何?梦争王室。其争如何?梦王我弼。②瘵其外邦,叹其喟然,③念我祖考,泣涕其涟。④微微老夫,咨既迁绝,⑤洋洋仲尼,视我遗烈。⑥济济邹鲁,礼义唯恭,诵习弦歌,於异他邦。⑦我虽鄙耇,心其好而,我徒侃尔,乐亦在而。⑧

①应劭曰:"濆上,孟所居彭城东里名也。犹不忘本也。"

②师古曰:"弻,戾也。言梦争王室之事,王违戾我言也。"

③师古曰:"梦在王朝,及寐之寤,乃在邹也。寤,觉也。嚼,丘位反。觉,工效反。"

④师古曰:"涟涟,泣下貌,音连。"

⑤师古曰:"咨,嗟也。绝,谓与旧居绝也。"

⑥师古曰:"洋洋,美盛也。烈,业也。视,读曰示。孔子,邹人,故言示我遗业也。洋,音祥,又音羊。"

⑦师古曰:"言礼乐之教,不同余土也。"

⑧师古曰:"而者,句端之辞。侃,和乐貌,音口旦反。"

孟卒于邹。或曰其子孙好事,述先人之志而作是诗也。

自孟至贤五世。贤为人质朴少欲,笃志于学,①兼通《礼》、《尚书》,以《诗》教授,号称邹鲁大儒。征为博士,给事中,进授昭帝《诗》,稍迁光禄大夫詹事,至大鸿胪。昭帝崩,无嗣,大将军霍光与公卿共尊立孝宣帝。帝初即位,贤以与谋议,安宗庙,赐爵关内侯,食邑。②徙为长信少府。③以先帝师,甚见尊重。本始三年,代蔡义为丞相,封扶阳侯,④食邑七百户。时贤七十余,为相五岁,地节三年,以老病乞骸骨,赐黄金百斤,罢归,加赐第一区。丞相致仕自贤始。年八十二薨,谥曰节侯。

①师古曰:"笃,厚也。"

②师古曰:"与,读曰豫。"

③师古曰:"长信者,太后宫名,为太后官属也。"

④孟康曰:"属沛郡。"

贤四子:长子方山为高寝令,早终;次子弘,至东海太守;次子舜,留鲁守坟墓;少子玄成,复以明经历位至丞相。故邹鲁谚曰:"遗子黄金满籯,不如一经。"①

①如淳曰:"籯,竹器,可受三四斗。今陈留俗有此器。"蔡谟曰:"满籯者,言其多耳,非器名也。若论陈留之俗,则吾陈人也,不闻有此器。"师古曰:"许慎《说文解字》云'籯,笭也',杨雄《方言》云'陈、楚、宋、魏之间谓笭为籯',然则筐笼之属是也。今书本籯字或作盈,又是盈满之义,盖两通也。"

　　玄成字少翁,以父任为郎,常侍骑。少好学,修父业,尤谦逊下士。①出遇知识步行,辄下从者,与载送之,②以为常。其接人,贫贱者益加敬,繇是名誉日广。③以明经擢为谏大夫,迁大河都尉。④

　　①师古曰:"下,胡亚反。"
　　②师古曰:"辍从者之车马也。"
　　③师古曰:"繇,与由同。"
　　④服虔曰:"今东平郡也。本为济东国,后王国除,为大河郡。"

　　初,玄成兄弘为太常丞,职奉宗庙,典诸陵邑,烦剧多罪过。父贤以弘当为嗣,故敕令自免。①弘怀谦,不去官。②及贤病笃,弘竟坐宗庙事系狱,罪未决。室家问贤当为后者,贤恚恨不肯言。于是贤门下生博士义倩等与宗家计议,③共矫贤令,④使家丞上书言大行,⑤以大河都尉玄成为后。贤薨,玄成在官闻丧,又言当为嗣,玄成深知其非贤雅意,即阳为病狂,卧便利,妄笑语昏乱。⑥征至长安,既葬,当袭爵,以狂不应召。大鸿胪奏状,章下丞相御史案验。玄成素有名声,士大夫多疑其欲让爵辟兄者。⑦案事丞相史乃与玄成书⑧曰:"古之辞让,必有文义可观,故能垂荣于后。今子独坏容貌,蒙耻辱,为狂痴,光曜晻而不宣。⑨微哉!子之所托名也。⑩仆素愚陋,过为宰相执事,⑪愿少闻风声。不然,恐子伤高而仆为小人也。"玄成友人侍郎章亦上疏言:"圣王贵以礼让为国,宜优养玄成,勿枉其志,⑫使得自安衡门之下。"⑬而丞相御史遂以玄成实不病,劾奏之。有诏勿劾,引拜。玄成不得已受爵。宣帝高其节,以玄成为河南太守。兄弘太山都尉,迁东海太守。

　　①师古曰:"恐其有罪见黜,妨为继嗣,故令以病去官也。"
　　②师古曰:"谓若欲代父为侯,故避嫌不肯也。"
　　③师古曰:"博士姓义名倩也。宗家,贤之同族也。倩,千见反。"
　　④师古曰:"矫,托也。"
　　⑤师古曰:"为文书于大行,以言其事也。"
　　⑥师古曰:"便利,大小便。"
　　⑦师古曰:"辟,读曰避。"
　　⑧师古曰:"即案验玄成事者。"

⑨师古曰："晻,读与暗同。"

⑩李奇曰："名,声名也。"

⑪师古曰："过犹谬也。"

⑫师古曰："枉,屈也。"

⑬师古曰："衡门,谓横一木于门上,贫者之所居也。"

　　数岁,玄成征为未央卫尉,迁太常。坐与故平通侯杨恽厚善,恽诛,党友皆免官。后以列侯侍祀孝惠庙,当晨入庙,天雨淖,①不驾驷马车而骑至庙下。有司劾奏,等辈数人皆削爵为关内侯。玄成自伤贬黜父爵,叹曰："吾何面目以奉祭祀!"作诗自劾责,曰:

①师古曰："淖,泥也,音女教反。"

　　　　赫矣我祖,侯于豕韦,赐命建伯,有殷以绥。①厥绩既昭,车服有常,朝宗商邑,四牡翔翔。②德之令显,庆流于裔,宗周至汉,群后历世。③

①师古曰："建,立也。立为伯也。绥,安也。以有此伯,故天下安也。"

②师古曰："翔翔,安舒貌。"

③应劭曰："历世有爵位。"

　　　　肃肃楚傅,辅翼元、夷,①厥驷有庸,惟慎惟祗。②嗣王孔佚,越迁于邹,③五世圹僚,至我节侯。④

①师古曰："元王、夷王也。"

②孟康曰："驷,驷马也。《尚书》'车服以庸'。庸,功也。"师古曰："庸亦常也,即上车服有常同义也。祗,敬也。"

③师古曰："孔,甚也。佚,与逸同。"

④应劭曰："自孟至贤五世无官。圹,空也。"

　　　　惟我节侯,显德遐闻,①左右昭、宣,五品以训。②既考致位,惟懿惟免,③厥赐祁祁,百金洎馆。④国彼扶阳,在京之东,惟帝是留,政谋是从。绎绎六辔,是列是理,⑤威仪济济,朝享天子。天子穆穆,是宗是师,⑥四方遐尔,观国之辉。⑦

①师古曰："闻,合韵音问。"

②师古曰："左右,助也,言为相也。五品,五教也。训,理也。左,读曰佐。右,读曰佑。"

③师古曰："言以年致仕也。㜺，美也。夬，盛也。"

④师古曰："祁祁，行来貌。洎，及也。"

⑤师古曰："绎绎，和调之貌。"

⑥师古曰："穆穆，天子之容也。宗，尊也。言天子尊之以为师。"

⑦师古曰："辉，光也。"

　　茅土之继，在我俊兄，惟我俊兄，是让是形。①於休厥德，於赫有声，②致我小子，越留于京。③惟我小子，不肃会同，④媵彼车服，黜此附庸。⑤

①师古曰："形，见也。言其谦让志节显见也。"

②师古曰："于，皆叹辞也。休，美也。"

③师古白："言致爵位于己身而留在京师，豫朝请。"

④师古曰："肃，敬也。"

⑤师古曰："媵，古惰字也。削爵为关内侯，故云黜此附庸，言见黜而为附
　　庸也。"

　　赫赫显爵，自我队之；微微附庸，自我招之。谁能忍愧，寄之我颜；谁将遐征，从之夷蛮。①於赫三事，匪俊匪作，於蔑小子，终焉其度。②谁谓华高，企其齐而；谁谓德难，厉其庶而。③嗟我小子，于贰其尤，④队彼令声，申此择辞。⑤四方群后，我监我视，威仪车服，唯肃是履！⑥

①师古曰："言己耻辱之甚，无所自措，故曰谁有能忍愧者，以我颜寄之；
　　谁欲远行去者，当与相从，适于蛮夷，不能见朝廷之士也。"

②师古曰："於，叹辞也。三事，三公之位也。度，居也。言三公显职，以贤
　　俊为之，我虽微蔑，方自免厉，终当居此也。度，大各反。后并同。"

③师古曰："华，华山也。华山虽高，企仰则能齐观。道德不易，克厉然庶几
　　可及也。"

④师古曰："于，往也。尤，过也。自戒云，今以往勿贰其过。一曰，贰，谓不
　　一也，言心不专一，致此过也。"

⑤师古曰："令，善也。择，可择之辞。一曰，择，谓创也。"

⑥师古曰："戒他人。"

　　初，宣帝宠姬张婕好男淮阳宪王好政事，通法律，上奇其材，有意欲以为嗣，然用太子起于细微，又早失母，故不忍也。久之，上欲

感风宪王,辅以礼让之臣,①乃召拜玄成为淮阳中尉。是时王未就国,玄成受诏,与太子太傅萧望之及五经诸儒杂论同异于石渠阁,条奏其对。及元帝即位,以玄成为少府,迁太子太傅,至御史大夫。永光中,代于定国为丞相。贬黜十年之间,遂继父相位,封侯故国,荣当世焉。玄成复作诗,自著复玷缺之艰难,②因以戒示子孙,曰:

①师古曰:"风,读曰讽。"

②师古曰:"玉缺曰玷。复,房目反。艰,古艰字。玷,丁念反。"

　　於肃君子,既令厥德,①仪服此恭,棣棣其则。②咨余小子,既德靡逮,③曾是车服,荒嫚以队。④

①师古曰:"於,叹辞也。肃,敬也。令,善也。言君子之人,皆肃敬以善其德也。"

②李奇曰:"善威仪也。"师古曰:"《诗·邶·柏舟》曰:'威仪棣棣,不可选也。'棣棣,闲习之貌,音徒继反。"

③师古曰:"逮,及也,自言德不及也。"

④师古曰:"曾之言则也。

　　明明天子,俊德烈烈,不遂我遗,恤我九列。①我既兹恤,惟夙惟夜,②畏忌是申,供事靡惰。③天子我监,登我三事,④顾我伤队,爵复我旧。

①师古曰:"恤,安也。九列,卿之位,谓少府。"

②师古曰:"夙,早也。言早夜常自戒也。"

③师古曰:"申,言自约束也。惰,古惰字。"

④师古曰:"监,察也。三事,三公之位,谓丞相也。"

　　我既此登,望我旧阶,先后兹度,涟涟孔怀。①司直御事,我熙我盛;②群公百僚,我嘉我庆。于异卿士,非同我心,三事惟艰,莫我肯矜。③赫赫三事,力虽此毕,非我所度,退其闳日。④昔我之队,畏不此居,⑤今我度兹,戚戚其惧。⑥

①应劭曰:"我既此登,为丞相也。先后兹度,父所在也。"臣瓒曰:"案古文宅度同。"师古曰:"先后,即先君也。以父昔居此位,故泣涕而甚思之也。"

②师古曰:"司直,丞相司直也。御事,治事之吏也。言司直及治事之人助

我兴盛而为职务也。"

③师古曰:"言己居尊位,惧不克胜,而群公百官皆来相庆,是与我心不同
也。"

④师古曰:"我虽毕力于此,然惧非所居,贬退无日。"

⑤师古曰:"居,合韵音基庶反。"

⑥师古曰:"度亦居也。"

嗟我后人,命其靡常,靖享尔位,瞻仰靡荒。①慎尔会同,
戒尔车服,无婿尔仪,以保尔域。②尔无我视,不慎不整;我之
此复,惟禄之幸。③於戏后人,惟肃惟栗。④无忝显位,以蕃汉
室!

①师古曰:"靖,谋也。享,当也。言天命无常,唯善是佑。谋当尔位,无荒
怠也。"

②师古曰:"婿亦古惰字也。域,谓封邑也。"

③师古曰:"言我之得复此爵,乃蒙天之福幸而遇之,尔等不当视效而怠
慢也。"

④师古曰:"於戏,读曰呜乎。"

玄成为相七年,守正持重不及父贤,而文采过之。建昭三年薨,
谥曰共侯。初,贤以昭帝时徙平陵,玄成别徙杜陵,病且死,因使者
自白曰:"不胜父子恩,愿乞骸骨,归葬父墓。"上许焉。

子顷侯宽嗣。薨,子僖侯育嗣。薨,子节侯沈嗣。自贤传国至
玄孙乃绝。玄成兄高寝令方山子安世历郡守,大鸿胪,长乐卫尉,朝
廷称有宰相之器,会其病终。而东海太守弘子赏亦明《诗》。哀帝为
定陶王时,赏为太傅。哀帝即位,赏以旧恩为大司马车骑将军,列为
三公,赐爵关内侯,食邑千户,亦年八十余,以寿终。宗族至吏二千
石者十余人。

初,高祖时,令诸侯王都皆立太上皇庙。至惠帝尊高帝庙为太
祖庙,景帝尊孝文庙为太宗庙,行所尝幸郡国各立太祖、太宗庙。至
宣帝本始三年,复尊孝武庙为世宗庙,行所巡狩亦立焉。凡祖宗庙
在郡国六十八,合百六十七所。①而京师自高祖下至宣帝,与太上
皇、悼皇考各自居陵旁立庙,②并为百七十六。又园中各有寝、便

殿。③日祭于寝,月祭于庙,时祭于便殿。寝,日四上食;庙,岁二十五祠;④便殿,岁四祠。又月一游衣冠。而昭灵后、武哀王、昭哀后、孝文太后、孝昭太后、卫思后、戾太子、戾后各有寝园,与诸帝合,凡三十所。一岁祠,上食二万四千四百五十五,用卫士四万五千一百二十九人,祝宰乐人万二千一百四十七人,养牺牲卒不在数中。

①师古曰:"六十八者,郡国之数也。百六十七所,宗庙之数也。"

②师曰:"悼皇考者,宣帝之父,即史皇孙。"

③如淳曰:"《黄图》高庙有便殿,是中央正殿也。"师古曰:"如说非也。凡言便殿、便室者,皆非正大之处。寝者,陵上正殿,若平生露寝矣。便殿者,寝侧之别殿耳。"

④如淳曰:"月祭朔望,加腊月二十五。"晋灼曰:"《汉仪注》宗庙一岁十二祠。五月尝麦。六月、七月、三伏、立秋貙娄,又尝粢。八月先夕馈飨,皆一太牢,酎祭用九太牢。十月尝稻,又饮蒸,二太牢。十一月尝,十二月腊,二太牢。又每月一太牢,如闰加一祠,与此上十二为二十五祠。"师古曰:"晋说是也。"

　　至元帝时,贡禹奏言:"古者天子七庙,今孝惠、孝景庙皆亲尽,宜毁。及郡国庙不应古礼,宜正定。"天子是其议,未及施行而禹卒。永光四年,乃下诏先议罢郡国庙,曰:"朕闻明王之御世也,遭时为法,因事制宜。①往者天下初定,远方未宾,因尝所亲以立宗庙,②盖建威销萌,一民之至权也。③今赖天地之灵,宗庙之福,四方同轨,蛮貊贡职,④久遵而不定,令疏远卑贱共承尊祀,⑤殆非皇天祖宗之意,朕甚惧焉。传不云乎? '吾不与祭,如不祭。'⑥其与将军、列侯、中二千石、二千石、诸大夫、博士、议郎议。"丞相玄成、御史大夫郑弘、太子太傅严彭祖、少府欧阳地余、谏大夫尹更始等七十人皆曰:"臣闻祭,非自外至者也,繇中出,生于心也。⑦故唯圣人为能飨帝,孝子为能飨亲。⑧立庙京师之居,躬亲承事,四海之内各以其职来助祭,尊亲之大义,五帝三王所共,不易之道也。⑨《诗》云: '有来雍雍,至止肃肃,相维辟公,天子穆穆。'⑩《春秋》之义,父不祭于支庶之宅,君不祭于臣仆之家,王不祭于下土诸侯。臣等愚以为宗庙在郡国,宜无修,臣请勿复修。"奏可。因罢昭灵后、武哀王、昭哀后、卫思后、戾太子、戾后园，皆不奉祠，裁置吏卒守焉。

　①师古曰："言不必同也。"

　②师古曰："亲，谓亲临幸处也。"

　③师古曰："销遏逆乱，使不得萌生。"

　④师古曰："同轨，言车辙皆同，示教化齐也。"

　⑤师古曰："共，读曰恭。"

　⑥师古曰："《论语》载孔子之言。与，读曰预。"

　⑦师古曰："繇，读与由同。"

　⑧师古曰："言情礼皆备。"

　⑨师古曰："易。改也。"

　⑩师古曰："此《周颂·雍篇》禘太祖之诗也。雍雍，和也。肃肃，敬也。相，
　　助也。辟，百辟卿士也。公，诸侯也。有来而和者，至而敬者，助主禘祭，
　　是百辟诸侯也。天子是时则穆穆然承事也。"

　　罢郡国庙后月余，复下诏曰："盖闻明王制礼，立亲庙四，祖宗
之庙，万世不毁，所以明尊祖敬宗，著亲亲也。①朕获承祖宗之重，
惟大礼未备，战栗恐惧，不敢自颛。②其与将军、列侯、中二千石、二
千石、诸大夫、博士议。"玄成等四十四人奏议曰："《礼》，王者始受
命，诸侯始封之君，皆为太祖。以下，五庙而迭毁，③毁庙之主臧乎
太祖，五年而再殷祭，言壹禘壹祫也。④祫祭者，毁庙与未毁庙之主
皆合食于太祖，父为昭，子为穆，孙复为昭，古之正礼也。⑤祭义曰：
'王者禘其祖自出，⑥以其祖配之，而立四庙。'言始受命而王，祭天
以其祖配，而不为立庙，亲尽也。立亲庙四，亲亲也。亲尽而迭毁，
亲疏之杀，示有终也。⑦周之所以七庙者，以后稷始封，文王、武王
受命而王，是以三庙不毁，与亲庙四而七。非有后稷始封，文、武受
命之功者，皆当亲尽而毁。成王成二圣之业，⑧制礼作乐，功德茂
盛，庙犹不世，以行为谥而已。⑨礼，庙在大门之内，不敢远亲也。⑩
臣愚以为高帝受命定天下，宜为帝者太祖之庙，世世不毁，承后属
尽者宜毁。今宗庙异处，昭穆不序，宜入就太祖庙而序昭穆如礼。太
上皇、孝惠、孝文、孝景庙皆亲尽宜毁。皇考庙亲未尽，如故。"⑪大
司马车骑将军许嘉等二十九人以为孝文皇帝除诽谤，去肉刑，躬节

俭,不受献,罪人不帑,不私其利,⑫出美人,重绝人类,宾赐长老,收恤孤独,德厚侔天地,利泽施四海,宜为帝者太宗之庙。廷尉忠以为孝武皇帝改正朔,易服色,攘四夷,宜为世宗之庙。⑬谏大夫更始等十八人以为皇考庙上序于昭穆,非正礼,宜毁。

①师古曰:"著亦明也。"

②师古曰:"颛,与专同。"

③师古曰:"迭,互也。亲尽则毁,故云迭也,音大结反。"

④师古曰:"殷,大也。褅,谛也。一,一祭之也。祫,合也。褅,音大系反。祫,音洽。"

⑤师古曰:"昭穆者,父子易其号序也。昭,明也。穆,美也。后以晋室讳昭,故学者改昭为韶。"

⑥师古曰:"祖所从出者。"

⑦师古曰:"杀,渐降也,音所例反。"

⑧师古曰:"二圣,文王、武王也。"

⑨师古曰:"谓之成王,则是以行表谥也。"

⑩师古曰:"远,离也,音于万反。"

⑪张晏曰:"悼皇考于元帝祖也。"

⑫师古曰:"重罪之人不及妻子,是不私其利也。帑,读与孥同。"

⑬师古曰:"忠,尹忠也。攘,却也。"

于是上重其事,①依违者一年,②乃下诏曰:"盖闻王者祖有功而宗有德,尊尊之大义也;存亲庙四,亲亲之至恩也。高皇帝为天下诛暴除乱,受命而帝,功莫大焉。孝文皇帝国为代王,诸吕作乱,海内摇动,然群臣黎庶靡不壹意,北面而归心,犹谦辞固让而后即位,削乱秦之迹,兴三代之风,是以百姓晏然,咸获嘉福,德莫盛焉。高皇帝为汉太祖,孝文皇帝为太宗,世世承祀,传之无穷,朕甚乐之。孝宣皇帝为孝昭皇帝后,于义壹体。③孝景皇帝庙及皇考庙皆亲尽,其正礼仪。"玄成等奏曰:"祖宗之庙世世不毁,继祖以下,五庙而迭毁。今高皇帝为太祖,孝文皇帝为太宗,孝景皇帝为昭,孝武皇帝为穆,孝昭皇帝与孝宣皇帝俱为昭。皇考庙亲未尽。太上、孝惠庙皆亲尽,宜毁。太上庙主宜瘗园,孝惠皇帝为穆,主迁于太祖庙,寝园皆无复修。"奏可。

①师古曰:"重,难也。"

②师古曰:"依违者,不决也。"

③师古曰:"一体,谓俱为昭也。《礼》,孙与祖俱为昭。宣帝之于昭帝为从孙,故云于义一体。"

议者又以为《清庙》之诗言交神之礼无不清静,①今衣冠出游,有车骑之众,风雨之气,非所谓清静也。"祭不欲数,数则渎,渎则不敬。"②宜复古礼,四时祭于庙,诸寝园日月间祀皆可勿复修。③上亦不改也。明年,玄成复言:"古者制礼,别尊卑贵贱,国君之母非适不得配食,则荐于寝,④身没而已。陛下躬至孝,承天心,建祖宗,定迭毁,序昭穆,大礼既定,孝文太后、孝昭太后寝祠园宜如礼勿复修。"奏可。

①师古曰:"《清庙》,《周颂》祀文王之诗。其诗云'于穆清庙,肃雍显相',又曰'对越在天,骏奔走在庙'。"

②师古曰:"此《礼记·祭法》之言。渎,烦污也。数,所角反。"

③师古曰:"间,音工苋反。"

④师古曰:"適,读曰嫡也。"

后岁余,玄成薨,匡衡为丞相。上寝疾,梦祖宗谴罢郡国庙,上少弟楚孝王亦梦焉。上诏问衡,议欲复之,衡深言不可。上疾久不平,衡惶恐,祷高祖、孝文、孝武庙曰:"嗣曾孙皇帝恭承洪业,夙夜不敢康宁,思育休烈,以章祖宗之盛功。①故动作接神,必因古圣之经。往者有司以为前因所幸而立庙,将以系海内之心,非为尊祖严亲也。今赖宗庙之灵,六合之内莫不附亲,庙宜一居京师,天子亲奉,郡国庙可止毋修。皇帝祇肃旧礼,尊重神明,即告于祖宗而不敢失。②今皇帝有疾不豫,乃梦祖宗见戒以庙,楚王梦亦有其序。③皇帝悼惧,即诏臣衡复修立。谨案上世帝王承祖祢之大礼,皆不敢不自亲。郡国吏卑贱,不可使独承。又祭祀之义以民为本,间者岁数不登,百姓困乏,郡国庙无以修立。《礼》,凶年则岁事不举,以祖祢之意为不乐,是以不敢复。④如诚非礼义之中,违祖宗之心,咎尽在

臣衡，⑤当受其殃，大被其疾，队在沟渎之中。皇帝至孝肃慎，宜蒙
佑福。唯高皇帝、孝文皇帝、孝武皇帝省察，右飨皇帝之孝，⑥开赐
皇帝眉寿亡疆，⑦令所疾日瘳，平复反常，⑧永保宗庙，天下幸甚!"

①师古曰："育，养也。休，美也。烈，业也。"

②师古曰："不敢失礼。"

③师古曰："序，绪也，谓端绪也。"

④师古曰："复，音房目反。"

⑤师古曰："如，若也。中，音竹仲反。"

⑥师古曰："右，读曰佑。"

⑦师古曰："眉寿，言寿考而眉秀也。疆，境也。"

⑧师古曰："反犹还也。"

又告谢毁庙曰："往者大臣以为在昔帝王承祖宗之休典，取象
于天地，①天序五行，人亲五属，②天子奉天，故率其意而尊其制。
是以禘尝之序，靡有过五。受命之君，躬接于天，万世不堕。继烈以
下，五庙而迁，③上陈太祖，间岁而祫，④其道应天，故福禄永终。太
上皇非受命而属尽，义则当迁。又以为孝莫大于严父，故父之所尊
子不敢不承，父之所异子不敢同。礼，公子不得为母信，为后则于子
祭，于孙止，⑤尊祖严父之义也。寝日四上食，园庙间祠，皆可亡
修。⑥皇帝思慕悼惧，未敢尽从。惟念高皇帝圣德茂盛，受命溥将，
钦若稽古，承顺天心，⑦子孙本支，陈锡亡疆。⑧诚以为迁庙合祭，
久长之策，高皇帝之意，乃敢不听?⑨即以今日⑩迁太上、孝惠庙，
孝文太后、孝昭太后寝，将以昭祖宗之德，顺天人之序，定亡穷之
业。今皇帝未受兹福，乃有不能共职之疾。⑪皇帝愿复修立承祀，臣
衡等咸以为礼不得。⑫如不合高皇帝、孝惠皇帝、孝文皇帝、孝武皇
帝、孝昭皇帝、孝宣皇帝、太上皇、孝文太后、孝昭太后之意，罪尽在
臣衡等，当受其咎。今皇帝尚未平，诏中朝臣具复毁庙之文。臣衡
中朝臣咸复以为天子之祀义有所断，礼有所承，违统背制，不可以
奉先祖，皇天不佑，鬼神不飨。六艺所载，皆言不当，⑬无所依缘，以
作其文。事如失指，罪乃在臣衡，当深受其殃。皇帝宜厚蒙祉福，嘉

气日兴,疾病平复,永保宗庙,与天亡极,群生百神,有所归息。"⑭
诸庙皆同文。

①师古曰:"休,美也。典,法也。"

②师古曰:"五属,谓同族之五服,斩衰、齐衰、大功、小功、缌麻也。"

③师古曰:"堕,毁也。烈,业也。继,谓始嗣位者也。堕,火规反。"

④师古曰:"间岁,隔一岁也。"

⑤李奇曰:"不得信,尊其父也。公子去其所而为太宗后,尚得私祭其母,
　为孙则止,不得祭公子母也,明继祖不得复顾其私祖母也。"师古曰:
　"信,读曰伸。"

⑥师古曰:"间,工苋反。"

⑦师古曰:"溥,广也。将,大也。钦,敬也。若,善也。稽,考也。《商颂·
　烈祖》之篇曰'我受命溥将'。《虞书·尧典》曰'钦若昊天',又曰'若稽
　古帝尧',故衡总引之。"

⑧师古曰:"《诗·大雅·文王》之篇曰:'陈锡载周,侯文王孙子。文王孙
　子,本支百世。'陈,敷也。载,始也。本,本宗也。支,支子也。言子孙承
　受敷锡初始之福,故得永久无穷竟也。"

⑨师古曰:"言不敢不从。"

⑩师古曰:"令,善也。谓吉日也。"

⑪师古曰:"共,读曰恭。"

⑫师古曰:"于礼不合也。"

⑬师古曰:"六艺之经也。"

⑭师古曰:"息,止也。"

久之,上疾连年,遂尽复诸所罢寝庙园,皆修祀如故。初,上定
迭毁礼,独尊孝文庙为太宗,而孝武庙亲未尽,故未毁。上于是乃复
申明之,曰:"孝宣皇帝尊孝武庙曰世宗,损益之礼,不敢有与焉。①
他皆如旧制。"唯郡国庙遂废云。

①师古曰:"与,读曰预。其下亦同。"

元帝崩,衡奏言:"前以上体不平,故复诸所罢祠,卒不蒙福。①
案卫思后、戾太子、戾后园,亲未尽。②孝惠、孝景庙亲尽,宜毁。及
太上皇、孝文、孝昭太后、昭灵后、昭哀后、武哀王祠,请悉罢,勿
奉。"奏可。

①师古曰:"卒,终也。"

②师古曰:"言不当毁也。"

初,高后时患臣下妄非议先帝宗庙寝园官,故定著令,敢有擅议者弃市。至元帝改制,蠲除此令。成帝时以无继嗣,河平元年复复太上皇寝庙园,世世奉祠。昭灵后、武哀王、昭哀后并食于太上寝庙如故,又复擅议宗庙之命。①

①师古曰:"复,音方目反。"

成帝崩,哀帝即位。丞相孔光、大司空何武奏言:"永光五年制书,高皇帝为汉太祖,孝文皇帝为太宗。建昭五年制书,孝武皇帝为世宗。损益之礼,不敢有与。臣愚以为迭毁之次,当以时定,非令所为擅议宗庙之意也。臣请与群臣杂议。"奏可。于是,光禄勋彭宣、詹事满昌、博士左咸等五十三人皆以为继祖宗以下,五庙而迭毁,后虽有贤君,犹不得与祖宗并列。子孙虽欲褒大显扬而立之,鬼神不飨也。孝武皇帝虽有功烈,亲尽宜毁。

太仆王舜、中垒校尉刘歆议曰:"臣闻周室既衰,四夷并侵,猃狁最强,于今匈奴是也。至宣王而伐之,诗人美而颂之曰'薄伐猃狁,至于太原',①又曰'啴啴推推,如霆如雷,显允方叔,征伐猃狁,荆蛮来威',②故称中兴。及至幽王,犬戎来伐,杀幽王,取宗器。③自是之后,南夷与北夷交侵,中国不绝如线。④《春秋》纪齐桓南伐楚,北伐山戎,孔子曰:'微管仲,吾其被发左衽矣。'⑤是故弃桓之过而录其功,以为伯首。⑥及汉兴,冒顿始强,破东胡,禽月氏,⑦并其土地,地广兵强,为中国害。南越尉佗总百粤,自称帝。故中国虽平,犹有四夷之患,且无宁岁。一方有急,三面救之,是天下皆动而被其害也。孝文皇帝厚以货赂,与结和亲,犹侵暴无已。甚者,兴师十余万众,近屯京师及四边,岁发屯备虏,其为患久矣,非一世之渐也。诸侯郡守连匈奴及百粤以为逆者非一人也。匈奴所杀郡守都尉,略取人民,不可胜数。孝武皇帝愍中国罢劳无安宁之时,⑧乃遣大将军、骠骑、伏波、楼船之属,南灭百粤,起七郡;北攘匈奴,降昆邪十万之众,⑨置五属国,起朔方,以夺其肥饶之地;东伐朝鲜,起

玄菟、乐浪，以断匈奴之左臂；⑩西伐大宛，并三十六国，结乌孙，起
敦煌、酒泉、张掖，以鬲婼羌，裂匈奴之右肩。⑪单于孤特，远遁于幕
北。四垂无事，斥地远境，起十余郡。⑫功业既定，乃封丞相为富民
侯，以大安天下，富实百姓，其规模可见。⑬又招集天下贤俊，与协
心同谋，兴制度，改正朔，易服色，立天地之祠，建封禅，殊官号，存
周后，定诸侯之制，永无逆争之心，至今累世赖之。单于守藩，百蛮
服从，万世之基也，中兴之功未有高焉者也。高帝建大业，为太祖；
孝文皇帝德至厚也，为文太宗；孝武皇帝功至著也，为武世宗：此孝
宣帝所以发德音也。《礼记·王制》及《春秋谷梁传》，天子七庙，诸
侯五，大夫三，士二。天子七日而殡，七月而葬；诸侯五日而殡，五月
而葬：此丧事尊卑之序也，与庙数相应。其文曰：‘天子三昭三穆，与
太祖之庙而七；诸侯二昭二穆，与太祖之庙而五。’故德厚者流光，
德薄者流卑。⑭《春秋左氏传》曰：‘名位不同，礼亦异数。’自上以
下，降杀以两，礼也。⑮七者，其正法数，可常数者也。宗不在此数
中。宗，变也，⑯苟有功德则宗之，不可预为设数。故于殷，太甲为太
宗，大茂曰中宗，武丁曰高宗。⑰周公为《毋逸》之戒，举殷三宗以劝
成王。⑱繇是言之，宗无数也。⑲然则所以劝帝者之功德博矣。以七
庙言之，孝武皇帝未宜毁；以所宗言之，则不可谓无功德。《礼记》祀
典曰：‘夫圣王之制祀也，功施于民则祀之，以劳定国则祀之，能救
大灾则祀之。’窃观孝武皇帝，功德皆兼而有焉。凡在于异姓，犹将
特祀之，况于先祖？或说天子五庙无见文，又说中宗、高宗者，宗其
道而毁其庙。名与实异，非尊德贵功之意也。《诗》云：‘蔽芾甘棠，
勿翦勿伐，邵伯所茇。’⑳思其人犹爱其树，况宗其道而毁其庙乎？
迭毁之礼自有常法，无殊功异德，固以亲疏相推及。至祖宗之序，多
少之数，经传无明文，至尊至重，难以疑文虚说定也。孝宣皇帝举公
卿之议，用众儒之谋，既以为世宗之庙，建之万世，宣布天下。臣愚
以为孝武皇帝功烈如彼，孝宣皇帝崇立之如此，不宜毁。”上览其议
而从之。制曰：“太仆舜、中垒校尉歆议可。”

　　①师古曰：“《小雅·六月》之诗也。薄伐，言逐出之。”

②师古曰：“《小雅·采芑》之诗也。啴啴，众也。推推，盛也。显，明也。允，信也。方叔，周之卿士，命为将率也。言出师众盛，有如雷霆。方叔又能信明其德，既伐猃狁，惩其侵暴，则南荆之蛮，亦畏威而来服也。啴啴，他丹反。推，他回反。”

③师古曰：“宗器，宗庙之器也。”

④师古曰：“线，缕也，音思荐反。”

⑤师古曰：“《论语》载孔子之言也。微，无也。被发左衽，戎狄之服。言无管仲佐齐桓公征讨，则中夏皆将为戎狄也。”

⑥师古曰：“伯，读曰霸。”

⑦师古曰：“氏，读曰支。”

⑧师古曰：“罢，读曰疲。”

⑨师古曰：“昆，下门反。”

⑩师古曰：“乐，来各反。浪，音郎。”

⑪师古曰：“㛒，而遮反。”

⑫师古曰：“斥，开也。远，广也。”

⑬师古曰：“模，读曰摹，其字从木。”

⑭师古曰：“流，谓流风余福。”

⑮师古曰：“杀，音所例反。”

⑯师古曰：“言非常数，故云变也。”

⑰师古曰：“太甲，汤之孙，太丁之子也。太戊，太庚之子，雍己之弟也。武丁，小乙之子。”

⑱师古曰：“《毋逸》，《尚书》篇名。戒以无逸豫也。”

⑲师古曰：“繇，与由同也。”

⑳师古曰：“《召南·甘棠》之诗也。解已在前。翦字与剪同。茇，音步葛反。

歆又以为“礼，去事有杀，①故《春秋外传》曰：‘日祭，月祀，时享，岁贡，终王。’祖祢则日祭，曾高则月祀，二祧则时享，坛墠则岁贡，②大禘则终王。③德盛而游广，亲亲之杀也；④弥远则弥尊，故禘为重矣。孙居王父之处，正昭穆，则孙常与祖相代，此迁庙之杀也。圣人于其祖，出于情矣，礼无所不顺，故无毁庙。⑤自贡禹建迭毁之议，惠、景及太上寝园废而为虚，⑥失礼意矣。”

①师古曰：“去，除也。杀，渐也。去，音丘吕反。杀，音所例反。其下并同

也。"

②张晏曰:"去桃为坛。墠,扫地而祭也。"师古曰:"桃是远祖也。筑土为坛,除地为墠。桃,他尧反。墠,音善。"

③服虔曰:"蛮夷,终王乃入助祭,各以其珍贡,以共大禘之祭也。"师古曰:"每一王终,新王即位,乃来助祭。"

④如淳曰:"游亦流也。"

⑤晋灼曰:"以情推子,以子况祖,得人心,礼何所违,故无毁弃不禘之主也。谓下三庙废而为虚者也。"

⑥师古曰:"虚,读曰墟。"

　　平帝元始中,大司马王莽奏:"本始元年,丞相义等议,①谥孝宣皇帝亲曰悼园,置邑三百家。至元康元年,丞相相等奏,②父为士,子为天子,祭以天子,悼园宜称尊号曰'皇考',立庙,益故奉园民满千六百家,以为县。臣愚以为皇考庙本不当立,累世奉之,非是。又孝文太后南陵、③孝昭太后云陵园,虽前以礼不复修,陵名未正。谨与大司徒晏等百四十七人议,皆曰孝宣皇帝以兄孙继统为孝昭皇帝后,以数,故孝元世以孝景皇帝及皇考庙亲未尽,不毁。此两统贰父,违于礼制。案义奏亲谥曰'悼',裁置奉邑,皆应经义。相奏悼园称'皇考',立庙,益民为县,违离祖统,乖缪本义。父为士,子为天子,祭以天子者,乃谓若虞舜、夏禹、殷汤、周文、汉之高祖受命而王者也,非谓继祖统为后者也。臣请皇高祖考庙奉明园毁勿修,④罢南陵、云陵为县。"奏可。

①师古曰:"蔡义也。"

②师古曰:"魏相也。"

③师古曰:"在霸陵之南,故曰南陵。"

④张晏曰:"奉明园,悼皇考园也。"

　　司徒掾班彪曰:①汉承亡秦绝学之后,祖宗之制因时施宜。自元、成后学者蕃滋,②贡禹毁宗庙,匡衡改郊兆,何武定三公,后皆数复,故纷纷不定。③何者?礼文缺微,古今异制,各为一家,未易可偏定也。考观诸儒之议,刘歆博而笃矣。

①师古曰:"《汉书》诸赞,皆固所为。其有叔皮先论述者,固亦具显以示后
　人,而或者谓固窃盗父名,观此可以免矣。"
②师古曰:"蕃,扶元反。"
③师古曰:"数,所角反。复,扶目反。"

汉书卷七四
列传第四四

魏相　丙吉

　　魏相字弱翁，济阴定陶人也，①徙平陵。少学《易》，为郡卒史，举贤良，以对策高第，为茂陵令。顷之，御史大夫桑弘羊客诈称御史止传，②丞不以时谒，客怒缚丞。相疑其有奸，收捕，案致其罪，论弃客市，③茂陵大治。

　　①师古曰："说者谓相即魏无知之后，盖承浅近之书，为妄深矣。"

　　②师古曰："传，谓县之传舍。"

　　③师古曰："杀之于市。"

　　后迁河南太守，禁止奸邪，豪强畏服。会丞相车千秋死，先是千秋子为雒阳武库令，自见失父，而相治郡严，恐久获罪，乃自免去。相使掾追呼之，遂不肯还。相独恨曰："大将军闻此令去官，必以为我用丞相死不能遇其子。使当世贵人非我，殆矣！"①武库令西至长安，大将军霍光果以责过相曰："幼主新立，以为函谷京师之固，武库精兵所聚，故以丞相弟为关都尉，子为武库令。今河南太守不深惟国家大策，②苟见丞相不在而斥逐其子，何浅薄也！"后人有告相贼杀不辜，事下有司。河南卒戍中都官者二三千人，③遮大将军，自言愿复留作一年以赎太守罪。河南老弱万余人守关欲入上书，关吏以闻。大将军用武库令事，遂下相廷尉狱。④久系逾冬，会赦出。复有诏守茂陵令，迁杨州刺史。考案郡国守相，多所贬退。相与丙吉相善，时吉为光禄大夫，予相书曰："朝庭已深知弱翁治行，方且大用矣。愿少慎事自重，臧器于身。"⑤相心善其言，为霁威严。⑥居部二岁，征为谏大夫，复为河南太守。

①师古曰："殆，危也。"

②师古曰："惟，思也。"

③师古曰："来京师诸官府为戍卒，若今卫士上番分守诸司。"

④师古曰："光心以武库令事嫌之，而下其贼杀不辜之狱也。"

⑤师古曰："《易·下系》词云：'君子臧器于身，待时而动。'言不显见其材能。"

⑥苏林曰："霁，音限齐之齐。"臣瓒曰："此雨霁字也。霁，止也。"师古曰："二说皆是也。音才诣反，又子诣反。"

　　数年，宣帝即位，征相入为大司农，迁御史大夫。四岁，大将军霍光薨，上思其功德，以其子禹为右将军，兄子乐平侯山复领尚书事。①相因平恩侯许伯奏封事，言："《春秋》讥世卿，恶宋三世为大夫，②及鲁季孙之专权，皆危乱国家。自后元以来，禄去王室，政繇冢宰。③今光死，子复为大将军，兄子秉枢机，昆弟诸婿据权势，在兵官。光夫人显及诸女皆通籍长信宫，④或夜诏门出入，骄奢放纵，恐浸不制。⑤宜有以损夺其权，破散阴谋，以固万世之基，全功臣之世。"又故事诸上书者皆为二封，署其一曰副，领尚书者先发副封，所言不善，屏去不奏。相复因许伯白，去副封以防雍蔽。⑥宣帝善之，诏相给事中，皆从其议。霍氏杀许后之谋始得上闻。乃罢其三侯，令就第，⑦亲属皆出补吏。于是韦贤以老病免，相遂代为丞相，封高平侯，食邑八百户。及霍氏怨相，又惮之，谋矫太后诏，先召斩丞相，然后废天子。事发觉，伏诛。宣帝始亲万机，厉精为治，练群臣，核名实，而相总领众职，甚称上意。

①师古曰："山者，去病之孙。今言兄子，此传误。"

②师古曰："解在《五行志》。"

③师古曰："繇，与由同。"

④师古曰："通籍，谓禁门之中皆有名籍，恣出入也。"

⑤师古曰："浸，渐也。不制，不可制御也。"

⑥师古曰："雍，读曰壅。"

⑦师古曰:"禹及云、山也。"

元康中,匈奴遣兵击汉屯田车师者,不能下。上与后将军赵充国等议,欲因匈奴衰弱,出兵击其右地,使不敢复扰西域。相上书谏曰:"臣闻之,救乱诛暴,谓之义兵,兵义者王;敌加于己,不得已而起者,谓之应兵,兵应者胜;争恨小故,不忍愤怒者,谓之忿兵,兵忿者败;利人土地货宝者,谓之贪兵,兵贪者破;恃国家之大,矜民人之众,欲见威于敌者,谓之骄兵,兵骄者灭;此五者,非但人事,乃天道也。间者匈奴尝有善意,所得汉民辄奉归之,未有犯于边境,虽争屯田车师,不足致意中。今闻诸将军欲兴兵入其地,臣愚不知此兵何名者也。今边郡困乏,父子共犬羊之裘,食草莱之实,常恐不能自存,难于动兵。①'军旅之后,必有凶年',②言民以其愁苦之气,伤阴阳之和也。出兵虽胜,犹有后忧,恐灾害之变因此以生。今郡国守相多不实选,③风俗尤薄,水旱不时。案今年计,子弟杀父兄、妻杀夫者,凡二百二十二人,臣愚以为此非小变也。今左右不忧此,④乃欲发兵报纤介之忿于远夷,殆孔子所谓'吾恐季孙之忧不在颛臾而在萧墙之内'也。⑤愿陛下与平昌侯、乐昌侯、平恩侯及有识者详议乃可。"⑥上从相言而止。

①师古曰:"不可以兵事动之。"

②师古曰:"此引老子《道经》之言。"

③师古曰:"言不得其人。"

④师古曰:"左右,谓近臣在天子左右者。"

⑤师古曰:"《论语》季氏将伐颛臾,孔子谓冉有、季路曰:'吾恐季孙之忧不在颛臾而在萧墙之内。'故相引之。颛臾,鲁附庸国。萧墙,屏墙也。解在《五行志》。"

⑥师古曰:"平昌侯王无故、乐昌侯王武,并帝之舅。平恩侯许伯,皇太子外祖父也。"

相明《易经》,有师法,好观汉故事及便宜章奏,①以为古今异制,方今务在奉行故事而已。数条汉兴已来国家便宜行事,及贤臣贾谊、朝错、董仲舒等所言,奏请施行之,曰:"臣闻明主在上,贤辅在下,则君安虞而民和睦。②臣相幸得备位,不能奉明法,广教化,理四方,以宣圣德。民多背本趋末,③或有饥寒之色,为陛下之忧,臣相罪当万死。臣相知能浅薄,不明国家大体,时用之宜,惟民终始,未得所繇。④窃伏观先帝圣德仁恩之厚,勤劳天下,垂意黎庶,忧水旱之灾,为民贫穷发仓廪,振乏馁;⑤遣谏大夫博士巡行天下,⑥察风俗,举贤良,平冤狱,冠盖交道;⑦省诸用,宽租赋,弛山泽波池,⑧禁秣马酤酒贮积;⑨所以周急继困,慰安元元,便利百姓之道甚备。臣相不能悉陈,昧死奏故事诏书凡二十三事。臣谨案王法必本于农而务积聚,量入制用以备凶灾,⑩亡六年之畜,尚谓之急。⑪元鼎三年,平原、勃海、太山、东郡溥被灾害,⑫民饿死于道路。二千石不豫虑其难,使至于此,⑬赖明诏振捄,乃得蒙更生。⑭今岁不登,谷暴腾踊,⑮临秋收敛犹有乏者,至春恐甚,亡以相恤。西羌未平,师旅在外,兵革相乘,臣窃寒心,宜蚤图其备。⑯唯陛下留神元元,帅繇先帝盛德以抚海内。"⑰上施行其策。

①师古曰:"既观国家故事,又观前人所奏便宜之章。"

②师古曰:"虞,与娱同。"

③师古曰:"本,农业也。末,商贾也。趋,读曰趣。"

④师古曰:"惟,思也。繇,读与由同。由,从也,因也。"

⑤师古曰:"馁,饿也,音乃贿反。"

⑥师古曰:"行,音下更反。"

⑦师古曰:"言其往来不绝也。"

⑧师古曰:"弛,放也,言不禁障之也。波,音陂。"

⑨师古曰:"秣,以粟米饲马也。酤酒者,糜费深也。贮积者,滞米粟也。"

⑩师古曰:"谓视年岁之丰俭。"

⑪师古曰:"畜,读曰蓄。《礼记·王制》云:'国无九年之蓄曰不足,无六年之蓄曰急,无三年之蓄曰国非其国也。'"

⑫师古曰:"溥,与普同。"

⑬师古曰:"虑,思也。"

⑭师古曰:"捄,古救字。"

⑮师古曰:"价忽大贵也。"

⑯师古曰:"蚤,古早字也。"

⑰师古曰:"帅,循也。繇,与由同。由,从也。"

又数表采《易阴阳》及《明堂月令》奏之,①曰:"臣相幸得备员,奉职不修,不能宣广教化。阴阳未和,灾害未息,咎在臣等。臣闻《易》曰:'天地以顺动,故日月不过,四时不忒;圣王以顺动,故刑罚清而民服。'②天地变化,必繇阴阳,③阴阳之分,以日为纪。日冬夏至,则八风之序立,万物之性成,各有常职,不得相干。东方之神太昊,乘《震》执规司春;④南方之神炎帝,乘《离》执衡司夏;⑤西方之神少昊,乘《兑》执矩司秋;⑥北方之神颛顼,乘《坎》执权司冬;⑦中央之神黄帝,乘《坤》《艮》执绳司下土。⑧兹五帝所司,各有时也。东方之卦不可以治西方,南方之卦不可以治北方。春兴《兑》治则饥,秋兴《震》治则华,冬兴《离》治则泄,⑨夏兴《坎》治则雹。明王谨于尊天,慎于养人,故立羲和之官以乘四时,⑩节授民事。⑪君动静以道,奉顺阴阳,则日月光明,风雨时节,寒暑调和。三者得叙,则灾害不生,五谷熟,丝麻遂,⑫屮木茂,鸟兽蕃,⑬民不夭疾,衣食有余。若是,则君尊民说,上下亡怨,⑭政教不违,礼让可兴。夫风雨不时,则伤农桑;农桑伤,则民饥寒;饥寒在身,则亡廉耻,寇贼奸宄所繇生也。⑮臣愚以为阴阳者,王事之本,群生之命,自古贤圣未有不繇者也。天子之义,必纯取法天地,而观于先圣。高皇帝所述书《天子所服第八》⑯曰:'大谒者臣章受诏长乐宫,曰:"令群臣议天子所服,以安治天下。"相国臣何、御史大夫臣昌⑰谨与将军臣陵、太子太傅臣通等议:⑱"春夏秋冬天子所服,当法天地之数,中得人和。故自天子王侯有土之君,下及兆民,能法天地,顺四时,以治国家,身亡祸殃,年寿永究,⑲是奉宗庙安天下之大礼也。臣请法之。中谒者赵尧举春,⑳李舜举夏,兒汤举秋,贡禹举冬,㉑四人各职一时。"大谒者襄章奏,制曰:"可。"'孝文皇帝时,以二月施恩惠于天下,赐孝弟力田及罢军卒,祠死事者,颇非时节。㉒御史大夫朝错时为太子家令,奏言其状。臣相伏念陛下恩泽甚厚,然而灾气未息,窃恐诏令有未合当时者也。愿陛下选明经通知阴阳者四人,各主一时,时至明言所职,以和阴阳,天下幸甚!"相数陈便宜,上纳用焉。

①师古曰："表，谓标明之。采，撮取也。"

②师古曰："《豫卦》象辞也。忒，差也。"

③师古曰："繇，与由同。"

④张晏曰："木为仁，仁者生，生者圆，故为规。"

⑤张晏曰："火为礼，礼者齐，齐者平，故为衡。"

⑥张晏曰："金为义，义者成，成者方，故为矩。"

⑦张晏曰："水为智，智者谋，谋者重，故为权。"

⑧张晏曰："土为信，信者诚，诚者直，故为绳。"

⑨师古曰："天地之气不闭密也。"

⑩师古曰："乘，治也。"

⑪师古曰："各依其节而授以事。"

⑫师古曰："遂，成也。"

⑬师古曰："屮，古草字。蕃，多也，音扶元反。"

⑭师古曰："说，读曰悦。"

⑮师古曰："乱在外为奸，在内为宄。宄，与由同。其下类此。"

⑯如淳曰："第八，天子衣服之制也，于施行诏书第八。"

⑰师古曰："萧何、周昌也。"

⑱师古曰："陵，王陵。通，叔孙通。"

⑲师古曰："究，竟也。"

⑳应劭曰："四时各举所施行政事。"服虔曰："主一时衣服礼物朝祭百事也。"师古曰："服说是也。"

㉑师古曰："高帝时自有一贡禹也。兒，五奚反。"

㉒师古曰："罢军卒，卒之疲于军事者也。罢，音疲。一曰，新从军而休罢者也，音薄蟹反。"

相敕掾史案事郡国及休告从家还至府，辄白四方异闻，或有逆贼风雨灾变，郡不上，相辄奏言之。时丙吉为御史大夫，同心辅政，上皆重之。相为人严毅，不如吉宽。视事九岁，神爵三年薨，谥曰宪侯。子弘嗣，甘露中有罪，削爵为关内侯。①

①师古曰："弘坐骑至宗庙下，大不敬也。"

丙吉字少卿，鲁国人也。治律令，为鲁狱史。积功劳，稍迁至廷

尉右监。坐法失官,归为州从事。武帝末,巫蛊事起,吉以故廷尉监
征,①诏治巫蛊郡邸狱。时宣帝生数月,以皇曾孙坐卫太子事系,吉
见而怜之。又心知太子无事实,重哀曾孙无辜,②吉择谨厚女徒,令
保养曾孙,置闲燥处。③吉治巫蛊事,连岁不决。后元二年,武帝疾,
往来长杨、五柞宫,④望气者言长安狱中有天子气,于是上遣使者
分条中都官诏狱系者,⑤亡轻重一切皆杀之。内者令郭穰夜到郡邸
狱,吉闭门拒使者不纳,曰:“皇曾孙在。他人亡辜死者犹不可,况亲
曾孙乎!”相守至天明不得入,穰还以闻,因劾奏吉。武帝亦寤,曰:
“天使之也。”因赦天下。郡邸狱系者独赖吉得生,恩及四海矣。⑥曾
孙病,几不全者数焉,⑦吉数敕保养乳母加致医药,视遇甚有恩惠,
以私财物给其衣食。

　　①师古曰:“被召诣京师。”

　　②师古曰:“重,直用反。”

　　③师古曰:“闲,读曰闲。闲,宽静之处也。燥,高敞也。”

　　④师古曰:“长杨、五柞宫并在盩厔,往来二宫之间。”

　　⑤师古曰:“条,谓疏录之。”

　　⑥师古曰:“吉拒闭使者,天子感寤,乃普赦天下。其郡邸系狱者,既因吉
　　　　得生,而赦宥之恩遂及四海也。”

　　⑦师古曰:“几,巨依反。数,音所角反。次下亦同。”

　　后吉为车骑将军市令,迁大将军长史,霍光甚重之,入为光禄
大夫给事中。昭帝崩,亡嗣,大将军光遣吉迎昌邑王贺。贺即位,以
行淫乱废,光与车骑将军张安世诸大臣议所立,未定。吉奏记光曰:
“将军事孝武皇帝,受襁褓之属,任天下之寄,①孝昭皇帝早崩亡
嗣,海内忧惧,欲亟闻嗣主。②发丧之日以大谊立后,③所立非其
人,复以大谊废之,④天下莫不服焉。方今社稷宗庙群生之命在将
军之壹举。窃伏听于众庶,察其所言,诸侯宗室在位列者,未有所闻
于民间也。而遗诏所养武帝曾孙名病已在掖庭外家者,⑤吉前使居
郡邸时见其幼少,至今十八九矣,通经术,有美材,行安而节和。愿
将军详大议,参以蓍龟,岂宜褒显,先使入侍,⑥令天下昭然知之,

然后决定大策,天下幸甚!"光览其议,⑦遂尊立皇曾孙,遣宗正刘德与吉迎曾孙于掖庭。宣帝初即位,赐吉爵关内侯。

①师古曰:"属,之欲反。"

②师古曰:"亟,急也,音居力反。"

③师古曰:"虽无嫡嗣,旁立支属,令宗庙有奉,故云大谊。"

④师古曰:"恐危社稷,故废黜之。"

⑤苏林曰:"外家犹言外人民家,不在宫中。"晋灼曰:"出郡邸狱,归在外家史氏,后入掖庭耳。"师古曰:"晋说是也。"

⑥师古曰:"侍太后。"

⑦师古曰:"省纳而用之。"

　　吉为人深厚,不伐善。自曾孙遭遇,吉绝口不道前恩,①故朝廷莫能明其功也。地节三年,立皇太子,吉为太子太傅,数月,迁御史大夫。及霍氏诛,上躬亲政,省尚书事。是时,掖庭宫婢则令民夫上书,自陈尝有阿保之功。②章下掖庭令考问,则辞引使者丙吉知状。掖庭令将则诣御史府以视吉。③吉识,谓则曰:"汝尝坐养皇曾孙不谨督笞,汝安得有功?④独渭城胡组、淮阳郭徵卿有恩耳。"分别奏组等共养劳苦状。⑤诏吉求组、征卿,已死,有子孙,皆受厚赏。诏免则为庶人,赐钱十万。上亲见问,然后知吉有旧恩,而终不言。上大贤之,制诏丞相:"朕微眇时,御史大夫吉与朕有旧恩,厥德茂焉。⑥《诗》不云乎?'亡德不报。'⑦其封吉为博阳侯,邑千三百户。"临当封,吉疾病,上将使人加绅而封之,及其生存也。⑧上忧吉疾不起,太子太傅夏侯胜曰:"此未死也。臣闻有阴德者,必飨其乐以及子孙。今吉未获报而疾甚,非其死疾也。"后病果瘉。⑨吉上书固辞,自陈不宜以空名受赏。上报曰:"朕之封君,非空名也,而君上书归侯印,是显朕之不德也。方今天下少事,君其专精神,省思虑,近医药,以自持。"后五岁,代魏相为丞相。

①师古曰:"遭遇,谓升大位也。"

②师古曰:"谓未为宫婢时,有旧夫见在俗间者。"

③师古曰:"视,读曰示。"

④师古曰:"督,谓视察之。"

⑤师古曰："共，居用反。养，弋亮反。"

⑥师硬曰："茂，美也。"

⑦师古曰："《大雅·抑》之诗。"

⑧应劭曰："吉时疾不能起，欲如君视疾，加朝服拖绅，就封之也。"师古
　　曰："绣，系印之组也。"

⑨师古曰："瘉，与愈同。"

　吉本起狱法小吏，后学《诗》、《礼》，皆通大义。及居相位，上宽大，好礼让。掾史有罪臧，不称职，辄予长休告，①终无所案验。客或谓吉曰："君侯为汉相，奸吏成其私，然无所惩艾。"②吉曰："夫以三公之府有案吏之名，吾窃陋焉。"后人代吉，因以为故事，公府不案吏，自吉始。

①师古曰："长给休假，令其去职也。"

②师古曰："艾，读曰乂。"

　于官属掾史，务掩过扬善。吉驭吏耆酒，数逋荡，①尝从吉出，醉欧丞相车上。②西曹主吏白欲斥之，③吉曰："以醉饱之失去士，使此人将复何所容？④西曹地忍之，⑤此不过污丞相车茵耳。"⑥遂不去也。此驭吏边郡人，习知边塞发犇命警备事，⑦尝出，适见驿骑持赤白囊，边郡发犇命书驰来至。驭吏因随驿骑至公车刺取，⑧知虏入云中、代郡，遽归府见吉白状，⑨因曰："恐虏所入边郡，二千石长吏有老病不任兵马者，宜可豫视。"吉善其言，召东曹案边长吏，琐科条其人。⑩未已，诏召丞相、御史，问以虏所入郡吏，吉具对。御史大夫卒遽不能详知，⑪以得谴让。⑫而吉见谓忧边思职，驭吏力也。吉乃叹曰："士亡不可容，能各有所长。向使丞相不先闻驭吏言，何见劳勉之有？"掾史繇是益贤吉⑬

①师古曰："甫，亡也。荡，放也。谓亡其所供之职而游放也。耆，读曰嗜。"

②师古曰："欧，吐也，音一口反。"

③师古曰："斥，弃逐。"

④师古曰："言无所容身。"

⑤李奇曰："地犹弟也。"师古曰："地亦但也，语声之急也。"

⑥师古曰："茵，蓐也，音因。"

⑦师古曰:"犇,古奔字也。有命则奔赴之,言应速也。"

⑧师古曰:"刺,谓探候之也。

⑨师古曰:"遬,速也。"

⑩张晏曰:"琐,录也。欲科条其人老少及所经历,知其本以文武进也。"

⑪师古曰:"卒,读曰猝。"

⑫师古曰:"让,责也。"

⑬师古曰:"繇,与由同。"

吉又尝出,逢清道群斗者,死伤横道,①吉过之不问,掾史独怪之。吉前行,逢人逐牛,牛喘吐舌。②吉止驻,使骑吏问:"逐牛行几里矣?"掾史独谓丞相前后失问,或以讥吉,吉曰:"民斗相杀伤,长安令、京兆尹职所当禁备逐捕,岁竟丞相课其殿最,奏行赏罚而已。宰相不亲小事,非所当于道路问也。方春少阳用事,未可大热,③恐牛近行,用暑故喘,此时气失节,恐有所伤害也。三公典调和阴阳,职当忧,是以问之。"掾史乃服,以吉知大体。

①李奇曰:"清道时反群斗也。"师古曰:"清道,谓天子当出,或有斋祠,先令道路清净。"

②师古曰:"喘,急息,音昌兖反。"

③师古曰:"少,式邵反。"

五凤三年春,吉病笃。上自临问吉,曰:"君即有不讳,谁可以自代者?"①吉辞谢曰:"群臣行能,明主所知,愚臣无所能识。"上固问,吉顿首曰:"西河太守杜延年明于法度,晓国家故事,前为九卿十余年,今在郡治有能名。廷尉于定国执宪详平,天下自以不冤。太仆陈万年事后母孝,惇厚备于行止。此三人能皆在臣右,唯上察之。"上以吉言皆是而许焉。及吉薨,御史大夫黄霸为丞相,征西河太守杜延年为御史大夫,会其年老,乞骸骨,病免。以廷尉于定国代为御史史大夫。黄霸薨,而定国为丞相,太仆陈万年代定国为御史大夫,居位皆称职,上称吉为知人。

①师古曰:"不讳,言死不可复讳也。"

吉薨,谥曰定侯。子显嗣,甘露中有罪,削爵为关内侯,官至卫尉太仆。始显少为诸曹,尝从祠高庙,至夕牲日,乃使出取斋衣。①

丞相吉大怒,谓其夫人曰:"宗庙至重,而显不敬慎,亡吾爵者必显也。"夫人为言,然后乃已。②吉中子禹为水衡都尉,少子高为中垒校尉。

①师古曰:"未祭一日,其夕展视牲具,谓之夕牲。"

②师古曰:"免其罪罚也。"

　　元帝时,长安士伍尊上书,①言"臣少时为郡邸小吏,窃见孝宣皇帝以皇曾孙在郡邸狱。是时,治狱使者丙吉见皇曾孙遭离无辜,吉仁心感动,涕泣凄恻,选择复作胡组养视皇孙,吉常从。臣尊日再侍卧庭上。②后遭条狱之诏,吉捍拒大难,不避严刑峻法。既遭大赦,吉谓守丞谁如,皇孙不当在官,③使谁如移书京兆尹,遣与胡组俱送京兆尹,不受,复还。及组日满当去,皇孙思慕,吉以私钱顾组,令留与郭徵卿并养数月,乃遣组去。后少内啬夫白吉曰:'食皇孙亡诏令。'④时吉得食米肉,月月以给皇孙。吉即时病,⑤辄使臣尊朝夕请问皇孙,视省席蓐燥湿。候伺组、徵卿,不得令晨夜去皇孙敖盪。⑥数奏甘毳食物。⑦所以拥全神灵,成育圣躬,功德已亡量矣。时岂豫知天下之福,而微其报哉!⑧诚其仁恩内结于心也。虽介之推割肌以存君,不足以比。⑨孝宣皇帝时,臣上书言状,幸得下吉,吉谦让不敢自伐,删去臣辞,⑩专归美于组、徵卿。组、徵卿皆以受田宅赐钱,吉封为博阳侯。臣尊不得比组、徵卿。臣年老居贫,死在旦暮,欲终不言,恐使有功不著。吉子显坐微文夺爵为关内侯,臣愚以为宜复其爵邑,⑪以报先人功德。"先是,显为太仆十余年,与官属大为奸利,臧千余万,司隶校尉昌案劾,罪至不道,奏请逮捕。上曰:"故丞相吉有旧恩,朕不忍绝。"免显官,夺邑四百户。后复以为城门校尉。显卒,子昌嗣爵关内侯。

①师古曰:"先尝有爵,经夺免之,而与士卒为伍,故称士伍,其人名尊。"

②师古曰:"郡邸之庭也。侍,谓参省之也。时皇孙孩弱,常在襁褓,故指言卧也。"

③孟康曰:"郡守丞也,来诣京师邸治狱,姓谁名如。言皇孙不当在狱官,宜属郡县也。"文颖曰:"不当在郡邸官也。"师古曰:"守丞者,守狱官之

丞耳，非郡丞也。谁如者，其人名，不作谁字，言姓，又非也。"

④师古曰："少内，掖庭主府臧之官也。食，读曰饲。诏令无文，无从得其廪具也。"

⑤师古曰："有病时也。"

⑥师古曰："去，离也。敖，游戏也。盪，放也。盪，读与荡同。"

⑦师古曰："奏，进也。毚，读与脆同。"

⑧师古曰："缴，要也，音工尧反。"

⑨师古曰："《韩诗外传》云：'晋公子重耳之亡也，过曹，里凫须以从，因盗其资而逃。重耳无粮，馁不能行，介子推割其股肉以食重耳，然后能行也。'"

⑩师古曰："删，削也。"

⑪师古曰："复，防目反。"

　　成帝时，修废功，以吉旧恩尤重，鸿嘉元年制诏丞相御史："盖闻褒功德，继绝统，所以重宗庙，广贤圣之路也。故博阳侯吉以旧恩有功而封，今其祀绝，朕甚怜之。夫善善及子孙，古今之通谊也，其封吉孙中郎将关内侯昌为博阳侯，奉吉后。"国绝三十二岁复续云。昌传子至孙，王莽时乃绝。

　　赞曰：古之制名，必繇象类，①远取诸物，近取诸身。故经谓君为元首，臣为股肱，②明其一体，相待而成也。是故君臣相配，古今常道，自然之势也。近观汉相，高祖开基，萧、曹为冠；③孝宣中兴，丙、魏有声。是时黜陟有序，众职修理，公卿多称其位，④海内兴于礼让。览其行事，岂虚乎哉！⑤

①师古曰："繇，与由同也。"

②师古曰："谓《虞书·益稷》云'元首明哉，股肱良哉'也。"

③师古曰："名位在众臣之上。"

④师古曰："称，副也。"

⑤师古曰："言君明臣贤，所以致治，非徒然也。"

汉书卷七五
列传第四五

眭弘　夏侯始昌　夏侯胜
京房　翼奉　李寻

　　眭弘字孟，鲁国蕃人也。①少时好侠，斗鸡走马，长乃变节，从嬴公受《春秋》。②以明经为议郎，至符节令。

　　①师古曰："眭，音息随反。今河朔尚有此姓，音字皆然。而韦昭、应劭并云音桂，非也。今有昋姓，乃音桂耳。汉之决录又不作眭字，宁可混糅将为一族？又近代学者旁引昋氏谱以相附著。私谱之文出于闾巷，家自为说，事非经典，苟引先贤，妄相假托，无所取信，宁足据乎？蕃，音皮。"

　　②师古曰："嬴，姓也。公，长老之号耳。"

　　孝昭元凤三年正月，泰山莱芜山南匈匈有数千人声，民视之，有大石自立，高丈五尺，大四十八围，入地深八尺，三石为足。石立后有白乌数千下集其旁。是时昌邑有枯社木卧复生，①又上林苑中大柳树断枯卧地，亦自立生，有虫食树叶成文字，曰"公孙病已立"。孟推《春秋》之意，以为"石柳皆阴类，下民之象，而泰山者代宗之岳，王者易姓告代之处。今大石自立，僵柳复起，②非人力所为，此当有从匹夫为天子者。枯社木复生，故废之家公孙氏当复兴者也。"孟意亦不知其所在，即说曰："先师董仲舒有言，虽有继体守文之君，不害圣人之受命。汉家尧后，有传国之运。汉帝宜谁差天下，求索贤人，③禅以帝位，④而退自封百里，如殷周二王后，以承顺天命。"孟使友人内官长赐上此书。⑤时昭帝幼，大将军霍光秉政，恶之，下其书廷尉。奏赐、孟妄设妖言惑众，大逆不道，皆伏诛。后五年，孝宣帝兴于民间，即位，征孟子为郎。

①师古曰："社木，社主之树也。"

②师古曰："僵，偃也，偃卧于地，音居羊反。"

③孟康曰："谁，问，差，择也。问择天下贤人。"

④师古曰："禅，古禅字也。"

⑤师古曰："内官，署名。《百官表》云：'内官长丞，初属少府，中属主爵，后属宗正。'赐者，其长之名。"

夏侯始昌，鲁人也。通五经，以《齐诗》、《尚书》教授。自董仲舒、韩婴死后，武帝得始昌，甚重之。始昌明于阴阳，先言柏梁台灾日，至期日果灾。时昌邑王以少子爱，上为选师，始昌为太傅。年老，以寿终。族子胜亦以儒显名。

夏侯胜字长公。初，鲁共王分鲁西宁乡①以封子节侯，别属大河，大河后更名东平，故胜为东平人。胜少孤，好学，从始昌受《尚书》及《洪范五行传》，说灾异。后事蕳卿，②又从欧阳氏问。为学精孰，所问非一师也。善说礼服。③征为博士、光禄大夫。会昭帝崩，昌邑王嗣立，数出。④胜当乘舆前谏曰："天久阴而不雨，臣下有谋上者，陛下出欲何之？"⑤王怒，谓胜为妖言，缚以属吏。⑥吏白大将军霍光，光不举法。是时，光与车骑将军张安世谋欲废昌邑王。光让安世以为泄语，安世实不言。乃召问胜，胜对言："在《洪范传》曰'皇之不极，厥罚常阴，时则下人有伐上者'，恶察察言，⑦故云臣下有谋。"光、安世大惊，以此益重经术士。后十余日，光卒与安世白太后，⑧废昌邑王，尊立宣帝。光以为群臣奏事东宫，太后省政，⑨宜知经术，白令胜用《尚书》授太后。迁长信少府，赐爵关内侯，以与谋废立，⑩定策安宗庙，益千户。

①师古曰："共，读如恭。恭王名余，景帝之子也。"

②师古曰："姓蕳名卿。蕳，音奸。"

③师古曰："礼之丧服也。"

④师古曰：“每出游戏也。”

⑤师古曰：“之，往也。”

⑥师古曰：“属，委也。音之欲反。”

⑦师古曰：“恶，谓忌讳也。察为计谋不敢明显言之也。《五行志》曰‘不敢
　　察察言’也。”

⑧师古曰：“卒，终也。”

⑨师古曰：“省，视也。”

⑩师古曰：“与，读曰豫。”

　　宣帝初即位，欲襃先帝，诏丞相御史曰：“朕以眇身，蒙遗德，承
圣业，奉宗庙，夙夜惟念。①孝武皇帝躬仁谊，厉威武，北征匈奴，单
于远遁，南平氐羌、昆明、瓯骆两越，②东定薉貉、朝鲜，③廓地斥
境，立郡县，百蛮率服，款塞自至，珍贡陈于宗庙；协音律，造乐歌，
荐上帝，封太山，立明堂，改正朔，易服色；明开圣绪，尊师显功，兴
灭继绝，襃周之后；备天地之礼，广道术之路。上天报况，④符瑞并
应，宝鼎出，白麟获，海效巨鱼，⑤神人并见，山称万岁。功德茂盛，
不能尽宣，而庙乐未称，⑥朕甚悼焉。其与列侯、二千石、博士议。”
于是群臣大议庭中，皆曰：“宜如诏书。”长信少府胜独曰：“武帝虽
有攘四夷广土斥境之功，然多杀士众，竭民财力，奢泰亡度，天下虚
耗，⑦百姓流离，物故者半。⑧蝗虫大起，赤地数千里，⑨或人民相
食，畜积至今未复。⑩亡德泽于民，不宜为立庙乐。”公卿共难胜曰：
“此诏书也。”胜曰：“诏书不可用也。人臣之谊，宜直言正论，非苟阿
意顺指。议已出口，虽死不悔。”于是丞相义、御史大夫广明⑪劾奏
胜非议诏书，毁先帝，不道，及丞相长史黄霸阿纵胜，不举劾，俱下
狱。有司遂请尊孝武帝庙为世宗庙，奏《盛德》、《文始》、《五行》之
舞，天下世世献纳，以明盛德。武帝巡狩所幸郡国凡四十九，皆立庙
如高祖、太宗焉。

①师古曰：“惟，思也。”

②师古曰：“瓯骆皆越号。”

③张晏曰：“薉也，貉也，在辽东之东。”师古曰：“薉字与秽字同。貉，音莫
　　客反。”

④师古曰："况，赐也。"

⑤师古曰："效，致也。巨，大也。"

⑥师古曰："称，副也。"

⑦师古曰："耗，减也，音呼到反。"

⑧师古曰："物故，谓死也。"

⑨师古曰："言无五谷之苗。"

⑩师古曰："畜，读曰蓄。"

⑪师古曰："蔡义、田广明。"

胜、霸既久系，霸欲从胜受经，胜辞以罪死。霸曰："'朝闻道，夕死可矣'。"①胜贤其言，遂授之。系再更冬，讲论不怠。②

①师古曰："《论语》称孔子曰'朝闻道，夕死可矣'，故霸引之。"

②师古曰："更，历也，音工衡反。"

至四年夏，关东四十九郡同日地动，或山崩，坏城郭室屋，杀六千余人。上乃素服，避正殿，遣使者吊问吏民，赐死者棺钱。下诏曰："盖灾异者，天地之戒也。朕承洪业，托士民之上，未能和群生。曩者地震北海、琅邪，坏祖宗庙，朕甚惧焉。其与列侯、中二千石博问术士，有以应变，补朕之阙，毋有所讳。"因大赦，胜出为谏大夫给事中，霸为扬州刺史。

胜为人质朴守正，简易亡威仪。见时谓上为君，①误相字于前，②上亦以是亲信之。③尝见，出道上语，④上闻而让胜，⑤胜曰："陛下所言善，臣故扬之。尧言布于天下，至今见诵。臣以为可传，故传耳。"朝庭每有大议，上知胜素直，谓曰："先生通正言，无怨前事。"⑥

①师古曰："见，见于天子。"

②师古曰："前，天子之前也。君前臣名不当相呼字也。"

③师古曰："知其质朴也。"

④师古曰："入见天子而以其言为外人道之。"

⑤师古曰："让，责也。"

⑥师古曰："通，谓陈道之也。怨，创也。前事，谓坐议庙乐事。"

胜复为长信少府，迁太子太傅。受诏撰《尚书》、《论语说》，①赐

黄金百斤。年九十卒官，赐冢茔，葬平陵。太后赐钱二百万，为胜素
服五日，以报师傅之恩，儒者以为荣。

　　①师古曰："解说其意，若今义疏也。"

　　始，胜每讲授，常为诸生曰："士病不明经术；经术苟明，其取青
紫如俛拾地芥耳。学经不明，不如归耕。"①

　　①师古曰："地芥，谓草芥之横在地上者。俛而拾之，言其易而必得也。青
　　　紫，卿大夫之服也。俛即俯字也。"

　　胜从父子建字长卿，①自师事胜及欧阳高，左右采获，②又从
五经诸儒问与《尚书》相出入者，牵引以次章句，具文饰说。胜非之
曰："建所谓章句小儒，破碎大道。"建亦非胜为学疏略，难以应敌。
建卒自颛门名经，③为议郎博士，至太子少傅。胜子兼为左曹太中
大夫，孙尧至长信少府、司农、鸿胪，曾孙蕃郡守、州牧、长乐少府。
胜同产弟子赏为梁内史，梁内史子定国为豫章太守。而建子千秋亦
为少府、太子少傅。

　　①师古曰："从父昆弟之子，名建字长卿。"
　　②师古曰："言于胜及高两处采问疑义而得。"
　　③师古曰："颛，与专同。专门者，自别为一家之学。"

　　京房字君明，东郡顿丘人也。治《易》，事梁人焦延寿。延寿字
赣。①赣贫贱，以好学得幸梁王，梁王共其资用，②令极意学。既成，
为郡史，察举补小黄令。以侯司先知奸邪，盗贼不得发。③爱养吏
民，化行县中。举最当迁，④三老官属上书愿留赣，有诏许增秩
留，⑤卒于小黄。赣常曰："得我道以亡身者，京生也。"其说长于灾
变，分六十四卦，更直日用事，以风雨寒温为候，⑥各有占验。房用
之尤精。好钟律，知音声。初元四年，以孝廉为郎。

　　①师古曰："赣，音贡。"
　　②师古曰："共，读曰恭。"
　　③师古曰："以其常先知奸邪，故欲为盗贼者不敢起发。"
　　④师古曰："以课最而被举，故欲迁为他官也。"
　　⑤师古曰："依许留而增其秩。"

⑥孟康曰:"分卦直日之法,一爻主一日,六十四卦为三百六十日。余四卦,《震》、《离》、《兑》、《坎》,为方伯监司之官。所以用《震》、《离》、《兑》、《坎》者,是二至二分用事之日,又是四时各专王之气。各卦主时,其占法各以其日观其善恶也。"师古曰:"更,工衡反。"

　永光、建昭间,西羌反,日蚀,又久青亡光,阴雾不精。①房数上疏,先言其将然,②近数月,远一岁,所言屡中,天子说之。③数召见问,房对曰:"古帝王以功举贤,则万化成,瑞应著,④末世以毁誉取人,故功业废而致灾异。宜令百官各试其功,灾异可息。"诏使房作其事,房奏考功课吏法。⑤上令公卿朝臣与房会议温室,⑥皆以房言烦碎,令上下相司,不可许。上意乡之。⑦时部刺史奏事京师,上召见诸刺史,令房晓以课事,刺史复以为不可行。唯御史大夫郑弘、光禄大夫周堪初言不可,后善之。

①师古曰:"精,谓日光清明也。"
②师古曰:"言且欲有此事。"
③师古曰:"说,读曰悦。"
④师古曰:"万化,万机之事,施教化者也。一日,万物之类也。"
⑤晋灼曰:"令丞尉治一县,崇教化亡犯法者辄迁。有盗贼,满三日不觉者则尉事也。令觉之,自除,二尉负其二。率相准如此法。"
⑥师古曰:"温室,殿名也。"
⑦师古曰:"乡,读曰向。"

　是时,中书令石显颛权,①显友人五鹿充宗为尚书令,与房同经,论议相非。二人用事,房尝宴见,②问上曰:"幽厉之君何以危?所任者何人也?"上曰:"君不明,而所任者巧佞。"房曰:"知其巧佞而用之邪,将以为贤也?"上曰:"贤之。"房曰:"然则今何以知其不贤也?"上曰:"以其时乱而君危知之。"房曰:"若是,任贤必治,任不肖必乱,必然之道也。幽厉何不觉寤而更求贤,曷为卒任不肖以至于是?"③上曰:"临乱之君各贤其臣,令皆觉寤,天下安得危亡之君?"房曰:"齐桓公、秦二世亦尝闻此君而非笑之,然则任竖刁、赵高,政治日乱,盗贼满山,何不以幽厉卜之而觉寤乎?"上曰:"唯有道者能以往知来耳。"房因免冠顿首,曰:"《春秋》纪二百四十二年灾异,以视万世之君。④今陛下即位已来,日月失明,星辰逆行,山崩泉涌,地震石陨,夏霜冬靁,⑤春凋秋荣,陨霜不杀,水旱螟虫,民人饥疫,盗贼不禁,刑人满市,《春秋》所记灾异尽备。⑥陛下视今为治邪,乱邪? 所任用者谁与?"⑦上曰:"然幸其瘳于彼,又以为不在此人也。"⑧房曰:"夫前世之君亦皆然矣。臣恐后之视今,犹今之视前也。"上良久乃曰:"今为乱者谁哉?"房曰:"明主宜自知之。"上曰:"不知也;如知,何故用之?"⑨房曰:"上最所信任,与图事帷幄之中进退天下之士者是矣。"⑩房指谓石显,上亦知之,谓房曰:"已谕。"⑪

①师古曰:"顓,与专同"。

②师古曰:"以间宴时而入见天子。"

③师古曰:"卒,终也。"

④师古曰:"视,读曰示。"

⑤师古曰:"靁,古雷字。"

⑥师古曰:"言今皆备有之。"

⑦师古曰:"与,读曰欤。"

⑧师古曰:"瘳,与愈同。愈犹胜也。言今之灾异及政道犹幸胜于往日,又不由所任之人。"

⑨师古曰:"如,若也。"

⑩师古曰:"图,谋也。"

⑪师古曰:"言已晓此意。"

　　房罢出,后上令房上弟子晓知考功课吏事者,欲试用之。房上中郎任良、姚平,"愿以为刺史,试考功法,臣得通籍殿中,为奏事,以防雍塞。"①石显、五鹿充宗皆疾房,欲远之,②建言宜试以房为郡守。③元帝于是以房为魏郡太守,秩八百石,居得以考功法治郡。房自请,愿无属刺史,得除用它郡人,自弟吏千石已下,④岁竟乘传奏事。⑤天子许焉。

①师古曰:"雍,读曰壅。"

②师古曰:"出之,令远去。"

③师古曰:"立议云然也。"

④如淳曰："令长属县，自课弟殿最。"

⑤师古曰："传，音张恋反。其下亦同。"

房自知数以论议为大臣所非，内与石显、五鹿充宗有隙，不欲远离左右，及为太守，忧惧。以建昭二年二月朔拜，上封事曰："辛酉已来，蒙气衰去，太阳精明，臣独欣然，以为陛下有所定也。然少阴倍力而乘消息。①臣疑陛下虽行此道，犹不得如意，臣窃悼惧。守阳平侯风欲见未得，己卯，臣拜为太守，此言上虽明下犹胜之效也。②臣出之后，恐为用事所蔽，身死而功不成，故愿岁尽乘传奏事，蒙哀见许。乃辛巳，蒙气复乘卦，太阳侵色，③此上大夫覆阳而上意疑也。④己卯、庚辰之间，必有欲隔绝臣令不得乘传奏事者。"

①孟康曰："房以消卦为辟。辟，君也。息卦曰太阴，其余卦曰少阴少阳，谓臣下也。并力杂卦气干消息也。"

②师古曰："言权臣蔽主之明，故己出为郡守也。"

③张晏曰："《晋卦》、《解卦》也。太阳侵色，谓《大壮》也。"

④师古曰："覆，掩蔽也。"

房未发，上令阳平侯风承制诏房，止无乘传奏事。房意愈恐，去至新丰，因邮上封事①曰："臣前以六月中言《遁卦》不效，法曰：'道人始去，寒，涌水为灾。'②至其七月，涌水出。臣弟子姚平谓臣曰：'房可谓知道，未可谓信道也。房言灾异，未尝不中，涌水已出，道人当逐死，尚复何言？'臣曰：'陛下至仁，于臣尤厚，虽言而死，臣犹言也。'③平又曰：'房可谓小忠，未可谓大忠也。昔秦时赵高用事，有正先者，非刺高而死，④高威自此成，故秦之乱，正先趣之。'⑤今臣得出守郡，自诡效功，⑥恐未效而死。惟陛下毋使臣塞涌水之异，⑦当正先之死，为姚平所笑。"

①师古曰："邮，行书者也，若今传送文书矣。邮，音尤。"

②师古曰："道人，有道术之人也。天气寒而又有水涌出也。"

③师古曰："自云不避死也。"

④孟康曰："姓正名先，秦博士也。"

⑤师古曰："趣，读曰促。"

⑥师古曰："诡，责也，自以为忧责也。"

⑦师古曰："塞亦当也。"

　　房至陕,复上封事①曰："乃丙戌小雨,丁亥蒙气去,然少阴并力而乘消息,戊子益甚,到五十分,蒙气复起。②此陛下欲正消息,杂卦之党并力而争,消息之气不胜。强弱安危之机不可不察。己丑夜,有还风,尽辛卯,③太阳复侵色,至癸巳,日月相薄,④此邪阴同力而太阳为之疑也。臣前白九年不改,必有星亡之异。⑤臣愿出任良试考功,臣得居内,星亡之异可去。议者知如此于身不利,臣不可蔽,故云使弟子不若试师。臣为刺史又当奏事,故复云为刺史恐太守不与同心,不若以为太守,此其所以隔绝臣也。陛下不违其言而遂听之,此乃蒙气所以不解,太阳亡色者也。臣去稍远,太阳侵色益甚,唯陛下毋难还臣而易逆天意。⑥邪说虽安于人,天气必变,故人可欺,天不可欺也,愿陛下察焉。"房去月余,竟征下狱。

①师古曰："陕,弘农之县也,音式冉反。"

②孟康曰："分一日为八十分,分起夜半,是为戊子之日日在巳西而蒙也。蒙常以晨夜,今向中而蒙起,是臣党盛君不胜也。"

③孟康曰："诸卦气以寒温不效后九十一日为还风。还风,暴风也。风为教令,言正令还也。"

④孟康曰："《京房传》曰:'虽非日月同宿之时,阴道盛,犹上薄日光如此,但日无光不食也。'"

⑤张晏曰："九,阳数之极也。"孟康曰："昼食为既,夜食为尽,而星亡为星不见也。"

⑥师古曰："易,轻也,音弋豉反。"

　　初,淮阳宪王舅张博从房受学,以女妻房。房与相亲,每朝见,辄为博道其语,①以为上意欲用房议,而群臣恶其害己,故为众所排。博曰："淮阳王上亲弟,敏达好政,欲为国忠。②今欲令王上书求入朝,得佐助房。"房曰："得无不可?"③博曰："前楚王朝荐士,何为不可?"房曰："中书令石显、尚书令五鹿君相与合同,巧佞之人也,事县官十余年;及丞相韦侯,皆久亡补于民,可谓亡功矣。④此尤不欲行考功者也。淮阳王即朝见,劝上行考功,事善;不然,但言丞相、中书令任事久而不治,可休丞相,以御史大夫郑弘代之,迁中书令置他官，以钩盾令徐立代之，如此，房考功事得施行矣。"博具从房记诸所说灾异事，因令房为淮阳王作求朝奏草，皆持东与淮阳王。石显微司具知之，以房亲近，未敢言。及房出守郡，显告房与张博通谋，非谤政治，归恶天子，诖误诸侯王，语在《宪王传》。初，房见，道幽厉事，出为御史大夫郑弘言之。房、博皆弃市，弘坐免为庶人。房本姓李，推律自定为京氏，死时年四十一。

　　①师古曰："所与天子言，皆具说之。"

　　②师古曰："为，于伪反。"

　　③师古曰："恐不可也。"

　　④师古曰："韦玄成也。"

　　翼奉字少君，东海下邳人也。治《齐诗》，与萧望之、匡衡同师。三人经术皆明，衡为后进，望之施之政事，而奉惇学不仕，好律历阴阳之占。元帝初即位，诸儒荐之，征待诏宦者署，数言事宴见，天子敬焉。时，平昌侯王临以宣帝外属侍中，称诏欲从奉学其术。奉不肯与言，而上封事曰："臣闻之于师，治道要务，在知下之邪正。人诚乡正，虽愚为用；①若乃怀邪，知益为害。知下之术，在于六情十二律而已。北方之情，好也；好行贪狼，申子主之。②东方之情，怒也；怒行阴贼，亥卯主之。③贪狼必待阴贼而后动，阴贼必待贪狼而后用，二阴并行，是以王者忌子卯也。《礼经》避之，《春秋》讳焉。④南方之情，恶也；恶行廉贞，寅午主之。⑤西方之情，喜也；喜行宽大，巳酉主之。⑥二阳并行，是以王者吉午酉也。《诗》曰'吉日庚午'。⑦上方之情，乐也；乐行奸邪，辰未主之。⑧下方之情，哀也；哀行公正，戌丑主之。⑨辰未属阴，戌丑属阳，万物各以其类应。今陛下明圣虚静以待物至，万事虽众，何闻而不谕，⑩岂况乎执十二律而御六情！于以知下参实，亦甚优矣，万不失一，自然之道也。乃正月癸未日加申，有暴风从西南来。未主奸邪，申主贪狼，风以大阴下抵建前，是人主左右邪臣之气。⑪平昌侯比三来见臣，皆以正辰加邪时。辰为客，时为主人。以律知人情，王者之秘道也，⑫愚臣诚不敢以语邪人。"

①师古曰:"乡,读曰向。"

②孟康曰:"北方水,水生于申,盛于子。水性触地而行,触物而润,多所好
故;多好则贪而无厌,故为贪狼也。"

③孟康曰:"东方木,木生于亥,盛于卯。木性受水气而生,贯地而出,故为
怒;以阴气贼害土,故为阴贼也。"

④李奇曰:"北方阴也,卯又阴贼,故为二阴,王者忌之,不举乐。《春秋》、
《礼记》说皆同。贾氏说:'桀以乙卯亡,纣以甲子丧,恶以为戒。'"张晏
曰:"子刑卯,卯刑子,相刑之日,故以为忌。而云夏以乙卯亡,殷以甲子
亡,不推汤武以兴,此说非也。"师古曰:"儒者以为子卯夏殷亡日,大失
之矣。何儒亮以为学者虽驳云,只取夏殷亡日,不论殷周之兴,以为大
失,不博考其义。且天人之际,其理相符,有德者昌,无德者亡。以桀纣
之暴虐,又遇恶日,其理必亡。以汤武之德,固先天而天不违,所谓德能
消殃矣,岂殃能消德也!"

⑤孟康曰:"南方火,火生于寅,盛于午。火性炎猛,无所容受,故为恶;其
气精专严整,故为廉贞。"

⑥孟康曰:"西方金,金生于巳,盛于酉。金之为物,喜以利刃加于万物,故
为喜;利刃所加,无不宽大,故曰宽大也。"

⑦师古曰:"《小雅·吉日》之诗也。其诗曰'吉日庚午,既差我马',言以庚
午之吉日,简择车马以出田也。"

⑧孟康曰:"上方,谓北与东也。阳气所萌生,故为上。辰,穷水也。未,穷
木也。翼氏《风角》曰'木落归本,水流归末',故木利在亥,水利在辰,盛
衰各得其所,故乐也。水穷则无隙不入,木上出,穷则旁行,故为奸邪。"

⑨孟康曰:"下方,谓南与西也。阴气所萌生,故为下。戌,穷火也。丑,穷
金也。翼氏《风角》曰'金刚火强,各归其乡',故火刑于午,金刑于酉。酉
午,金火之盛也。盛时而受刑,至穷无所归,故曰哀也。火性无所私,金
性方刚,故曰公正。"

⑩师古曰:"谕,谓晓解之。"

⑪张晏曰:"初元二年,岁在甲戌,正月二十二日癸未也,太阴在太岁后。"
孟康曰:"时太阴在未,月建在寅,风从未下至寅南也。建为主气,太阴
臣气也,加主气,是人主在右邪臣验也。"晋灼曰:"癸未日风,未辰也,
时加申。张说是也。"

⑫张晏曰:"平昌侯欲依上来学,为时邪也。风日加申,申知秘道也。"孟康曰:"谓乙丑之日也。丑为正日,加未而来为邪时。"晋灼曰:"奉以未为邪时,占知平昌侯为邪人,此当言皆以邪辰加邪时,字误作正耳。下言大邪之见,辰时俱邪是也。翼氏曰'五行动为五音,四刑散为十二律'也。"

上以奉为中郎,召问奉:"来者以善日邪时,孰与邪日善时?"奉对曰:"师法用辰不用日。①辰为客,时为主人。见于明主,侍者为主人。②辰正时邪,见者正,侍者邪;辰邪时正,见者邪,侍者正。忠正之见,侍者虽邪,辰时俱正;③大邪之见,侍者虽正,辰时俱邪。④即以自知侍者之邪,而时邪辰正,见者反邪;⑤即以自知侍者之正,而时正辰邪,见者反正。⑥辰为常事,时为一行。⑦辰疏而时精,其效同功,必三五观之,然后可知。故曰:察其所繇,省其进退,⑧参之六合五行,则可以见人性,知人情。难用外察,从中甚明,故诗之为学,情性而已。五性不相害,六情更兴废。⑨观性以历,⑩观情以律,⑪明主所宜独用,难与二人共也。故曰:'显诸仁,臧诸用。'⑫露之则不神,独行则自然矣,唯奉能用之,学者莫能行。"

①孟康曰:"假令甲子日,子为辰,甲为日,用子不用甲也。"

②张晏曰:"礼,君燕见臣,则使臣为主人,故侍者为主人。"

③孟康曰:"大正厌小邪也。凡辰时属南与西为正,北与东为邪。"晋灼曰:"以上占推之,南方巳午、西方酉戌、东北寅丑为正,西南申未、北方亥子、东方卯为邪。"

④孟康曰:"大邪厌小正也。"

⑤孟康曰:"凡占以见者为本。今自知侍者邪,而时复邪,则邪无所施,故属见者。"晋灼曰:"上言中正客见,侍者虽邪,辰时俱正,然则小邪属主人矣。何以知之,见者以大正来反我小邪故也。"

⑥孟康曰:"已自知侍者正,而时复正,则正无所施。"辰虽邪,而见者更正也。"晋灼曰:"上言大邪客见,侍者虽正,辰时俱邪,然则小正属主人矣。以此法占之,即以自知主人之正,而时正辰邪矣。何以知之?见者以大邪来反我小正故也。"

⑦孟康曰:"假令甲子日,则一日一夜为子。时,十二时也。日加之,行过也。"

⑧师古曰："繇,与由同。"

⑨师古曰："更,工衡反。"

⑩张晏曰："性,谓五行也。历,谓日也。"晋灼曰："翼氏《五性》:肝性静,静行仁,甲己主之;心性躁,躁行礼,丙辛主之;脾性力,力行信,戊癸主之;肺性坚,坚行义,乙庚主之;肾性智,智行敬,丁壬主之也。"

⑪张晏曰："情,谓廉贞、宽大、公正、奸邪、阴贼,贪狼也。律,十二律也。"

⑫师古曰："《易·上系》之辞也。道周万物,故曰显诸仁;日用不知,故曰藏诸用也。"

　　是岁,关东大水,郡国十一饥,疫尤甚。上乃下诏江海陂湖园池属少府者以假贫民,勿租税;损大官膳,减乐府员,省苑马,诸宫馆稀御幸者勿缮治;太仆少府减食谷马,水衡省食肉兽。明年二月戊午,地震。其夏,齐地人相食。七月己酉,地复震。上曰:"盖闻贤圣在位,阴阳和,风雨时,日月光,星辰静,黎庶康宁,考终厥命。今朕共承天地,托于公侯之上,明不能烛,德不能绥,灾异并臻,连年不息。乃二月戊午,地大震于陇西郡,毁落太上庙殿壁木饰,坏败狋道县①城郭官寺及民室屋,厌杀人众,山崩地裂,水泉涌出。一年地再动,天惟降灾,震惊朕躬。治有大亏,咎至于此。夙夜兢兢,不通大变,深怀郁悼,未知其序。比年不登,元元困乏,不胜饥寒,以陷刑辟,朕甚闵焉,惨怛于心。②已诏吏虚仓廪,开府臧,振捄贫民。③群司其茂思天地之戒,④有可蠲除减省以便万姓者,各条奏。悉意陈朕过失,靡有所讳。"⑤因赦天下,举直言极谏之士。奉奏封事曰:

①师古曰："狋,音桓。"

②师古曰："惨,千感反。"

③师古曰："捄,古救字。"

④师古曰："茂,勉也。"

⑤师古曰："悉,尽也。"

　　　臣闻之于师曰,天地设位,悬日月,布星辰,分阴阳,定四时,列五行,以视圣人,名之曰道。①圣人见道,然后知王治之象,故画州土,建君臣,立律历,陈成败,以视贤者,名之曰经。贤者见经,然后知人道之务,则《诗》、《书》、《易》、《春秋》、

《礼》、《乐》是也。《易》有阴阳，《诗》有五际，②《春秋》有灾异，皆列终始，推得失，考天心，以言王道之安危。至秦乃不说，伤之以法，③是以大道不通，至于灭亡。今陛下明圣，深怀要道，烛临万方，④布德流惠，靡有阙遗。罢省不急之用，振救困贫，赋医药，赐棺钱，⑤恩泽甚厚。又举直言，求过失，盛德纯备，天下幸甚。

①师古曰："视，读曰示。下亦类此。"

②应劭曰："君臣、父子、兄弟、夫妇、朋友也。"孟康曰："《诗内传》曰：'五际，卯、酉、午、戌、亥也。阴阳终始际会之岁，于此则有变改之政也。'"

③师古曰："说，音悦。言不悦《诗》《书》而以文法伤文学之人也。"

④师古曰："烛，照也。"

⑤师古曰："赋，谓分给之。"

臣奉窃学《齐诗》，闻五际之要《十月之交》篇，①知日蚀地震之效昭然可明，犹巢居知风，穴处知雨，②亦不足多，适所习耳。臣闻人气内逆，则感动天地；天变见于星气日蚀，地变见于奇物震动。所以然者，阳用其精，阴用其形，犹人之有五臧六体，五臧象天，六体象地。故臧病则气色发于面，体病则欠申动于貌。今年太阴建于甲戌，律以庚寅初用事，历以甲午从春。③历中甲庚，律得参阳，性中仁义，情得公正贞廉，④百年之精岁也。正以精岁，本首王位，⑤日临中时接律而地大震，其后连月久阴，虽有大令，犹不能复，⑥阴气盛矣。古者朝廷必有同姓以明亲亲，必有异姓以明贤贤，此圣王之所以大通天下也。同姓亲而易进，异姓疏而难通，故同姓一，异姓五，乃为平均。今左右亡同姓，独以舅后之家为亲，异姓之臣又疏。二后之党满朝，非特处位，势尤奢僭过度，吕、霍、上官足以卜之，甚非爱人之道，又非后嗣之长策也。阴气之盛，不亦宜乎！

①师古曰："《小雅》篇名也。"

②师古曰："巢居，乌鹊之属也。穴处，狐狸之类也。"

③孟康曰："太阴在甲戌，则太岁在子。十一月庚寅日，黄钟律初起用事也。"

④张晏曰："甲庚皆三阳。甲在东方为仁,庚在西方为义。戌为公正,寅午
　　为廉贞。"晋灼曰:"木数三。寅在东方,木位之始,故曰参阳也。"师古
　　曰:"中,音竹仲反。"

⑤张晏曰:"春也。"

⑥师古曰:"大令,谓虚仓廪,开府库之属也。复,补也,音扶目反。"

　　臣又闻未央、建章、甘泉宫才人各以百数,皆不得天性。①
若杜陵园,其已御见者,臣子不敢有言,虽然,太皇太后之事
也。及诸侯王国,与其后宫,宜为设员,出其过制者,此损阴气
应天救邪之道也。今异至不应,灾将随之。其法大水,极阴生
阳,反为大旱,甚则有火灾,春秋宋伯姬是矣。②唯陛下财
察。③

①师古曰:"言绝男女之好也。"

②师古曰:"伯姬,鲁成公女,宋恭公之夫人也。幽居守寡,既久而遇火灾,
　　极阴生阳也。"

③师古曰:"财,与裁同。"

　　明年夏四月乙未,孝武园白鹤馆灾。奉自以为中,上疏曰:"臣
前上五际地震之效,曰极阴生阳,恐有火灾。不合明听,未见省答,
臣窃内不自信。今白鹤馆以四月乙未,时加于卯,月宿亢灾,与前地
震同法。臣奉乃深知道之可信也。不胜拳拳,愿复赐间,卒其终
始。"①

①师古曰:"间,空隙也。卒,尽也。"

　　上复延问以得失。奉以为祭天地于云阳汾阴,及诸寝庙不以亲
疏迭毁,皆烦费,违古制。又宫室苑囿,奢泰难供,以故民困国虚,亡
累年之畜。所繇来久,①不改其本,难以末正,乃上疏曰:

①师古曰:"畜,读曰蓄。繇,与由同。"

　　臣闻昔者盘庚改邑以兴殷道,圣人美之。①窃闻汉德隆
盛,在于孝文皇帝躬行节俭,外省繇役。其时未有甘泉、建章及
上林中诸离宫馆也。未央宫又无高门、武台、麒麟、凤凰、白虎、
玉堂、金华之殿,独有前殿、曲台、渐台、宣室、温室、承明耳。孝
文欲作一台,度用百金,②重民之财,废而不为,其积土基,至

今犹存,③又下遗诏,不起山坟。故其时天下大和,百姓洽足
德流后嗣。

①师古曰:"盘庚,殷王名也。将迁亳,殷众庶咸怨,作《盘庚》三篇以告之,
　遂乃迁都,事见《尚书》也。"

②师古曰:"度,计也,音大各反。"

③师古曰:"今在新丰县南,骊山顶上也。"

　　如令处于当今,因此制度,必不能成功名。天道有常,王道
亡常,亡常者所以应有常也。必有非常之主,然后能立非常之
功。臣愿陛下徙都于成周,左据成皋,右阻黾池,前乡崧高,后
介大河,①建荥阳,扶河东,南北千里以为关,而入敖仓;地方
百里者八九,足以自娱;东厌诸侯之权,西远羌胡之难,②陛下
共己亡为,③案成周之居,兼盘庚之德,万岁之后,长为高宗。
汉家郊兆寝庙祭祀之礼多不应古,臣奉诚难宣居而改作,④故
愿陛下迁都正本。众制皆定,亡复缮治宫馆不急之费,岁可余
一年之畜。⑤

①师古曰:"乡,读曰向。介,隔也,碍也。"

②师古曰:"厌,抑也。音一叶反。远,于万反。"

③师古曰:"共,读曰恭。"

④如淳曰:"宣居,犹虚居也,欲徙都乃可更制度也。"师古曰:"宣,读曰
　但。但居,谓依旧都也。"

⑤师古曰:"畜,读曰蓄。次下亦同。"

　　臣闻三代之祖积德以王,然皆不过数百年而绝。周至成
王,有上贤之材,因文武之业,以周召为辅,①有司各敬其事,
在位莫非其人。②天下甫二世耳,③然周公犹作诗书深戒成
王,以恐失天下。《书》则曰:"王毋若殷王纣。"④其《诗》则曰:
"殷之未丧师,克配上帝;宜监于殷,骏命不易。"⑤今汉初取天
下,起于丰沛,以兵征伐,德化未洽,后世奢侈,国家之费当数
代之用,非直费财,又乃费士。孝武之世,暴骨四夷,不可胜数。
有天下虽未久,至于陛下八世九主矣,⑥虽有成王之明,然亡
周召之佐。⑦今东方连年饥馑,加之以疾疫,百姓菜色,或至相

食。⑧地比震动,天气湣浊,日光侵夺。⑨繇此言之,⑩执国政者岂可以不怀怵惕而戒万分之一乎!故臣愿陛下因天变而徙都,所谓与天下更始者也。天道终而复始,穷则反本,故能延长而亡穷也。今汉道未终,陛下本而始之,于以永世延祚,不亦优乎!如因丙子孟夏,顺太阴以东行,⑪到后七年之明岁,必有五年之余蓄,然后大行考室之礼,⑫虽周之隆盛,亡以加此。唯陛下留神,详察万世之策。

①师古曰:"召,读曰邵。"

②师古曰:"言所任皆得贤材也。"

③师古曰:"甫,始也。"

④师古曰:"《周书·亡逸》篇也。其书曰周公曰:'乌呼!毋若殷王纣之迷乱,酗于酒德哉!'是也。"

⑤师古曰:"《诗·大雅·文王》之诗也。师,众也。骏,大也。言殷家自帝乙以上,未丧天下之时,皆能配天而行。至纣荒怠,自取败灭。今宜以殷王贤愚为镜,知天之大命甚难也。"

⑥如淳曰:"吕后为主,不得为世,故八世九主矣。"

⑦师古曰:"召,读曰邵。"

⑧师古曰:"人专食菜,故肌肤青黄,为菜色也。"

⑨师古曰:"比,频也。湣,污也,音下顿反。"

⑩师古曰:"繇,与由同。"

⑪张晏曰:"如因今丙子四月也。太阴是时在甲戌,当转在乙亥、丙子,左旋之也。"

⑫李奇曰:"凡官新成,杀牲以衅祭,致其五祀之神,谓之考室。"师古曰:"考,成也,成其礼也。《诗·小雅·斯干》之诗序曰'斯干,宣王考室也',故奉引之。"

书奏,天子异其意,答曰:"问奉:今园庙有七,云东徙,状何如?"奉对曰:"昔成王徙洛,殷庚迁殷,其所避就,皆陛下所明知也。非有圣明,不能一变天下之道。臣奉愚戆狂惑,唯陛下裁赦。"

其后,贡禹亦言当定迭毁礼,上遂从之。及匡衡为丞相,奏徙南北郊,其议皆自奉发之。

奉以中郎为博士、谏大夫,年老以寿终。子及孙,皆以学在儒官。

李寻字子长,平陵人也。治《尚书》,与张孺、郑宽中同师。宽中等守师法教授,寻独好《洪范》灾异,又学天文月令阴阳。事丞相翟方进,方进亦善为星历,除寻为吏,数为翟侯言事。帝舅曲阳侯王根为大司马票骑将军,厚遇寻。是时多灾异,根辅政,数虚己问寻。寻见汉家有中衰陁会之象,其意以为且有洪水为灾,乃说根曰:

《书》云“天聪明”,①盖言紫宫极枢,通位帝纪,②太微四门,广开大道,③五经六纬,尊术显士,④翼张舒布,烛临四海,⑤少微处士,为比为辅,⑥故次帝廷,女宫在后。⑦圣人承天,贤贤易色,取法于此。⑧天官上相上将,皆颛面正朝,⑨忧责甚重,要在得人。得人之效,成败之机,不可不勉也。昔秦穆公说谀谀之言,任仡仡之勇,身受大辱,社稷几亡。⑩悔过自责,思惟黄发,任用百里奚,卒伯西域,德列王道。⑪二者祸福如此,可不慎哉!

①师古曰:“《虞书·皋陶谟》之辞也。天视听,人君之行不可不畏慎也。”

②孟康曰:“紫宫,天之北宫也。极,天之北极星也,枢是其回转者也。《天文志》曰:‘天极其一明者,太一常居也。’太一,天皇大帝也,与通极为一体,故曰通位帝纪也。”

③孟康曰:“太微,天之南宫也。四门,太微之四门也。”

④孟康曰:“六纬,五经与乐纬也。”张晏曰:“六纬,五经就《孝经》纬也。”师古曰:“六纬者,五经之纬及乐纬也。孟说是也。”

⑤张晏曰:“翼二十八星,十八度。舒布,张广也。翼翅夹张,故言也。”

⑥孟康曰:“少微四星在太微西,主处士儒学之官,为太微辅佐也。”

⑦孟康曰:“言少微四星在太微次。太微为天帝廷。女宫,谓轩辕星也。”

⑧师古曰:“贤贤,尊上贤人。易色,轻略于色,不贵之也。易,弋二反。”

⑨孟康曰:“朝太微宫垣也。西垣为上将,东垣为上相,各专一面而正天之朝事也。”

⑩师古曰:“谀谀,小善也。仡仡,壮健也。谓听杞子、逢孙、杨孙之言,言郑

可袭,乃使孟明视、西乞术、白乙丙帅师伐郑,遂为晋襄公所御而败于
殽,三帅尽获,匹马只轮皆无反者。诶,音践。乞,巨乙反,又牛乞反。"
⑪师古曰:"谓晋归三帅之后,穆公自悔,作《秦誓》云:'虽则员然,尚犹询
兹黄发,则罔所愆。'自言前有云然之过,今庶几以道谋此黄发贤老,则
行事无所过失矣。百里奚本虞人也,穆公用之,卒成霸业。"

　　夫士者,国家之大宝,功名之本也。将军一门九侯,二十朱
轮,汉兴以来,臣子贵盛,未尝至此。夫物盛必衰,自然之理,唯
有贤友强辅,庶几可以保身命,全子孙,安国家。

　　《书》曰"历象日月星辰",①此言仰视天文,俯察地理,观
日月消息,候星辰行伍,揆山川变动,参人民繇俗,②以制法
度,考祸福。举错悖逆,咎败将至,征兆为之先见。③明君恐惧
修正,侧身博问,转祸为福;不可救者,即蓄备以待之,故社稷
亡忧。
①师古曰:"《虞书·尧典》之辞也。"
②师古曰:"繇,读与谣同。繇俗者,谓若童谣及舆人之诵。"
③师古曰:"悖,乖也,音布内反。"

　　窃见往者赤黄四塞,地气大发,动土竭民,天下扰乱之征
也。慧星争明,①庶雄为笫,大寇之引也。②此二者已颇效矣。
城中讹言大水,奔走上城,朝廷惊骇,女孽入宫,③此独未效。
间者重以水泉涌溢,旁宫阙仍出。④月、太白入东井,犯积水,
缺天渊。⑤日数湛于极阳之色。⑥羽气乘宫,⑦起风积云。又错
以山崩地动,河不用其道。⑧盛冬雷电,潜龙为孽。⑨继以陨星
流彗,维、填上见,⑩日蚀有背乡。⑪此亦高下易居,洪水之征
也。不忧不改,洪水乃欲荡涤,流彗乃欲埽除;改之,则有年亡
期。⑫故属者颇有变改,小贬邪猾,⑬日月光精,时雨气应,⑭
此皇天右汉亡已也,⑮何况致大改之!
①张晏曰:"与日月争明。"
②师古曰:"将引致大寇也。"
③应劭曰:"谓小女陈持弓也。"
④李奇曰:"旁宫阙而出水也。"师古曰:"旁,附也。仍,频也。重,直用反。

旁,薄郎反。"

⑤张晏曰:"犯东井,有水灾。"孟康曰:"积水,一星在北河北。天渊十星在
北斗星东南。缺者,拂其角而过之也。"

⑥张晏曰:"众阳之宗,故为极阳也。色宜明耀,而无光也。"

⑦孟康曰:"《天文志》曰西方为羽。羽,少阴之位。少阴臣气,乘于君也。"
晋灼曰:"羽,北方水也,水阴为臣。宫,中央土也,土为君。今水乘土,言
臣气胜于君也。"

⑧师古曰:"错,杂也。言河徙流,不从故道也。"

⑨孟康曰:"黑龙冬见。"张晏曰:"《五行传》曰:'龙见井中,幽囚之象
也。'"

⑩孟康曰:"有地维星,有四填星,皆妖星也。"晋灼曰:"《天文志》四填星
出四隅,去地可四丈,地维藏光亦出四隅,去地可二丈,若月始出,所见
下有乱者亡,有德者昌。"

⑪师古曰:"背,步内反。乡,读曰向。"

⑫师古曰:"言可延期,得禳灾。"

⑬师古曰:"属者,谓近时也。属,之欲反。"

⑭师古曰:"精,谓光明也。"

⑮师古曰:"右,读曰佑。"

　　宜急博求幽隐,拔擢天士,任以大职。①诸阘茸佞谄,抱虚
求进,②及用残贼酷虐闻者,若此之徒皆嫉善憎忠,坏天文,败
地理,涌趨邪阴,湛溺太阳,③为主结怨于民,④宜以时废退,
不当得居位。诚必行之,凶灾销灭,子孙之福不旋日而至。政
治感阴阳,犹铁炭之低卬,见效可信者也。⑤及诸蓄水连泉,务
通利之。修旧堤防,省池泽税,以助损邪阴之盛。案行事,考变
易,讻言之效,未尝不至。请征韩放,⑥掾周敞、王望可与图之。

①李奇曰:"天士,知天道者也。"晋灼曰:"严君平言师于天士。天士,应宿
台鼎之臣也。"师古曰:"李说是也。"

②师古曰:"阘,吐腊反。茸,人勇反。谄,古谄字。"

③师古曰:"趨字与跃同。湛,读曰沈。"

④师古曰:"为,于伪反。"

⑤孟康曰:"《天文志》云'县土炭'也,以铁易土耳。先冬夏至,县铁炭于

衡，各一端，令适停。冬，阳气至，炭仰而铁低。夏，阴气至，炭低而铁仰。以此候二至也。"

⑥服虔曰："姓名也，晓水。"

根于是荐寻。哀帝初即位，召寻待诏黄门，使侍中卫尉傅喜问寻："间者水出地动，日月失度，星辰乱行，灾异仍重，①极言母有所讳。"寻对曰：

①师古曰："重，直用反。"

　　陛下圣德，尊天敬地，畏命重民，悼惧变异，不忘疏贱之臣，幸使重臣临问，愚臣不足以奉明诏。窃见陛下新即位，开大明，除忌讳，博延名士，靡不并进。臣寻位卑术浅，过随众贤待诏，①食太官，衣御府，久污玉堂之署。②比得召见，亡以自效。③复特见延问至诚，自以逢不世出之命，愿竭愚心，不敢有所避，庶几万分有一可采。唯弃须臾之间，宿留瞽言，④考之文理，稽之五经，揆之圣意，以参天心。夫变异之来，各应象而至，臣谨条陈所闻。

①师古曰："过犹谬也。"

②师古曰："玉堂殿在未央宫。"

③师古曰："比，频也。"

④师古曰："间，谓空隙之时也。宿，先就反。留，力救反。"

　　《易》曰："县象著明，莫大乎日月。"①夫日者，众阳之长，辉光所烛，万里同晷，人君之表也。②故日将旦，清风发，群阴伏，君以临朝，不牵于色。日初出，炎以阳，君登朝，佞不行，忠直进，不蔽障。日中辉光，君德盛明，大臣奉公。日将入，专以壹，君就房，有常节。君不修道，则日失其度，晻昧亡光。③各有云为。其于东方作，日初出时，④阴云邪气起者，法为牵于女谒，⑤有所畏难；日出后，为近臣乱政；日中，为大臣欺诬；日且入，为妻妾役使所营。⑥间者日尤不精，光明侵夺失色，邪气珥蜺数作。本起于晨，相连至昏，其日出后至日中间差瘉。⑦小臣不知内事，窃以日视陛下志操，衰于始初多矣。其咎恐有以守正直言而得罪者,伤嗣害世,不可不慎也。唯陛下执乾刚之德,强志守度,毋听女谒邪臣之态。诸保阿乳母甘言悲辞之托,断而勿听。勉强大谊,绝小不忍;良有不得已,可赐以货财,不可私以官位,诚皇天之禁也。日失其光,则星辰放流。⑧阳不能制阴,阴桀得作。间者太白正昼经天,宜隆德克躬,以执不轨。

①师古曰:"《上系》之辞也。在天成象,故曰县象也。"

②师古曰:"晷,景也。"

③师古曰:"晻,与暗同,又音乌感反。"

④师古曰:"作,起也。日出之时,人物皆起。"

⑤服虔曰:"谒,请也。"

⑥师古曰:"营,谓绕也。"

⑦师古曰:"瘳,与愈同。"

⑧张晏曰:"日夜食则失光,昼立六尺木,不见其景也。日阳失光明,阴得施也。"

　　臣闻月者,众阴之长,销息见伏,百里为品,千里立表,万里连纪,①妃后大臣诸侯之象也。朔晦正终始,弦为绳墨,望成君德,春夏南,秋冬北。间者,月数以春夏与日同道,②过轩辕上后受气,③入太微帝廷扬光辉,犯上将近臣,列星皆失色,厌厌如灭,④此为母后与政乱朝,⑤阴阳俱伤,而不相便。外臣不知朝事,窃信天文,即如此,近臣已不足杖矣。⑥屋大柱小,可为寒心。⑦唯陛下亲求贤士,无强所恶,以崇社稷,尊强本朝。⑧

①孟康曰:"品,同也,言百里内数度同也。千里则当立表度其景,万里则继其本所起纪其宿度也。"

②孟康曰:"房有四星,其间有三道。春夏南行,南头第一星里道也。秋冬北行,北头第一星里道也。与日同道者,谓中央道也。此三道者,日月五星之所由也。"

③孟康曰:"轩辕南大星为后。"

④郑氏曰:"厌,音屦桑之屦。"师古曰:"音乌点反。"

⑤师古曰:"与,读曰豫。"

⑥师古曰:"杖,谓倚任也。"

⑦师古曰:"言天下事重大,臣之任当得贤能者。"

⑧师古曰:"邪佞之人诚可贱恶,勿得宠异,令其盛强也。"

臣闻五星者,五行之精,五帝司命,应王者号令为之节度。岁星主岁事,为统首,号令所纪,今失度而盛,此君指意欲有所为,未得其节也。又填星不避岁星者,后皇帝共政,相留于奎、娄,①当以义断之。营惑往来亡常,周历两宫,作态低卬,②入天门,上明堂,贯尾乱宫。③太白发越犯库,④兵寇之应也。贯黄龙,入帝庭,⑤当门而出,随荧惑入天门,至房而分,欲与荧惑为患,不敢当明堂之精。此陛下神灵,故祸乱不成也。荧惑厥弛,⑥佞巧依势,微言毁誉,进类蔽善。⑦太白出端门,⑧臣有不臣者。火入室,金上堂,⑨不以时解,其忧凶。填、岁相守,又主内乱。宜察萧墙之内,毋忽亲疏之微,⑩诛放佞人,防绝萌牙,以荡涤浊涉,消散积恶,⑪毋使得成祸乱。辰星主正四时,当效于四仲;四时失序,则辰星作异。今出于岁首之孟,天所以谴告陛下也。政急则出蚤,政缓则出晚,政绝不行则伏不见而为彗莩。⑫四孟皆出,为易王命;四季皆出,星家所讳。今幸独出寅孟之月,盖皇天所以笃右陛下,⑬宜深自改。

①张晏曰:"岁星为帝,填星为女主也。"

②张晏曰:"两宫谓紫微、太微。"

③孟康曰:"角两星为天门,房为明堂,尾为后宫。"苏林曰:"常占当从尾北,而今贯之,尾为后宫之义也。"

④张晏曰:"发越,疾貌也。库,天库也。"孟康曰:"奎为天库。"

⑤张晏曰:"黄龙,轩辕也。"

⑥张晏曰:"厥弛,动摇貌。"

⑦师古曰:"进其党类,而拥蔽善人。"

⑧张晏曰:"端门,太微正南门。"

⑨张晏曰:"荧惑入营室也。"孟康曰:"火入室,谓荧惑历两宫也。金,谓太白也。上堂,入房星也。"

⑩师古曰:"微,谓其事微。"

⑪师古曰："涉，与秽同也。"

⑫师古曰："菲，与芓同。"

⑬师古曰："笃，厚也。右，与佑同。佑犹助也。"

　　治国故不可以戚戚，欲速则不达。经曰："三载考绩，三考
黜陟。"①加以号令不顺四时，既往不咎，来事之师也。间者，春
三月治大狱，时贼阴立逆，恐岁小收；季夏举兵法，时寒气应，
恐后有霜雹之灾；秋月行封爵，其月土湿奥，②恐后有雷雹之
变。夫以喜怒赏罚，而不顾时禁，虽有尧舜之心，犹不能致和。
善言天者，必有效于人。设上农夫而欲冬田，肉袒深耕，汗出种
之，然犹不生者，非人心不至，天时不得也。《易》曰："时止则
止，时行则行，动静不失其时，其道光明。"③《书》曰：'敬授民
时。"④故古之王者，尊天地，重阴阳，敬四时，严月令。顺之以
善政，则和气可立致，犹桴鼓之相应也。⑤今朝庭忽于时月之
令，诸侍中尚书近臣宜皆令通知月令之意，设群下请事；若陛
下出令有谬于时者，当知争之，以顺时气。

①师古曰："《虞书·舜典》之辞也。言三年一考功绩，三考一行黜陟也。"

②张晏曰："违于月令也。"师古曰："奥，温也，音于六反。"

③师古曰："此《艮卦》象辞也。言动止随时则有光明也。"

④师古曰："《虞书·尧典》之辞也。言授下以四时之命，不可不敬也。"

⑤师古曰："桴，击鼓之椎也，音孚。其字从木也。"

　　臣闻五行以水为本，其星玄武婺女，天地所纪，终始所
生。①水为准平，王道公正修明，则百川理，落脉通；②偏党失
纲，则踊溢为败。《书》云"水曰润下"，③阴动而卑，不失其道。
天下有道，则河出图，洛出书，故河、洛决溢，所为最大。今汝、
颍畎浍皆川水漂踊，与雨水并为民害，④此《诗》所谓"烨烨震
电，不宁不令，百川沸腾"者也。⑤其咎在于皇甫卿士之属。⑥
唯陛下留意诗人之言，少抑外亲大臣。

①孟康曰："婺女，须女也，北方天地之统，阴阳之终始也。"

②师古曰："落，谓经络也。"

③师古曰："《周书·洪范》之辞也。"

④师古曰："畎浍,小流也。许慎说广尺深尺曰畎,广二寻深二刃谓之浍。
川者,水贯穿而通流也。畎,工犬反。浍,工外反。"

⑤师古曰:"《诗·小雅·十月之交》之诗也。烨烨,光貌。宁,安也。令,善
也。言阴阳失和,雷电失序,不安不善,故百川又沸腾。"

⑥师古曰:"皇甫卿士,周室女宠之族也。解在《刘向传》。"

　　臣闻地道柔静,阴之常义也。地有上中下,其上位震,应妃
后不顺,中位应大臣作乱,下位应庶民离畔。震或于其国,国君
之咎也。四方中央连国历州俱动者,其异最大。间者关东地数
震,五星作异,亦未大逆,宜务崇阳抑阴,以救其咎;固志建威,
闭绝私路,拔进英俊,退不任职,以强本朝。夫本强则精神折
冲,本弱则招殃致凶,为邪谋所陵。①闻往者淮南王作谋之时,
其所难者,独有汲黯,以为公孙弘等不足言也。弘,汉之名相,
于今亡比,而尚见轻,何况亡弘之属乎?故曰朝廷亡人,则为贼
乱所轻,其道自然也。天下未闻陛下奇策固守之臣也。语曰:
何以知朝廷之衰? 人人自贤,不务于通人,故世陵夷。②

①师古曰:"折冲,言有欲冲突为害者,则能折挫之。"

②师古曰:"通人,谓荐达贤材也。陵夷,谓颓替也。"

　　马不伏历,不可以趋道;士不素养,不可以重国。①《诗》曰
"济济多士,文王以宁",②孔子曰"十室之邑,必有忠信",③非
虚言也。陛下秉四海之众,曾亡柱干之固守闻于四境,殆开之
不广,取之不明,劝之不笃。传曰:"土之美者善养禾,君之明者
善养士。"人皆可使为君子。④诏书进贤良,赦小过,无求备,以
博聚英俊。如近世贡禹,以言事忠切蒙尊荣,当此之时,士厉身
立名者多。禹死之后,日日以衰。及京兆尹王章坐言事诛灭,
智者结舌,⑤邪伪并兴,外戚颛命,⑥君臣隔塞,至绝继嗣,女
宫作乱。⑦此行事之败,诚可畏而悲也。

①师古曰:"伏历,谓伏槽历而秣之也。趋,读曰趣。"

②师古曰:"《大雅·文王》之诗也。已解于上。"

③师古曰:"《论语》载孔子之言也。"

④师古曰:"言在所以劝厉之。"

⑤师古曰:"不敢出言也。"

⑥师古曰:"颛,与专同。"

⑦师古曰:"谓赵飞燕姊妹也。"

本在积任母后之家,非一日之渐,往者不可及,来者犹可追也。先帝大圣,深见天意昭然,使陛下奉承天统,欲矫正之也。宜少抑外亲,选练左右,举有德行道术通明之士充备天官,然后可以辅圣德,保帝位,承大宗。下至郎吏从官,行能亡以异,又不通一艺,及博士无文雅者,宜皆使就南亩,①以视天下,②明朝廷皆贤材君子,于以重朝尊君,灭凶致安,此其本也。臣自知所言害身,不辟死亡之诛,唯财留神,反覆覆愚臣之言。③

①师古曰:"遣归农业。"

②师古曰:"视,读曰示。"

③师古曰:"财,与裁同。谓裁量而反思之。"

是时哀帝初立,成帝外家王氏未甚抑黜,而帝外家丁、傅新贵,祖母傅太后尤骄恣,欲称尊号。丞相孔光、大司空师丹执政谏争,久之,上不得已,遂免光、丹而尊傅太后。语在《丹传》。上虽不从寻言,然采其语,每有非常,辄问寻。对屡中,迁黄门侍郎。以寻言且有水灾,故拜寻为骑都尉,使护河堤。

初,成帝时,齐人甘忠可诈造《天官历》、《包元太平经》十二卷,以言"汉家逢天地之大终,当更受命于天,天帝使真人赤精子,下教我此道。"忠可以教重平夏贺良、容丘丁广世、①东郡郭昌等,中垒校尉刘向奏忠可假鬼神罔上惑众,下狱治服,未断病死。贺良等坐挟学忠可书以不敬论,后贺良等复私以相教。哀帝初立,司隶校尉解光亦以明经通灾异得幸,白贺良等所挟忠可书。事下奉车都尉刘歆,歆以为不合五经,不可施行。而李寻亦好之。光曰:"前歆父向奏忠可下狱,歆安肯通此道?"时郭昌为长安令,劝寻宜助贺良等。寻遂白贺良等皆待诏黄门,数召见,陈说"汉历中衰,当更受命。成帝不应天命,故绝嗣。今陛下久疾,变异屡数,②天所以谴告人也。

宜急改元易号,乃得延年益寿,皇子生,灾异息矣。得道不得行,咎
殃且亡,③不有洪水将出,灾火且起,涤荡民人。"

　　①服虔曰:"重平,勃海县也。"晋灼曰:"容丘,东海县也。"

　　②师古曰:"数,所角反。"

　　③师古曰:"言知道不能行之,必有殃咎,将至灭亡。"

　　哀帝久寝疾,几其有益,①遂从贺良等议。于是诏制丞相御史:
"盖闻《尚书》'五曰考终命',②言大运壹终,更纪天元人元,考文正
理,推历定纪,数如甲子也。朕以眇身入继太祖,承皇天,总百僚,子
元元,未有应天心之效。即位出入三年,灾变数降,日月失度,星辰
错谬,高下贸易,③大异连仍,盗贼并起。④朕甚惧焉,战战兢兢,唯
恐陵夷。⑤惟汉兴至今二百载,历纪开元,皇天降非材之右,汉国再
获受命之符,⑥朕之不德,曷敢不通夫受天之元命,必与天下自新。
其大赦天下,以建平二年为太初元年,号曰陈圣刘太平皇帝。漏刻
以百二十为度。布告天下,使明知之。"后月余,上疾自若。⑦贺良等
复欲妄变政事,大臣争以为不可许。贺良等奏言大臣皆不知天命,
宜退丞相御史,以解光、李寻辅政。上以其言亡验,遂下贺良等吏,
而下诏曰:"朕获保宗庙,为政不德,变异屡仍,恐惧战栗,未知所
繇。⑧待诏贺良等建言改元易号,增益漏刻,可以永安国家。朕信道
不笃,过听其言,⑨几为百姓获福。⑩卒无嘉应,久旱为灾。以问贺
良等,对当复改制度,皆背经谊,违圣制,不合时宜。夫过而不改,是
为过矣。六月甲子诏书,非赦令也,皆蠲除之。⑪贺良等反道惑众,
奸态当穷竟。"皆下狱,光禄勋平当、光禄大夫毛莫如与御史中丞、
廷尉杂治,当贺良等执左道,乱朝政,⑫倾覆国家,诬罔主上,不道。
贺良等皆伏诛。寻及解光减死一等,徙敦煌郡。

　　①师古曰:"几,读曰冀。"

　　②师古曰:"《周书·洪范》五福之数也。言得寿考而终其命也。"

　　③师古曰:"言山崩川竭也。"

　　④师古曰:"仍,频也。"

　　⑤师古曰:"虑渐灭亡也。"

　　⑥师古曰:"右,读曰佑。佑,助也。帝自言不材而得天助也。"

⑦师古曰:"自若,言如故也。"

⑧师古曰:"繇,读与由同。"

⑨师古曰:"过,误也。"

⑩师古曰:"几几曰冀。"

⑪师古曰:"唯赦令不改,余皆除之。"

⑫师古曰:"当,谓处正其罪名。"

　　赞曰:幽赞神明,通合天人之道者,莫著乎《易》、《春秋》。①然子赣犹云"夫子之文章可得而闻,②夫子之言性与天道不可得而闻"已矣。③汉兴推阴阳言灾异者,孝武时有董仲舒、夏侯始昌,昭宣则眭孟、夏侯胜,元成则京房、翼奉、刘向、谷永,哀平则李寻、田终术。此其纳说时君著明者也。察其所言,仿佛一端。④假经设谊,依托象类,或不免乎"亿则屡中"。⑤仲舒下吏,夏侯囚执,眭孟诛戮,李寻流放,此学者之大戒也。京房区区,不量浅深,危言刺讥,构怨强臣,罪辜不旋踵,亦不密以失身,悲夫!⑥

①师古曰:"幽,深。赞,明也。"

②师古曰:"谓《易辞文言》及《春秋》之属是。"

③师古曰:"性命玄远,天道幽深,故孔子不言之也。此皆《论语》述子贡之
　　言也。"

④师古曰:"仿,读曰髣。佛,与髴同。"

⑤师古曰:"《论语》称孔子曰:'赐不受命,而货殖焉,亿则屡中'。故此赞
　　引之,言仲舒等亿度,所言既多,故时有中者耳,非必道述皆通明也。
　　亿,于力反。"

⑥师古曰:"《易·上系辞》曰'君不密则失臣,臣不密则失身',故赞引之
　　也。"

汉书卷七六
列传第四六

赵广汉　尹翁归　韩延寿
张敞　王尊　王章

　　赵广汉字子都，涿郡蠡吾人也，①故属河间。②少为郡吏、州从事，以廉洁通敏下士为名。③举茂材，平准令。察廉为阳翟令。以治行尤异，迁京辅都尉，守京兆尹。会昭帝崩，而新丰杜建为京兆掾，护作平陵方上。④建素豪侠，宾客为奸利，广汉闻之，先风告。不改，⑤于是收案致法。⑥中贵人豪长者为请无不至，终无所听。⑦宗族宾客谋欲篡取，⑧广汉尽知其计议主名起居，⑨使吏告曰："若计如此，且并灭家。"令数吏将建弃市，莫敢近者。京师称之。

　　①师古曰："蠡，音礼。"
　　②师古曰："言蠡吾旧属河间，后属涿郡。"
　　③师古曰："敏，谓材识捷疾也。下，胡嫁反。"
　　④孟康曰："圹藏上也。"师古曰："方上，解在《张汤传》。"
　　⑤师古曰："风，读曰讽。"
　　⑥师古曰："致，至也。令至于罪罚之法。"
　　⑦师古曰："中贵人，居中朝而贵者也。豪，豪桀也。长者，有名德之人也。"
　　⑧师古曰："逆取曰篡。"
　　⑨师古曰："起居，谓居止之处，及欲发起之状。"

　　是时，昌邑王征即位，行淫乱，大将军霍光与群臣共废王，尊立宣帝。广汉以与议定策，赐爵关内侯。①迁颍川太守。郡大姓原、褚

宗　横恣,②宾客犯为盗贼,前二千石莫能禽制。广汉既至数月,诛原、褚皆恶,郡中震栗。

①师古曰:"与,读曰豫。"

②李奇曰:"原,音元。"师古曰:"原、褚,二姓也。原,读如本字。横,胡孟反。"

先是,颍川豪桀大姓相与为婚姻,吏俗朋党。广汉患之,厉使其中可用者受记,①出有案问,既得罪名,行法罚之,广汉故漏泄其语,令相怨咎。②又教吏为缿筒,③及得投书,削其主名,而托以为豪桀大姓子弟所言。其后强宗大族家家结为仇雠,奸党散落,风俗大改。吏民相告讦,④广汉得以为耳目,盗贼以故不发,发又辄得。壹切治理,威名流闻,⑤及匈奴降者言匈奴中皆闻广汉。

①服虔曰:"受相讼笺记也。"师古曰:"择其中可使者,奖厉而使之。"

②师古曰:"遣知其事由其人发,故结怨咎也。"

③苏林曰:"缿,音项,如瓶,可受投书。"孟康曰:"筒,竹筒也,如今官受密事筒也。"师古曰:"缿,若今盛钱臧瓶,为小孔,可入而不可出。或缿或筒,皆为此制,而用受书,令投于其中也。筒,音同。"

④师古曰:"面相斥曰讦,音居又反,又音居谒反。"

⑤师古曰:"言诸事皆治理也。治,直吏反。一切,解在《平纪》。"

本始二年,汉发五将军击匈奴,征遣广汉以太守将兵,属蒲类将军赵充国。从军还,复用守京兆尹,满岁为真。

广汉为二千石,以和颜接士,其尉荐待遇吏,殷勤甚备。①事推功善,归之于下,曰:"某掾卿所为,非二千石所及。"行之发于至诚。吏见者皆输写心腹,无所隐匿,咸愿为用,僵仆无所避。②广汉聪明,皆知其能之所宜,尽力与否。其或负者,辄先闻知,风谕不改,乃收捕之,③无所逃,案之罪立具,即时伏辜。

①如淳曰:"尉亦荐籍也。"师古曰:"尉荐,谓安尉而荐达之也。"

②师古曰:"僵,偃也。仆,顿也。僵,音姜。仆,音赴。"

③师古曰:"风,读曰讽。"

广汉为人强力,天性精于吏职。见吏民,或夜不寝至旦。尤善为钩距,以得事情。①钩距者,设欲知马贾,则先问狗,②已问羊,又问牛,然后及马,参伍其贾,以类相准,则知马之贵贱不失实矣。唯广汉至精能行之,它人效者莫能及。郡中盗贼,闾里轻侠,其根株窟穴所在,及吏受取请求铢两之奸,皆知之。长安少年数人会穷里空舍谋共劫人,③坐语未讫,广汉使吏捕治具服。富人苏回为郎,二人劫之。④有顷,广汉将吏到家,自立庭下,使长安丞龚奢叩堂户晓贼,⑤曰:"京兆尹赵君谢两卿,无得杀质,此宿卫臣也。释质,束手,得善相遇,幸逢赦令,或时解脱。"⑥二人惊愕,又素闻广汉名,即开户出,下堂叩头,广汉跪谢曰:"幸全活郎,甚厚!"送狱,敕吏谨遇,给酒肉。至冬当出死,豫为调棺,给敛葬具,告语之,⑦皆曰:"死无所恨!"

①苏林曰:"钩得其情,使不得去也。"晋灼曰:"钩,致也。距,闭也。使对者无疑,若不问而自知,众莫觉所由以闭,其术为距也。"师古曰:"晋说是也。"

②师古曰:"贾,读曰价。"

③师古曰:"穷里,里中之极隐处。"

④师古曰:"劫取其身为质,令家将财物赎之。"

⑤师古曰:"晓,谓喻告之。"

⑥师古曰:"若束手自来,虽合处牢狱,当善处遇之,或逢赦令,则得免脱也。脱,吐活反。"

⑦师古曰:"调,办具之也。棺敛,以棺衣敛尸也。调,徒钧反。棺,工唤反。敛,力赡反。"

广汉尝记召湖都亭长,①湖都亭长西至界上,界上亭长戏曰:"至府,为我多问赵君。"②亭长既至,广汉与语,问事毕,谓曰:"界上亭长寄声谢我,③何以不为致问?"亭长叩头服实有之。广汉因曰:"还为吾谢界上亭长,勉思职事,有以自效,京兆不忘卿厚意。"其发奸擿伏如神,皆此类也。④

①师古曰:"为书记以召之,若今之下符追呼人也。"

②师古曰:"多,厚也,言殷勤,若今人言千万问讯矣。"

③师古曰:"谢,告也。"

④师古曰:"擿,谓动发之也,音它狄反。"

广汉奏请,令长安游徼狱吏秩百石,①其后百石吏皆差自重,不敢枉法妄系留人。京兆政清,吏民称之不容口。长老传以为自汉兴治京兆者莫能及。左冯翊、右扶风皆治长安中,②犯法者从迹喜过京兆界。③广汉叹曰:"乱吾治者,常二辅也!诚令广汉得兼治之,直差易耳。"

①师古曰:"特增其秩,以厉其行。"
②师古曰:"治,直吏反。"
③师古曰:"从,读曰纵。喜,许吏反。"

初,大将军霍光秉政,广汉事光。及光薨,后广汉心知微指,①发长安吏自将,与俱至光子博陆侯禹弟,直突入其门,廋索私屠酤,椎破卢罂,斧斩其门关而去。②时光女为皇后,闻之,对帝涕泣。帝心善之,以召问广汉。广汉由是侵犯贵戚大臣。所居好用世吏子孙新进年少者,③专厉强壮蜂气,④见事风生,无所回避,⑤率多果敢之计,莫为持难。广汉终以此败。

①师古曰:"识天子意也。"
②师古曰:"廋,读与搜同。谓入室求之也。卢所以居罂,罂所以盛酒也。卢解在《食货志》、《司马相如传》。罂,于耕反。"
③师古曰:"言旧吏家子孙而其人后出求进,又年少也。"
④师古曰:"蜂,与锋同。言锋锐之气。"
⑤师古曰:"风生,言其速疾不可当也。回,曲也。"

初,广汉客私酤酒长安市,丞相史逐去。客疑男子苏贤言之,以语广汉,使长安丞案贤,①尉史禹故劾贤为骑士屯霸上,不诣屯所,乏军兴。贤父上书讼罪,②告广汉,事下有司覆治。禹坐要斩,请逮捕广汉。有诏即讯,③辞服,会赦,贬秩一等。广汉疑其邑子荣畜教令,④后以它法论杀畜。人上书言之,事下丞相御史,案验甚急。广汉使所亲信长安人为丞相府门卒,令微司丞相门内不法事。地节三年七月中,丞相傅婢有过,自绞死。广汉闻之,疑丞相夫人妒杀之府舍。而丞相奉斋酎入庙祠,⑤广汉得此,使中郎赵奉寿风晓丞相,⑥欲以胁之,毋令穷正己事。丞相不听,案验愈急。广汉欲告之,先问太史知星气者,言今年当有戮死大臣,广汉即上书告丞相罪。制曰:

"下京兆尹治。"广汉知事迫切,遂自将吏卒入丞相府,召其夫人跪庭下受辞,⑦收奴婢十余人去,责以杀婢事。丞相魏相上书自陈:"妻实不杀婢。广汉数犯罪法不伏辜,以诈巧迫胁臣相,幸臣相宽不奏。愿下明使者治广汉所验臣相家事。"事下廷尉治,实丞相自以过遣笞傅婢,出至外弟乃死,不如广汉言。司直萧望之劾奏:"广汉摧辱大臣,欲以劫持奉公,逆节伤化,不道。"宣帝恶之,下广汉廷尉狱,又坐贼杀不辜,鞫狱故不以实,擅斥除骑士乏军兴数罪。⑧天子可其奏。吏民守阙号泣者数万人,或言"臣生无益县官,愿代赵京兆死,使得牧养小民。"广汉竟坐要斩。

　①师古曰:"案,致其罪也。"
　②文颖曰:"尉史,尉部史也。禹其名。"
　③师古曰:"令就问之,不追入狱也。"
　④师古曰:"苏贤同邑之子也。令,力成反。"
　⑤师古曰:"将酧祭宗庙而先洁斋也。"
　⑥师古曰:"风,读曰讽。"
　⑦师古曰:"受其对辞也。"
　⑧师古曰:"斥除,逐遣之。"

　　广汉为京兆尹廉明,威制豪强,小民得职。①百姓追思,歌之至今。

　①师古曰:"得职,各得其常所也。"

　　尹翁归字子兄,①河东平阳人也,徙杜陵。翁归少孤,与季父居。为狱小吏,晓习文法。喜击剑,人莫能当。②是时大将军霍光秉政,诸霍在平阳,奴客持刀兵入市斗变,吏不能禁,③及翁归为市吏,莫敢犯者。公廉不受馈,④百贾畏之。

　①师古曰:"兄,读曰况。"
　②师古曰:"喜,许吏反。"
　③师古曰:"变,乱也。"
　④师古曰:"馈亦馈字也。"

　　后去吏居家。会田延年为河东太守,行县至平阳,悉召故吏五六十人,延年亲临见,令有文者东,有武者西,阅数十人,次到翁归,独伏不肯起,对曰:"翁归文武兼备,唯所施设。"功曹以为此吏倨敖不逊,①延年曰:"何伤?"遂召上辞问,②甚奇其对,除补卒史,便从归府。案事发奸,穷竟事情,延年大重之,自以能不及翁归,徙署督邮。河东二十八县,分为两部,闳孺部汾北,翁归部汾南。③所举应法,得其罪辜,属县长吏虽中伤,莫有怨者。举廉为缑氏尉,历守郡中,所居治理,④迁补都内令,举廉为弘农都尉。

①师古曰:"敖,读曰傲。"
②师古曰:"为文辞而问之。"
③师古曰:"闳,姓也,音宏。"
④师古曰:"历于郡中守丞尉之职也。"

征拜东海太守,过辞廷尉于定国。定国家在东海,欲属托邑子两人,①令坐后堂待见。定国与翁归语终日,不敢见其邑子。既去,定国乃谓邑子曰:"此贤将,汝不任事也,又不可干以私。"②

①师古曰:"邑子,同邑人之子也。属,之欲反。"
②师古曰:"任,堪也。干,求也。"

翁归治东海明察,郡中吏民贤不肖,及奸邪罪名尽知之。县县各有记籍,自听其政,①有急名则少缓之;吏民小解,辄披籍。②县县收取黠吏豪民,案致其罪,高至死。取人必于秋冬课吏大会中,及出行县,③不以无事时。其有所取也,以一警百,吏民皆服,恐惧改行自新。东海大豪郏许仲孙④为奸猾,乱吏治,郡中苦之。二千石欲捕者,辄以力势变诈自解终,莫能制。翁归至,论弃仲孙市,一郡怖栗,莫敢犯禁。东海大治。

①师古曰:"言决断诸县奸邪之事,不委令长。"
②服虔曰:"披有罪者籍也。"师古曰:"解,读曰懈。"
③师古曰:"于大会之中及行县时则收取罪人,以警众也。行,音下更反。"
④师古曰:"郯县之豪,姓许名仲孙。"

以高弟入守右扶风,满岁为真。选用廉平疾奸吏以为右职,接待以礼,好恶与同之;其负翁归,罚亦必行。治如在东海故迹,奸邪罪名亦县县有名籍。盗贼发其比伍中,①翁归辄召其县长吏,晓告以奸黠主名,教使用类推迹盗贼所过抵,②类常如翁归言,无有遗脱。③缓于小弱,急于豪强。豪强有论罪,输掌畜官,④使斫莝,⑤责以员程,不得取代。⑥不中程,辄笞督,⑦极者至以铁自刭而死。⑧京师畏其威严,扶风大治,盗贼课常为三辅最。⑨

①师古曰:"比,谓左右相次者也。五家为伍,若今五保也。比,音频寐反。"

②师古曰:"抵,归也。所经过及所归投也。"

③师古曰:"类犹率也。"

④师古曰:"论罪,决罪也。扶风畜牧所在,有苑师之属,故曰掌畜官也。畜,许救反。"

⑤师古曰:"莝,斩刍,音千卧反。"

⑥师古曰:"员,数也。计其人及日数为功程。"

⑦师古曰:"督,责也。"

⑧师古曰:"铁,斫莝刃也,音大夫之夫。使其斫莝,故因以莝刃自刭。而说者或谓为斧,或云剑铁,皆失之也。"

⑨师古曰:"言发则获之,无有遗失,故为最也。"

翁归为政虽任刑,其在公卿之间清洁自守,语不及私,然温良嗛退,不以行能骄人,①甚得名誉于朝廷。视事数岁,元康四年病卒。家无余财,天子贤之,制诏御史:"朕夙兴夜寐,以求贤为右,②不异亲疏近远,务在安民而已。扶风翁归廉平乡正,③治民异等,早夭不遂,不得终其功业,朕甚怜之。其赐翁归子黄金百斤,以奉其祭祠。"

①师古曰:"嗛,古以为谦字。"

②师古曰:"右犹上也。"

③师古曰:"乡,读曰向。"

翁归三子皆为郡守。少子岑历位九卿,至后将军。而阂孺亦至广陵相,有治名。由是世称田延年为知人。

韩延寿字长公,燕人也,徙杜陵。少为郡文学。父义为燕郎中。刺王之谋逆也,义谏而死,燕人闵之。是时昭帝富于春秋,大将军霍光持政,征郡国贤良文学,问以得失。时魏相以文学对策,以为"赏罚所以劝善禁恶,政之本也。日者燕王为无道,①韩义出身强谏,为王所杀。义无比干之亲而蹈比干之节,②宜显赏其子,以示天下,明为人臣之义。"光纳其言,因擢延寿为谏大夫,迁淮阳太守。治甚有名,徙颍川。

①师古曰:"日者,犹言往日也。"

②师古曰:"殷之比干,纣之诸父,谏纣而死,故以为喻也。"

颍川多豪强,难治,国家常为选良二千石。先是,赵广汉为太守,患其俗朋党,故构会吏民,令相告讦,①一切以为聪明,颍川由是以为俗,民多怨仇。延寿欲改更之,教以礼让,恐百姓不从,乃历召郡中长老为乡里所信向者数十人,设酒具食,亲与相对,接以礼意,人人问以谣俗,民所疾苦,②为陈和睦亲爱销除怨咎之路。长老皆以为便,可施行,因与议定嫁娶丧祭仪品,略依古礼,不得过法。延寿于是令文学校官诸生皮弁执俎豆,③为吏民行丧嫁娶礼。百姓遵用其教,卖偶车马下里伪物者,弃之市道。④数年,徙为东郡太守,黄霸代延寿居颍川,霸因其迹而大治。

①师古曰:"构,结也。"

②师古曰:"谣俗,谓闾里歌谣,政教善恶也。"

③师古曰:"校亦学也,音效。"

④张晏曰:"下里,地下蒿里伪物也。"师古曰:"偶,谓木土为之,象真车马之形也。偶,对也。弃其物于市之道上也。"

延寿为吏,上礼义,好古教化,所至必聘其贤士,以礼待用,广谋议,纳谏争;举行丧让财,表孝弟有行;修治学官,①春秋乡射,陈钟鼓管弦,盛升降揖让,及都试讲武,设斧钺旌旗,习射御之事。治城郭,收赋租,先明布告其日,以期会为大事,吏民敬畏趋乡之。②又置正、五长,③相率以孝弟,不得舍奸人。④闾里千佰有非常,吏辄闻知,奸人莫敢入界。其始若烦,后吏无追捕之苦,民无箠楚之忧,⑤皆便安之。接待下吏,恩施甚厚而约誓明。或欺负之者,延寿痛自刻责:"岂其负之,何以至此?"⑥吏闻者自伤悔,其县尉至自刺死。及门下掾自到,人救不殊,因喑不能言。⑦延寿闻之,对掾史涕泣,遣医治视,⑧厚复其家。⑨

①师古曰:"学官,谓庠序之舍也。"

②师古曰:"趋,读曰趣。乡,读曰向。"

③师古曰:"正,若今之乡正、里正也。五长,同伍之中置一人为长也。"

④师古曰:"舍,止也。"

⑤师古曰:"箠,杖也。楚,荆木也,即今之荆子也。箠,止蕊反。"

⑥师古曰:"言岂我负之邪,其人何以为此事?"

⑦师古曰:"殊,绝也。以人救之,故身首不相绝也。暗,于今反。"

⑧师古曰:"遣医治之,而吏护视之。"

⑨师古曰:"复,方目反。"

延寿尝出,临上车,骑吏一人后至,敕功曹议罚白。①还至府门,门卒当车,愿有所言。延寿止车问之,卒曰:"《孝经》曰:'资于事父以事君,而敬同,故母取其爱,而君取其敬,兼之者父也。'②今旦明府早驾,久驻未出,骑吏父来至府门,不敢入。骑吏闻之,趋走出谒,适会明府登车。以敬父而见罚,得毋亏大化乎?"延寿举手舆中曰:"微子,太守不自知过。"③归舍,召见门卒。卒本诸生,闻延寿贤,无因自达,故代卒,④延寿遂待用之。其纳善听谏,皆此类也。在东郡三岁,令行禁止,断狱大减,为天下最。

①师古曰:"令定其罪名而更白之。"

②师古曰:"资,取也。取事父之道以事君,其敬则同也。母则极爱,君则极敬,不如父之兼敬爱。"

③师古曰:"微,无也。"

④师古曰:"代人为卒也。"

入守左冯翊,满岁称职为真。岁余,不肯出行县。①丞掾数白:"宜循行郡中,览观民俗,考长吏治迹。"延寿曰:"县皆有贤令长,督邮分明善恶于外,行县恐无所益,重为烦扰。"②丞掾皆以为方春月,可壹出劝耕桑。延寿不得已,行县至高陵,民有昆弟相与讼田自言,延寿大伤之,曰:"幸得备位,为郡表率,不能宣明教化,至令民有骨肉争讼,既伤风化,重使贤长吏、啬夫、三老、孝弟受其耻,③咎在冯翊,当先退。"是日移病不听事,因入卧传舍,闭阁思过。一县莫知所为,令丞、啬夫、三老亦皆自系待罪。于是讼者宗族传相责让,此两昆弟深自悔,皆自髡肉袒谢,愿以田相移,终死不敢复争。④延寿大喜,开阁延见,内酒肉与相对饮食,厉勉以意告乡部,有以表劝悔过从善之民。⑤延寿乃起听事,劳谢令丞以下,引见尉荐。郡中歙然,莫不传相敕厉,不敢犯。延寿恩信周遍二十四县,莫复以辞讼自言者。推其至诚,吏民不忍欺绐。⑥

①师古曰:"行,下更反。其后亦同。"

②师古曰:"重,直用反。"

③师古曰:"重,直用反。"

④师古曰:"移犹传也。一说,兄以让弟,弟又让之,故云相移。"

⑤师古曰:"以其悔过从善,故令表显以示劝励。"

⑥师古曰:"绐,诳也。"

延寿代萧望之为左冯翊,而望之迁御史大夫。侍谒者福为望之道延寿在东郡时放散官钱千余万。望之与丞相丙吉议,吉以为更大赦,不须考。①会御史当问东郡,望之因令并问之。②延寿闻知,即部吏案校望之在冯翊时廪牺官钱放散百余万。廪牺吏掠治急,自引与望之为奸。延寿劾奏,移殿门禁止望之。望之自奏"职在总领天下,闻事不敢不问,而为延寿所拘持。"上由是不直延寿,各令穷竟所考。望之卒无事实,而望之遣御史案东郡,具得其事。延寿在东郡时,试骑士,③治饰兵车,画龙虎朱爵,延寿衣黄纨方领,④驾四马,傅总,建幢棨,⑤植羽葆,⑥鼓车歌车。⑦功曹引车,皆驾四马,载棨戟。五骑为伍,分左右部,军假司马、千人持幢旁毂。⑧歌者先居射室,⑨望见延寿车,嗷咷楚歌。⑩延寿坐射室,骑吏持戟夹陛列立,骑士从者带弓鞬罗后。⑪令骑士兵车四面营陈,被甲鞮鍪居马上,抱弩负籣。⑫又使骑士戏车弄马盗骖。⑬延寿又取官铜物,候月蚀铸作刀剑钩镡,放效尚方事。⑭及取官钱帛,私假繇使吏。⑮及治饰车甲三百万以上。于是望之劾奏延寿上僭不道,又自陈:"前为延寿所奏,今复举延寿罪,众庶皆以臣怀不正之心,侵冤延寿。愿下丞相、中二千石、博士议其罪。"事下公卿,皆以延寿前既无状,后复诬诉典法大臣,欲以解罪,狡猾不道。天子恶之,延寿竟坐弃市。吏民数千人送至渭城,老小扶持车毂,争奏酒炙。⑯延寿不忍距逆,人人为饮,计饮酒石余。使掾史分谢送者:"远苦吏民,延寿死无所恨。"百姓莫不流涕。

①师古曰:"更,工衡反。"

②师古曰:"望之以延寿代己为冯翊,而有能名出己之上,故忌害之,欲陷以罪法。"

③师古曰:"每岁大试也。"

④晋灼曰:"以黄色素作直领也。"师古曰:"衣,于既反。"

⑤李奇曰:"戟也。"晋灼曰:"傅,著也。总,以缇缯饰镳辖也。建,立也。幢,旌幢也。棨,戟也。"师古曰:"幢,麾也。棨,有衣之戟也。其衣以赤黑缯为之。幢,大江反。棨,音启。"

⑥师古曰:"植亦立也。羽葆,聚翟尾为之,亦今蠹之类也。植,常职反。"

⑦孟康曰:"如今郊驾时车上鼓吹也。"师古曰:"郊驾,郊祀时备法驾也。"

⑧师古曰:"旁,步浪反。"

⑨李奇曰:"都试射堂也。"

⑩服虔曰:"嗷,音叫呼之叫。咷,音涤濯之涤。"师古曰:"咷,它钓反。"

⑪师古曰:"韣,弓衣也,音居言反。"

⑫如淳曰:"箙,盛弩箭箙也。"师古曰:"鞬鞪即兜鍪也。箙,盛弩矢者也,其形如木桶。鞬,丁奚反。鞪,莫侯反。"

⑬孟康曰:"戏车,弄马之技也。驰盗解骖马,御者不见也。"

⑭师古曰:"钩亦兵器也,似剑而曲,所以钩杀人也。镡,剑喉也。又曰,镡似剑而小狭。镡,音淫,又音寻。"

⑮师古曰:"假,谓顾赁也。緜,读与籧同。"

⑯师古曰:"奏,进也。"

延寿三子皆为郎吏。且死,属其子勿为吏,以己为戒。①子皆以父言去官不仕。至孙威,乃复为吏至将军。威亦多恩信,能拊众,得士死力。威又坐奢僭诛,延寿之风类也。

①师古曰:"属,之欲反。"

　　张敞字子高,本河东平阳人也。祖父孺为上谷太守,徙茂陵。敞父福事孝武帝,官至光禄大夫。敞后随宣帝徙杜陵。敞本以乡有秩补太守卒史,①察廉为甘泉仓长,稍迁太仆丞,杜延年甚奇之。②会昌邑王征即位,动作不由法度,敞上书谏曰:"孝昭皇帝蚤崩无嗣,③大臣忧惧,选贤圣承宗庙,东迎之日,唯恐属车之行迟。④今天子以盛年初即位,天下莫不拭目倾耳,观化听风。⑤国辅大臣未褒,而昌邑小辇先迁,⑥此过之大者也。"后十余日,王贺废,敞以切谏显名,擢为豫州刺史。以数上事有忠言,宣帝征敞为太中大夫,与于定国并平尚书事。以正违忤大将军霍光,⑦而使主兵车出军省减用度,⑧复出为函谷关都尉。宣帝初即位,废王贺在昌邑,上心惮之,徙敞为山阳太守。

①师古曰:"乡有秩者,啬夫之类也。"

②师古曰:"延年时为太仆也。"

③师古曰:"蚤,古早字。"

④师古曰:"不欲斥乘舆,故但言属车耳。属,之欲反。"

⑤师古曰:"言改易视听,欲急闻见善政化也。拭,音式。"

⑥李奇曰:"挽辇小臣也。"

⑦师古曰:"守正不阿也。"

⑧师古曰:"令其主节减军兴用度也。"

　　久之,大将军霍光薨,宣帝始亲政事,封光兄孙山、云皆为列侯,以光子禹为大司马。顷之,山、云以过归第,霍氏诸婿亲属颇出补吏。敞闻之,上封事曰:"臣闻公子季友有功于鲁,大夫赵衰有功于晋,①大夫田完有功于齐,皆畴其庸,延及子孙,终后田氏篡齐,赵氏分晋,季氏颛鲁。②故仲尼作《春秋》,迹盛衰,③讥世卿最甚。乃者,大将军决大计,安宗庙,定天下,功亦不细矣。夫周公七年耳,而大将军二十岁,海内之命,断于掌握。方其隆时,感动天地,侵迫阴阳,月朓日蚀,昼冥宵光,④地大震裂,火生地中,天文失度,妖祥变怪,不可胜记,皆阴类盛长,臣下颛制之所生也。朝臣宜有明言,曰陛下褒宠故大将军以报功德足矣。间者辅臣颛政,贵戚太盛,君臣之分不明,请罢霍氏三侯皆就弟。及卫将军张安世,宜赐几杖归休,时存问召见,以列侯为天子师。明诏以恩不听,群臣以义固争而后许,天下必以陛下为不忘功德,而朝臣为知礼,霍氏世世无所患苦。今朝廷不闻直声,⑤而令明诏自亲其文,非策之得者也。⑥今两侯以出,人情不相远,以臣心度之,大司马及其枝属必有畏惧之心。夫近臣自危,非完计也,臣敞愿于广朝白发其端,直守远郡,其路无由。⑦夫心之精微口不能言也,言之微眇书不能文也,⑧故伊尹五就桀,五就汤,⑨萧相国荐淮阴累岁乃得通,况乎千里之外,因书文谕事指哉!唯陛下省察。"上甚善其计,然不征也。

①师古曰:"衰,初为反。"

②师古曰:"颛,与专同。下皆类此。"

③师古曰:"著盛衰之迹。"

④师古曰:"冥,暗也。宵,夜也。眺,它了反。"

⑤师古曰:"言朝臣不进直言,以陈其事。"

⑥师古曰:"言失计也。"

⑦师古曰:"直,读曰值。"

⑧师古曰:"眇,细也。"

⑨师古曰:"《孟子》云'五就汤五就桀者,伊尹也',伊尹为汤臣,见贡于桀,桀不用而汤复贡之,如此者五也。"

久之,勃海、胶东盗贼并起,敞上书自请治之,曰:"臣闻忠孝之道,退家则尽心于亲,进宦则竭力于君。夫小国中君犹有奋不顾身之臣,况于明天子乎!今陛下游意于太平,劳精于政事,蘦蘦不舍昼夜。①群臣有司宜各竭力致身。山阳郡户九万三千,口五十万以上,讫计盗贼未得者七十七人,②它课诸事亦略如此。臣敞愚驽,既无以佐思虑,久处闲郡,③身逸乐而忘国事,非忠孝之节也。伏闻胶东、勃海左右郡岁数不登,④盗贼并起,至攻官寺,篡囚徒,搜市朝,劫列侯。吏失纲纪,奸轨不禁。臣敞不敢爱身避死,唯明诏之所处,愿尽力摧挫其暴虐,存抚其孤弱。事即有业,所至郡条奏其所由废及所以兴之状。"⑤书奏,天子征敞,拜胶东相,赐黄金三十斤。敞辞之官,自请治剧郡非赏罚无以劝善惩恶,⑥吏追捕有功效者,愿得壹切比三辅尤异。⑦天子许之。

①师古曰:"亹亹,言勉强也。舍,息也。亹,音尾。"

②师古曰:"讫,尽也。"

③师古曰:"间,读曰闲。"

④师古曰:"年谷频不孰也。"

⑤师古曰:"有业,言各得其所。"

⑥师古曰:"惩,止也。"

⑦如淳曰:"壹切,权时也。赵广汉奏请令长安游徼狱史秩百石,又《循吏
传》左冯翊有二百石卒史,此之谓尤异也。"

敞到胶东,明设购赏,开群盗令相捕斩除罪。吏追捕有功,上名
尚书调补县令者数十人。①由是盗贼解散,传相捕斩。吏民歙然,②
国中遂平。

①师古曰:"调,选也,音徒钓反。

②师古曰:"歙,音翕。"

居顷之,王太后数出游猎,敞奏书谏曰:"臣闻秦王好淫声,叶
阳后为不听郑卫之乐;①楚严好田猎,樊姬为不食鸟兽之肉。②口
非恶旨甘,耳非憎丝竹也,所以抑心意,绝耆欲者,③将以率二君而
全宗祀也。礼,君母出门则乘辎軿,下堂则从傅母,④进退则鸣玉
佩,内饰则结绸缪。⑤此言尊贵所以自敛制,不从恣之义也。⑥今太
后资质淑美,慈爱宽仁,诸侯莫不闻,而少以田猎纵欲为名,于以上
闻,亦未宜也。⑦唯观览于往古,全行乎来今,令后姬得有所法则,
下臣有所称诵,敞幸甚!"书奏,太后止不复出。

①孟康曰:"叶阳,秦昭王后也。"师古曰:"叶,音式涉反。"

②师古曰:"樊姬,楚庄王姬也。"

③师古曰:"耆,读曰嗜。"

④师古曰:"辎軿,衣车也。辎,音甾,又楚疑反。軿,步千反,又步丁反。"

⑤文颖曰:"谓衣裹结束绸缪也。"师古曰:"组绅之属,所以自结固也。绸,
直留反。缪,亡虬反。"

⑥师古曰:"从,读曰纵。"

⑦师古曰:"上闻,闻于天子也。"

是时,颍川太守黄霸以治行第一入守京兆尹。霸视事数月,不

称，罢归颍川。于是制诏御史："其以胶东相敞守京兆尹。"自赵广汉诛后，比更守尹，①如霸等数人，皆不称职。京师浸废，②长安市偷盗尤多，百贾苦之。上以问敞，敞以为可禁。敞既视事，求问长安父老，偷盗酋长数人，③居皆温厚，出从童骑，闾里以为长者。④敞皆召见责问，因贳其罪，把其宿负，⑤令致诸偷以自赎。⑥偷长曰："今一旦召诣府，恐诸偷惊骇，愿壹切受署。"⑦敞皆以为吏，遣归休。置酒，小偷悉来贺，且饮醉，偷长以赭污其衣裾。⑧吏坐里闾阅出者，⑨污赭辄收缚之，一日捕得数百人。穷治所犯，或一人百余发，尽行法罚。由是枹鼓稀鸣，市无偷盗，⑩天子嘉之。

①师古曰："比，频也。更，历也。音工衡反。"

②师古曰："浸，渐也。"

③应劭曰："酋长，帅。"师古曰："酋，才由反。"

④师古曰："温厚，言富足也。童骑，以童奴为骑而自从也。"

⑤师古曰："贳，缓也。把，执持也，音步马反。"

⑥师古曰："致，至也，引至于官府。"

⑦师古曰："自言愿权补吏职也。"

⑧师古曰："赭，赤土也。"

⑨师古曰："闾，谓里之门也。"

⑩师古曰："枹，击鼓椎也，音桴，其字从木也。"

敞为人敏疾，赏罚分明，见恶辄取，时时越法纵舍，有足大者。①其治京兆，略循赵广汉之迹。方略耳目，发伏禁奸，不如广汉，然敞本治《春秋》，以经术自辅，其政颇杂儒雅，往往表贤显善，不醇用诛罚，以此能自全，竟免于刑戮。

①如淳曰："有贵异而大之者也。"晋灼曰："越法纵舍，即足大者也。"师古曰："晋说是也。"

京兆典京师，长安中浩穰，于三辅尤为剧。①郡国二千石以高弟入守，及为真，久者不过三二年，近者数月一岁，辄毁伤失名，以罪过罢。唯广汉及敞为久任职。敞为京兆，朝廷每有大议，引古今，处便宜，公卿皆服，天子数从之。然敞无威仪，时罢朝会，过走马章台街，②使御吏驱，自以便面拊马。③又为妇画眉，长安中传张京兆眉忧。④有司以奏敞。上问之,对曰:"臣闻闺房之内,夫妇之私,有过于画眉者。"上爱其能,弗备责也。然终不得大位。

①师古曰:"浩,大也。穰,盛也。言人众之多也。穰,音人掌反。"

②孟康曰:"在长安中。"臣瓒曰:"在章台下街也。"

③师古曰:"便面,所以障面,盖扇之类也。不欲见人,以此自障面则得其便,故曰便面,亦曰屏面。今之沙门所持竹扇,上衮平而下圜,即古之便面也。音频面反。"

④应劭曰:"忧,大也。"孟康曰:"忧,音诩。北方人谓媚好为诩畜。"苏林曰:"忧,音妩。"师古曰:"本以好媚为称,何说于大乎?苏音是。"

敞与萧望之、于定国相善。始,敞与定国俱以谏昌邑王超迁。定国为大夫平尚书事,敞出为刺史,时望之大行丞。后望之先至御史大夫,定国后至丞相,敞终不过郡守。为京兆九岁,坐与光禄勋杨恽厚善,后恽坐大逆诛,公卿奏恽党友,不宜处位,等比皆免,①而敞奏独寝不下。②敞使贼捕掾絮舜有所案验。③舜以敞劾奏当免,不肯为敞竟事,私归其家。人或谏舜,舜曰:"吾为是公尽力多矣,今五日京兆耳,安能复案事?"敞闻舜语,即部吏收舜系狱。是时冬月未尽数日,案事吏昼夜验治舜,竟致其死事。舜当出死,敞使主簿持教告舜曰:"五日京兆竟何如?冬月已尽,延命乎?"④乃弃舜市。会立春,行冤狱使者出,⑤舜家载尸,并编敞教,⑥自言使者。使者奏敞贼杀不辜。天子薄其罪,⑦欲令敞得自便利,⑧即先下敞前坐杨恽不宜处位奏,免为庶人。敞免奏既下,诣阙上印绶,便从阙下亡命。⑨

①师古曰:"比,例也,音必寐反。"

②师古曰:"天子惜敞,故留所奏事不出。"

③李奇曰:"絮,音拏。"师古曰:"贼捕掾,主捕贼者也。絮,姓也,音女居反,又人余反。"

④师古曰:"言汝不欲望延命乎?"

⑤师古曰:"行,下更反。"

⑥师古曰:"编,联也,联之于章前也。"

⑦师古曰:"以其事为轻小也。"

⑧师古曰："从轻法以免也。便，频面反。"

⑨师古曰："不还其本县邑也。"

数月，京师吏民解弛，桴鼓数起，①而冀州部中有大贼。天子思敞功效，使使者即家在所召敞。②敞身被重劾，③及使者至，妻子家室皆泣惶惧，而敞独笑曰："吾身亡命为民，郡吏当就捕，今使者来，此天子欲用我也。"装随使者诣公车上书曰："臣前幸得备位列卿，待罪京兆，坐杀贼捕掾絮舜。舜本臣敞素所厚吏，数蒙恩贷，④以臣有章劾当免，受记考事，⑤便归卧家，谓臣'五日京兆'，背恩忘义，伤薄俗化。臣窃以舜无状，枉法以诛之。臣敞贼杀无辜，鞫狱故不直，虽伏明法，死无所恨。"天子引见敞，拜为冀州刺史。敞起亡命，复奉使典州。既到部，而广川王国群辈不道，贼连发，不得。敞以耳目发起贼主名区处，⑥诛其渠帅。广川王姬昆弟及王同族宗室刘调等通行为之囊橐，⑦吏逐捕穷窘，踪迹皆入王宫。敞自将郡国吏，车数百两，⑧围守王宫，搜索调等，果得之殿屋重辕中。⑨敞傅吏皆捕格断头，⑩县其头王宫门外。因劾奏广川王。天子不忍致法，削其户。敞居部岁余，冀州盗贼禁止。守太原太守，满岁为真，太原郡清。

①师古曰："弛，放也，音式尔反。"

②师古曰："就其所居处而召之。"

③师古曰："谓前有贼杀不辜之事。"

④师古曰："贷，土带反。"

⑤师古曰："记，书也。若今之州县为符教也。"

⑥师古曰："区，谓居止之所也。"

⑦师古曰："言容止贼盗，若囊橐之盛物也。"

⑧师古曰："一乘车为一两。"

⑨苏林曰："辕，椽也。重辕，重栿中。"师古曰："重栿即今之廊舍也，一边虚为两夏者也。辕，音老。栿，扶分反。"

⑩师古曰："傅，读曰附。言敞自监护吏而捕之。"

顷之，宣帝崩。元帝初即位，待诏郑朋荐敞先帝名臣，宜傅辅皇太子。上以问前将军萧望之，望之以为敞能吏，任治烦乱，材轻非师傅之器。天子使使者征敞，欲以为左冯翊。会病卒。敞所诛杀太原吏吏家怨敞,随至杜陵刺杀敞中子璜。敞三子官皆至都尉。

初,敞为京兆尹,而敞弟武拜为梁相。是时梁王骄贵,民多豪强,号为难治。敞问武:"欲何以治梁?"武敬惮兄,谦不肯言。敞使吏送至关,戒吏自问武。武应曰:"驭黠马者利其衔策,梁国大都,吏民凋敝,且当以柱后惠文弹治之耳。"①秦时狱法吏冠柱后惠文,武意欲以刑法治梁。吏还道之,敞笑曰:"审如掾言,武必辨治梁矣。"武既到官,其治有迹,亦能吏也。

　①应劭曰:"柱后,以铁为柱,今法冠是也,一名惠文冠。"晋灼曰:"《汉注》
　　法冠也,一号柱后惠文,以缅裹铁柱卷。秦制执法服,今御史服之,谓之
　　解廌,一角。今冠两角,以解廌为名耳。"师古曰:"晋说是也。缅即今方
　　目纱也。缅,山尔反。卷,去权反。"

敞孙竦,王莽时至郡守,封候,博学文雅过于敞,然政事不及也。竦死,敞无后。

王尊字子赣,①涿郡高阳人也。少孤,归诸父,使牧羊泽中。尊窃学问,能史书。年十三,求为狱小吏。数岁,给事太守府,问诏书行事,尊无不对。②太守奇之,除补书佐,署守属监狱。③久之,尊称病去,事师郡文学官,④治《尚书》、《论语》,略通大义。复召署守属治狱,为郡决曹史。数岁,以令举幽州刺史从事。⑤而太守察尊廉,补辽西盐官长。⑥数上书言便宜事,事下丞相御史。

　①师古曰:"赣,音贡。"
　②师古曰:"以施行诏条问之,皆晓其事。"
　③师古曰:"署为守属,令监狱主囚也。监,工衔反。"
　④师古曰:"郡有文学官,而尊事之以为师也。"
　⑤如淳曰:"《汉仪注》刺史得择所部二千石卒史与从事。"
　⑥如淳曰:"《地理志》辽西有盐官。"

初元中,举直言,迁虢令,①转守槐里,兼行美阳令事。春正月,美阳女子告假子不孝,曰:"儿常以我为妻,妒笞我。"尊闻之,遣吏收捕验问,辞服。尊曰:"律无妻母之法,圣人所不忍书,此经所谓造狱者也。"②尊于是出坐廷上,取不孝子县磔著树,使骑吏五人张弓

射杀之,吏民惊骇。

　①如淳曰:"本西虢也,属右扶风。"

　②晋灼曰:"《欧阳尚书》有此造狱事也。"师古曰:"非常刑名,造杀戮之
　　法。"

　　后上行幸雍,过虢,尊供张如法而办。①以高弟擢为安定太守。
到官,出教告属县曰:"令长丞尉奉法守城,为民父母,②抑强扶弱,
宣恩广泽,甚劳苦矣。太守以今日至府,愿诸君卿勉力正身以率下。
故行贪鄙,能变更者与为治。③明慎所职,毋以身试法。"又出教敕
掾功曹"各自底厉,助太守为治。其不中用,趣自避退,毋久妨贤。④
夫羽翮不修,则不可以致千里;阃内不理,无以整外。⑤府丞悉署吏
行能,分别白之。贤为上,毋以富。贾人百万,不足与计事。昔孔子
治鲁,七日诛少正卯,今太守视事已一月矣,五官掾张辅怀虎狼之
心,贪污不轨,⑥一郡之钱尽入辅家,然适足以葬矣。今将辅送狱,
直符史诣阁下,从太守受其事。⑦丞戒之戒之! 相随入狱矣!"⑧辅
系狱数日死,尽得其狡猾不道,百万奸臧。威震郡中,盗贼分散,入
傍郡界。豪强多诛伤伏辜者。坐残贼免。

　①师古曰:"尊虽行美阳令,而就虢供张也。供,居用反。张,竹亮反。"

　②师古曰:"城,谓县城也。"

　③师古曰:"更,改也。有如此者,太守乃共为治者也。"

　④师古曰:"趣,读曰促。"

　⑤师古曰:"阃,门槛也,音鱼列反。"

　⑥师古曰:"污,浊也。不轨,不修法制也。"

　⑦师古曰:"直符史,若今之当直佐史也。"

　⑧师古曰:"意丞教戒张辅,令其避罪,故以此言豫敕之。"

　　起家复为护羌将军转校尉,①护送军粮委输。而羌人反,绝转
道,②兵数万围尊。尊以千余骑奔突羌贼。功未列,③坐擅离部署,
会赦,免归家。

　①师古曰:"为校尉,主转运事,而属护羌将军。"

　②师古曰:"绝转运之道。"

　③师古曰:"未列上于天子也。"

涿郡太守徐明荐尊不宜久在闾巷,上以尊为郿令,①迁益州刺史。先是,琅邪王阳为益州刺史,行部至邛郲九折坂,②叹曰:"奉先人遗体,奈何数乘此险!"③后以病去。及尊为刺史,至其坂,问吏曰:"此非王阳所畏道邪?"吏对曰:"是。"尊叱其驭曰:"驱之!④王阳为孝子,王尊为忠臣。"尊居部二岁,怀来徼外,蛮夷归附其威信。博士郑宽中使行风俗,⑤举奏尊治状,迁为东平相。

①师古曰:"右扶风之县,音眉。"
②应劭曰:"在蜀郡严道县。"臣瓒曰:"郲,山名也。"师古曰:"郲,音来。"
③师古曰:"乘,登也。"
④师古曰:"驱马令疾行也。"
⑤师古曰:"行,下更反。"

是时,东平王以至亲骄奢不奉法度,傅相连坐。①及尊视事,奉玺书至庭中,王未及出受诏,尊持玺书归舍,食已乃还。致诏后,谒见王,太傅在前说《相鼠》之诗。②尊曰:"毋持布鼓过雷门!"③王怒,起入后宫。尊亦直趋出就舍。先是王数私出入,驱驰国中,与后姬家交通。尊到官,召敕厩长:"大王当从官属,鸣和鸾乃出,自今有令驾小车,叩头争之,言相教不得。"后尊朝王,王复延请登堂。尊谓王曰:"尊来为相,人皆吊尊也,以尊不容朝廷,故见使相王耳。天下皆言王勇,顾但负贵,安能勇?④如尊乃勇耳。"王变色视尊,意欲格杀之,即好谓尊曰:"愿观相君佩刀。"⑤尊举抉,顾谓傍侍郎:"前引佩刀视王,⑥王欲诬相拔刀向王邪?"王情得,⑦又雅闻尊高名,大为尊屈,酌酒具食,相对极欢。太后征史奏尊⑧"为相倨慢不臣,王血气未定,不能忍。愚诚恐母子俱死。今妾不得使王复见尊。陛下不留意,妾愿先自杀,不忍见王之失义也。"尊竟坐免为庶人。大将军王凤奏请尊补军中司马,擢为司隶校尉。

①师古曰:"前任傅相者频坐以王得罪。"
②师古曰:"《相鼠》,《鄘风》篇名,刺无礼之诗也。其辞曰:'相鼠有皮,人而无仪!人无而仪,不死何为!'相,视也。言视鼠有皮,虽处高显之地,偷食苟得,不知廉耻,人无礼仪,亦与鼠同,不如速死也。"
③师古曰:"雷门,会稽城门也,有大鼓。越击此鼓,声闻洛阳,故尊引之

也。布鼓,谓以布为鼓,故无声。"

④师古曰:"顾,念也。负,恃也。安,焉也。"

⑤师古曰:"阳为好语也。"

⑥师古曰:"视,读曰示。"

⑦师古曰:"谓尊所测正得其情也。"

⑧张晏曰:"太后名也。"韦昭曰:"征,召也。召东平史,令为奏也。"师古
　曰:"张说是也。征史,太后之名,亦犹东平王后之称谒也。"

　　初,中书谒者令石显贵幸,专权为奸邪。丞相匡衡、御史大夫张
谭皆阿附畏事显,不敢言。久之,元帝崩,成帝初即位,显徙为中太
仆,①不复典权。衡、谭乃奏显旧恶,请免显等。尊于是劾奏:"丞相
衡、御史大夫谭位三公,典五常九德,②以总方略,壹统类,广教化,
美风俗为职。知中书谒者令显等专权擅势,大作威福,纵恣不制,无
所畏忌,为海内患害,不以时白奏行罚,而阿谀曲从,附下罔上,怀
邪迷国,无大臣辅政之义也,皆不道,在赦令前。赦后,衡、谭举奏
显,不自陈不忠之罪,而反扬著先帝任用倾覆之徒,妄言百官畏之,
甚于主上。卑君尊臣,非所宜称,失大臣体。又正月行幸曲台,临飨
罢卫士,③衡与中二千石大鸿胪赏等会坐殿门下,衡南乡,赏等西
乡。衡更为赏布东乡席,④起立延赏坐,私语如食顷。衡知行临,⑤
百官共职,万众会聚,⑥而设不正之席,使下坐上,相比为小惠于公
门之下,⑦动不中礼,⑧乱朝廷爵秩之位。衡又使官大奴入殿中,问
行起居,还言漏上十四刻行临到,衡安坐,不变色改容。无怵惕肃敬
之心,骄慢不谨。皆不敬。"有诏勿治。于是衡惭惧,免冠谢罪,上丞
相、侯印绶。天子以新即位,重伤大臣,⑨乃下御史丞问状。劾奏尊
"妄诋欺非谤赦前事,⑩猥历奏大臣,⑪无正法,饰成小过,以涂污
宰相,摧辱公卿,轻薄国家,奉使不敬。"有诏左迁尊为高陵令,数
月,以病免。

①师古曰:"皇后之属官。"

②师古曰:"五常,仁、义、礼、智、信也。九德,宽而栗,柔而立,愿而恭,乱
　而敬,扰而毅,直而温,简而廉,刚而塞,强而义也。事见《虞书·皋陶
　谟》也。"

③如淳曰："诸卫士更尽得代去,故天子自临而飨之。"

④师古曰："乡,读曰向也。"

⑤师古曰："天子当临飨士时。"

⑥师古曰："共,读曰供。"

⑦师古曰："比,周也,音频寐反。"

⑧师古曰："中,当也,音竹仲反。"

⑨师古曰："重,难也。"

⑩师古曰："诋,毁也,音丁礼反。非,读曰诽也。"

⑪师古曰："猥,多也,曲也。历,谓所奏非一人。"

　　会南山群盗傰宗等数百人①为吏民害,拜故弘农太守傅刚为校尉,将迹射士千人逐捕,②岁余不能禽。或说大将军凤："贼数百人在毂下。③发军击之不能得,难以视四夷。④独选贤京兆尹乃可。"于是凤荐尊,征为谏大夫,守京辅都尉,行京兆尹事。旬月间盗贼清。迁光禄大夫,守京兆尹,后为真,凡三岁。坐遇使者无礼。司隶遣假佐放奉诏书白尊发吏捕人,⑤放谓尊："诏书所捕宜密。"尊曰："治所公正,京兆善漏泄人事。"⑥放曰："所捕宜今发吏。"⑦尊又曰："诏书无京兆文,不当发吏。"及长安系者三月间千人以上。尊出行县,男子郭赐自言尊:⑧"许仲家十余人共杀赐兄赏,公归舍。"⑨吏不敢捕。尊行县还,上奏曰："强不陵弱,各得其所,宽大之政行,和平之气通。"御史大夫中奏尊暴虐不改,外为大言,倨嫚姗上,⑩威信日废,不宜备位九卿。尊坐免,吏民多称惜之。

①苏林曰："傰,音朋。"晋灼曰："音倍。"师古曰："晋音是也。"

②师古曰："迹射,言能寻迹而射取之也。射,食亦反。"

③师古曰："在天子辇毂之下,明其逼近也。"

④师古曰："视,读曰示。"

⑤苏林曰："胡公《汉官》假佐,取内郡善史书佐给诸府也。"

⑥师古曰："谓司隶官属为治所者,尊之也,若今谓使人为尚书矣。治,直吏反。"

⑦师古曰："当即发也。"

⑧师古曰："有冤事自言而与许仲相讼也。"

⑨师古曰："公然而归，无所避畏者。"

⑩师古曰："姗，古讪字也。讪，诽也，音所谏反，又音删。"

湖三老公乘兴等①上书讼尊治京兆功效日著："往者南山盗贼阻山横行，剽劫良民，杀奉法吏，道路不通，城门至以警戒。步兵校尉使逐捕，暴师露众，旷日烦费，不能禽制。二卿坐黜，②群盗浸强，吏气伤沮，③流闻四方，为国家忧。当此之时，有能捕斩，不爱金爵重赏。关内侯宽中使问所征故司隶校尉王尊捕群盗方略，拜为谏大夫，守京辅都尉，行京兆尹事。尊尽节劳心，夙夜思职，卑体下士，④厉奔北之吏，起沮伤之气，二旬之间，大党震坏，渠率效首。⑤贼乱蠲除，民反农业，拊循贫弱，锄耘豪强。长安宿豪大猾东市贾万、城西万章、翦张禁、酒赵放、⑥杜陵杨章等皆通邪结党，挟养奸轨，上干王法，下乱吏治，并兼役使，侵渔小民，为百姓豺狼。更数二千石，二十年莫能禽，⑦尊以正法案诛，皆伏其辜。奸邪销释，吏民说服。⑧尊拨剧整乱，诛暴禁邪，皆前所稀有，名将所不及。虽拜为真，未有殊绝褒赏加于尊身。今御史大夫奏尊'伤害阴阳，为国家忧，无承用诏书意，靖言庸违，象龚滔天。'⑨原其所以，出御史丞杨辅，故为尊书佐，素行阴贼，恶口不信，⑩好以刀笔陷人于法。辅常醉过尊大奴利家，利家捽搏其颊，⑪兄子闳拔刀欲刭之。辅以故深怨疾毒，欲伤害尊。疑辅内怀怨恨，外依公事，建画为此议，傅致奏文，⑫浸润加诬，以复私怨。⑬昔白起为秦将，东破韩、魏，南拔郢都，应侯谮之，赐死杜邮；⑭吴起为魏守西河，而秦、韩不敢犯，谗人间焉，斥逐奔楚。⑮秦听浸润以诛良将，魏信谗言以逐贤守，此皆偏听不聪，失人之患也。臣等窃痛伤尊修身洁己，砥节首公，⑯刺讥不惮将相，诛恶不避豪强，诛不制之贼，解国家之忧，功著职修，威信不废，诚国家爪牙之吏，折冲之臣。今一旦无辜制于仇人之手，伤于诋欺之文，上不得以功除罪，下不得蒙棘木之听，⑰独掩怨仇之偏奏，被共工之大恶，⑱无所陈怨诉罪。尊以京师废乱，群盗并兴，选贤征用，起家为卿，贼乱既除，豪猾伏辜，即以佞巧废黜。一尊之身，三期之间，乍贤乍佞，岂不甚哉！⑲孔子曰：'爱之欲其生，恶之欲其死，是惑也。''浸润之谮不行焉,可谓明矣。'㉚愿下公卿大夫博士议郎,定尊素行。夫人臣而伤害阴阳,死诛之罪也;靖言庸违,放殛之刑也。㉑审如御史章,尊乃当伏观阙之诛,㉒放于无人之域,不得苟免。㉓及任举尊者,当获选举之辜,不可但已。㉔即不如章,饰文深诋以诉无罪,㉕亦宜有诛,以惩谗贼之口,绝诈欺之路。㉖唯明主参详,使白黑分别。"书奏,天子复以尊为徐州刺史,迁东郡太守。

①师古曰:"湖,县名也,今虢州湖城县取其名。"

②如淳曰:"三辅皆秩中二千石,号为卿也。即前京兆尹王昌贬为雁门太守,甄遵河内太守也。"

③师古曰:"浸,益也。沮,坏也,音才汝反。"

④师古曰:"下,胡嫁反。"

⑤师古曰:"效,致也,斩其首而致之也。"

⑥苏林曰:"蕲,音矩。"晋灼曰:"蕲张禁、酒赵放,此二人作蕲、作酒之家。"

⑦师古曰:"更,历也,音工衡反。"

⑧师古曰:"释,解也,音怿。说,读曰悦。"

⑨师古曰:"引《虞书·尧典》之辞也。靖,治也。庸,用也。违,僻也。滔,漫也。谓其言假托于治,实用违僻,貌象恭敬,过恶漫天也。漫,莫干反。一曰,滔,漫也。"

⑩师古曰:"谓其口恶而心不信也。"

⑪师古曰:"捽,持头也,音才兀反。搏,击也。"

⑫师古曰:"建立谋画此议也。傅,读曰附,谓益其事而引致于罪状。"

⑬师古曰:"浸润,犹渐染也。复,报也。"

⑭师古曰:"应侯,范睢也。杜邮,地名,在咸阳也。"

⑮师古曰:"间,工苋反。"

⑯师古曰:"砥,厉也。首,向也。砥,音指。首,式救反。"

⑰张晏曰:"《周礼》三槐九棘,公卿于下听讼。"

⑱臣瓒曰:"共工,官名,尧时诸侯,舜流之于幽州也。"

⑲师古曰:"期,年也,音基。"

⑳师古曰:"《论语》称孔子之言。"

㉑师古曰:"殛,诛也,音居力反。"

⑫张晏曰："孔子诛少正卯于两观之间。"

⑬师古曰："非止合免官而已也。"

⑭师古曰："但,徒也,空也。已,止也。不可空然而止也。"

⑮师古曰："诋,毁也。"

⑯师古曰："惩,创也。"

久之,河水盛溢,泛浸瓠子金堤,老弱奔走,恐水大决为害。尊
躬率吏民,投沉白马,①祀水神河伯。尊亲执圭璧,使巫策祝,请以
身填金堤,②因止宿,庐居堤上。吏民数千万人争叩头救止尊,终不
肯去。及水盛堤坏,吏民皆奔走,唯一主簿泣在尊旁,立不动。而水
波稍却回还。吏民嘉壮尊之勇节,白马三老朱英等奏其状。下有司
考,皆如言。于是制诏御史："东郡河水盛长,毁坏金堤,未决三尺,
百姓惶恐奔走。太守身当水冲,履咫尺之难,不避危殆,以安众心,
吏民复还就作,水不为灾,朕甚嘉之。秩尊中二千石,加赐黄金二十
斤。"

①师古曰："以祭水也。"

②师古曰："填,塞也,音大贤反。"

数岁,卒官,吏民纪之。尊子伯亦为京兆尹,坐耎弱不胜任免。

王章字仲卿,泰山巨平人也。少以文学为官,稍迁至谏大夫,在
朝廷名敢直言。元帝初,擢为左曹中郎将,与御史中丞陈咸相善,共
毁中书令石显,为显所陷,咸减死髡,章免官。成帝立,征章为谏大
夫,迁司隶校尉,大臣贵戚敬惮之。王尊免后,代者不称职,章以选
为京兆尹。时帝舅大将军凤辅政,章虽为凤所举,非凤专权,不亲附
凤。会日有蚀之,章奏封事,召见,言凤不可任用,宜更选忠贤。上
初受章言,后不忍退凤。章由是见疑,遂为凤所陷,罪至大逆。语在
《元后传》。

初,章为诸生学长安,独与妻居。章疾病,无被,卧牛衣中,①与
妻决,涕泣。②其妻呵怒之曰："仲卿! 京师尊贵在朝廷人谁逾仲卿
者? 今疾病困厄,不自激卬,③乃反涕泣,何鄙也!"

①师古曰："牛衣,编乱麻为之,即今俗呼为龙具者。"

②师古曰:"自谓将死,故辞决。"

③如淳曰:"激厉抗扬之意也。"师古曰:"卬,读曰仰。仰头为健。"

后章任官历位,及为京兆,欲上封事,妻又止之曰:"人当知足,独不念牛衣中涕泣时耶?"章曰:"非女子所知也。"书遂上,果下廷尉狱,妻子皆收系。章小女,年可十二,夜起号哭曰:"平生狱上呼囚数常至九,今八而止。①我君素刚,先死者必君。"明日问之,章果死。妻子皆徙合浦。

①张晏曰:"平生,先时也。狱卒夜阅囚时有九人,常呼问九人。今八人便止,知一人死也。"

大将军凤薨后,弟成都侯商复为大将军辅政,白还章妻子故郡。其家属皆完具,采珠致产数百万,时萧育为泰山太守,皆令赎还故田宅。

章为京兆二岁,死不以其罪,众庶冤纪之,号为三王。王骏自有传,骏即王阳子也。

赞曰:自孝武置左冯翊、右扶风、京兆尹,而吏民为之语曰:"前有赵、张,后有三王。"然刘向独序赵广汉、尹翁归、韩延寿,冯商传王尊,杨雄亦如之。①广汉聪明,下不能欺,延寿厉善,所居移风,然皆讦上不信,以失身堕功。②翁归抱公洁己,为近世表。张敞衎衎,履忠进言,③缘饰儒雅,刑罚必行,纵赦有度,条教可观,然被轻媚之名。④王尊文武自将,⑤所在必发,谲诡不经,好为大言。王章刚直守节,不量轻重,以陷刑戮,妻子流迁,哀哉!

①张晏曰:"刘向作《新序》,不道王尊。冯商续《史记》,为作传。雄作《法言》,亦论其美也。"

②师古曰:"堕,毁也,音火规反。"

③师古曰:"衎衎,强敏之貌也,音口翰反。"

④师古曰:"媚,古惰字也。谓走马拊马及画眉。"

⑤师古曰:"将,助也。"

汉书卷七七

列传第四七

盖宽饶　诸葛丰　刘辅
郑崇　孙宝　毋将隆　何并

　　盖宽饶字次公，魏郡人也。①明经为郡文学，以孝廉为郎。举方正，对策高第，迁谏大夫，行郎中户将事。②劾奏卫将军张安世子侍中阳都侯彭祖不下殿门，③并连及安世居位无补。彭祖时实下门，宽饶坐举奏大臣非是，④左迁为卫司马。⑤

　　①师古曰："盖，音公盍反。"

　　②师古曰："《百官公卿表》郎中令属官有郎中车、户、骑三将，盖各以所主为名也。户将者，主户卫也。"

　　③师古曰："过殿门不下车也。"

　　④师古曰："不以实也。"

　　⑤苏林曰："如今卫士令也。"臣瓒曰："《汉注》有卫屯司马。"

　　先是时，卫司马在部，见卫尉拜谒，常为卫官繇使市买。①宽饶视事，案旧令，遂揖官属以下行卫者。②卫尉私使宽饶出，宽饶以令诣官府门上谒辞。③尚书责问卫尉，④由是卫官不复私使候、司马。候、司马不拜，出先置卫，辄上奏辞，⑤自此正焉。

　　①师古曰："繇，读与徭同。"

　　②苏林曰："卫尉官属也。或曰，诏遣使行卫者也。"师古曰："或说非也。行，音下更反。"

　　③文颖曰："私见使而公辞尚书也。"苏林曰："以法诣卫尉府门上谒也。"

师古曰："文说是也。"

④文颖曰："由宽饶以法令不给使，尚书责卫尉，不复使司马。"

⑤如淳曰："天子出，为天子先导。先天子发，故上奏辞。"

宽饶初拜为司马，未出殿门，断其襜衣，令短离地，①冠大冠，带长剑，躬案行士卒庐室，视其饮食居处，有疾病者身自抚循临问，加致医药，遇之甚有恩。及岁尽交代，上临飨罢卫卒，②卫卒数千人皆叩头自请，愿复留共更一年，③以报宽饶厚德。宣帝嘉之，以宽饶为太中大夫，使行风俗，④多所称举贬黜，奉使称意。擢为司隶校尉，刺举无所回避，小大辄举，所劾奏众多，廷尉处其法，半用半不用，⑤公卿贵戚及郡国吏繇使至长安，皆恐惧莫敢犯禁，⑥京师为清。

①师古曰："襜，音单，其字从衣。"

②师古曰："得代当归者也。"

③师古曰："更犹今言上番也，音工衡反。"

④师古曰："行，音下更反。"

⑤师古曰："以其峻刻，故有不用者。"

⑥师古曰："繇，读与徭同。供徭役及为使而来者。"

平恩侯许伯入第，①丞相、御史、将军、中二千石皆贺，宽饶不行。许伯请之，乃往，从西阶上，东乡特坐。②许伯自酌曰："盖君后至。"宽饶曰："无多酌我，我乃酒狂。"丞相魏侯笑曰："次公醒而狂，何必酒也？"坐者皆属目卑下之。③酒酣乐作，长信少府檀长以起舞，为沐猴与狗斗，④坐皆大笑。宽饶不说，卬视屋而叹⑤曰："美哉！然富贵无常，忽则易人，此如传舍，所阅多矣。⑥唯谨慎为得久，君侯可不戒哉！"因起趋出，劾奏长信少府以列卿而沐猴舞，失礼不敬。上欲罪少府，许伯为谢，良久，上乃解。

①师古曰："许伯，皇太子外祖也。入第者，治第新成，始入居之。"

②师古曰："言自尊抗，无所诎也。乡，读曰向。"

③师古曰："属犹注也，音之欲反。下，音胡稼反。

④师古曰："沐猴，猕猴。"

⑤师古曰："说，读曰悦。卬，读曰仰。"

⑥师古曰:"言如客舍行客,辄过之,故多所经历也。"

　　宽饶为人刚直高节,志在奉公。家贫,奉钱月数千,①半以给吏民为耳目言事者。身为司隶,子常步行自戍北边,②公廉如此。然深刻喜陷害人,③在位及贵戚人与为怨,④又好言事刺讥,奸犯上意。⑤上以其儒者,优容之,然亦不得迁。同列后进或至九卿,宽饶自以行清能高,有益于国,而为凡庸所越,愈失意不快,数上疏谏争。太子庶子王生高宽饶节,而非其如此,予书曰:"明主知君洁白公正,不畏强御,⑥故命君以司察之位,擅君以奉使之权,尊官厚禄已施于君矣。君宜夙夜惟思当世之务,奉法宣化,忧劳天下,虽日有益,月有功,犹未足以称职而报恩也。自古之治,三王之术,各有制度。⑦今君不务循职而已,乃欲以太古久远之事匡拂天子,⑧数进不用难听之语以摩切左右,非所以扬令名,全寿命者也。方今用事之人皆明习法令,言足以饰君之辞,文足以成君之过,君不惟蘧氏之高踪,⑨而慕子胥之末行,⑩用不訾之躯,临不测之险,⑪窃为君痛之。夫君子直而不挺,曲而不屈。⑫《大雅》云:'既明且哲,以保其身。'⑬狂夫之言,圣人择焉。唯裁省览。"宽饶不纳其言。

①师古曰:"奉,音扶用反。"

②苏林曰:"子自行戍,不取代。"

③师古曰:"喜,音许吏反。"

④师古曰:"人人皆怨之。"

⑤师古曰:"奸,音干。"

⑥师古曰:"强御,强梁而御善者也。"

⑦师古曰:"三王,谓夏、殷、周,文质不同也。"

⑧师古曰:"匡,正也。拂,读曰弼。"

⑨师古曰:"蘧伯玉,邦无道,则可卷而怀之。"

⑩师古曰:"伍子胥知吴王不可谏,而不能止,自取诛灭也。"

⑪师古曰:"訾,与赀同。不赀者,言无赀量可以比之,贵重之极也。不测,谓深也。"

⑫师古曰:"挺然,直貌。言虽执直道,而遭遇时变,与时纡曲,然其本志不屈挠也。挺,音吐鼎反。"

⑬师古曰："《蒸民》之诗也。言明智者可以自全,不至亡身。"

　　是时,上方用刑法,信任中尚书宦官,宽饶奏封事曰:"方今圣道浸废,儒术不行,①以刑余为周召,②以法律为《诗》《书》。"③又引《韩氏易传》言:"五帝官天下,三王家天下,家以传子,官以传贤,若四时之运,功成者去,不得其人则不居其位。"书奏,上以宽饶怨谤终不改,下其书中二千石。时执金吾议,以为宽饶指意欲求禅,大逆不道。④谏大夫郑昌愍伤宽饶忠直忧国,以言事不当意而为文吏所诋挫,⑤上书颂宽饶曰:⑥"臣闻山有猛兽,藜藿为之不采;国有忠臣,奸邪为之不起。司隶校尉宽饶居不求安,食不求饱,⑦进有忧国之心,退有死节之义,上无许、史之属,下无金、张之托,⑧职在司察,直道而行,多仇少与,⑨上书陈国事,有司劾以大辟,臣幸得从大夫之后,官以谏为名,不敢不言。"上不听,遂下宽饶吏。宽饶引佩刀自刭北阙下,众莫不怜之。

①师古曰:"浸,渐也。"

②师古曰:"言使奄人当权轴也。周,谓周公旦也,召,谓召公奭也。召,读曰邵。"

③师古曰:"言以刑法成教化也。"

④师古曰:"禅,古禅字。言欲使天子传位于己。"

⑤师古曰:"诋,毁也。挫,折也。"

⑥师古曰:"颂,谓称其美。"

⑦师古曰:"《论语》称孔子曰'君子食无求饱,居无求安',故引之。"

⑧应劭曰:"许伯,宣帝皇后父。史高,宣帝外家也。金,金日磾也。张,张安世也。此四家属无不听。"师古曰:"此说非也。许氏、史氏有外属之恩,金氏、张氏自托在于近狎也。属,读如本字也。"

⑨师古曰:"仇,怨仇也。与,党与也。"

　　诸葛丰字少季,琅邪人也。以明经为郡文学,名特立刚直。贡禹为御史大夫,除丰为属,举侍御史。元帝擢为司隶校尉,刺举无所避,京师为之语曰:"间何阔,逢诸葛。"①上嘉其节,加丰秩光禄大夫。

①师古曰："言间者何久阔不相见，以逢诸葛故也。"

时侍中许章以外属贵幸，奢淫不奉法度，宾客犯事，与章相连。丰案劾章，欲奏其事，适逢许侍中私出，丰驻车举节诏章曰："下！"欲收之。章迫窘，驰车去，丰追之。许侍中因得入宫门，自归上。①丰亦上奏，于是收丰节。司隶去节自丰始。

①师古曰："归诚乞哀于天子也。"

丰上书谢曰："臣丰驽怯，文不足以劝善，武不足以执邪。陛下不量臣能否，拜为司隶校尉，未有以自效，复秩臣为光禄大夫，官尊责重，非臣所当处也。又迫年岁衰暮，常恐卒填沟渠，无以报厚德，①使论议士讥臣无补，长获素餐之名。②故常愿捐一旦之命，不待时而断奸臣之首，县于都市，编书其罪，③使四方明知为恶之罚，然后却就斧钺之诛，④诚臣所甘心也。夫以布衣之士，尚犹有刎颈之交，⑤今以四海之大，曾无伏节死谊之臣，率尽苟合取容，阿党相为，念私门之利，忘国家之政。邪秽浊溷之气上感于天，⑥是以灾变数见，百姓困乏。此臣下不忠之效也，臣诚耻之亡已。凡人情莫不欲安存而恶危亡，然忠臣直士不避患害者，诚为君也。今陛下天覆地载，物无不容，⑦使尚书令尧赐臣丰书曰：'夫司隶者刺举不法，善善恶恶，非得颛之也。⑧免处中和，顺经术意。'恩深德厚，臣丰顿首幸甚。臣窃不胜愤懑，愿赐清宴，⑨唯陛下裁幸。"上不许。

①师古曰："卒，读曰猝。"

②师古曰："素，空也。言不举职务，空食禄奉而已。"

③师古曰："编，谓联次简牒也。"

④师古曰："却，退也。"

⑤师古曰："刎，断也，音吻。"

⑥师古曰："溷亦浊也，音下顿反。"

⑦师古曰："如天之覆，如地之载也。"

⑧师古曰："善善，襃赏善人也。恶恶，诛罚恶人也。颛，与专同。"

⑨师古曰："懑，音满。"

是后所言益不用，丰复上书言："臣闻伯奇孝而弃于亲，子胥忠而诛于君，①隐公慈而杀于弟，②叔武弟而杀于兄。③夫以四子之行,屈平之材,④然犹不能自显而被刑戮,岂不足以观哉!使臣杀身以安国,蒙诛以显君,⑤臣诚愿之。独恐未有云补,而为众邪所排,令谗夫得遂,正直之路雍塞,⑥忠臣沮心,智士杜口,⑦此愚臣之所惧也。"

①师古曰:"并解于上。"

②师古曰:"鲁隐公欲立弟桓公,为其尚少,己且摄位,而卒为桓公所杀。"

③师古曰:"叔武,卫成公之弟夷叔也。成公避晋之难,出奔陈,使大夫元咺奉叔武以居守。其后晋人纳成公,成公疑叔武而先期入,叔武将沐,闻君至,喜,捉发走出,前驱射而杀之。事在《左传》僖二十八年。叔武弟,音大计反。"

④师古曰:"屈平,即是屈原也。"

⑤师古曰:"蒙,被也。"

⑥师古曰:"雍,读曰壅。"

⑦师古曰:"沮,坏。杜,塞也。沮,音才汝反。"

　　丰以春夏系治人,在位多言其短。上徙丰为城门校尉,丰上书告光禄勋周堪、光禄大夫张猛。上不直丰,乃制诏御史:"城门校尉丰,前与光禄勋堪、光禄大夫猛在朝之时,数称言堪、猛之美。丰前为司隶校尉,不顺四时,修法度,专作苛暴,以获虚威,朕不忍下吏,以为城门校尉。不内省诸己,①而反怨堪、猛,以求报举,②告案无证之辞,暴扬难验之罪,毁誉恣意,不顾前言,③不信之大者也。朕怜丰之耆老,不忍加刑,其免为庶人。"终于家。

①师古曰:"省,察也。"

②师古曰:"举言其事以报怨。"

③师古曰:"前言,谓誉堪、猛之美。今乃更言其短,是不顾也。"

　　刘辅,河间宗室人也。举孝廉,为襄贲令。①上书言得失,召见,上美其材,擢为谏大夫。会成帝欲立赵婕妤为皇后,先下诏封婕妤父临为列侯。辅上书言:"臣闻天之所与必先赐以符瑞,天之所违必先降以灾变,此神明之征应,自然之占验也。昔武王、周公承顺天地,以飨鱼乌之瑞,②然犹君臣祗惧,动色相戒,况于季世,不蒙继

嗣之福,屡受威慈之异者虖!虽夙夜自责,改过易行,畏天命,念祖
业,妙选有德之世,考卜窈窕之女,③以承宗庙,顺神祇心,塞天下
望,④子孙之祥犹恐晚暮,今乃触情纵欲,倾于卑贱之女,欲以母天
下,不畏于天,不愧于人,惑莫大焉。里语曰:'腐木不可以为柱,卑
人不可以为主。'天人之所不予,必有祸而无福,市道皆共知之,⑤
朝廷莫肯壹言,臣窃伤心。自念得以同姓拔擢,尸禄不忠,污辱谏争
之官,不敢不尽死,唯陛下深察。"书奏,上使侍御史收缚辅,系掖庭
秘狱,⑥群臣莫知其故。

①苏林曰:"贲,音肥,东海县也。"

②师古曰:"谓伐纣时有白鱼、赤乌之瑞也。事见今文《尚书》。"

③师古曰:"窈窕,幽闲也。"

④师古曰:"塞,满也。"

⑤师古曰:"市道,市中之道也。一曰,市人及行于道路者也。"

⑥师古曰:"《汉书旧仪》掖庭诏狱令丞宦者为之,主理妇人女官也。"

于是中朝左将军辛庆忌、右将军廉褒、光禄勋师丹、太中大夫
谷永①俱上书曰:"臣闻明王垂宽容之听,崇谏争之官,广开忠直之
路,不罪狂狷之言,②然后百僚在位,竭忠尽谋,不惧后患,朝廷无
谄谀之士,元首无失道之愆。③窃见谏大夫刘辅,前以县令求见,擢
为谏大夫,此其言必有卓诡切至,当圣心者,④故得拔至于此。旬日
之间,收下秘狱,臣等愚以为辅幸得托公族之亲,在谏臣之列,新从
下土来,未知朝廷体,独触忌讳,不足深过。小罪宜隐忍而已,如有
大恶,宜暴治理官,与众共之。⑤昔赵简子杀其大夫鸣犊,孔子临河
而还。⑥今天心未豫,⑦灾异屡降,水旱迭臻,⑧方当隆宽广问,褒
直尽下之时也。而行惨急之诛于谏争之臣,震惊群下,失忠直心。假
令辅不坐直言,所坐不著,⑨天下不可户晓。⑩同姓近臣本以言显,
其于治亲养忠之义诚不宜幽囚于掖庭狱。公卿以下见陛下进用辅
亟,而折伤之暴,⑪人有惧心,⑫精锐销耎,⑬莫敢尽节正言,非所
以昭有虞之听,广德美之风也。⑭臣等窃深伤之,唯陛下留神省
察。"

①孟康曰："中朝，内朝也。大司马左右前后将军、侍中、常侍、散骑、诸吏
　　为中朝。丞相以下至六百石为外朝也。"

②师古曰："狷，急也，音绢。"

③师古曰："元首，谓天子也。诇，古诣字也。"

④师古曰："卓，高远也。诡，异于众也。"

⑤师古曰："令众人知其罪状而罚之。"

⑥张晏曰："赵简子欲分晋国，故先杀鸣犊，又聘孔子。孔子闻其死，至河
　　而还也。"师古曰："《战国策》说二人姓名云'鸣犊、铎犨'，而《史记》及
　　《古今人表》并以为鸣犊、窦犨，盖铎、犊及窦，其声相近，故有不同耳。
　　今永等指举杀鸣犊一人，不论窦犨也。"

⑦张晏曰："豫，悦豫也。"

⑧师古曰："迭，互也，音徒结反。"

⑨师古曰："著，明也。"

⑩师古曰："言不可家家晓喻之也。"

⑪师古曰："亟，急也。"

⑫师古曰："人人皆惧也。"

⑬苏林曰："㮇，弱也。"师古曰："音乃唤反。"

⑭师古曰："舜有敢谏之鼓，故言有虞之听也。一曰，谓达四聪也。"

上乃徙系辅共工狱，①减死罪一等，论为鬼薪。终于家。

①苏林曰："考工也。"师古曰："少府之属官也，亦有诏狱。共，读与龚同。"

郑崇字子游，本高密大族，世与王家相嫁娶。①祖父以訾徙平
陵。父宾明法律，为御史，事贡公，②名公直。崇少为郡文学史，至丞
相大车属。③弟立与高武侯傅喜同门学，相友善。④喜为大司马，荐
崇，哀帝擢为尚书仆射。数求见谏争，上初纳用之。每见曳革履，⑤
上笑曰："我识郑尚书履声。"

①师古曰："女嫁王家，男又娶也。"

②师古曰："贡禹也。"

③如淳曰："丞相大车属如公府御属。"

④师古曰："同门，谓同师也。"

⑤师古曰："孰曰韦，生曰革。"

　　久之,上欲封祖母傅太后从弟商,崇谏曰:"孝成皇帝封亲舅五侯,天为赤黄昼昏,日中有黑气。今祖母从昆弟二人已侯。孔乡侯,皇后父;高武侯,以三公封,尚有因缘。①今无故欲复封商,坏乱制度,逆天人之心,非傅氏之福也。臣闻师曰:'逆阳者厥极弱,逆阴者厥极凶短折,犯人者有乱亡之患,犯神者有疾夭之祸。'故周公著戒曰:'惟王不知艰难,唯耽乐是从,时亦罔有克寿。'②故衰世之君夭折蚤没,③此皆犯阴之害也。臣愿以身命当国咎。"崇因持诏书案起。④傅太后大怒曰:"何有为天子乃反为一臣所颛制邪!"⑤上遂下诏曰:"朕幼而孤,皇太太后躬自养育,免于襁褓,教道以礼,至于成人,⑥惠泽茂焉。⑦'欲报之德,昊天罔机。'⑧前追号皇太太后父为崇祖侯,惟念德报未殊,朕甚恶焉。⑨侍中光禄大夫商,皇太太后父同产子,小自保大,⑩恩义最亲。其封商为汝昌侯,为崇祖侯后,更号崇祖侯为汝昌哀侯。"

①师古曰:"孔乡侯,傅晏也。高武侯,傅喜也。"

②师古曰:"《周书·亡逸》之篇也。言王者不知稼穑之艰难,唯从耽乐,则致夭丧,无能寿考也。"

③师古曰:"蚤,古早字也。"

④李奇曰:"持当受诏书案起也。"师古曰:"李说非也。案者,即写诏之文。"

⑤师古曰:"颛,与专同也。"

⑥师古曰:"道,读曰导。"

⑦师古曰:"茂,美也。"

⑧师古曰:"《诗·小雅·蓼莪》之篇曰:'父兮生我,母兮鞠我,欲报之德,昊天罔极。'言欲报父母之恩德,心无已也。呼昊天者,陈己至诚也。罔字与昊同。"

⑨师古曰:"殊,异也。恶,愧也,音女六反。"

⑩如淳曰:"太后从小养之,使至大也。"

　　崇又以董贤贵宠过度谏,由是重得罪。①数以职事见责,发疾颈痛,欲乞骸骨,不敢。尚书令赵昌佞谄,素害崇,知其见疏,因奏崇与宗族通,疑有奸,请治。上责崇曰:"君门如市人,何以欲禁切主上?"②崇对曰:"臣门如市,臣心如水。③愿得考覆。"上怒,下崇狱,穷治,死狱中。

①师古曰:"重,音直用反。"
②师古曰:"言请求者多,交通宾客。"
③师古曰:"言至清也。"

孙宝字子严,颍川鄢陵人也。①以明经为郡吏。御史大夫张忠辟宝为属,欲令授子经,更为除舍,②设储偫。③宝自劾去,忠固还之,④心内不平。⑤后署宝主簿,宝徙入舍,祭灶请比邻。忠阴察怪之,使所亲问宝:"前大夫为君设除大舍,子自劾去者,欲为高节也。今两府高士俗不为主簿,子既为之,徙舍甚说;⑥何前后不相副也?"宝曰:"高士不为主簿,而大夫君以宝为可,一府莫言非,⑦士安得独自高?前日君男欲学文,而移宝自近。⑧礼有来学,义无往教;道不可诎,身诎何伤?且不遭者可无不为,况主簿乎!"⑨忠闻之,甚惭,上书荐宝经明质直,宜备近臣。为议郎,迁谏大夫。

①师古曰:"鄢,音偃。"
②师古曰:"除,谓修饰扫除也。"
③师古曰:"谓豫备器物也。偫,音丈纪反。"
④师古曰:"固者,谓再三留之。"
⑤师古曰:"恨其去。"
⑥师古曰:"说,读曰悦。"
⑦师古曰:"言大夫以为宝适可为主簿耳,府中之人又不以为不当也。"
⑧师古曰:"文,谓书也。"
⑨师古曰:"言士不遭遇知己,则当屈辱,无所不为也。"

鸿嘉中,广汉群盗起,选为益州刺史。广汉太守扈商者,大司马车骑将军王音姊子,软弱不任职。宝到部,亲入山谷,谕告群盗,非本造意。渠率皆得悔过自出,①遣归田里。自劾矫制,奏商为乱首,②《春秋》之义,诛首恶而已。商亦奏宝所纵或有渠率当坐者。③商征下狱,宝坐失死罪免。益州吏民多陈宝功效,言为车骑将军所排。上复拜宝为冀州刺史,迁丞相司直。

①师古曰："渠,大也。"

②师古曰："擅放群盗归,故云矫制。由商不任职,致有贼盗,故云为乱首也。"

③师古曰："纵,放也。"

　　时帝舅红阳侯立使客因南郡太守李尚占垦草田百数顷,①颇有民所假少府陂泽,略皆开发,②上书愿以入县官。③有诏郡平田予直,④钱有贵一万万以上。⑤宝闻之,遣丞相史案验,发其奸,劾奏立、尚怀奸罔上,狡猾不道。尚下狱死。立虽不坐,后兄大司马卫将军商薨,次当代商,上度立而用其弟曲阳侯根为大司马票骑将军。⑥

①师古曰："隐度而取之也。草田,荒田也。占,音之赡反。"

②师古曰："旧为陂泽,本属少府,其后以假百姓,百姓皆已田之,而立总谓为草田,占云新自垦。"

③师古曰："立上书云新垦得此田,请以入官也。"

④师古曰："受其田而准偿价直也。"

⑤师古曰："增于时价。"

⑥如淳曰："度,过也。过立而用根。"

　　会益州蛮夷犯法,巴蜀颇不安,上以宝著名西州,拜为广汉太守,秩中二千石,赐黄金三十斤。蛮夷安辑,吏民称之。①

①师古曰："辑,与集同。"

　　征为京兆尹。故吏侯文以刚直不苟合,常称疾不肯仕,宝以恩礼请文,欲为布衣友。日设酒食,妻子相对。文求受署为掾,进见如宾礼。数月,以立秋日署文东部督邮。入见,敕曰："今日鹰隼始击,当顺天气取奸恶,以成严霜之诛,掾部渠有其人乎?"①文印曰："无其人不敢空受职。"②宝曰："谁也?"文曰:"霸陵杜稚季。"宝曰："其次。"③文曰："豺狼横道,不宜复问狐狸。"④宝默然。稚季者大侠,与卫尉淳于长、大鸿胪萧育等皆厚善。宝前失车骑将军,与红阳侯有郤,⑤自恐见危,时淳于长方贵幸,友宝,宝亦欲附之,始视事而长以稚季托宝,故宝穷,无以复应文。文怪宝气索,⑥知其有故,因曰:"明府素著威名,今不敢取稚季,当且阖阁,勿有所问。⑦如此竟岁,吏民未敢诬明府也。⑧即度稚季而遣它事,⑨众口谨哗,终身自堕。"⑩宝曰:"受教。"稚季耳目长,闻知,之杜门不通水火,⑪穿舍后墙为小户,但持锄自治园,因文所厚自陈如此。⑫文曰:"我与稚季幸同土壤,素无睚眦,⑬顾受将命,分当相直。⑭诚能自改,严将不治前事,即不更心,但更门户,适趣祸耳。"⑮稚季遂不敢犯法,宝亦竟岁无所遣。明年,稚季病死。宝为京兆尹三岁,京师称之。会淳于长败,宝与萧育等皆坐免官。文复去吏,死于家。稚季子杜苍,字君敖,名出稚季右,在游侠中。

①师古曰:"渠,读曰讵。讵,岂也。言掾所部内岂有其人乎?"

②师古曰:"卬,读曰仰。谓仰头而对也。"

③师古曰:"除稚季之外,更有谁也。"

④师古曰:"言不当释大而取小也。"

⑤师古曰:"失车骑将军,谓失王音意,奏扈商事也。郤,与隙同。"

⑥师古曰:"索,尽也,音先各反。"

⑦师古曰:"阖,闭也。"

⑧师古曰:"诬,谤也。"

⑨李奇曰:"过度不治罪。"

⑩师古曰:"堕,毁也,音火规反。"

⑪师古曰:"杜,塞也。不通水火,谓虽邻伍亦不往来也。"

⑫师古曰:"具言恐惧改节之状也。"

⑬师古曰:"睚,音涯。眦,音才赐反。睚,又音五懈反。眦,又音仕懈反。已解于前也。"

⑭师古曰:"言自顾念受郡将之命,分当相值遇也。分,音胡问反。直,读曰值也。"

⑮师古曰:"更,改也。趣,读曰促。"

　　哀帝即位,征宝为谏大夫,迁司隶。初,傅太后与中山孝王母冯太后俱事元帝,有郤,①傅太后使有司考冯太后,令自杀,众庶冤之。宝奏请覆治,傅太后大怒,曰:"帝置司隶,主使察我。冯氏反事明白,故欲擿觖以扬我恶。②我当坐之。"上乃顺指下宝狱。尚书仆射唐林争之,上以林朋党比周,③左迁敦煌鱼泽障候。大司马傅喜、光禄大夫龚胜固争，上为言太后，出宝复官。

①师古曰："以当熊事，惭而嫉之。"

②师古曰："擿觖，谓挑发之也。擿，音它历反。觖，音决。挑，音它聊反。"

③师古曰："比，音频寐反。"

　　顷之，郑崇下狱，宝上书曰："臣闻疏不图亲，外不虑内。①臣幸得衔命奉使，职在刺举，不敢避贵幸之势，以塞视听之明。案尚书令昌奏仆射崇，下狱覆治，榜掠将死，卒无一辞，②道路称冤。疑昌与崇内有纤介，③浸润相陷，自禁门内枢机近臣，蒙受冤潜，④亏损国家，为谤不小。臣请治昌，以解众心。"书奏，天子不说，⑤以宝名臣，不忍诛，乃制诏丞相大司空："司隶宝奏故尚书仆射崇冤，请狱治尚书令昌。案崇近臣，罪恶暴著，而宝怀邪，附下罔上，以春月作诋欺，遂其奸心，盖国之贼也。传不云乎？'恶利口之覆国家。'⑥其免宝为庶人。"

①师古曰："图，谋也。虑，思也。"

②师古曰："榜掠，谓笞击而考问之也。榜，音彭。"

③师古曰："言有细故宿嫌也。"

④师古曰："蒙，被也。"

⑤师古曰："说，读曰悦。"

⑥师古曰："《论语》称孔子之言。"

　　哀帝崩，王莽白王太后征宝以为光禄大夫，与王舜等俱迎中山王。平帝立，宝为大司农。会越嶲郡上黄龙游江中，太师孔光、大司徒马宫等咸称莽功德比周公，宜告祠宗庙。宝曰："周公上圣，召公大贤。尚犹有不相说，著于经典，两不相损。①今风雨未时，百姓不足，每有一事，群臣同声，②得无非其美者。"③时大臣皆失色，侍中奉车都尉甄邯即时承制罢议者。会宝遣吏迎母，母道病，留弟家，独遣妻子。司直陈崇以奏宝，事下三公即讯。④宝对曰："年七十悖眊，恩衰共养，营妻子，如章。"⑤宝坐免。终于家。建武中，录旧德臣，以宝孙优为诸长。⑥

①师古曰："《周书·君奭》之序曰'召公为保，周公为师，相成王为左右，召公不说，周公作《君奭》'是也。两不相损者，言俱有令名也。召，读曰邵。

说,读曰悦。"

②师古曰:"言雷同阿附,妄说福祥。"

③师古曰:"言此非朝廷美事也。"

④师古曰:"就问之也。"

⑤师古曰:"悖,惑也。眊,与耄同。自言老耄,心志乱或,供养之恩衰,具如所奏之章也。悖,音布内反。共,读曰供,音居用反。"

⑥师古曰:"伉,音抗。诸,琅邪之县也。"

毋将隆字君房,东海兰陵人也。大司马车骑将军王音内领尚书,外典兵马,踵故选置从事中郎①与参谋议,奏请隆为从事中郎,迁谏大夫。成帝末,隆奏封事言:"古者选诸侯入为公卿,以褒功德,宜征定陶王使在国邸,以填万方。"②其后上竟立定陶王为太子,隆迁冀州牧、颍川太守。哀帝即位,以高第入为京兆尹,迁执金吾。

①师古曰:"踵犹蹑也,言承蹑故事也。"

②师古曰:"填,音竹刃反。"

时侍中董贤方贵,上使中黄门发武库兵,前后十辈,送董贤及上乳母王阿舍。隆奏言:"武库兵器,天下公用,国家武备,缮治造作,皆度大司农钱。①大司农钱自乘舆不以给共养,②共养劳赐,壹出少府。盖不以本臧给末用,不以民力共浮费,③别公私,示正咱也。古者诸侯方伯得颛征伐,乃赐斧钺。④汉家边吏,职在距寇,亦赐武库兵,皆任其事然后蒙之。《春秋》之谊,家不臧甲,所以抑臣威,损私力也。今贤等便僻弄臣,私恩微妾,而以天下公用给其私门,挈国威器共其家备。⑤民力分于弄臣,武兵设于微妾,建立非宜,以广骄僭,非所以示四方也。孔子曰:'奚取于三家之堂!'⑥臣请收还武库。"上不说。⑦

①苏林曰:"用度皆出大司农。"

②师古曰:"共,音居用反。养,音弋向反。"

③师古曰:"共,读曰供。"

④师古曰:"颛,与专同也。"

⑤李奇曰:"挈,缺也。"晋灼曰:"挈,取也。"师古曰:"李说是也。共,读曰

供。"

　　⑥师古曰:"三家,谓鲁大夫叔孙、仲孙、季孙也。《论语》云:'三家者,以
　　《雍》彻。孔子曰:"相惟辟公,天子穆穆,奚取于三家之堂!"'言三家以
　　《雍》彻食,此乃天子之礼耳,何为在三家之堂也!"

　　⑦师古曰:"说,读曰悦。"

　　顷之,傅太后使谒者买诸官婢,贱取之,复取执金吾官婢八人。
隆奏言贾贱,请更平直。①上于是制诏丞相、御史大夫:"交让之礼
兴,则虞芮之讼息。②隆位九卿,既无以匡朝廷之不逮,而反奏请与
永信宫争贵贱之贾,程奏显言,③众莫不闻。举错不由谊理,④争求
之名自此始,无以示百僚,伤化失俗。"以隆前有安国之言,⑤左迁
为沛郡都尉,迁南郡太守。

　　①师古曰:"贾,读曰价。其下亦同。"
　　②师古曰:"虞,芮,二国名。文王为西伯,为断其讼,二国各惭而止也。"
　　③苏林曰:"露奏也。"
　　④师古曰:"错,音千故反。"
　　⑤如淳曰:"征定陶王使在国邸也。"

　　王莽少时,慕与隆交,隆不甚附。哀帝崩,莽秉政,使大司徒孔
光奏隆前为冀州牧,治中山冯太后狱冤陷无辜,不宜处位在中土。
本中谒者令史立、侍御史丁玄自典考之,但与隆连名奏事。史立时
为中太仆,丁玄泰山太守,及尚书令赵昌谮郑崇者为河内太守,皆
免官,徙合浦。

　　何并字子廉,祖父以吏二千石自平舆徙平陵。①并为郡吏,至
大司空掾,事何武。武高其志节,举能治剧,为长陵令,道不拾遗。

　　①师古曰:"平舆,汝南之县也。"

　　初,邛成太后外家王氏贵,①而侍中王林卿通轻侠,倾京师。后
坐法免,宾客愈盛,归长陵上冢,因留饮连日。并恐其犯法,自造门
上谒,②谓林卿曰:"冢间单外,君宜以时归。"③林卿曰:"诺。"先
是,林卿杀婢婿埋冢舍,④并具知之,以非己时,又见其新免,故不
发举,欲无令留界中而已,即且遣吏奉谒侍送。林卿素骄,惭于宾

客,并度其为变,储兵马以待之。⑤林卿既去,北度泾桥,令骑奴还至寺门,拔刀剥其建鼓。⑥并自从吏兵追林卿。行数十里,林卿迫穷,乃令奴冠其冠被其襜褕自代,乘车从童骑,⑦身变服从间径驰去。会日暮追及,收缚冠奴,奴曰:"我非侍中,奴耳。"并心自知已失林卿,乃曰:"王君困,自称奴,得脱死邪?"叱吏断头持还,县所剥鼓置都亭下,署曰:"故侍中王林卿坐杀人埋冢舍,使奴剥寺门鼓。"⑧吏民惊骇。林卿因亡命,众庶谨哗,以为实死。⑨成帝太后以邛成太后爱林卿故,闻之涕泣,为言哀帝。哀帝问状而善之,迁并陇西太守。

①应劭曰:"宣帝王皇后父奉光封邛成侯,成帝母亦姓王,故以父爵别之也。"

②师古曰:"造,至也,音千到反。"

③师古曰:"单外,言在效郭之外而单露。"

④师古曰:"婢婿,外人与其婢奸者也。冢舍,守冢之舍也。"

⑤师古曰:"储,豫备也。度,音徒各反。"

⑥师古曰:"诸官曹之所通呼为寺。建鼓,一名植鼓。建,立也。谓植木而旁悬鼓焉。县有此鼓者,所以召集号令,为开闭之时。"

⑦师古曰:"襜褕,曲裾禅衣也。童骑,童奴之骑也。"

⑧师古曰:"署,谓书表其事也。"

⑨师古曰:"谨哗,众议也。谨,音许元反。"

徙颍川太守,代陵阳严诩。诩本以孝行为官,谓掾史为师友,有过辄闭阁自责,终不大言。郡中乱,王莽遣使征诩,官属数百人为设祖道,诩据地哭,掾史曰:"明府吉征,不宜若此。"诩曰:"吾哀颍川士,身岂有忧哉!我以柔弱征,必选刚猛代。代到,将有僵仆者,故相吊耳。"①诩至,拜为美俗使者。②是时颍川钟元为尚书令,领廷尉,用事有权。弟威为郡掾,臧千金。③并为太守,过辞钟廷尉,廷尉免冠为弟请一等之罪,④愿蚤就髡钳。并曰:"罪在弟身与君律,不在于太守。"元惧,驰遣人呼弟。阳翟轻侠赵季、李款多畜宾客,以气力渔食闾里,⑤至奸人妇女,持吏长短,从横郡中,⑥闻并且至,皆亡去。并下车求勇猛晓文法吏且十人,使文吏治三人狱,武吏往捕之,各有所部。敕曰:"三人非负太守,乃负王法,不得不治。钟威所犯多在赦前,驱使入函谷关,勿令污民间;不入关,乃收之。赵、李柜恶,虽远去,当得其头,以谢百姓。"钟威负其兄,止雒阳,⑦吏格杀之。亦得赵、李它郡,持头还,并皆县头及其具狱于市。郡中清静,表善好士,⑧见纪颍川,名次黄霸。性清廉,妻子不至官舍。数年,卒。疾病,召丞掾作先令书,⑨曰:"告子恢,吾生素餐日久,死虽当得法赙,勿受。⑩葬为小椁,穿容下棺。"⑪恢如父言。王莽擢恢为关都尉。建武中,以并孙为郎。

①师古曰:"僵,偃也。仆,顿也。僵,音姜。仆,音赴。"

②文颖曰:"宣美风化使者。"

③师古曰:"臧,谓致罪之臧也。"

④如淳曰:"减死罪一等。"

⑤师古曰:"渔者,谓侵夺取之,若渔猎之为也。"

⑥师古曰:"从,音子用反。横,音胡孟反。"

⑦师古曰:"负,谓恃其权力也。"

⑧师古曰:"好,音呼到反。"

⑨师古曰:"先为遗令也。"

⑩如淳曰:"公令,吏死官,得法赙。"师古曰:"赠终者布帛曰赙,音附。"

⑪张晏曰:"《礼》三重棺。赵简子曰:'不设属辟,下卿之罚也。'或曰,但下棺,无余器物也。"师古曰:"言止作小椁,才容下棺而已,无令高大也。穿,读曰但。"

赞曰:盖宽饶为司臣,正色立于朝,虽《诗》所谓"国之司直"无以加也。①若采王生之言以终其身,斯近古之贤臣矣。诸葛、刘、郑虽云狂瞽,有异志焉。孔子曰:"吾未见刚者。"②以数子之名迹,然毋将污于冀州,③孙宝桡于定陵,④况俗人乎!何并之节,亚尹翁归云。

①师古曰:"《诗·郑风·羔裘》之篇曰'彼己之子,邦之司直',言其德美,可主正直之任也。"

②师古曰:"《论语》称孔子之言也。言有刚德者为难也。"

③孟康曰:"污,下也。"师古曰:"毋将隆为冀州牧,与史立、丁玄共奏冯太后事,是为污曲也。污,音一胡反。"

④师古曰:"桡亦曲也。谓受淳于长托而不治杜稚季也。桡,音女教反。"

汉书卷七八
列传第四八

萧望之　子育　子咸　子由

　　萧望之字长倩,东海兰陵人也,①徙杜陵。家世以田为业,至望之,好学,治《齐诗》,事同县后仓且十年。以令诣太常受业,②复事同学博士白奇,③又从夏侯胜问《论语》、《礼服》。④京师诸儒称述焉。

　　①师古曰:"近代谱谍妄相托附,乃云望之萧何之后,追次昭穆,流俗学者共祖述焉。但酇侯汉室宗臣,功高位重,子孙胤绪具详表、传,长倩巨儒达学,名节并隆,博览古今,能言其祖。市朝未变,年载非遥,长老所传,耳目相接,若其实承何后,史传宁得弗详?《汉书》既不叙论,后人焉所取信? 不然之事,断可识矣。"

　　②如淳曰:"令郡国官有好文学敬长肃政教者,二千石奏上,与计偕,诣太常受业如弟子也。"

　　③师古曰:"常同于后仓受业,而奇后为博士。"

　　④师古曰:"《礼》之《丧服》也。"

　　是时,大将军霍光秉政,长史丙吉荐儒生王仲翁与望之等数人,皆召见。先是左将军上官桀与盖主谋杀光,光既诛桀等,后出入自备。吏民当见者,露索去刀兵,两吏挟持。①望之独不肯听,自引出阁曰:"不愿见。"吏牵持匈匈。光闻之,告吏勿持。望之既至前,说光曰:"将军以功德辅幼主,将以流大化,致于治平,②是以天下之士延颈企踵,争愿自效,以辅高明。今士见者皆先露索挟持,恐非周公相成王躬吐握之礼,致白屋之意。"③于是光独不除用望之,而仲翁等皆补大将军史。三岁间,仲翁至光禄大夫给事中,望之以射策甲科为郎,④署小苑东门候。⑤仲翁出入从仓头庐儿,⑥下车趋门,传呼甚宠,⑦顾谓望之曰:"不肯录录,反抱关为。"⑧望之曰:"各从其志。"

①师古曰:"索,搜也,露形体而搜也。索,音山客反。"

②师古曰:"令太平之化通洽四方也。"

③师古曰:"周公摄政,一沐三捉发,一饭三吐餔,以接天下之士。白屋,谓白盖之屋以茅覆之,贱人所。盖,音合。"

④师古曰:"射策者,谓为难问疑义书之于策,量其大小署为甲乙科,列而置之,不使彰显。有欲射者,随其所取得而释之,以知优劣。射之,言投射也。对策者,显问以政事经义,令各对之,而观其人文辞定高下也。"

⑤师古曰:"署,补署也。门候,主候时而开闭也。"

⑥师古曰:"皆官府之给贱役者也,解在《贡禹传》。"

⑦师古曰:"趋,读曰趣。趣,向也。下车而向门,传声而呼侍从者,甚有尊宠也。"

⑧师古曰:"录录,谓循常也。言望之不能随例搜索,以违牾执政,不得大官而守门也。"

后数年,坐弟犯法,不得宿卫,免归为郡吏。及御史大夫魏相除望之为属,察廉为大行治礼丞。

时大将军光薨,子禹复为大司马,兄子山领尚书,①亲属皆宿卫内侍。地节三年夏,京师雨雹,望之因是上疏,愿赐清闲之宴,口陈灾异之意。②宣帝自在民间闻望之名,曰:"此东海萧生邪?下少府宋畸问状,③无有所讳。"望之对,以为"《春秋》昭公三年大雨雹,是时季氏专权,卒逐昭公。乡使鲁君察于天变,宜亡此害。④今陛下以圣德居位,思政求贤,尧舜之用心也。然而善祥未臻,阴阳不和,是大臣任政,一姓擅势之所致也。附枝大者贼本心,私家盛者公室危。⑤唯明主躬万机,选同姓,举贤材,以为腹心,与参政谋,令公卿大臣朝见奏事,明陈其职,以考功能。如是,则庶事理,公道立,奸邪塞,私权废矣。"对奏,天子拜望之为谒者。时上初即位,思进贤良,多上书言便宜,辄下望之问状,高者请丞相御史,⑥次者中二千石试事,满岁以状闻,⑦下者报闻,或罢归田里,所白处奏皆可。⑧累迁谏大夫,丞相司直,岁中三迁,官至二千石。其后霍氏竟谋反诛,望之浸益任用。⑨

①师古曰:"霍山,去病之孙。今云兄子者,转写误尔。"

②师古曰:"閒,读曰闲。"

③师古曰:"畸,音居宜反。"

④师古曰:"乡,读曰向。亡,读曰无。"

⑤师古曰:"本心,树之本株也。"

⑥师古曰:"望之以其人所言之状请于丞相御史,或以奏闻,即见超擢。"

⑦师古曰:"试令行其所言之事,或以诸它职事试之。"

⑧师古曰:"当主上之意也。"

⑨师古曰:"浸,渐也。"

　　是时,选博士谏大夫通政事者补郡国守相,以望之为平原太守。望之雅意在本朝,远为郡守,内不自得,乃上疏曰:"陛下哀愍百姓,恐德化之不究,①悉出谏官以补郡吏,所谓忧其末而忘其本者也。朝无争臣则不知过,国无达士则不闻善。②愿陛下选明经术,温故知新,通于几微谋虑之士以为内臣,与参政事。诸侯闻之,则知国家纳谏忧政,亡有阙遗。若此不息,成康之道其庶几乎!③外郡不治,岂足忧哉?"书闻,征入守少府。宣帝察望之经明持重,论议有余,材任宰相,④欲详试其政事,复以为左冯翊。望之从少府出为左迁,恐有不合意,即移病。⑤上闻之,使侍中成都侯金安上谕意曰:"所用皆更治民以考功。⑥君前为平原太守日浅,故复试之三辅,非有所闻也。"⑦望之即视事。

①师古曰:"究,竟也。谓周遍于天下。"

②师古曰:"达士,谓达于政事也。"

③师古曰:"周成康二王致太平也。"

④师古曰:"任,堪也。"

⑤师古曰:"移病,谓移书言病。一曰,以病而移居。"

⑥师古曰:"更犹经历。更,音工衡反。"

⑦师古曰:"所闻,谓闻其短失。"

是岁,西羌反,汉遣后将军征之。京兆尹张敞上书言:"国兵在外,军以夏发,陇西以北,安定以西,吏民并给转输,田事颇废,素无余积,虽羌虏以破,来春民食必乏。穷辟之处,买亡所得,①县官谷度不足以振之。②愿令诸有罪,非盗受财杀人及犯法不得赦者,皆得以差入谷此八郡赎罪。③务益致谷以豫备百姓之急。"事下有司,望之与少府李强议,以为"民函阴阳之气,有仁好义欲利之心,④在教化之所助。尧在上,不能去民欲利之心,而能令其欲利不胜其好义也;虽桀在上,不能去民好义之心,而能令其好义不胜其欲利也。故尧、桀之分,在于义利而已。道民不可不慎也。⑤今欲令民量粟以赎罪,如此则富者得生,贫者独死,是贫富异刑而法不壹也。人情,贫穷,父兄囚执,闻出财得以生活,为人子弟者将不顾死亡之患,败乱之行,以赴财利,求救亲戚。一人得生,十人以丧,如此,伯夷之行坏,公绰之名灭。⑥政教壹倾,虽有周召之佐,恐不能复。⑦古者臧于民,不足则取,有余则与。《诗》曰'爰乃矜人,哀此鳏寡',⑧上惠下也。又曰'雨我公田,遂及我私',⑨下急上也。今有西边之役,民失作业,虽户赋口敛以赡其困乏,⑩古之通义,百姓莫以为非。以死救生,恐未可也。⑪陛下布德施教,教化既成,尧舜亡以加也。今议开利路以伤既成之化,臣窃痛之。"

①师古曰:"辟,读曰僻也。"

②师古曰:"度,音徒各反。"

③师古曰:"差,次也。八郡,即陇西以北,安定以西。"

④师古曰:"函,与含同也。"

⑤师古曰:"道,读曰导。"

⑥师古曰:"公绰,鲁大夫孟公绰也。《论语》称孔子曰:'若臧武仲之智,公绰之不欲,卞庄子之勇,冉求之艺,文之以礼乐,可以为成人矣。'"

⑦师古曰:"召,读曰邵。复,扶目反。"

⑧师古曰:"《小雅·鸿雁》之诗也。矜人,可哀矜之人,谓贫弱者也。言王者惠泽下及哀矜之人以至鳏寡。"

⑨师古曰:"《小雅·大田》之诗也。言众庶喜于时雨,先润公田,又及私田,是则其心先公后私。雨,于具反。"

⑩师古曰:"率户而赋,计口而敛也。"

⑪师古曰:"子弟竭死以救父兄,令其生也。"

于是天子复下其议两府,丞相、御史以难问张敞。敞曰:"少府、左冯翊所言,常人之所守耳。昔先帝征四夷,兵行三十余年,百姓犹不加赋,而军用给。今羌虏一隅小夷,跳梁于山谷间,汉但令罪人出财减罪以诛之,其名贤于烦扰良民横兴赋敛也。①又诸盗及杀人犯不道者,百姓所疾苦也,皆不得赎;首匿、见知纵、所不当得为之属,议者或颇言其法可蠲除,②今因此令赎,其便明甚,何化之所乱?《甫刑》之罚,小过赦,薄罪赎,③有金选之品,④所从来久矣,何贼之所生?敞备皂衣二十余年,⑤尝闻罪人赎矣,未闻盗贼起也。窃怜凉州被寇,方秋饶时,民尚有饥乏,病死于道路,况至来春将大困乎!不早虑所以振救之策,而引常经以难,恐后为重责。常人可与守经,未可与权也。敞幸得备列卿,以辅两府为职,不敢不尽愚。"

①师古曰:"横,音胡孟反。"

②师古曰:"以其罪轻而法重,故常欲除此科条。"

③师古曰:"吕侯为周穆王司寇,作赎刑之法,谓之《吕刑》。后改为甫侯,故又称《甫刑》也。"

④应劭曰:"选,音刷,金铢两名也。"师古曰:"音刷是也。字本作锊,锊即锾也,其重十一铢一十五分铢之十三,一曰,重六两。《吕刑》:'墨辟疑赦,其罚百锾;劓辟疑赦,其罚惟倍;剕辟疑赦,其罚倍差;宫辟疑赦,其罚六百锾;大辟疑赦,其罚千锾。'是其品也。"

⑤如淳曰:"虽有五时服,至朝皆著皂衣。"

望之、强复对曰:"先帝圣德,贤良在位,作宪垂法,为无穷之规,永惟边竟之不赡,①故《金布令甲》曰②'边郡数被兵,离饥寒,③夭绝天年,父子相失,令天下共给其费',④固为军旅卒暴之事也。⑤闻天汉四年,常使死罪人入五十万钱减死罪一等,豪强吏民请夺假贷,⑥至为盗贼以赎罪。其后奸邪横暴,群盗并起,⑦至攻城邑,杀郡守,充满山谷,吏不能禁,明诏遣绣衣使者以兴兵击之,⑧诛者过半,然后衰止。愚以为此使死罪赎之败也,故曰不便。"

时丞相魏相、御史大夫丙吉亦以为羌虏且破,转输略足相给,遂不施敞议。

①师古曰:"惟,思也。竟,读曰境。其下亦同。"

②师古曰:"《金布》者,令篇名也。其上有府库金钱布帛之事,因以篇名。令甲者,其篇甲乙之次。"

③师古曰:"离,遭也。"

④师古曰:"同共给之也。自此以上,令甲之文。"

⑤师古曰:"卒,读曰猝。言此令文专为军旅猝暴而施设。"

⑥师古曰:"赍,音土得反。"

⑦师古曰:"横,音胡孟反。"

⑧师古曰:"军兴之法也。"

望之为左冯翊三年,京师称之,迁大鸿胪。

先是,乌孙昆弥翁归靡因长罗侯常惠上书,①愿以汉外孙元贵靡为嗣,得复尚少主,②结婚内附,畔去匈奴。诏下公卿议,望之以为"乌孙绝域,信其美言,万里结婚,非长策也。"天子不听。神爵二年,遣长罗侯惠使送公主配元贵靡。未出塞,翁归靡死,其兄子狂王背约自立。惠从塞下上书,愿留少主敦煌郡。惠至乌孙,责以负约,因立元贵靡,还迎少主。诏下公卿议,望之复以为"不可。乌孙持两端,亡坚约,其效可见。前少主在乌孙四十余年,恩爱不亲密,边境未以安,此已事之验也。今少主以元贵靡不得立而还,信无负于四夷,此中国之大福也。少主不止,徭役将兴,其原起此。"天子从其议,征少主还。后乌孙虽分国两立,以元贵靡为大昆弥,汉遂不复与结婚。

①师古曰:"昆弥,乌孙之王号也。翁归靡,其人名也。"

②苏林曰:"宗室女也。"

三年,代丙吉为御史大夫。五凤中,匈奴大乱,议者多曰匈奴为害日久,可因其坏乱举兵灭之。诏遣中朝大司马车骑将军韩增、诸吏富平侯张延寿、光禄勋杨恽、太仆戴长乐问望之计策,望之对曰:"《春秋》晋士丐帅师侵齐,闻齐侯卒,引师而还,君子大其不伐丧,①以为恩足以服孝子,谊足以动诸侯。前单于慕化乡善称弟,②遣使请求和亲,海内欣然,夷狄莫不闻。未终奉约,不幸为贼臣所

杀，今而伐之，是乘乱而幸灾也，彼必奔走远遁。不以义动兵，恐劳
而无功。宜遣使者吊问，辅其微弱，救其灾患，四夷闻之，咸贵中国
之仁义。如遂蒙恩得复其位，必称臣服从，此德之盛也。"上从其议，
后竟遣兵护辅呼韩邪单于定其国。

①师古曰："士匄，晋大夫范宣子也。《春秋公羊传》襄十九年，齐侯环卒，
'晋士匄帅师侵齐，至谷，闻齐侯卒，乃还。还者何？善辞也，大其不伐丧
也。'"

②苏林曰："弟，顺也。"师古曰："乡，读曰向。弟，音悌。"

是时，大司农中丞耿寿昌奏设常平仓，上善之，望之非寿昌。①
丞相丙吉年老，上重焉，望之又奏言："百姓或乏困，盗贼未止，二千
石多材下不任职。三公非其人，则三光为之不明，今首岁日月少
光，②咎在臣等。"上以望之意轻丞相，③乃下侍中建章卫尉金安
上、光禄勋杨恽、御史中丞王忠并诘问，④望之免冠置对，天子繇是
不说。⑤

①师古曰："此望之不知权道。"

②师古曰："首岁，岁之初。首，谓正月也。"

③师古曰："言三公非其人，又云咎在臣等，是其意毁丞相。"

④师古曰："三人同共问之。"

⑤师古曰："繇，读与由同。说，读曰悦。"

后丞相司直繇延寿①奏："侍中谒者良使承制诏望之，望之再
拜已。良与望之言，望之不起，因故下手，②而谓御史曰'良礼不
备'。故事，丞相病，明日御史大夫辄问病；朝奏事会庭中，差居丞相
后，丞相谢，大夫少进，揖。今丞相数病，望之不问病；会庭中，与丞
相钧礼。③时议事不合意，望之曰：'侯年宁能父我邪！'④知御史有
令不得擅使，望之多使守史自给车马，之杜陵护视家事。⑤少史冠
法冠，为妻先引，⑥又使卖买，私所附益凡十万三千。⑦案望之大
臣，通经术，居九卿之右，本朝所仰，⑧至不奉法自修，踞慢不逊
攘，⑨受所监臧二百五十以上，⑩请逮捕系治。"上于是策望之曰：
"有司奏君责使者礼，遇丞相亡礼，廉声不闻，敖慢不逊，⑪亡以扶

政，帅先百僚。君不深思，陷于兹秽，朕不忍致君于理，使光禄勋恽策诏，左迁君为太子太傅，授印。其上故印使者，⑫便道之官。君其秉道明孝，正直是与，帅意亡愍，靡有后言。"⑬

①师古曰："鯀，音婆。"

②苏林曰："伏地而言也。"

③师古曰："不为前后之差也。"

④服虔曰："宁能与吾父同年邪？"

⑤如淳曰："《汉仪注》御史大夫史员四十五人，皆六百石，其十五人给事殿中，其余三十人留守治百事，皆冠法冠。"师古曰："自给车马者，令其自乘私车马也。"

⑥苏林曰："少史，曹史之下者也。"文颖曰："先引，谓导车前。"

⑦师古曰："使其史为望之家有所卖买，而史以其私钱增益之，用润望之也。"

⑧师古曰："右，上也。"

⑨师古曰："攘，古让字。"

⑩师古曰："二百五十以上者，当时律令坐罪之次，若今律条言一尺以上、一匹以上矣。"

⑪师古曰："敖，读曰傲。"

⑫师古曰："使者，即谓杨恽也。命恽授太傅印，而望之以大夫印上于恽。"

⑬师古曰："愍，古怨字。后言，谓自申理。"

　　望之既左迁，而黄霸代为御史大夫。数月间，丙吉薨，霸为丞相。霸薨，于定国复代焉。望之遂见废，不得相。为太傅，以《论语》、《礼服》授皇太子。

　　初，匈奴呼韩邪单于来朝，诏公卿议其仪，丞相霸、御史大夫定国议曰："圣王之制，施德行礼，先京师而后诸夏，先诸夏而后夷狄。《诗》云：'率礼不越，遂视既发；相土烈烈，海外有截。'①陛下圣德充塞天地，②光被四表，③匈奴单于乡风慕化，奉珍朝贺，④自古未之有也。其礼仪宜如诸侯王，位次在下。"望之以为"单于非正朔所加，故称敌国，宜待以不臣之礼，位在诸侯王上。外夷稽首称藩，中国让而不臣，此则羁縻之谊，谦亨之福也。⑤《书》曰'戎狄荒服'，⑥

言其来服,荒忽亡常。如使匈奴后嗣卒有鸟窜鼠伏,阙于朝享,不为
畔臣。⑦信让行乎蛮貉,福祚流于亡穷,万世之长策也。"天子采之,
下诏曰:"盖闻五帝三王教化所不施,不及以政。今匈奴单于称北
藩,朝正朔,朕之不逮,德不能弘覆。其以客礼待之,令单于位在诸
侯王上,赞谒称臣而不名。"

　①师古曰:"《商颂·长发》之诗也。率,循也。遂,遍也。既,尽也。发,行
　　也。相土,契之孙也。烈烈,威也。截,齐也。言殷宗受命为诸侯,能修
　　礼度,无有所逾越也。遍省视之,教令尽行,而相土之威烈烈然盛,四海
　　之外皆整齐。"

　②师古曰:"充,实也。塞,满也。"

　③师古曰:"四表,四海之外。"

　④师古曰:"乡,读曰向。"

　⑤师古曰:"《易·谦卦》之辞曰'谦,亨,天道下济而光明,地道卑而上
　　行',言谦之为德,无所不通也。亨,火庚反。"

　⑥师古曰:"《逸书》也。"

　⑦"卒,终也"。师古曰:"本以客礼待之,若后不来,非叛臣。"

　　及宣帝寝疾,选大臣可属者,①引外属侍中乐陵侯史高、太子
太傅望之、少傅周堪至禁中,拜高为大司马车骑将军,望之为前将
军光禄勋,堪为光禄大夫,皆受遗诏辅政,领尚书事。宣帝崩,太子
袭尊号,是为孝元帝。望之、堪本以师傅见尊重,上即位,数宴见,言
治乱,陈王事。望之选白宗室明经达学散骑谏大夫刘更生给事中,
与侍中金敞并拾遗左右。四人同心谋议,劝道上以古制,②多所欲
匡正,上甚乡纳之。③

　①师古曰:"属,音之欲反。"

　②师古曰:"道,读曰导。"

　③师古曰:"乡,读曰向。意信向之而纳用其言。"

　　初,宣帝不甚从儒术,任用法律,而中书宦官用事。中书令弘
恭、石显久典枢机,明习文法,亦与车骑将军高为表里,论议常独持
故事,不从望之等。恭、显又时倾仄见诎。①望之以为中书政本,宜
以贤明之选,自武帝游宴后庭,故用宦者,非国旧制,又违古不近刑

人之义,②白欲更置士人,繇是大与高、恭、显忤。③上初即位,谦让重改作,④议久不定,出刘更生为宗正。

①文颖曰:"恭、显心不自安也。"师古曰:"文说非也。言其不能持正,故议论大事见屈于天子也。仄,古侧字。"

②师古曰:"《礼》曰'刑人不在君侧'也。"

③师古曰:"繇,读与由同。忤,谓相违逆也。"

④师古曰:"重,难也。未欲更置士人于中书也。"

望之、堪数荐名儒茂材以备谏官。会稽郑朋阴欲附望之,上疏言车骑将军高遣客为奸利郡国,及言许、史子弟罪过。章视周堪,①堪白令朋待诏金马门。朋奏记望之曰:"将军体周召之德,秉公绰之质,有卞庄之威。②至乎耳顺之年,③履折冲之位,号至将军,诚士之高致也。窟穴黎庶莫不欢喜,咸曰将军其人也。④今将军规抚云若管晏而休,遂行日仄至周召乃留乎?⑤若管晏而休,则下走将归延陵之皋,⑥修农圃之畴,⑦畜鸡种黍,竢见二子,没齿而已矣。⑧如将军昭然度行积思,塞邪枉之险蹊,宣中庸之常政,⑨兴周召之遗业,亲日仄之兼听,则下走其庶几愿竭区区,底厉锋锷,⑩奉万分之一。"望之见纳朋,接待以意。⑪朋数称述望之,短车骑将军,⑫言许、史过失。

①师古曰:"视,读曰示。以朋所奏之章示堪也。"

②师古曰:"周,谓周公旦。召,谓召公奭。公绰,孟公绰也,廉正寡欲。卞庄子,鲁卞邑大夫,盖勇士也。召,读曰邵。"

③师古曰:"《论语》孔子曰'六十而耳顺'。"

④师古曰:"国家委任,诚得其人也。"

⑤师古曰:"问望之立意当趣如管晏而止,为欲恢廓其道,日昃不食,追周邵之迹然后已乎?抚,读曰模。其字从木。"

⑥应劭曰:"下走,仆也。"张晏曰:"吴公子札食邑延陵,薄吴王之行,弃国而耕于皋泽。朋云望之所为若但如管晏,则不处汉朝,将归会稽,寻延陵之轨,耕皋泽之中也。"师古曰:"下走者,自谦言趋走之役也。"

⑦师古曰:"美田曰畴。"

⑧师古曰:"《论语》云:'子路从而后,遇丈人杖荷蓧,止子路宿,杀鸡为黍

而食之,见其二子焉。明日子路行,以告。子曰:"隐者也。"使子路反见之,至则行矣。'朋之所云盖谓此也。娱,古俟字也。俟,待也。没齿,终身也。荼,草器也,音徒钓反。"

⑨师古曰:"度行,度越常检而为高行也。蹊,径,谓道也,音奚。"

⑩师古曰:"锋,刃端也。锷,刃旁也,音五各反。"

⑪师古曰:"与之相见,纳用其说也。"

⑫师古曰:"短,谓毁其短恶也。"

后朋行倾邪,望之绝不与通。朋与大司农史李宫俱待诏,堪独白宫为黄门郎。朋,楚士,怨恨,①更求入许、史,推所言许、史事曰:"皆周堪、刘更生教我,我关东人,何以知此?"于是侍中许章白见朋。朋出扬言曰:"我见,言前将军小过五,大罪一。中书令在旁,知我言状。"望之闻之,以问弘恭、石显。显、恭恐望之自讼,下于它吏,即挟朋及待诏华龙。②龙者,宣帝时与张子蛴等待诏,③以行污涉不进,④欲入堪等,堪等不纳,故与朋相结。恭、显令二人告望之等谋欲罢车骑将军疏退许、史状,候望之出休日,令朋、龙上之。事下弘恭问状,望之对曰:"外戚在位多奢淫,欲以匡正国家,非为邪也。"恭、显奏"望之、堪、更生朋党相称举,数谮诉大臣,毁离亲戚,欲以专擅权势,为臣不忠,诬上不道,请谒者召致廷尉。"时上初即位,不省"谒者召致廷尉"为下狱也,可其奏。后上召堪、更生,曰系狱。上大惊曰:"非但廷尉问邪?"以责恭、显,皆叩头谢。上曰:"令出视事。"恭、显因使高言:"上新即位,未以德化闻于天下,而先验师傅,既下九卿大夫狱,宜因决免。"于是制诏丞相御史:"前将军望之傅朕八年,亡它罪过,今事久远,识忘难明。⑤其赦望之罪,收前将军光禄勋印绶,及堪、更生皆免为庶人。"而朋为黄门郎。

①张晏曰:"朋,会稽人,会稽并属楚。"苏林曰:"楚人脆急也。"

②师古曰:"华,胡化反。"

③师古曰:"蛴,巨遥反,字或作侨。"

④师古曰:"涉与秽同。"

⑤师古曰:"言不能尽记,有遗忘者,故难明。"

后数月,制诏御史:"国之将兴,尊师而重傅。故前将军望之傅

朕八年,道以经术,厥功茂焉。①其赐望之爵关内侯,食邑六百户,
给事中,朝朔望,坐次将军。"天子方倚欲以为丞相,②会望之子散
骑中郎伋上书讼望之前事,③事下有司,复奏"望之前所坐明白,无
谮诉者,④而教子上书,称引亡辜之《诗》,失大臣体,不敬,请逮
捕。"弘恭、石显等知望之素高节,不诎辱,建白"望之⑤前为将军辅
政,欲排退许、史,专权擅朝。幸得不坐,复赐爵邑,与闻政事,⑥不
悔过服罪,深怀怨望,教子上书,归非于上,⑦自以托师傅,怀终不
坐。⑧非颇诎望之于牢狱,塞其怏怏心,则圣朝亡以施恩厚。"⑨上
曰:"萧太傅素刚,安肯就吏?"显等曰:"人命至重,望之所坐,语言
薄罪,必亡所忧。"上乃可其奏。

①师古曰:"道,读曰导。茂,美也。"

②师古曰:"倚,于绮反。"

③师古曰:"伋,音级。"

④师古曰:"言望之自有罪,非人谗谮而诉之也。"

⑤师古曰:"建立此议而白之于天子。"

⑥师古曰:"与,读曰豫。"

⑦师古曰:"言归恶于天子。"

⑧师古曰:"言恃旧恩,自谓终无罪,坐怀此心,

⑨服虔曰:"非,不也。"

　　显等封以付谒者,敕令召望之手付,因令太常急发执金吾车骑
驰围其第。使者至,召望之。望之欲自杀,其夫人止之,以为非天子
意。望之以问门下生朱云。云者,好节士,劝望之自裁。于是望之
卬天叹曰:①"吾尝备位将相,年逾六十矣,老入牢狱,苟求生活,不
亦鄙乎!"字谓云曰:"游,②趣和药来,无久留我死!"③竟饮鸩自
杀。天子闻之,惊拊手曰:"曩固疑其不就牢狱,果然杀吾贤傅。"是
时太官方上昼食,上乃却食,为之涕泣,哀恸左右。④于是召显等,
责问以议不详。⑤皆免冠谢,良久然后已。

①师古曰:"卬,读曰仰。"

②师古曰:"朱云字游,呼其字。"

③师古曰:"读曰促。"

④师古曰:"恊,动也。"

⑤师古曰:"详,审也。"

望之有罪死,有司请绝其爵邑。有诏加恩,长子伋嗣为关内侯。天子追念望之不忘,每岁时遣使者祠祭望之冢,终元帝世。望之八子,至大官者育、咸、由。

育字次君,少以父任为太子庶子。元帝即位,为郎,病免,后为御史。大将军王凤以育名父子,著材能,除为功曹,迁谒者,使匈奴副校尉。①后为茂陵令,会课,育弟六。②而漆令郭舜殿,见责问,③育为之请,扶风怒曰:"君课弟六,裁自脱,④何暇欲为左右言?"⑤及罢出,传召茂陵令诣后曹,⑥当以职事对。⑦育径出曹,书佐随牵育,育案佩刀曰:"萧育杜陵男子,何诣曹也!"⑧遂趋出,欲去官。明旦,诏召入,拜为司隶校尉。育过扶风府门,官属掾史数百人拜谒车下。后坐失大将军指免官。复为中郎将使匈奴。历冀州、青州两部刺史,长水校尉,泰山太守,入守大鸿胪。以鄂名贼梁子政阻山为害,久不伏辜,⑨育为右扶风数月,尽诛子政等。坐与定陵侯淳于长厚善免官。

①师古曰:"时令校尉为使于匈奴,而育为之副使,故授副校尉也。"

②师古曰:"如今之考弟高下。"

③师古曰:"殿,后也。言有所负,最居下也。殿,丁见反。"

④师古曰:"脱,免也,音吐活反。"

⑤师古曰:"左右者,言与同列在其左右,若今言旁人也。"

⑥如淳曰:"贼曹、决曹皆后曹。"

⑦师古曰:"怒其为漆令言,故欲以职事责之。"

⑧师古曰:"自言欲免官而去,但是杜陵一白衣男子耳,何须召我诣曹乎?"

⑨师古曰:"名贼者,自显其名,无所避匿,言其强也。"

哀帝时,南郡江中多盗贼,拜育为南郡太守。上以育耆旧名臣,乃以三公使车载育入殿中受策,①曰:"南郡盗贼群辈为害,朕甚忧之。以太守威信素著,故委南郡太守,之官,其于为民除害,安元元而已,亡拘于小文。"加赐黄金二十斤。育至南郡,盗贼静。病去官,起家复为光禄大夫执金吾,以寿终于官。

①孟康曰:"使车,三公奉使之车,若安车也。"

育为人严猛尚威,居官数免,稀迁。少与陈咸、朱博为友,著闻当世。往者有王阳、贡公,故长安语曰"萧、朱结绶,王、贡弹冠",言其相荐达也。始育与陈咸俱以公卿子显名,咸最先进,年十八为左曹,二十余御史中丞。时朱博尚为杜陵亭长,为咸、育所攀援,入王氏。①后遂并历刺史郡守相,及为九卿,而博先至将军上卿,历位多于咸、育,遂至丞相。育与博后有隙,不能终,故世以交为难。

①师古曰:"援,引也,音爱。"

咸字仲,为丞相史,举茂材,好時令,迁淮阳、泗水内史,张掖、弘农、河东太守。所居有迹,数增秩赐金。后免官。复为越骑校尉、护军都尉、中郎将,使匈奴,至大司农,终官。

由字子骄,为丞相西曹,卫将军掾,迁谒者,使匈奴副校尉。后举贤良,为定陶令,迁太原都尉,安定太守。治郡有声,多称荐者。初,哀帝为定陶王时,由为定陶令,失王指,顷之,制书免由为庶人。哀帝崩,为复土校尉、京辅左辅都尉,迁江夏太守。平江贼成重等有功,增秩为陈留太守。元始中,作明堂辟雍,大朝诸侯,征由为大鸿胪,会病,不及宾赞,①还归故官,病免。复为中散大夫,终官。家至吏二千石者六七人。

①师古曰:"赞导九宾之事。"

赞曰:萧望之历位将相,籍师傅之恩,可谓亲昵亡间。①及至谋泄隙开,谗邪构之,卒为便嬖宦竖所图,②哀哉!不然,望之堂堂,折而不桡,③身为儒,有辅佐之能,近古社稷臣也。

①师古曰:"间,隙也。"

②师古曰:"图,谋也。"

③师古曰:"桡,曲也,音女教反。"

汉书卷七九
列传第四九

冯奉世 子野王　子逡　子立　子参

冯奉世字子明,上党潞人也,①徙杜陵。其先冯亭,为韩上党守。秦攻上党,绝太行道,②韩不能守,冯亭乃入上党城守于赵。③赵封冯亭为华阳君,与赵将括距秦,④战死于长平。宗族繇是分散,⑤或留潞,或在赵。在赵者为官帅将,⑥官帅将子为代相。及秦灭六国,而冯亭之后冯毋择、冯去疾、冯劫皆为秦将相焉。

①师古曰:"潞,音路。"
②师古曰:"太行,山名,险道所经行也。行,胡郎反。"
③师古曰:"据守上党城而以降赵。"
④师古曰:"括,赵奢之子也。"
⑤师古曰:"繇,读与由同。"
⑥师古曰:"帅,所类反,字或作师,其义两通。"

汉兴,文帝时冯唐显名,即代相子也。至武帝末,奉世以良家子选为郎。昭帝时,以功次补武安长。失官,年三十余矣,乃学《春秋》,涉大义,读兵法。前将军韩增奏以为军司空令。本始中,从军击匈奴。军罢,复为郎。

先是时,汉数出使西域,多辱命不称,或贪污,为外国所苦。①是时乌孙大,有击匈奴之功,而西域诸国新辑,②汉方善遇,欲以安之,选可使外国者。前将军增举奉世以卫候使持节送大宛诸国客。至伊修城,③都尉宋将言莎车与旁国共攻杀汉所置莎车王万年,④并杀汉使者奚充国。时匈奴又发兵攻车师城,不能下而去。莎车遣使扬言北道诸国已属匈奴矣,于是攻劫南道,与歙盟畔汉,从鄯善以西皆绝不通。⑤都护郑吉、校尉司马意皆在北道诸国间。奉世与其副严昌计,以为不亟击之,则莎车日强,⑥其势难制,必危西域。遂以节谕告诸国王,因发其兵,南北道合万五千人进击莎车,攻拔其城。莎车王自杀,传其首诣长安。诸国悉平,威振西域。奉世乃罢兵以闻。宣帝召见韩增,曰:"贺将军所举得其人。"

①师古曰:"苦,谓困辱之。"

②师古曰:"辑,与集同。集,和也。"

③师古曰:"伊修城在鄯善国,汉于其中置屯田吏士也。"

④师古曰:"莎车,国名。万年,其王名也。莎,素和反。"

⑤师古曰:"鄯,音善。"

⑥师古曰:"亟,急也,音居力反。"

奉世遂西至大宛。大宛闻其斩莎车王,敬之异于它使,得其名马象龙而还。①上甚说,②下议封奉世。③丞相、将军皆曰:"《春秋》之义,大夫出疆,有可以安国家,则颛之可也。④奉世功效尤著,宜加爵土之赏。"少府萧望之独以"奉世奉使有指,⑤而擅矫制违命,发诸国兵,虽有功效,不可以为后法。即封奉世,开后奉使者利,以奉世为比,⑥争遂发兵,要功万里之外,⑦为国家生事于夷狄。渐不可长,奉世不宜受封。"上善望之议,以奉世为光禄大夫、水衡都尉。

①师古曰:"言马形似龙者。"

②师古曰:"说,读曰悦。"

③师古曰:"下其事令议之。"

④师古曰:"颛,与专同。"

⑤师古曰:"本为送诸国客。"

⑥师古曰:"比,必寐反。"

⑦师古曰:"遂,竟也。"

元帝即位,为执金吾。上郡属国归义降胡万余人反去。初,昭帝末,西河属国胡伊酋若王亦将众数千人畔,①奉世辄持节将兵追击。②右将军典属国常惠薨,奉世代为右将军典属国,加诸吏之号。数岁,为光禄勋。

①师古曰："苜，才由反。"
②师古曰："言西河、上郡羌胡反畔，子明再追击之。"

永光二年秋，陇西羌乡姐旁种反，①诏召丞相韦玄成、御史大夫郑弘、大司马车骑将军王接、左将军许嘉、右将军奉世入议。是时，岁比不登，②京师谷石二百余，③边郡四百，关东五百。四方饥馑，朝庭方以为忧，而遭羌变。玄成等漠然莫有对者。④奉世曰："羌虏近在竟内背畔，⑤不以时诛，亡以威制远蛮。臣愿帅师讨之。"上问用兵之数，对曰："臣闻善用兵者，役不再兴，粮不三载，故师不久暴而天诛亟决。⑥往者数不料敌，⑦而师至于折伤；再三发辄，⑧则旷日烦费，威武亏矣。今反虏无虑三万人，⑨法当倍用六万人。然羌戎弓矛之兵耳，器不犀利，⑩可用四万人，一月足以决。"丞相、御史、两将军皆以为民方收敛时，未可多发；万人屯守之，且足。奉世曰："不可。天下被饥馑，士马羸耗，⑪守战之备久废不简，⑫夷狄皆有轻边吏之心，而羌首难。⑬今以万人分屯数处，虏见兵少，必不畏惧，战则挫兵病师，守则百姓不救。如此，怯弱之形见，羌人乘利，诸种并和，⑭相扇而起，臣恐中国之役不得止于四万，非财币所能解也。故少发师而旷日，⑮与一举而疾决，利害相万也。"⑯固争之，不能得。有诏益二千人。

①师古曰："乡，所廉反，又先廉反。姐，音紫。今西羌尚有此姓，而乡音先，卉先。"
②师古曰："比，频也。登，成也。"
③师古曰："一石直二百余钱也。下皆类此。"
④师古曰："漠，无声也，音莫。"
⑤师古曰："竟，读曰境。"
⑥师古曰："暴，露也。亟，急也，音居力反。"
⑦师古曰："料，量也，音聊。"
⑧如淳曰："辄，推也。《淮南子》曰'内郡辄车而饷'。音而陇反。"
⑨师古曰："无虑，举凡之言也，无小思虑而大计也。"
⑩如淳曰："今俗刀兵利为犀。"晋灼曰："犀，坚也。"师古曰："晋说是。"
⑪师古曰："耗，减也，音呼到反。"

⑫师古曰:"简,谓选拣。"

⑬师古曰:"言创首为寇难也。"

⑭师古曰:"和,应也,音胡卧反。"

⑮师古曰:"旷,空也,空费其日而无功也。"

⑯师古曰:"相比为万倍也。"

于是遣奉世将万二千人骑,以将屯为名。①典属国任立、护军都尉韩昌为偏裨,到陇西,分屯三处。典属为右军,屯白石;护军都尉为前军,屯临洮;奉世为中军,屯首阳西极上。②前军到降同坂,③先遣校尉在前与羌争地利,又别遣校尉救民于广阳谷。羌虏盛多,皆为所破,杀两校尉。奉世具上地形部众多少之计,愿益三万六千人乃足以决事。书奏,天子大为发兵六万余人,拜太常弋阳侯任千秋为奋武将军以助焉。奉世上言:"愿得其众,不须烦大将。"因陈转输之费。

①师古曰:"且云领兵屯田,不言讨贼。"

②如淳曰:"西极,山名也。"

③师古曰:"坡,平陂也。降同者,坡名也。坡,府板反。降,下江反。陂,普何反。"

上于是以玺书劳奉世,且让之,①曰:"皇帝问将兵右将军,②甚苦暴露。羌虏侵边境,杀吏民,甚逆天道,故遣将军帅士大夫行天诛。以将军材质之美,奋精兵,诛不轨,百下百全之道也。今乃有畔敌之名,③大为中国羞。以昔不闲习之故邪?④以恩厚未洽,信约不明也?⑤朕甚怪之。上书言羌虏依深山,多径道,不得不多分部遮要害,须得后发营士,足以决事,部署已定,势不可复置大将,闻之。前为将军兵少,不足自守,故发近所骑,日夜诣,⑥非为击也。⑦今发三辅、河东、弘农越骑、迹射、佽飞、彀者、羽林孤儿及呼速累、嗕种,⑧方急遣。⑨且兵,凶器也,必有成败者,患策不豫定,料敌不审也,故复遣奋武将军。兵法曰大将军出必有偏裨,所以扬威武,参计策,将军又何疑焉?夫爱吏士,得众心,举而无悔,禽敌必全,将军之职也。若乃转输之费,则有司存,将军勿忧。须奋武将军兵到,合击羌虏。"⑩

　　①师古曰："让，责也，责其不须大将。"

　　②师古曰："官为右将军而将兵在外，故谓之将兵右将军也。"

　　③如淳曰："不敢当敌攻战，为畔敌也。"

　　④师古曰："言未尝当羌虏，不测其形便。"

　　⑤师古曰："言将军恩惠未合于士卒，又不能明其约誓，使在下信也。"

　　⑥师古曰："近所，随近之处也。日夜，言兼行不休息也。诣，诣军所。"

　　⑦师古曰："助其守。"

　　⑧刘德曰："㽀，音辱，羌别种也。彀者，谓能张弩者也。彀，工豆反。累，力追反。㽀，乃彀反。"

　　⑨师古曰："言令速至军所也。"

　　⑩师古曰："须，待也。"

　　十月，兵毕至陇西。十一月，并进。羌虏大破，斩首数千级，余皆走出塞。兵未决间，汉复发募士万人，拜定襄太守韩安国为建威将军。①未进，闻羌破，还。上曰："羌虏破散创艾，亡出塞，②其罢吏士，颇留屯田，备要害处。"

　　①师古曰："自别有此安国，非武帝时人也。"

　　②师古曰："创艾，谓惩惧也。创，初向反。艾，读曰乂。"

　　明年二月，奉世还京师，更为左将军，光禄勋如故。其后录功拜爵，下诏曰："羌虏桀黠，贼害吏民，攻陇西府寺，燔烧置亭，①绝道桥，甚逆天道。左将军光禄勋奉世前将兵征讨，斩捕首虏八千余级，卤马牛羊以万数。赐奉世爵关内侯，食邑五百户，黄金六十斤。"裨将、校尉三十余人，皆拜。

　　①师古曰："置，谓置驿之所也。"

　　后岁余，奉世病卒。居爪牙官前后十年，为折冲宿将，功名次赵充国。

　　奋武将军任千秋者，其父宫，昭帝时以丞相征事捕斩反者左将军上官桀，封侯，宣帝时为太常，薨。千秋嗣，后复为太常。成帝时，乐昌侯王商代奉世为左将军，而千秋为右将军，后亦为左将军。子孙传国，至王莽乃绝云。

奉世死后二年,西域都护甘延寿以诛郅支单于封为列侯。时丞相匡衡亦用延寿矫制生事,据萧望之前议,以为不当封,而议者咸美其功,上从众而侯之。于是杜钦上疏,追讼奉世前功曰:"前莎车王杀汉使者,约诸国背畔。①左将军奉世以卫候便宜发兵诛莎车王,策定城郭,功施边境。②议者以奉世奉使有指,《春秋》之义亡遂事,汉家之法有矫制,③故不得侯。今匈奴郅支单于杀汉使者,亡保康居,都护延寿发城郭兵屯田吏士四万余人以诛斩之,封为列候。臣愚以为比罪则郅支薄,量敌则莎车众,用师则奉世寡,计胜则奉世为功于边境安,虑败则延寿为祸于国家深。其违命而擅生事同,延寿割地封,而奉世独不录。臣闻功同赏异则劳臣疑,罪钧刑殊则百姓惑;疑生无常,惑生不知所从;亡常则节趋不立,④不知所从则百姓无所措手足。⑤奉世图难忘死,信命殊俗,⑥威功白著,为世使表,⑦独抑厌而不扬,⑧非圣主所以塞疑厉节之意也。愿下有司议。"上以先帝时事,不复录。

①师古曰:"约,谓共为契约。"

②师古曰:"城郭者,谓西域诸国为城郭而居者。"

③师古曰:"无遂事者,谓临时制宜,前事不可必遂也。汉家之法,擅矫诏命,虽有功劳不加赏也。"

④师古曰:"趋,读曰趣。趣,谓意所向。"

⑤师古曰:"错,置也,音千故反。"

⑥师古曰:"图难,谋除国难也。信,读曰伸。"

⑦师古曰:"白著,谓显明也。表犹首。"

⑧师古曰:"厌,一涉反。"

奉世有子男九人,女四人。长女媛以选充后宫,为元帝昭仪,产中山孝王。元帝崩,媛为中山太后,随王就国。奉世长子谭,太常举孝廉为郎,功次补天水司马。①奉世击西羌,谭为校尉,随父从军有功,未拜病死。谭弟野王、逡、立、参至大官。②

①如淳曰:"《汉注》边郡置都尉及千人、司马,皆不治民也。"

②师古曰:"逡,千旬反。"

野王字君卿,受业博士,通《诗》。少以父任为太子中庶子。年十八,上书愿试守长安令。宣帝奇其志,问丞相魏相,相以为不可许。后以功次补当阳长,迁为栎阳令,徙夏阳令。元帝时,迁陇西太守,以治行高,入为左冯翊。岁余,而池阳令并素行贪污,轻野王外戚年少,治行不改。野王部督邮掾祋祤赵都①案验,得其主守盗十金罪,收捕。并不首吏,②都格杀。并家上书陈冤,事下廷尉。都诣吏自杀以明野王,京师称其威信,迁为大鸿胪。

①师古曰:"都,祋祤人而为掾也。祋,丁活反,又丁外反。祤,音许羽反。"

②师古曰:"不首吏,谓不伏从收捕也。"

数年,御史大夫李延寿病卒,在位多举野王。上使尚书选弟中二千石,①而野王行能第一。上曰:"吾用野王为三公,后世必谓我私后宫亲属,以野王为比。"②乃下诏曰:"刚强坚固,确然亡欲,大鸿胪野王是也。心辨善辞,可使四方,少府五鹿充宗是也。廉洁节俭,太子少傅张谭是也。其以少傅为御史大夫。"上繇下第而用谭,③越次避嫌不用野王,以昭仪兄故也。野王乃叹曰:"人皆以女宠贵,我兄弟独以贱!"野王虽不为三公,甚见器重,有名当世。

①师古曰:"定其高下之差也。"

②师古曰:"比,例也,音必寐反。"

③师古曰:"繇,读与由同。"

成帝立,有司奏野王王舅,不宜备九卿。以秩出为上郡太守,①加赐黄金百斤。朔方刺史萧育奏封事,荐言:"野王行能高妙,内足与图身,外足以虑化。②窃惜野王怀国之宝,而不得陪朝廷与朝者并。野王前以王舅出,以贤复入,明国家乐进贤也。"上自为太子时闻知野王。会其病免,复以故二千石使行河堤,因拜为琅邪太守。是时,成帝长舅阳平侯王凤为大司马大将军,辅政八九年矣,时数有灾异,京兆尹王章讥凤颛权不可任用,荐野王代凤。上初纳其言,而后诛章,语在《元后传》。于是野王惧不自安,遂病满三月赐告,与妻子归杜陵就医药。大将军凤风御史中丞劾奏野王③赐告养病而私自便,④持虎符出界归家,奉诏不敬。杜钦时在大将军莫府,钦素高野王父子行能,奏记于凤,为野王言曰:"窃见令曰,吏二千石告,过长安谒,⑤不分别予赐。⑥今有司以为予告得归,赐告不得,是一律两科,失省刑之意。⑦夫三最予告,令也⑧病满三月赐告,诏恩也。令告则得,诏恩不得,失轻重之差。又二千石病赐告得归有故事,不得去郡亡著令。⑨传曰:'赏疑从予,所以广恩劝功也;⑩罚疑从去,所以慎刑,阙难知也。'⑪今释令与故事而假不敬之法,⑫甚违阙疑从去之意。即以二千石守千里之地,任兵马之重,不宜去郡,将以制刑为后法者,则野王之罪,在未制令前也。刑赏大信,不可不慎。"凤不听,竟免野王。郡国二千石病赐告不得归家,自此始。

①如淳曰:"以鸿胪秩为太守。"

②师古曰:"图,谋。虑,思也。"

③师古曰:"风,读曰讽。"

④师古曰:"便,安也,音频面反。"

⑤如淳曰:"谒者,自白得告也。律,吏二千石以上告归归宁,道不过行在所者,便道之官无辞。"

⑥如淳曰:"予,予告也。赐,赐告也。"

⑦师古曰:"省,减也,音所领反。"

⑧师古曰:"在官连有三最,则得予告也。"

⑨如淳曰:"律施行无不得去郡之文也。"

⑩师古曰:"疑当赏不当赏则与之,疑厚薄则从厚。"

⑪师古曰:"疑当罚不当罚则赦之,疑轻重则从轻。"

⑫师古曰:"释,废弃也。假,谓假托法律而致其罪。"

　　初,野王嗣父爵为关内侯,免归。数年,年老,终于家。子座嗣爵,①至孙坐中山太后事绝。

①师古曰:"座,音才戈反。"

　　逡字子产,通《易》。太常察孝廉为郎,补谒者。建昭中,选为复土校尉。光禄勋于永举茂材,为美阳令。功次迁长乐屯卫司马,清河都尉,陇西太守。治行廉平,年四十余卒。为都尉时言河堤方略,在《沟洫志》。

立字圣卿,通《春秋》。以父任为郎,稍迁诸曹。竟宁中,以王舅出为五原属国都尉。数年,迁五原太守,徙西河、上郡。立居职公廉,治行略与野王相似,而多知有恩贷,①好为条教。吏民嘉美野王、立相代为太守,歌之曰:"大冯君,小冯君,兄弟继踵相因循,聪明贤知惠吏民,政如鲁、卫德化钧,周公、康叔犹二君。"②后迁为东海太守,下湿病痹。③天子闻之,徙立为太原太守。更历五郡,④所居有迹。年老卒官。

①师古曰:"贷,吐戴反。"

②师古曰:"《论语》称孔子曰:'鲁卫之政,兄弟也。'言周公、康叔亲则兄弟,治国之政又相似。"

③师古曰:"东海土地下湿,故立病痹也。痹,必寐反。"

④师古曰:"更,工衡反。"

参字叔平,学通《尚书》。少为黄门郎给事中,宿卫十余年。参为人矜严,好修容仪,进退恂恂,甚可观也。①参,昭仪少弟,行又救备,以严见惮,终不得亲近侍帷幄。竟宁中,以王舅出补渭陵食官令。②以数病徙为寝中郎,③有诏勿事。④阳朔中,中山王来朝,参擢为上河农都尉。⑤病免官,复为渭陵寝中郎。永始中,超迁代郡太守。以边郡道远,徙为安定太守。数岁,病免,复为谏大夫,使领护左冯翊都水。绥和中,立定陶王为皇太子,以中山王见废,⑥故封王舅参为宜乡侯,以慰王意。参之国,上书愿至中山见王、太后。行未到而王薨。王病时,上奏愿贬参爵以关内侯食邑留长安。上怜之,下诏曰:"中山孝王短命早薨,愿以舅宜乡侯参为关内侯,归家,朕甚愍之。其还参京师,以列侯奉朝请。"五侯皆敬惮之。⑦丞相翟方进亦重焉,数谓参:"物禁太甚。⑧君侯以王舅见废,不得在公卿位,今五侯至尊贵也,与之并列,宜少诎节卑体,视有所宗。⑨而君侯盛修容貌以威严加之,此非所以下五侯而自益者也。"⑩参性好礼仪,终不改其恒操。顷之,哀帝即位,帝祖母傅太后用事,追怨参姊中山太后,陷以祝诅大逆之罪,语在《外戚传》。参以同产当相坐,谒者承制召参诣廷尉,参自杀。且死,仰天叹曰:"参父子兄弟皆备大位,身至封侯,今被恶名而死,姊弟不敢自惜,伤无以见先人于地下!"死者十七人,众莫不怜之。宗族徙归故郡。

①师古曰:"恂恂,谨信之貌,音荀。"

②如淳曰:"给陵上祭祀之事。"

③师古曰:"亦渭陵之寝郎也。"

④张晏曰:"不与劳役,职事扰之。"师古曰:"虽居其官,不亲职也。"

⑤师古曰:"上河在西河富平,于此为农都尉。"

⑥师古曰:"见废,谓不得为汉嗣也。"

⑦师古曰:"王氏五侯也。"

⑧师古曰:"言万物之禁,在于太甚,人道亦当随时,不宜独异。"

⑨师古曰:"视,读曰示。宗,尊也。"

⑩师古曰:"下,胡亚反。"

赞曰:《诗》称"抑抑威仪,惟德之隅"。①宜乡侯参鞠躬履方,择地而行,②可谓淑人君子,然卒死于非罪,不能自免,③哀哉!谗邪交乱,贞良被害,自古而然。故伯奇放流,④孟子宫刑,⑤申生雉经,⑥屈原赴湘,⑦《小弁》之诗作,《离骚》之辞兴。⑧经曰:"心之忧矣,涕既陨之。"⑨冯参姊弟,亦云悲矣!

①师古曰:"《大雅·抑之》诗也。抑抑,密也。隅,廉也。言有密静之德,审于威仪,则其持心有廉隅。"

②师古曰:"鞠躬,谨敬貌。履方,践方直之道也。鞠,居六反。"

③师古曰:"卒,终也。"

④师古曰:"《说苑》云王国子前母子伯奇,后母子伯封,兄弟相重。后母欲令其子立为太子,乃谮伯奇,而王信之,乃放伯奇也。"

⑤张晏曰:"寺人孟子,贤者,被谗见宫刑,作《巷伯》之诗也。"

⑥师古曰:"《国语》云晋献公黜太子申生,乃雉经于新城之庙。盖为俯颈闭气而死,若雉之为。"

⑦师古曰:"《楚辞·渔父》之篇云屈原曰'宁赴湘流,葬于江鱼腹中'也。"

⑧师古曰:"《小弁》,《小雅》篇名也,太子之傅作焉。刺幽王信谗,黜申后

而放太子宜咎也。《离骚经》,屈原所作也。离,遭也。骚,忧也。遭忧而作辞。弁,音盘。"

⑨师古曰:"即《小弁》之诗也。陨,坠也。"

汉书卷八〇
列传第五〇

淮阳宪王刘钦
楚孝王刘嚣
东平思王刘宇
中山哀王刘竟
定陶共王刘康
中山孝王刘兴

　　孝宣皇帝五男。许皇后生孝元帝,张婕妤生淮阳宪王钦,卫婕妤生楚孝王嚣,①公孙婕妤生东平思王宇,戎婕妤生中山哀王竟。

　　①师古曰:"嚣,音敖。"

　　淮阳宪王刘钦,元康三年立,母张婕妤有宠于宣帝。霍皇后废后,上欲立张婕妤为后。久之,惩艾霍氏欲害皇太子,①乃更选后宫无子而谨慎者,乃立长陵王婕妤为后,令母养太子。后无宠,希御见,唯张婕妤最幸。而宪王壮大,好经书法律,聪达有材,帝甚爱之。太子宽仁,喜儒术,②上数嗟叹宪王,曰:"真我子也!"常有意欲立张婕妤与宪王,然用太子起于微细,上少依倚许氏,③及即位而许后以杀死,太子蚤失母,故弗忍也。④久之,上以故丞相韦贤子玄成阳狂让侯兄,经明行高,称于朝廷,乃召拜玄成为淮阳中尉,欲感谕宪王,辅以推让之臣,由是太子遂安。宣帝崩,元帝即位,乃遣宪王之国。

①师古曰:"艾,读曰乂。乂,创也。"

②师古曰:"喜,好也,音许吏反。"

③师古曰:"倚,音于起反。"

④师古曰:"蚤,古早字也。"

时张婕妤已卒,宪王有外祖母,舅张博兄弟三人岁至淮阳见亲,①辄受王赐。后王上书:请徙外家张氏于国;博上书:愿留守坟墓,独不徙。王恨之。后博至淮阳,王赐之少。博言:"负责数百万,②愿王为偿。"王不许。博辞去,令弟光恐云王遇大人益解,③博欲上书为大人乞骸骨去。王乃遣人持黄金五十斤送博。博喜,还书谢,④为谄语盛称誉王,因言:"当今朝廷无贤臣,灾变数见,足以寒心。万姓咸归望于大王,大王奈何恬然⑤不求入朝见,辅助主上乎?"使弟光数说王宜听博计,令于京师说用事贵人为王求朝。王不纳其言。

①师古曰:"宪王外祖母随王在淮阳,博等每来谒见其母。"

②师古曰:"责,谓假贷人财物未偿者也。责,音侧懈反。"

③师古曰:"恐,谓怖动也。大人,博自称其母也。解,读曰懈。"

④师古曰:"还书报书。"

⑤师古曰:"恬然,安静貌也。恬,音大兼反。"

后光欲至长安,辞王,复言:"愿尽力与博共为王求朝。王即日至长安,可因平阳侯。"光得王欲求朝语,驰使人语博。博知王意动,复遗王书曰:"博幸得肺腑,①数进愚策,未见省察。北游燕赵,欲循行郡国求幽隐之士,闻齐有驷先生者,善为《司马兵法》,大将之材也,博得谒见,承间进问五帝三王究竟要道,卓尔非世俗之所知。②今边境不安,天下骚动,微此人其莫能安也。③又闻北海之濒有贤人焉,④累世不可逮,然难致也。⑤得此二人而荐之,功亦不细矣。博愿驰西以此赴助汉急,无财币以通显之。赵王使谒者持牛酒,黄金三十斤劳博,博不受;⑥复使人愿尚女,聘金二百斤,博未许。⑦会得光书云大王已遣光西,与博并力求朝。博自以弃捐,不意大王

还意反义,结以朱颜,⑧愿杀身报德。朝事何足言!大王诚赐咳唾,
使得尽死,汤禹所以成大功也。驷先生蓄积道术,书无不有,⑨愿知
大王所好,请得辄上。"王得书喜说,⑩报博书曰:"子高乃幸左顾存
恤,发心恻隐,⑪显至诚,纳以嘉谋,语以至事,⑫虽亦不敏,敢不谕
意!⑬今遣有司为子高偿责二百万。"

①师古曰:"自云于王有亲也。"

②师古曰:"卓尔,高远貌也。自言见驷先生问以要道,知其高远也。"

③师古曰:"微,无也。"

④师古曰:"濒,涯也,音频,又音宾。"

⑤师古曰:"逮,及也,言其材智不可及也。致,至也。难得召而至也。"

⑥师古曰:"劳,谓问遗之,音来到反。"

⑦师古曰:"尚女者,王欲取博女以自配也。"

⑧师古曰:"还,犹回也。"

⑨师古曰:"言凡是书籍皆有之。"

⑩如淳曰:"上与王也。"

⑪师古曰:"左顾,犹言枉顾也。"

⑫师古曰:"以至极之事告语我。"

⑬师古曰:"谕,晓也。"

　　是时,博女婿京房以明《易》阴阳得幸于上,数召见言事。自谓
为石显、五鹿充宗所排谋,不得用,数为博道之。博常欲诳耀淮阳
王,即具记房诸所说灾异及召见密语,持予淮阳王以为信验,诈言:
"已见中书令石君求朝,许以金五百斤。贤圣制事,盖虑功而不计
费。①昔禹治鸿水,百姓罢劳,②成功既立,万世赖之。今闻陛下春
秋未满四十,发齿堕落,太子幼弱,佞人用事,阴阳不调,百姓疾疫
饥馑死者且半,鸿水之害殆不过此。③大王绪欲救世,④将比功德,
何可以忽?⑤博已与大儒知道者为大王为便宜奏,⑥陈安危,指灾
异,大王朝见,先口陈其意而后奏之,上必大说。⑦事成功立,大王
即有周、邵之名,邪臣散亡,公卿变节,功德亡比,而梁、赵之宠必归
大王,⑧外家亦将富贵,何复望大王之金钱?"王喜说,⑨报博书曰:
"乃者诏下,止诸侯朝者,寡人愦然不知所出。⑩子高素有颜冉之

资，臧武之智，⑪子贡之辩，⑫卞庄子之勇，⑬兼此四者，世之所鲜。⑭既开端绪，愿卒成之。⑮求朝，义事也，奈何行金钱乎！"博报曰："已许石君，须以成事。"⑯王以金五百斤予博。

①师古曰："志在成功，不惜财费也。"

②师古曰："罢，读曰疲。"

③师古曰："谓尧时水灾不大于今。"

④师古曰："绪，业也。一曰，始为端绪。"

⑤师古曰："言比功德于古帝王也。忽，息忘也。"

⑥师古曰："大儒知道，谓京房也。道，道术也。"

⑦师古曰："说，读曰悦。"

⑧如淳曰："梁王，景帝弟，欲为嗣。赵王如意几代惠帝也。"

⑨师古曰："说，读曰悦。"

⑩师古曰："憯，痛也。不知计策何所出也。憯，音才感反。"

⑪师古曰："颜，颜回也。冉，冉耕也，字伯牛。皆孔子弟子。《论语》称子曰：'德行颜渊、闵子骞、冉伯牛、仲弓。'臧武者，鲁大夫臧武仲也，名纥。《论语》称子曰'若臧武仲之智'，故王引之为言也。"

⑫师古曰："《论语》称孔子云'言语，宰我、子贡'。"

⑬师古曰："卞庄子，古之勇士。"

⑭师古曰："鲜，少也，音先践反。"

⑮师古曰："卒，终也。"

⑯师古曰："须，待也。"

　　会房出为郡守，离左右，显具得此事告之。房漏泄省中语，博兄弟诖误诸侯王，诽谤政治，狡猾不道，皆下狱。有司奏请逮捕钦，上不忍致法，遣谏大夫王骏赐钦玺书曰："皇帝问淮阳王。有司奏王，王舅张博数遗王书，非毁政治，谤讪天子，褒举诸侯，称引周、汤，以谲惑王，①所言尤恶，悖逆无道。王不举奏而多与金钱，报以好言，辜至不赦，朕恻焉不忍闻，②为王伤之。推原厥本，不祥自博，③惟王之心，匪同于凶。已诏有司勿治王事，遣谏大夫骏申谕朕意。④《诗》不云乎？'靖恭尔位，正直是与。'⑤王其勉之！"

①师古曰："谲，古谲字也。"

②师古曰："恻，痛也。"

③师古曰："祥,善也。自,从也。不善之事,从博起也。"

④师古曰："申,谓约束之。"

⑤师古曰："《大雅·小明》之诗也。与,偕也。言人能安静而恭以守其位,偕于正直,则明神听之,用锡福善。"

骏谕指曰:①"礼为诸侯制相朝聘之义,盖以考礼壹德,尊事天子也。②且王不学《诗》乎?《诗》云:'俾侯于鲁,为周室辅。'③今王舅博数遗王书,所言悖逆。王幸受诏策,通经术,④知诸侯名誉不当出竟。⑤天子普覆,德布于朝,而恬有博言,⑥多予金钱,与相报应,不忠莫大焉。故事,诸侯王获罪京师,罪恶轻重,纵不伏诛,必蒙迁削贬黜之罪,⑦未有但已者也。⑧今圣主赦王之罪,又怜王失计忘本,为博所惑,加赐玺书,使谏大夫申谕至意,殷勤之恩,岂有量哉!博等所犯恶大,群下之所共攻,王法之所不赦也。自今以来,王毋复以博等累心,⑨务与众弃之。《春秋》之义,大能变改。⑩《易》曰'藉用白茅,无咎',⑪言臣子之道,改过自新,洁己以承上,然后免于咎也。王其留意慎戒,惟思所以悔过易行,塞重责,称厚恩者⑫如此,则长有富贵,社稷安矣。"

①师古曰:"玺书之外,天子又有指意,并令骏晓告于王也。"

②师古曰:"考,成也。壹德,谓不二其心也。"

③师古曰:"《鲁颂·閟宫》之诗也。言立周公子伯禽,使为诸侯于鲁国,而作周家之藩辅。"

④如淳曰:"诏策,若广陵王策曰'无迩宵人,毋作匪德'也。经术之义,不得内交。"

⑤师古曰:"竟,读曰境。"

⑥师古曰:"恬,安也。闻博邪言,安而受之。"

⑦师古曰:"故事者,言旧制如此也。"

⑧师古曰:"但,徒也,空也。已,止也。未有空然而止者也。"

⑨师古曰:"累,音力瑞反。"

⑩师古曰:"以有过而能变改者为大。"

⑪师古曰:"此《大过》初六爻辞也。茅者,洁白之物,取其自然,故用藉致享于神,慎之至也。"

⑫师古曰:"塞犹补也。称,副也。"

于是淮阳王钦免冠稽首谢曰："奉藩无状,①过恶暴列,②陛下不忍致法,加大恩,遣使者申谕道术守藩之义。伏念博罪恶尤深,当伏重诛。臣钦愿悉心自新,奉承诏策。③顿首死罪。"

①师古曰："无善状。"

②师古曰："暴,谓章显也。"

③师古曰："悉,尽也。"

京房及博兄弟三人皆弃市,妻子徙边。

至成帝即位,以淮阳王属为叔父,敬宠之,异于它国。王上书自陈舅张博时事,颇为石显等所侵,因为博家属徙者求还。丞相御史复劾钦："前与博相遗私书,指意非诸侯王所宜,蒙恩勿治,事在赦前。不悔过而复称引,自以为直,失藩臣体,不敬。"上加恩,许王还徙者。

三十六年薨。子文王玄嗣,二十六年薨。子缤嗣,①王莽时绝。

①孟康曰："缤,音引。"师古曰："音弋善反。"

楚孝王刘嚣,甘露二年立为定陶王,三年徙楚。成帝河平中入朝,时被疾,天子闵之,下诏曰："盖闻'天地之性人为贵,人之行莫大于孝'。①楚王嚣素行孝顺仁慈,之国以来二十余年,孅介之过未尝闻,朕甚嘉之。今乃遭命,离于恶疾,②夫子所痛,曰:'蔑之,命矣夫,斯人也而有斯疾也!'③朕甚闵焉。夫行纯茂而不显异,则有国者将何勖哉?④《书》不云乎?'用德章厥善。'⑤今王朝正月,诏与子男一人俱,⑥其以广戚县户四千三百封其子勋为广戚侯。"

①师古曰："《孝经》载孔子之言。"

②师古曰："离,亦遭。"

③师古曰："夫子,孔子也。《论语》云伯牛有疾,子问之,自牖执其手,曰:'蔑之,命矣夫,斯人也而有斯疾也!'蔑,无也。言命之所遭,无有善恶,如斯善人而有如此恶疾,深痛之也。"

④师古曰："纯,大也。一曰,善也。茂,美也。勖,勉厉也。"

⑤师古曰："《商书·盘庚》之辞也。言襄赏有德以明其善行。"

⑥师古曰："从王入朝也。"

　　明年，嚣薨。子怀王文嗣，一年薨，无子，绝。明年，成帝复立文弟平陆侯衍，是为思王。二十一年薨，子纡嗣，王莽时绝。

　　初，成帝时又立纡弟景为定陶王。广戚侯勋薨，谥曰炀侯，子显嗣。平帝崩，无子，王莽立显子婴为孺子，奉平帝后。莽篡位，以婴为定安公。汉既诛莽，更始时婴在长安，平陵方望等颇知天文，以为更始必败，婴本统当立者也，①共起兵将婴至临泾，立为天子。更始遣丞相李松击破杀婴云。

　　①师古曰："言其旧已继平帝后当正统。"

　　东平思王刘宇，甘露二年立。元帝即位，就国。壮大，通奸犯法，①上以至亲贳弗罪，傅相连坐。②

　　①师古曰："与奸猾交通，好犯法。"

　　②师古曰："频坐王获罪。"

　　久之，事太后，内不相得，太后上书言之，求守杜陵园。①上于是遣太中大夫张子蟜②奉玺书敕谕之，③曰："皇帝问东平王。盖闻亲亲之恩莫重于孝，尊尊之义莫大于忠，故诸侯在位不骄以致孝道，制节谨度以翼天子，④然后富贵不离于身，而社稷可保。今闻王自修有阙，本朝不和，⑤流言纷纷，谤自内兴，朕甚憯焉，为王惧之。⑥《诗》不云乎？'毋念尔祖，述修厥德，永言配命，自求多福。'⑦朕惟王之春秋方刚，⑧忽于道德，⑨意有所移，忠言未纳，⑩故临遣太中大夫子蟜谕王朕意。⑪孔子曰：'过而不改，是谓过矣。'⑫王其深惟执思之，无违朕意。"

　　①张晏曰："宣帝陵也。宫人无子，乃守园陵也。"

　　②师古曰："蟜字或作侨，并音巨昭反。"

　　③师古曰："约敕而晓告之也。"

　　④师古曰："翼，佐也。"

　　⑤师古曰："谓东平国之朝也。"

　　⑥师古曰："憯，痛也，音千感反。"

　　⑦师古曰："《大雅·文王》之诗也。无念，念也。言当念尔先祖之道，修其德，则长配天命，此乃所以自求多福。"

⑧师古曰:"言其年少血气盛。"

⑨师古曰:"忽,遗忘也。"

⑩师古曰:"谓渐染其恶人而移其性,未受忠言也。"

⑪师古曰:"亲临遣之,令以朕意晓告王。"

⑫师古曰:"《论语》载孔子之言也。谓人有失行,许以自新。"

又特以玺书赐王太后,曰:"皇帝使诸吏宦者令承问东平王太后。朕有闻,①王太后少加意焉。夫福善之门莫美于和睦,患咎之首莫大于内离。今东平王出褓褓之中而托于南面之,以年齿方刚,涉学日寡,骜忽臣下,②不自它于太后,③以是之间,能无失礼义者,其唯圣人乎!传曰:'父为子隐,直在其中矣。'④王太后明察此意,不可不详。闺门之内,母子之间,同气异息,骨肉之恩,岂可忽哉!岂可忽哉!昔周公戒伯禽曰:'故旧无大故,则不可弃也,毋求备于一人。'⑤夫以故旧之恩,犹忍小恶,而况此乎!已遣使者谕王,王既悔过服罪,太后宽忍以贯之,⑥后宜不敢。⑦王太后强餐,止思念,慎疾自爱。"

①师古曰:"言母子不和也。不欲指斥言之,故云有闻也。"

②师古曰:"骜,读与傲同。"

③李奇曰:"不自它者,亲之辞也。"师古曰:"言不自同它人。"

④师古曰:"《论语》云叶公谓孔子曰:'吾党有直躬者,其父攘羊而子证之。'孔子曰:'吾党之直者异于是,父为子隐,子为父隐,直在其中矣。'故引之也。"

⑤师古曰:"事见《论语》。言人有小恶,当思其善,不可责以备行而即弃之耳。"

⑥师古曰:"贯犹缓。"

⑦师古曰:"言王于后当不敢更为非也。"

宇惭惧,因使者顿首谢死罪,愿洒心自改。①诏书又敕傅相曰:"夫人之性皆有五常,及其少长,耳目牵于耆欲,②故五常销而邪心作,情乱其性,利胜其义,③而不失厥家者,未之有也。今王富于春秋,气力勇武,获师傅之教浅,加以少所闻见,自今以来,非五经之正术,敢以游猎非礼道王者,辄以名闻。"④

①师古曰："洒,音先弟反。"

②师古曰："耆,读曰嗜。"

③张晏曰："性者,所受而生也。情者,见物而动者也。"

④师古曰："道,读曰导。"

　宇立二十年,元帝崩。宇谓中谒者信等曰："汉大臣议天子少弱,未能治天下,以为我知文法,建欲使我辅佐天子。①我见尚书晨夜极苦,使我为之,不能也。今暑热,县官年少,②持服恐无处所,③我危得之!"④比至下,宇凡三哭,⑤饮酒食肉,妻妾不离侧。又姬胊腮故亲幸,后疏远,⑥数叹息呼天。宇闻,斥胊腮为家人子,⑦埽除永巷,数笞击之。胊腮私疏宇过失,数令家告之。宇觉知,绞杀胊腮。有司请逮捕,有诏削樊、亢父二县。⑧后三岁,天子诏有司曰："盖闻仁以亲亲,古之道也。前东平王有阙,⑨有司请废,朕不忍。又请削,朕不敢专。惟王之至亲,未尝忘于心。今闻王改行自新,尊修经术,亲近仁人,非法之求,不以奸吏,⑩朕甚嘉焉。传不云乎?朝过夕改,君子与之。其复前所削县如故。"⑪

①师古曰："建,谓立其议。"

②张晏曰："不敢指斥成帝,谓之县官也。"

③如淳曰："言不从道,冀如昌邑王也。"

④孟康曰："危,殆也。我殆得为天子也。"师古曰："危者,犹今之言险不得之矣。"

⑤张晏曰："下,下棺也。"师古曰："比,音必寐反。下,音胡稼反。"

⑥服虔曰："胊,音劬。腮,音奴沟反,又音奴皋反。"

⑦师古曰："黜其秩位。"

⑧师古曰："音抗甫。"

⑨师古曰："阙,谓过失也。"

⑩师古曰："奸,音干。"

⑪师古曰："复,音扶目反。"

　后年来朝,上疏求诸子及《太史公书》,上以问大将军王凤,对曰："臣闻诸侯朝聘,考文章,正法度,非礼不言。今东平王幸得来朝,不思制节谨度,以防危失,①而求诸书,非朝聘之义也。诸子书或反经术,非圣人,或明鬼神,信物怪;②《太史公书》有战国从横权谲之谋,汉兴之初谋臣奇策,天官灾异,地形阸塞:皆不宜在诸侯王。不可予。不许之辞宜曰:'五经圣人所制,万事靡不毕载。王审乐道,傅相皆儒者,且夕讲诵,足以正身虞意。③夫小辩破义,小道不通,致远恐泥,皆不足以留意。④诸益于经术者,不爱于王。'⑤"对奏,天子如凤言,遂不予。

①师古曰:"危失,谓失道而倾危也。"

②师古曰:"物亦鬼。"

③师古曰:"虞,与娱同也。"

④师古曰:"《论语》称孔子曰:'虽小道必有可观者焉,致远恐泥,是以君子不为也。'泥为陷滞不通也,音乃细反。"

⑤师古曰:"爱,惜也,于王无所惜。"

立三十三年薨,①子炀王云嗣。哀帝时,无盐危山土自起覆草,如驰道状,又瓠山石转立。②云及后谒自之石所祭,治石象瓠山③立石,束倍草,并祠之。④建平三年,息夫躬、孙宠等共因幸臣董贤告之。是时,哀帝被疾,多所恶,事下有司,逮王、后谒下狱验治,言使巫傅恭、婢合欢等祠祭诅祝上,⑤为云求为天子。云又与知灾异者高尚等指星宿,言上疾必不愈,云当得天下。石立,宣帝起之表也。有司请诛王,有诏废徙房陵。云自杀,谒弃市。立十七年,国除。

①师古曰:"《皇览》云东平思王冢在无盐,人传言王在国思归京师,后葬,其冢上松柏皆西靡也。"

②晋灼曰:"《汉注》作报山。山胁石一枚,转侧起立,高九尺六寸,旁行一丈,广四尺也。"师古曰:"报山,山名也。古作瓠字,为其形似瓠耳。晋说是也。"

③苏林曰:"于宫中作山象。"

④师古曰:"倍草,黄倍草也,音步赔反。"

⑤如淳曰:"傅恭,巫姓字。"

元始元年,王莽欲反哀帝政,①白太皇太后,立云太子开明为东平王,又立思王孙成都为中山王。开明立三年,薨,无子。复立开明兄严乡侯信子匡为东平王,奉开明后。王莽居摄,东郡太守翟义与严乡侯信谋举兵诛莽，立信为天子。兵败，皆为莽所灭。[①]

　　①师古曰："改其所为也。"

　　中山哀王刘竟，初元二年立为清河王。三年，徙中山，以幼少未之国。建昭四年，薨邸，葬杜陵，无子，绝。太后归居外家戎氏。

　　孝元皇帝三男。王皇后生孝成帝，傅昭仪生定陶共王康，[①]冯昭仪生中山孝王兴。

　　①师古曰："共，读曰恭。"

　　定陶共王刘康，永光三年立为济阳王。八年，徙为山阳王。八年，徙定陶。王少而爱，[①]长多材艺，习知音声，上奇器之。母昭仪又幸，几代皇后、太子。[②]语在《元后》及《史丹传》。

　　①师古曰："言少小即为帝所爱。"

　　②师古曰："几，音巨衣反。"

　　成帝即位，缘先帝意，厚遇异于它王。十九年薨，子欣嗣。十五年，成帝无子，征入为皇太子。上以太子奉大宗后，不得顾私亲，乃立楚思王子景为定陶王，奉共王后。成帝崩，太子即位，是为孝哀帝。即位二年，追尊共王为共皇帝，置寝庙京师，序昭穆，仪如孝元帝。[①]徙定陶王景为信都王云。[②]

　　①如淳曰："恭王，元帝子也。为庙京师，列昭穆之次。如元帝，言如天子之仪。"

　　②如淳曰："不复为定陶王立后者，哀帝自以己为后故。"

　　中山孝王刘兴，建昭二年王为信都王。十四年，徙中山。成帝之议立太子也，御史大夫孔光以为《尚书》有殷及王，兄终弟及，[①]中山王元帝之子，宜为后。成帝以中山王不材，又兄弟，不得相入庙。外家王氏与赵昭仪皆欲用哀帝为太子，故遂立焉。上乃封孝王舅冯参为宜乡侯，而益封孝王万户，以尉其意。三十年，薨，子衍嗣。②七年,哀帝崩,无子,征中山王衎入即位,是为平帝。太皇太后以帝为成帝后,故立东平思王孙桃乡顷侯子成都为中山王,奉孝王后。王莽时绝。

①师古曰:"谓兄死以弟代立,非父子相继,故言及。"

②师古曰:"《诸侯王表》云'中山孝王薨,绥和二年王箕子嗣'。而《平纪》元始二年诏云:'皇帝二名,通于器物,今更名合于古制。'是则嗣位之时名为箕子,未讳衎也。今此传云子衎嗣,盖史家追书之也。"

赞曰:孝元之后,徧有天下,①然而世绝于孙,岂非天哉!淮阳宪王于时诸侯为聪察矣,张博诱之,几陷无道。②《诗》云'贪人败类',③古今一也。

①师古曰:"孝元之子孙遍得为天子也。徧即古遍字。"

②师古曰:"几,音巨依反。"

③师古曰:"《大雅·荡》之诗也。类,善也。言贪恶之人不可习近,则败善也。"

汉书卷八一
列传第五一

匡衡　张禹　孔光　马宫

匡衡字稚圭，东海承人也。①父世农夫，至衡好学，家贫，庸作以供资用，②尤精力过绝人。诸儒为之语曰："无说诗，匡鼎来；③匡说诗，解人颐。"④

①师古曰："承，音证。"

②师古曰："庸作，言卖功庸为人作役而受顾也。"

③服虔曰："鼎犹言当也，言匡且来也。"应劭曰："鼎，方也。"张晏曰："匡衡少时字鼎，长乃易字稚圭。世所传衡与贡禹书，上言'衡敬报'，下言'匡鼎白'，知是字也。"师古曰："服、应二说是也。贾谊曰'天子春秋鼎盛'，其义亦同。而张氏之说盖穿凿矣。假有其书，乃是后人见此传云'匡鼎来'，不晓其意，妄作衡书云'鼎白'耳。字以表德，岂人之所自称乎？今有《西京杂记》者，其书浅俗，出于里巷，多有妄说，乃云匡衡小名鼎，盖绝知者之听。"

④如淳曰："使人笑不能止也。"

衡射策甲科，以不应令除为太常掌故，①调补平原文学。②学者多上书荐衡经明，当世少双，令为文学就官京师；后进皆欲从衡平原，衡不宜在远方。事下太子太傅萧望之、少府梁丘贺问，衡对《诗》诸大义，其对深美。望之奏衡经学精习，说有师道，可观览。宣帝不甚用儒，遣衡归官。而皇太子见衡对，私善之。

①师古曰："投射得甲科之策，而所对文指不应令条也。《儒林传》说岁课甲科为郎中，乙科为太子舍人，景科补文学掌故。今不应令，是不中甲

科之令，所以止奸故。"

②师古曰："调，选也，音徒钓反。"

会宣帝崩，元帝初即位，乐陵侯史高以外属为大司马车骑将军，领尚书事，前将军萧望之为副。望之名儒，有师傅旧恩，天子任之，多所贡荐。高充位而已，①与望之有隙。长安令杨兴说高曰："将军以亲戚辅政，贵重于天下无二，然众庶论议令问休誉不专在将军者，何也？②彼诚有所闻也。③以将军之莫府，海内莫不卬望，④而所举不过私门宾客，乳母子弟，人情忽不自知，⑤然一夫窃议，语流天下。夫富贵在身而列士不誉，是有狐白之裘而反衣之也。⑥古人病其若此，故卑体劳心，以求贤为务。传曰：以贤难得之故因曰事不待贤，以食难得之故而曰饱不待食，或之甚者也。平原文学匡衡材智有余，经学绝伦，但以无阶朝廷，故随牒在远方。⑦将军诚召置莫府，学士歙然归仁，⑧与参事议，观其所有，贡之朝廷，必为国器，⑨以此显示众庶，名流于世。"高然其言，辟衡为议曹史，荐衡于上。上以为郎中，迁博士，给事中。

①师古曰："言凡事不在也。"

②师古曰："令，善。问，名。休，美也。"

③师古曰："以其不能进贤也。"

④师古曰："卬读曰仰。"

⑤师古曰："言高轻忽此事，不自知其非。"

⑥师古曰："狐白，谓狐掖下之皮，其色纯白，集以为裘，轻柔难得，故贵也。反衣之者，以其毛在内也，今人则以背毛为裘而弃其白，盖取厚而温也。衣，于既反。"

⑦师古曰："阶，谓升次也。随牒，谓随选补之恒牒，不被超擢者。"

⑧师古曰："诚，谓实行之也。歙，音翕。"

⑨师古曰："所有，谓材艺所长。"

是时，有日蚀地震之变，上问以政治得失，衡上疏曰：

臣闻五帝不同礼，三王各异教，民俗殊务，所遇之时异也。陛下躬圣德，开太平之路，闵愚吏民触法抵禁，①比年大赦，②使百姓得改行自新，天下幸甚。臣窃见大赦之后，奸邪不为衰

止,今日大赦,明日犯法,相随入狱,此殆导之未得其务也。盖
保民者,"陈之以德义","示之以好恶",③观其失而制其宜,故
动之而和,绥之而安。今天下俗贪财贱义,好声色,上侈靡,廉
耻之节薄,淫辟之意纵,④纲纪失序,疏者逾内,⑤亲戚之恩
薄,婚姻之党隆,苟合徼幸,以身设利。不改其原,⑥虽岁赦之,
刑犹难使错而不用也。⑦

①师古曰:"抵,触也。"

②师古曰:"比,频也。"

③师古曰:"保,养也。陈,施也。《孝经》曰'陈之以德义而民莫遗其亲',
'示之以好恶而民知禁',故衡引以为言。"

④师古曰:"辟,读曰僻。"

⑤师古曰:"疏者,妻妾之家。内者,同姓骨肉也。逾,谓过越也。"

⑥师古曰:"设,施也。原,本也。"

⑦师古曰:"岁赦,谓每岁一赦也。错,置也,音千故反。"

　　臣愚以为宜壹旷然大变其俗。孔子曰:"能以礼让为国乎,
何有?"①朝廷者,天下之桢干也。公卿大夫相与循礼恭让,则
民不争;②好仁乐施,则下不暴;上义高节,则民兴行;宽柔和
惠,则众相爱。四者,明王之所以不严而成化也。何者?朝有
变色之言,则下有争斗之患;上有自专之士,则下有不让之人;
上有克胜之佐,则下有伤害之心;上有好利之臣,则下有盗窃
之民:此其本也。③今俗吏之治,皆不本礼让,而上克暴,或忮
害好陷人于罪,④贪财而慕势,故犯法者众,奸邪不止,虽严刑
峻法,犹不为变。此非其天性,有由然也。⑤

①师古曰:"《论语》载孔子之言。谓能以礼让治国,则其事甚易。"

②师古曰:"循,顺也。"

③师古曰:"言下之所行,皆取化于上也。"

④师古曰:"忮,坚也。谓酷害之心坚也。忮,音之豉反。"

⑤师古曰:"非其天性自恶,由上失于教化耳。"

　　臣窃考《国风》之诗,《周南》、《召南》被贤圣之化深,故笃
于行而廉于色。①郑伯好勇,而国人暴虎;②秦穆贵信,而士多

从死;③陈夫人好巫,而民淫祀;④晋侯好俭,而民畜聚;⑤大
王躬仁,邠国贵恕。⑥由此观之,治天下者审所上而已。⑦今之
伪薄忮害,不让极矣。臣闻教化之流,非家至而人说之也。⑧贤
者在位,能者布职,朝廷崇礼,百僚敬让。道德之行,由内及外,
自近者始,然后民知所法,迁善日进而不自知。是以百姓安,阴
阳和,神灵应,而嘉祥见。《诗》曰:"商邑翼翼,四方之极;寿考
且宁,以保我后生。"⑨此成汤所以建至治,保子孙,化异俗而
怀鬼方也。⑩今长安天子之都,亲承圣化,然其习俗无以异于
远方,郡国来者无所法则,或见奢靡而放效之。⑪此教化之原
本,风俗之枢机,宜先正者也。

①师古曰:"笃,厚也。谓乐得淑女以配君子,忧在进贤,不淫其色之类。"
②师古曰:"《诗·郑风·太叔于田》之篇曰:'襢裼暴虎,献于公所。将叔
    无狃,戒其伤汝。'襢裼,肉袒也。暴虎,空手以搏之也。公,郑庄公也。
    将,请也。叔,庄公之弟太叔也。狃,忕也。汝亦太叔也。言以庄公好勇
    之故,太叔肉袒空手搏虎,取而献之。国人爱叔,故请之曰勿忕为之,恐
    伤汝也。襢,音袒。裼,音锡,字并从衣。将,千羊反。狃,女九反。"
③应劭曰:"秦穆公与群臣饮酒,酒酣,公曰:'生共此乐,死共此哀。'于是
    奄息、仲行、鍼虎许诺。及公薨,皆从死。《黄鸟》诗所为作也。"
④张晏曰:"胡公夫人,武王之女大姬,无子,好祭鬼神,鼓舞而祀,故其
    《诗》云:'坎其击鼓,宛丘之下,无冬无夏,值其鹭羽。'"
⑤师古曰:"《唐风·山有枢》之诗序云:'刺晋昭公也,不能修道以正其
    国,有财不能用,有钟鼓不能以自乐。'其《诗》曰:'子有衣裳,弗曳弗
    娄。子有车马,弗驰弗驱。宛其死矣,它人是愉。'故其俗皆各啬而积
    财。畜,读曰蓄。"
⑥师古曰:"大王,周文王之祖,即古公亶父也。国于邠,修德行义。戎狄攻
    之,欲得地,与之。人人皆怒欲战。古公曰:'以我故战,杀人父子而居
    之,予不忍也。'乃与其私属度漆沮,逾梁山,止于岐下。邠人举国扶老
    携弱,尽复归古公于岐下。及它旁国闻古公仁,亦多归之。邠即今豳州,
    是其地也。言化大王之仁,故其俗皆贵诚恕。"
⑦师古曰:"上,谓崇尚也。"
⑧师古曰:"言非家家皆到,人人劝说也。"

⑨师古曰:"《商颂·殷武》之诗也。商邑,京师也。极,中也。言商邑之礼
　俗翼翼然可则效,乃四方之中正也。王则寿考且安,以此全守我子孙
　也。"

⑩应劭曰:"鬼方,远方也。"

⑪师古曰:"放,依也,音甫往反。"

　　臣闻天人之际,精禖有以相荡,①善恶有以相推,事作乎
下者象动乎上,阴阳之理各应其感,阴变则静者动,阳蔽则明
者晻,②水旱之灾随类而至。今关东连年饥馑,百姓乏困,或至
相食,此皆生于赋敛多,民所共者大,③而吏安集之不称之效
也。陛下祇畏天戒,哀闵元元,大自减损,省甘泉、建章宫卫,罢
珠崖,偃武行文,将欲度唐虞之隆,绝殷周之衰也。④诸见罢珠
崖诏　书者,莫不欣欣,人自以将见太平也。宜遂减宫室之度,
省靡丽之饰,考制度,修外内,近忠正,远巧佞,放郑卫,进《雅》
《颂》,举异材,开直言,任温良之人,退刻薄之吏,显洁白之士,
昭无欲之路,⑤览六艺之意,察上世之务,明自然之道,博和睦
之化,以崇至仁,匡失俗,易民视,⑥令海内昭然咸见本朝之所
贵,道德弘于京师,淑问扬乎疆外,⑦然后大化可成,礼让可兴
也。

①李奇曰:"禖,气也。言天人精气相动也。"师古曰:"禖,谓阴阳气相浸渐
　以成灾祥者也,音子鸩反。"

②邓展曰:"静者动,谓地震也。明者晻,谓日蚀也。"师古曰:"晻,与暗
　同。"

③师古曰:"共,读曰供"。

④师古曰:"度,过也。绝,谓除其恶政也。"

⑤师古曰:"昭亦明也。"

⑥师古曰:"匡,正也。易,变也。"

⑦师古曰:"淑,善也。问,名也。"

上说其言,①迁衡为光禄大夫、太子少傅。"

①师古曰:"说,读曰悦。"

　　时上好儒术文辞,颇改宣帝之政,言事者多进见,人人自以为

得上意。又傅昭仪及子定陶王爱幸，宠于皇后、太子。①衡复上疏曰：

①师古曰："宠，逾也。"

臣闻治乱安危之机，在乎审所用心。盖受命之王务在创业垂统传之无穷，继体之君心存于承宣先王之德而襃大其功。昔者成王之嗣位，思述文武之道以养其心，休烈盛美皆归之二后而不敢专其名，①是以上天歆享，鬼神佑焉。其《诗》曰：'念我皇祖，陟降廷止。'②言成王常思祖考之业，而鬼神佑助其治也。

①师古曰："休亦美也。烈，业也。后，君也。二君，文王、武王也。"

②师古曰："《周颂·闵予小子》之诗。言成王常念文王、武王之德，奉而行之，故鬼神上下临其朝廷。"

陛下圣德天覆，子爱海内，然阴阳未和，奸邪未禁者，殆论议者未丕扬先帝之盛功，①争言制度不可用也，务变更之，②所更或不可行，而复复之，③是以群下更相是非，④吏民无所信。臣窃恨国家释乐成之业，而虚为此纷纷也。⑤愿陛下详览统业之事，留神于遵制扬功，以定群下之心。《大雅》曰："无念尔祖，聿修厥德。"⑥孔子著之《孝经》首章，盖至德之本也。传曰："审好恶，理情性，而王道毕矣。"能尽其性，然后能尽人物之性；能尽人物之性，可以赞天地之化。⑦治性之道，必审己之所有余而强其所不足。⑧盖聪明疏通者戒于大察，寡闻少见者戒于雍蔽，⑨勇猛刚强者戒于大暴，仁爱温良者戒于无断，湛静安舒者戒于后时，⑩广心浩大者戒于遗忘。必审己之所当戒，而齐之以义，然后中和之化应，而巧伪之徒不敢比周而望进。⑪唯陛下戒所以崇圣德。

①师古曰："丕，大也。丕字或作本，言修其本业而显扬也。"

②师古曰："更，改也。"

③师古曰："下复，音扶目反。"

④师古曰："更，音工衡反。"

⑤师古曰："释，废也。乐成，谓已成之业，人情所乐也。"

⑥师古曰："《大雅·文王》之诗也。无念，念也。聿，述也。"

⑦师古曰："赞，明也。"

⑧师古曰："强，勉也，音其两反。"

⑨师古曰："雝，读曰雍。"

⑩师古曰："湛，读曰沈。"

⑪师古曰："比，音频寐反。"

　　臣又闻室家之道修，则天下之理得，故《诗》始《国风》，①
《礼》本《冠》《婚》。②始乎《国风》，原情性而明人伦也；本乎
《冠》《婚》，正基兆而防未然也。福之兴莫不本乎室家，之道衰
莫不始乎梱内。③故圣王必慎妃后之际，别適长之位。④礼之
于内也，卑不隃尊，新不先故，⑤所以统人情而理阴气也。其尊
適而卑庶也，適子冠乎阼，礼之用醴，⑥众子不得与列，所以贵
正体而明嫌疑也。非虚加其礼文而已，乃中心与之殊异，故礼
探其情而见之外也。圣人动静游燕，所亲物得其序；⑦得其序，
则海内自修，百姓从化。如当亲者疏，当尊者卑，⑧则佞巧之奸
因时而动，以乱国家。故圣人慎防其端，禁于未然，不以私恩害
公义。陛下圣德纯备，莫不修正，则天下无为而治。《诗》云：
"于以四方，克定厥家。"⑨传曰："正家而天下定矣。"⑩

①师古曰："《关雎》美后妃之德，而为《国风》之首。"

②师古曰："《礼记·冠义》曰：'冠者，礼之始也。'《婚义》曰：'婚者，礼之
　　本也。'"

③师古曰："梱，与阃同，谓门橛也，音苦本反。"

④师古曰："適，读曰嫡。其下并同。"

⑤师古曰："隃，与逾同。"

⑥师古曰："阼，主阶也。醴，甘酒也，贵于众酒。"

⑦师古曰："言凡物大小高卑，皆有次序。"

⑧师古曰："如，若也。"

⑨师古曰："《周颂·桓》之诗也。言欲治四方者，先当能定其家，从内以及
　　外。"

⑩师古曰："《易·家人卦》之彖辞也。"

衡为少傅数年,数上疏陈便宜,及朝廷有政义,傅经以对,①言多法义。上以为任公卿,②由是为光禄勋、御史大夫。建昭三年,代韦玄成为丞相,封乐安侯,食邑六百户。

①师古曰:"傅,读曰附。附,依也。"

②师古曰:"任,堪也。"

元帝崩,成帝即位,衡上疏戒妃匹,劝经学威仪之则,曰:

陛下秉至孝,哀伤思慕不绝于心,未有游虞弋射之宴,①诚隆于慎终追远,无穷已也。②窃愿陛下虽圣性得之,犹复加圣心焉。③《诗》云'茕茕在疚',④言成王丧毕思慕,意气未能平也,盖所以就文武之业,崇大化之本也。⑤

①师古曰:"虞,与娱同。"

②师古曰:"慎终,慎孝道之终也。追远,不忘本也。《论语》称孔子:'慎终追远,则民德归厚矣。'故衡引之。"

③师古曰:"言天性已自然矣,又当加意也。"

④师古曰:"《周颂·闵予小子》之诗。茕茕,忧貌也。疚,病也。"

⑤师古曰:"就,成也。"

臣又闻之师曰:"妃匹之际,生民之始,万福之原。"婚姻之礼正,然后品物遂而天命全。①孔子论《诗》以《关雎》为始,言太上者民之父母,②后夫人之行不侔乎天地,则无以奉神灵之统而理万物之宜。③故《诗》:"窈窕淑女,君子好仇。"④言能致其贞淑,不贰其操,情欲之感无介乎容仪,⑤宴私之意不形乎动静,⑥夫然后可以配至尊而为宗庙主。此纲纪之首,王教之端也,自上世已来,三代兴废,未有不由此者也。愿陛下详览得失盛衰之效以定大基,采有德,戒声色,近严敬,远技能。⑦

①师古曰:"遂,成也。"

②师古曰:"太上,居尊上之位者。"

③师古曰:"侔,等也。"

④师古曰:"《周南·关雎》之诗也。窈窕,幽闲也。仇,匹也。"

⑤服虔曰:"不见色于容仪也。"师古曰:"介,系也。言不以情欲系心,而著于容仪者。"

⑥师古曰："形,见也。"

⑦师古曰："无德之人,虽有技能则斥远之。"

　　窃见圣德纯茂,专精《诗》《书》,好乐无厌。①臣衡材驽,无以辅相善义,宣扬德音。②臣闻六经者,圣人所以统天地之心,著善恶之归,明吉凶之分,通人道之正,③使不悖于其本性者也。④故审六艺之指,则天人之理可得而和,草木昆虫可得而育,此永永不易之道也。⑤及《论语》、《孝经》,圣人言行之要,宜究其意。⑥

①师古曰："乐,五教反。"

②师古曰："相,助也。"

③师古曰："分,扶问反。"

④师古曰："悖,乖也,音布内反。"

⑤师古曰："易,变也。"

⑥师古曰："究,尽也。"

　　臣又闻圣王之自为动静周旋,奉天承亲,临朝享臣,物有节文,以章人伦。①盖钦翼祗栗,事天之容也;温恭敬逊,承亲之礼也;正躬严恪,临众之仪也;②嘉惠和说,飨下之颜也。③举错动作,物遵其仪,故形为仁义,动为法则。孔子曰："德义可尊,容止可观,进退可度,以临其民,是以其民畏而爱之,则而象之。"④《大雅》云:"敬慎威仪,惟民之则。"⑤诸侯正月朝觐天子,天子惟道德,昭穆穆以视之,⑥又观以礼乐,飨醴乃归。⑦故万国莫不获赐祉福,蒙化而成俗。今正月初幸路寝,临朝贺,置酒以飨万方,传曰"君子慎始",愿陛下留神动静之节,使群下得望盛德休光,⑧以立基桢,天下幸甚!

①师古曰："物,事也,事事皆有节文。"

②师古曰："严,读曰俨。"

③师古曰："说,读曰悦。飨,宴飨也。"

④师古曰："《孝经》载孔子之言也。则,法也。象,似也。"

⑤师古曰："《抑之》诗。"

⑥师古曰："昭,明也。穆穆,天子之容也。视,读曰示。"

⑦师古曰："观亦视也。飨醴，以醴酒飨也。"

⑧师古曰："休，美也。"

上敬纳其言。顷之，衡复奏正南北郊，罢诸淫祀，语在《郊祀志》。

初，元帝时，中书令石显用事，自前相韦玄成及衡皆畏显，不敢失其意。至成帝初即位，衡乃与御史大夫甄谭共奏显，追条其旧恶，并及党与。于是司隶校尉王尊劾奏："衡、谭居大臣位，知显等专权势，作威福，为海内患害，不以时白奏行罚，而阿谀曲从，附下罔上，无大臣辅政之义。既奏显等，不自陈不忠之罪，而反扬著先帝任用倾覆之徒，①罪至不道。"有诏勿劾。衡惭惧，上疏谢罪，因称病乞骸骨，上丞相乐安侯印绶。上报曰："君以道德修明，位在三公，先帝委政，遂及朕躬。君遵修法度，勤劳公家，朕嘉与君同心合意，庶几有成。今司隶校尉尊妄诋欺，加非于君，②朕甚闵焉。方下有司问状，③君何疑而上书归侯乞骸骨，是章朕之未烛也。④传不云乎？'礼义不愆，何恤人之言！'⑤君其察焉。专精神，近医药，强食自爱。"因赐上尊酒、养牛。⑥衡起视事。上以新即位，褒优大臣，然群下多是王尊者。衡嘿嘿不自安，每有水旱，风雨不时，连乞骸骨让位。上辄以诏书慰抚，不许。

①师古曰："著，明也。"

②师古曰："诋，毁也，音丁礼反。"

③师古曰："问司隶。"

④师古曰："烛，照也。"

⑤师古曰："愆，过也。恤，忧也。"

⑥师古曰："上尊，解在《薛广德传》。"

久之，衡子昌为越骑校尉，醉杀人，系诏狱。越骑官属与昌弟且谋篡昌。①事发觉，衡免冠徒跣待罪，天子使谒者诏衡冠履。而有司奏衡专地盗土，衡竟坐免。

①师古曰："逆取曰篡。"

初，衡封僮之乐安乡，①乡本田提封三千一百顷，②南以闽佰为界。③初元元年,郡图误以闽佰为平陵佰。积十余岁,衡封临淮郡,④遂封真平陵佰以为界,多四百顷。至建始元年,郡乃定国界,上计簿,更定图,言丞相府。衡谓所亲吏赵殷曰:⑤"主簿陆赐故居奏曹,习事,晓知国界,署集曹掾。"明年治计时,衡问殷国界事:"曹欲奈何?"殷曰:"赐以为举计,令郡实之。⑥恐郡不肯从,实可令家丞上书。"衡曰:"顾当得不耳,何至上书?"⑦亦不告曹使举也,听曹为之。后赐与属明举计曰:"案故图,乐安乡南以平陵佰为界,不足故而以闽佰为界,解何?"⑧郡即复以四百顷付乐安国。衡遣从史之僮,收取所还田租谷千余石入衡家。司隶校尉骏、少府忠行廷尉事劾奏:"衡监临盗所主守直十金以上。⑨《春秋》之义,诸侯不得专地,所以壹统尊法制也。衡位三公,辅国政,领计簿,知郡实,正国界,计簿已定而背法制,专地盗土以自益,及赐、明阿承衡意,猥举郡计,乱减县界,⑩附下罔上,擅以地附益大臣,皆不道。"于是上可其奏,勿治,丞相免为庶人,终于家。

　　①文颖曰:"属临淮郡。"

　　②师古曰:"提封,举其封界内之总数。"

　　③师古曰:"佰者,田之东西界也。闽者,佰之名也。佰,莫客反。"

　　④苏林曰:"平陵佰在闽佰南,误十余岁,衡乃始封此乡。"

　　⑤师古曰:"所亲,素所亲任者。"

　　⑥师古曰:"举发上计之簿,令郡改从平陵佰以为定实。"

　　⑦师古曰:"顾,念也。"

　　⑧师古曰:"不足故者,不依故图而满足也。解何者,以分解此时意,犹今言分疏也。"

　　⑨师古曰:"十金以上,当时律定罪之次,若今律条言一尺以上,一匹以上。"

　　⑩师古曰:"猥,曲也。"

　　子咸亦明经,历位九卿。家世多为博士者。

　　张禹字子文,河内轵人也,至禹父徙家莲勺。①禹为儿,数随家至市,喜观于卜相者前。②久之,颇晓其别蓍布卦意,③时从旁言。

卜者爱之，又奇其面貌，谓禹父：“是儿多知，可令学经。”及禹壮，至长安学，从沛郡施雠受《易》，琅邪王阳、胶东庸生问《论语》，既皆明习，有徒众，举为郡文学。甘露中，诸儒荐禹，有诏太子太傅萧望之问。禹对《易》及《论语》大义，望之善焉，奏禹经学精习，有师法，可试事。④奏寝，罢归故官。⑤久之，试为博士。初元中，立皇太子，而博士郑宽中以《尚书》授太子，荐言禹善《论语》。诏令禹授太子《论语》，由是迁光禄大夫。数岁，出为东平内史。

①师古曰：“左冯翊县名也，音辇酌。”

②师古曰：“至其人之前而观之。喜，许吏反。”

③师古曰：“别，分也，音彼列反。”

④师古曰：“试以职事也。”

⑤师古曰：“侵，谓不下也。”

元帝崩，成帝即位，征禹、宽中，皆以师赐爵关内侯，宽中食邑八百户，禹六百户。拜为诸吏光禄大夫，秩中二千石。给事中，领尚书事。是时，帝舅阳平侯王凤为大将军辅政专权，而上富于春秋，谦让，方乡经学，敬重师傅。①而禹与凤并领尚书，内不自安，数病上书乞骸骨，欲退避凤。上报曰：“朕以幼年执政，万机惧失其中，君以道德为师，故委国政。君何疑而数乞骸骨，忽忘雅素，欲避流言？②朕无闻焉。③君其固心致思，总秉诸事，推以孳孳，无违朕意。”加赐黄金百斤、养牛、上尊酒，大官致餐，侍医视疾，使者临问。④禹惶恐，复起视事。河平四年，代王商为丞相，封安昌侯。

①师古曰：“乡，读曰向。”

②师古曰：“雅素，故也。谓师傅故旧之恩。”

③师古曰：“不闻有毁短之言。”

④师古曰：“侍医，侍天子之医。”

为相六岁，鸿嘉元年，以老病乞骸骨，上加优再三，乃听许。赐安车驷马，黄金百斤，罢就弟，以列侯朝朔望，位特进，见礼如丞相，置从事史五人，益封四百户。天子数加赏赐，前后数千万。

禹为人谨厚，内殖货财，①家以田为业。及富贵，多买田至四百顷，皆泾、渭溉灌，极膏腴上贾。②它财物称是。禹性习知音，声内奢淫,身居大第,后堂理丝竹筦弦。③

①师古曰:"殖,生也。"

②师古曰:"贾,读曰价。"

③如淳曰:"今乐家五日一习乐为理乐。"师古曰:"筦亦管字。"

禹成就弟子尤著者,淮阳彭宣至大司空,沛郡戴崇至少府九卿。宣为人恭俭有法度,而崇恺弟多智,①二人异行。禹心亲爱崇,敬宣而疏之。崇每候禹,常责师宜置酒设乐与弟子相娱。禹将崇入后堂饮食,妇女相对,优人管弦铿锵极乐,昏夜乃罢。②而宣之来也,禹见之于便坐,③讲论经义,日晏赐食,不过一肉卮酒相对。④宣未尝得至后堂。及两人皆闻知,各自得也。⑤

①师古曰:"恺,乐也。弟,易也。言性和乐而简易。"

②师古曰:"极乐,尽其欢乐之情。"

③师古曰:"便坐,谓非正寝,在于旁侧延宾者也。坐,才卧反。"

④师古曰:"一豆之肉,一卮行酒。"

⑤服虔曰:"各自为得宜。"

禹年老,自治冢茔,起祠室,好平陵肥牛亭部处地,①又近延陵,奏请求之,上以赐禹,诏令平陵徙亭它所。曲阳侯根闻而争之:"此地当平陵寝庙衣冠所出游道,禹为师傅,不遵谦让,至求衣冠所游之道,又徙坏旧亭,重非所宜。②孔子称'赐爱其羊,我爱其礼',③宜更赐禹它地。"根虽为舅,上敬重之不如禹,根言虽切,犹不见从,卒以肥牛亭地赐禹。根由是害禹宠,数毁恶之。④天子愈益敬厚禹。禹每病,辄以起居闻,⑤车驾自临问之。上亲拜禹床下,禹顿首谢恩,归诚,言:"老臣有四男一女,爱女甚于男,远嫁为张掖太守萧咸妻,不胜父子私情,思与相近。"上即时徙咸为弘农太守。又禹小子未有官,上临候禹,禹数视其小子,上即禹床下拜为黄门郎,给事中。

①师古曰:"肥牛,亭名。欲得置亭处之地为冢茔。"

②师古曰:"重,直用反。"

③师古曰:"《论语》云子贡欲去告朔之饩羊,孔子曰:'赐也,尔爱其羊,我爱其礼。'故引之。"

④师古曰:"恶,谓言其过恶。"

⑤师古曰:"谓其食饮寝卧之增损。"

禹虽家居,以特进为天子师,国家每有大政,必与定议。①永始、元延之间,日蚀地震尤数,吏民多上书言灾异之应,讥切王氏专政所致。上惧变异数见,意颇然之,未有以明见,乃车驾至禹弟,辟左右,②亲问禹以天变,因用吏民所言王氏事示禹。禹自见年老,子孙弱,又与曲阳侯不平,恐为所怨。禹则谓上曰:"春秋二百四十二年间,日蚀三十余,地震五,或为诸侯相杀,或夷狄侵中国。灾变之异深远难见,故圣人罕言命,不语怪神。③性与天道,自子赣之属不得闻,④何况浅见鄙儒之所言!陛下宜修政事以善应之,与下同其福喜,此经义意也。新学小生,乱道误人,宜无信用,以经术断之。"上雅信爱禹,由此不疑王氏。后曲阳侯根及诸王子弟闻知禹言,皆喜说,⑤遂亲就禹。禹见时有变异,若上体不安,择日洁斋露蓍,⑥正衣冠立筮,得吉卦则献其占,如有不吉,禹为感动忧色。

①师古曰:"与,读曰豫。"

②师古曰:"辟,读曰闢。"

③师古曰:"罕,稀也。《论语》云'子罕言利与命与仁',又曰'子不语怪力乱神'。"

④师古曰:"《论语》云'夫子之言性与天道,不可得而闻也',谓孔子未尝言性命之事及天道。"

⑤师古曰:"说,读曰悦。"

⑥服虔曰:"露筮《易》蓍于星宿下,明日乃用。言得天气也。"师古曰:"蓍,草名,筮者所用也,音式夷反。"

成帝崩,禹及事哀帝,建平二年薨,谥曰节侯。禹四子,长子宏嗣侯,官至太常,列于九卿。三弟皆为校尉散骑诸曹。

初,禹为师,以上难数对己问经,为《论语章句》献之。始鲁扶卿及夏侯胜、王阳、萧望之、韦玄成皆说《论语》,篇弟或异。禹先事王阳,后从庸生,采获所安,最后出而尊贵。诸儒为之语曰:"欲不为《论》,念张文。"由是学者多从张氏,余家浸微。①

①师古曰:"浸,渐也。"

　　孔光字子夏,孔子十四世之孙也。孔子生伯鱼鲤,①鲤生子思
伋,②伋生子上帛,帛生子家求,求生子真箕,箕生子高穿。穿生顺,
顺为魏相。顺生鲋,鲋为陈涉博士,死陈下。鲋弟子襄为孝惠博士,
长沙太傅。襄生忠,忠生武及安国,武生延年。延年生霸,字次儒。
霸生光焉。安国、延年皆以治《尚书》为武帝博士。安国至临淮太守。
霸亦治《尚书》,事太傅夏侯胜,昭帝末年为博士,宣帝时为太中大
夫,以选授皇太子经,迁詹事,高密相。是时,诸侯王相在郡守上。

　　①师古曰:"名鲤,字伯鱼。先言其字者,孔氏自为谱谍,示尊其先也。下皆
　　　类此。"

　　②师古曰:"伋,音级。"

　　元帝即位,征霸,以师赐爵关内侯,食邑八百户,号褒成君,①
给事中,加赐黄金二百斤,第一区,徙名数于长安。②霸为人谦退,
不好权势,常称爵位泰过,何德以堪之!上欲致霸相位,自御史大夫
贡禹卒,及薛广德免,辄欲拜霸。霸让位,自陈至三,上深知其至诚,
乃弗用。以是敬之,赏赐甚厚。及霸薨。上素服临吊者再,至赐东
园秘器钱帛,策赠以列侯礼,谥曰烈君。

　　①如淳曰:"为帝师,教令成就,故曰褒成君。"

　　②师古曰:"名数,户籍也。"

　　霸四子,长子福嗣关内侯。次子捷、捷弟喜皆列校尉诸曹。光,
最少子也。经学尤明,年未二十,举为议郎。光禄勋匡衡举光方正,
为谏大夫。坐议有不合,左迁虹长,①自免归教授。成帝初即位,举
为博士,数使录冤狱,行风俗,②振赡流民,奉使称意,由是知名。是
时,博士选三科,高为尚书,次为刺史,其不通政事,以久次补诸侯
太傅。光以高弟为尚书,观故事品式,数岁明习汉制及法令。上甚
信任之,转为仆射,尚书令。③有诏光周密谨慎,未尝有过,加诸吏
官,以子男放为侍郎,给事黄门。数年,迁诸吏光禄大夫,秩中二千
石,给事中,赐黄金百斤,领尚书事。后为光禄勋,复领尚书,诸吏给
事中如故。凡典枢机十余年,守法度,修故事。上有所问,据经法以

心所安而对,不希指苟合;④如或不从,不敢强谏争,以是久而安。时有所言,辄削草稿,⑤以为章主之过,以奸忠直,人臣大罪也。⑥有所荐举,唯恐其人之闻知。沐日归休,兄弟妻子燕语,终不及朝省政事。或问光:"温室省中树皆何木也?"⑦光嘿不应,更答以它语,其不泄如是。光帝师傅子,少以经行自著,进官蚤成。⑧不结党友,养游说,有求于人。既性自守,亦其势然也。⑨徙光禄勋为御史大夫。

①师古曰:"不合,谓不合天子意也。虹,沛县也,音贡。"

②师古曰:"行,下更反。"

③师古曰:"先为仆射,后为尚书令。"

④师古曰:"希指,希望天子之旨意。"

⑤服虔曰:"言已缮书,辄削坏其草。"

⑥师古曰:"奸,求也。奸忠直之名也。奸,音干。"

⑦晋灼曰:"长乐宫中有温室殿。"

⑧师古曰:"蚤,古早字。"

⑨师古曰:"言以名父之子,学官早成,不须党援也。"

绥和中,上即位二十五年,无继嗣,至亲有同产弟中山孝王及同产弟子定陶王在。定陶王好学多材,于帝子行。①而王祖母傅太后阴为王求汉嗣,私事赵皇后、昭仪及帝舅大司马骠骑将军王根,故皆劝上。上于是召丞相翟方进、御史大夫光、右将军廉褒、后将军朱博,皆引入禁中,议中山、定陶王谁宜为嗣者。方进、根以为定陶王帝弟之子,《礼》曰"昆弟之子犹子也","为其后者为之子也",定陶王宜为嗣。褒、博皆如方进、根议。光独以为礼立嗣以亲,中山王先帝之子,帝亲弟也,以《尚书·盘庚》殷之及王为比,②中山王宜为嗣。上以《礼》兄弟不相入庙,又皇后、昭仪欲立定陶王,故遂立为太子。光以议不中意,左迁廷尉。③

①师古曰:"行,胡浪反。"

②师古曰:"兄终弟及也。比,必寐反。"

③师古曰:"中,当也。"

光久典尚书,练法令,号称详平。时定陵侯淳于长坐大逆诛,长

小妻乃始等六人皆以长事未发觉时弃去,或更嫁。及长事发,丞相
方进、大司空武议,①以为"令,犯法者各以法时律令论之,②明有
所讫也。③长犯大逆时,乃始等见为长妻,已有当坐之罪,与身犯法
无异。后乃弃去,于法无以解。④请论。"光议以为"大逆无道,父母
妻子同产无少长皆弃市,欲惩后犯法者也。⑤夫妇之道,有义则合,
无义则离。长未自知当坐大逆之法,而弃去乃始等,或更嫁,义已
绝,而欲以为长妻论杀之,名不正,不当坐。"有诏光议是。

①师古曰:"翟方进及何武。"

②师古曰:"此具引令条之文也。法时,谓始犯法之时也。"

③师古曰:"讫,止也。"

④师古曰:"解,免也。"

⑤师古曰:"惩,创止也。"

是岁,右将军褒、后将军博坐定陵、红阳侯①皆免为庶人。以光
为左将军,居右将军官职,执金吾王咸为右将军,居后将军官职。罢
后将军官。数月,丞相方进薨,召左将军光,当拜,已刻侯印书赞,②
上暴崩,即其夜于大行前拜受丞相博山侯印绶。

①师古曰:"廉褒、朱博坐与淳于长、王立交厚也。"

②师古曰:"赞,进也,延进而拜之。书赞者,书赞辞于策也。"

哀帝初即位,躬行俭约,省减诸用,政事由己出,朝廷翕然,望
至治焉。褒赏大臣,益封光千户。时成帝母太皇太后自居长乐宫,
而帝祖母定陶傅太后在国邸,有诏问丞相、大司空:"定陶共王太后
宜当何居?"光素闻傅太后为人刚暴,长于权谋,自帝在襁褓而养长
教道至于成人,帝之立又有力。光心恐傅太后与政事,①不欲令与
帝旦夕相近,即议以为定陶太后宜改筑宫。大司空何武曰:"可居北
宫。"上从武言。北宫有紫房复道通未央宫,②傅太后果从复道朝夕
至帝所,求欲称尊号,贵宠其亲属,使上不得直道行。③顷之,太后
从弟子傅迁在左右尤倾邪,上免官遣归故郡。傅太后怒,上不得已
复留迁。光与大司空师丹奏言:"诏书'侍中驸马都尉迁巧佞无义,
漏泄不忠,国之贼也,免归故郡。'复有诏止。天下疑惑,无所取信,

亏损圣德,诚不小惩。陛下以变异连见,避正殿,见群臣,思求其故,至今未有所改。④臣请归迁故郡,以销奸党,应天戒。"卒不得遣,复为侍中。胁于傅太后,皆此类也。

①师古曰:"与,读曰豫。"

②师古曰:"复,改读曰複。"

③师古曰:"不得依正直之道。"

④师古曰:"旧有不善之事,皆未改除。"

　　又傅太后欲与成帝母俱称尊号,群下多顺指,言母以子贵,宜立尊号以厚孝道。唯师丹与光持不可也。①上重违大臣正议,②又内迫傅太后,猗违者连岁。③丹以罪免,而朱博代为大司空。光自先帝时议继嗣有持异之隙矣,又重忤傅太后指,④由是傅氏在位者与朱博为表里,共毁谮光。后数月,遂策免光曰:"丞相者,朕之股肱,所与共承宗庙,统理海内,⑤辅朕之不逮以治天下也。朕既不明,灾异重仍,⑥日月无光,山崩河决,五星失行,是章朕之不德而股肱之不良也。⑦君前为御史大夫,辅翼先帝,出入八年,卒无忠言嘉谋;今相朕,出入三年,忧国之风复无闻焉。阴阳错谬,岁比不登,⑧天下空虚,百姓饥馑,父子分散,流离道路,以十万数。而百官群职旷废,⑨奸轨放纵,盗贼并起,或攻官寺,杀长吏。数以问君,君无怵惕忧惧之意,对毋能为。⑩是群卿大夫咸惰哉莫以为意,咎由君焉。君秉社稷之重,总百僚之任,上无以匡朕之阙,下不能绥安百姓。《书》不云乎?'毋旷庶官,天工人其代之。'⑪於戏!⑫君其上丞相博山侯印绶,罢归。"⑬

①苏林曰:"执持不可也。"

②师古曰:"重,难也。"

③如淳曰:"不决事之言也。"师古曰:"猗违,犹依违耳。猗,于奇反。"

④师古曰:"重,直用反。"

⑤师古曰:"共,读曰恭。"

⑥师古曰:"仍,频也。重,直用反。"

⑦师古曰:"章,明也。"

⑧师古曰:"比,频也。"

⑨师古曰："旷,空也。"

⑩师古曰："言盗贼不能为害。"

⑪师古曰："《虞书·皋繇谟》之辞。位非其人,是为空官。言人代天理官,不可以天官私非其材。"

⑫师古曰："於,读曰乌。虖,读曰呼。"

⑬师古曰："《汉旧仪》云丞相有它过,使者奉策书,即时步出府,乘栈车归田里。"

　　光退闾里,杜门自守。①而朱博代为丞相,数月,坐承傅太后指妄奏事自杀。平当代为丞相,数月薨。王嘉复为丞相,数谏争忤指。旬岁间阅三相,②议者皆以为不及光。上由是思之。

①师古曰："杜,塞也。"

②师古曰："阅犹历也。"

　　会元寿元年正月朔日有蚀之,后十余日傅太后崩。是月,征光诣公车,问日蚀事。光对曰:"臣闻日者,众阳之宗,人君之表,至尊之象。君德衰微,阴道盛强,侵蔽阳明,则日蚀应之。《书》曰'羞用五事','建用皇极'。①如貌、言、视、听、思失,②大中之道不立,则咎征荐臻,六极屡降。皇之不极,是为大中不立,其传曰'时则有日月乱行',谓朓、侧匿,③甚则薄蚀是也。又曰'六沴之作',④岁之朝曰三朝,⑤其应至重。乃正月辛丑朔日有蚀之,变见三朝之会。上天聪明,苟无其事,变不虚生。《书》曰'惟先假王正厥事',⑥言异变之来,起事有不正也。臣闻师曰,天左与王者,⑦故灾异数见,以谴告之,欲其改更。若不畏惧,有以塞除,而轻忽简诬,则凶罚加焉,其至可必。⑧《诗》曰:'敬之敬之,天惟显思,命不易哉!'⑨又曰:'畏天之威,于时保之。'⑩皆谓不惧者凶,惧之则吉也。陛下圣德聪明,兢兢业业,⑪承顺天戒,敬畏变异,勤心虚己,延见群臣,思求其故,然后敕躬自约,总正万事,放远谗说之党,援纳断断之介,⑫退去贪残之徒,进用贤良之吏,平刑罚,薄赋敛,恩泽加于百姓,诚为政之大本,应变之至务也。天下幸甚。《书》曰'天既付命正厥德',⑬言正德以顺天也。又曰'天棐谌辞',⑭言有诚道,天辅之也。明承顺天道在于崇德博施,加精致诚,孳孳而已。⑮俗之祈禳小数,终无益于应天塞异，销祸兴福，⑯较然甚明，无可疑惑。"⑰

①师古曰："《周书·洪范》之言。羞，进也。皇，大也。极，中也。"

②师古曰："如，若也。"

③孟康曰："胱，行疾也。侧匿，行迟也。"师古曰："胱，吐了反。"

④师古曰："诊，恶气也，音戾。"

⑤师古曰："岁之朝，月之朝，日之朝，故曰三朝。"

⑥师古曰："《商书·高宗肜日》之辞。假，至也。言先代至道之王必正其事也。"

⑦师古曰："左，读曰佐。佐，助也。"

⑧师古曰："言轻忽天戒，简傲欺诬者，其罚必至。"

⑨师古曰："《周颂·敬之》篇。显，明也。思，辞也。言天甚明察，宜敬之，以承受天命甚难也。"

⑩师古曰："《周颂·我将》之诗。言必敬天之威，于是乃得安。"

⑪师古曰："兢兢，戒也。业业，危也。"

⑫师古曰："援，引也。断断，专壹之貌。介，谓一介之人。援，音爰。"

⑬师古曰："《商书·高宗肜日》之辞。言既受天命，宜正其德。"

⑭师古曰："《周书·大诰》之辞。棐，辅也。谌，诚也。谌辞，至诚之辞也。棐，音匪。谌，上林反。"

⑮师古曰："孳孳，不怠也。孳，音兹。"

⑯师古曰："祈，求福也。禳，除祸也。"

⑰师古曰："较，明貌也，音角。"

书奏，上说，①赐光束帛，拜为光禄大夫，秩中二千石，给事中，位次丞相。诏光举可尚书令者封上，光谢曰："臣以朽材，前所历位典天职，卒无尺寸之效，②幸免罪诛，全保首领，今复拔擢，备内朝臣，与闻政事。③臣光智谋浅短，犬马齿载，④诚恐一旦颠仆，无以报称。⑤窃见国家故事，尚书以久次转迁，非有踔绝之能，不相逾越。⑥尚书仆射敞，公正勤职，通敏于事，可尚书令。谨封上。"敞以举故，为东平太守。敞姓成公，东海人也。

①师古曰："说，读曰悦。"

②师古曰："卒，终也。"

③师古曰："与，读曰豫。"

④师古曰："载，老也，读与耋同。今书本有作截字者，俗写误也。"

⑤师古曰："称，副也。"

⑥师古曰："踔，高远也，音竹角反。"

　　光为大夫月余，丞相嘉下狱死，①御史大夫贾延免。光复为御史大夫，二月为丞相，复故国博山侯。上乃知光前免非其罪，以过近臣毁短光者，免傅嘉，曰："前为侍中，毁谮仁贤，诬诉大臣，令俊艾者久失其位，②嘉倾覆巧伪，挟奸以罔上，崇党以蔽朝，伤善以肆意。③《诗》不云乎？'谗人罔极，交乱四国。'④其免嘉为庶人，归故郡。"

①师古曰："王嘉也。"

②师古曰："艾，读曰乂。"

③师古曰："肆，极也。"

④师古曰："《小雅·青蝇》之诗，解在《车千秋传》。"

　　明年，定三公官，光更为大司徒。会哀帝崩，太皇太后以新都侯王莽为大司马，征立中山王，是为平帝。帝年幼，太后称制，委政于莽。初，哀帝罢黜王氏，故太后与莽怨丁、傅、董贤之党。莽以光为旧相名儒，天下所信，太后敬之，备礼事光。所欲搏击，辄为草，以太后指风光令上之，①厓眦莫不诛伤。②莽权日盛，光忧惧不知所出，上书乞骸骨。莽白太后："帝幼少，宜置师傅。"徙光为帝太傅，位四辅，给事中，领宿卫供养，行内③署门户，省服御食物。④明年，徙为太师，而莽为太傅。光常称疾，不敢与莽并。有诏朔望，领城门兵。莽又风群臣奏莽功德，称宰衡，位在诸侯王上，百官统焉。光愈恐，固称疾辞位。太后诏曰："太师光，圣人之后，先师之子，德行纯淑，道术通明，居四辅职，辅道于帝。⑤今年耆有疾，俊艾大臣，惟国之重，其犹不可以阙焉。⑥《书》曰'无遗耇老'，⑦国之将兴，尊师而重傅。其令太师毋朝，十日一赐餐。赐太师灵寿杖，⑧黄门令为太师省中坐置几，太师入省中用杖，赐餐十七物，⑨然后归老于弟，官属按职如故。"⑩

①师古曰："谓文书之槁草也。风，读曰讽。次下亦同。"

②师古曰："厓，音崖。眦，音渍。厓又五懈反。眦又仕懈反。解具在《杜钦

传》。"

③师古曰:"行内,行在所之内中,犹言禁中也。"

④师古曰:"省,视也。"

⑤师古曰:"道,读曰导。"

⑥师古曰:"艾,读曰乂。"

⑦师古曰:"《周书·召诰》之辞。言不遗老成之人也。"

⑧孟康曰:"扶老杖也。"服虔曰:"灵寿,木名。"师古曰:"木似竹,有枝节,
　　长不过八九尺,围三四寸,自然有合杖制,不须削治也。"

⑨师古曰:"食具有十七种物。"

⑩师古曰:"言十日一入朝,受此宠礼。它日则常在家自养,而其属官依常
　　各行职务。"

　　光凡为御史大夫、丞相各再,壹为大司徒、太傅,太师,历三世,
居公辅位前后十七年。自为尚书,止不教授,后为卿,时会门下大生
讲问疑难,举大义云。其弟子多成就为博士大夫者,见师居大位,几
得其助力,①光终无所荐举,至或怨之。其公如此。

　　①师古曰:"几,读曰冀。"

　　光年七十,元始五年薨。莽白太后,使九卿策赠以太师博山侯
印绶,赐乘舆秘器,金钱杂帛。少府供张,谏大夫持节与谒者二人使
护丧事,博士护行礼。太后亦遣中谒者持节视丧。公卿百官会吊送
葬。载以乘舆辒辌及副各一乘,①羽林孤儿诸生合四百人挽送,车
万余两,道路皆举音以过丧。②将作穿复土,可甲卒五百人,起坟如
大将军王凤制度。谥曰简烈侯。

　　①师古曰:"辒辌车及副各一乘也。辒辌,解具在《霍光传》。"

　　②师古曰:"丧到之处,行道之人皆举音哭,须过乃止。"

　　初,光以丞相封,后益封,凡食邑万一千户。疾甚,上书让还七
千户,及还所赐一弟。

　　子放嗣。莽篡位后,以光兄子永为大司马,封侯。昆弟子至卿
大夫四五人。

　　始,光父霸以初元元年为关内侯食邑。霸上书求奉孔子祭祀,
元帝下诏曰:"其令师褒成君关内侯霸以所食邑八百户祀孔子焉。"

故霸还长子福名数于鲁,奉夫子祀。霸薨,子福嗣。福薨,子房嗣。房薨,子莽嗣。元始元年,封周公、孔子后为列侯,食邑各二千户。莽更封为褒成侯,后避王莽,更名均。

　　马宫字游卿,东海戚人也。治《春秋》严氏,以射策甲科为郎,迁楚长史,免官。后为丞相史司直。师丹荐宫行能高洁,迁廷尉平,青州刺史,汝南、九江太守,所在见称。征为詹事,光禄勋,右将军,代孔光为大司徒,封扶德侯。光为太师薨,宫复代光为太师,兼司徒官。

　　初,宫哀帝时与丞相御史杂议帝祖母傅太后谥,及元始中,王莽发傅太后陵徙归定陶,以民葬之,追诛前议者。宫为莽所厚,独不及,内惭惧,上书谢罪乞骸骨。莽以太皇太后诏赐宫策曰:"太师大司徒扶德侯上书言'前以光禄勋议故定陶共王母谥,曰"妇人以夫爵尊为号,谥宜曰孝元傅皇后,称渭陵东园。"臣知妾不得体君,卑不得敌尊,而希指雷同,诡经辟说,①以惑误上。为臣不忠,当伏斧钺之诛,幸蒙洒心自新,②又令得保首领。伏自惟念,入称四辅,出备三公,爵为列侯,诚无颜复望阙廷,无心复居官府,无宜复食国邑。愿上太师大司徒扶德侯印绶,避贤者路。'下君章有司,皆以为四辅之职为国维纲,三公之任鼎足承君,不有鲜明固守,无以居位。如君言至诚可听,惟君之恶在洒心前,不敢文过,朕甚多之,③不夺君之爵邑,以著'自古皆有死'之义。④其上太师大司徒印绶使者,以侯就弟。"王莽篡位,以宫为太子师,卒官。

　　①师古曰:"诡,违。辟,读曰僻。"
　　②师古曰:"洒,先礼反。"
　　③师古曰:"多犹重也。"
　　④孟康曰:"以宫上书不文过为信,不夺其爵邑。"师古曰:"《论语》载孔子言曰:'自古皆有死,民无信不立。'故引之。"

　　本姓马矢,宫仕学,称马氏云。

　　赞曰：自孝武兴学，公孙弘以儒相，其后蔡义、韦贤、玄成、匡衡、张禹、翟方进、孔光、平当、马宫及当子晏咸以儒宗居宰相位，服儒衣冠，①传先王语，其酝藉可也，②然皆持禄保位，被阿谀之讥。彼以古人之迹见绳，乌能胜其任乎！③

　　①孟康曰："方领逢掖之衣。"

　　②师古曰："酝藉，谓如酝酿及荐藉，道其宽博重厚也。酝，于问反。藉，才夜反。"

　　③如淳曰："迹，谓既明且哲也。绳，谓抨弹之也。"师古曰："古人之迹，谓直道以事人也。乌，何也。抨，普耕反。"

汉书卷八二

列传第五二

王商　史丹　傅喜

　　王商字子威，涿郡蠡吾人也，①徙杜陵。商父武，武兄无故，皆以宣帝舅封。无故为平昌侯，武为乐昌侯。语在《外戚传》。

　　①师古曰："蠡，音礼。"

　　商少为太子中庶子，以肃敬敦厚称。父薨，商嗣为侯，推财以分异母诸弟，身无所受，居丧哀戚。于是大臣荐商行可以厉群臣，义足以厚风俗，宜备近臣。繇是擢为诸曹侍中中郎将。①元帝时，至右将军、光禄大夫。是时，定陶共王爱幸，几代太子。②商为外戚重臣辅政，拥佑太子，颇有力焉。③

　　①师古曰："繇，读与由同。"

　　②师古曰："共，读曰恭。几，巨依反。"

　　③师古曰："佑，助也。"

　　元帝崩，成帝即位，甚敬重商，徙为左将军。而帝元舅大司马大将军王凤颛权，行多骄僭。商论议不能平凤，凤知之，亦疏商。建始三年秋，京师民无故相惊，言大水至，百姓奔走相蹂躏，①老弱号呼，②长安中大乱。天子亲御前殿，召公卿议。大将军凤以为太后与上及后宫可御船，令吏民上长安城以避水。群臣皆从凤议。左将军商独曰："自古无道之国，水犹不冒城郭。③今政治和平，世无兵革，上下相安，何因当有大水一日暴至？此必讹言也，④不宜令上城，重惊百姓。"⑤上乃止。有顷，长安中稍定，问之，果讹言。上于是美壮商之固守,数称其议。而凤大惭,自恨失言。

①师古曰:"蹂,践也。躏,轹也。蹂,人九反。躏,音蔺。"

②师古曰:"呼,火故反。"

③师古曰:"冒,蒙覆也。"

④师古曰:"讹,伪也。"

⑤师古曰:"重,直用反。"

　　明年,商代匡衡为丞相,益封千户,天子甚尊任之。为人多质有.
威重,①长八尺余,身体鸿大,容貌甚过绝人。河平四年,单于来朝,
引见白虎殿。②丞相商坐未央廷中,单于前,拜谒商。③商起,离席
与言,单于仰视商貌,大畏之,迁延却退。天子闻而叹曰:"此真汉相
矣!"

①师古曰:"多质,言不为文饰。"

②师古曰:"在未央宫中。"

③师古曰:"单于将见天子,而经未央廷中过也。"

　　初,大将军凤连昏杨肜为琅邪太守,①其郡有灾害十四,已上。
商部属按问,②凤以晓商③曰:"灾异天事,非人力所为。肜素善吏,
宜以为后。"④商不听,竟奏免肜,奏果寝不下,凤重以是怨商,⑤阴
求其短,使人上书言商闺门内事。天子以为暗昧之过,不足以伤大
臣,凤固争,下其事司隶。

①如淳曰:"连昏者,婚家之婚亲也。"

②如淳曰:"部属犹差次。差次其属令治之。"

③师古曰:"告语也。"

④师古曰:"且勿按问也。"

⑤师古曰:"重,直用反。"

　　先是,皇太后尝诏问商女,欲以备后宫。时女病,商意亦难之,
以病对,不入。及商以闺门事见考,自知为凤所中,①惶怖,更欲内
女为援,乃因新幸李婕妤家白见其女。

①师古曰:"中,伤也,音竹仲反。"

　　会日有蚀之,太中大夫蜀郡张匡,其人佞巧,上书愿对近臣陈
日蚀咎。下朝者①左将军丹等问匡,②对曰:"窃见丞相商作威作

福,从外制中,取必于上,③性残贼不仁,遣票轻吏微求人罪,④欲以立威,天下患苦之。前频阳耿定上书言商与父傅通,及女弟淫乱,⑤奴杀其私夫,疑商教使。⑥章下有司,商私怨怼。⑦商子俊欲上书告商,俊妻左将军丹女,持其书以示丹,丹恶其父子乖迕,⑧为女求去。商不尽忠纳善以辅至德,知圣主崇孝,远别不亲,⑨后庭之事皆受命皇太后,太后前闻商有女,欲以备后宫,商言有固疾,后有耿定事,更诡道因李贵人家内女。⑩执左道以乱政,⑪诬罔悖大臣节,⑫故应是而日蚀。《周书》曰:'以左道事君者诛。'⑬《易》曰:'日中见昧,则折其右肱。'⑭往者丞相周勃再建大功,及孝文时纤介怨恨,而日为之蚀,于是退勃使就国,卒无怵愁忧。⑮今商无尺寸之功,而有三世之宠,⑯身位三公,宗族为列侯、吏二千石、侍中诸曹,给事禁门内,连昏诸侯王,权宠至盛。审有内乱杀人怨怼之端,宜穷竟考问。臣闻秦丞相吕不韦见王无子,意欲有秦国,即求好女以为妻,阴知其有身而献之王,产始皇帝。及楚相春申君亦见王无子,心利楚国,即献有身妻而产怀王。自汉兴几遭吕、霍之患,⑰今商有不仁之性,乃因怨以内女,其奸谋未可测度。前孝景世七国反,将军周亚夫以为即得雒阳剧孟,关东非汉之有。今商宗族权势,合资巨万计,私奴以千数,非特剧孟匹夫之徒也。且失道之至,亲戚畔之,闺门内乱,父子相讦,⑱而欲使之宣明圣化,调和海内,岂不缪哉!商视事五年,官职陵夷而大恶著于百姓,甚亏损盛德,有鼎折足之凶。⑲臣愚以为圣主富于春秋,即位以来,未有惩奸之威,加以继嗣未立,大异并见,尤宜诛讨不忠,以遏未然。⑳行之一人,则海内震动,百奸之路塞矣。"

　　①文颖曰:"令下朝者平之也。"孟康曰:"中朝臣也。"师古曰:"文说是也。下,胡稼反。"
　　②师古曰:"史丹也。"
　　③师古曰:"意欲所行,必果之。"
　　④师古曰:"票,疾也。微,谓私求之也。票,频妙反,又匹妙反。"
　　⑤师古曰:"傅,谓傅婢也。"

⑥师古曰:"私夫,女弟之私与奸通者。"

⑦师古曰:"怼,直类反。

⑧师古曰:"迕,逆也。"

⑨师古曰:"远离女色而分别之,故云不亲也。"

⑩师古曰:"诡,违也。"

⑪师古曰:"左道,僻左之道,谓不正。"

⑫师古曰:"悖,乖也,音布内反。"

⑬师古曰:"《逸书》也。"

⑭苏林曰:"日者君之象,中者明之盛,盛而昧,折去右肱之臣,用无咎也。"师古曰:"此《丰卦》九三爻辞也。"

⑮师古曰:"卒,终也。愁,古惕字也。"

⑯师古曰:"自宣帝至成帝,凡三主。"

⑰师古曰:"几,巨依反。"

⑱师古曰:"讦,告斥其罪也,音居谒反。"

⑲师古曰:"《易·鼎卦》九四爻辞曰:'鼎折足,覆公悚,其形渥,凶。'悚,鼎实也,谓所亨之物也。渥,厚也。言鼎折其足,则覆丧其实,喻大臣非其任,则亏败国典,故宜加以厚刑。"

⑳师古曰:"遏,止也。未然,谓未有其事,恐将然也。"

于是左将军丹等奏:"商位三公,爵列侯,亲受诏策为天下师,不遵法度以翼国家,①而回辟下媚以进其私,②执左道以乱政,为臣不忠,罔上不道,《甫刑》之辟,皆为上戮,罪名明白。臣请诏谒者召商诣若卢诏狱。"③上素重商,知匡言多险,制曰:"勿治。"凤固争之,于是制诏御史:"盖丞相以德辅翼国家,典领百寮,协和万国,为职任莫重焉。今乐昌侯商为丞相,出入五年,未闻忠言嘉谋,而有不忠执左道之辜,陷于大辟。前商女弟内行不修,奴贼杀人,疑商教使,为商重臣,故抑而不穷。今或言商不以自悔而反怨怼,朕甚伤之。惟商与先帝有外亲,未忍致于理。其赦商罪。使者收丞相印绶。"

①师古曰:"翼,助也。"

②师古曰:"回,邪也。辟,读曰僻。"

③孟康曰:"若卢,狱名,属少府,黄门北寺是也。"

商免相三日,发病殴血薨,谥曰戾侯。而商子弟亲属驸马都尉、侍中、中常侍、诸曹大夫郎吏者,皆出补吏,莫得留给事宿卫者。有司奏商罪过未决,请除国邑。有诏长子安嗣爵,为乐昌侯,至长乐卫尉、光禄勋。

商死后,连年日蚀地震,直臣京兆尹王章上封事,召见,讼商忠直无罪,言凤颛权蔽主。凤竟以法诛章,语在《元后传》。至元始中,王莽为安汉公,诛不附己者,乐昌侯安见被以罪,自杀,国除。①

①师古曰:“被,加也,音皮义反。”

史丹字君仲,鲁国人也,徙杜陵。祖父恭有女弟,武帝时为卫太子良娣,产悼皇考。皇考者,孝宣帝父也。宣帝微时依倚史氏。①语在《史良娣传》。及宣帝即位,恭已死,三子,高、曾、玄。曾、玄皆以外属旧恩封,曾为将陵侯,玄平台侯。高侍中贵幸,以发举反者大司马霍禹功封乐陵侯。宣帝疾病,拜高为大司马车骑将军,领尚书事。帝崩,太子袭尊号,是为孝元帝。高辅政五年,乞骸骨,赐安车驷马黄金,罢就弟。薨,谥曰安侯。

①师古曰:“倚,于绮反。

自元帝为太子时,丹以父高任为中庶子,侍从十余年。元帝即位,为驸马都尉侍中,出常骖乘,甚有宠。上以丹旧臣,皇考外属,亲信之,诏丹护太子家。是时,傅昭仪子定陶共王有材艺,子母俱爱幸,而太子颇有酒色之失,母王皇后无宠。

建昭之后,元帝被疾,不亲政事,留好音乐。①或置鼙鼓殿下,②天子自临轩槛上,隤铜丸以擿鼓,③声中严鼓之节。④后宫及左右习知音者莫能为,而定陶王亦能之,上数称其材。丹进曰:“凡所谓材者,敏而好学,温故知新,⑤皇太子是也。若乃器人于丝竹鼓鼙之间,则是陈惠、李微高于匡衡,可相国也。”⑥于是上嘿然而咲。⑦其后,中山哀王薨,太子前吊。哀王者,帝之少弟,与太子游学相长大。⑧上望见太子,感念哀王,悲不能自止。太子既至前,不哀。上大恨曰:“安有人不慈仁而可奉宗庙为民父母者乎!”上以责谓丹。⑨丹免冠谢上曰:“臣诚见陛下哀痛中山王,至以感损。向者太子当进见,臣窃戒属毋涕泣,感伤陛下。⑩罪乃在臣,当死。"上以为然,意乃解。丹之辅相,皆此类也。

①孟康曰:"留意于音乐。"

②师古曰:"軞本骑上之鼓,音步迷反。"

③师古曰:"槛轩,阑版也。隤,下也。摛,投也。隤,音颓。摛,持益反。一曰,摛,碰也,音丁历反。碰,丁回反。"

④李奇曰:"庄严之鼓节也。"晋灼曰:"疾击之鼓也。"师古曰:"李说是也。"

⑤师古曰:"敏,速疾也。温,厚也。温故,厚蓄故事。"

⑥如淳曰:"器人,取人器能也。陈惠、李微,是时好音者也。"服虔曰:"二人皆黄门鼓吹也。"

⑦师古曰:"唉,古笑字。"

⑧师古曰:"同处长养以至于壮大。"

⑨师古曰:"谓者,告语也。"

⑩师古曰:"属,之欲反。"

　　竟宁元年,上寝疾,傅昭仪及定陶王常在左右,而皇后、太子希得进见。上疾稍侵,意忽忽不平,①数问尚书以景帝时立胶东王故事。是时,太子长舅阳平侯王凤为卫尉、侍中,与皇后、太子皆忧,不知所出。②丹以亲密臣得侍视疾,候上间独寝时,丹直入卧内,顿首伏青蒲上,③涕泣言曰:"皇太子以適长立,积十余年,④名号系于百姓,天下莫不归心臣子。⑤见定陶王雅素爱幸,今者道路流言,为国生意,以为太子有动摇之议。审若此,公卿以下必以死争,不奉诏。臣愿先赐死以示群臣!"天子素仁,不忍见丹涕泣,言又切至,上意大感,喟然太息曰:"吾日困劣,而太子、两王幼少,意中恋恋,亦何不念乎!然无有此议。且皇后谨慎,先帝又爱太子,吾岂可违指!驸马都尉安所受此语?⑥丹即却,顿首曰:"愚臣妄闻,罪当死!"⑦上因纳,谓丹曰:"吾病浸加,恐不能自还。⑧善辅道太子,毋违我意!"⑨丹嘘唏而起。⑩太子由是遂为嗣矣。

①师古曰:"稍侵,言渐笃也。平,和也。"

②师古曰:"不知计所出。"

③服虔曰："青缘蒲席也。"应劭曰："以青规地曰青蒲，自非皇后不得至
此。"孟康曰："以蒲青为席，用蔽地也。"师古曰："应说是也。"

④师古曰："遹，读曰嫡。"

⑤师古曰："自托为臣子。"

⑥师古曰："安，焉也。"

⑦师古曰："却，退也，离青蒲上。"

⑧师古曰："浸，渐也。不自还者，言当遂至崩亡也。还，读曰旋。"

⑨师古曰："道，读曰导。"

⑩师古曰："嘘，音虚。唏，许既反。"

元帝竟崩，成帝初即位，擢丹为长乐卫尉，迁右将军，赐爵关内
侯，食邑三百户，给事中，后徙左将军、光禄大夫。鸿嘉元年，上遂下
诏曰："夫褒有德，赏元功，古今通义也。左将军丹往时导朕以忠正，
秉义醇壹，旧德茂焉。其封丹为武阳侯，国东海郯之武强聚，户千一
百。"①

①如淳曰："聚，字喻反。聚，邑居也。"

丹为人足知，恺弟爱人，①貌若傀荡不备，②然心甚谨密，故尤
得信于上。丹兄嗣父爵为侯，让不受分。丹尽得父财，身又食大国
邑，重以旧恩，数见褒赏，③赏赐累千金，僮奴以百数，后房妾数十
人，内奢淫，好饮酒，极滋味声色之乐。为将军前后十六年，永始中
病乞骸骨，上赐策曰："左将军寝病不衰，④愿归治疾，朕愍以官职
之事久留将军，使躬不瘳。使光禄勋赐将军黄金五十斤，安车驷马，
其上将军印绶。宜专精神，务近医药，以辅不衰。"

①师古曰："恺，乐也。弟，易也。言有和乐简易之德。"

②师古曰："傀荡，疏诞无检也。"

③师古曰："重，直用反。"

④师古曰："言病不损也。"

丹归第数月薨，谥曰顷侯。有子男女二十人，九男皆以丹任并
为侍中诸曹，亲近在左右。史氏凡四人侯，至卿大夫二千石者十余
人，皆讫王莽乃绝，唯将陵侯曾无子，绝于身云。

　　傅喜字稚游,河内温人也,哀帝祖母定陶傅太后从父弟。少好学问,有志行。哀帝立为太子,成帝选喜为太子庶子。哀帝初即位,以喜为卫尉,迁右将军。是时,王莽为大司马,乞骸骨,避帝外家。上既听莽退,众庶归望于喜。喜从弟孔乡侯晏亲与喜等,①而女为皇后。又帝舅阳安侯丁明,皆亲以外属封。喜执谦称疾。傅太后始与政事,喜数谏之,②由是傅太后不欲令喜辅政。上于是用左将军师丹代王莽为大司马,赐喜黄金百斤,上将军印绶,以光禄大夫养病。

　　①如淳曰:"俱傅太后从父弟也。"
　　②师古曰:"与,读曰豫。"

　　大司空何武、尚书令唐林皆上书言:"喜行义修洁,忠诚忧国,内辅之臣也。今以寝病,一旦遣归,众庶失望,皆曰傅氏贤子,以论议不合于定陶太后故退,百寮莫不为国恨之。忠臣,社稷之卫。鲁以季友治乱,①楚以子玉轻重,②魏以无忌折冲,③项以范增存亡。故楚跨有南土,带甲百万,邻国不以为难,子玉为将,则文公侧席而坐,及其死也,君臣相庆。④百万之众,不如一贤,故秦行千金以间廉颇,⑤汉散万金以疏亚父。⑥喜立于朝,陛下之光辉,傅氏之废兴也。"⑦上亦自重之。明年正月,乃徙师丹为大司空,而拜喜为大司马,封高武侯。

　　①师古曰:"谓季氏亡,则鲁不昌。"
　　②师古曰:"谓楚杀子玉而晋侯喜可知。
　　③师古曰:"信陵君。"
　　④师古曰:"已解在上也。"
　　⑤师古曰:"赵孝成王七年,秦与赵兵相距长平。赵将廉颇固壁不战,秦乃使人反间于赵,曰:'秦之所恶,独畏赵奢之子赵括为将耳。'赵王信之,因以括为将,代廉颇,而括军遂败,数十万之众降秦,秦皆坑之。"
　　⑥师古曰:"事在《陈平传》。"
　　⑦如淳曰:"傅喜显则傅氏兴,其废亦如之。"晋灼曰:"用喜于陛下有光明,而傅氏之废复得兴也。"师古曰:"如说是也。"

　　丁、傅骄奢,皆嫉喜之恭俭。又傅太后欲求称尊号,与成帝母齐尊,喜与丞相孔光、大司空师丹共执正议。傅太后大怒,上不得已,先免师丹以感动喜,喜终不顺。后数月,遂策免喜曰:"君辅政出入三年,未有昭然匡朕不逮,而本朝大臣遂其奸心,①咎由君焉。其上大司马印绶,就第。"傅太后又自诏丞相御史大夫曰:"高武侯喜无功而封,内怀不忠,附下罔上,与故大司空丹同心背畔,放命圮族,②亏损德化,罪恶虽在赦前,不宜奉朝请,其遣就国。"后又欲夺喜侯,上亦不听。

　　①师古曰:"遂,成也,申也。"
　　②应劭曰:"放弃教令,毁其族类。"

　　喜在国三岁余,哀帝崩,平帝即位,王莽用事,免傅氏官爵归故郡,晏将妻子徙合浦。莽白太后下诏曰:"高武侯喜姿性端悫,论议忠直,①虽与故定陶太后有属,终不顺指从邪,介然守节,以故斥逐就国。传不云乎?'岁寒然后知松柏之后凋也。'②其还喜长安,以故高安侯莫府赐喜,位特进,奉朝请。"喜虽外见褒赏,孤立忧惧,后复遣就国,以寿终。莽赐谥曰贞侯。子嗣,莽败乃绝。③

　　①师古曰:"悫,谨也,音口角反。"
　　②师古曰:"《论语》载孔子之言,以喻有节操之人也。"
　　③师古曰:"史不得其子名也。"

　　赞曰:自宣、元、成、哀外戚兴者,许、史、三王、丁、傅之家,①皆重侯累将,穷贵极富,见其位矣,未见其人也。②阳平之王多有材能,好事慕名,其势尤盛,旷贵最久。③然至于莽,亦以覆国。王商有刚毅节,废黜以忧死,非其罪也。史丹父子相继,高以重厚,位至三公。丹之辅道副主,掩恶扬美,傅会善意,④虽宿儒达士,无以加焉。及其历房闼,入卧内,推至诚,犯颜色,动寤万乘,转移大谋,卒成太子,安母后之位。"无言不雠",终获忠贞之报。⑤傅喜守节不倾,亦蒙后凋之赏。哀、平际会,祸福速哉!

　　①师古曰:"三王,谓邛成侯及商、凤三家也。"
　　②师古曰:"言无善人也。"
　　③师古曰:"阳平,谓王凤之家也。言居非其位,是为旷官,故云旷贵。"
　　④师古曰:"道,读曰导。傅,读曰附。"

⑤师古曰:"《大雅·抑》之诗曰:'无言不雠,无德不报。'故赞引之以喻丹。"

汉书卷八三
列传第五三

薛宣　朱博

　　薛宣字赣君,东海郯人也。①少为廷尉书佐、都船狱史。后以大司农斗食属察廉,补不其丞。②琅邪太守赵贡行县,③见宣,甚说其能。④从宣历行属县,⑤还至府,令妻子与相见,戒曰:"赣君至丞相,我两子亦中丞相史。"察宣廉,迁乐浪都尉丞。⑥幽州刺史举茂材,为宛句令。⑦大将军王凤闻其能,荐宣为长安令,治果有名,以明习文法诏补御史中丞。

　　①师古曰:"赣,音贡。郯,音谈。"

　　②师古曰:"斗食者,禄少,一岁不满百石,计日以斗为数也。不其,县名也。其,音基。"

　　③师古曰:"行,下更反。其下亦同。"

　　④师古曰:"说,读曰悦。"

　　⑤师古曰:"以宣自从也。"

　　⑥师古曰:"赵贡察举宣,故得迁也。乐,音洛。浪,音郎。"

　　⑦师古曰:"乐浪属幽州,故为刺史所举也。宛,于元反。句,音劬。"

　　是时,成帝初即位,宣为中丞,执法殿中,外总部刺史,上疏曰:"陛下至德仁厚,哀闵元元,躬有日仄之劳,而亡侠豫之乐,①允执圣道,刑罚惟中,②然而嘉气尚凝,阴阳不和,③是臣下未称,而圣化独有不洽者也。臣窃伏思其一端,殆吏多苛政,政教烦碎,大率咎在部刺史,或不循守条职,④举错各以其意,多与郡县事,⑤至开私门,听谗佞,以求吏民过失,谴呵及细微,责义不量力。⑥郡县相迫促,亦内相刻,流至众庶。是故乡党阙于嘉宾之欢,九族忘其亲亲之恩,饮食周急之厚弥衰,送往劳来之礼不行。⑦夫人道不通,则阴阳否鬲,⑧和气不兴,未必不由此也。《诗》云:'民之失德,干糇以愆。'⑨鄙语曰:'苛政不亲,烦苦伤恩。'方刺史奏事时,宜明申敕,⑩使昭然知本朝之要务。臣愚不知治道,唯明主察焉。"上嘉纳之。

①师古曰:"《周书·亡逸》之篇称文王之德曰'至于日中仄,弗皇暇食',宣引此言也。仄,古侧字也。佚,与逸同。"

②师古曰:"允,信也。中,竹仲反。"

③师古曰:"凝,谓不通也。"

④师古曰:"刺史所察,本有六条,今则逾越故事,信意举劾,妄为苛刻也。六条,解在《百官公卿表》。"

⑤师古曰:"错,置也,音千故反。与,读曰豫。豫,干也。"

⑥师古曰:"言求备于人。"

⑦师古曰:"劳,郎到反。来,郎代反。"

⑧师古曰:"否,闭也,音皮鄙反。鬲,与隔同。"

⑨师古曰:"《小雅·伐木》之诗也。糇,食也,解在《元纪》。糇,音侯。"

⑩师古曰:"申,束也,谓约束也。"

宣数言政事便宜,举奏部刺史郡国二千石,所贬退称进,白黑分明,①繇是知名。②出为临淮太守,政教大行。会陈留郡有大贼废乱,③上徙宣为陈留太守,盗贼禁止,吏民敬其威信。入守左冯翊,满岁称职为真。

①师古曰:"称,举也。白黑,犹言清浊也。"

②师古曰:"繇,读与由同。"

③师古曰:"废乱者,政教不行也。"

始高陵令杨湛、栎阳令谢游皆贪猾不逊,持郡短长,前二千石数案不能竟。①及宣视事,诣府谒,宣设酒饭与相对,接待甚备。已而阴求其罪臧,具得所受取。宣察湛有改节敬宣之效,乃手自牒书,条其奸臧,②封与湛曰:"吏民条言君如牒,或议以为疑于主守盗。③冯翊敬重令,又念十金法重,不忍相暴章。④故密以手书相晓，欲君自图进退，可复伸眉于后。⑤即无其事，复封还记，得为君分明之。”⑥湛自知罪臧皆应记，⑦而宣辞语温润，无伤害意。湛即时解印绶付吏，为记谢宣，终无怨言。而栎阳令游自以大儒有名，轻宣。宣独移书显责之曰：“告栎阳令：吏民言令治行烦苛，適罚作使千人以上；⑧贼取钱财数十万，给为非法；⑨卖买听任富吏，贾数不可知。⑩证验以明白，欲遣吏考案，恐负举者，耻辱儒士，⑪故使掾平镌令。⑫孔子曰：‘陈力就列，不能者止。’⑬令详思之，方调守。”⑭游得檄，亦解印绶去。

①师古曰：“虽每案验之，不能穷竟其事。”

②师古曰：“牒书，谓书于简牒也。”

③孟康曰：“法有主守盗，断官钱自入。”

④师古曰：“依当时律条，臧直十金则至重罪。”

⑤师古曰：“伸眉，言无忧也。且令自去职不废，其后更为官。”

⑥师古曰：“记，谓所与湛书也。分明，谓考问使知清白也。宣恐其距讳，即欲验治之。”

⑦师古曰：“与宣书记相当。”

⑧师古曰：“適，读曰谪。”

⑨师古曰：“言敛取钱财，以供给兴造非法之用。”

⑩师古曰：“贾，读曰价。”

⑪师古曰：“游本因荐举得官，而身又是儒者，故云然。”

⑫如淳曰：“平镌，激切使之自知过也。”晋灼曰：“王常为光武镌说其将帅。此为徐以微言镌凿道之也。”师古曰：“平，掾之名。镌，谓琢凿也。镌，音子全反。”

⑬师古曰：“《论语》载孔子之答冉有、季路之言也。列，次也。言自审己之力用而就官次，不能则退。”

⑭师古曰：“言欲选人且代游守令职。”

又频阳县北当上郡、西河，为数郡凑，多盗贼。其令平陵薛恭本县孝者，功次稍迁，未尝治民，职不办。而粟邑县小，辟在山中，①民谨朴易治。令巨鹿尹赏久郡用事吏，为楼烦长，举茂材，迁在粟。宣即以令奏赏与恭换县。②二人视事数月，而两县皆治。宣因移书劳勉之曰:"昔孟公绰优于赵魏而不宜滕薛,③故或以德显,或以功举,'君子之道,焉可诬也!'④属县各有贤君,冯翊垂拱蒙成。⑤愿勉所职,卒功业。"⑥

①师古曰:"辟,读曰僻。"

②师古曰:"时令条有材不称职得改之。"

③师古曰:"孟公绰,鲁大夫也。《论语》云'孔子曰:孟公绰为赵、魏老则优,不可以为滕、薛大夫。'言器能各有所施也。赵、魏,晋之卿族。老,谓家之长相也。滕、薛,小国诸侯也。"

④苏林曰:"诬,同也,兼也。"晋灼曰:"诬,音诬。"师古曰:"《论语》载子夏之言。谓行业不同,所守各异,唯圣人为能体备之。"

⑤师古曰:"自言端拱无为而受县之成功。"

⑥师古曰:"卒,终也。"

宣得郡中吏民罪名,辄召告其县长吏,使自行罚。晓曰:"府所以不自发举者,不欲代县治,夺贤令长名也。"长吏莫不喜惧,免冠谢宣归恩受戒者。

宣为吏赏罚明,用法平而必行,所居皆有条教可纪,多仁恕爱利。①池阳令举廉吏狱掾王立,府未及召,闻立受囚家钱。宣责让县,县案验狱掾,乃其妻独受系者钱万六千,受之再宿,狱掾实不知。掾惭恐自杀。宣闻之,移书池阳曰:"县所举廉吏狱掾王立,家私受赇,而立不知,杀身以自明。立诚廉士,甚可闵惜!其以府决曹掾书立之柩,以显其魂。②府掾史素与立相知者,皆予送葬。"及日至休吏,③贼曹掾张扶独不肯休,坐曹治事。宣出教曰:"盖礼贵和,人道尚通。日至,吏以令休,所繇来久。④曹虽有公职事,家亦望私恩意。掾宜从众,归对妻子,设酒肴,请邻里,壹尖相乐,⑤斯亦可矣!"扶惭愧。官属善之。

①师古曰:"爱人而安利也。"

②师古曰:"以此职追赠。"

③师古曰:"冬夏至之日不省官事,故休吏。"

④师古曰:"繇,读与由同。由,从也。"

⑤应劭曰:"以壶矢相乐也。"晋灼曰:"书篆形'壹尖'字象壶矢,因曰壶

矢。此说非也。"师古曰:"晋说是也。壹粲,谓一为欢笑耳。粲,古笑字也。"

宣为人好威仪,进止雍容,甚可观也。性密静有思,①思省吏职,求其便安。②下至财用笔研,皆为设方略,利用而省费。③吏民称之,郡中清静。迁为少府,共张职办。④

①师古曰:"有智思也,音先寺反。"
②师古曰:"省,视也。"
③师古曰:"利,便也。省,减也。便于用而减于费也。省,所领反。"
④师古曰:"共,读曰供,居用反。张,竹亮反。"

月余,御史大夫于永卒,谷永上疏曰:"帝王之德莫大于知人,知人则百僚任职,天工不旷。①故皋陶曰:'知人则哲,能官人。'②御史大夫内承本朝之风化,外佐丞相统理天下,任重职大,非庸材所能堪。今当选于群卿,以充其缺。得其人,则万姓欣喜,百僚说服;③不得其人,则大职堕斁,王功不兴。④虞帝之明,在兹壹举,可不致详! 窃见少府宣,材茂行洁,达于从政,前为御史中丞,执宪毂下,⑤不吐刚茹柔,⑥举错时当;⑦出守临淮、陈留,二郡称治;为左冯翊,崇教养善,威德并行,众职修理,奸轨绝息,辞讼者历年不至丞相府,赦后余盗贼什分三辅之一。⑧功效卓尔,自左内史初置以来未尝有也。⑨孔子曰:'如有所誉,其有所试。'⑩宣考绩功课,简在两府,⑪不敢过称以奸欺诬之罪。⑫臣闻贤材莫大于治人,宣已有效。其法律任廷尉有余,经术文雅足以谋王体,断国论;身兼数器,有'退食自公'之节。⑬宣无私党游说之助,臣恐陛下忽于《羔羊》之诗,舍公实之臣,任华虚之誉,是用越职,陈宣行能,唯陛下留神考察。"上然之,遂以宣为御史大夫。

①师古曰:"工,官也。旷,空也。"
②师古曰:"《虞书·皋陶谟》之辞也。哲,智也。无所不知,故能官人也。"
③师古曰:"说,读曰悦。"
④师古曰:"堕,毁也。斁,坏也。堕,火规反。斁,丁固反。"
⑤师古曰:"言在天子辇毂之下。"
⑥师古曰:"《大雅·烝人》之诗云'惟仲山甫,刚亦不吐,柔亦不茹',言其

平正也。茹，食也，音人庶反。"

⑦师古曰："言其合时而当理也。当，丁浪反。"

⑧文颖曰："减三辅之赋什九也。"

⑨师古曰："冯翊本左内史之地，故云然。"

⑩师古曰："《论语》载孔子之言也。所以言誉人者，必当试之以事。"

⑪师古曰："简，大也。一曰，明也。两府，丞相、御史府也。"

⑫师古曰："过称，谓逾其实而妄称誉之也。奸，犯也，音干。"

⑬师古曰："自，从也。《召南·羔羊》之诗，美在位皆节俭正直。其诗曰：
'退食自公，委蛇委蛇。'言卿大夫履行清洁，减退膳食，率从公道也。"

　　数月，代张禹为丞相，封高阳侯，食邑千户。宣除赵贡两子为
史。贡者，赵广汉之兄子也，为吏亦有能名。宣为相，府辞讼例不满
万钱不为移书，后皆遵用薛侯故事。然官属讥其烦碎无大体，不称
贤也。时天子好儒雅，宣经术又浅，上亦轻焉。

　　久之，广汉郡盗贼群起，丞相御史遣掾史逐捕不能克。上乃拜
河东都尉赵护为广汉太守，以军法从事。数月，斩其渠帅郑躬，①降
者数千人，乃平。会邛成太后崩，丧事仓卒，吏赋敛以趋办。②其后
上闻之，以过丞相御史，遂册免宣曰："君为丞相，出入六年，忠孝之
行，率先百僚，朕无闻焉。③朕既不明，变异数见，岁比不登，仓廪空
虚，④百姓饥馑，流离道路，疾疫死者以万数，人至相食，盗贼并兴，
群职旷废，是朕之不德而股肱不良也。乃者，广汉群盗横恣，残贼吏
民，朕恻然伤之，数以问君，君对辄不如其实。西州鬲绝，几不为
郡。⑤三辅赋敛无度，酷吏并缘为奸，⑥侵扰百姓，诏君案验，复无
欲得事实之意。九卿以下，咸承风指，同时陷于谩欺之辜，咎繇君
焉！⑦有司法君领职解嫚，⑧开谩欺之路，伤薄风化，无以帅示四
方。不忍致君于理，其上丞相高阳侯印绶，罢归。"

①师古曰："渠，大也。"

②师古曰："邛成太后，宣帝王皇后也。趋，读曰趣。言苟取办。"

③师古曰："不闻其有此行也。"

④师古曰："比，频也。登，成也。年谷不成。"

⑤师古曰："鬲，与隔同。几，巨依反。"

⑥师古曰："并,步浪反。"

⑦师古曰："谩,诳也,音慢,又音莫干反。繇,读与由同。"

⑧师古曰："法,谓据法以劾也。解,读曰懈。嫚,与慢同。"

初,宣为丞相,而翟方进为司直。宣知方进名儒,有宰相器,深结厚焉。后方进竟代为丞相,思宣旧恩,宣免后二岁,荐宣明习文法,练国制度,①前所坐过薄,可复进用。上征宣,复爵高阳侯,加宠特进,位次师安昌侯,给事中,视尚书事。宣复尊重。任政数年后,坐善定陵侯淳于长罢就第。

①师古曰："练犹熟也。言其详熟。"

初,宣有两弟,明、修。明至南阳太守。修历郡守、京兆尹、少府,善交接,得州里之称。后母常从修居官。宣为丞相时,修为临菑令,宣迎后母,修不遣。后母病死,修去官持服。宣谓修三年服少能行之者,兄弟相驳不可,①修遂竟服,繇是兄弟不和。②

①师古曰："驳者,执意不同,犹如色之间杂。"

②师古曰："繇,读与由同。"

久之,哀帝初即位,博士申咸给事中,亦东海人也,毁宣不供养行丧服,薄于骨肉,前以不忠孝免,不宜复列封侯在朝省。宣子况为右曹侍郎,数闻其语,赇客杨明,欲令创咸面目,使不居位。①会司隶缺,况恐咸为之,遂令明遮斫咸宫门外,断鼻唇,身八创。

①师古曰："创,谓伤之也,音初良反。其下并同。"

事下有司,御史中丞众等奏:"况朝臣,父故宰相,再封列侯,不相敕丞化,而骨肉相疑,疑咸受修言以谤毁宣。咸所言皆宣行迹,众人所共见,公家所宜闻。况知咸给事中,恐为司隶举奏宣,而公令明等迫切宫阙,要遮创戮近臣于大道人众中,欲以鬲塞聪明,杜绝论议之端。①桀黠无所畏忌,万众讙哗,流闻四方,不与凡民忿怒争斗者同。臣闻敬近臣,为近主也。礼,下公门,式路马,②君畜产且犹敬之。《春秋》之义,意恶功遂,不免于诛,③上浸之源不可长也。④况首为恶,明手伤,功意俱恶,⑤皆大不敬。明当以重论,及况皆弃市。"廷尉直以为"律曰:'斗以刃伤人,完为城旦,其贼加罪一等,与

谋者同罪。'诏书无以诋欺成罪。⑥传曰:'遇人不以义而见疻者,与
疻人之罪钧,恶不直也。'⑦咸厚善修,而数称宣恶,流闻不谊,不可
谓直。⑧况以故伤咸,计谋已定,后闻置司隶,因前谋而趣明,⑨非
以恐咸为司隶故造谋也。本争私变,虽于掖门外伤咸道中,与凡民
争斗无异。杀人者死,伤人者刑,古今之通道,三代所不易也。孔子
曰:'必也正名。'名不正,则至于刑罚不中;刑罚不中,而民无所错
手足。⑩今以况为首恶,明手伤为大不敬,公私无差。《春秋》之义,
原心定罪。⑪原况以父见谤发忿怒,无它大恶。加诋欺,辑小过成大
辟,⑫陷死刑,违明诏,恐非法意,不可施行。圣王不以怒增刑。明当
以贼伤人不直,⑬况与谋者皆爵减完为城旦。"⑭上以问公卿议臣。
丞相孔光、大司空师丹以中丞议是,自将军以下至博士议郎皆是廷
尉。况竟减罪一等,徙敦煌。宣坐免为庶人,归故郡,卒于家。

①师古曰:"鬲,与隔同。杜,塞也。"

②师古曰:"过公门则下车,见路马则抚式,盖崇敬也。式,车前横木。"

③师古曰:"遂,成也。言举意不善,虽有成功犹加诛。"

④师古曰:"浸,近也。言伤戮大臣,有所逼近也。浸字或作侵。侵,犯也,
　　其义两通。长,竹两反。"

⑤孟康曰:"手伤人为功,使人行伤人者为意。"

⑥应劭曰:"诋,毁也,音也,音丁礼反。"

⑦应劭曰:"以杖手殴击人,剥其皮肤,肿起青黑而无创瘢者,律谓疻痏。
　　遇人不以义为不直,虽见殴与殴人罪同也。"师古曰:"疻,音侈。痏,音
　　鲔。"

⑧师古曰:"言咸为修而毁宣,是不谊而不直。"

⑨师古曰:"趣,读曰促。"

⑩师古曰:"《论语》载孔子之言也。错,置也,音千故反。"

⑪师古曰:"原,谓寻其本也。"

⑫师古曰:"辑,与集同。集,合也。"

⑬师古曰:"以其受贼也。"

⑭师古曰:"以其身有爵级,故得减罪而为完也。况身及同谋之人,皆从此
　　科。"

宣子惠亦至二千石。始,惠为彭城令,宣从临淮迁至陈留,过其县,桥梁邮亭不修。①宣心知惠不能,留彭城数日,案行舍中,处置什器,②观视园菜,终不问惠以吏事。惠自知治县不称宣意,遣门下掾送宣至陈留,令掾进见,自从其所问宣不教戒惠吏职之意。③宣笑曰:"吏道以法令为师,可问而知。及能与不能,自有资材,何可学也?"众人传称,以宣言为然。

①师古曰:"邮,行书之舍,亦如今之驿及行道馆舍也,音尤。"
②师古曰:"处,安也。什器,为生之具也,解在《平纪》。"
③师古曰:"若自出其意,不云惠使之言。"

初,宣后封为侯时,妻死,而敬武长公主寡居,上令宣尚焉。及宣免归故郡,公主留京师。后宣卒,主上书愿还宣葬延陵,奏可。况私从敦煌归长安,会赦,因留与主私乱。哀帝外家丁、傅贵,主附事之,而疏王氏。元始中,莽自尊为安汉公,主又出言非莽。而况与吕宽相善,及宽事觉时,莽并治况,发扬其罪,使使者以太皇太后诏赐主药。主怒曰:"刘氏孤弱,王氏擅朝,排挤宗室,①且嫂何与取妹披抉其闺门而杀之?"②使者迫守主,③遂饮药死。况枭首于市。白太后云主暴病薨。太后欲临其丧,莽固争,乃止。

①师古曰:"挤,坠也,音子诣反。"
②师古曰:"敬武公主,宣帝女也,故谓元后为嫂。披,发也。抉,挑也。与,读曰豫。豫,干也。言此事不干于嫂也。抉,一穴反。挑,它凋反。"
③师古曰:"守而逼之。"

朱博字子元,杜陵人也。家贫,少时给事县为亭长,好客少年,捕搏敢行。①稍迁为功曹,伉侠好交,②随从士大夫,不避风雨。是时,前将军望之子萧育、御史大夫万年子陈咸以公卿子著材知名,博皆友之矣。时诸陵县属太常,博以太常掾察廉,补安陵丞。后去官入京兆,历曹史列掾,出为督邮书掾,所部职办,郡中称之。

①师古曰:"好宾客及少年而追捕击搏无所避也。"
②师古曰:"伉,健也,音口浪反。"

而陈咸为御史中丞,坐漏泄省中语下狱。博去吏,间步至廷尉中，①候司咸事。咸掠治困笃，博诈得为医入狱，得见咸，具知其所坐罪。博出狱，又变姓名，为咸验治数百，②卒免咸死罪。咸得论出，而博以此显名，为郡功曹。

①师古曰："去吏，自解职也。间步，谓步行而伺间隙以去。"

②师古曰："谓被掠笞也。"

久之，成帝即位，大将军王凤秉政，奏请陈咸为长史。咸荐萧育、朱博除莫府属，凤甚奇之，举博栎阳令，徙云阳、平陵三县，以高弟入为长安令。京师治理，迁冀州刺史。

博本武吏，不更文法，①及为刺史行部，②吏民数百人遮道自言，官寺尽满。从事白请且留此县录见诸自言者，事毕乃发，欲以观试博。博心知之，告外趣驾。③既白驾办，博出就车见自言者，使从事明敕告吏民："欲言县丞尉者，刺史不察黄绶，各自诣郡。④欲言二千石墨绶长吏者，行部还，诣治所。⑤其民为吏所冤，及言盗贼辞讼事，各使属其部从事。"⑥博驻车决遣，四五百人皆罢去，如神。吏民大惊，不意博应事变乃至于此。后博徐问，果老从事教民聚会。博杀此吏，州郡畏博威严。徙为并州刺史、护漕都尉，迁琅邪太守。

①师古曰："更，历也，音工衡反。"

②师古曰："行，下更反。"

③师古曰："趣，读曰促。"

④师古曰："丞尉职卑，皆黄绶。"

⑤师古曰："治所，刺史所止理事处。"

⑥师古曰："属，委也，音之欲反。"

齐郡舒缓养名，①博新视事，右曹掾史皆移病卧。②博问其故，对言"惶恐！③故事，二千石新到，辄遣吏存问致意，乃敢起就职。"博奋髯抵几曰：④"观齐儿欲以此为俗邪！"乃召见诸曹史书佐及县大吏，选视其可用者，出教置之。⑤皆斥罢诸病吏，白巾走出府门。郡中大惊。顷之，门下掾赣遂耆老大儒，教授数百人，拜起舒迟。博出教主簿：⑥"赣老生不习吏礼，主簿且教拜起，闲习乃止。"又敕功曹："官属多襃衣大裑，⑦不中节度，自今掾史衣皆令去地三寸。"博

尤不爱诸生,所至郡辄罢去议曹,曰:"岂可复置谋曹邪!"文学儒吏
时有奏记称说云云,博见谓曰:"如太守汉吏,奉三尺律令以从事
耳,亡奈生所言圣人道何也!⑧且持此道归,尧舜君出,为陈说之。"
其折逆人如此。视事数年,大改其俗,掾史礼节如楚、赵吏。

①师古曰:"言齐人之俗,其性迟缓,多自高大以养名声。"

②师古曰:"右曹,上曹也。移病,谓移书言病也。一曰,以病而移居也。"

③师古曰:"言惧新太守之威。"

④师古曰:"鬐,颊毛也。抵,击也,音纸。"

⑤师古曰:"皆新补置,以代移病者。"

⑥师古曰:"以此教告主簿。"

⑦师古曰:"袑音绍,谓大袴也。"

⑧师古曰:"言不能用。"

　博治郡,常令属县各用其豪桀以为大吏,文武从宜。①县有剧
贼及它非常,博辄移书以诡责之,其尽力有效,必加厚赏;怀诈不
称,诛罚辄行。②以是豪强慹服。③姑幕县有群辈八人报仇廷中,皆
不得。④长吏自系书言府,贼曹掾史自白请至姑幕。事留不出。功曹
诸掾即皆自白,复不出。于是府丞诣阁,博乃见丞掾曰:"以为县自
有长吏,府未尝与也,丞掾谓府当与之邪?"⑤阁下书佐入,博口占
檄文曰:⑥"府告姑幕令丞:言贼发不得,有书。⑦檄到,令丞就职,
游徼王卿力有余,如律令!"⑧王卿得敕惶怖,亲属失色,昼夜驰骛,
十余日间捕得五人。博复移书曰:"王卿忧公甚效!檄到,赍伐阅诣
府。⑨部掾以下亦可用,渐尽其余矣。"⑩其操持下,皆此类也。

①师古曰:"各因其材而任之。"

②师古曰:"称,副也。"

③师古曰:"慹,之涉反。"

④师古曰:"于县廷之中报仇杀人,而其贼亡,捕不得也。"

⑤师古曰:"与,读曰豫。"

⑥师古曰:"隐度其言口授之。占,之赡反。"

⑦师古曰:"言已得县之文书如此。"

⑧师古曰:"游徼,职主捕盗贼,故云如律令。"

⑨师古曰："伐，功劳也。阅，所经历也。"

⑩师古曰："部掾，所部之掾也。"

以高弟入守左冯翊，满岁为真。其治左冯翊，文理聪明殊不及薛宣，而多武谲，网络张设，少爱利，敢诛杀。①然亦纵舍，时有大贷，②下吏以此为尽力。

①师古曰："言少仁爱而不能便利于人。"

②师古曰："纵，放也。舍，置也。贷，谓宽假于下也，音吐戴反。"

长陵大姓尚方禁，①少时尝盗人妻，见斫，创著其颊。府功曹受赂，白除禁调守尉。博闻知，以它事召见，视其面，果有瘢。②博辟左右问禁：③"是何等创也？"禁自知情得，④叩头服状。博笑曰："大丈夫固时有是。⑤冯翊欲洒卿耻，扙拭用禁，⑥能自效不？"禁且喜且惧，对曰："必死！"⑦博因敕禁："毋得泄语，有便宜，辄记言。"⑧因亲信之，以为耳目。禁晨夜发起部中盗贼及它伏奸，有功效。博擢禁连守县令。久之，召见功曹，闭阁数责以禁等事，与笔札使自记，"积受取一钱以上，无得有所匿。⑨欺谩半言，断头矣！"⑩功曹惶怖，具自疏奸臧，大小不敢隐。博知其对以实，乃令就席，受敕自改而已。投刃使削所记，遣出就职。功曹后常战栗，不敢蹉跌，⑪博遂成就之。⑫

①师古曰："姓尚方，名禁。"

②师古曰："瘢，创痕也，音盘。痕，胡恩反。"

③师古曰："辟，读曰闢。"

④师古曰："言其得被斫之情状。"

⑤师古曰："言情欲之事，人所不免。"

⑥师古曰："扙拭，摩也。洒，先礼反。扙，文纷反。"

⑦师古曰："言尽死力也。"

⑧师古曰："不令泄扙拭之言，而外有便宜之事，为书记以言于博。"

⑨师古曰："积累前后受取之事。"

⑩师古曰："谩，诳也，音慢，又莫连反。"

⑪师古曰："蹉，千何反。跌，徒结反。"

⑫师古曰："言进达也。"

迁为大司农。岁余,坐小法,左迁犍为太守。先是南蛮若儿数为寇盗,①博厚结其昆弟,使为反间,袭杀之,②郡中清。

①师古曰:"若儿,其豪长之名。"

②师古曰:"间,居苋反。"

徙为山阳太守,病免官。复征为光禄大夫,迁廷尉,职典决疑,当谳平天下狱。博恐为官属所诬,视事,召见正监典法掾史,谓曰:"廷尉本起于武史,不通法律,幸有众贤,亦何忧!然廷尉治郡断狱以来且二十年,亦独耳剽日久,①三尺律令,人事出其中。②掾史试与正监共撰前世决事吏议难知者数十事,持以问廷尉,得为诸君覆意之。"③正监以为博苟强,意未必能然,即共条白焉。博皆召掾史,并坐而问,为平处其轻重,十中八九。④官属咸服博之疏略,材过人也。每迁徙易官,所到辄出奇谲如此,以明示下为不可欺者。

①师古曰:"剽,劫也,犹言行听也。剽,频妙反。"

②师古曰:"言可以人情知之。"

③如淳曰:"但欲用意覆之,不近法律事故也。"师古曰:"覆,芳目反。"

④师古曰:"中,竹仲反。"

久之,迁后将军,与红阳侯立相善。立有罪就国,有司奏立党友,博坐免。后岁余,哀帝即位,以博名臣,召见,起家复为光禄大夫,迁为京兆尹,数月超为大司空。

初,汉兴袭秦官,置丞相、御史大夫、太尉。至武帝罢太尉,始置大司马以冠将军之号,非有印绶官属也。及成帝时,何武为九卿,建言:"古者民朴事约,①国之辅佐必得贤圣,然犹则天三光,备三公官,各有分职。②今末俗文弊,政事烦多,宰相之材不能及古,而丞相独兼三公之事,所以久废而不治也。宜建三公官,定卿大夫之任,分职授政,以考功效。"其后,上以问师安昌侯张禹,禹以为然。时曲阳侯王根为大司马票骑将军,而何武为御史大夫。于是上赐曲阳侯根大司马印绶,置官属,罢票骑将军官,以御史大夫何武为大司空,封列侯,皆增奉如丞相,③以备三公官焉。议者多以为古今异制,汉自天子之号下至佐史皆不同于古,而独改三公,职事难分明,无益

于治乱。是时，御史府吏舍百余区井水皆竭；又其府中列柏树，常有
野乌数千栖宿其上，晨去暮来，号曰“朝夕乌”，乌去不来者数月，长
老异之。④后二岁余，朱博为大司空，奏言：“帝王之道不必相袭，各
繇时务。⑤高皇帝以圣德受命，建立鸿业，置御史大夫，位次丞相，
典正法度，以职相参，总领百官，上下相监临，历载二百年，天下安
宁。今更为大司空，与丞相同位，未获嘉佑。故事，选郡国守相高第
为中二千石，选中二千石为御史大夫，任职者为丞相，位次有序，所
以尊圣德，重国相也。今中二千石未更御史大夫而为丞相，⑥权轻，
非所以重国政也。臣愚以为大司空官可罢，复置御史大夫，尊奉旧
制。臣愿尽力，以御史大夫为百僚率。”哀帝从之，乃更拜博为御史
大夫。会大司马喜免，以阳安侯丁明为大司马卫将军，置官属，大司
马冠号如故事。后四岁，哀帝遂改丞相为大司徒，复置大司空、大司
马焉。

　　①师古曰：“立此议而奏之也。约，少也。”
　　②师古曰：“则，法也。三光，日、月、星也。分，扶问反。”
　　③师古曰：“奉，扶用反。”
　　④师古曰：“史言此者，著御史大夫之职当休废也。”
　　⑤师古曰：“繇，读与由同。”
　　⑥师古曰：“更，经也，音工衡反。”

　　初，何武为大司空，又与丞相方进共奏言：“古选诸侯贤者以为
州伯，《书》曰‘咨十有二牧’，①所以广聪明，烛幽隐也。今部刺史居
牧伯之位，秉一州之统，选弟大吏，所荐位高至九卿，所恶立退，任
重职大。《春秋》之义，用贵治贱，不以卑临尊。刺史位下大夫，而临
二千石，轻重不相准，失位次之序。臣请罢刺史，更置州牧，以应古
制。”奏可。及博奏复御史大夫官，又奏言：“汉家至德溥大，宇内万
里，②立置郡县。部刺史奉使典州，督察郡国吏民安宁。故事，居部
九岁举为守相，其有异材功效著者辄登擢，秩卑而赏厚，咸劝功乐
进。③前丞相方进奏罢刺史，更置州牧，秩真二千石，位次九卿。九
卿缺，以高弟补，其中材则苟自守而已，恐功效陵夷，④奸轨不禁。

臣请罢州牧,置刺史如故。"奏可。

①师古曰:"《虞书·舜典》之辞也。"

②师古曰:"溥,与普同。"

③师古曰:"劝功,自劝勉而立功也。"

④师古曰:"陵夷,渐废替。"

博为人廉俭,不好酒色游宴。自微贱至富贵,食不重味,案上不过三杯。夜寝早起,妻希见其面。有一女,无男。然好乐士大夫,为郡守九卿,宾客满门,欲仕宦者荐举之,欲报仇怨者解剑以带之。其趋事待士如是,博以此自立,然终用败。

初,哀帝祖母定陶太后欲求称尊号,太后从弟高武侯傅喜为大司马,与丞相孔光、大司空师丹共持正议。孔乡侯傅晏亦太后从弟,谄谀欲顺指,会博新征用为京兆尹,与交结,谋成尊号,以广孝道。繇是师丹先免,①博代为大司空,数燕见奏封事,言:"丞相光志在自守,不能忧国;大司马喜至尊至亲,阿党大臣,无益政治。"上遂罢喜遣就国,免光为庶人,以博代光为丞相,封阳乡侯,食邑二千户。博上书让曰:"故事,封丞相不满千户,而独臣过制,诚惭惧,愿还千户。"许焉。

①师古曰:"繇,读与由同。"

傅太后怨傅喜不已,使孔乡侯晏风丞相,令奏免喜侯。①博受诏,与御史大夫赵玄议,玄言:"事已前决,得无不宜?"②博曰:"已许孔乡侯有指。匹夫相要,尚相得死,何况至尊?博唯有死耳!"玄即许可。博恶独斥奏喜,以故大司空氾乡侯何武前亦坐过免就国,③事与喜相似,即并奏:"喜、武前在位,皆无益于治,虽已退免,爵土之封非所当得也。请皆免为庶人。"上知傅太后素常怨喜,疑博、玄承指,即召玄诣尚书问状。玄辞服,有诏左将军彭宣与中朝者杂问。宣等劾奏:"博宰相,玄上卿,晏以外亲封位特进,股肱大臣,上所信任,不思竭诚奉公,务广恩化,为百寮先,皆知喜、武前已蒙恩诏决,事更三赦,④博执左道,亏损上恩,以结信贵戚,背君乡臣,⑤倾乱政治,奸人之雄,附下罔上,为臣不忠不道;玄知博所言非法,枉义附从,大不敬;晏与博议免喜,失礼不敬。臣请诏谒者召博、玄、晏诣廷尉诏狱。"制曰:"将军、中二千石、二千石、诸大夫、博士、议郎议。"右将军蛴望等四十四人⑥以为"如宣等言,可许。"谏大夫龚胜等十四人以为《春秋》之义,奸以事君,常刑不舍。⑦鲁大夫叔孙侨如欲颛公室,谮其族兄季孙行父于晋,晋执囚行父以乱鲁国,《春秋》重而书之。⑧今晏放命圮族,干乱朝政,要大臣以罔上,本造计谋,职为乱阶,⑨宜与博、玄同罪,罪皆不道。"上减玄死罪三等,削晏户四分之一,假谒者节召丞相诣廷尉诏狱。博自杀,国除。

①师古曰:"风,读曰讽。"

②师古曰:"得无,犹言无乃也。"

③师古曰:"氾,音凡。"

④师古曰:"诏已罢官事,又经三赦也。更,工衡反。"

⑤师古曰:"乡,读曰向。"

⑥师古曰:"蛴,音娇。"

⑦师古曰:"舍,置也。"

⑧师古曰:"侨如,叔孙宣伯也。行父,季文子也。宣伯通于成公之母穆姜,欲去季孟而取其室,使告晋曰:'鲁之有季孟,犹晋之有栾范也,政令于是乎成。今其谋曰晋政多门,不可从也。若欲得志于鲁,请止行父而杀之。不然,归必畔矣。'晋人执文子于苕丘。事在成十六年。"

⑨师古曰:"此引《诗·小雅·巧言》之章也。职,主也。阶者,基之渐也。"

初,博以御史为丞相,封阳乡侯,玄以少府为御史大夫,并拜于前殿,延登受策,有音如钟声。语在《五行志》。

赞曰:薛宣、朱博皆起佐史,历位以登宰相。宣所在而治,为世吏师,及居大位,以苛察失名,①器诚有极也。博驰骋进取,不师道德,已亡可言,②又见孝成之世委任大臣,假借用权。③世主已更,好恶异前,④复附丁、傅,称顺孔乡。⑤事发见诘,遂陷诬罔,辞穷情得,仰药饮鸩。⑥孔子曰:"久矣哉,由之行诈也!"博亦然哉!⑦

①师古曰:"苛,细也。"

②师古曰:"言其事行不足可道也。"

③邓展曰："假，音休假。借，音以物借人。"

④师古曰："更，改也。"

⑤师古曰："称，副也。副其所求而顺其意也。称，尺孕反。"

⑥师古曰："仰药，谓仰头而饮药也。"

⑦师古曰："《论语》云子疾病，子路欲使门人为臣。子曰：'久矣哉，由之行诈也！无臣而为有臣，吾谁欺？欺天乎？'故赞引之。"

汉书卷八四
列传第五四

翟方进 子宣 子义

　　翟方进字子威，汝南上蔡人也。家世微贱，至方进父翟公，好学，为郡文学。方进年十二三，失父孤学，给事太守府为小史，号迟顿不及事，[1]数为掾史所詈辱。方进自伤，乃从汝南蔡父相问己能所宜。[2]蔡父大奇其形貌，谓曰："小史有封侯骨，当以经术进，努力为诸生学问。"方进既厌为小史，闻蔡父言，心喜，因病归家，辞其后母，欲西至京师受经。母怜其幼，随之长安，织履以给方进读，经博士受《春秋》。积十余年，经学明习，徒众日广，诸儒称之。以射策甲科为郎。二三岁，举明经，迁议郎。

　　①师古曰："顿，读曰钝。"
　　②师古曰："言从何术艺可以自达。"

　　是时，宿儒有清河胡常，[1]与方进同经。常为先进，名誉出方进下，[2]心害其能，论议不右方进。[3]方进知之，候伺常大都授时，[4]遣门下诸生至常所问大义疑难，因记其说。如是者久之，常知方进之宗让己，[5]内不自得，其后居士大夫之间未尝不称述方进，遂相亲友。

　　①师古曰："宿，久旧也。"
　　②师古曰："常官学虽在前，而名誉不及方进。"
　　③师古曰："毁短也。"
　　④师古曰："都授，谓总集诸生大讲授也。"
　　⑤师古曰："宗，尊也。"

河平中,方进转为博士。数年,迁朔方刺史,居官不烦苛,所察应条辄举,甚有威名。再三奏事,①迁为丞相司直。从上甘泉,行驰道中,司隶校尉陈庆劾奏方进,没入车马。即至甘泉宫,会殿中,庆与廷尉范延寿语,时庆有章劾,自道:"行事以赎论,②今尚书持我事来,当于此决。前我为尚书时,尝有所奏事,忽忘之,留月余。"③方进于是举劾庆曰:"案庆奉使刺举大臣,故为尚书,知机事周密壹统,明主躬亲不解。④庆有罪未伏诛,无恐惧心,豫自设不坐之比。⑤又暴扬尚书事,言迟疾无所在,亏损圣德之聪明,奉诏不谨,皆不敬,⑥臣谨以劾。"庆坐免官。

①师古曰:"刺史岁尽辄奏事京师也。"

②师古曰:"当祭泰畤时,行事有阙失,罪合赎。"

③师古曰:"言此者,冀尚书忘己之事不奏。"

④师古曰:"解,读曰懈。"

⑤师古曰:"比,例也,音必寐反。"

⑥师古曰:"既自云不坐,又言迟疾无所在,此之二条于法皆为不敬。"

会北地浩商为义渠长所捕,亡,①长取其母,与縣猪连系都亭下。②商兄弟会宾客,自称司隶掾、长安县尉,杀义渠长妻子六人,亡。丞相、御史请遣掾史与司隶校尉、部刺史并力逐捕,察无状者,③奏可。司隶校尉涓勋奏言:"《春秋》之义,王人微者序乎诸侯之上,尊王命也。臣幸得奉使,以督察公卿以下为职,④今丞相宣请遣掾史,以宰士督察天子奉使命大夫,⑤甚悖逆顺之理。⑥宣本不师受经术,因事以立奸威。案浩商所犯,一家之祸耳,而宣欲专权作威,乃害于国,不可之大者。⑦愿下中朝特进列侯、将军以下,正国法度。"议者以为丞相掾不宜移书督趣司隶。⑧会浩商捕得伏诛,家属徙合浦。

①师古曰:"义渠,北地之县也。商被县长捕而逃亡。"

②师古曰:"以深辱之。縣,牡豕也,音家。"

③师古曰:"无状,谓商及义渠长本状之违曲也。"

④师古曰:"督,视也。"

⑤师古曰："谓丞相掾史为宰士者，言其宰相之属官，而位为士也。奉使命大夫，谓司隶也。"

⑥师古曰："悖，乖也，音布内反。"

⑦师古曰："《周书·洪范》云'臣之有作福作威，乃凶于乃国，害于厥躬'，故引之。"

⑧师古曰："趣，读曰促。"

故事，司隶校尉位在司直下，初除，谒两府，①其有所会，居中二千石前，与司直并迎丞相、御史。初，方进新视事，而涓勋亦初拜为司隶，不肯谒丞相、御史大夫，后朝会相见，礼节又倨。②方进阴察之，勋私过光禄勋辛庆忌，又出逢帝舅成都侯商道路，下车立，郢过，乃就车。③于是方进举奏其状，因曰："臣闻国家之兴，尊尊而敬长，爵位上下之礼，王道纲纪。④《春秋》之义，尊上公谓之宰，海内无不统焉。丞相进见圣主，御坐为起，在舆为下。⑤群臣宜皆承顺圣化，以视四方。⑥勋吏二千石，幸得奉使，不遵礼仪，轻谩宰相。贱易上卿，⑦而又诎节失度，邪谄无常，⑧色厉内荏。⑨堕国体，⑩乱朝廷之序，不宜处位。臣请下丞相免勋。"

①师古曰："丞相及御史也。"

②师古曰："倨，傲也。"

③师古曰："郢，待也。"

④师古曰："言王道纲纪以尊卑上下之礼为大。"

⑤师古曰："《汉旧仪》云皇帝见丞相起，谒者赞称曰'皇帝为丞相起'。起立乃坐。皇帝在道，丞相迎谒，谒者赞称曰'皇帝为丞相下舆'。立乃升车。"

⑥师古曰："视，读曰示。"

⑦师古曰："谩，读与慢同。易，弋豉反。"

⑧师古曰："谄，古谄字也。私过辛庆忌，见王商而下车，是邪谄。"

⑨应劭曰："荏，屈挠也。"师古曰："《论语》称孔子曰：'色厉而内荏，譬诸小人，其犹穿窬之盗也与！'言外色庄厉而内怀荏弱，故方进引以为言。"

⑩师古曰："堕，毁也，音火规反。"

时太中大夫平当给事中，奏言："方进国之司直，不自敕正以先群下，前亲犯令行驰道中，司隶庆平心举劾，方进不自责悔而内挟私恨，伺记庆之从容语言，①以诋欺成罪。②后丞相宣以一不道贼，③请遣掾督趣司隶校尉，司隶校尉勋自奏暴于朝廷，今方进复举奏勋。议者以为方进不以道德辅正丞相，苟阿助大臣，欲必胜立威，④宜抑绝其原。勋素行公直，奸人所恶，可少宽假，使遂其功名。"上以方进所举应科，不得用逆诈废正法，⑤遂贬勋为昌陵令。方进旬岁间免两司隶，⑥朝廷由是惮之。丞相宣甚器重焉，常诚掾史："谨事司直，翟君必在相位，不久。"

① 师古曰："从，七容反。"

② 师古曰："诋，毁也，音丁礼反。

③ 如淳曰："律，杀不辜一家三人为不道。"

④ 师古曰："必胜，必取胜。"

⑤ 师古曰："逆诈者，谓以诈意逆猜人也。逆，迎也。《论语》曰子'不逆诈'。"

⑥ 师古曰："旬，遍也，满也。旬岁，犹言满岁也，若十日之一周。"

　　是时起昌陵，营作陵邑，贵戚近臣子弟宾客多辜榷为奸利者，①方进部掾史覆案，发大奸赃数千万。上以为任公卿，②欲试以治民，徙方进为京兆尹，博击豪强，京师畏之。时胡常为青州刺史，闻之，与方进书曰："窃闻政令甚明，为京兆能，则恐有所不宜。"③方进心知所谓，其后少弛威严。④

① 师古曰："榷，专也。辜榷者，言己自专之，它人取者辄有辜罪。"

② 师古曰："任，堪也。"

③ 师古曰："言当犯迕贵戚而见毁。"

④ 师古曰："弛，解也。"

　　居官三岁，永始二年，迁御史大夫。数月，会丞相薛宣坐广汉盗贼群起及太皇太后丧时三辅吏并征发为奸，①免为庶人。方进亦坐为京兆尹时奉丧事烦扰百姓，左迁执金吾。二十余日，丞相官缺，群臣多举方进，上亦器其能，遂擢方进为丞相，封高陵侯，食邑千户。身既富贵，而后母尚在，方进内行修饬，供养甚笃。②及后母终，既葬三十六日,除服起视事,以为身备汉相,不敢逾国家之制。③为相公洁,请托不行郡国。④持法刻深,举奏牧守九卿,峻文深诋,⑤中伤者尤多。如陈咸、朱博、萧育、逢信、孙闳之属,皆京师世家,以材能少历牧守列卿,知名当世,而方进特立后起,十余年间至宰相,据法以弹咸等,皆罢退之。

　①师古曰:"并,步浪反。"

　②师古曰:"伤,谨也。笃,厚也。"

　③师古曰:"汉制自文帝遗诏之后,国家遵以为常。大功十五日,小功十四日,缌麻七日。方进自以大臣,故云不敢逾制。"

　④师古曰:"言不以私事托于四方郡国。"

　⑤师古曰:"诋,毁也,音丁礼反。"

初,咸最先进,自元帝初为御史中丞,显名朝廷矣。成帝初即位,擢为部刺史,历楚国、北海、东郡太守。阳朔中,京兆尹王章讥切大臣,而荐琅邪太守冯野王可代大将军王凤辅政,东郡太守陈咸可御史大夫。是时,方进甫从博士为刺史云。①后方进为京兆尹,咸从南阳太守入为少府,与方进厚善。先是,逢信已从高弟郡守历京兆、太仆为卫尉矣,官簿皆在方进之右。②及御史大夫缺,三人皆名卿,俱在选中,而方进得之。会丞相宣有事与方进相连,上使五二千石杂问丞相、御史,③咸诘责方进,冀得其处,方进心恨。初,大将军凤奏除陈汤为中郎,与从事。④凤薨后,从弟车骑将军音代凤辅政,亦厚汤。逢信、陈咸皆与汤善,汤数称之于凤、音所。久之,音薨,凤弟成都侯商复为大司马卫将军辅政。商素憎陈汤,白其罪过,下有司案验,遂免汤,徙郭煌。时方进新为丞相,陈咸内惧不安,乃令小冠杜子夏往观其意,微自解说。⑤子夏既过方进,揣知其指,不敢发言。⑥居亡何,⑦方进奏咸与逢信"邪枉贪污,营私多欲。皆知陈汤奸佞倾覆,利口不轨,而亲交赂遗,以求荐举。后为少府,数馈遗汤。信、咸幸得备九卿,不思尽忠正身,内自知行辟亡功效,⑧而官媚邪臣,欲以徼幸,苟得亡耻。孔子曰:'鄙夫可与事君也与哉!'⑨咸、信之谓也。过恶暴见,不宜处位,臣请免以示天下。"奏可。

①师古曰："甫,始也。"

②师古曰："簿,谓伐阅也。簿,音主簿之簿。"

③晋灼曰："大臣狱重,故以秩二千石五人诘责之。"

④师古曰："每有政事皆与谋之而行。"

⑤师古曰："解说,犹今言分疏。"

⑥师古曰："揣,谓探求之,音初委反。"

⑦师古曰："无何犹言无几,谓少时。"

⑧师古曰："辟,读曰僻。"

⑨师古曰："《论语》载孔子之言也,谓鄙夫不可与事君也。与哉,与,读曰
　　欤。"

后二岁余,诏举方正直言之士,红阳侯立举咸对策,拜为光禄
大夫给事中。方进复奏:"咸前为九卿,坐为贪邪免,自知罪恶暴陈,
依托红阳侯立徼幸,有司莫敢举奏。冒浊苟容,①不顾耻辱,不当蒙
方正举,备内朝臣。"并劾红阳侯立选举故不以实。有诏免咸,勿劾
立。

①师古曰："冒,贪蔽也。"

后数年,皇太后姊子侍中卫尉定陵侯淳于长有罪,上以太后
故,免官勿治罪。有司奏请遣长就国,长以金钱与立,立上封事为长
求留曰:"陛下既托文以皇太后故,①诚不可更有它计。"②后长阴
事发,遂下狱。方进劾立"怀奸邪,乱朝政,欲倾误要主上,狡猾不
道,请下狱。"上曰:"红阳侯,朕之舅,不忍致法,遣就国。"于是方进
复奏立党友曰:"立素行积为不善,众人所共知。邪臣自结,附托为
党,庶几立与政事,欲获其利。③今立斥逐就国,所交结尤著者,不
宜备大臣,为郡守。案后将军朱博、巨鹿太守孙闳、故光禄大夫陈咸
与立交通厚善,相与为腹心,有背公死党之信,④欲相攀援,死而后
已;⑤皆内有不仁之性,而外有俊材,过绝人伦,勇猛果敢,处事不
疑,所居皆尚残贼酷虐,苛刻惨毒以立威,而亡纤介爱利之风。⑥天
下所共知,愚者犹惑。孔子曰:'人而不仁如礼何! 人而不仁如乐
何!'⑦言不仁之人,亡所施用;不仁而多材,国之患也。此三人皆内
怀奸猾,国之所患,而深相与结,信于贵戚奸臣,此国家大忧,大臣

所宜没身而争也。⑧昔季孙行父有言曰：'见有善于君者爱之，若孝子之养父母也；见不善者诛之，若鹰鹯之逐鸟爵也。'⑨翅翼虽伤，不避也。贵戚强党之众诚难犯，犯之，众敌并怨，善恶相冒。⑩臣幸得备宰相，不敢不尽死。请免博、闳、咸归故郡，以销奸雄之党，绝群邪之望。"奏可。咸知废锢，复徙故郡，以忧死。

①苏林曰："托于诏文。"

②师古曰："言不宜遣长就国。"

③师古曰："与，读曰豫。"

④师古曰："死党，尽死力于朋党也。"

⑤师古曰："援，引也。已，止也。援，音爱。"

⑥师古曰："爱利，谓仁爱而欲安利人也。"

⑦师古曰："《论语》载孔子之言也。言用不仁之人，则礼乐废坏。"

⑧师古曰："没，尽也。"

⑨师古曰："事见《左氏传》。行父，鲁卿季文子也。鹯似鹞而小，今谓之士鹯。音之然反。"

⑩师古曰："冒，覆蔽也。"

方进知能有余，兼通文法吏事，以儒雅缘饰法律，号为通明相，天子甚器重之，奏事亡不当意，内求人主微指以固其位。初，定陵侯淳于长虽外戚，然以能谋议为九卿，新用事，方进独与长交，称荐之。及长坐大逆诛，诸所厚善皆坐长免，上以方进大臣，又素重之，为隐讳。方进内惭，上疏谢罪乞骸骨。上报曰："定陵侯长已伏其辜，君虽交通，传不云乎，朝过夕改，君子与之，①君何疑焉？其专心壹意，毋怠医药，以自持。"方进乃起视事，条奏长所厚善京兆尹孙宝、右扶风萧育，刺史二千石以上免二十余人，其见任如此。

①师古曰："与，许也。"

方进虽受《谷梁》，然好《左氏传》、天文星历，其《左氏》则国师刘歆，星历则长安令田终术师也。①厚李寻，以为议曹。为相九岁，绥和二年春，荧惑守心，寻奏记言："应变之权，君侯所自明。往者数白，三光垂象，变动见端，②山川水泉，反理视患，③民人讹谣，斥事感名。④三者既效，可为寒心。今提扬眉，矢贯中，⑤狼奋角，弓且张，⑥金历库，土逆度，⑦辅湛没，火守舍，⑧万岁之期，近慎朝暮。⑨上无恻怛济世之功，下无推让避贤之效，欲当大位，为具臣以全身，难矣！⑩大责日加，安得但保斥逐之戮？⑪阖府三百余人，唯君侯择其中，与尽节转凶。"⑫

①如淳曰："刘歆及田终术二人，皆受学于方进。"

②张晏曰："九年之中而日三食，月朓侧匿，星孛营室、东井，荧惑守心。"

③张晏曰："元延中，岷山崩，壅江，江水不流。山地之镇，宜固而崩。水逆流，反于常理，所以示人患也。"师古曰："视，读曰示。"

④如淳曰："斥事，井水溢之事也。有言溢者，后果井溢。感名，'燕燕尾涎涎'是也。"

⑤服虔曰："提，摄提星也。扬眉，扬其芒角也。矢，枉矢也。"孟康曰："绥和元年正月，枉矢从东南入北斗摄提与北斗杓建寅贯摄提中是也。"张晏曰："矢一星。贯中者，谓正直弧中也。"

⑥张晏曰："狼，一星，奋角者，有芒角也。狼芒角则盗贼起。天弓九星不欲明，明犹张也，兵起之象。"

⑦张晏曰："库二十星在轸南。金，太白也，历武库则兵起。土，镇星也。逆度，逆行也。"

⑧张晏曰："北斗第四星旁一小星曰辅，沉没不见，则天下之兵销。三十日为守舍，谓日月所经宿舍也。一曰，火守舍，荧惑守心。"师古曰："湛，读曰沉。"

⑨师古曰："万岁之期，谓死也。慎朝暮者，言其事在朝夕。"

⑩师古曰："具，谓具位之臣，无功德也。"

⑪师古曰："言其事重，不但斥逐而已也。"

⑫师古曰："三百余人，谓丞相之官属也。"

　　方进忧之，不知所出。会郎贲丽善为星，①言大臣宜当之。上乃召见方进。还归，未及引决，上遂赐册曰："皇帝问丞相：君有孔子之虑，孟贲之勇，朕嘉与君同心一意，庶几有成。惟君登位，于今十年，灾害并臻，民被饥饿，加以疾疫溺死，关门牡开，②失国守备，盗贼党辈。③吏民残贼，殴杀良民，④断狱岁岁多前。上书言事，交错道路，怀奸朋党，相为隐蔽，皆亡忠虑，群下凶凶，更相嫉妒，⑤其咎安

在?观君之治,无欲辅朕富民便安元元之念。间者郡国谷虽颇孰,⑥
百姓不足者尚众,前去城郭,未能尽还,夙夜未尝忘焉。朕惟往时之
用,与今一也,⑦百僚用度各有数。君不量多少,一听群下言,用度
不足,奏请一切增赋,税城郭埽及园田,过更,算马牛羊,⑧增益盐
铁,变更无常。朕既不明,随奏许可。后议者以为不便,制诏下君,
君云卖酒醪,后请止。未尽月,复奏议令卖酒醪。朕诚怪君,何持容
容之计,无忠固意,⑨将何以辅朕帅道群下?而欲久蒙显尊之位,岂
不难哉!⑩传曰:'高而不危,所以长守贵也。'⑪欲退君位,尚未忍。
君其执念详计,塞绝奸原,忧国如家,务便百姓以辅朕。朕既已改,
君其自思,强食慎职。使尚书令赐君上尊酒十石,养牛一,君审处
焉。"

①师古曰:"赍,姓也。丽,名也。赍,音肥。"

②张晏曰:"元延元年,章门、函谷门牡自亡。"

③师古曰:"党,众多。"

④师古曰:"殴,击也,音一口反。"

⑤师古曰:"更,工衡反。"

⑥师古曰:"间,谓近者以来也。"

⑦师古曰:"谓财用也。"

⑧张晏曰:"一切,权时也。埽,城郭旁地也。园田入多,益其税也。百人为
卒,取一人所赡常为之月用二千,使人直之,谓之过更。又牛马羊头数
出税,算千输二十也。"师古曰:"埽,人缘反,解在《食货志》。"

⑨师古曰:"容容,随众上下也。"

⑩师古曰:"蒙,冒也。"

⑪师古曰:"《孝经》之言也。"

　　方进即日自杀。①上秘之,遣九卿册赠以丞相高陵侯印绶,赐
乘舆秘器,少府供张,柱槛皆衣素。②天子亲临吊者数至,礼赐异于
它相故事。③谥曰恭侯。长子宣嗣。

①如淳曰:"《汉仪注》有天地大变,天下大过,皇帝使侍中持节乘四白马,
赐上尊酒十斛,牛一头,策告殃咎。使者去半道,丞相即上病。使者还,
未白事,尚书以丞相不起病闻。"

②师古曰："柱,屋柱也。槛,轩前阑版也。皆以白素衣之。"

③师古曰："《汉旧仪》云丞相有疾,皇帝法驾亲至问疾,从西门入。即薨,移居第中,车驾往吊,赠棺、棺敛具,赐钱、葬地。葬日,公卿已下会葬焉。"

宣字太伯,亦明经笃行,君子人也。及方进在,为关都尉、南郡太守。①

①师古曰："言方进未死之时,宣已为此官。"

少子曰义。义字文仲,少以父任为郎,稍迁诸曹,年二十出为南阳都尉。宛令刘立与曲阳侯为婚,又素著名州郡,轻义年少。义行太守事,行县至宛,①丞相史在传舍。立持酒肴谒丞相史,对饮未讫,会义亦往,外吏白都尉方至,立语言自若。②须臾义至,内谒径入,③立乃走下。义既还,大怒,阳以他事召立至,以主守盗十金,贼杀不辜,部掾夏恢等收缚立,传送邓狱。④恢亦以宛大县,恐见篡夺,白义可因随后行县送邓。⑤义曰："欲令都尉自送,则如勿收邪!"⑥载环宛市乃送,⑦吏民不敢动,威震南阳。

①师古曰："行,音下更反。其下并同。"

②师古曰："自若,言如故。"

③师古曰："内谒,犹今之通名也。"

④师古曰："部分其掾而道之。邓亦南阳之县。"

⑤师古曰："因太守行县,以立自随,即送邓之狱。"

⑥师古曰："言若都尉自送至狱,不如本不收治。"

⑦师古曰："环,绕也,音下串反。"

立家轻骑驰从武关入语曲阳侯,曲阳侯白成帝,帝以问丞相。方进遣吏敕义出宛令。宛令已出,吏还白状,方进曰："小儿未知为吏也,其意以为入狱当辄死矣。"①

①师古曰："谓其不知立有所恃挟以自免脱。"

后义坐法免,起家而为弘农太守,迁河内太守,青州牧。所居著名,有父风烈。徙为东郡太守。

数岁,平帝崩,王莽居摄,义心恶之,乃谓姊子上蔡陈丰曰："新都侯摄天子位,号令天下,故择宗室幼稚者以为孺子,依托周公辅成王之义,且以观望,①必代汉家,其渐可见。方今宗室衰弱,外无强蕃,天下倾首服从,莫能亢捍国难。吾幸得备宰相子,身守大郡,父子受汉厚恩,义当为国讨贼,以安社稷。欲举兵西诛不当摄者,选宗室子孙辅而立之。设令时命不成,死国埋名,犹可以不惭于先帝。②今欲发之,乃肯从我乎?"③丰年十八,勇壮,许诺。

①师古曰:"言渐试天下人心。"

②师古曰:"埋名,谓身埋而名立。"

③师古曰:"乃,汝也。"

义遂与东郡都尉刘宇、严乡侯刘信、信弟武平侯刘璜结谋。及东郡王孙庆素有勇略,以明兵法,征在京师,义乃诈移书以重罪传逮庆。①于是以九月都试日②斩观令,③因勒其车骑材官士,募郡中勇敢,部署将帅。严乡侯信者,东平王云子也。云诛死,信兄开明嗣为王,薨,无子,而信子匡复立为王,故义举兵并东平,立信为天子。义自号大司马柱天大将军,以东平王傅苏隆为丞相,中尉皋丹为御史大夫,移檄郡国,言莽鸩杀孝平皇帝,矫摄尊号,天子已立,共行天罚。④郡国皆震,比至山阳,众十余万。⑤

①师古曰:"追赴狱也。"

②如淳曰:"太守、都尉、令长、丞尉会都试,课殿最也。"

③文颖曰:"观,县名。"师古曰:"音工唤反。"

④师古曰:"共,读曰恭。"

⑤师古曰:"比,必寐反。"

莽闻之,大惧,乃拜其党亲轻车将军成武侯孙建为奋武将军,光禄勋成都侯王邑为虎牙将军,明义侯王骏为强弩将军,春王城门校尉王况为震威将军,①宗伯忠孝侯刘宏为奋冲将军,中少府建威侯王昌为中坚将军,中郎将震羌侯窦兄为奋威将军,②凡七人,自择除关西人为校尉军吏,将关东甲卒,发奔命以击义焉。复以太仆武让为积弩将军屯函谷关,将作大匠蒙乡侯逯并为横野将军屯武关,③羲和红休侯刘歆为扬武将军屯宛,太保后丞丞阳侯甄邯为大将军屯霸上,④常乡侯王恽为车骑将军屯平乐馆,骑都尉王晏为建威将军屯城北,城门校尉赵恢为城门将军,皆勒兵自备。

①师古曰:"春王,长安城东出北头第一门也。本名宣平门,莽更改焉。"

②师古曰:"兄,读曰况。"

③师古曰:"逯,姓也。并,名也。逯,音录,又音鹿。今东郡有逯姓,二音并
　　得。书本逯字作逮。今河朔有逮姓,自呼音徒戴反,其义两通。"

④师古曰:"丞阳侯音烝。"

　　莽日抱孺子会群臣而称曰:"昔成王幼,周公摄政,而管蔡挟禄
父以畔,①今翟义亦挟刘信而作乱。自古大圣犹惧此,况臣莽之斗
筲!"②群臣皆曰:"不遭此变,不章圣德。"莽于是依《周书》作《大
诰》,③曰:

①师古曰:"禄父,纣子也。父,读曰甫。"

②师古曰:"斗筲,自喻材器小也,解在《公孙刘田传》。"

③师古曰:"武王崩,周公相成王而三监、淮夷叛,周公作《大诰》。莽自比
　　周公,故依放其事。"

　　惟居摄二年十月甲子,摄皇帝若曰:大诰道诸侯王、三公、
列侯于汝卿大夫、元士御事。①不吊,天降丧于赵、傅、丁、
董。②洪惟我幼冲孺子,当承继嗣无疆大历服事。③予未遭其
明哲能道民于安,况其能往知天命!④熙!我念孺子,若涉渊
水,⑤予惟往求朕所济度,奔走⑥以傅近奉承高皇帝所受
命,⑦予岂敢自比于前人乎!⑧天降威明,用宁帝室,遗我居摄
宝龟。⑨太皇太后以丹石之符,乃绍天明意,⑩诏予即命居摄
践祚,如周公故事。

①应劭曰:"言以大道告于诸侯已下。御事,主事也。"

②应劭曰:"赵飞燕、傅太后、丁太后、董贤也。"师古曰:"不吊,言不为天
　　所吊闵。降,下也。"

③师古曰:"洪,大也。惟,思也。冲,稚也。大思幼稚孺子,当承继汉家无
　　竟之历,服行政事。"

④师古曰:"予,莽自称也。言不遭遇明智之人以自辅佐,而道百姓于安,
　　盖为谦辞也。道,读曰导。"

⑤师古曰:"熙,叹辞也。"

⑥师古曰:"言我当求所以济度之,故奔走尽力,不惮勤劳。"

⑦师古曰:"傅,读曰附。近,其靳反。"

⑧师古曰:"前人,谓周公。"

⑨师古曰:"威明,犹言明威也。遗,弋季反。"

⑩师古曰:"绍,承也。"

　　反虏故东郡太守翟义擅兴师动众,曰"有大难于西土,西土人亦不靖。"①于是动严乡侯信,诞敢犯祖乱宗之序。②天降威遗我宝龟,固知我国有訾灾,使民不安,③是天反右我汉国也。④粤其闻日,⑤宗室之俊有四百人,⑥民献仪九万夫,⑦予敬以终于此谋继嗣图功。⑧我有大事,休,予卜并吉,⑨故我出大将军告郡太守、诸侯相、令、长曰:"予得吉卜,予惟以汝于伐东郡严乡遒播臣。"⑩尔国君或者无不反曰:"难大,民亦不静,亦惟在帝宫诸侯宗室,于小子族父,敬不可征。"⑪帝不违卜,⑫故予为冲人长思厥难曰:"乌呼!义、信所犯,诚动鳏寡,哀哉!"⑬予遭天役遗,大解难于予身,以为孺子,不身自恤。⑭

①师古曰:"曰者,述翟义之言云尔也。西土,谓西京也,言在东郡之西也。"

②师古曰:"诞,大也。"

③师古曰:"訾,病也。言天所以降威遗龟者,知国有灾病,义、信当反,天下不安之故也。訾,读与疵同。"

④师古曰:"复,扶目反。右,读曰佑。

⑤孟康曰:"翟义反书上闻日也。"师古曰:"粤,发语辞也。"

⑥孟康曰:"诸刘见在者。"

⑦孟康曰:"民之表仪,谓贤者。"

⑧师古曰:"我用此宗室之俊及献仪者共谋图国事,终成其功。"

⑨师古曰:"大事,戎事也。言人谋既从,卜又并吉,是为美也。"

⑩师古曰:"遒,亡也。播,散也。"

⑪师古曰:"言尔等国君或有言曰,祸难既大,众庶不安,又刘信国之宗室,于孺子为族父,当加礼敬,不可征讨。"

⑫师古曰:"卜既得吉,天命不违。"

⑬师古曰："无妻无夫之人亦同受其害,故可哀哉。"

⑭师古曰："言天以汉家役事遗我,而令身解其难,故我征伐以为孺子除乱,非自忧己身也。"

　　予义彼国君泉陵侯上书①曰:"成王幼弱,周公践天子位以治天下,六年,朝诸侯于明堂,制礼乐,班度量,而天下大服。②太皇太后承顺天心,成居摄之义。皇太子为孝平皇帝子,③年在襁褓,宜且为子,知为人子道,令皇太后得加慈母恩。畜养成就,加元服,然后复予明辟。"④

①应劭曰:"泉陵侯,刘庆也。上书令莽行天子事。"

②师古曰:"班,谓布行也。"

③师古曰:"皇太子,即谓孺子。"

④师古曰:"辟,君也。以明君之事还孺子。"

　　熙! 为我孺子之故,①予惟赵、傅、丁、董之乱,遏绝继嗣,变剥適庶,危乱汉朝,以成三觥,②队极厥命。③乌呼! 害其可不旅力同心戒之哉!④予不敢僭上帝命。⑤天休于安帝室,兴我汉国,惟卜用克绥受兹命。⑥今天其相民,况亦惟卜用!⑦

①师古曰:"重叹而言。"

②晋灼曰:"古厄字。"服虔曰:"厄,会也,谓三七二百一十岁。"师古曰:"適,读曰嫡。"

③师古曰:"队,陨也。极,尽也。"

④师古曰:"害,读曰曷。曷,何也。旅,陈也。"

⑤师古曰:"僭,不信也。言顺天命而征讨。"

⑥师古曰:"言天美于兴复汉国,故我惟用卜吉,能安受此命。"

⑦师古曰:"言天道当思助人,况更用卜,吉可知矣。"

　　太皇太后肇有元城沙鹿之右,①阴精女主圣明之祥,②配元生成,以兴我天下之符,遂获西王母之应,③神灵之征,④以佑我帝室,以安我大宗,以绍我后嗣,以继我汉功。厥害適统不宗元绪者,辟不违亲,辜不避戚。⑤夫岂不爱? 亦惟帝室。⑥是以广立王侯,并建曾玄,俾屏我京师,绥抚宇内;⑦博征儒生,讲道于廷,论序乖缪,制礼作乐,同律度量,混壹风俗;⑧正天地之位,昭郊宗之礼,定五畤庙祧,咸秩亡文;⑨建灵台,立明堂,设辟雍,张大学,尊中宗、高宗之号。⑩昔我高宗崇德建武,克绥西域,以受白虎威胜之瑞,⑪天地判合《乾》《坤》序德。⑫太皇太后临政,有龟龙麟凤之应,五德嘉符,相因而备。《河图》《雒书》远自昆仑,出于重壄。⑬古谶著言,肆今享实。⑭此乃皇天上帝所以安我帝室,俾我成就洪烈也。⑮乌呼!天明威辅汉始而大大矣。⑯尔有惟旧人泉陵侯之言,尔不克远省,尔岂知太皇太后若此勤哉!⑰

①张晏曰:“沙鹿在元城县。春秋时沙鹿崩,王莽以为元后之详,语在《元后传》。”师古曰:“右,读曰佑。”

②李奇曰:“李亲怀元后,梦月入怀,阴精女主之祥。”

③孟康曰:“民传祀西王母之应也。”

④师古曰:“征,证也。”

⑤师古曰:“其有害国之正统,不尊大绪者,当速加刑辟,不避亲戚。適,读曰嫡。”

⑥师古曰:“非不爱此人,但为帝室不得止。”

⑦师古曰:“屏,谓蔽捍其难也。”

⑧师古曰:“混亦同也,音胡本反。”

⑨孟康曰:“诸废祀无文籍皆祭之。”

⑩服虔曰:“宣帝、元帝也。”

⑪应劭曰:“元帝诛灭郅支单于,怀辑西域,时有献白虎者,所以威远胜猛也。”

⑫师古曰:“言元帝既有威德,太后又兆符应,则是天地乾坤夫妻之义相配合也。判之言片也。”

⑬师古曰:“昆仑河所出,重壄洛所出,皆有图书,故本言之。壄,古野字。”

⑭师古曰:“肆,故也。言有其谶,故今当其实。”

⑮师古曰:“洪,大也。烈,业也。”

⑯师古曰:“言因此难更以强大。”

⑰师古曰:“言尔当思久旧之人泉陵侯所言,尔不能远省识古事,岂知太后之勤乎?”

天毖劳我成功所,①予不敢不极卒安皇帝之所图事。②肆予告我诸侯王公列侯卿大夫元士御事：③天辅诚辞，④天其累我以民，予害敢不于祖宗安人图功所终？⑤天亦惟劳我民，若有疾，予害敢不于祖宗所受休辅？⑥予闻孝子善继人之意，忠臣善成人之事。予思若考作室，厥子堂而构之；⑦厥父菑，厥子播而获之。⑧予害敢不于身抚祖宗之所受大命？⑨若祖宗乃有效汤武伐厥子，民长其劝弗救。⑩乌呼肆哉！⑪诸侯王公列侯卿大夫元士御事，其勉助国道明！⑫亦惟宗室之俊，民之表仪，迪知上帝命。⑬粤天辅诚，尔不得易定！⑭况今天降定于汉国，惟大戁人翟义、刘信大逆，欲相伐于厥室，岂亦知命之不易乎？⑮予永念曰天惟丧翟义、刘信，若啬夫，予害敢不终予亩？⑯天亦惟休于祖宗，予害其极卜，害敢不于从？⑰率宁人有旨强土，况今卜并吉！⑱故予大以尔东征，命不僭差，⑲卜陈惟若此。⑳

①孟康曰："天慎劳我国家成功之所在。"

②师古曰："卒，终也。言我不敢不终祖宗之业，安帝室所谋之事。"

③师古曰："肆，陈也，陈其理而告之。"

④师古曰："言有至诚之辞则为天所辅。"

⑤师古曰："累，托也。言天以百姓托我，我曷敢不谋终祖宗安人之功也。累，力端反。害，读曰曷。下皆类此。"

⑥师古曰："言天欲抚劳我众，众若有疾苦，我曷敢不顺祖宗之意，休息而辅助之。劳，来到反。"

⑦师古曰："父有作室之意，则子当筑堂而构梁橑以成之。"

⑧师古曰："父菑耕其田，子当布种而收获之。反土为菑。一曰，田一岁曰菑。"

⑨师古曰："作室农人犹不弃其本业，我于今日不得有避而不征讨叛逆也。"

⑩师古曰："譬有人来伐其子，而长养彼心，反劝助之，弗救其子者，止以子恶故也。言汤武疾恶，其心亦然，今所征讨不得避亲，当以公义。"

⑪师古曰："肆，陈也，劝令陈力。"

⑫师古曰："道，由也。言当由于明智之事，以助国也。"

⑬师古曰："迪亦道也，言当遵道而知天命。"

⑭师古曰:"粤,辞也。天道辅诚,尔不得改易天之定命。"

⑮师古曰:"言义、信不知天命不可改易,乃大为艰难以干国纪,是自相谋诛伐其室也。囏,古艰字。

⑯师古曰:"啬夫治田,志除草秽。天之欲丧义、信,事亦如之。我当顺天以终竟田亩之事。"

⑰师古曰:"言天美祖宗之事,我何其极卜法,敢不往从,言必从也。"

⑱师古曰:"言循祖宗之业,务在安人而美疆土,况今卜亦吉乎!言不可不从也。"

⑲师古曰:"言必信之矣。"

⑳师古曰:"卜兆陈列惟如此。"

乃遣大夫桓谭等班行谕告当反位孺子之意。还,封谭为明告里附城。①

①师古曰:"明告得,以其出使能明告谕于外也。附城,云如古附庸也。"

诸将东破陈留菑,①与义会战,破之,斩刘璜首。莽大喜,复下诏曰:"太皇太后遭家不造,国统三绝,②绝辄复续,恩莫厚焉,信莫立焉。孝平皇帝短命蚤崩,③幼嗣孺冲,诏予居摄。予承明诏,奉社稷之任,持大宗之重,养六尺之托,受天下之寄,战战兢兢,不敢安息。伏念太皇太后惟经艺分析,王道离散,④汉家制作之业独未成就,故博征儒士,大兴典制,备物致用,立功成器,以为天下利。王道粲然,基业既著,千载之废,百世之遗,于今乃成,道德庶几于唐虞,功烈比齐于殷周。⑤今翟义、刘信等谋反大逆,流言惑众,欲以篡位,贼害我孺子,罪深于管蔡,恶甚于禽兽。信父故东平王云,不孝不谨,亲毒杀其父思王,名曰巨鼠,⑥后云竟坐大逆诛死。义父故丞相方进,险诐阴贼,⑦兄宣静言令色,外巧内嫉,⑧所杀乡邑汝南者数十人。今积恶二家,迷惑相得,此时命当殄,天所灭也。义始发兵,上书言字、信等与东平相辅谋反,⑨执捕械系,欲以威民,先自相被以反逆大恶,⑩转相捕械,此其破殄之明证也。已捕斩断信二子谷乡侯章、德广侯鲔,义母练、兄宣、亲属二十四人皆磔暴于长安都市四通之衢。当其斩时,观者重叠,⑪天气和清,可谓当矣。命遣大将军共行皇天之罚,⑫讨海内之仇,功效著焉,予甚嘉之。《司马法》不云乎？'赏不逾时。'欲民速睹为善之利也。今先封车骑都尉孙贤等五十五人皆为列侯，户邑之数别下。遣使者持黄金印、赤韨缦、朱轮车，即军中拜授。"⑬因大赦天下。

①孟康曰："菑，故戴国，在梁，后属陈留，今曰考城。"

②师古曰："谓成帝、哀帝、平帝皆无子矣。"

③师古曰："蚤，古早字。"

④师古曰："惟，思也。"

⑤师古曰："烈，业也。

⑥师古曰："巨，大也。莽诬云呼其父曰巨鼠也。"

⑦师古曰："诐，佞也，音彼义反。"

⑧师古曰："静，安也。令，善也。言其阳为安静之言，外有善色，而实疾害也。"

⑨师古曰："辅者，东平王相之名也。"

⑩师古曰："被，加也，音皮义反。

⑪师古曰："言人多而聚积。"

⑫师古曰："共，读曰恭。"

⑬服虔曰："缦即今之绶也。"师古曰："韨，所以系印也。缦者，系也，谓逆受之也。即，就也。韨，音弗，缦，音逆。"

于是吏士精锐遂攻围义于圉城，破之，义与刘信弃军庸亡。①至固始界中捕得义，尸磔陈都市。卒不得信。

①孟康曰："谓挺身逃亡，如奴庸也。"

初，三辅闻翟义起，自茂陵以西至汧二十三县盗贼并发，赵明、霍鸿等自称将军，攻烧官寺，杀右辅都尉及斄令，①劫略吏民，众十余万，火见未央宫前殿。莽昼夜抱孺子祷宗庙。复拜卫尉王级为虎贲将军，大鸿胪望乡侯阎迁为折冲将军，与甄邯、王晏西击赵明等。正月，虎牙将军王邑等自关东还，便引兵西。强弩将军王骏以无功免，扬武将军刘歆归故官。复以邑弟侍中王奇为扬武将军，城门将军赵恢为强弩将军，中郎将李棽为厌难将军，②复将兵西。二月，明等殄灭，诸县悉平，还师振旅。莽乃置酒白虎殿，劳飨将帅，大封拜。先是，益州蛮夷及金城塞外羌反畔，时州郡击破之。莽乃并录，以小大为差，封侯伯子男凡三百九十五人，曰“皆以奋怒，东指西击，羌寇蛮盗，反虏逆贼，不得旋踵，应时殄灭，天下咸服”之功封云。莽于是自谓大得天人之助，至其年十二月，遂即真矣。

①师古曰：“彙，读曰邠。”

②师古曰：“梺，所林反。”

初，义所收宛令刘立闻义举兵，上书愿备军吏为国讨贼，内报私怨。莽擢立为陈留太守，封明德侯。

始，义兄宣居长安，先义未发，家数有怪，①夜闻哭声，听之不知所在。宣教授诸生满堂，有狗从外入，啮其中庭群雁数十，比惊救之，已皆断头。②狗走出门，求不知处。宣大恶之，谓后母曰：“东郡太守文仲素傲很，③今数有恶怪，恐有妄为而大祸至也。大夫人可归，为弃去宣家者④以避害。”母不肯去，后数月败。

①师古曰：“言义未发兵之前。”

②师古曰：“比，必寐反。”

③师古曰：“很，土历反。”

④师古曰：“言归其本族，自绝于翟氏。”

莽尽坏义第宅，污池之。①发父方进及先祖冢在汝南者，烧其棺柩，夷灭三族，诛及种嗣，至皆同坑，以棘五毒并葬之。②而下诏曰：“盖闻古者伐不敬，取其鲸鲵筑武军，封以为大戮，于是乎有京观以惩淫慝。③乃者反虏刘信、翟义悖逆作乱于东，而芒竹群盗赵明、霍鸿造逆西土，④遣武将征讨，咸伏其辜。惟信、义等始发自濮阳，结奸无盐，殄灭于圉。赵明依阻槐里环堤，⑤霍鸿负倚盩厔芒竹，⑥咸用破碎，亡有余类。其取反虏逆贼之鲸鲵，聚之通路之旁，濮阳、无盐、圉、槐里、盩厔凡五所，各方六丈，高六尺，筑为武军，封以为大戮，蔍树之棘。⑦建表木，高丈六尺。⑧书曰‘反虏逆贼鲸鲵’，在所长吏常以秋循行，⑨勿令坏败，以惩淫慝焉。”

①师古曰：“污，停水也，音乌。”

②如淳曰：“野葛、狼毒之属也。”

③师古曰：“此《左传》载楚庄王之辞也。鲸鲵，大鱼为害者也。以此比敌人之勇桀者。京，高丘也。观，谓如阙形也。惩，创乂也。慝，恶也。鲸，古

鲸字,音其京反。鲵,五兮反。观,工唤反。"

④师古曰:"芒竹在鳌屋南界,芒水之曲而多竹林也,即今司竹园是其地矣。芒,音亡。"

⑤师古曰:"槐里县界其中,有环曲之堤,而明依之自固也,固也。"

⑥师古曰:"负,恃也。倚,于绮反。"

⑦师古曰:"薦,读曰荐。荐,重也,聚也。"

⑧师古曰:"表者,所以标明也。"

⑨师古曰:"行,下更反。"

初,汝南旧有鸿隙大陂,郡以为饶,①成帝时,关东数水,陂溢为害。方进为相,与御史大夫孔光共遣掾行视,②以为决去陂水,其地肥美,省堤防费而无水忧,遂奏罢之。及翟氏灭,乡里归恶,言方进请陂下良田不得而奏罢陂云。王莽时常枯旱,郡中追怨方进,童谣曰:"坏陂谁?翟子威。饭我豆食羹芋魁。③反乎覆,陂当复。④谁云者?两黄鹄。"⑤

①师古曰:"鸿隙,陂名,藉其溉灌及鱼鳖萑蒲之利,以多财用。"

②师曰:"行,音下更反。"

③师古曰:"言田无溉灌,不生粳稻,又无黍稷,但有豆及芋也。豆食者,豆为饭也。羹芋魁者,以芋根为羹也。饭,音扶晚反。食,音饲。"

④师古曰:"事之反覆无常,言祸兮福所倚。"

⑤师古曰:"托言有神来告之。"

司徒掾班彪曰:"丞相方进以孤童携老母,羁旅入京师,身为儒宗,致位宰相,盛矣。当莽之起,盖乘天威,虽有贲育,奚益于敌?①义不量力,怀忠愤发,以陨其宗,悲夫!"

①师古曰:"贲谓孟贲,育谓夏育,皆古之勇士。言得之无益,不能敌莽也。贲,音奔。"

汉书卷八五
列传第五五

谷永　杜邺

谷永字子云,长安人也。父吉,为卫司马,使送郅支单于侍子,①为郅支所杀,语在《陈汤传》。永少为长安小史,后博学经书。建昭中,御史大夫繁延寿②闻其有茂材,除补属,举为太常丞,数上疏言得失。

①师古曰:"为使而送之还本国也。郅,音质。"

②师古曰:"即李延寿也。一姓繁,音蒲何反。"

建始三年冬,日食地震同日俱发,诏举方正直言极谏之士,太常阳城侯刘庆忌举永待诏公车。对曰:

陛下秉至圣之纯德,惧天地之戒异,饬身修政,纳问公卿,①又下明诏,帅举直言,②燕见绌绎,以求咎愆,③使臣等得造明朝,承圣问。④臣材朽学浅,不通政事。窃闻明王即位,正五事,建大中,以承天心,⑤则庶征序于下,日月理于上。⑥如人君淫溺后宫,般乐游田,⑦五事失于躬,大中之道不立,则咎征降而六极至。⑧凡灾异之发,各象过失,以类告人。乃十二月朔戊申,日食婺女之分,地震萧墙之内,⑨二者同日俱发,以丁宁陛下,⑩厥咎不远,宜厚求诸身。⑪意岂陛下志在闺门,未恤政事,不慎举错,⑫娄失中与?⑬内宠大盛,女不遵道,嫉妒专上,妨继嗣与? 古之王者废五事之中,失夫妇之纪,妻妾得意,谒行于内,势行于外,至覆倾国家,或乱阴阳。⑭昔褒姒用

国,宗周以丧;⑮阎妻骄扇,日以不臧。⑯此其效也。经曰:"皇
极,皇建其有极。"⑰传曰:"皇之不极,是谓不建,时则有日月
乱行。"

①师古曰:"饬,与敕同。敕,整也。"

②师古曰:"帅举,谓公卿守相皆令举也。帅字或作师。师,众也。"

③师古曰:"绅,读曰抽。绅绎者,引其端绪也。"

④师古曰:"造,至也,音千到反。"

⑤师古曰:"五事,貌、言、视、听、思也。大中,即皇极也。解在《五行志》。"

⑥师古曰:"庶,众也。征,证也。"

⑦师古曰:"如,若也。般,读与盘同。"

⑧师古曰:"六极,谓一曰凶短折,二曰疾,三曰忧,四曰贫,五曰恶,六曰
弱。"

⑨师古曰:"萧墙,屏墙也。解在《五行志》。"

⑩师古曰:"丁宁,谓再三告示也。"

⑪师古曰:"厚犹深也。"

⑫师古曰:"志在闺门,谓留心于女色。错,置也,音千故反。"

⑬师古曰:"娄,古屡字也。与,读曰欤。下皆类此。"

⑭师古曰:"谒,请也。内则所请必行,外则擅其权力,言女宠盛也。"

⑮师古曰:"褒姒,褒人所献之女也。幽王惑之,卒有犬戎之祸。"

⑯师古曰:"阎,嬖宠之族也。扇,炽也。臧,善也。《鲁诗·小雅·十月之
交》篇言'此日而食,于何不臧',又曰'阎妻扇方处',言厉王无道,内宠
炽盛,政化失理,故致灾异,日为之食,为不善也。"

⑰师古曰:"《周书·洪范》之辞也。皇,大也。极,中也。大立其有中,所以
行九畴之义也。"

　　陛下践至尊之祚为天下主,奉帝王之职以统群生,方内之
治乱,在陛下所执。①诚留意于正身,勉强于力行,损燕私之閒
以劳天下,②放去淫溺之乐,罢归倡优之笑,③绝却不享之义,
慎节游田之虞,④起居有常,循礼而动,躬亲政事,致行无倦,
安服若性。⑤经曰:"继自今嗣王,其毋淫于酒,毋逸于游田,惟
正之共。"⑥未有身治正而臣下邪者也。

①师古曰:"方内,四方之内也。"

②师古曰："损，减也。閒，读曰闲。劳，忧也。"

③师古曰："关，古笑字。"

④师古曰："却，退也。享，当也。言所为不善，不当天心也。一曰，天不佑之，不歆享其祀也。虞，与娱同。"

⑤师古曰："致，至也。安心而服行之，如天性自然也。"

⑥师古曰："《周书·无逸》之辞也。言从今以往，继业嗣立之王毋过欲于酒，毋放于田猎，惟宜正身恭己也。共，读曰恭。"

　　夫妻之际，王事纲纪，安危之机，圣王所致慎也。昔舜饬正二女，以崇至德；①楚庄忍绝丹姬，以成伯功。②幽王惑于褒姒，周德降亡；鲁桓胁于齐女，社稷以倾。③诚修后宫之政，明尊卑之序，贵者不得嫉妒专宠，以绝骄嫚之端，抑褒、阎之乱，贱者咸得秩进，各得厥职，④以广继嗣之统，息《白华》之怨，⑤后宫亲属，饶之以财，勿与政事，⑥以远皇父之类，损妻党之权，⑦未有闺门治而天下乱者也。

①师古曰："《虞书·尧典》云'釐降二女于妫汭，嫔于虞'。谓尧以二女妻舜，观其治家，欲使治国，而舜谨敕正躬以待二女，其德益崇，遂受尧禅也。饬，与敕同。"

②应劭曰："楚庄王得丹姬，三月不听朝。保申谏，忍绝不复见，乃勤政事，遂为盟主也。"师古曰："丹姬是楚文王姬也。庄王用申公巫臣之谏，不纳夏姬。《谷永集》丹字作夏，是也。今此传作丹，转写误耳。应氏就而谬释，非本实也。伯，读曰霸。"

③师古曰："解并在《五行志》。"

④师古曰："秩，次也，以次而进御也。"

⑤师古曰："《诗·小雅·白华》之篇也。幽王惑于褒姒而黜申后，故国人作诗以刺之。永言此者，讥成帝专宠赵昭仪也。"

⑥师古曰："与，读曰豫。"

⑦师古曰："皇父，周卿士也。《小雅·十月之交》诗曰'皇父卿士，番惟司徒'，刺厉王淫于色，故皇父之属因嬖宠而为官也。远，音于万反。父，读曰甫。"

　　治远自近始，习善在左右。昔龙笃纳言，而帝命惟允；①四辅既备，成王靡有过事。②诚敕正左右齐栗之臣，③戴金貂之

饰、执常伯之职者，④皆使学先王之道，知君臣之义，济济谨
乎，无敖戏骄恣之过，⑤则左右肃艾。⑥群僚仰法，化流四方。
经曰："亦惟先正克左右。"⑦未有左右正而百官枉者也。⑧

①师古曰："龙，舜臣名也。笼字与管同。管，主也。《虞书·舜典》曰帝曰：
　'龙，命汝作纳言，当夙夜出纳朕命惟允。'允，信也。"

②师古曰："四辅，谓左辅、右弼、前疑、后丞也。《周书·洛诰》称成王曰：
　"诞保文武受命，乱为四辅。'"

③孟康曰："左右，谓尚书官也。齐栗，言其整齐万事，常战栗谨敬。"

④师古曰："常伯，侍中也。伯，长也。常使长事者也。一曰，常任使之人，
　此为长也。"

⑤师古曰："孚，信也。"

⑥师古曰："肃，敬也。艾，读曰乂。乂，治也。"

⑦师古曰："《周书·君牙》之辞也。言王者欲正百官，要在能先正其左右
　近臣也。"

⑧师古曰："枉，曲也。"

　　治天下者尊贤考功则治，简贤违功则乱。①诚审思治人之
术，欢乐得贤之福，论材选士，必试于职，明度量以程能，考功
实以定德，②无用比周之虚誉，毋听浸润之谮诉，③则抱功修
职之吏无蔽伤之忧，比周邪伪之徒不得即工，④小人日销，俊
艾日隆。⑤经曰："三载考绩，三考黜陟幽明。"⑥又曰："九德咸
事，俊艾在官。"⑦未有功赏得于前众贤布于官而不治者也。

①师古曰："简，略也，谓轻慢也。"

②师古曰："程，效也。"

③师古曰："比周，言阿党亲密也。浸润，积渐之深也。比，频寐反。"

④李奇曰："即，就也。工，官也。"

⑤师古曰："艾，读曰乂。其下亦同。"

⑥师古曰："《虞书·舜典》之辞也。言居官者三年一考其功，三考则退其
　幽暗无功者，升其昭明有功者。"

⑦师古曰："《虞书·咎繇谟》之辞也。言使九德之人皆用事，俊桀治能之
　士并在官。九德，谓宽而栗，柔而立，愿而恭，乱而敬，扰而毅，直而
　温，简而廉，刚而塞，强而义。"

尧遭洪水之灾,天下分绝为十二州,制远之道微①而无乖畔之难者,德厚恩深,无怨于下也。秦居平土,一夫大呼而海内崩析者,②刑罚深酷,吏行残贼也。夫违天害德,为上取怨于下,莫甚乎残贼之吏。诚放退残贼酷暴之吏锢废勿用,益选温良上德之士以亲万姓,③平刑释冤以理民命,④务省徭役,毋夺民时,薄收赋税,毋殚民财,⑤使天下黎元咸安家乐业,不苦逾时之役,⑥不患苛暴之政,不疾酷烈之吏,⑦虽有唐尧之大灾,民无离上之心。⑧经曰:"怀保小人,惠于鳏寡。"⑨未有德厚吏良而民畔者也。

①孟康曰:"本九州,洪水隔分,更为十二州,处所离远,相制之道微也。"
　师古曰:"十二州,谓冀、兖、豫、青、徐、荆、杨、雍、梁、幽、并、营也。"
②师古曰:"呼,火故反。"
③师古曰:"亲,谓爱养之。"
④师古曰:"释,解也。"
⑤师古曰:"殚,尽也,音单。"
⑥师古曰:"古者行役不逾时。时,谓三月是为一时。"
⑦师古曰:"言免此疾患。"
⑧师古曰:"尧遭洪水,故云大灾。"
⑨师古曰:"《周书·无逸》之辞也。怀,和也。保,安也。"

臣闻灾异,皇天所以谴告人君过失,犹严父之明诫。畏惧敬改,则祸销福降;忽然简易,则咎罚不除。经曰:"飨用五福,畏用六极。"①传曰:"六沴作见,若不共御,六罚既侵,六极其下。"②今三年之间,灾异锋起,小大毕具,所行不享上帝,③上帝不豫,④炳然甚著。不求之身,无所改正,疏举广谋,又不用其言,⑤是循不享之迹,无谢过之实也,天责愈深。此五者,王事之纲纪,南面之急务,唯陛下留神。

①师古曰:"《周书·洪范》之辞。飨,当也。言所行当于天心,则降以五福;若所为不善,则以六极畏罚之。五福,一曰寿,二曰富,三曰康宁,四曰攸好德,五曰考终命。六极之解已具于前。"
②师古曰:"此《洪范》之传也。沴,灾气也。共,读曰恭。御,读曰禦。言敬

　　而修德以御灾。"

③师古曰:"享,当也。不当天心。"

④师古曰:"豫,悦也。"

⑤晋灼曰:"疏,远也。"

对奏,天子异焉,特召见永。

　　其夏,皆今诸方正对策,语在《杜钦传》。永对毕,因曰:"臣前幸
得条对灾异之效,祸乱所极,言关于圣聪。书陈于前,陛下委弃不
纳,而更使方正对策,背可惧之大异,问不急之常论,废承天之至
言,角无用之虚文,①欲末杀灾异,满谰诬天,②是故皇天勃然发
怒,甲己之间暴风三溙,拔树折木,③此天至明不可欺之效也。"上
特复问永,永对曰:"日食地震,皇后贵妾专宠所致。"语在《五行
志》。

①师古曰:"角,竟也。"

②师古曰:"末杀,扫灭也。满谰,谓欺罔也。杀,先曷反。谰,来亶反。"

③师古曰:"自甲至己,凡六日也。溙,与臻同。臻,至也。"

　　是时,上初即位,谦让委政元舅大将军王凤,议者多归咎焉。永
知凤方见柄用,①阴欲自托,乃复曰:

①师古曰:"言任用之授以权也。"

　　　　方今四夷宾服,皆为臣妾,北无薰粥冒顿之患,①南无赵
佗、吕嘉之难,三垂晏然,靡有兵革之警。②诸侯大者乃食数
县,汉吏制其权柄,不得有为,亡吴、楚、燕、梁之势。百官盘互,
亲疏相错,③骨肉大臣有申伯之忠,④洞洞属属,小心畏忌,⑤
无重合、安阳、博陆之乱。⑥三者无毛发之辜,不可归咎诸舅。
此欲以政事过差丞相父子、中尚书宦官,槛塞大异,皆瞽说欺
天者也。⑦窃恐陛下舍昭昭之白过,忽天地之明戒,听晻昧之
瞽说,⑧归咎乎无辜,倚异乎政事,⑨重失天心,⑩不可之大者
也。⑪

①师古曰:"粥,弋六反"

②师古曰:"晏,安也。"

③师古曰:"盘互,盘结而交互也。错,间杂也。互字或作牙,言如豕牙之盘

曲，犬牙之相入也。"

④师古曰："申伯，周申后之父。"

⑤师古曰："洞洞，惊肃也。属属，专谨也。洞，音动。属，之欲反。"

⑥师古曰："重合，莽通；安阳，上官桀；博陆，霍禹也。"

⑦师古曰："槛，义取槛柙之槛。槛犹闭也，其字从木。瞀说，言不中道，若
　无目之人也。"

⑧师古曰："舍，谓留也。晻字与暗同，又音一感反。"

⑨师古曰："倚，依也，音于绮反。次下亦同。"

⑩师古曰："重，直用反。"

⑪师古曰："此则为大不可也。"

陛下即位，委任遵旧，未有过政。元年正月，白气较然起乎
东方，①至其四月，黄浊四塞，覆冒京师，申以大水，著以震
蚀。②各有占应，相为表里，百官庶事无所归倚，陛下独不怪
与？③白气起东方，贱人将兴之表也；黄浊冒京师，王道微绝之
应也。夫贱人当起而京师道微，二者已丑。④陛下诚深察愚臣
之言，致惧天地之异，长思宗庙之计，改往反过，抗湛溺之意，
解偏驳之爱，⑤奋乾刚之威，平天覆之施，使列妾得人人更进，
犹尚未足也，⑥急复益纳宜子妇人，毋择好丑，毋避尝字，⑦毋
论年齿。推法言之，陛下得继嗣于微贱之间，乃反为福。得继
嗣而已，毋非有贱也。⑧后宫女史使令有直意者，广求于微贱
之间，⑨以遇天所开右，⑩慰释皇太后之忧愠，⑪解谢上帝之
遣怒，则继嗣蕃滋，灾异讫息。⑫陛下则不深察愚臣之言，忽于
天地之戒，咎根不除，水雨之灾，山石之异，将发不久；发则灾
异已极，天变成形，臣虽欲捐身关策，不及事已。⑬

①师古曰："较，明貌也。"

②师古曰："申，重也。著，明也。"

③师古曰："倚，于绮反。与，读曰欤。"

④师古曰："已，甚也。"

⑤师古曰："抗，举也。湛，读曰沉。驳，不周普也。"

⑥师古曰："更，互也，音公衡反。"

⑦如淳曰："王凤上小妻弟以纳后宫,以尝字乳。王章言之,坐死。今永及此,为凤洗前过也。"

⑧师古曰："苟得子耳,勿论其母之贵贱。"

⑨师古曰："直,当也。令,力成反。"

⑩师古曰："右,读曰佑。佑,助也。"

⑪师古曰："释,散也。"

⑫师古曰："蕃,多也。讫,止也。蕃,扶元反。"

⑬师古曰："言祸败既成,不可如何也。已,语终辞也。"

　　疏贱之臣,至敢直陈天意,斥讥帷幄之私,欲间离贵后盛妾,①自知忤心逆耳,必不免于汤镬之诛。此天保右汉家,使臣敢直言也。②三上封事,然后得召;待诏一旬,然后得见。夫由疏贱纳至忠,甚苦;③由至尊闻天意,甚难。语不可露,愿具书所言,因侍中奏陛下,以示腹心大臣。④腹心大臣以为非天意,臣当伏妄言之诛;即以为诚天意也,奈何忘国家大本,背天而从欲!⑤唯陛下省察熟念,厚为宗庙计。

①师古曰："间,居苋反。"

②师古曰："右,读曰佑。"

③师古曰："由,从也。苦,劳苦也。"

④如淳曰："永为凤言,而言示腹心大臣,无不可矣。"

⑤师古曰："从,读曰纵。"

　　时对者数十人,永与杜钦为上第焉。上皆以其书示后宫。后上尝赐许皇后书,采永言以责之,语在《外戚传》。

　　永既阴为大将军凤说矣,能实最高,由是擢为光禄大夫。永奏书谢凤曰："永斗筲之材,①质薄学朽,无一日之雅,左右之介,②将军说其狂言,③擢之皂衣之吏,厕之争臣之末,不听浸润之谮,不食肤受之诉,④虽齐桓、晋文用士笃密,察父哲兄覆育子弟,诚无以加!⑤昔豫子吞炭坏形以奉见异,⑥齐客陨首公门以报恩施,⑦知氏、孟尝犹有死士,何况将军之门!"凤遂厚之。

①师古曰："筲,竹器也。斗筲,喻小而不大也。解在《公孙刘田传》。筲,所交反。"

②师古曰:"雅,素也。介,绍也。言非宿素之交,又无绍介而进也。"

③师古曰:"说,读曰悦。"

④师古曰:"食犹受纳也。肤受,谓初入皮肤至骨髓,言其深也。"

⑤师古曰:"察,明也。哲,智也"

⑥师古曰:"豫让也。为智伯报仇,欲杀赵襄子,恐人识之,故吞炭以变其声,黥面以坏其形,以'智伯国士遇我'故也。"

⑦师古曰:"舍人魏子三收邑入,不与孟尝。孟尝怒之,魏子曰:'假与贤者。'齐湣王受谮,孟尝出奔,魏子所与粟贤者到宫门自刭,以明孟尝之心。"

　　数年,出为安定太守。时上诸舅皆修经书,任政事。平阿侯谭年次当继大将军凤辅政,尤与永善。阳朔中,凤薨。凤病困,荐从弟御史大夫音以自代,上从之。以音为大司马车骑将军,领尚书事,而平阿侯谭位特进,领城门兵。永闻之,与谭书曰:"君侯躬周召之德,执管晏之操,①敬贤下士,乐善不倦,②宜在上将久矣,以大军在,故抑郁于家,不得舒愤。今大将军不幸蚤薨,③象亲疏,序材能,宜在君侯。④拜吏之日,京师士大夫怅然失望。此皆永等愚劣,不能褒扬万分。⑤属闻以特进领城门兵,⑥是则车骑将军秉政雍容于内,而至戚贤舅执管篇于外也。愚窃不为君侯喜。宜深辞职,自陈浅薄不足以固城门之守,收太伯之让,保谦谦之路,⑦阖门高枕,为知者首。愿君侯与博览者参之,⑧小子为君侯安此。"谭得其书大感,遂辞让不受领城门职。由是谭、音相与不平。

①师古曰:"召,读曰邵。其下亦同。"

②师古曰:"下,音胡亚反。"

③师古曰:"蚤,古早字。"

④师古曰:"象,古累字。累亲疏,谓积累其次而计之。"

⑤师古曰:"言万分之一。"

⑥师古曰:"属,近也,音之欲反。"

⑦师古曰:"太伯,王季之兄也。让不为嗣而适吴越。"

⑧师古曰:"参详其事。"

　　永远为郡吏,恐为音所危,病满三月免。音奏请永补营军司马,永数谢罪自陈,得转为长史。

音用从舅越亲辅政,威权损于凤时。永复说音曰:"将军履上将之位,食膏腴之都,任周召之职,拥天下之枢,①可谓富贵之极,人臣无二,天下之责四面至矣,将何以居之?宜夙夜孳孳,②执伊尹之强德,以守职匡上,诛恶不避亲爱,举善不避仇雠,以章至公,立信四方。③笃行三者,乃可以长堪重任,久享盛宠。④太白出西方六十日,法当参天,今已过期,⑤尚在桑榆之间,质弱而行迟,形小而光微。⑥荧惑角怒明大,逆行守尾。其逆,常也;守尾,变也。意岂将军忘湛渐之义,委曲从顺,⑦所执不强,不广用士,尚有好恶之忌,荡荡之德未纯,⑧方与将相大臣乖离之萌也?何故始袭司马之号,俄而金火并有此变?上天至明,不虚见异,唯将军畏之慎之,深思其故,改求其路,以享天意。"音犹不平,荐永为护菀使者。

①师古曰:"拥,持也。"

②师古曰:"孳孳,不怠也。孳,与孜同。"

③师古曰:"章,明也。"

④师古曰:"笃,厚也。享,当也。"

⑤服虔曰:"太白出,当居天三分之一。已过期,言其行迟,在戌亥之间。"

⑥如淳曰:"言其行迟象王音也。永见音为司马,以疏间亲,自以位过,故以太白喻司马,司马主兵故也。是永之佞曲从苟合也。"

⑦师古曰:"湛,读曰沉。渐,读曰潜。《周书·洪范》曰:'沉潜刚克',言人性沉密谓潜深者,行之以刚则能堪也,故激劝之云尔。"

⑧师古曰:"此永自知有忤于音,故以斯言自救解。"

音薨,成都侯商代为大司马卫将军,永乃迁为凉州刺史。奏事京师讫,当之部,时有黑龙见东莱,上使尚书问永,受所欲言。①永对曰:

①师古曰:"永有所言,令尚书即受之。"

臣闻王天下有国家者,患在上有危亡之事,而危亡之言不得上闻;如使危亡之言辄上闻,①则商周不易姓而迭兴,三正不变改而更用。②夏商之将亡也,行道之人皆知之,③晏然自以若天有日莫能危,④是故恶日广而不自知,大命倾而不寤。

《易》曰:"危者有其安者也,亡者保其存者也。"⑤陛下诚垂宽明之听,无忌讳之诛,使刍荛之臣得尽所闻于前,不惧于后患,直言之路开,则四方众贤不远千里,辐凑陈忠,群臣之上愿,社稷之长福也。

①师古曰:"如,若也。有即上闻。"

②师古曰:"迭,徒结反。更,工衡反。"

③师古曰:"凡在道路行者也。"

④师古曰:"自谓如日在天而无有能伤危也。"

⑤师古曰:"《下系》辞也。言安必思危,存不亡忘,乃得保其安存。"

汉家行夏正,夏正色黑,黑龙,同姓之象也。①龙阳德,由小之大,②故为王者瑞应。未知同姓有见本朝无继嗣之庆,多危殆之隙,欲因扰乱举兵而起者邪?将动心冀为后者,残贼不仁,若广陵、昌邑之类?臣愚不能处也。③元年九月黑龙见,其晦,日有食之。今年二月己未夜星陨,乙酉,日有食之。六月之间,大异四发,二而同月,三代之末,春秋之乱,未尝有也。臣闻三代所以陨社稷丧宗庙者,皆由妇人与群恶沉湎与酒。《书》曰:"乃用妇人之言,自绝于天";④"四方之逋逃多罪,是宗是长,是信是使。"⑤《诗》云:"燎之方阳,宁或灭之?赫赫宗周,褒姒威之!"⑥《易》曰:"濡其首,有孚失是。"⑦秦所以二世十六年而亡者,养生泰奢,奉终泰厚也。二者陛下兼而有之,臣请略陈其效。

①张晏曰:"夏以建寅为正,万物在地中,色黑,今黑龙见,同姓象也。"

②师古曰:"言因小以至大。"

③师古曰:"处,谓断决也。"

④师古曰:"今文《周书·泰誓》之辞。妇人,妲己。言纣用妲己之言,自取殄灭,非天绝之。"

⑤师古曰:"亦《泰誓》之辞也。宗,尊也。言纣容纳逃亡多罪之人,亲信使用,尊而长之。"

⑥师古曰:"《小雅·正月》之诗。威亦灭也,言火燎方炽,宁有能灭之者乎?而宗周之盛,乃为褒姒所灭,怨其甚也。威,呼悦也。"

⑦师古曰：“《未济》上九爻辞。言耽乐无节，饮酒濡首，有信之道于是遂失
　　也。濡，湿也。”

　　《易》曰“在中馈，无攸遂”，①言妇人不得与事也。②《诗》
曰：“懿厥哲妇，为枭为鸱”；“匪降自天，生自妇人”③建始、河
平之际，许、班之贵，倾动前朝，④熏灼四方，赏赐无量，空虚内
藏，女宠至极，不可上矣；⑤今之后起，天所不飨，什倍于前。⑥
废先帝法度，听用其言，官秩不当，纵释王诛，⑦骄其亲属，假
之威权，从横乱政，⑧刺举之吏，莫敢奉宪。又以掖庭狱大为乱
阱，⑨榜箠瘹于炮格，⑩绝灭人命，主为赵、李报德复怨，⑪反
除白罪，建治正吏，⑫多系无辜，掠立迫恐，⑬至为人起责，分
利受谢。⑭生入死出者，不可胜数。是以日食再既，⑮以昭其
辜。⑯

①师古曰：“《家人》六二爻辞。馈，与馈同。馈，食也。言妇人之道居中主
　　食，逊顺而已，无所必遂。”

②师古曰：“与，读曰豫。”

③师古曰：“《大雅·瞻卬》之诗。懿，美也。哲，智也。言幽王以哲妇为美，
　　实乃为枭鸱也。妇，谓褒姒也。枭鸱，恶声之鸟，故以谕焉。又言此祸乱
　　非从天而下，以宠褒姒之故，生此灾耳。”

④师古曰：“许皇后及班婕妤之家。”

⑤师古曰：“上犹加也。”

⑥如淳曰：“谓赵、李本从卑贱起也。”

⑦师古曰：“纵，放也。释，解也。王诛，谓王法当诛者。”

⑧师古曰：“从，子用反。横，胡孟反。”

⑨师古曰：“穿地为坑阱以拘系人也。乱者，言其非正而又多也。阱，材性
　　反。”

⑩师古曰：“瘹，痛也。炮格，纣所作刑也。膏涂铜柱，加之火上，令罪人行
　　其上，辄堕炭中，笑而以为乐。瘹，千感反。”

⑪师古曰：“复亦报也，音扶福反。”

⑫师古曰：“反，读曰幡。罪之明白者，反而除之；吏之公正者，建议劾治
　　也。”

⑬师古曰:"掠笞服之,立其罪名。"

⑭师古曰:"言富贾有钱,假托其名,代之为主,放与它人,以取利息而共分之,或受报谢,别取财物。"

⑮孟康曰:"既,尽也。"

⑯师古曰:"昭,明也。"

王者必先自绝,然后天绝之。陛下弃万乘之至贵,乐家人之贱事,①厌高美之尊号,好匹夫之卑字,②崇聚僄轻无义小人以为私客,③数离深宫之固,挺身晨夜,与群小相随,④乌集杂会,饮醉吏民之家,⑤乱服共坐,流湎媟嫚,溷淆无别,闵免遁乐,昼夜在路。⑥典门户奉宿卫之臣执干戈而守空宫,公卿百僚不知陛下所在,积数年矣。

①师古曰:"谓私畜田及奴婢财物。"

②孟康曰:"成帝好微行,更作私字以相呼。"

③师古曰:"僄,疾也,音频妙反,又音匹妙反。"

④师古曰:"挺,引也,音大鼎反。"

⑤师古曰:"言聚散不恒,如乌鸟之集。"

⑥师古曰:"闵免,犹黾勉也。遁,流遁也。"

王者以民为基,民以财为本,财竭则下畔,下畔则上亡。是以明王爱养基本,不敢穷极,使民如承大祭。①今陛下轻夺民财,不爱民力,听邪臣之计,去高敞初陵,捐十年功绪,②改作昌陵,反天地之性,因下为高,积土为山,发徒起邑,并治宫馆,大兴縣役,重增赋敛,征法如雨,③役百乾溪,费疑骊山,④靡敝天下,⑤五年不成而后反故。又广眄营表,⑥发人冢墓,断截骸骨,暴扬尸柩。百姓财竭力尽,愁恨感天,灾异娄降,饥馑仍臻。⑦流散冗食,馁死于道,以百万数。⑧公家无一年之畜,百姓无旬日之储,⑨上下俱匮,无以相救。《诗》云:"殷监不远,在夏后之世。"⑩愿陛下追观夏、商、周、秦所以失之,以镜考己行。⑪有不合者,臣当伏妄言之诛!⑫

①师古曰:"言常畏慎。"

②师古曰:"绪,谓功作之端次。"

③师古曰:"言其多也。"

④师古曰:"疑,读曰拟。拟,比也。言劳役之功百倍于楚灵王,费财之广比于秦始皇。"

⑤师古曰:"靡,散也,音武皮反。"

⑥晋灼曰:"盱,音吁。盱,大也。"

⑦师古曰:"娄,古屡字也。仍,频也。"

⑧师古曰:"冗亦散也。馁,饿也。冗,人勇反。馁,乃贿反。"

⑨师古曰:"畜,读曰蓄。"

⑩师古曰:"《大雅·荡》之诗也。"

⑪师古曰:"镜,鉴照之。考,校也。"

⑫师古曰:"言上之所为,违于节俭,皆与永言同。"

　　汉兴九世,百九十余载,继体之主七,皆承天顺道,遵先祖法度,或以中兴,或以治安。至于陛下,独违道纵欲,轻身妄行,当盛壮之隆,无继嗣之福,有危亡之忧,积失君道,不合天意,亦已多矣。为人后嗣,守人功业,如此,岂不负哉!方今社稷宗庙祸福安危之机在于陛下,陛下诚肯发明圣之德,昭然远寤,畏此上天之威怒,深惧危亡之征兆,荡涤邪辟之恶志,①厉精致政,专心反道,②绝群小之私客,免不正之诏除,③悉罢北宫私奴车马媏出之具,④克己复礼,毋贰微行出饮之过,⑤以防迫切之祸,深惟日食再既之意,抑损椒房玉堂之盛宠,⑥毋听后宫之请谒,除掖庭之乱狱,去炮格之陷阱,诛戮佞邪之臣及左右执左道以事上者,以塞天下之望,且寝初陵之作,止诸缮治宫室,阙更减赋,尽休力役,⑦存恤振捄困乏之人,以弭远方,⑧厉崇忠直,放退残贼,无使素餐之吏久尸厚禄,以次贯行,固执无违,⑨夙夜孳孳,娄省无怠,⑩旧愆毕改,新德既章,⑪纤介之邪不复载心,则赫赫大异庶几可销,天命去就庶几可复,⑫社稷宗庙庶几可保。唯陛下留神反覆,熟省臣言。臣幸得备边部之吏,不知本朝失得,瞽言触忌讳,罪当万死。

①师古曰:"辟,读曰僻。"

②师古曰:"反犹还也。"

③师古曰："除,谓除补为官者。"

④师古曰："婧亦惰字耳。惰出,惰游也。"

⑤师古曰："贰,谓重为之也。《论语》称孔子云颜回'不贰过'。"

⑥师古曰："椒房,皇后所居。玉堂,嬖幸之舍也。"

⑦师古曰："阙亦谓减削之。更,谓更卒也,音工衡反。"

⑧师古曰："捄,古救字也。弭,安也。"

⑨师古曰："贯,联续也。谓上所陈众条诸事,宜次第相续行之,不当更违
　　异也。贯,工端反。"

⑩师古曰："娄,古屡字也。屡省,自观省也。"

⑪师古曰："章,明也。"

⑫师古曰："去就者,言去离无德而就有德。"

　　成帝性宽而好文辞,又久无继嗣,数为微行,多近幸小臣,赵、
李从微贱专宠,皆皇太后与诸舅凤夜所常忧。至亲难数言,故推永
等使因天变而切谏,劝上纳用之。永自知有内应,展意无所依违,①
每言事辄见答礼。②至上此对,上大怒。卫将军商密擿永令发去。③
上使侍御史收永,敕过交道厩者勿追。④御史不及永,还。上意亦
解,自悔。明年,征永为太中大夫,迁光禄大夫给事中。

①师古曰："展,申也。"

②师古曰："加礼而答之。"

③师古曰："擿,谓发动之,音它历反。"

④晋灼曰："交道厩去长安六十里,近延陵。"

　　元延元年,为北地太守。时灾异尤数,永当之官,上使卫尉淳于
长受永所欲言。永对曰:

　　　　臣永幸得以愚朽之材为太中大夫,备拾遗之臣,从朝者之
后,进不能尽思纳忠辅宣圣德,退无被坚执锐讨不义之功,猥
蒙厚恩,仍迁至北地太守。绝命陨首,身膏野草,不足以报塞万
分。陛下圣德宽仁,不遗易忘之臣,①垂周文之听,下及刍荛之
愚,有诏使卫尉受臣永所欲言。臣闻事君之义,有言责者尽其
忠,②有官守者修其职。臣永幸得免于言责之辜,有官守之
任,③当毕力遵职,养绥百姓而已。④不宜复关得失之辞。忠臣

之于上,志在过厚,是故远不违君,死不忘国。昔史鱼既没,余忠未讫,委柩后寝,以尸达诚;⑤汲黯身外思内,发愤舒忧,遗言李息。⑥经曰:"虽尔身在外,乃心无不在王室。"⑦臣永幸得给事中出入三年,虽执干弋守边垂,思慕之心常存于省闼,是以敢越郡吏之职,陈累年之忧。

①师古曰:"易忘,言其微贱不足记。"

②师古曰:"谓职当谏争。"

③师古曰:"言不为谏官,但郡守耳。"

④师古曰:"绥,安也。"

⑤如淳曰:"礼,大夫殡于正室,士于適室。《韩非》曰史鱼卒,委柩后寝,卫君吊而问之,曰:'不能进蘧伯玉,退弥子瑕,以尸谏也。'"

⑥师古曰:"谓论张汤也,事见《黯传》。"

⑦师古曰:"《周书·康王之诰》也。言诸蕃屏之臣,身虽在外,其心常当忠笃而在王室。"

　　臣闻天生蒸民,不能相治,①为立王者以统理之,方制海内非为天子,列土封疆非为诸侯,皆以为民也。垂三统,列三正,去无道,开有德,不私一姓,明天下乃天下之天下,非一人之天下也。王者躬行道德,承顺天地,博爱仁恕,恩及行苇,②籍税取民不过常法,宫室车服不逾制度,事节财足,黎庶和睦,则卦气理效,五征时序,百姓寿考,庶中蕃滋,③符瑞并降,以昭保右。④失道妄行,逆天暴物,穷奢极欲,湛湎荒淫,⑤妇言是从,诛逐仁贤,离逖骨肉,群小用事,⑥峻刑重赋,百姓愁怨,则卦气悖乱,咎征著邮,⑦上天震怒,灾异娄降,日月薄食,五星失行,山崩川溃,水泉踊出,妖孽并见,荓星耀光,⑧饥馑荐臻,百姓短折,万物夭伤。终不改寤,恶洽变备,不复谴告,更命有德。《诗》云:"乃眷西顾,此惟予宅。"⑨

①师古曰:"蒸,众也。"

②师古曰:"《诗·大雅·行苇》之篇曰'敦彼行苇,牛羊勿践',履言政化所及,仁道沾被,虽草木至贱,无所残伤。"

③师古曰:"庶,众也。屮,古草字也。蕃,多也,音扶元反。"

④师古曰："保,安也。右,助也。言为天所安助也。右,读曰佑。"

⑤师古曰："湛,读曰沉。"

⑥师古曰："邈,远也。"

⑦师古曰："悖,乖也。邮字与尤同。尤,过也。悖,布内反。"

⑧师古曰："茀,与孛同,音步内反。"

⑨师古曰："《大雅·皇矣》之诗也。言天以殷纣为恶不变,乃眷然西顾,见文王之德,而与之宅居也。"

　　夫去恶夺弱,迁命贤圣,天地之常经,百王之所同也。加以功德有厚薄,期质有修短,时世有中季,天道有盛衰。①陛下承八世之功业,当阳数之标季,②涉三七之节纪,③遭《无妄》之卦运,④直百六之灾阸。⑤三难异科,杂焉同会。⑥建始元年以来二十载间,群灾大异,交错锋起,多于《春秋》所书。八世著记,久不塞除,⑦重以今年正月己亥朔日有食之,⑧三朝之会,⑨四月丁酉四方众星白昼流陨,七月辛未彗星横天。乘三难之际会,畜众多之灾异。⑩因之以饥馑,接之以不赡。彗星,极异也,土精所生,流陨之应出于饥变之后,兵乱作矣,厥期不久,隆德积善,惧不克济。⑪内则为深宫后庭将有骄臣悍妾醉酒狂悖卒起之败,⑫北宫苑囿街巷之中臣妾之家幽閒之处,⑬徵舒、崔杼之乱;⑭外则诸夏下土将有樊并、苏令、陈胜、项梁奋臂之祸,内乱朝暮,日戒诸夏,⑮举兵以火角为期。⑯安危之分界,宗庙之至忧,⑰臣永所以破胆寒心,⑱豫言之累年。下有其萌,然后变见于上,⑲可不致慎!

①师古曰："中,读曰仲。"

②孟康曰："阳九之末季也。"师古曰："标,必遥反。"

③孟康曰："至平帝乃三七二百一十岁之厄,今已涉向其节纪。"

④应劭曰："天必先云而后雷,雷而后雨。而今无云而雷,无妄者,无所望也。万物无所望于天,灾之最大者也。"师古曰："取《易》之《无妄》卦为义。"

⑤师古曰："直,当也。"

⑥师古曰："杂,谓相参也。一曰,杂,先合反。杂焉,总萃貌。"

⑦李奇曰:"高祖以来至元帝,著记灾异未塞除也。"

⑧师古曰:"重,直用反。"

⑨师古曰:"岁月日三者之始,故云三朝。"

⑩师古曰:"畜,读曰蓄。蓄,积聚也。"

⑪师古曰:"修德积善尚恐不济,况不隆不积者乎。"

⑫师古曰:"卒,读曰猝。"

⑬师古曰:"间,读曰闲。"

⑭师古曰:"陈夏徵舒杀其君平国,齐崔杼杀其君光。"

⑮师古曰:"内乱,则祸在朝暮;诸夏,则日戒有兵。"

⑯张晏曰:"以荧惑芒角为期。"

⑰师古曰:"分,扶问反。"

⑱师古曰:"言惧甚。"

⑲师古曰:"萌,谓事之始生,如草木萌牙者也。"

祸起细微,奸生所易。①愿陛下正君臣之义,无复与群小媟黩燕饮;②中黄门后庭素娇慢不谨尝以醉酒失臣礼者,悉出勿留。勤三纲之严,修后宫之政,③抑远骄妒之宠,崇近婉顺之行,加惠失志之人,怀柔怨恨之心。④保至尊之重,秉帝王之威,朝觐法出而后驾,陈兵清道而后行,无复轻身独出,饮食臣妾之家。三者既除,内乱之路塞矣。

①师古曰:"易,轻也,音弋豉反。"

②师古曰:"媟,狎也。黩,污也。"

③师古曰:"三纲,君臣、父子、夫妇也。"

④师古曰:"怀,和也。"

诸夏举兵,萌在民饥馑而吏不恤,兴于百姓困而赋敛重,发于下怨离而上不知。《易》曰:"屯其膏,小贞吉,大贞凶。"①传曰:"饥而不损兹谓泰,厥灾水,厥咎亡。"②《㳄辞》曰:"关动牡飞,辟为无道,臣为非,厥咎乱臣谋篡。"③王者遭衰难之世,有饥馑之灾,不损用而大自润,故凶;百姓困贫无以共求,④愁悲怨恨,故水;城关守国之固,固将去焉,故牡飞。往年郡国二十一伤于水灾,禾黍不入。今年蚕麦咸恶。百川沸腾,江河溢决,大水泛滥郡国五十有余。比年丧稼,⑤时过无宿麦。⑥百姓失业流散,群辈守关。⑦大异较炳如彼,水灾浩浩,黎庶穷困如此,宜损常税小自润之时。⑧而有司奏请加赋,甚缪经义,逆于民心,布怨趋祸之道也。牡飞之状,殆为此发。古者谷不登亏膳,灾娄至损服,凶年不墍涂,明王之制也。⑨《诗》云:"凡民有丧,扶服捄之。"⑩《论语》曰:"百姓不足,君孰予足?"⑪臣愿陛下勿许加赋之奏,益减大官、导官、中御府、均官、掌畜、廪牺用度,止尚方、织室、京师郡国工服官发输造作,以助大司农。流恩广施,振赡困乏,开关梁,内流民,恣所欲之。⑫以救其急。立春,遣使者循行风俗,宣布圣德,⑬存恤孤寡,问民所苦,劳二千石,⑭敕劝耕桑,毋夺农时,以慰绥元元之心,防塞大奸之隙,⑮诸夏之乱,庶几可息。

①孟康曰:"膏者所以润入肌肤,爵禄亦所以养人者也。小贞,臣也。大贞,君也。遭屯难饥荒,君当开仓廪,振百姓,而反吝,则凶;臣吝啬,则吉。《论语》曰:'出内之吝,谓之有司。'"师古曰:"《易·屯卦》九五爻辞。"

②师古曰:"《洪范传》之辞。"

③师古曰:"《易·讹占》之辞也。讹,即妖字耳。"

④师古曰:"共,读曰供。无以供在上之所求。"

⑤师古曰:"比,频也。"

⑥师古曰:"时过者,失时不得种也。秋种夏收,故云宿麦。"

⑦如淳曰:"欲入就贱谷也。"

⑧师古曰:"言所润益于己者,当减小之。"

⑨师古曰:"墍,如今仰泥屋也,音许既反。"

⑩师古曰:"《邶国·谷风》之诗。服,蒲北反。捄,古救字。"

⑪师古曰:"《论语》载有若对鲁哀公之辞也。言百姓不足,君安得独足乎?"

⑫师古曰:"之,往也。"

⑬师古曰:"行,下更反。"

⑭师古曰:"劳,慰勉也。二千石,谓郡守诸侯相也,音来到反。"

⑮师古曰:"绥,安也。"

臣闻上主可与为善而不可与为恶，下主可与为恶而不可与为善。陛下天然之性，疏通聪敏，上主之恣也。①少省愚臣之言，感寤三难，②深畏大异，定心为善，损忘邪志，毋贰旧愆，厉精致政，至诚应天，则积异塞于上，祸乱伏于下，何忧患之有？窃恐陛下公志未专，私好颇存，尚爱群小，不肯为耳！

①师古曰："姿，材也。"

②师古曰："省，视也。"

对奏，天子甚感其言。

永于经书，泛为疏达，①与杜钦、杜邺略等，不能洽浃如刘向父子及扬雄也。其于天官、《京氏易》最密，故善言灾异，前后所上四十余事，略相反覆，专攻上身与后宫而已。党于王氏，上亦知之，不甚亲信也。

①师古曰："泛，普也，音敷剑反。"

永所居任职，①为北地太守岁余，卫将军商薨，曲阳侯根为票骑将军，荐永，征入为大司农。岁余，永病。三月，有司奏请免。故事，公卿病，辄赐告，至永独即时免。数月，卒于家。

①师古曰："言所处之官皆称职。"

本名并，以尉氏樊并反，更名永云。

杜邺字子夏，本魏郡繁阳人也。祖父及父积功劳皆至郡守，武帝时徙茂陵。邺少孤，其母张敞女。邺壮，从敞子吉学问，得其家书。以孝廉为郎。

与车骑将军王音善。平阿侯谭不受城门职，后薨，上闵悔之，乃复令谭弟成都侯商位特进，领城门兵，得举吏如将军府。邺见音前与平阿有隙，即说音曰："邺闻人情，恩深者其养谨，爱至者其求详。①夫戚而不见殊，孰能无怨？②此《棠棣》、《角弓》之诗所为作也。③昔秦伯有千乘之国，而不能容其母弟，《春秋》亦书而讥焉。④周召则不然，⑤忠以相辅，义以相匡，同己之亲，等己之尊，不以圣德独兼国宠，又不为长专受荣任，分职于陕，并为弼疑。⑥故内无感恨之隙，外无侵侮之羞，⑦俱享天佑，两荷高名者，盖以此也。窃见成都侯以特进领城门兵，复有诏得举吏如五府，此明诏所欲宠也。将军宜承顺圣意，加异往时，每事凡议，必与及之，指为诚发，出于将军，则孰敢不说谕？⑧昔文侯寤大雁之献而父子益亲，⑨陈平共壹饭之馔而将相加欢，⑩所接虽在楹阶俎豆之间，其于为国折冲厌难，岂不远哉！⑪窃慕仓唐、陆子之义，所白奥内，唯深察焉。"⑫音甚嘉其言，由是与成都侯商亲密，二人皆重邺。后以病去郎。商为大司马卫将军，除邺主簿，以为腹心，举侍御史。哀帝即位，迁为凉州刺史。邺居职宽舒，少威严，数年以病免。

①师古曰："详，悉也。"

②师古曰："戚，近也。殊，谓异于疏也。"

③师古曰："《棠棣》、《角弓》皆《小雅》篇名也。《棠棣》美燕兄弟，《角弓》刺不亲九族也。"

④师古曰："秦景公母弟公子铖有宠于其父桓公，景公立，铖惧而奔晋。事在昭元年。故经书'秦伯之弟铖出奔晋'。传曰'称弟，罪秦伯也'。"

⑤师古曰："言周公、召公无私怨也。"

⑥师古曰："分职于陕，谓自陕以东周公主之，自陕以西召公主之。陕即今陕州县也，音式冉反。而说者妄云分郏是颍川郏县，谬矣。弼疑，谓左辅、右弼、前疑、后承也。"

⑦师古曰："感，胡暗反。"

⑧师古曰："言此之意指皆出忠诚。彼必和悦，无忧乖异也。说，读曰悦。"

⑨师古曰："魏文侯废太子击，立击弟䜣，封击于中山，三年不往来。击臣赵仓唐进大雁于文侯，应对以礼，文侯感寤，废䜣而召立击，父子更亲也。"

⑩师古曰："陈平用陆贾说，以五百金为绛侯具食是也。共，读曰供。"

⑪师古曰："厌，一叶反。"

⑫师古曰："奥内，室中隐奥之处也。"

是时，帝祖母定陶傅太后称皇太太后，帝母丁姬称帝太后，而皇后即傅太后从弟子也。傅氏侯者三人，丁氏侯者二人。又封傅太后同母弟子郑业为阳信侯。傅太后尤与政专权。①元寿元年正月朔，上以皇后父孔乡侯傅晏为大司马卫将军，而帝舅阳安侯丁明为

大司马票骑将军。临拜,日食,诏举方正直言。扶阳侯韦育举邺方正,邺对曰:

①师古曰:"与,读曰豫。"

　　臣闻禽息忧国,碎首不恨;①卞和献宝,刖足愿之。②臣幸得奉直言之诏,无二者之危,敢不极陈!臣闻阳尊阴卑,卑者随尊,尊者兼卑,天之道也。是以男虽贱,各为其家阳;女虽贵,犹为其国阴。故礼明三从之义,③虽有文母之德,必系于子。④《春秋》不书纪侯之母,阴义杀也。⑤昔郑伯随姜氏之欲,终有叔段篡国之祸;周襄王内迫惠后之难,而遭居郑之危。⑥汉兴,吕太后权私亲属,又以外孙为孝惠后,是时继嗣不明,凡事多晻,⑦昼昏冬雷之变,不可胜载。窃见陛下行不偏之政,每事约俭,非礼不动,诚欲正身与天下更始也。然嘉瑞未应,而日食地震,民讹言行筹,传相惊恐。案《春秋》灾异,以指象为言语,⑧故在于得一类而达之也。日食,明阳为阴所临,《坤卦》乘《离》,《明夷》之象。⑨《坤》以法地,为土为母,以安静为德。震,不阴之效也。⑩占象甚明,臣敢不直言其事!

①应劭曰:"禽息,秦大夫,荐百里奚而不见纳。缪公出,当车以头击阑,脑乃播出,曰:'臣生无补于国而不如死也!'缪公感寤,而用百里奚,秦以大治。"

②师古曰:"解在《邹阳传》。"

③师古曰:"谓妇人在家从父,既嫁从夫,夫死从子。"

④师古曰:"文母,文王之妃大姒也。"

⑤师古曰:"隐三年'纪侯使履缱来逆女'。《公羊传》曰'婚礼不称主人'。主人,谓婿也。'不称母,母不通也。'杀,谓减降也,音所例反。"

⑥师古曰:"解并在前。"

⑦师古曰:"晻,与暗同。"

⑧师古曰:"谓天不言,但以景象指意告喻人。"

⑨应劭曰:"《明夷》之卦:'上六,不明晦,初登于天,后入于地。'明夷者,明伤也。初登于天者,初为天子,言以善闻于天也。后入于地者,伤贤害仁,佞恶在朝,必以恶终入于地也。"

⑩师古曰："言地当安静而今乃震,是为不遵阴道也。"

　　昔曾子问从令之义,孔子曰："是何言与!"①善闵子骞守礼不苟从亲,所行无非理者,故无可间也。②前大司马新都侯莽退伏弟家,经诏策决,复遣就国。高昌侯宏去蕃自绝,犹受封土。③制书侍中驸马都尉迁不忠巧佞,免归故郡,④间未旬月,则有诏还,大臣奏正其罚,卒不得遣,而反兼官奉使,显宠过故。及阳信侯业,皆缘私君国,非功义所止。⑤诸外家昆弟无贤不肖,并侍帷幄,布在列位,⑥或典兵卫,或将军屯,宠意并于一家,积贵之势,世所希见所希闻也。至乃并置大司马将军之官,皇甫虽盛,三桓虽隆,鲁为作三军,无以甚此。当拜之日,晻然日食。⑦不在前后,临事而发者,明陛下谦逊无专,承指非一,所言辄听,所欲辄随,⑧有罪恶者不坐辜罚,无功能者毕受官爵,流渐积猥,正尤在是,⑨欲令昭昭以觉圣朝。昔诗人所刺,《春秋》所讥,指象如此,殆不在它。由后视前,忿邑非之,⑩逮身所行,不自镜见,则以为可,计之过者。⑪疏贱独偏见,疑内亦有此类。⑫天变不空,保右世主如此之至,奈何不应!⑬

①师古曰："曾子问子:'从父之令,可谓孝乎?'孔子非之。事见《孝经》。与,读曰欤。"

②师古曰："《论语》称孔子曰:'孝哉闵子骞,人不间于其父母昆弟之言'是也。间,居苋反。"

③师古曰："董宏也。"

④师古曰："傅迁也。"

⑤师古曰："谓缘私恩而得封爵为一国之君耳,非有功而侯也。"

⑥师古曰："不问贤与不肖,皆亲近在位。"

⑦师古曰："晻,音乌感反。"

⑧师古曰："谓皆迫于太后也。"

⑨师古曰："尤,过也。言过恶正在于此。"

⑩师古曰："由,从也。邑,於邑也。"

⑪师古曰："逮,及也。镜,鉴照也。自以所行为可,是计策之误也。"

⑫如淳曰："在外而贱,举错有过失,为主上所疑也。"师古曰："此说非也。

言天子不自见其过，疏贱独偏见，邺自谓傍观而见之也。疑内亦有此
类，谓后宫嬖幸非理宠遇，亦有如傅迁、郑业等妄受恩赏者。"
⑬师古曰："右，读曰佑。应，谓应天戒而修德政。"

　　臣闻野鸡著怪，高宗深动。①大风暴过，成王怛然。②愿陛
下加致精诚，思承始初，事稽诸古，③以厌下心，④则黎庶群生
无不说喜，⑤上帝百神收还威怒，祯祥福禄何嫌不报！⑥
①师古曰："谓雉升鼎耳，故惧而修德，解在《五行志》。"
②师古曰："谓成王信流言而疑周公，天乃雷电以风，禾尽偃，大木斯拔，
　　王乃启金縢之书，悔而还周公。"
③师古曰："每事皆考于古者。"
④师古曰："厌，满也，音一赡反。"
⑤师古曰："说，读曰悦。"
⑥师古曰："嫌，疑也。"

　　邺未拜，病卒。邺言民讹言行筹，及谷永言王者买私田，彗星陨
石牡飞之占，语在《五行志》。

　　初，邺从张吉学，吉子竦又幼孤，从邺学问，亦著于世，尤长小
学。①邺子林，清静好古，亦有雅材，建武中历位列卿，至大司空。其
正文字过于邺、竦，故世言小学者由杜公。
①师古曰："小学，谓文字之学也。《周礼》'八岁入小学，保氏教国子以六
　　书'，故因名云。"

　　赞曰：孝成之世，委政外家，诸舅持权，重于丁、傅在孝哀时。故
杜邺敢讥丁、傅，而钦、永不敢言王氏，其势然也。及钦欲挹损凤权，
而邺附会音、商。永陈三七之戒，斯为忠焉，至其引申伯以阿凤，隙
平阿于车骑，①指金火以求合，②可谓谅不足而谈有余者。③孔子
称"友多闻"，三人近之矣。④
①师古曰："谓劝王谭不受城门之职。"
②师古曰："谓陈金火之变说音云'荡荡之德未纯'。冀音亲己，忘旧怨
　　也。"
③师古曰："谅，信也。"

④师古曰："孔子云:'友直、友谅,友多闻,益矣。'赞言杜邺、杜钦、谷永无直谅之德,但多闻也。"

汉书卷八六
列传第五六

何武　王嘉　师丹

　　何武字君公,蜀郡郫县人也。①宣帝时,天下和平,四夷宾服,神爵、五凤之间,娄蒙瑞应。②而益州刺史王襄使辩士王褒颂汉德,作《中和》、《乐职》、《宣布》诗三篇。③武年十四五,与成都杨覆众等共习歌之。是时,宣帝循武帝故事,求通达茂异士,召见武等于宣室。④上曰:"此盛德之事,吾何足以当之哉!"以褒为待诏,武等赐帛罢。

　　①师古曰:"郫,音疲。"

　　②师古曰:"娄,古屡字也。"

　　③师古曰:"中和者,言政教隆平,得中和之道也。乐职,谓百官万姓乐得其常道也。宣布,德化周洽,遍于四海也。"

　　④师古曰:"殿名也,解在《贾谊传》。"

　　武诣博士受业,治《易》。以射策甲科为郎,与翟方进交志相友。光禄勋举四行,①迁为鄠令,坐法免归。

　　①师古曰:"元帝永光元年,诏举质朴、敦厚、逊让、有行义各一人。时诏书又令光禄岁以此科第郎从官,故武以此四行得举之也。"

　　武兄弟五人,皆为郡吏,郡县敬惮之。武弟显家有市籍,租常不入,县数负其课。①市啬夫求商捕辱显家,②显怒,欲以吏事中商。③武曰:"以吾家租赋繇役不为众先,奉公吏不亦宜乎!"武卒白太守,召商为卒吏,州里闻之皆服焉。

　　①师古曰:"以显家不入租,故每令县负课殿也。"

②师古曰："求姓，商名也。"

③师古曰："中，伤之也，又音竹仲反。"

久之，太仆王音举武贤良方正，征对策，拜为谏大夫，迁杨州刺史。所举奏二千石长吏必先露章，服罪者为亏除，免之而已；①不服，极法奏之，抵罪或至死。

①师古曰："亏，减也。减除其状，直令免去也。"

九江太守戴圣，《礼经》号小戴者也，行治多不法，前刺史以其大儒，优容之。及武为刺史，行部录囚徒，有所举以属郡。①圣曰："后进生何知，乃欲乱人治！"②皆无所决。武使从事廉得其罪，③圣惧，自免。后为博士，毁武于朝廷。武闻之，终不扬其恶。而圣子宾客为群盗，得，④系庐江，圣自以子必死。武平心决之，卒得不死。自是后，圣惭服。武每奏事至京师，⑤圣未尝不造门谢恩。⑥

①师古曰："属，委也，音之欲反。"

②师古曰："言武仕学未久，故谓之后进生也。"

③师古曰："廉，察也。"

④师古曰："聚为群盗，而吏捕得也。"

⑤师古曰："刺史每岁尽，则入奏事于京师也。"

⑥师古曰："造，至也。音千到反。"

武为刺史，二千石有罪，应时举奏，其余贤与不肖敬之如一，是以郡国各重其守相，州中清平。行部必先即学官见诸生，①试其诵论，问以得失，然后入传舍，出记问垦田顷亩，五谷美恶。②已乃见二千石，以为常。③

①师古曰："即，就也。学官，学舍也。"

②师古曰："记，谓教命之书。"

③师古曰："常依次第也。"

初，武为郡吏时，事太守何寿，知武有宰相器，以其同姓故厚之。后寿为大司农，其兄子为庐江长史。时武奏事在邸，寿兄子适在长安，寿为具召武弟显及故人杨覆众等，①酒酣，见其兄子，②曰："此子杨州长史，③材能驽下，未尝省见。"④显等甚惭，退以谓武，武曰："刺史古之方伯，上所委任，一州表率也，职在进善退恶，吏治行有茂异,民有隐逸,乃当召见,不可有所私问。"显、覆众强之,不得已召见,赐卮酒。⑤岁中,庐江太守举之。⑥其守法见惮如此。

①师古曰:"具,谓酒食之具也。"

②师古曰:"令出见显等。"

③师古曰:"言杨州部内长史也。"

④师古曰:"省,视也。言不为武所识拔也。"

⑤师古曰:"对赐一卮之酒也。"

⑥师古曰:"终得武之力助也。"

为刺史五岁,入为丞相司直,丞相薛宣敬重之。出为清河太守,数岁,坐郡中被灾害什四以上免。久之,大司马曲阳侯王根荐武,征为谏大夫。迁兖州刺史,入为司隶校尉,徙京兆尹。二岁,坐举方正所举者召见槃辟雅拜,①有司以为诡众虚伪。②武坐左迁楚内史,迁沛郡太守,复入为廷尉。绥和元年,御史大夫孔光左迁廷尉,武为御史大夫。成帝欲修辟雍,通三公官,③即改御史大夫为大司空。④武更为大司空,封汜乡侯,食邑千户。汜乡在琅邪不其。⑤哀帝初即位,褒赏大臣,更以南阳犫之博望乡为汜乡侯国,⑥增邑千户。

①服虔曰:"行礼容拜也。"师古曰:"槃辟,犹言槃旋也。辟,音闢。"

②师古曰:"诡,违也。"

③师古曰:"通,开也,谓更开置之。"

④师古曰:"就其所任之人而并官俱改,不别拜授也。"

⑤师古曰:"为后改食博望乡,故此指言在琅邪不其也。汜,音凡。其,音基。"

⑥师古曰:"犫,昌牛反。"

武为人仁厚,好进士,奖称人之善。①为楚内史厚两龚,在沛郡厚两唐,②及为公卿,荐之朝廷。此人显于世者,何侯力也,世以此多焉。③然疾朋党,问文吏必于儒者,问儒者必于文吏,以相参检。欲除吏,先为科例以防请托。其所居亦无赫赫名,去后常见思。

①师古曰:"奖,劝也,进而劝之。"

②师古曰:"两龚,龚胜、龚舍也。两唐,唐林、唐遵也。"

③师古曰:"多,重也,重武进贤也。"

及为御史大夫司空,与丞相方进共奏言:"往者诸侯王断狱治政,内史典狱事,相总纲纪辅王,中尉备盗贼。今王不断狱与政,①中尉官罢,职并内史,郡国守相委任,所以壹统信,安百姓也。②今内史位卑而权重,威职相逾,不统尊者,难以为治。臣请相如太守,内史如都尉,以顺尊卑之序,平轻重之权。"制曰:"可。"以内史为中尉。初,武为九卿时,奏言宜置三公官,又与方进共奏罢刺史,更置州牧,后皆复故,③语在《朱博传》。唯内史事施行。

①师古曰:"与,读曰豫。"

②师古曰:"令百姓信之而安附也。"

③师古曰:"又依其旧也。下复,扶目反。"

多所举奏,号为烦碎,不称贤公。功名略比薛宣,其材不及也,而经术正直过之。武后母在郡,遣吏归迎。会成帝崩,吏恐道路有盗贼,后母留止,左右或讥武事亲不笃。①哀帝亦欲改易大臣,遂策免武曰:"君举错烦苛,不合众心,②孝声不闻,恶名流行,无以率示四方。其上大司空印绶,罢归就国。"后五岁,谏大夫鲍宣数称冤之,天子感丞相王嘉之对,而高安侯董贤亦荐武,武由是复征为御史大夫。月余,徙为前将军。

①师古曰:"左右,谓天子侧近之臣。"

②师古曰:"错,置也,音千故反。"

先是,新都侯王莽就国,数年,上以太皇太后故征莽还京师。莽从弟成都侯王邑为侍中,矫称太皇太后指白哀帝,为求特进给事中。哀帝复请之,事发觉。①太后为谢,上以太后故,不忍诛之,左迁邑为西河属国都尉,削千户。后有诏举大常,莽私从武求举,武不敢举。后数月,哀帝崩,太后即日引莽入,收大司马董贤印绶,诏有司举可大司马者。莽故大司马,辞位辟丁、傅,②众庶称以为贤,又太后近亲,自大司徒孔光以下举朝皆举莽。武为前将军,素与左将军公孙禄相善,二人独谋,以为往时孝惠、孝昭少主之世,外戚吕、霍、上官持权,几危社稷,③今孝成、孝哀比世无嗣,④方当选立亲近辅

幼主,不宜令异姓大臣持权,⑤亲疏相错,为国计便。⑥于是武举公
孙禄可大司马,而禄亦举武。太后竟自用莽为大司马。莽风有司劾
奏武、公孙禄互相称举,⑦皆免。

①师古曰:"哀帝反更以此事请于太后,太后本无此言,故娇事发觉也。
　　复,扶目反。"

②师古曰:"辟,读曰避。"

③师古曰:"几,巨依反。"

④师古曰:"比,频也。"

⑤师古曰:"异姓,谓非宗室及外戚。"

⑥师古曰:"错,谓间杂也。"

⑦师古曰:"风,读曰讽。"

　　武就国后,莽浸盛,为宰衡,①阴诛不附己者。元始三年,吕宽
等事起。时大司空甄丰承莽风指,②遣使者乘传案治党与,③连引
诸所欲诛,上党鲍宣,南阳彭伟、杜公子,④郡国豪桀坐死者数百
人。武在见诬中,大理正槛车征武,武自杀。众人多冤武者,莽欲厌
众意,令武子况嗣为侯,⑤谥武曰剌侯。⑥莽篡位,免况为庶人。

①师古曰:"浸,渐也。"

②师古曰:"风,谓风采也。指,意也。"

③师古曰:"传,音张恋反。"

④师古曰:"彭伟及杜公子二人皆南阳人。"

⑤师古曰:"厌,满也,音一赡反。"

⑥师古曰:"剌,音来曷反。"

　　王嘉字公仲,平陵人也。以明经射策甲科为郎,坐户殿门失阑
免。①光禄勋于永除为掾,察廉为南陵丞,②复察廉为长陵尉。鸿嘉
中,举敦朴能直言,召见宣室,对政事得失,超迁太中大夫。出为九
江、河南太守,治甚有声。征入为大鸿胪,徙京兆尹,迁御史大夫。建
平三年,代平当为丞相,封新甫侯,加食邑,千一百户。

①师古曰:"户,止也。嘉掌守殿门,止不当入者而失阑入之。故坐免也。
　　《春秋左氏传》曰'屈荡户之'。"

②师古曰:"南陵,县名,属宣城。"

嘉为人刚直严毅有威重,上甚敬之。哀帝初立,欲匡成帝之政,多所变动,①嘉上疏曰:

①师古曰:"匡,正也,正其乖失者。"

　　臣闻圣王之功,在于得人。孔子曰:"材难,不其然与!"①故"继世立诸侯,象贤也。"②虽不能尽贤,天子为择臣,立命卿以辅之。③居是国也,累世尊重,然后士民之众附焉,是以教化行而治功立。今之郡守重于古诸侯,往者致选贤材,贤材难得,拔擢可用者,或起于囚徒。昔魏尚坐事系,文帝感冯唐之言,遣使持节赦其罪,拜为云中太守,匈奴忌之。武帝擢韩安国于徒中,拜为梁内史,骨肉以安。④张敞为京兆尹,有罪当免,黠吏知而犯敞,敞收杀之,其家自冤,使者覆狱,劾敞贼杀人,⑤上逮捕不下,⑥会免,亡命数十日,宣帝征敞拜为冀州刺史,卒获其用。前世非私此三人,贪其材器有益于公家也。

①师古曰:"《论语》载孔子之言也。材难,谓有贤材者难得也。与,读曰欤。"

②师古曰:"象其先父祖之贤耳,非必其人皆有德也。"

③师古曰:"命卿,命于天子者也。"

④师古曰:"言梁孝王得免罪也。"

⑤师古曰:"覆,芳目反。"

⑥师古曰:"言使者上奏请逮捕敞,而天子不下其事也。下,胡稼反。"

　　孝文时,吏居官者或长子孙,以官为氏,仓氏、库氏则仓库吏之后也。其二千石长吏亦安官乐职,然后上下相望,莫有苟且之意。其后稍稍变易,公卿以下传相促急,又数改更政事,①司隶、部刺史察过悉劾,发扬阴私,②吏或居官数月而退,送故迎新,交错道路。中材苟容求全,③下材怀危内顾,④壹切营私者多。二千石益轻贱,吏民慢易之⑤。或持其微过,增加成罪,言于刺史、司隶,或至上书章下;⑥众庶知其易危,⑦小失意则有离畔之心。前山阳亡徒苏令等从横,⑧吏士临难,莫肯伏节死义,以守相威权素夺也。⑨孝成皇帝悔之,下诏书,二千石不为纵，⑩遣使者赐金，尉厚其意，诚以为国家有急，取办于二千石，二千石尊重难危，乃能使下。

①师古曰："更亦变。"

②师古曰："悉，尽也。言事无大小皆举劾，过于所察之条也。"

③师古曰："不敢操持群下也。"

④师古曰："常恐获罪，每为私计也。"

⑤师古曰："易亦轻也，音弋豉反。"

⑥师古曰："依其所上之章而下令治之。"

⑦师古曰："言易可倾危也。"

⑧师古曰："从，子用反。横，胡孟反。"

⑨师古曰："守，郡守也。相，诸侯相也。素夺，谓先不假之威权也。"

⑩孟康曰："二千石不以故纵为罪，所以优也。"

　　孝宣皇帝爱其良民吏，①有章劾，事留中，会赦壹解。②故事，尚书希下章，为烦扰百姓，证验系治，或死狱中，章文必有"敢告之"字乃下。③唯陛下留神于择贤，记善忘过，容忍臣子，勿责以备。④二千石、部刺史、三辅县令有材任职者，人情不能不有过差，宜可阔略，⑤令尽力者有所劝。此方今急务，国家之利也。前苏令发，⑥欲遣大夫使逐问状，时见大夫无可使者，⑦召盩厔令尹逢拜为谏大夫遣之。今诸大夫有材能者甚少，宜豫畜养可成就者，则士赴难不爱其死；临事仓卒乃求，非所以明朝廷也。

①师古曰："良，善也。良人吏，善治百姓者。"

②师古曰："不即下治其事，恐为扰动，故每留中。或经赦令，一切皆解散也。"

③师古曰："所以丁宁告者之辞，绝其相诬也。"

④师古曰："不求备于一人也。"

⑤师古曰："当宽恕其小罪也。"

⑥师古曰："谓苏令等初发起为盗贼也。"

⑦师古曰："谓见在大夫皆不堪为使也。"

嘉因荐儒者公孙光、满昌及能吏萧咸、薛修等，皆故二千石有名称。天子纳而用之。

　　会息夫躬、孙宠等因中常侍宋弘上书告东平王云祝诅,又与后舅伍宏谋弑上为逆,云等伏诛,躬、宠擢为吏二千石。是时,侍中董贤爱幸于上,上欲侯之而未有所缘,傅嘉劝上因东平事以封贤。上于是定躬、宠告东平本章,①掇去宋弘,更言因董贤以闻,②欲以其功侯之,皆先赐爵关内侯。顷之,欲封贤等,上心惮嘉,乃先使皇后父孔乡侯傅晏持诏书视丞相御史。③于是嘉与御史大夫贾延上封事言:“窃见董贤等三人始赐爵,众庶匈匈,咸曰贤贵,其余并蒙恩,④至今流言未解。陛下仁恩于贤等不已,宜暴贤等本奏语言,⑤延问公卿大夫博士议郎,考合古今,明正其义,然后乃加爵土;不然,恐大失众心,海内引领而议。暴平其事,必有言当封者,在陛下所从;天下虽不说,咎有所分。⑥不独在陛下。前定陵侯淳于长初封,其事亦议。大司农谷永以长当封,众人归咎于永,先帝不独蒙其讥。⑦臣嘉、臣延材驽不称,死有余责。⑧知顺指不逆,可得容身须臾,⑨所以不敢者,思报厚恩也。”上感其言,止,数月,遂下诏封贤等,因以切责公卿曰:“朕居位以来,寝疾未瘳,⑩反逆之谋,相连不绝,贼乱之臣,近侍帷幄。前东平王云与后谒祝诅朕,使侍医伍宏等内侍案脉,⑪几危社稷,殆莫甚焉!⑫昔楚有子玉得臣,晋文为之侧席而坐;⑬近事,汲黯折淮南之谋。今云等至有图弑天子逆乱之谋者,是公卿股肱莫能悉心务聪明以销厌未萌之故。⑭赖宗庙之灵,侍中驸马都尉贤等发觉以闻,咸伏厥辜。《书》不云乎?‘用德章厥善’,⑮其封贤为高安侯、南阳太守宠为方阳侯、左曹光禄大夫躬为宜陵侯。”

　　①师古曰:“定,谓改治也。”

　　②师古曰:“掇,读曰剟。剟,削也,削去其名也。剟,竹劣反。”

　　③师古曰:“视,读曰示。”

　　④师古曰:“言董贤以贵宠故妄得封,而躬、宠等遂蒙恩。”

　　⑤师古曰:“暴,谓章露也。”

　　⑥师古曰:“说,读曰悦。”

　　⑦师古曰:“蒙,被也。”

⑧师古曰："称，副也。"

⑨师古曰："迕，逆也。"

⑩师古曰："瘳，差也，音丑留反。"

⑪师古曰："案，谓切诊也。"

⑫师古曰："几，钜依反。殆亦危也。"

⑬师古曰："已解于上。"

⑭师古曰："悉，尽也。务聪明者，广视听也。厌，一涉反。"

⑮师古曰："《商书·盘庚》之辞也。"

后数月，日食，举直言，嘉复奏封事曰：

臣闻咎繇戒帝舜曰："亡敖佚欲有国，兢兢业业，一日二日万机。"①箕子戒武王曰："臣无有作威作福，亡有玉食；臣之有作威作福玉食，害于而家，凶于而国，人用侧颇辟，民用僭忒。"②言如此则逆尊卑之序，乱阴阳之统，而害及王者，其国极危。国人倾仄不正，民用僭差不壹，此君不由法度，上下失序之败也。武王躬履此道，隆至成康。③自是以后，纵心恣欲，法度陵迟，④至于臣弑君，子弑父。父子至亲，失礼患生，何况异姓之臣？孔子曰："道千乘之国，敬事而信，节用而爱人，使民以时。"⑤孝文皇帝备行此道，海内蒙恩，为汉太宗。孝宣皇帝赏罚信明，施与有节，记人之功，忽于小过，⑥以致治平。孝元皇帝奉承大业，温恭少欲，都内钱四十万万，水衡钱二十五万万，少府钱十八万万。⑦尝幸上林，后宫冯贵人从临兽圈。猛兽惊出，贵人前当之，元帝嘉美其义，赐钱五万。⑧掖庭见亲，有加赏赐，属其人勿众谢。⑨示平恶偏，重失人心，赏赐节约。是时外戚赀千万者少耳，故少府水衡见钱多也。⑩虽遭初元、永光凶年饥馑，加有西羌之变，外奉师旅，内振贫民，终无倾危之忧，以府藏内充实也。孝成皇帝时，谏臣多言燕出之害，⑪及女宠专爱，耽于酒色，损德伤年，其言甚切，然终不怨怒也。宠臣淳于长、张放、史育，育数贬退，家赀不满千万，放斥逐就国，长榜死于狱。⑫不以私爱害公义，故虽多内讥，朝廷安平，⑬传业陛下。

①师古曰:"《虞书·咎繇谟》之辞也。言有国之人不可傲慢逸欲,但当戒慎危惧,以理万事之机也。敖,读曰傲。"

②师古曰:"《周书·洪范》载箕子对武王之辞也。玉食,精好如玉也。而,汝也。颇,偏也。僭,不信也。懠,恶也。"

③师古曰:"言武王能履法度,故至成康之时,德化隆盛也。"

④师古曰:"陵迟即陵夷也,言渐颓替也。"

⑤师古曰:"《论语》载孔子之言也。道,治也。千乘,谓兵车千乘,说在《刑法志》。"

⑥师古曰:"忽,忘也。"

⑦师古曰:"言不费用,故蓄积也。"

⑧师古曰:"此言虽嘉其义,而赏亦不多。"

⑨师古曰:"掖庭宫人有亲戚来见而帝赐之者,属其家勿使于众人中谢也。属,之欲反。"

⑩师古曰:"见在之钱也。"

⑪师古曰:"燕出,谓微行也。"

⑫师古曰:"榜,笞击也,音彭。"

⑬师古曰:"虽有好内之讥,而不害政也。"

　　陛下在国之时,好《诗》《书》,上俭节,征来所过道上称诵德美,此天下所以回心也。①初即位,易帷帐,去锦绣,乘舆席缘绨缯而已。②共皇寝庙比比当作,③忧闵元元,惟用度不足,④以义割恩,辄且止息,今始作治。而驸马都尉董贤亦起官寺上林中,又为贤治大第,开门乡北阙,⑤引王渠灌园池,⑥使者护作,⑦赏赐吏卒,甚于治宗庙。贤母病,长安厨给祠具,⑧道中过者皆饮食。⑨为贤治器,器成,奏御乃行,或物好,特赐其工,自贡献宗庙三宫,犹不至此。⑩贤家有宾婚及见亲,诸官并共,⑪赐及仓头奴婢,人十万钱。使者护视,发取市物,百贾震动,⑫道路谨哗,群臣惶惑。诏书罢苑,而以赐贤二千余顷,均田之制从此堕坏。⑬奢僭放纵,变乱阴阳,灾异众多,百姓讹言,持筹相惊,⑭被发徒跣而走,乘马者驰,天惑其意,不能自止。或以为筹者策失之戒也。陛下素仁智慎事，今而有此大讥。
①师古曰："望为治也。"
②师古曰："缔，厚缯也，音徒奚反。"
③师古曰："恭皇，哀帝之父，即定陶恭王也。比比，犹频频也。共，读曰恭。"
④师古曰："惟，思也。"
⑤师古曰："乡，读曰向。"
⑥苏林曰："王渠，官渠也，由今御沟也。"晋灼曰："渠名也，在城东覆盎门外。"师古曰："晋说是。"
⑦师古曰："护，监视也。"
⑧师古曰："长安有厨官，主为官食。"
⑨如淳曰："祷于道中，故行人皆得饮食。"
⑩师古曰："三宫，天子、太后、皇后也。"
⑪师古曰："见亲，亲戚相见也。并供，言百官各以所掌事及财物就供之。共，读曰供。"
⑫师古曰："贾，谓贩卖之人也。言百贾者，非一之称也。贾，音古。"
⑬孟康曰："自公卿以下至于吏民名曰均田，皆有顷数，于品制中令均等。今赐贤二千余顷，则坏其等制也。"师古曰："菀，古苑字。墮，火规反。"
⑭师古曰："言行西王母筹也。"

　　孔子曰："危而不持，颠而不扶，则将安用彼相矣！"①臣嘉幸得备位，窃内悲伤不能通愚忠之信；身死有益于国，不敢自惜。唯陛下慎己之所独乡，察众人之所共疑。②往者宠臣邓通、韩嫣③骄贵失度，逸豫无厌，小人不胜情欲，卒陷罪辜。④乱国亡躯，不终其禄，所谓爱之适足以害之者也。宜深览前世，以节贤宠，全安其命。
①师古曰："《论语》称季氏将伐颛臾，冉有、季路见于孔子，孔子以此言责之，以其不匡谏也。"
②师古曰："乡，读曰向。"
③师古曰："嫣，音偃。"
④师古曰："卒，终也。"

于是上浸不说，①而愈爱贤，不能自胜。

①师古曰:"浸,渐也。说,读曰悦。"

　　会祖母傅太后薨,上因托傅太后遗诏,令成帝母王太后下丞相御史,益封贤二千户,及赐孔乡侯、汝昌侯、阳新侯国。①嘉封还诏书,②因奏封事谏上及太后曰:"臣闻爵禄土地,天之有也。《书》云:'天命有德,五服五章哉!'③王者代天爵人,尤宜慎之。裂地而封,不得其宜,则众庶不服,感动阴阳,其害疾自深。④今圣体久不平,此臣嘉所内惧也。高安侯贤,佞幸之臣,陛下倾爵位以贵之,单货财以富之,⑤捐至尊以宠之,⑥主威已黜,府臧已竭,唯恐不足。财皆民力所为,孝文皇帝欲起露台,重百金之费,克己不作。今贤散公赋以施私惠,一家至受千金,往古以来贵臣未尝有此,流闻四方,皆同怨之。里谚曰:'千人所指,无病而死。'臣常为之寒心。今太皇太后以永信太后遗诏,诏丞相御史益贤户,赐三侯国,臣嘉窃惑。山崩地动,日食于三朝,⑦皆阴侵阳之戒也。前贤已再封,晏、商再易邑,业缘私横求,恩已过厚,⑧求索自恣,不知厌足,甚伤尊尊之义,不可以示天下,为害痛矣!臣骄侵罔,阴阳失节,⑨气感相动,害乃身体。陛下寝疾久不平,继嗣未立,宜思正万事,顺天人之心,以求福祐,奈何轻身肆意,⑩不念高祖之勤苦垂立制度欲传之于无穷哉!《孝经》曰:'天子有争臣七人,虽无道,不失其天下。'⑪臣谨封上诏书,不敢露见,非爱死而不自法,恐天下闻之,故不敢劾。愚戆数犯忌讳,唯陛下省察。"

①师古曰:"傅晏、傅商、郑业也。"

②师古曰:"还,谓却上之于天子也。"

③师古曰:"《虞书·咎繇谟》之辞也。言皇天命于有德者以居列位,天子诸侯卿大夫士尊卑之服采章各异也。"

④师古曰:"言此气损害,故今天子身自有疾也。"

⑤师古曰:"单,尽也。"

⑥师古曰:"言上意倾惑,为下所窥也。"

⑦师古曰:"岁月日之朝也。已解于上。"

⑧师古曰:"横,胡孟反。"

⑨师古曰:"罔,谓诬蔽也。"

⑩师古曰:"肆,放也。"

⑪师古曰:"言上能纳谏则免于过恶也。"

初,廷尉梁相与丞相长史、御史中丞及五二千石杂治东平王云狱,时冬月未尽二旬,而相心疑云冤,狱有饰辞,①奏欲传之长安,②更下公卿覆治。尚书令鞫谭、仆射宗伯凤以为可许。③天子以相等皆见上体不平,外内顾望,操持两心,④幸云逾冬,无讨贼疾恶主仇之意,制诏免相等皆为庶人。后数月大赦,嘉奏封事荐相等明习治狱,"相计谋深沉,谭颇知雅文,凤经明行修,圣王有计功除过,⑤臣窃为朝廷惜此三人。"书奏,上不能平。⑥后二十余日,嘉封还益董贤户事,上乃发怒,召嘉诣尚书,责问以"相等前坐在位不尽忠诚,外附诸侯,操持两心,背人臣之义,今所称相等材美,足以相计除罪。君以道德,位在三公,以总方略一统万类分明善恶为职,知相等罪恶陈列,著闻天下,时辄以自劾,今又称誉相等,云为朝廷惜之。大臣举错,恣心自在,⑦迷国罔上,近由君始,将谓远者何!⑧对状。"⑨嘉免冠谢罪。

①师古曰:"假饰之辞,非其实也。"

②师古曰:"传,谓移其狱事也。"

③师古曰:"鞫及宗伯皆姓也。鞫,居六反。"

④师古曰:"操,千高反。"

⑤师古曰:"收采其功,以免罪过也。"

⑥师古曰:"心怒也。"

⑦师古曰:"错,置也。"

⑧师古曰:"近臣尚然,则远者固宜尔也。"

⑨师古曰:"敕令具对也。"

事下将军中朝者。光禄大夫孔光、左将军公孙禄、右将军王安、光禄勋马宫、光禄大夫龚胜劾"嘉迷国罔上不道,请与廷尉杂治"。胜独以为"嘉备宰相,诸事并废,咎由嘉生;①嘉坐荐相等,微薄,以应迷国罔上不道,恐不可以示天下"。遂可光等奏。

①师古曰:"孔光以下众共劾嘉,而胜独为异议也。"

光等请谒者召嘉诣廷尉诏狱,制曰:"票骑将军、御史大夫、中

二千石、二千石、诸大夫、博士、议郎议。”卫尉云等五十人以为“如
光等言可许”。议郎龚等以为“嘉言事前后相违，无所执守，不任宰
相之职，宜夺爵土，免为庶人”。永信少府猛等十人以为“圣王断狱，
必先原心定罪，探意立情，故死者不抱恨而入地，生者不衔怨而受
罪。明主躬圣德，重大臣刑辟，广延有司议，欲使海内咸服。嘉罪名
虽应法，圣王之于大臣，在舆为下，御坐则起，①疾病视之无数，死
则临吊之，废宗庙之祭，进之以礼，退之以义，诔之以行。②案嘉本
以相等为罪，罪恶虽著，大臣括发关械、裸躬就笞，③非所以重国褒
宗庙也。今春月寒气错缪，霜露数降，宜示天下以宽和。臣等不知
大义，唯陛下察焉”。有诏假谒者节，召丞相诣廷尉诏狱。

①师古曰：“解在《翟方进传》。”

②师古曰：“言大臣之死，积累其行而为诔也。诔者，累德行之文。”

③师古曰：“括，结也。关，贯也。裸，露也。”

使者既到府，掾史涕泣，共和药进嘉，嘉不肯服。主簿曰：“将相
不对理陈冤，相踵以为故事，①君侯宜引决。”②使者危坐府门
上。③主簿复前进药，嘉引药杯以击地，谓官属曰：“丞相幸得备位
三公，奉职负国，当伏刑都市以示万众。丞相岂儿女子邪，何谓咀药
而死！”④嘉遂装出，见使者再拜受诏，乘吏小车，去盖不冠，随使者
诣廷尉。廷尉收嘉丞相新甫侯印绶，缚嘉载致都厹诏狱。

①师古曰：“踵由蹑也。”

②师古曰：“令自杀也。”

③师古曰：“以逼促嘉也。”

④师古曰：“咀，嚼也，音才汝反。”

上闻嘉生自诣吏，大怒，使将军以下与五二千石杂治。吏诘问
嘉，嘉对曰：“案事者思得实。窃见相等前治东平王狱，不以云为不
当死，欲关公卿，示重慎；置驿马传囚，势不得逾冬月，诚不见其外
内顾望、阿附为云验。复幸得蒙大赦，相等皆良善吏，臣窃为国惜
贤，不私此三人。”狱吏曰：“苟如此，则君何以为罪？犹当有以负国，
不空入狱矣。”吏稍侵辱嘉，嘉喟然卬天叹曰：①“幸得充备宰相，不

能进贤退不肖,以是负国,死有余责。"吏问贤不肖主名,嘉曰:"贤,故丞相孔光、故大司空何武,不能进;恶,高安侯董贤父子,佞邪乱朝,而不能退。罪当死,死无所恨。"嘉系狱二十余日,不食欧血而死。

①师古曰:"卬,读曰仰。"

帝舅大司马票骑将军丁明素重嘉而怜之,上遂免明,以董贤代之,语在《贤传》。

嘉为相三年诛,国除。死后上览其对而思嘉言,复以孔光代嘉为丞相,征用何武为御史大夫。元始四年,诏书追录忠臣,封嘉子崇为新甫侯,追谥嘉为忠侯。

师丹字仲公,琅邪东武人也。治《诗》,事匡衡。举孝廉为郎。元帝末,为博士,免。建始中,州举茂材,复补博士,出为东平王太傅。丞相方进、御史大夫孔光举丹论议深博,廉正守道,征入为光禄大夫、丞相司直。数月,复以光禄大夫给事中,由是为少府、光禄勋、侍中,甚见尊重。成帝末年,立定陶王为皇太子,以丹为太子太傅。哀帝即位,为左将军,赐爵关内侯,食邑,领尚书事,遂代王莽为大司马,封高乐侯。月余,徙为大司空。

上少在国,见成帝委政外家,王氏僭盛,常内邑邑。即位,多欲有所匡正。封拜丁、傅,夺王氏权。丹自以师傅居三公位,得信于上,上书言:"古者谅阇不言,听于冢宰,①三年无改于父之道。②前大行尸柩在堂,而官爵臣等以及亲属,赫然皆贵宠。封舅为阳安侯,皇后尊号未定,豫封父为孔乡侯。出侍中王邑、射声校尉王邯等。诏书比下,变动政事,③卒暴无渐。④臣纵不能明陈大义,复曾不能牢让爵位,⑤相随空受封侯,增益陛下之过。间者,郡国多地动水出,流杀人民,日月不明,五星失行,此皆举错失中,号令不定,法度失理,阴阳溷浊之应也。⑥臣伏惟人情无子,年虽六七十,犹博取而广求。⑦孝成皇帝深见天命,烛知至德,⑧以壮年克己,立陛下为嗣。先帝暴弃天下而陛下继体,四海安宁,百姓不惧,此先帝圣德当合天人之功也。臣闻天威不违颜咫尺，⑨愿陛下深思先帝所以建立陛下之意，且克己躬行以观群下之从化。天下者，陛下之家也，肺附何患不富贵，不宜仓卒。先帝不量臣愚，以为太傅，陛下以臣托师傅，故亡功德而备鼎足，封大国，加赐黄金，位为三公，职在左右，⑩不能尽忠补过，而令庶人窃议，灾异数见，此臣之大罪也。臣不敢言乞骸骨归于海滨，恐嫌于伪。诚惭负重责，义不得不尽死。"书数十上，多切直之言。

① 师古曰："《论语》云子张曰：'《书》云高宗谅阴，三年不言。'孔子曰：'何必高宗，古之人皆然。君薨，百官总己以听于冢宰三年。'谅，信也。阴，默然也。"

② 师古曰："《论语》称孔子曰：'父在观其志，父没观其行；三年无改于父之道，可谓孝矣。'"

③ 师古曰："比，频也。"

④ 师古曰："卒，读曰猝。"

⑤ 师古曰："牢，坚也。"

⑥ 师古曰："溷，胡顿反。"

⑦ 师古曰："取，读曰娶。"

⑧ 师古曰："烛，照也。至德，指谓哀帝。"

⑨ 师古曰："言常若在前，宜自肃惧也。"

⑩ 师古曰："左右，助也。左，读曰佐。右，读曰佑。"

初，哀帝即位，成帝母称太皇太后，成帝赵皇后称皇太后，而上祖母傅太后与母丁后皆在国邸，自以定陶共王为称。高昌侯董宏上书言："秦庄襄王母本夏氏，而为华阳夫人所子，①及即位，后俱称太后。宜立定陶共王后为皇太后。"事下有司，时丹以左将军与大司马王莽共劾奏宏"知皇太后至尊之号，天下一统，而称引亡秦以为比喻，违误圣朝，非所宜言，大不道。"上新立，谦让，纳用莽、丹言，免宏为庶人。傅太后大怒，要上欲必称尊号，上于是追尊定陶共王为共皇帝，尊傅太后为共皇太后，丁后为共皇后。郎中令泠褒、黄门郎段犹等复奏言：②"定陶共皇太后、共皇后皆不宜复引定陶蕃国之名以冠大号，车马衣服宜皆称皇之意，③置吏二千石以下各供厥职,④又宜为共皇立庙京师。"上复下其议,有司皆以为宜如褒、犹言。丹议独曰:"圣王制礼,取法于天地。故尊卑之礼明则人伦之序正,人伦之序正则乾坤得其位而阴阳顺其节,人主与万民俱蒙祐福。尊卑者,所以正天地之位,不可乱也。今定陶共皇太后、共皇后以定陶共为号者,母从子、妻从夫之义也。欲立官置吏,车服与太皇太后并,非所以明尊卑亡二上之义也。定陶共皇号谥已前定,义不得复改。《礼》:'父为士,子为天子,祭以天子,其尸服以士服。'子亡爵父之义,尊父母也。为人后者为之子,故为所后服斩衰三年,而降其父母期,明尊本祖而重正统也。孝成皇帝圣恩深远,故为共王立后,奉承祭祀,今共皇长为一国太祖,万世不毁,恩义已备。陛下既继体先帝,持重大宗,承宗庙天地社稷之祀,义不得复奉定陶共皇,祭入其庙。今欲立庙于京师,而使臣下祭之,是无主也。又亲尽当毁,空去一国太祖不堕之祀,⑤而就无主当毁不正之礼,非所以尊厚共皇也。"丹由是浸不合上意。⑥

①师古曰:"庄襄王,始皇之父也。华阳夫人,孝文王之夫人也。子,谓养以为子也。"

②师古曰:"泠,音零。"

③师古曰:"皇者,至尊之号,其服御宜皆副称之也。称,尺孕反。"

④师古曰:"谓詹事、太仆、少府等众官也。"

⑤师古曰:"堕亦毁也,音火规反。"

⑥师古曰:"浸,渐也。"

会有上书言:"古者以龟贝为货,今以钱易之,民以故贫,宜可改币。"上以问丹,丹对言可改。章下有司,议皆以为行钱以来久,难卒变易。①丹老人,忘其前语,后从公卿议。又丹使吏书奏,吏私写其草,丁、傅子弟闻之,使人上书告"丹上封事,行道人遍持其书"。上以问将军中朝臣,皆对曰:"忠臣不显谏,大臣奏事不宜漏泄,令吏民传写,流闻四方。'臣不密则失身',②宜下廷尉治。"事下廷尉,廷尉劾丹大不敬。事未决,给事中博士申咸、炔钦上书,③言"丹经行无比,④自近世大臣能若丹者少。发愤懑,奏封事,不及深思远虑,使主簿书,漏泄之过不在丹。以此贬黜,恐不厌众心。"⑤尚书劾咸、钦:"幸得以儒官选擢备腹心,上所折中定疑,⑥知丹社稷重臣,议罪处罚,国之所慎,咸、钦初傅经义以为当治,⑦事以暴列,乃复上书妄称誉丹,前后相违,不敬。"上贬咸、钦秩各二等,遂策免丹曰:"夫三公者,朕之腹心也,辅善相过,匡率百僚,和合天下者也。朕既不明,委政于公,间者阴阳不调,寒暑失常,变异娄臻,⑧山崩地震,河决泉涌,流杀人民,百姓流连,无所归心,司空之职尤废焉。君在位出入三年,未闻忠言嘉谋,而反有朋党相进不公之名。乃者,以挺力田议改币章示君,⑨君内为朕建可改不疑,⑩以君之言,博考朝臣,君乃希众雷同,外以为不便,令观听者归非于朕。朕隐忍不宣,为君受愆。朕疾夫比周之徒,⑪虚伪坏化,浸以成俗,故屡以书饬君,⑫几君省过求己,⑬而反不受,退有后言。及君奏封事,传于道路,布闻朝市,言事者以为大臣不忠,幸陷重辟,获虚采名,谤讥匈匈,流于四方。腹心如此,谓疏者何?殆谬于二人同心之利焉。⑭将何以率示群下,附亲远方?朕惟君位尊任重,虑不周密,怀谖迷国,⑮进退违命,反覆异言,甚为君耻之,非所以共承天地,永保国家之意。⑯以君尝托傅位,未忍考于理,已诏有司赦君勿治。其上大司空高乐侯印绶,罢归。"

①师古曰:"卒,读曰猝。"

②师古曰:"《易·上系》之辞。"

③苏林曰:"炔,音桂。"

④师古曰:"比,必寐反。"

⑤师古曰:"厌,一赡反。"

⑥师古曰:"折,断也,取其言以断事之中而定所疑。"

⑦师古曰:"傅,读曰附。"

⑧师古曰:"娄,古屡字也。"

⑨师古曰:"挺,引拔也,谓特拔异力田之人优宠之也。挺,徒鼎反。而说者以挺为县名,失之远矣。"

⑩师古曰:"共立此议也。"

⑪师古曰:"比,频寐反。"

⑫师古曰:"饬,与敕同。"

⑬师古曰:"省,视也。自求诸己,不尤人也。几,音冀。"

⑭师古曰:"《易·上系》辞曰'二人同心,其利断金',故诏书引之。"

⑮师古曰:"谖,诈也,音虚袁反。"

⑯师古曰:"共,读曰恭。"

尚书令唐林上疏曰:"窃见免大司空丹策书,泰深痛切,君子作文,为贤者讳。丹经为世儒宗,德为国黄耇,①亲傅圣躬,位在三公,所坐者微,海内未见其大过,事既已往,免爵大重,京师识者咸以为宜复丹邑爵,使奉朝请,②四方所瞻卬也。③惟陛下财览众心,有以尉复师傅之臣。"④上从林言,下诏赐丹爵关内侯,食邑三百户。

①师古曰:"黄耇,老人之称也。黄,谓白发落更生黄者也。耇,老人面色不净如垢。"

②师古曰:"识者,谓有识之人也。请,材性反。"

③师古曰:"卬,读曰仰。"

④师古曰:"财,与裁同。复,报也,音扶目反。"

丹既免数月,上用朱博议,尊傅太后为皇太太后,丁后为帝太后,与太皇太后及皇太后同尊,又为共皇立庙京师,仪如孝元皇帝。博迁为丞相,复与御史大夫赵玄奏言:"前高昌侯宏首建尊号之议,而为丹所劾奏,免为庶人。时天下衰粗,委政于丹。①丹不深惟褒广尊亲之义而妄称说,抑贬尊号,亏损孝道,不忠莫大焉。陛下圣仁,昭然定尊号,宏以忠孝复封高昌侯。丹恶逆暴著,虽蒙赦令,不宜有爵邑,请免为庶人。"奏可。丹于是废归乡里者数年。

①师古曰:"言新有成帝之丧,斩衰粗服,故天子不亲政事也。"

平帝即位,新都侯王莽白太皇太后发掘傅太后、丁太后冢,夺其玺绶,更以民葬之,定陶隳废共皇庙。①诸造议泠褒、段犹等皆徙合浦,复免高昌侯宏为庶人。征丹诣公车,赐爵关内侯,食故邑。数月,太皇太后诏大司徒、大司空曰:"夫褒有德,赏元功,先圣之制,百王不易之道也。故定陶太后造称僭号,甚悖义理。②关内侯师丹端诚于国,不顾患难,执忠节,据圣法,分明尊卑之制,确然有柱石之固,临大节而不可夺,可谓社稷之臣矣。有司条奏邪臣建定称号者已放退,而丹功赏未加,殆缪乎先赏后罚之义,非所以章有德报厥功也。其以厚丘之中乡户二千一百封丹为义阳侯。"月余薨,谥曰节侯。子业嗣,王莽败乃绝。

①师古曰:"臛,火规反。"

②师古曰:"悖,乖也,音布内反。"

赞曰:何武之举,王嘉之争,师丹之议,①考其祸福,乃效于后。②当王莽之作,外内咸服,董贤之爱,疑于亲戚,③武、嘉区区,以一篑障江河,用没其身。④丹与董宏更受赏罚,⑤哀哉!故曰:"依世则废道,违俗则危殆",⑥此古人所以难受爵位者也。

①师古曰:"何武举公孙禄为大司马,王嘉争益董贤封邑,师丹议丁、傅不宜称尊号。"

②师古曰:"终以王莽篡位,董贤遇祸,丁、傅丧败。"

③师古曰:"疑,读曰拟。拟,比也。"

④师古曰:"篑,织草为器,所以盛土也。一篑之土,固不能障塞江河,是以其身沉没也。篑,音匮。"

⑤师古曰:"更,互也。宏初建议尊号,为丹所劾而免爵土。及丹废黜,宏复获封。至王莽执政,宏为庶人,丹受国邑。故云互受赏罚也。更,工衡反。"

⑥师古曰:"言随时曲直则废于正道,违近流俗则其身不安也。"

汉书卷八七上
列传第五七上

扬雄上

师古曰:"自《长扬赋》以后分为下卷。"

扬雄字子云,蜀郡成都人也。其先出自有周伯侨者,以支庶初食采于晋之扬,①因氏焉,不知伯侨周何别也。②扬在河、汾之间,③周衰而扬氏或称侯,号曰扬侯。会晋六卿争权,韩、魏、赵兴而范、中行、知伯弊。当是时,偪扬侯,④扬侯逃于楚巫山,因家焉。⑤楚汉之兴也,扬氏溯江上,处巴江州,⑥而扬季官至庐江太守。汉元鼎间,避仇复溯江上,处岷山之阳曰郫,⑦有田一廛,有宅一区,⑧世世以农桑为业。自季至雄,五世而传一子,故雄亡它扬于蜀。⑨

①师古曰:"采,官也。以官受地,谓之采地。"

②师古曰:"别,谓分系绪也。"

③应诏曰:"《左传》霍、扬、韩、魏皆姬姓也。扬,今河东扬县。"

④晋灼曰:"《汉名臣奏》载张衡说,云晋大夫食采于扬,为扬氏,食我有罪而扬氏灭。无扬侯。有扬侯则非六卿所偪也。"师古曰:"晋说是也。雄之自序谱谍盖为疏谬,范中行不与知伯同时灭,何得言当是时偪扬侯乎? 偪,古逼字。"

⑤师古曰:"巫山,今在荆州西南也。"

⑥李奇曰:"江州,县名也,巴郡所治也。"师古曰:"溯,谓逆流而上也,音素。"

⑦师古曰:"岷山,江水所出也。山南曰阳。郫,县名也。岷,音旻。郫,音疲。"

⑧晋灼曰："《周礼》，上地夫一廛，一百亩也。"

⑨师古曰："蜀诸姓杨者皆非雄族，故言雄无它扬。"

雄少而好学，不为章句，训诂通而已，①博览无所不见。为人简易佚荡，②口吃不能剧谈，③默而好深湛之思，④清静亡为，少耆欲，⑤不汲汲于富贵，不戚戚于贫贱，⑥不修廉隅以徼名当世。⑦家产不过十金，乏无儋石之储，晏如也。⑧自有大度，非圣哲之书不好也；非其意，虽富贵不事也。顾尝好辞赋。⑨

①师古曰："诂，谓指义也。"

②张晏曰："佚，音铁。荡，音谠。"晋灼曰："佚荡，缓也。"

③郑氏曰："剧，甚也。"晋灼曰："或作遽。遽，疾也。口吃不能疾言。"师古曰："剧亦疾也，无烦作遽也。"

④师古曰："湛，读曰沉。"

⑤师古曰："耆，读曰嗜。"

⑥师古曰："汲汲，欲速之义，如井汲之为也。"

⑦师古曰："徼，要也，音工尧反。徼字或作激。激，发也，音工历反。"

⑧师古曰："儋石，解在《蒯通传》。"

⑨师古曰："顾，反也。"

先是时，蜀有司马相如，作赋甚弘丽温雅，雄心壮之，每作赋，常拟之以为式。①又怪屈原文过相如，至不容，作《离骚》，自投江而死，悲其文，读之未尝不流涕也。以为君子得时则大行，不得则龙蛇，②遇不遇命也，何必湛身哉！③乃作书，往往摭《离骚》文而反之，④自岷山投诸江流以吊屈原，名曰《反离骚》；又旁《离骚》作重一篇，名曰《广骚》；⑤又旁《惜诵》以下至《怀沙》一卷，名曰《畔牢愁》。⑥《畔牢愁》、《广骚》文多不载，独载《反离骚》，其辞曰：

①师古曰："拟，谓比象也。"

②应劭曰："《易》曰'龙蛇之蛰，以存身也'。"师古曰："大行，安步徐行。"

③师古曰："湛，读曰沉。谓投水而死。"

④师古曰："摭，拾取也，音之亦反。"

⑤师古曰："旁，依也，音步浪反。其下类此。重，直用反。"

⑥李奇曰："畔，离也。牢，聊也。与君相离，愁而无聊也。"师古曰："《惜

诵》、《怀沙》皆屈原所作《九章》中之名也。"

　　有周氏之蝉嫣兮，或鼻祖于汾隅，①灵宗初谍伯侨兮，流于末之扬侯。②淑周楚之丰烈兮，超既离虖皇波，③因江潭而淫记兮，钦吊楚之湘累。④

①应劭曰："蝉嫣，连也，言与周氏亲连也。"刘德曰："鼻，始也。"师古曰："雄自言系出周氏而食采于扬，故云始祖于汾隅也。嫣，于连反。"

②应劭曰："谍，谱也，言从伯侨以来可得而叙也。"

③应劭曰："淑，善也，去汾隅从巫山得周楚之美烈也。超，速也。"晋灼曰："离，历也。皇，大也。"师古曰："言其先祖所居经河及江也。河江，四渎之水，故云大波也。虖，古平字，其下并同。"

④苏林曰："潭，水边也。"邓展曰："淫，往也。"李奇曰："诸不以罪死曰累，荀息、仇牧皆是。屈原赴湘死，故曰湘累也。"师古曰："记，书记也，谓吊文也。言因江水之边而投书记以往吊也。钦，敬也。潭，音寻。淫，于放反。累，力追反。"

　　惟天轨之不辟兮，何纯洁而离纷！①纷累以其溰涊兮，暗累以其缤纷。②

①师古曰："天轨，犹言天路。辟，开也。离，遭也。纷，难也。言天路不开，故使纯善贞洁之人遭此难也。《易》曰：'天地闭，贤人隐也。'辟，读曰闢。"

②应劭曰："溰涊，秽浊也。"师古曰："缤纷，交杂也。溰，吐典反。涊，乃典反。缤，匹人反。"

　　汉十世之阳朔兮，招摇纪于周正，①正皇天之清则兮，度后土之方贞。②图累承彼洪族兮，又览累之昌辞，③带钩矩而佩衡兮，履欃枪以为綦。④素初贮厥丽服兮，何文肆而质䵢！⑤资娵娃之珍髢兮，鬻九戎而索赖。⑥

①晋灼曰："十世数高祖、吕后至成帝也。成帝八年乃称阳朔。"应劭曰："招摇，斗杓星也，主天时。周正，十一月也。"苏林曰："言已以此时吊屈原也。"

②应劭曰："平正司法者莫过于天，养物均调者莫过于地也。父伯庸名我为平以法天，字我为原以法地。"晋灼曰："此雄取《离骚》辞反之，应说是也。"师古曰："应、晋二说皆非也。自汉十世已下，四句不道屈原也，

此乃自论己心所履行取法天地耳。自图累已下方论屈原云也。"

③师古曰:"图,案其本系之图书也。洪,大也。览,省视也。昌,美也。"

④应劭曰:"钩,规也。矩,方也。衡,平也。"邓展曰:"榗,妖星也。"晋灼曰:"綦,履迹也。此反屈原虽佩带方平之行,而蹈恶人迹,以致放退也。"师古曰:"綦,履下饰也。榗,初咸反。抢,初行反。綦,音其。"

⑤应劭曰:"贮,积也。肆,放也。纚,狭也。"如淳曰:"文肆者,《楚辞》远游乘龙之言也。质纚者,惧世不用已而自沉也。"师古曰:"丽服谓'扈江离与辟芷,纫秋兰以为佩'之类是也。纚,音械。"

⑥孟康曰:"娵,闾娵也。娃,吴娃也。髢,发也。赖,得也。九戎被发,髢虽珍好,无所用也。"师古曰:"娵、娃皆美女也。赖,利也。言屈原以高行仕楚,亦犹资美女之髢卖于九戎而求其利,必不得也。娵,子逾反。娃,乌佳反。髢,徒计反。"

　　凤皇翔于蓬陼兮,岂驾鹅之能捷!①骋骅骝以曲囏兮,驴骡连蹇而齐足。②枳棘之榛榛兮,猿狖拟而不敢下,③灵修既信椒兰之唼佞兮,吾累忽焉而不蚤睹?④

①应劭曰:"蓬陼,蓬莱之陼,在海中。"晋灼曰:"捷,及也。"师古曰:"驾鹅,鸟名也,解在《司马相如传》。驾,音加。"

②师古曰:"骅骝,骏马名也,其色如华而赤也。言使骏马驰于屈曲艰阻之中,则与驴骡齐足也。骅,音华。连,力展反。囏,古艰字。"

③师古曰:"榛榛,梗秽貌也。猿,善攀援。狖猴,卬鼻而长尾。拟,疑也。榛,音臻,又士臻反。狖,弋授反。"

④服虔曰:"灵修,楚王也。"苏林曰:"椒、兰,令尹子椒、子兰也。"师古曰:"'蚤,古早字也。唼佞,谮言也。唼,音妾。"

　　衿芰茄之绿衣兮,被夫容之朱裳,①芳酷烈而莫闻兮,不如襞而幽之离房。②闺中容竞淖约兮,相态以丽佳,③知众婵嫉妒兮,何必飏累之蛾眉?④

①应劭曰:"衿,音衿系之衿。衿,带也。芰,菱也。"师古曰:"衿,其禁反。茄亦荷字也,见张揖《古今字谱》。被,音披,又音皮义反。"

②师古曰:"襞,叠衣也。离房,别房也。襞,音壁。"

③应劭曰:"众士竞善,犹女竞容也。"师古曰:"淖约,善容止也。相态以丽佳,言竞为佳丽之态以相倾也。淖,音绰。"

④晋灼曰:"《离骚》云'众女嫉余之蛾眉。'"师古曰:"嫭,美貌也。飏,扬字也。蛾眉,形若蚕蛾眉也。此亦讥屈原自举蛾眉令众嫉之。嫭,胡故反。眉,古眉字。"

　　懿神龙之渊潜,俟庆云而将举,亡春风之被离兮,孰焉知龙之所处?①愍吾累之众芬兮,扬烨烨之芳苓,遭季夏之凝霜兮,庆夭领而丧荣。②

①晋灼曰:"龙俟风云而后升,士须明君而后进。国无道则愚,谁知其所邪?"师古曰:"懿,美也。俟,待也。龙以潜居待云为美,以讥屈原不能隐德,自取祸也。被,读曰披。"

②晋灼曰:"雄愍屈原光香,奄先秋遇涧,生亦不辰也。"张晏曰:"庆,辞也。"师古曰:"烨烨,光盛。苓,香草名,音零庆,读与羚同。领,古悴字。"

　　横江、湘以南淮兮,云走乎彼苍吾,驰江潭之泛溢兮,将折衷虖重华。①舒中情之烦或兮,恐重华之不累与,②陵阳侯之素波兮,岂吾累之独见许?③

①应劭曰:"舜葬苍梧,在湘之南,屈原欲启质圣人,陈己情要也。"师古曰:"淮,往也。走,趣也。重华,舜名也。淮,于放反。走,音奏。潭,音寻。衷,竹仲反。"

②张晏曰:"舜圣,卒避父害以全身,资于事父以事君,恐不与屈原为党与。"

③应劭曰:"阳侯,古之诸侯也,有罪自投江,其神为大波。陵,乘也。言屈原袭阳侯之罪,而欲折中求舜,未必独见然许之也。"

　　精琼靡与秋菊兮,将以延夫天年,临汨罗而自陨兮,恐日薄于西山。①解扶桑之总辔兮,纵令之遂奔驰,②鸾皇腾而不属兮,岂独飞廉与云师!③

①应劭曰:"精,细。靡,屑也。琼,玉之华也。"晋灼曰:"《离骚》云'精琼靡以为粮兮','子夕餐秋菊之落英'。又曰'老冉冉其将至','日忽忽其将暮'。"师古曰:"此又讥屈原,云琼靡秋菊,将以延年,崦嵫忽迫,喜于未暮,何乃自投汨罗,言行相反!"

②应劭曰:"总,结也。扶桑,日所拂木也。"晋灼曰:"《离骚》云'总余辔于扶桑,聊消摇以相羊'。屈原言结我车辔于扶桑,以留日之入,人年得不老。日以喻君,而反离朝自沉,解辔纵君,使遂奔驰也。"

③应劭曰："《楚辞》云'鸾皇为余先戒兮','后飞廉使奔属','云师告余以
　未具'。飞廉,风伯也。云师,丰隆也。鸾皇,俊鸟。"晋灼曰："己纵其辔
　使之奔驰,鸾皇迅飞亦无所及,非独飞廉、云师,言庄严未具,使君不适
　道也。"

　　卷薜芷与若惠兮,临湘渊而投之；棍申椒与菌桂兮,赴江
湖而沤之。①费椒糈以要神兮,又勤索彼琼茅,②违灵氛而不
从兮,反湛身于江皋！③

① 师古曰："《离骚》云'贯薜荔之落蕊','杂杜衡与于芷','又树蕙之百
　亩','杂申椒与菌桂',皆以自喻德行芬芳也。今何为自投江湘而丧此
　芳乎？棍,大束也。沤,渍也,今沤麻也。棍,下本反。沤,一构反,又音
　一侯反。"

② 孟康曰："椒糈,以椒香米儴也。《离骚》曰'怀椒糈而要之。'晋灼曰：
　"《离骚》云'索琼茅以筵篿'。"师古曰："索,求也。琼茅,灵草也。筵篿,
　析竹所用卜也。筵,音所,又音思吕反。篿,音廷。篿,音专。"

③ 晋灼曰："灵氛,古之善占者。《离骚》曰'欲从灵氛之吉占兮,心犹豫而
　狐疑'。"师古曰："既不从灵氛之占,何为费椒糈而勤琼茅也？湛,读曰
　沉。江皋,江水边之游地。"

　　累既屮夫传说兮,奚不信而遂行？①徒恐鹈鴂之将鸣兮,
顾先百草为不芳！②

① 晋灼曰："屮,慕也。《离骚》曰'说操筑于傅岩兮,武丁用之而不疑'。"师
　古曰："屮,古攀字。既攀援傅说,何不信其所行,自见用而遂去。"

② 师古曰："《离骚》云'鹈鴂之先鸣兮,使夫百草为不芳'。雄言终以自沉,
　何惜芳草而忧鹈鴂？鴂,鴃字也。鹈鴂鸟一名买镜,一名子规,一名杜
　鹃,常以立夏鸣,鸣则众芳皆歇。鹈,大系反。鴂,音桂。鹈字或作鶗,亦
　音题。鴃,又音决。镜,音诡。"

　　初累弃彼虙妃兮,更思瑶台之逸女,①抨雄鸠以作媒兮,
何百离而曾不壹耦！②乘云霓之旖柅兮,望昆仑以樛流,览四
荒而顾怀兮,奚必云女彼高丘？③

① 师古曰："《离骚》云'吾命丰隆乘云兮,求虙妃之所在',又曰'望瑶台之
　偃蹇兮,见有娀之佚女'。此又讥其执心不定也。虙妃,古神女。有娀女,
　即简狄也。虙,读曰伏。"

②师古曰:"《离骚》云'吾令鸩为媒兮,鸩告余以不好,雄鸩之鸣逝兮,余犹恶其佻巧',故云百离不一耦也。抨,使也。耦,合也。抨,普耕反。"

③苏林曰:"《离骚》云'登阆风而绁马,忽反顾以流涕,哀高丘之无女'。女以喻士。高丘,谓楚也。"师古曰:"《离骚》又云'杨云霓之腌蔼',阆风在昆仑山上,故云望昆仑也。旖柅,云貌也。樛流,犹周流也。女,仕也,何必仕于楚也。旖,于绮反。柅,女绮反。樛,居虬反。女,尼据反。"

既亡鸾车之幽蔼兮,驾八龙之委蛇?①临江濒而掩涕兮,何有《九招》与《九歌》?②夫圣哲之遭兮,固时命之所有;虽增欷以於邑兮,吾恐灵修之不累改。③昔仲尼之去鲁兮,斐斐迟迟而周迈,④终回复于旧都兮,何必湘渊与涛濑!⑤溷渔父之铺歠兮,洁沐浴之振衣,⑥弃由、聃之所珍兮,跖彭咸之所遗!⑦

①晋灼曰:"《离骚》云'驾八龙之蜿蜿兮,载云旗之委蛇'。"师古曰:"言既无鸾车,则不得云驾八龙也。幽蔼,犹晻蔼也。蛇,音移。"

②晋灼曰:"《离骚》云'揽茹蕙以掩涕',又曰'奏《九歌》以舞韶'。"师古曰:"此又讥其哀乐不相副也。招,读曰韶。"

③师古曰:"《离骚》云'曾歔欷余郁邑兮,哀朕时之不当'。增,重也。雄言自古圣哲,皆有不遇,屈原虽自叹於邑,而楚王终不改寤也。於邑,短气也。於,音乌。邑,乌合反。於邑,亦读如本字。"

④师古曰:"斐斐,往来貌也,音芳非反。"

⑤师古曰:"言孔子去其本都,迟迟系恋,意在旧都,装回反覆。屈原何独不怀鄢郢而赴江湘也?涛,大波也。濑,急流也。涛,大高反。"

⑥师古曰:"渔父云'何不铺其糟而歠其醨'?屈原以为溷浊,不肯从之,乃云:'新沐者必弹冠,新浴者必振衣也。'铺,必胡反。歠,昌悦反。"

⑦师古曰:"由,许由也。聃,老聃也。二人守道,不为时俗所污,然保己全身,无残辱之丑。彭咸,殷之介士也,不得其志,投江而死。此又非屈原不慕由、聃高踪,而遵彭咸遗迹。跖,蹈也,音之亦反。"

孝成帝时,客有荐雄文似相如者,上方郊祠甘泉泰畤、汾阴后土,以求继嗣,召雄待诏承明之庭。①正月,从上甘泉,还奏《甘泉赋》以风。②其辞曰:

①师古曰:"承明殿在未央宫。"

②师古曰:"风,读曰讽。"

惟汉十世,将郊上玄,定泰畤,雍神休,尊明号,①同符三皇,录功五帝,恤胤锡羡,拓迹开统。②于是乃命群僚,历吉日,协灵辰,③星陈而天行。④诏招摇与泰阴兮,伏钩陈使当兵,⑤属堪舆以壁垒兮,梢夔魖而抶獝狂。⑥八神奔而警跸兮,振殷辚而军装;⑦蚩尤之伦带干将而秉玉戚兮,飞蒙茸而走陆梁。⑧齐总总撙撙,其相胶葛兮,焱骇云讯,奋以方攘;⑨骈罗列布,鳞以杂沓兮,柴虒参差,鱼颉而鸟䀪;⑩翕赫吻霍,雾集蒙合兮,半散照烂,粲以成章。⑪

①晋灼曰:"雍,祐也。休,美也。言见祐护以休美之祥也。"师古曰:"雍,聚也。明号,谓总三皇五帝之号而称皇帝也。雍,读曰拥。"

②应劭曰:"恤,忧也。胤,续也。锡,与也。羡,饶也。拓,广也。时成帝忧无继嗣,故修祠泰畤、后土,言神明饶与福祥,广迹而开统也。"师古曰:"羡,弋战反。拓,音托。"

③师古曰:"历选吉日而合善时也。"

④师古曰:"如星之陈,象天之行也。"

⑤张晏曰:"《礼记》云'招摇在上,急缮其怒'。大阴,岁后三辰也。"服虔曰:"钩陈,紫宫外营陈星。"

⑥张晏曰:"堪舆,天地总名也。"孟康曰:"堪舆,神名,造图宅书者。木石之怪曰夔,夔神如龙,有角,人面。魖,耗鬼。獝狂亦恶鬼也。今皆梢而去之。"师古曰:"堪舆,张说是也。属,委也,以壁垒委之。梢,击也。抶,笞也。梢,山交反。魖,音虚。属,之欲反。抶,丑乙反。獝,摸聿反。"

⑦师古曰:"自招摇至獝狂,凡八神也。殷辚,盛貌也。军装,为军戎之饰装也。辚,来忍反。"

⑧张晏曰:"玉戚,以玉为戚柲也。"晋灼曰:"飞者蒙茸而乱,走者陆梁而跳也。柲,柄也,音秘。

⑨晋灼曰:"方攘,半散也。"师古曰:"总总撙撙,聚貌也。胶葛,犹言胶加也。讯亦奋讯也。撙,子本反。讯,音信。攘,人羊反。"

⑩师古曰:"柴虒参差,不齐貌也。颉䀪,上下也。柴,初蚁反。虒,音豸。参,初林反。颉,胡结反。䀪,胡刚反。"

⑪师古曰:"翕赫吻霍,开合之貌也。雾,地气发也。蒙,天气下也。如雾之

集,如蒙之合也。半散照烂,言其分布而光明也。昒,读与忽同。"

　　于是乘舆乃登夫凤皇兮翳华芝,①驷苍螭兮六素虬,②蠖
略蕤绥,漓虖㜷缅。③帅尔阴闭,霅然阳开,④腾清霄而轶浮景
兮,夫何旟旐郀偈之旖柅也!⑤流星旄以电烛兮,咸翠盖而鸾
旗。⑥敦万骑于中营兮,方玉车之千乘。⑦声骈隐以陆离兮,轻
先疾雷而驱遗风。⑧陵高衍之嵱嵷,超纡谲之清澄。⑨登椓栾
而羽天门兮,驰闾阖而入凌兢。⑩

①师古曰:"凤皇者,车以凤皇为饰也。翳,蔽也。以华芝为蔽也。"

②师古曰:"四、六,驾数也。言或四或六也。螭似龙,一名蝹。虬即龙之无
　角者。"

③师古曰:"蠖略蕤绥,虬螭貌也。漓虖㜷缅,车饰貌也。蠖,于镬反。漓,音
　离。㜷,音森,其字从巾。缅,所宜反。"

④晋灼曰:"帅,聚也。霅,散也。"师古曰:"霅,所甲反,又先合反。"

⑤师古曰:"腾,升也。霄,日旁气也。轶,过也。画鸟隼曰旟,龟蛇曰旐。郀
　偈,竿杠之状。旖柅,旒缘之形也。郀,音吉,又音质。偈,居桀反。旖,
　音猗。柅,女支反。"

⑥师古曰:"如星之流,如电之照也。咸,皆也。"

⑦师古曰:"敦,读曰屯。屯,聚也。方,并也。"

⑧师古曰:"驱然,疾意也。骈,普萌反。驱,先合反。"

⑨孟康曰:"衍,无崖也。纡谲,曲折也。"李奇曰:"嵱,音踊。嵷,音竦。"如
　淳曰:"嵱嵷,上下众多貌。"师古曰:"衍即所谓坟衍也。"

⑩服虔曰:"椓栾,甘泉南山也。"李奇曰:"羽,音贡。"苏林曰:"羽,至也。"
　师古曰:"入凌兢者,言寒凉战栗之处也。兢,巨陵反。"

　　是时未臻夫甘泉也,乃望通天之绎绎。①下阴潜以惨廪
兮,上洪纷而相错;②直嶢嶢以造天兮,厥高庆而不可虖疆
度。③平原唐其坛曼兮,列新雉于林薄,④攒并闾与茇苦兮,纷
被丽其亡鄂。⑤崇丘陵之駊騀兮,深沟嵚岩而为谷;⑥逴逴离
宫般以相烛兮,封峦石关施靡虖延属。⑦

①师古曰:"臻,与臻同。臻,至也。通天,台名也。言虽未至甘泉,则遥望
　见通天台也。绎绎,相连貌。"

②师古曰:"惨廪,亦寒凉之意也。洪,大也。纷,乱杂也。错,互也。廪,读
如本字,又音来感反。"

③师古曰:"峣峣,高貌。造,至也。庆,发语辞也。疆,境也。度,量也。言
此台至天,其高不可究竟而量度也。峣,音尧。造,千到反。庆,读曰羌。
度,大各反。"

④邓展曰:"唐,道也。"服虔曰:"新雉,香草也。雉、夷,声相近。"师古曰:
"言平原之道坛曼然广大,又列树辛夷于林薄之间也。草丛生曰薄。新
雉即辛夷耳,为树甚大,非香草也。其木技叶皆芳,一名新矧。坛,徒旦
反。曼,莫旦反。"

⑤如淳曰:"并间,其叶随时政,政平则平,政不平则倾也。"师古曰:"如氏
所说自是平虑耳。此并间谓棕树也。芰苦,草名也。鄂,垠也。芰,步末
反。苦,音括。被,皮义反。丽,读如本字。被丽,又音披离。"

⑥苏林曰:"駊騀,音叵我。"师古曰:"駊騀,高大状也。嵌岩,深险貌也。
嵌,已衔反。"

⑦应劭曰:"言秦离宫三百,武帝复往往修治之。"师古曰:"逴,古往字。往
往,言所往之处则有之。般,连貌也。烛,照也。封峦、石关,皆宫名也。
施靡,相及貌。属,连也。般,音盘。施,弋尔反。属,之欲反。"

于是大夏云谲波诡,摧崔而成观,①仰挢首以高视兮,目
冥眴而亡见。②正浏滥,以弘惝兮,指东西之漫漫,③徒回回以
徨徨兮,魂固眇眇而昏乱。④据轮轩而周流兮,忽軮轧而亡
垠。⑤翠玉树之青葱兮,壁马犀之瞵㻞。⑥金人仡仡其承钟虡
兮,嵌岩岩其龙鳞,⑦杨光曜之燎烛兮,乘景炎之炘炘,⑧配帝
居之县圃兮,象泰壹之威神。⑨洪台掘其独出兮,捯北极之嶟
嶟,⑩列宿乃施于上荣兮,日月才经于椒榱,⑪雷郁律而岩突
兮,电倏忽于墙藩。⑫鬼魅不能自还兮,半长途而下颠。⑬历倒
景而绝飞梁兮,浮蔑蠓而撇天。⑭

①孟康曰:"言夏屋变巧,乃为云气水波相谲诡也。摧崔,材木之崇积貌
也。"晋灼曰:"摧,赖水反。"师古曰:"崔,子水反。观,谓形也,音工唤
反。赖,丑成反。"

②师古曰:"挢,举也。冥眴,视不谛也。挢,与挢同字从手。冥,莫见反。
眴,音州县之县。"

③服虔曰："惝，音敞。"师古曰："浏滥，犹泛滥。弘倘，高大也。漫漫，长也。浏，音刘。"

④师古曰："言骇其深博。"

⑤师古曰："軨轩，谓前轩之軨。軨者，轩间小木也，字与櫺同。周流、周视。軮轧，远相映也。軨，音零。軮，乌朗反。轧，于黠反。"

⑥应劭曰："璘，音邻。"晋灼曰："瑞，音豳。"师古曰："玉树者，武帝所作，集众宝为之，用供神也，非谓自然生之。而左思不晓其意，以为非本土所出，盖失之矣。马犀者，马脑及犀角也。以此二种饬殿之壁。璘瑞，文貌。"

⑦师古曰："仡仡，勇健状。嵌，开张貌，言其鳞甲开张，若真龙之形也。仡，鱼乙反，又音其乞反。嵌，火敢反。"

⑧师古曰："忻忻，光盛貌也。炎，弋赡反。忻，音欣。"

⑨服虔曰："会城、县圃、阆风，昆仑之山三重也，天帝神在其上。"

⑩应劭曰："掘，特貌也。掓，至也。"晋灼曰："嶟嶟，概掓也。"师古曰："言高台特出乃至北极，其状竦峭，嶟嶟然也。掘，其勿反。掓，竹指反。嶟，千旬反。又音遵。"

⑪服虔曰："柍，中央也。桭，屋梠也。"师古曰："施，延也。荣，屋翼也。凡此者言屋宇高大之甚。施，弋豉反。柍音央。桭，音辰。一曰，施，直谓安施之耳，读如本字。"

⑫师古曰："郁律，雷声也。倏忽，电光也。藩，藩篱也。倏，式六反。藩，甫元反。"

⑬师古曰："言屋之高深，虽鬼魅亦不能至其极而反，故于长途之半而颠坠也。还，读曰旋，或作逮。逮，及也。"

⑭晋灼曰："飞梁，浮道之桥也。蔑蠓，疾也。"师古曰："撇犹拂也。蠓，莫孔反。撇，匹列反，又音普结反。"

左欃枪右玄冥兮，前熛阙后应门；①阴西海与幽都兮，涌醴汩以生川。②蛟龙连蜷于东崖兮，白虎敦圉虖昆仑。③览樛流于高光兮，溶方皇于西清。④前殿崔巍兮，和氏珑玲，⑤炕浮柱之飞榱兮，神莫莫而扶倾，⑥闶阆阆其寥廓兮，似紫宫之峥嵘。⑦骈交错而曼衍兮，崤嵲隗乎其相婴。⑧乘云阁而上下兮，纷蒙笼以棍成。⑨曳红采之流离兮，扬翠气之冤延。⑩袭璇室与倾宫兮,若登高妙远,肃虖临渊。⑪

①晋灼曰:"《大人赋》'揽欃枪以为旌',又曰'左玄冥而右黔雷'。雄拟相
　如云尔。爌阆,赤色之阙,南方之帝曰赤爌怒,应门正在爌阙之内也。"
　师古曰:"爌,匹遥反。"

②如淳曰:"言阙之高乃阴西海也。"师古曰:"荫映西海也,以及幽都。幽
　都,北方绝远之地。涌醴。醴泉涌出汩汩然也。汩,于笔反。"

③师古曰:"连蜷,卷曲貌。敦圉,盛怒也。言甘泉宫皆有此象也。蜷,音拳。
　敦,音屯。"

④服虔曰:"高光,宫名也。"师古曰:"樛流,屈折也。溶然,闲暇貌。方皇,
　彷徨也。西清,西箱清闲之处也。溶,音容。"

⑤孟康曰:"以和氏璧为梁壁带也,其声玲珑也。"晋灼曰:"以黄金为壁
　带,合蓝田璧。珑玲,明也。"师古曰:"崔巍,高貌。珑玲,晋说是也。崔,
　才回反。巍,五回反。珑,音聋。玲,音零。"

⑥师古曰:"炕,与抗同。抗,举也。榱,屋椽也。言举立浮柱而驾飞榱,其
　形危竦,有神于暗莫之中扶持,故不倾也。"

⑦师古曰:"阅,高门貌。阆阆,空虚也。寥廓,宏远也。紫官,天帝之室也。
　峥嵘,深邃也。阅,音抗。阆,音浪。寥,音僚。峥,仕耕反。嵘,音宏。"

⑧师古曰:"言宫室台观相连不绝也。峻,安施之貌。嶰陒,犹崔嵬也。衍,
　亦战反。峻,它贿反。嶰,音罪。陒,五贿反。"

⑨师古曰:"乘,登也。云阁,亦言其高入于云也。蒙笼,深通貌。棍成,言
　其有若自然也。棍,胡本反。"

⑩师古曰:"言宫室旷大自然,有红翠之气。"

⑪服虔曰:"袭,继也。桀作璇室,纣作倾宫,以此微谏也。"应劭曰:"登高
　远望,当以亡国为戒,若临深渊也。"

　　回忞肆其砀骇兮,翍桂椒,郁移杨。①香芬茀以穷隆兮,击
薄栌而将荣。②苓唝胮以捆根兮,声骅隐而历钟,③排玉户而
扬金铺兮,发兰蕙与芎藭。④惟弸彋其拂汩兮,稍暗暗而靓
深。⑤阴阳清浊穆羽相和兮,若夔、牙之调琴。⑥般、倕弃其剞
劂兮,王尔投其钩绳。⑦虽方征侨与倔佺兮,犹仿佛其若梦。⑧

①师古曰:"回忞,回风也。肆,放也。砀,过也。骇,动也。翍,古披字。郁,
　聚也。移,唐棣也。杨,杨树也。言回风放起,过动众树,则桂椒披散而

栘杨郁聚也。砀,徒浪反。栘,音移。"

②师古曰:"言桂椒香气乃击薄栌及屋翼也。薄,枅也。栌,音卢。"

③师古曰:"又言风之动树,声响振起众根合,骈隐而盛,历入殿上之钟也。根犹株也。芗,读与乡同。唉,丑乙反。脾,许乙反。棍,下本反。骈,普耕反。"

④李奇曰:"铺,门首也。"师古曰:"言风之所至,又排门扬铺,击动锒钮,回旋入宫,发奋众芳。"

⑤苏林曰:"弸,音石堕井弸尔之弸。彋,音宏。"孟康曰:"弸彋,风吹帷帐鼓貌。"师古曰:"拂汨亦风动貌。暗暗,幽隐。靓即静字耳。弸,普萌反。拂,普密反。汨,于密反。暗,乌感反。"

⑥张晏曰:"声细不过羽,穆然相和也。"师古曰:"夔,舜典乐也。牙,伯牙也。"

⑦应劭曰:"剞,曲刀也。劂,曲凿也。"师古曰:"般,公输般也。倕,共工也。王尔亦巧人也,见《淮南子》。言土木之功穷极巧丽,故令般、倕之徒弃其常法也。般,读与班同。倕,音垂。剞,居尔反。劂,居卫反。"

⑧晋灼曰:"方,常也。征,行也。言宫观之高峻,虽使仙人常行其上,恐遽不识其形观,犹仿佛若梦也。"师古曰:"方,谓并行。侨,姓征名伯侨,仙人也。偓佺亦仙人名。偓,音渥。佺,音铨。仿佛即髣髴字也。征,《郊祀志》作正字,其音同。"

于是事变物化,目骇耳回,①盖天子穆然珍台闲馆璇题玉英蜩蜷蠼濩之中,②惟夫所以澄心清魂,储精垂思,③感动天地,逆釐三神者。④乃搜逑索耦皋、伊之徒,冠伦魁⑤能,函甘棠之惠,挟东征之意,⑥相与齐虖阳灵之宫。⑦靡薜荔而为席兮,折琼枝以为芳,⑧噏清云之流瑕兮,饮若木之露英,⑨集虖礼神之囿,登乎颂祇之堂。⑩建光耀之长旃兮,昭华覆之威威,⑪攀璇玑而下视兮,行游目虖三危,陈众车于东坑兮,肆玉钦而下驰,漂龙渊而还九垠兮,窥地底而上回。⑫风似似而扶辖兮,鸾凤纷其御蕤,⑬梁弱水之濎滢兮,蹑不周之逶蛇,⑭想西王母欣然而上寿兮,屏玉女而却虙妃。⑮玉女欣眺其清卢兮,虙妃曾不得施其蛾眉。⑯方揽道德之精刚兮,侔神明与之为资。⑰

①师古曰:"言惊视听也。"

②应劭曰:"题,头也。榱椽之头,皆以玉饰,言其英华相烛也。"张晏曰:"蝻蛸蠖濩,刻镂之形。"师古曰:"穆然,天子之容也。蝻蛸蠖濩,言屋中之深广也。闶,读曰闳。蝻,一兖反。蛸,下兖反。蠖,乌郭反。濩,胡郭反。"

③师古曰:"言洁精以待,冀神降福。"

④师古曰:"釐,读曰禧。禧,福也。"

⑤应劭曰:"冠其群伦魁桀也。"师古曰:"言选择贤臣,可霸于古贤皋繇、伊尹之类,冠等伦而魁桀。"

⑥师古曰:"甘棠之惠,邵公奭也。东征之意,周公旦也。"

⑦师古曰:"齐,同也,同集于此也。祭天之处,故曰阳灵之宫也。"

⑧师古曰:"靡,纤密也,谓纤织之也。一曰,靡,谓偃而靡之藉地也。"

⑨师古曰:"言其斋戒自新,居处饮食皆芳洁也。瑕,谓日旁赤气也。露英,言其英华之露。"

⑩师古曰:"颂,歌也,登以祭也。地神曰祇。"

⑪服虔曰:"昭,明也。华覆,华盖也。"师古曰:"威威,犹威蕤也。旄,旗之旒也。一曰燕尾。旄,所交也。"

⑫张晏曰:"三危,山名也。"晋灼曰:"轶,车辖也。九垠,九垓也。"师古曰:"假设言周流旷远,升降天地,为神通一也。肆,放也。坑,大阜也,读与冈同。轶,音大,又音弟。还,读曰旋。"

⑬师古曰:"似似,前进之意也。御犹乘也。蕤,车之垂饰缨蕤也。似,音竦。今书御字或作衔者,俗妄改也。"

⑭服虔曰:"昆仑之东有弱水,度之若漓淡耳。"师古曰:"漓淡,小水之貌。不周,山名。逶蛇亦言不艰难也。漓,吐定反。淡,音荧,又胡荧反。蛇,音移。"

⑮师古曰:"西王母在西方,周穆王所见者也。玉女、虑妃皆神女也。虑,读曰伏。"

⑯服虔曰:"卢,目童子也。"

⑰晋灼曰:"等天地之忖量也。"师古曰:"揽,总也,音览,其字从手。"

　　于是钦钦柴宗祈。燎熏皇天,①招繇泰壹。举洪颐,树灵旗。②樵蒸焜上，配藜四施，③东烛仓海，西耀流沙，北爌幽都，南炀丹崖。④玄瓒觩醪，秬鬯泔淡，⑤肸蚃丰融，懿懿芬芬。⑥炎感黄龙兮，熛讹硕麟。⑦选巫咸兮叫帝阍，开天庭兮延群神。⑧傱暗蔼兮降清坛，瑞穰穰兮委如山。⑨

①师古曰："钦，敬也。紫，积紫也。宗，尊也。祈，求福也。"

②张晏曰："招摇、泰壹，皆神名也。"服虔曰："洪颐，旗名也。"李奇曰："欲伐南越，告祈太一，画旗树太一坛上，名灵旗，以指所伐之国也。见《郊祀志》。"

③张晏曰："配藜，披离也。"师古曰："樵，木薪也。蒸，麻干也。焜，同也。言以樵及蒸烧火，炎上于天，又披离四出。"

④服虔曰："丹崖，丹水之崖也。"师古曰："爌，古晃字。炀，热也。言紫燎之光远及四表也。炀，弋向反。"

⑤服虔曰："以玄玉饰之，故曰玄瓒。"张晏曰："瓒受五升，口径八寸，以圭为柄，用灌鬯。觩醪，其貌。"应劭曰："泔淡，满也。"师古曰："觩，音虬。醪，力幽反。泔，胡感反。淡，大敢反。"

⑥师古曰："言秬鬯之芬烈也。"

⑦师古曰："言光炎熛盛，感神物也。讹，化也。硕，大也。熛，必遥反。"

⑧服虔曰："令巫祝叫呼天门也。"师古曰："巫咸，古神巫之名也。"

⑨张晏曰："傱，赞也。"师古曰："暗蔼，神之形影也。穰穰，多也。委，积也。暗，乌感反。"

　　于是事毕功弘，回车而归，度三峦兮偈棠梨。①天阃决兮地垠开，八荒协兮万国谐。②登长平兮雷鼓磕，天声起兮勇士厉，③云飞扬兮雨滂沛，于胥德兮丽万世。④

①师古曰："三峦即封，观名也。棠梨，宫名。偈，读曰憩。"

②师古曰："天阃，天门之阃也。决亦开也。言德泽普洽无极限也。"

③师古曰："长平，泾水上坂名也。磕，击鼓声也。天声，声至天也。声字或作严，言击严鼓也。厉，奋也。"

④师古曰："于，曰也。胥，皆也。丽，美也。沛，普大反。"

　　乱曰：①崇崇圜丘，隆隐天兮，②登降峛崺，单埢垣兮。③增宫参差，骈嵯峨兮，④岭峚嶙峋，洞亡崖兮。⑤上天之绰，杳

旭卉兮,⑥圣皇穆穆,信厥对兮。⑦徕祗郊禋,神所依兮,⑧俳
徊招摇,灵遅遅兮。⑨辉光眩耀,隆厥福兮,⑩子子孙孙,长亡
极兮。

①师古曰:"乱者,理也,总理一赋之终。"

②师古曰:"言其高。"

③师古曰:"峭嶵,上下之道也。单,周。埢垣,圜貌也。峭,力尔反。嶵,弋
　尔反。单,音蝉。埢,音拳。"

④师古曰:"增,重也。参差,不齐也。骈,并也。参,初林反。骈,步千反。
　嵯,材何反。峨,音娥。"

⑤师古曰:"岭嶒,深邃貌。嶙峋,节级貌。岭,音零。嶒,音营。嶙,音邻。
　峋,音荀。"

⑥师古曰:"绰,事也。杳,高远也。旭卉,速疾也。绰,读与载同。"

⑦李奇曰:"对,配也。能与天地相配也。《诗》云'帝作邦作对'。"师古曰:
　"穆穆,美也。信,实也。"

⑧师古曰:"言以祗敬而来郊祭禋缭,则神祇依附。"

⑨师古曰:"言神久留安处,不即去也。招,上遥反。遅,音栖。迟,丈夷反。"

⑩师古曰:"眩,音州县之县。"

　甘泉本因秦离宫,既奢泰,①而武帝复增通天、高光、迎风。宫
外近则洪崖、旁皇、储胥、弩陆,远则石关、封峦、枝鹊、露寒、棠梨、
师得,游观屈奇瑰伟,②非木摩而不雕,墙涂而不画,周宣所考,殷
庚所迁,夏卑宫室,唐虞采椽三等之制也。③且其为已久矣,非成帝
所造,欲谏则非时,欲默则不能已,故遂推而隆之,乃上比于帝室紫
宫,④若曰此非人力之所为,党鬼神可也。⑤又是时赵昭仪方大幸,
每上甘泉,常法从,⑥在属车间豹尾中。⑦故雄聊盛言车骑之众,参
丽之驾,非所以感动天地,逆釐三神。⑧又言"屏玉女,却虑妃",以
微戒斋肃之事。赋成奏之,天子异焉。

①师古曰:"本秦之林光宫也。"

②师古曰:"棠梨宫在甘泉苑垣外,师得宫在栎阳界,其余皆甘泉苑垣内
　之宫观也。陆,音祛。"

③师古曰:"《小雅·斯干》之诗序曰:'宣王考室也'。考,谓成也。殷庚,殷

王名也。迁,谓迁都亳也。唐虞,谓尧舜也。桒,柞木也。三等,土阶等,
言不过也。桒,音采,又音菜,其字从木。"

④师古曰:"帝,谓天也。"

⑤师古曰:"党,它莽反。"

⑥师古曰:"法从者,以言法当从耳,非失礼。一曰,从法驾也。"

⑦服虔曰:"大驾属车八十一乘,作三行,尚书御史乘之。最后一乘县豹
尾,豹尾以前皆为省中。"

⑧师古曰:"参,三神也。丽,偶也。"

　　其三月,将祭后土,上乃帅群臣横大河,凑汾阴。①既祭,行游
介山,回安邑,②顾龙门,览盐池,③登历观,④陟西岳以望八荒,迹
殷周之虚,眇然以思唐虞之风。⑤雄以为临川羡鱼,不如归而结
罔,⑥还,上《河东赋》以劝,其辞曰:

①师古曰:"横,横度之也。凑,趣也。"

②师古曰:"介山在汾阴东北。回,谓绕过。"

③师古曰:"龙门山在今蒲州龙门县北。盐池在今虞州安邑县南。"

④师古曰:"历山上有观也。"晋灼曰:"在河东蒲阪县。"

⑤师古曰:"陟,升也。西岳华山之上高峻,故言以望八荒。殷都河内,周在
岐丰,尧都平阳,舜都蒲阪,皆可相见,故云迹殷周之墟,思唐虞之风
也。虚,读曰墟。"

⑥师古曰:"言成帝追观先代遗迹,思欲齐其德号,故雄劝令自兴至治,以
拟帝皇之风。"

　　伊年暮春,将瘗后土,①礼灵祇,谒汾阴于东郊,②因兹以
勒崇垂鸿,发祥隤祉,钦若神明者,盛哉铄乎,越不可载已!③
于是命群臣,齐法服,整灵舆,乃抚翠凤之驾,六先景之乘,④
掉奔星之流旃,彏天狼之威弧。⑤张耀日之玄旄,扬左纛,被云
梢⑥奋电鞭,骖雷辒,⑦鸣洪锺,建五旗。⑧羲和司日,颜伦奉
舆,⑨风发飙拂,神腾鬼趡;⑩千乘霆乱,万骑屈桥,⑪嘻嘻旭
旭,天地稠嶺⑫簸丘跳峦,涌渭跃泾⑬秦神下酋,跖魂负
沴,⑭河灵矍踢,爪华蹈衰⑮遂臻阴宫,穆穆肃肃,蹲蹲如
也。⑯

①师古曰:"伊,是也,谓是祠甘泉之年也。祭地曰瘗埋,故云瘗后土。瘗,乙例反。"

②师古曰:"京师之东,故曰东郊也。"

③师古曰:"勒崇垂鸿,勒崇名而垂鸿业也。陨,降也。祉,福也。钦,敬也。若,顺也。铄,美也。越,曰也。已,辞也。言发祥降福,敬顺神明,其事盛美,不可尽载。"

④师古曰:"翠凤之驾,天子乘车,为凤形而饰以翠羽也。先景,为马行速疾,常在景前也。"

⑤晋灼曰:"有狼、弧之星也。"师古曰:"彏,急张也,音矍。"

⑥张晏曰:"云梢,梢云也。"师古曰:"梢与旓同。旓者,旌旗之流,以云为旓也。被,音皮义反。"

⑦师古曰:"辒,衣车也。《淮南子》云'电以为鞭策,雷以为车轮',故雄用此言也。"

⑧师古曰:"洪,大也。《尚书大传》云:'天子左右五锺,天子将出则撞黄锺之锺,左五锺皆应,入则撞蕤宾之锺,右五锺皆应。'《汉旧仪》云皇帝车驾建五旗。盖谓五色之旗也,以木牛丞其下,取其负重致远。"

⑨师古曰:"伦,古善御者也。羲和,日御名。"

⑩师古曰:"飙,回风也。趚,走也。飒,必遥反。趚,子笑反,又作才笑反。"

⑪师古曰:"霆乱,言如雷霆之盛而乱动也。屈桥,壮健貌。屈,其勿反。桥,其召反。"

⑫服虔曰:"稠嶅,动摇貌。"师古曰:"嘻嘻旭旭,自得之貌。嘻,许其反。稠,徒吊反。嶅,五到反。"

⑬师古曰:"山小而锐曰峦。言车骑之威,匐隐之盛,至于涌跃泾、渭,跳簸丘山者也。"

⑭苏林曰:"秦文公时庭中有怪化为牛,走到南山梓树中,伐梓树,后化入丰水,文公恶之,故作其象以厌焉。今之茸头是也,故曰秦神。"服虔曰:"沴,河岸之坻也。"晋灼曰:"沴,渚也。"师古曰:"跰,蹈也。言此神怖詟,下入水中自蹈其魂而负沴渚,盖戚惧之甚也。跰,之亦反。坻,直尸反。"

⑮苏林曰:"河灵,巨灵也。华,华山也。衰,衰山也。掌据之,足蹈之也。赐,试郎反。"服虔曰:"赐,石龟反。"师古曰:"夔踢,惊动之貌。夔,音矍。踢,二音并通。爪,古掌字。凡言此者,以车骑之众,羽旄之盛,故秦

神、河灵莫不恐惧而自放之。"

⑯师古曰："阴宫，汾阴之宫也。穆穆，静也。肃肃，敬也。蹲蹲，行有节也。蹲，千旬反。"

　　灵祇既乡，五位时叙，①绲缊玄黄，将绍厥后。②于是灵舆安步，周流容与，③以览虖介山。嗟文公而愍推兮，勤大禹于龙门，④洒沈菑于豁渎兮，播九河于东濒。⑤登历观而遥望兮，聊浮游以经营。乐往昔之遗风兮，喜虞氏之所耕。⑥瞰帝唐之嵩高兮，眽隆周之大宁。⑦汩低回而不能去兮，行睨陔下与彭城。⑧涉南巢之坎坷兮，易幽岐之夷平。⑨乘翠龙而超河兮，陟西岳之嶕峥。⑩云霏霏而来迎兮，泽渗漓而下降，⑪郁萧条其幽蔼兮，滃泛沛以丰隆。⑫叱风伯于南北兮，呵雨师于西东，⑬参天地而独立兮，廓荡荡其亡双。⑭

①师古曰："乡，读曰飨。"服虔曰："位五方之神。"

②师古曰："绲缊，天地合气也。玄黄，天地色也。《易·下系辞》曰：'天地绲缊，万物化淳。'《坤》文言曰：'玄黄者，天地之杂色也。天玄而地黄。'将，大也。言天地之气大兴发于祭祀之后。绲，音因。缊，于云反。"

③师古曰："灵舆，天子之舆也。容暇而安豫也。与，读曰豫。"

④师古曰："龙门山，禹凿之以通河水，故勤劳也。"

⑤师古曰："洒，分也。菑，古灾字也。沈菑，洪水也。豁，开也。渎，谓江、河、淮、济也。播，布也。九河名在《地理志》。东濒，东海之濒也。禹分治洪水之灾，通之四渎，布散九河于东海之濒也。洒，所宜反。濒，音频，又音宾。"

⑥师古曰："舜耕历山，故云然。"

⑦师古曰："瞰、眽，皆视也。帝唐，尧也。嵩亦高也。嵩高者，谓孔子云'巍巍乎唯天为大，唯尧则之'也。一日，尧曾游于阳城，故嵩山瞰其遗迹也。大宁者，《诗·大雅》云'济济多士，文王以宁'。瞰，若滥反。眽即觅字。"

⑧应劭曰："睨，不正视也。彭城，项羽所都也。"晋灼曰："陔下，项羽败处也。"师古曰："汩，往意也。低回，犹言徘徊也。行，且也，意且欲往睨也。汩，于笔反。睨，五系反。"

⑨李奇曰："南巢，桀败处也。易，乐也。"师古曰："涉与秒同。坎坷，不平

貌。坎，口绀反。坷，口贺反。易，弋豉反。"

⑩师古曰："翠龙，穆天子所乘马也。西岳即华山也。峣崝，谓嶕峣而崝嵘
　　也。峣，音尧。崝，士耕反。"

⑪师古曰："霏，古霏字。霏霏，云起貌。泽，雨露也。渗离，流貌。降，下也。
　　渗，音淋。漓，音离。降，湖江反。"

⑫师古曰："皆云雨之貌。滃，乌孔反。泛，敷剑反。沛，普盖反。"

⑬师古曰："言皆从命也。"

⑭师古曰："天地曰二仪，王者大位，与之合德，故曰参天地。参之言三也。
　　荡荡，大貌也。"

　　遵逝廧归来，①以函夏之大汉兮，彼曾何足与比功？②建
《乾》《坤》之贞兆兮，将悉总之以群龙。③丽钩芒与骖蓐收兮，
服玄冥及祝融。④敦众神使式道兮，奋六经以摅颂。⑤隃於穆
之缉熙兮，过《清庙》之雍雍；⑥轶五帝之遐迹兮，蹑三皇之高
踪。⑦既发轫于平盈兮，谁谓路远而不能从？⑧

①师古曰："遵路而旋京师也。"

②服虔曰："函夏，函诸夏也。"师古曰："函，包容也。彼，谓尧、舜、殷、周
　　也。函，读与含同。"

③张晏曰："《乾》六爻悉称龙也。"

④师古曰："钩芒，东方神。蓐收，西方神。玄冥，北方神。祝融，南方神。丽，
　　并驾也。骖，三马也。言皆役服。"

⑤师古曰："敦，勉也。式，表也。六经，谓《易》、《诗》、《书》、《春秋》、《礼》、
　　《乐》也。摅，散也。颂谓诗颂，所以美盛德之形容也，言发其志而为歌颂
　　也。摅，丑于反。颂，读曰容。"

⑥师古曰："《周颂·清庙》之诗云'於穆清庙，肃雍显相'，《昊天·有成
　　命》之诗曰'於缉熙'，言汉德之盛，皆过之也。隃，读逾同。於，读曰
　　乌。"

⑦师古曰："轶亦过也，音逸。"

⑧服虔曰："轫，止车之木，将行，故发去。平盈之地无高下也。"师古曰：
　　"轫，音刃。"

　　其十二月羽猎，①雄从。以为昔在二帝三王，②宫馆台榭沼池
苑囿林麓薮泽财足以奉郊庙，御宾客，充庖厨而已，③不夺百姓膏

腴谷土桑柘之地。女有余布,男有余粟,国家殷富,上下交足,故甘露零其庭,醴泉流其唐,④凤皇巢其树,黄龙游其沼,麟麟臻其囿,神爵栖其林。昔者禹任益虞而上下和,屮木茂;⑤成汤好田而天下用足;文王囿百里,民以为尚小;齐宣王囿四十里,民以为大:裕民之与夺民也。⑥武帝广开上林,南至宜春、鼎胡、御宿、昆吾,⑦旁南山而西,至长扬、五柞,⑧北绕黄山,濒渭而东,⑨周袤数百里。⑩穿昆明池象滇河,⑪营建章、凤阙、神明、驳娑,⑫渐台、泰液⑬象海水周流方丈、瀛洲、蓬莱。⑭游观侈靡,穷妙极丽。虽颇割其三垂以赡齐民,⑮然至羽猎田车戎马器械储偫禁御所营,⑯尚泰奢丽夸诩,⑰非尧、舜、成汤、文王三驱之意也。⑱又恐后世复修前好,不折中以泉台,⑲故聊因《校猎赋》以风,⑳其辞曰:

①服虔曰:"士负羽。"

②应劭曰:"二帝,尧、舜。三王,夏、殷、周。"

③师古曰:"财,读与才同。御,待也。充,当也。"

④应劭曰:"《尔雅》'庙中路谓之唐'。"

⑤师古曰:"益,臣名也,任以为虞。虞,主山泽之官也。上,山也。下,平地也。屮,古草字。"

⑥师古曰:"裕,饶也。"

⑦晋灼曰:"鼎胡,宫也,《黄图》以为在蓝田。昆吾,地名也,有亭。"师古曰:"宜春近下杜,御宿在樊川西也。"

⑧师古曰:"旁,步浪反。"

⑨师古曰:"循渭水涯而东也。濒,音频,又音宾。"

⑩师古曰:"袤,长也,音茂。"

⑪师古曰:"滇,丁贤反。"

⑫师古曰:"殿名也。驳,先合反。娑,先河反。"

⑬师古曰:"渐台在泰液池中。渐,浸也,言为池水所浸也。"

⑭服虔曰:"海中三山名。法效象之。"

⑮师古曰:"赡,给也。齐人,解在《食货志》。"

⑯师古曰:"营,谓围守也。"

⑰师古曰:"诩,大也,音许羽反。"

⑱师古曰:"三驱,古射猎之等也。一为笾豆,二为宾客,三为充君之庖

也。"

⑲服虔曰："鲁庄公筑泉台,非礼也,至文公毁之,《公羊》讥云:'先祖为之
而毁之,勿居而已。'今扬雄以宫观之盛,非成帝所造,勿修而已,当以
泉台折中也。"

⑳师古曰:"校猎,谓围守禽兽而大猎也。风,读曰讽。"

　　或称戏农,岂或帝王之弥文哉?①论者云否,各亦并时而
得宜,奚必同条而共贯?②则泰山之封,乌得七十而有二仪?③
是以创业垂统者俱不见其爽,遐迩五三孰知其是非?④遂作颂
曰:丽哉神圣,处于玄宫,富既与地虖侔訾,贵正与天虖比
崇。⑤齐桓曾不足使扶毂,楚严未足以为骖乘;狭三王之陿薜,
峤高举而大兴;⑥历五帝之寥廓,涉三皇之登闳;⑦建道德以
为师,友仁义与为朋。

①师古曰:"设或人云,言俭质者皆举伏戏、神农为之首,是则岂谓后代帝
王弥加文饰乎?故论者答之于下也。论者,雄自谓也。弥犹稍稍也。诸
家之释,皆不当意,徒为烦杂,故无所取。"

②师古曰:"所尚不必同也。"

③孟康曰:"言封禅各异也。"师古曰:"若不如是,于何得七十二仪也?"

④师古曰:"爽,差也。创业垂统,皆无差忒。五帝三王,谁是谁非,言文质
政教各不同也。"

⑤师古曰:"颂汉德也。玄宫,言清静也。訾,与赀同。"

⑥师古曰:"薜亦僻字也。峤,举步貌也,去昭反。"

⑦师古曰:"寥廓,空旷也。登闳,高远也。寥,音聊。"

　　于是玄冬季月,天地隆烈,①万物权舆于内,徂落于外,②
帝将惟田于灵之囿,③开北垠,受不周之制,④以终始颛顼、玄
冥之统。⑤乃诏虞人典泽,东延昆邻,西驰阊阖。⑥储积共偫,
戍卒夹道,⑦斩丛棘,夷野草,⑧御自汧、渭,经营酆、镐,⑨章
皇周流,出入日月,天与地杳。⑩尔乃虎路三嵏以为司马,围经
百里而为殿门,⑪外则正南极海,邪界虞渊,⑫鸿蒙沆茫,碣以
崇山。⑬营合围会,然后先置虖白杨之南,昆明灵沼之东。⑭贲
育之伦,蒙盾负羽,杖镆邪而罗者以万计,⑮其余荷垂天之毕,

张竟野之罘,靡日月之朱竿,曳彗星之飞旗。⑯青云为纷,红霓为缲,属之庨昆仑之虚,⑰涣若天星之罗,浩如涛水之波,⑱淫淫与与,前后要遮,⑲欃枪为阃,明月为候,⑳荧惑司命,天弧发射,㉑鲜扁陆离,骈衍佖路。㉒徽车轻武,鸿絧緁猎,㉓殷殷轸轸,被陵缘阪,穷冥极远者,相与迥庨高原之上;㉔羽骑营营,昈分殊事,㉕缤纷往来,辒铲不绝,若光若灭者,布庨青林之下。㉖

①师古曰:"北方色黑,故曰玄冬。隆烈者,阴气盛。"

②师古曰:"权舆,始也。徂落,死也。言草木萌牙始生于内,而枝叶凋毁死伤于外也。"

③师古曰:"灵圄,灵德之苑圃也。《诗·大雅·灵台》之篇曰'王在灵圄'。"

④孟康曰:"西北为不周风,谓冬时也。"师古曰:"垠,崖也,音银。"

⑤应劭曰:"颛顼、玄冥皆北方神,主杀戮也。"

⑥张晏曰:"东至昆明之边也。"师古曰:"昆明池边也。阊阖,门名也。阊,读与阊同也,又吐郎反。"

⑦师古曰:"共,读曰供。偫,丈纪反。"

⑧师古曰:"夷,平也。"

⑨应劭曰:"御,禁也。"师古曰:"将猎其中,故止禁不得人及兽出也。汧、渭以东,酆、镐以西,皆为猎围也。"

⑩师古曰:"章皇周流,言匝偏也,谓苑圃之大,遥望日月,皆从中出入,而天地之际杳县远也。说者反以杳为沓,解云重沓,非唯乖理,盖以失韵。"

⑪晋灼曰:"路,音落。"服虔曰:"以竹虎落此山也。"应劭曰:"外门为司马门,殿门在内也。"师古曰:"落,累也,以绳周绕之也。三嵏,三峰聚之山也。嵏,子公反。"

⑫应劭曰:"虞渊,日所入。"

⑬师古曰:"鸿蒙沆茫,广大貌,碣,山特立貌。鸿,胡孔反。蒙,莫孔反。沆,胡浪反。茫,音莽。碣,音竭。"

⑭张晏曰:"先置供具于前。"服虔曰:"白杨,观名。"

⑮师古曰:"贲,孟贲也。育,夏育也。皆古之勇士也。镆邪,大戟也。罗,

列遮禽兽。镆，音莫。邪，弋奢反。"

⑯如淳曰："垂天，言长大如天之垂也。师古曰："毕，田罔也。罦，辐车罔也。"

⑰师古曰："纷，眊也。缳，系也。属，缀也。昆仑，西极之山也。缳，下犬反。属，之欲反。虚，读曰墟。"

⑱师古曰："天星之罗，言布列也。涛水之波，言广大。"

⑲师古曰："淫淫与与，往来貌。"

⑳孟康曰："闉，斗战自障蔽，如城门外女垣也。"

㉑张晏曰："荧惑，法使，司不祥。天弧，虚、危上二星也。"

㉒师古曰："鲜扁，轻疾貌。骈衍，言其并广大也。佀，次比也。一曰，满也。扁，音篇。骈，步千反。佀，频一反，又步结反。"

㉓师古曰："徽车，有徽帜。鸿，胡孔反。绱，徒孔反。犍，音捷。"

㉔师古曰："殷轸，盛也。冥，幽深也。殷，读曰隐。"

㉕苏林曰："旷，明也。"师古曰："訾訾，周旋貌也。言其服饰分明，各殊异也。旷，音户。"

㉖孟康曰："蠝轳，连属貌。"如淳曰："蠝，音雷。轳，音卢。"师古曰："缤纷，众疾也。蠝轳，环转也。缤，匹人反。"

于是天子乃以阳晁始出乎玄宫，①撞鸿钟，建九旒，六白虎，载灵舆，蚩尤并毂，蒙公先驱。②立历天之旂，曳捎星之旃，③辟历列缺，吐火施鞭。④萃佀允溶，淋离廓落，戏八镇而开关；⑤飞廉、云师，吸嚊潚率，鳞罗布列，攒以龙翰。⑥秋秋跄跄，入西园，切神光；⑦望平乐，径竹林，⑧蹂蕙圃，践兰唐。⑨举烽烈火，駥者施披，⑩方驰千驷，校骑万师。⑪虎虎之陈，从横胶辕，焱泣雷厉，骁骏乎礚，⑫泅泅旭旭，天动地岋。⑬羡漫半散，萧条数千万里外。⑭

①师古曰："阳朝，日出之后也。北方之宫，故曰玄宫。"

②服虔曰："蒙公，蒙恬也。"孟康曰："神名也。"师古曰："服说是也。并，步浪反。"

③师古曰："历，经也。捎犹拂也。历天捎云，言其高也。捎，所交反。"

④应劭曰："辟历，雷也。列缺，天隙电照也。"师古曰："言猎火之耀，及驰骑奋鞭，如电吐光，及象其疾。"

⑤应劭曰："四方四隅为八镇。"如淳曰："不言九者，一镇在中，天子居之
　　故也。"师古曰："戏，读曰麾，谓指麾八镇使之开关也。似，先勇反，又音
　　全。溶，音容。"

⑥师古曰："吸嚊，开张也。潚率，聚敛也。言布列则如鱼鳞之罗，攒聚则如
　　龙之豪翰。嚊，许异反。潚，音肃。翰，合韵音韩。"

⑦师古曰："秋秋跄跄，腾骧之貌。切神光者，言车之众伤相切靡而光起，
　　有若神也。跄，千羊反。"

⑧张晏曰："平乐，馆名。"晋灼曰："在上林中。"

⑨师古曰："蕙圃，蕙草之圃也。兰唐，陂唐之上多生兰也。"

⑩师古曰："蛮者，御人执蛮也。"

⑪师古曰："方驰，并驱也。校骑，骑而为部校者也。"

⑫服虔曰："虓，音哮。"邓展曰："泣，音粒。"师古曰："哮虎之陈，谓勇士奋
　　怒，状如猛兽而为行陈也。泣，盠风疾貌。骒骈骅礚，皆声响众盛也。哮，
　　火交反。辖，音葛。骒，匹人反。骈，普萌反。骅，力茎反。礚，音口盍反。"

⑬苏林曰："岋，音岋动摇之岋。"师古曰："汹，音匈。岋，五合反。"

⑭师古曰："羡，弋战反。"

　　若夫壮士慷慨，殊乡别趣，①东西南北，骋耆奔欲。②拖苍
豨，跋犀牦，蹶浮麋。③斫巨狿，搏玄猿，④腾空虚，距连卷。⑤
蹈夭蛴，娱涧门，⑥莫莫纷纷，山谷为之风猋，林丛为之生
尘。⑦及至获夷之徒，蹶松柏，掌疾梨；⑧猎蒙茏，辚轻飞；⑨履
般首，带修蛇；⑩钩赤豹，摼象犀，⑪踻峦坑，超唐陂。⑫车骑云
会，登降暗蔼，⑬泰华为旐，熊耳为缀。⑭木仆山还，漫若天
外，⑮储与虖大溥，聊浪乎宇内。⑯

①师古曰："乡，读曰向。"

②师古曰："言随其所欲而各驰骋取之也。耆，读曰嗜。欲，合韵音弋树
　　反。"

③张晏曰："跋，蹍也。"郑氏曰："蹶，音马蹄蹶之蹶。"师古曰："拖，曳也。
　　跋，反戾也。蹶，蹍也。浮麋，水上浮者也。拖，音佗。跋，步末反。"

④师古曰："斫，斩也。狿，兽名也。解在《司马相如传》。斫，侧略反。"

⑤张晏曰："连卷之木也。"师古曰："距即距字也。卷，音拳。"

⑥师古曰："蹈，走也。夭蛴亦木枝曲也。娱，戏也。蹈，丑孝反，又音徒钓

反。蛟,音矫。娭,许其反。"

⑦师古曰:"莫莫,尘埃貌。纷纷,乱起貌。"

⑧服虔曰:"获夷,能获夷狄者也。"师古曰:"掌,以掌击也。"

⑨师古曰:"蒙茏,草木所蒙蔽处也。鳞,铄也。轻飞,犹言轻禽也。鳞,音吝。"

⑩如淳曰:"般,音班。班首,虎之类也。"师古曰:"履,谓践履之也。修,长也。"

⑪师古曰:"搾,古牵反。"

⑫师古曰:"跐,渡也。峦坑,并解于上。唐陂,陂之有堤唐者也。坑,音刚。跐,弋制反。"

⑬师古曰:"暗,乌感反。"

⑭师古曰:"旒,旌旗之旒也。缀,所以县旌也。"

⑮如淳曰:"还,音旋。言山为之回旋也。"

⑯师古曰:"储与,相羊也。溥,水崖也。"师古曰:"聊浪,言游放也。与,音余。溥,音普。浪,音琅。"

于是天清日晏,①逢蒙列眦,羿氏控弦。②皇车幽辒,光纯天地,③望舒弥辔,④翼乎徐至于上兰。⑤移围徙陈,浸淫蹴部,⑥曲队坚重,各案行伍。⑦壁垒天旋,神挟电击⑧逢之则碎,近之则破,鸟不及飞,兽不得过,军惊师骇,刮野扫地。⑨及至罕车飞扬,武骑聿皇;⑩蹈飞豹,绢嗥阳,⑪追天宝,出一方;⑫应驲声,击流光。野尽山穷,囊括其雌雄,⑬沈沈容容,遥噱虖黑中。⑭三军芒然,穷冘阏与,⑮亶观夫票禽之绁隓,犀兕之抵触,熊罴之拿攫,虎豹之凌遽,⑯徒角抢题注,蹙竦詟怖,魂亡魄失,触辐关脰。⑰妄发期中,进退履获,⑱创淫轮夷,丘累陵聚。⑲

①师古曰:"晏,无云。"

②师古曰:"逢蒙及羿,皆古善射者。列,整也。控,引也。"

③李奇曰:"纯,缘也。"师古曰:"幽辒,车声也。辒,一辖反。纯,之允反。"

④师古曰:"望舒,月御也。弥,敛也。言天子之车敛辔徐行,故假望舒为言耳。音莫尔反。"

⑤晋灼曰："上兰观在上林中。"

⑥师古曰："部,军之部校也,言稍聚逼而重。蹴,千欲反。"

⑦师古曰："队亦部也。案,依也。队,徒内反。行,胡郎反。"

⑧师古曰："言所挟击如鬼神雷电也。挟,丑乙反。"

⑨师古曰："言杀获皆尽,无遗余也。扫,先早反。"

⑩师古曰："罕车,毕罕之车也。韦皇,疾貌。"

⑪师古曰："噭阳,费费也,人面黑身,有毛,反踵,见人则笑,唇蔽其目。绢,工犬反。噭,工聊反。费,扶味反。"

⑫应劭曰："天宝,陈宝也。"晋灼曰:"天宝,鸡头而人身。"

⑬如淳曰:"陈宝神来下时,驿然有声,又有光精也。"应劭曰:"下时穷极山川天地之间,然后得其雌雄也。"师古曰:"雄在陈仓,雌在南阳也。故云野尽山穷也。驿,普萌反。"

⑭师古曰:"口内之上下名为噱,言禽兽奔走倦极,皆遥张噱吐舌于纮网之中也。"师古曰:"噱,其略反。纮,古纮字。"

⑮孟康曰:"尤,行也。阂,止也。言三军之盛,穷阂禽兽,使不得逸漏也。"晋灼曰:"阋与,容貌也。"师古曰:"阋与,容服之貌也。芒,莫郎反。尤,音淫。尤,于庶反。与,音豫。"

⑯师古曰:"亶,读曰但。票禽,轻疾之禽也。绁与蚳同。绁,度也。隃与逾同。拿,牵引也。攫,搏持之也。凌,战栗也。遽,惶也。票,频妙反。蚳,弋制反。触,合韵音昌树反。拿,女居反。攫,音钁。遽,音讵。"

⑰师古曰:"徙亦但也。抢犹刺也。题,额也。脰,颈也。言众兽迫急,以角抢地,以额注地,或自触车辐,关颈而死也。抢,千羊反。题,子育反。脰,音豆。"

⑱师古曰:"言矢虽妄发而必有中,进则履之,退则获之。"

⑲师古曰:"淫,过也。夷,平也。言创过大,血流平于车轮也。丘累陵聚,言其积多。"

于是禽殚中衰,①相与集于靖冥之馆,②以临珍池。灌以岐梁,溢以江河,③东瞰目尽,西畅亡崖,④随珠和氏,焯烁其陂。⑤玉石嶜崟,眩耀青荧,⑥汉女水潜,怪物暗冥,不可殚形。⑦玄鸾孔雀,翡翠垂荣,⑧王雎关关,鸿雁嘤嘤,⑨群娭嬉其中,噍噍昆鸣;⑩凫鹥振鹭,上下砰礚,声若雷霆。⑪乃使文身之技,水格鳞虫,⑫凌坚冰,犯严渊,探岩排碕,薄索蛟螭,⑬蹈猿獭,据鼋鼍,⑭袪灵蠵。⑮入洞穴,出苍梧,⑯乘巨鳞,骑京鱼。⑰浮彭蠡,目有虞。⑱方椎夜光之流离,剖明月之珠胎,⑲鞭洛水之虙妃,饷屈原与彭胥。⑳

①师古曰:"殚,尽也。中,射中也,音竹仲反。"

②晋灼曰:"靖冥,深闲之馆。"

③晋灼曰:"梁,梁山也。"服虔曰:"珍池,山下之流也。"

④师古曰:"瞰,视也。目尽,极望。无崖,言广远也。"

⑤师古曰:"焯,古灼字也。焯,烁光貌。烁,式药反。"

⑥师古曰:"玉石,石之似玉者也。礜磙,高锐貌。青荧,言其色青而有光荧也。礜,仕金反。磙,牛林反。"

⑦应劭曰:"汉女,郑交甫所逢二女,弄大珠,大如荆鸡子。"师古曰:"不可殚形,不能尽其形貌之状。"

⑧师古曰:"言其毛羽有光华。"

⑨师古曰:"王雎,雄鸠也。关关,和声也。嘤嘤,相命声也。嘤,于行反。"

⑩师古曰:"娭,戏也。昆,同也。娭,许其反。嘻,子由反。"

⑪师古曰:"凫,水鸟,即今之野鸭也。鹥,凫属也。鹭,白鸟也。振者,言振羽翼而飞也。《诗·大雅》曰'凫鹥在泾',《周颂》曰'振鹭于飞',三者皆水鸟也。言其群飞上下,翅翼之声若雷霆也。鹥,乌奚反。砰,普萌反。"

⑫服虔曰:"文身,越人也,能入水取物。"

⑬师古曰:"严,言不可犯也。岩,水岸嵌岩之处也。碕,曲岸也。薄,迫也。索,搜求也。碕,巨依反。嵌,口衔反。"

⑭苏林曰:"猨,音宾。"师古曰:"獭,形如狗,在水中食鱼。猵,小獭也。獭,它曷反。"

⑮郑氏曰:"袪,音怯。"应劭曰:"蠵,大龟也。雄曰毒冒,雌曰觜蠵。"师古曰:"袪,挹取也,又音袪。蠵,弋随反,又音携。"

⑯晋灼曰:"洞穴,禹穴也。"师古曰:"洞,通也。"

⑰师古曰:"京,大也,或读为鲸。鲸,大鱼也。"

⑱应劭曰:"彭蠡,大泽,在豫章。"师古曰:"目犹视也,望也。有虞,谓舜陟方在江南,言遥望也。"

⑲师古曰:“珠在蛤中若怀妊然,故谓之胎也。椎,直佳反,其字从木。”

⑳师古曰:“彭,彭咸。胥,伍子胥。皆水死者。虙,读曰伏。”

于兹虖鸿生巨儒,俄轩冕,杂衣裳,①修唐典,匡《雅》《颂》,揖让于前。②昭光振耀,蚃曶如神,③仁声惠于北狄,武义动于南邻。④是以旃裘之王,胡貉之长,移珍来享,抗手称臣。⑤前入围口,后陈卢山。⑥群公常伯杨朱、墨翟之徒,⑦喟然称曰:⑧“崇哉乎德,虽有唐、虞、大夏、成周之隆,何以侈兹!太古之觐东岳,禅梁基,舍此世也,其谁与哉?”

①师古曰:“俄俄,陈举之貌。杂者,言衣与裳皆杂色也。”

②师古曰:“匡,正也。”

③师古曰:“蚃,与嚮同。曶,与忽同。

④师古曰:“南方有金邻之国,极远也,故云南邻。一曰,邻邑也。”

⑤如淳曰:“以物与人曰移。”师古曰:“貉,东北夷也。享,献也。抗,举手也,言其肃恭合掌而拜也。貉,莫百反。”

⑥孟康曰:“单于南庭山也。”

⑦师古曰:“常伯,侍中也。解在《谷永传》。扬朱、墨翟,取古贤以为喻也。”

⑧师古曰:“喟,叹息也,音丘位反。”

上犹谦让而未俞也,①方将上猎三灵之流,下决醴泉之滋,②发黄龙之穴,窥凤皇之巢,临麒麟之囿,幸神雀之林;奢云梦,侈孟诸,③非章华,是灵台,④罕徂离宫而辍观游,⑤土事不饰,木功不雕,承民乎农桑,⑥劝之以弗怠,侪男女使莫违;⑦恐贫穷者不遍被洋溢之饶,开禁苑,散公储,创道德之囿,弘仁惠之虞,⑧驰弋乎神明之囿,览观乎群臣之有亡;放雉菟,收罝罘,麋鹿刍荛与百姓共之,⑨盖所以臻兹也。于是醇洪鬯之德,丰茂世之规,⑩加劳三皇,勖勤五帝,不亦至乎!乃祗庄雍穆之徒,⑪立君臣之节,崇贤圣之业,未皇苑囿之丽,游猎之靡也,⑫因回轸还衡,⑬背阿房,反未央。

①张晏曰:“俞,然也。师古曰:“俞,音逾。”

②如淳曰:“三灵,日月星垂象之应也。”师古曰:“流者,言其和液下流。”

③师古曰:“云梦,楚薮泽名也。《春秋》昭公三年‘楚灵王与郑伯田于江南

之梦'。孟诸,宋薮泽名。文公十年'楚穆王欲伐宋,昭公导以田孟诸'。
言今皆以二者为奢侈而改也。"

④师古曰:"言以楚灵王章华之台为非,而周文王灵台之制为是也。"

⑤师古曰:"罕,希也。徂,往也。辍,止也。"

⑥师古曰:"承,举也。"

⑦师古曰:"侪,耦也。违,谓失婚姻时也。侪,仕皆反。"

⑧师古曰:"虞,与娱同。"

⑨师古曰:"刍所以饲牛马。莞,草薪。"

⑩师古曰:"洪,大也。匏,与畅同。畅,通也。"

⑪师古曰:"祇庄,敬也。雍穆,和也。"

⑫师古曰:"皇,暇也。"

⑬师古曰:"轸,舆后横木也。衡,辕前横木也。"

汉书卷八七下
列传第五七下

扬雄下

　　明年,上将大夸胡人以多禽兽,秋,命右扶风发民入南,西自褒斜,东至弘农,南驱汉中,①张罗罔罝罘,捕熊罴豪猪虎豹狖玃狐菟麋鹿,②载以槛车,输长杨射熊馆。③以罔为周陆,④纵禽兽其中,令胡人手搏之,自取其获,上亲临观焉。是时,农民不得收敛。雄从至射熊馆,还,上《长杨赋》,聊因笔墨之成文章,故藉翰林以为主人,子墨为客卿以风。⑤其辞曰:

①师古曰:"褒斜,南山二谷名也。汉中,今梁州也。斜,弋奢反。"

②师古曰:"狖似猕猴,仰鼻而长尾。玃猕猴类也,长臂善搏。麋身长,金色。狖,弋授反。玃,音矍。"

③师古曰:"长杨,宫名也,在盩厔县,其中有射熊馆。"

④李奇曰:"陆,遮禽兽围陈也。"师古曰:"陆,音祛。"

⑤师古曰:"藉,借也。风,读曰讽。"

　　子墨客卿问于翰林主人曰:"盖闻圣主之养民也,仁沾而恩洽,动不为身。①今年猎长杨,先命右扶风,左太华而右褒斜,②椓截嶭而为弋,纡南山以为罝,③罗千乘于林莽,列万骑于山隅,④帅军踔陆,锡戎获胡。⑤扼熊罴,拖豪猪,⑥木雍枪累,以为储胥,⑦此天下之穷览极观也。虽然,亦颇扰于农民。三旬有余,其羸至矣,⑧而功不图,⑨恐不识者,外之则以为娱乐之游,内之则不以为乾豆之事,⑩岂为民乎哉!且人君以玄默为神,澹泊为德,⑪今乐远出以露威灵,⑫数摇动以罢车甲，⑬本非人主之急务也，蒙窃或焉。"⑭

①师古曰："言忧百姓也。"

②师古曰："太华，即西岳华山。"

③师古曰："嶻嶭即所谓嵯峨山也，在京师之北。凡言此者示猎围之宽广也。嶻嶭，音戬啮，又才葛反，又五葛反。"

④师古曰："草平曰莽。"

⑤师古曰："踤，足蹴之也。锡戎获胡，言以禽兽赋戎狄，令胡人获取之。踤，才恤反。"

⑥师古曰："扼，捉持之也。豪猪，一名希韘也，自为牝牡者也。扼，音厄。拖，音佗。韘，音桓。"

⑦苏林曰："木拥栅其外，又以竹枪累为外储也。"服虔曰："储胥，犹言存余也。"师古曰："储，峙也。胥，须也。以木拥枪及累绳连结以为储胥，言有储畜以待所须也。枪，子羊反。累，力佳反。"

⑧师古曰："廑，古勤字。"

⑨张晏曰："不可图画以示后人。"师古曰："此说非也。图，谋也。言百姓甚勤劳矣，而不见谋赡恤之事。"

⑩师古曰："乾豆，三驱之一也。乾豆者，言为脯羞以充实豆，荐宗庙。"

⑪师古曰："澹泊，安静也。澹，徒滥反。泊，步各反，又音魄。"

⑫师古曰："露，谓显暴不深固。"

⑬师古曰："罢，读曰疲。"

⑭师古曰："蒙，自谓蒙蔽也。"

翰林主人曰："吁！谓之兹邪！①若客，所谓知其一未睹其二，见其外不识其内者也。仆尝倦谈，不能一二其详，②请略举凡，而客自览其切焉。"③

①师古曰："吁，疑怪之辞也。谓兹邪，犹云何为如此也。吁，音于。"

②师古曰："详，悉也。"

③师古曰："凡，大指也。切，要也。"

客曰："唯，唯。"

主人曰："昔有强秦，封豕其士，窫窳其民，凿齿之徒相与摩牙而争之，①豪俊麇沸云扰，群黎为之不康。②于是上帝眷顾高祖，高祖奉命，顺斗极，运天关，横巨海，票昆仑，③提剑而

叱之,所麾城撕邑,下将降旗,④一日之战,不可殚记。⑤当此
之勤,头蓬不暇疏,饥不及餐,⑥鞎螯生虮虱,介胄被沾汗,⑦
以为万姓请命虖皇天。乃展民之所诎,振民之所乏,⑧规亿载,
恢帝业,七年之间而天下密如也。⑨

①应劭曰:"《淮南子》云,尧之时窭窳、封豨、凿齿皆为民害。窭窳类貙,虎
　介人食人。"服虔曰:"凿齿长五尺,似凿,亦食人。"李奇曰:"以喻秦贪婪,
　残食其民也。"师古曰:"封,大也。窭,于黠反。窳,音愈。"

②师古曰:"黎,众。康,安也。"

③师古曰:"票犹言摇动也,音匹昭反。"

④李奇曰:"撕,音车辚之辚。"师古曰:"撕,举手拟之也。"

⑤师古曰:"殚,尽也。不可尽记,言其多也。

⑥师古曰:"蓬,谓发乱如蓬也。"

⑦师古曰:"鞎螯即蟄也。鞎,丁奚反。螯,音车。虮,居岂反。"

⑧师古曰:"展,申也。振,起也。"

⑨师古曰:"密,静也。"

　　逮至圣文,随风乘流,方垂意于至宁,躬服节俭,绨衣不
敝,革鞜不穿,①大夏不居,木器无文。②于是后官贱玳瑁而疏
珠玑,却翡翠之饰,除雕瑑之巧,③恶丽靡而不近,斥芬芳之不
御,④抑止丝竹晏衍之乐,憎闻郑卫幼眇之声,⑤是以玉衡正
而太阶平也。⑥

①师古曰:"言不穿敝而已,无取纷华也。鞜,革履,音踏。"

②师古曰:"大夏,夏屋也。"

③师古曰:"瑑,刻镂也。瑑,音篆。"

④师古曰:"斥,却也。"

⑤师古曰:"衍,弋战反。幼,一笑反。眇,音妙。"

⑥师古曰:"玉衡,天仪也。太阶,解在《东方朔传》。"

　　其后熏鬻作虐,东夷横畔,①羌戎睚眦,闽越相乱,②遆萌
为之不安,中国蒙被其难。③于是圣武勃怒,爰整其旅,乃命
票、卫,④汾沄沸渭,云合电发,⑤焱腾波流,机骇蜂轶,⑥疾如
奔星,击如震霆,⑦砰辒辒,破穹庐,⑧脑沙幕,髓余吾。⑨遂猎

王廷。⑩驱橐它,烧爐蠡,⑪分梨单于,磔裂属国,⑫夷坑谷,拔
卤莽,刊山石,⑬蹂尸舆厮,系累老弱,⑭充铤瘢耆、金镞淫夷
者数十万人,⑮皆稽颡树颔,扶服蛾伏,⑯二十余年矣,尚不敢
惕息。⑰夫天兵四临,幽都先加,⑱回戈邪指,南越相夷,⑲靡
节西征,羌僰东驰。是以逷方疏俗殊邻绝党之域,⑳自上仁所
不化,茂德所不绥,莫不跷足抗手,请献厥珍,㉑使海内澹
然,㉒永亡边城之灾,金革之患。

①师古曰:"鸞,弋六反。横,胡孟反。"

②师古曰:"睚眦,瞋目貌。睚,五懈反。眦,仕解反。睚字或作䁋。䁋者,
　怒其目,音工唤反。"

③师古曰:"逷,远也。"

④应劭曰:"票,票骑霍去病。卫,卫青也。"

⑤师古曰:"汾沄沸渭,奋击貌。汾,音纷。沄,音云。"

⑥师古曰:"飚,疾风也。腾,举也。蜂,与锋同。轶,过也。如机之骇,如蜂
　之过,言其疾也。轶,与逸同。"

⑦师古曰:"霆,雷之急者,音廷。"

⑧应昭曰:"辇辒,匈奴车也。"师古曰:"穹庐,毡帐也。辇,扶云反。辒,于
　云反。"

⑨师古曰:"脑涂沙幕地,髓入余吾水,言其大破死亡。髓,古髓字。"

⑩孟康曰:"匈奴王廷也。"

⑪张晏曰:"爐蠡,干酪也,以为酪母。烧之,坏其养生之具也。"师古曰:
　"爐,音觅。蠡,音黎,又音来戈反。"

⑫师古曰:"梨,与劙同,谓剥析也。劙,力私反。"

⑬师古曰:"卤莽,浅草之地也。坑,口衡反。莽,莫户反。"

⑭师古曰:"言已死则蹂践其尸,破伤者则舆之而行也。厮,折也,音斯。
　累,力追反。"

⑮如淳曰:"充,括也。"孟康曰:"撤耆,马脊创瘢处也。"苏林曰:"以耆字
　为著字。著,音愤之著。镞著其头也。"师古曰:"铤,铁矜小矛也。淫夷,
　过伤也。据如、孟康之说,则箭括及铤所中,皆有创瘢于耆,而被金镞
　过伤者复众也。苏氏以耆字为著字,依其所释,则括及镞所伤皆有瘢,
　又著金镞于头上而过者亦多矣。用字既别,分句不同,据今书本多作

耆字,宜从孟说。铤,音蝉,又音延。著,竹略反,矜,巨巾反。"

⑯如淳曰:"叩头时顶下向,则领树上向也。"师古曰:"树,竖也。领,胡感反。服,蒲北反。蛾,与蚁同。蛾伏者,言其伏如虫蚁也。"

⑰师古曰:"惕息,惧而小息也。息,出入气也。"

⑱师古曰:"幽都,北方,谓匈奴。"

⑲师古曰:"夷,伤也。一曰,平殄也。"

⑳师古曰:"疏亦远也。邻,邑也。"

㉑师古曰:"晓,举也,音矫。"

㉒师古曰:"澹,安也,音徒滥反。"

　　"今朝廷纯仁,遵道显义,并包书林,圣风云靡;①英华沈浮,洋溢八区,普天所覆,莫不沾濡;士有不谈王道者,则樵夫笑之。②故意者以为事罔隆而不杀,物靡盛而不亏,③故平不肆险,安不忘危。④乃时以有年出兵,整舆辣戎,⑤扼师五柞,习马长扬,⑥简力狡兽,校武票禽。⑦乃萃然登南山,瞰乌弋,⑧西厌月嶲,东震日域。⑨又恐后世迷于一时之事,常以此取国家之大务,淫荒田猎,陵夷而不御也,⑩是以车不安轫,日未靡旃,从者仿佛,骩属而还;⑪亦所以奉太宗之烈,遵文武之度,复三王之田,反五帝之虞;⑫使农不辍耰,工不下机,⑬婚姻以时,男女莫违;⑭出恺弟,行简易,矜劬劳,休力役;⑮见百年,存孤弱,帅与之同苦乐。然后陈钟鼓之乐,鸣鼗磬之和,建碣磙之虞,⑯桔隔鸣球,掉八列之舞;⑰酌允铄,肴乐胥,⑱听庙中之雍雍,受神人之福祜;⑲歌投颂,吹合雅,其勤若此,故真神之所劳也。⑳方将俟元符,㉑以禅梁甫之基,增泰山之高,延光于将来,比荣乎往号,岂徒欲淫览浮观,驰骋粳稻之地,周流梨栗之林,蹂践刍荛,夸诩众庶,盛狄獾之收,多麋鹿之获哉!且盲不见咫尺,而离娄烛千里之隔;㉒客徒爱胡人之获我禽兽,曾不知我亦已获其王侯。"

①师古曰:"靡,合韵音武义反。"

②师古曰:"樵夫,采樵之人。"

③师古曰:"罔、靡,皆无也。杀,衰也,音所例反。"

④服虔曰:"肆,弃也。"师古曰:"肆,放也,不放心于险而言常思念也。"

⑤师古曰:"有年,有丰年也。因丰年而时出兵也。竦,劝也。"

⑥师古曰:"振亦整也。莋,与柞同。"

⑦师古曰:"校,计量也。票禽,轻疾之禽也。票,频妙反,又匹妙反。"

⑧晋灼曰:"萃,集也。"服虔曰:"三十六国,乌弋最在其西。"师古曰:"瞰,
远视也,音口滥反。"

⑨服虔曰:"嵋,音窟,穴。月嵋,月所生也。"师古曰:"日域,日初出之处
也。厌,一涉反。"

⑩师古曰:"御,止也。"

⑪张晏曰:"从者见仿佛,委释回旋。"师古曰:"车不安轫,未及止也。日未
靡旃,不移景也。仿佛,读曰髣髴。飙,委字也。属,之欲反。还,读曰旋。"

⑫师古曰:"虞,与娱同,合韵音牛具反。"

⑬师古曰:"櫌,摩田之器也,音忧。"

⑭师古曰:"已解于上也。"

⑮师古曰:"易,合韵音弋赤反。"

⑯孟康曰:"碣磍,刻猛兽为之,故其形碣磍而盛怒也。"师古曰:"鞀,古鼗
字。鞀,小鼓也。碣,一辖反。磍,音辖。"

⑰师古曰:"柷隔,击考也。鸣球,玉磬也。掉,摇也,摇身而舞也。一曰,柷
隔,弹鼓也。鸣球,以玉饰琴瑟也。柷,居黠反。球,音求,又音虬。掉,
徒钓反。"

⑱张晏曰:"允,信也。铄,美也。言酌信义以当酒,帅礼乐以为肴也。"师古
曰:"《小雅·车攻》之诗曰'允矣君子,展也大成',《周颂·酌》之诗曰
'于铄王师',《小雅·桑扈》之诗曰'君子乐胥',故引之为言也。胥,先
吕反。"

⑲师古曰:"《大雅·思齐》之诗曰'雍雍在宫,肃肃在庙',《小雅·桑扈》
之诗曰'受天之祜'。祜,福也,音户。"

⑳师古曰:"《大雅·旱麓》之诗曰'恺弟君子,神所劳矣'。劳,谓劳来之,
犹言劝勉也,故雄引之云。劳,郎到反。"

㉑师古曰:"元,善也。符,瑞也。"

㉒师古曰:"离娄,古明目者。一号离朱。烛,照也。"

　　言未卒,墨客降席再拜稽首曰:"大哉体乎!允非小子之所
能及也。①乃今日发蒙,廓然已昭矣!"

①师古曰："允,信也。"

哀帝时,丁、傅、董贤用事,诸附离之者或起家至二千石。①时雄方草《太玄》,有以自守,泊如也。②或嘲雄以玄尚白,③而雄解之号曰《解嘲》。其辞曰:

①师古曰："离,著也,音丽。"

②师古曰："泊,安静也,音步各反。"

③师古曰："玄,黑色也。言雄作之不成,其色犹白,故无禄位也。"

客嘲扬子曰:"吾闻上世之士,人纲人纪,①不生则已,生则上尊人君,下荣父母,析人之圭,儋人之爵,②怀人之符,分人之禄,纡青拖紫,朱丹其毂。③今子幸得遭明盛之世,处不讳之朝,与群贤同行,④历金门上玉堂有日矣,⑤曾不能画一奇,出一策,上说人主,下谈公卿。目如曜星,舌如电光,壹从壹衡,论者莫当,⑥顾而作《太玄》五千文,⑦支叶扶疏,独说十余万言,⑧深者入黄泉,高者出苍天,大者含元气,纤者入无伦,⑨然而位不过侍郎,擢突给事黄门。⑩意者玄得毋尚白乎? 何为官之拓落也。⑪

①师古曰:" 为众人之纲纪也。"

②师古曰:"析亦分也。儋,荷负也。"

③师古曰:"青紫,谓绶色。纡,萦也。拖,曳也。拖,吐贺反,又徒可反。"

④师古曰:"同行,谓同行列。"

⑤应劭曰:"金门,金马门也。"晋灼曰:"《黄图》有大玉堂、小玉堂殿也。"

⑥师古曰:"从,子容反。"

⑦师古曰:"顾,反也。"

⑧师古曰:"扶疏,分布也。"

⑨师古曰:"纤微之甚,无等伦。"

⑩师古曰:"纔,浅也,言仅得之也。纔,音才。"

⑪师古曰:"拓落,不耦也。拓,音托。"

扬子笑而应之曰:"客徒欲朱丹吾毂,不知一跌将赤吾之族也!①往者周罔解结,群鹿争逸,②离为十二,合为六七,③四分五剖,并为战国。④士无常君,国亡定臣,得士者富,失士者贫，矫翼厉翮，恣意所存，⑤故士或自盛以橐，或凿坏以遁。⑥是故驺衍以颉亢而取世资，⑦孟轲虽连蹇，犹为万乘师。⑧

①师古曰："跌，足失厝也。见诛杀者必流血，故云赤族。跌，徒结反。"

②师古曰："谓战国时诸侯也。"

③师古曰："十二，谓鲁、卫、齐、楚、宋、郑、燕、秦、韩、赵、魏、中山也。六七者，齐、赵、韩、魏、燕、楚六国，及秦为七也。"

④晋灼曰："道其分离之意，四分则交五而裂如田字。"

⑤师古曰："言来去如鸟之飞，各任所息也。"

⑥应劭曰："自盛以橐，谓范雎也。凿坏，谓颜阖也。鲁君闻颜阖贤，欲以为相，使者往聘，因凿后垣而亡。坏，壁也。"苏林曰："坏，音陪。"师古曰："又音普回反。"

⑦应劭曰："衍，齐人也。著书所言皆大事，故齐人曰'谈天衍'。游诸侯，所言则以为迂阔远于事情，然终不屈。尝仕于齐，位至卿。"师古曰："颉亢，上下不定也。颉，下结反。亢，胡浪反。"

⑧张晏曰："连蹇，难也，言世之屯难也。"师古曰："连，音辇。"

　　今大汉左东海，右渠搜，前番禺，后陶涂。①东南一尉，②西北一候，③徽以纠墨，制以质铁，④散以礼乐，风以《诗》《书》，⑤旷以岁月，结以倚庐。⑥天下之士，雷动云合，鱼鳞杂袭，咸营于八区，⑦家家自以为稷契，人人自以为咎繇，戴继垂缨而谈者皆拟于阿衡，⑧五尺童子羞比晏婴与夷吾，⑨当涂者入青云，失路者委沟渠，且握权则为卿相，夕失势则为匹夫；譬若江湖之雀，勃解之鸟，乘雁集不为之多，双凫飞不为之少。⑩昔三仁去而殷虚，⑪二老归而周炽，⑫子胥死而吴亡，种、蠡存而粤伯，⑬五羖入而秦喜，乐毅出而燕惧，⑭范雎卷以折摺而危穰侯，⑮蔡泽虽噤吟而笑唐举。⑯故当其有事也，非萧、曹、子房、平、勃、樊、霍则不能安；当其亡事也，章句之徒相与坐而守之，亦亡所患。⑰故世乱，则圣哲驰骛而不足；世治，则庸夫高枕而有余。

①如淳曰："小国也。"师古曰："驹验马出北海上。今此云后陶涂，则是此

方国名也。本国出马，因以为名。今书本陶字，有作椒者，流俗所改。"

②孟康曰："会稽东部都尉也。"

③孟康曰："敦煌玉门关候也。"

④师古曰："言有罪者则系于徽墨，尤恶者则斩以铁质也。徽、纠、墨，皆绳也。质，锧也。铁，莝刃也，音肤。锧，竹林反。"

⑤师古曰："风，化也。"

⑥孟康曰："在倚庐行服三年也。"应劭曰："汉律以不为亲行三年服不得选举。"师古曰："倚庐，倚墙至地而为之，无楣柱。倚，于绮反。"

⑦师古曰："八区，八方也。"

⑧师古曰："继，韬发者也，音山尔反。"

⑨师古曰："夷吾，管仲也。羞比之也，以其不为王者之佐。"

⑩应劭曰："乘雁，四雁也。"师古曰："雀字或作崔。鸟字或作岛。岛，海中山，其义两通。乘，食证反。"

⑪师古曰："《论语》称'微子去之，箕子为之奴，比干谏而死'。孔子曰：'殷有三仁焉。'虚，空也。一曰，虚，读曰墟。言其亡国为丘墟。"

⑫应劭曰："二老，伯夷、太公也。"

⑬师古曰："伯，读曰霸。"

⑭师古曰："五羖，谓百里奚也。买以羖羊之皮五，故称五羖也。"

⑮晋灼曰："搦，古拉字也。"

⑯师古曰："噤吟，锁颐之貌。泽从唐举相，谓之曰：'圣人不相，殆先生乎！'泽曰：'吾自知富贵。'噤，巨锦反。吟，鱼锦反。举，合韵音居御反。"

⑰师古曰："章句小儒也。患，合韵胡关反。"

"夫上世之士，或解缚而相，①或释褐而傅；②或倚夷门而笑，③或横江潭而渔；④或七十说而不遇，⑤或立谈间而封侯；⑥或枉千乘于陋巷，⑦或拥帚彗而先驱。⑧是以士颇得信其舌而奋其笔，⑨窒隙蹈瑕而无所诎也。⑩当今县令不诸士，郡守不迎师，群卿不揖客，将相不俯眉，⑪言奇者见疑，行殊者得辟，⑫是以欲谈者宛舌而固声，欲行者拟足而投迹。⑬乡使上世之士处虖今，⑭策非甲科，行非孝廉，举非方正，独可抗疏，时道是非，⑮高得待诏，下触闻罢，⑯又安得青紫？

①孟康曰："管仲也。"

②孟康曰"宁戚也。"

③应劭曰"侯嬴也。为夷门卒，秦伐赵，赵求救，无忌将十余人往辞嬴，嬴无所戒。更还，嬴笑之，以谋告无忌也。"

④师古曰"渔父也。"师古曰："江潭而渔，潭，音寻。渔，合韵音牛助反。"

⑤应劭曰"孔丘也。"

⑥服虔曰"薛公也。"

⑦应劭曰"齐有小臣稷，桓公一日三至而不得见，从者曰：'可以止矣！'桓公曰：'士之傲爵禄者，固轻其主，主傲霸王者亦轻其士，纵彼傲爵禄者，吾庸敢傲霸王乎！'遂见之。"

⑧应劭曰"邹衍之燕，昭王郊迎，拥彗为之先驱也。"师古曰："彗亦以埽者也，音以岁反。"

⑨师古曰"信，读曰申。"

⑩李奇曰"君臣上下，有衅罅瑕隙乖离之渐，则可抵而取也。"师古曰："窒，塞也。罅，呼驾反。"

⑪师古曰"自高抗也。俯，低也。"

⑫师古曰"辟，罪法。"

⑬师古曰"宛，屈也。固，闭也。拟，疑也。"

⑭师古曰"乡，读曰向。"

⑮师古曰"抗，举也，谓上之也。疏者，疏条其事而言之。疏，所据反。"

⑯师古曰"报闻而罢之。"

"且吾闻之也，炎炎者灭，隆隆者绝；观雷观火，为盈为实，天收其声，地藏其热。①高明之家，鬼瞰其室。②攫拿者亡，默默者存；③位极者宗危，自守者身全。是故知玄知默，守道之极；爰清爰静，游神之廷；④惟寂惟寞，守德之宅。世界事变，人道不殊，彼我易时，未知何如。⑤今子乃以鸱枭而笑凤皇，执蝘蜓而嘲龟龙，⑥不亦病乎！子徒笑我玄之尚白，吾亦笑子之病甚，不遭夷跗、扁鹊，⑦悲夫！"

①师古曰："炎炎，火光也。隆隆，雷声也。人之观火听雷，谓其盈实，终以天收雷声，地藏火热，则为虚无。言极盛者亦灭亡也。"

②李奇曰："鬼神害盈而福谦也。"师古曰："瞰，视也，音口滥反。"

③师古曰："攫拿，妄有搏执牵引也。拿，女居反。"

④师古曰："静,合韵音才性反。"

⑤李奇曰："或能胜之。"

⑥师古曰："蠼蛦,蚚蝎也。蠼,鸟典反。蛦,音殄。"

⑦师古曰："二人皆古之良医也。踰,甫无反。"

　　客曰："然则靡《玄》无所成名乎?①范、蔡以下何必《玄》哉?"

①师古曰："靡亦无。"

　　扬子曰："范雎,魏之亡命也,折胁拉髂,免于徽索,①翕肩蹈背,扶服入橐,②激卬万乘之主,③界泾阳抵穰侯而代之,④当也。⑤蔡泽,山东之匹夫也,颔颐折頞,涕洟流沫,⑥西揖强秦之相,扼其咽,炕其气,附其背而夺其位,⑦时也。⑧天下已定,金革已平,都于雒阳,娄敬委辂脱挽,掉三寸之舌,⑨建不拔之策,举中国徙之长安,⑩适也。⑪五帝垂典,三王传礼,百世不易,叔孙通起于桴鼓之间,⑫解甲投戈,遂作君臣之仪,得也。⑬《甫刑》靡敝,秦法酷烈,⑭圣汉权制,而萧何造律,宜也。⑮故有造萧何律于唐虞之世,则悖矣;⑯有作叔孙通仪于夏殷之时,则惑矣;有建娄敬之策于成周之世,则缪矣;有谈范、蔡之说于金、张、许、史之间,则狂矣。夫萧规曹随,⑰留侯画策,陈平出奇,功若泰山,飨若陁隤,⑱唯其人赡知哉,亦会其时之可为也。⑲故为可为于可为之时,则从为;不可为于不可为之时,则凶。夫蔺先生收功于章台,⑳四皓采荣于南山,㉑公孙创业于金马,㉒票骑发迹于祁连,司马长卿窃訾于卓氏,东方朔割名于细君。㉓仆诚不能与此数公者并,故默然独守吾《太玄》。"

①师古曰："髂,骨也。徽,绳也。髂,音格。"

②师古曰："翕,敛也。服,蒲北反。"

③如淳曰："卬,怒也。言秦安得王,独太后、穰侯耳。"师古曰："卬,读曰仰。"

④苏林曰："抵,音纸。界,间其兄弟使疏。"应劭曰："泾阳,秦昭王弟,贵用事也。"

⑤师古曰："言当其际。"

⑥师古曰："颔，曲颐也，音钦。"

⑦张晏曰："蔡泽说范雎以功成而退，祸福之机。适值雎有间于主，因荐以代。"师古曰："扼，谓急持之。咽，颈也。炕，绝也。咽，一千反。炕，音抗。"

⑧师古曰："遇其时。"

⑨师古曰："辂，胡格反。挽，音晚。掉，徒钓反。解在《刘敬传》。"

⑩师古曰："不拔，谓其坚固不拔也。中国，谓京师。"

⑪师古曰："中其适。"

⑫师古曰："捊，音孚。"

⑬师古曰："得其所。"

⑭师古曰："靡，散也，音縻。"

⑮师古曰："合其宜。"

⑯师古曰："悖，乖也，音布内反。"

⑰师古曰："随，从也。言萧何始作规模，曹参因而从之。"

⑱师古曰："阺，音氐。巴蜀人名山旁堆欲堕落曰阺。应劭以为天水陇氏，失之矣。氐，音丁礼反。"

⑲师古曰："非唯其人赡知，乃会时之可为也。"

⑳孟康曰："秦昭王、赵成王饮于此台，蔺相如前折昭王也。"晋灼曰："相如献璧于此台。"师古曰："晋说是也。谓赍璧入秦，秦不与赵地，相如诡取其璧，使人间以归赵也。《史记·始皇本纪》云章台在渭南，而秦、赵会饮乃在黾池，非章台也，孟说失之。"

㉑师古曰："荣者，谓声名也。一曰，荣，谓草木之英，采取以充食。"

㉒孟康曰："公孙弘对策金马门。"

㉓师古曰："割，损也。言以肉归遗细君，是损割其名。"

　　雄以为赋者，将以风之，①必推类而言，极丽靡之辞，闳侈巨衍，竞于使人不能加也，②既乃归之于正，然览者已过矣。③往时武帝好神仙，相如上《大人赋》，欲以风，④帝反缥缥有陵云之志。⑤繇是言之，赋劝而不止，明矣。⑥又颇似俳优淳于髡、优孟之徒，⑦非法度所存，贤人君子诗赋之正也，于是辍不复为。⑧而大潭思浑天，⑨参摹而四分之，⑩极于八十一。旁则三摹九据，⑪极之七百二十九赞，亦自然之道也。故观《易》者，见其卦而名之；观《玄》者，数

其画而定之。《玄》首四重者，非卦也，数也。其用自天元推一昼一
夜阴阳数度律历之纪，九九大运，与天终始。故《玄》三方、九州、二
十七部、八十一家、二百四十三表、七百二十九赞，分为三卷，曰一
二三，与《泰初历》相应，亦有颛顼之历焉。撢之以三策，⑫关之以休
咎，绲之以象类，⑬播之以人事，⑭文之以五行，拟之以道德仁义礼
知。无主知名，要合五经，苟非其事，文不虚生。为其泰曼漶而不可
知，⑮故有《首》、《冲》、《错》、《测》、《攡》、《莹》、《数》、《文》、《掜》、
《图》、《告》十一篇，⑯皆以解剥《玄》体，离散其文，章句尚不存
焉。⑰《玄》文多故不著；观之者虽知，学之者难成。客有难《玄》大
深，众人之不好也，雄解之，号曰《解难》。其辞曰：

①师古曰："风，读曰讽，下以讽刺上也。"

②师古曰："言专为广大之言。"

③师古曰："言其末篇反从之正道，故观览之者但得浮华，而无益于讽谏
也。"

④师古曰："风，读曰讽。"

⑤师古曰："缥，匹昭反。"

⑥师古曰："繇，读与由同。"

⑦师古曰："髡、孟皆滑稽。"

⑧师古曰："辍，止也。"

⑨师古曰："潭，深也。浑天，天象也。浑，胡昆反。"

⑩苏林曰："三析而四分天之宿度甲乙也。"

⑪晋灼曰："据，今据据也。据，犹位也，处也。"

⑫苏林曰："三三而分之。"师古曰："撢，食列反。"

⑬晋灼曰："绲，杂也。"师古曰："绲，并也，音并。"

⑭师古曰："播，布也。"

⑮张晏曰："曼，音满。漶，音缓。"师古曰："曼漶，不分别貌，犹言蒙鸿也。
曼，莫干反。漶，音奂。"

⑯晋灼曰："攡，音离。"服虔曰："掜，音睨。"师古曰："攡，音摛。"

⑰师古曰："《玄》中之文虽有章句，其旨深妙，尚不能尽存，故解剥而离散
也。"

客难扬子曰:"凡著书者,为众人之所好也,美味期乎合口,工声调于比耳。①今吾子乃抗辞幽说,闳意眇指,②独驰骋于有亡之际,而陶冶大炉,旁薄群生,③历览者兹年矣,而殊不寤。④亶费精神于此,而烦学者于彼,⑤譬画者画于无形,弦者放于无声,殆不可乎?"⑥

①师古曰:"比,和也,音频二反。"

②师古曰:"眇,读曰妙。"

③师古曰:"旁薄,犹言荡薄也。"

④师古曰:"兹,益也。兹年,言其久也。不寤,不晓其意。"

⑤师古曰:"亶,读曰但。"

⑥师古曰:"放,依也。殆,近也。放,甫往反。"

扬子曰:"俞。①若夫闳言崇议,幽微之涂,盖难与览者同也。昔人有观象于天,视度于地,察法于人者,天丽且弥,地普而深,②昔人之辞,乃玉乃金。③彼岂好为艰难哉?势不得已也。④独不见夫翠虬绛螭之将登虖天,⑤必耸身于仓梧之渊;不阶浮云,翼疾风,虚举而上升,则不能撽胶葛,腾九闳。⑥日月之经不千里,则不能烛六合,耀八纮;⑦泰山之高不嶕峣,则不能浡滃云而散歊烝。⑧是以宓牺氏之作《易》也,⑨绵络天地,经以八卦,文王附六爻,⑩孔子错其象而象其辞,然后发天地之臧,定万物之基,《典》《谟》之篇,《雅》、《颂》之声,不温纯深润,则不足扬鸿烈而章缉熙。⑪盖胥靡为宰,⑫寂寞为尸;⑬大味必淡,大音必希;⑭大语叫叫,大道低回。⑮是以声之眇者不可同于众人之耳,⑯形之美者不可棍于世俗之目,⑰辞之衍者不可齐于庸人之听。⑱今夫弦者,高张急徽,追趋逐耆,则坐者不期而附;⑲试为之施《咸池》,揄《六茎》,发《萧韶》,咏《九成》则莫有和也。⑳是故钟期死,百牙绝弦破琴而不肯与众鼓;㉑矇人亡,则匠石辍斤而不敢妄斫。㉒师旷之调钟,俟知音者之在后也;㉓孔子作《春秋》,几君子之前睹也。㉔老聃有遗言,贵知我者希,㉕此非其操与!"㉖

①师古曰："俞，然也，音逾。"

②师古曰："丽，著也。日月星辰之所著也。弥，广也。普，遍也。"

③师古曰："贞实美丽如金玉也。"

④师古曰："已，止也。"

⑤师古曰："虬、螭，解并在前。"

⑥师古曰："撠，鄂也。胶葛，上清之气也。腾，升也。九闳，九天之门。撠，音戟。撝，居足反。"

⑦师古曰："烛，照也。六合，谓天地四方。八纮，八方之纲维也。纮，音宏。"

⑧师古曰："嶕峣，高貌也。浡溔，盛也。溔，云气貌。歇欻，气上出也。嶕峣，音樵尧。浡，音勃。溔，一孔反。歇，许昭反。"

⑨师古曰："宓，音伏。"

⑩师古曰："因而重之。"

⑪师古曰："造化鸿大也。烈，业也。缉熙，光明也。"

⑫李奇曰："造化之神，宰割旧物也。"张晏曰："胥，相也。靡，无也。言相师以无为作宰者也。"

⑬李奇曰："万化以寂寞为主。"

⑭师古曰："淡，谓无主味也，音徒滥反。"

⑮师古曰："叫叫，远声也。低回，纡衍也。"

⑯"眇，读曰妙。"

⑰师古曰："棍亦同也，音胡本反。"

⑱师古曰："衍，旁广也。"

⑲师古曰："徽，琴徽也。所以表发抑抑之处也。追趋逐耆，随所趋向爱嗜而追逐之也。趋，读曰趣。耆，读曰嗜。"

⑳师古曰："揄，引也。和，庆也。揄，音逾。和，胡卧反。"

㉑师古曰："解在《司马迁传》。"

㉒服虔曰："獓，古之善涂墍者也。施广领大袖以仰涂，而领袖不污。有小飞泥误著鼻，因令匠石挥斤而斫，知石之善斫，故敢使之也。"师古曰："墍即今之仰泥也。獓，扢拭也，故谓涂者为獓人。獓，音乃高反，又乃回反。今书本獓字有作斲者，流俗改之。墍，许既反。"

㉓应劭曰："晋平公钟，工者以为调矣，师旷曰：'臣窃听之，知其不调也。'至于师涓，而果知钟之不调。是师旷欲善调之钟，为后世之有知音。"

㉔师古曰："几，读曰冀。"

㉕师古曰:"老子《德经》云:'知我者希,则我贵矣。'"

㉖师古曰:"与,读曰欤。"

　　雄见诸子各以其知舛驰,①大氐诋訾圣人,即为怪迂,析辩诡辞,以挠世事,②虽小辩,终破大道而或众,使溺于所闻而不自知其非也。及太史公记六国,历楚汉,讫麟止,不与圣人同,是非颇谬于经。③故人时有问雄者,常用法应之,譔以为十三卷,④象《论语》,号曰《法言》。《法言》文多不著,独著其目:⑤

①师古曰:"舛,相背。"

②师古曰:"大氐,大归也。诡訾,毁也。迂,远也。析,分也。诡,异也。言诸子之书,大归皆非毁周孔之教,为巧辩异辞以搅乱时政也。訾,音紫。迂,音于。挠,火高反,其字从手也。"

③师古曰:"颇,普我反。"

④师古曰:"譔,与撰同。"

⑤师古曰:"雄有序,著篇之意。"

　　天降生民,倥侗颛蒙,①恣于情性,聪明不开,训诸理。②撰《学行》第一。

①郑氏曰:"童蒙无所知也。"师古曰:"倥,音空。侗,音同。颛,与专同。"

②师古曰:"训,告也。"

　　降周迄孔,成于王道,①终后诞章乖离,诸子图微。②撰《吾子》第二。

①师古曰:"周,周公旦也。迄,至也。孔,孔子。言自周公以降至于孔子,设教垂法,皆帝王之道。"

②师古曰:"言其后浇末,虚诞益章,乖于七十弟子所谋微妙之言。"

　　事有本真,陈施于亿,①动不克咸,②本诸身。撰《修身》第三。

①李奇曰:"布陈于亿万事也。"

②李奇曰:"不能皆善也。"

　　芒芒天道,在昔圣考,①过则失中,不及则不至,不可奸罔。②撰《问道》第四。

①师古曰:"圣人能成天道。"

②苏林曰:"罔,诬也。言不可作奸诬于圣道。"

　　神心曶恍,经纬万方,①事系诸道德仁谊礼。撰《问神》第
五。

①师古曰:"曶,读与忽同。"

　　明哲煌煌,旁烛亡疆,①逊于不虞,以保天命。②撰《问明》
第六。

①师古曰:"煌煌,盛貌也。烛,照也。无疆,犹无极也。"

②李奇曰:"常行逊顺,备不虞。"

　　假言周于天地,赞于神明,①幽弘横广,绝于迩言。②撰
《寡见》第七。

①师古曰:"假,至也。"

②李奇曰:"理过近世人之言也。"

　　圣人聪明渊懿,继天测灵,冠于群伦,经诸范。①撰《五
百》②第八。

①师古曰:"经,常也。范,法也。"

②邓展曰:"五百岁圣人一出。"

　　立政鼓众,动化天下,莫上于中和,①中和之发,在于哲民
情。②撰《先智》第九。

①邓展曰:"鼓亦动也。"

②师古曰:"哲,知也。"

　　仲尼以来,国君将相卿士名臣参差不齐,①壹概诸圣。②
撰《重黎》第十。

①师古曰:"言志业不同也。参,初林反。"

②师古曰:"一以圣人大道概平。概,工代反。"

　　仲尼之后,讫于汉,道德颜、闵,股肱萧、曹,爰及名将尊卑
之条,称述品藻。①撰《渊骞》,第十一。

①师古曰:"品藻者,定其差品及文质。"

　　君子纯终领闻,①蠢迪检押,②旁开圣则。撰《君子》第十
二。

①李奇曰:"领理所闻也。"师古曰:"纯,善也。领,令也。闻,名也。言君子

之道能善于终而不失令名。"

②师古曰:"蠢,动也。迪,道也,由也。捡押,犹隐括也。言动由捡押也。音
狎。"

　　孝莫大于宁亲,宁亲莫大于宁神,宁神莫大于四表之欢
心。①撰《孝至》第十三。

①师古曰:"宁,安也。言大孝之在于尊严祖考,安其神灵。所以得然者,以
得四方之外欢心。"

　　赞曰:雄之自序云尔。①初,雄年四十余,自蜀来至游京师,大
司马车骑将军王音奇其文雅,召以为门下史,荐雄待诏,岁余,奏
《羽猎赋》,除为郎,给事黄门,与王莽、刘歆并。哀帝之初,又与董贤
同官。当成、哀、平间,莽、贤皆为三公,权倾人主,所荐莫不拔擢,而
雄三世不徙官。及莽篡位,谈说之士用符命称功德获封爵者甚众,
雄复不侯,以耆老久次转为大夫,恬于势利乃如是。②实好古而乐
道,其意欲求文章成名于后世,以为经莫大于《易》,故作《太玄》;传
莫大于《论语》,作《法言》;史篇莫善于《仓颉》,作《训纂》;箴莫善于
《虞箴》,作《州箴》;③赋莫深于《离骚》,反而广之;辞莫丽于相如,
作四赋:皆斟酌其本,相与放依而驰骋云。④用心于内,不求于外,
于时人皆曶之;⑤唯刘歆及范逡敬焉,⑥而桓谭以为绝伦。⑦

①师古曰:"自《法言》目之前,皆是雄本自序之文也。"

②师古曰:"恬,安也。"

③晋灼曰:"九州之箴也。"

④师古曰:"放,甫往反。"

⑤师古曰:"曶,与忽同,谓轻也。"

⑥师古曰:"逡,于旬反。"

⑦师古曰:"无比类。"

　　王莽时,刘歆、甄丰皆为上公,莽既以符命自立,即位之后欲绝
其原以神前事,而丰子寻、歆子棻复献之。①莽诛丰父子,投棻四
裔,辞所连及,便收不请。②时雄校书天禄阁上,治狱使者来,欲收
雄,雄恐不能自免,乃从阁上自投下,几死。③莽闻之曰:"雄素不与

事,何故在此?"④间请问其故,⑤乃刘棻尝从雄学作奇字,⑥雄不知情。⑦有诏勿问。然京师为之语曰:"惟寂寞,自投阁;爰清静,作符命。"⑧

①师古曰:"棻亦棼字也,扶云反。"

②师古曰:"不须奏请。"

③师古曰:"几,巨依反。"

④师古曰:"与,读曰豫。"

⑤师古曰:"使人密问之。"

⑥师古曰:"古文之异者。"

⑦师古曰:"不知献符命之事也。"

⑧师古曰:"以雄《解嘲》之言讥之也。今流俗本云:'惟寂惟寞,自投于阁;爰清爰静,作符命。'妄增之。"

雄以病免,复召为大夫。家素贫,耆酒,①人希至其门。时有好事者载酒肴从游学,而巨鹿侯芭常从雄居,②受其《太玄》、《法言》焉。刘歆亦尝观之,谓雄曰:"空自苦!今学者有禄利,然尚不能明《易》,又如《玄》何?③吾恐后人用覆酱瓿也。"④雄笑而不应。年七十一,天凤五年卒,侯芭为起坟,丧之三年。

①师古曰:"耆,读曰嗜。"

②服虔曰:"芭,音葩。"

③师古曰:"言无奈之何。"

④师古曰:"瓿,音部,小罂也。"

时大司空王邑、纳言严尤闻雄死,谓桓谭曰:"子常称扬雄书,岂能传于后世乎?"谭曰:"必传。顾君与谭不及见也。①凡人贱近而贵远,亲见扬子云禄位容貌不能动人,故轻其书。昔老聃著虚无之言两篇,②薄仁义,非礼学,然后好之者尚以为过于《五经》,自汉文景之君及司马迁皆有是言。今扬子之书文义至深,而论不诡于圣人,③则必度越诸子矣。"④诸儒或讥以为雄非圣人而作经,犹春秋吴楚之君僭号称王,盖诛绝之罪也。⑤自雄之没至今四十余年,其《法言》大行,而《玄》终不显,然篇籍具存。

①师古曰:"顾,见也。"

②师古曰:"谓《道德经》也。"

③师古曰:"诡,违也。圣人,谓周公、孔子。"

④师古曰:"度,过也。"

⑤师古曰:"绝,谓无胤嗣也。"

《扬雄传》《长扬赋》有云:"兖铤瘢耆、金镞淫夷者数十万人。"臣 必按:"字书无兖字,今俗以为兖州字本作沇,此兖铤合作铳铤。许慎《说文》铳字注云:'侍臣所执兵,从金,允声。《周书》曰"一人冕执铳"。读若允。'与铳字相次。又案今文《尚书》'一人冕执锐'。孔安国传云:'锐,矛属也。'疑孔安国之时,旧是铳字,后传写作锐耳。《说文》'锐,芒也。'亦与矛不类矣。《汉书》相承疑误书为兖字。如淳注释乃云:'兖,括也。'颜师古又依孟康所说为'箭括',即愈无所据。且箭括非刃,岂与铤小矛同,可以伤夷人乎?此兖字故合作铳。"

汉书卷八八
列传第五八

儒　林

丁宽　　施雠　　孟喜　　梁丘贺　　京房
费直　　高相　　伏生　　欧阳生　　林尊
夏侯胜　周堪　　张山拊　孔安国
申公　　王式　　辕固　　后苍　　韩婴
赵子　　毛公　　孟卿　　胡母生
严彭祖　颜安乐　瑕丘江公　房凤

古之儒者,博学虖六艺之文。①六艺者,王教之典籍,先圣所以
明天道,正人伦,致至治之成法也。周道既衰,坏于幽厉,礼乐征伐
自诸侯出,陵夷二百余年而孔子兴,②以圣德遭季世,知言之不用
而道不行,乃叹曰:"凤鸟不至,河不出图,吾已矣夫!"③"文王既
没,文不在兹乎?"④于是应聘诸侯,以答礼行谊。⑤西入周,南至
楚,畏匡厄陈,⑥奸七十余君,⑦适齐闻《韶》,三月不知肉味;⑧自
卫反鲁,然后乐正,《雅》《颂》各得其所。⑨究观古今之篇籍,乃称
曰:"大哉,尧之为君也! 唯天为大,唯尧则之。⑩巍巍乎其有成功
也,焕乎其有文章!"⑪又曰:"周监于二代,郁郁乎文哉! 吾从
周。"⑫于是叙《书》则断《尧典》,⑬称《乐》则法《韶舞》,⑭论《诗》则

首《周南》,⑮缀周之礼,因鲁《春秋》,举十二公行事,绳之以文武之道,成一王法,⑯至获麟而止。盖晚而好《易》,读之韦编三绝,而为之传。⑰皆因近圣之事,目⑱立先王之教,故曰:"述而不作,信而好古";"下学而上达,知我者其天乎!"⑲

①师古曰:"六艺,谓《易》、《礼》、《乐》、《诗》、《书》、《春秋》。"

②师古曰:"陵夷,言渐颓替。"

③师古曰:"《论语》载孔子之言也。凤鸟、《河图》,王者之瑞。自伤无德而无位,故云已矣。"

④师古曰:"言文王久已没矣,文章之事岂不在此乎?盖自谓也。亦见《论语》。"

⑤师古曰:"答礼,谓有问礼者则为应答而申明之。"

⑥师古曰:"匡,邑名,即陈留匡城县。孔子貌类阳货,阳货尝有怨于匡,匡人见孔子,以为阳货也,故围而欲害之,后得免耳。厄陈,谓在陈绝粮也。"

⑦师古曰:"奸,音干。"

⑧师古曰:"美舜乐之善。"

⑨师古曰:"自卫反鲁,谓哀十一年也。是时道衰乐废,孔子还修正之,故《雅》《颂》各得其所。"

⑩师古曰:"言尧所行皆法天。"

⑪师古曰:"巍巍者,高貌。焕,明也。"

⑫师古曰:"言周追视夏殷之制而损益之,故礼文大备也。郁郁,文章盛貌。自此以上,孔子之言,皆见《论语》。"

⑬师古曰:"谓《尚书》起自《尧典》也。"

⑭师古曰:"《论语》云颜回问为邦,子曰:'行夏之时,乘殷之辂,服周之冕,乐则《韶舞》,放郑声。'《韶》,舜乐也。孔子叹其尽善尽美,故欲用之。"

⑮师古曰:"以《关雎》为始也。"

⑯师古曰:"绳,谓治正之。"

⑰师古曰:"编,联次简也。言爱玩之甚,故编简之韦为之三绝也。传,谓象、象、系辞、文言、说卦之属。"

⑱"音以。"

⑲师古曰："皆《论语》载孔子之言也。作者之谓圣,述者之谓明。故孔子自谦,言我但述者耳。下学上达,谓下学人事,上达天命也。行不违天,故唯天知我也。"

仲尼既没,七十子之徒散游诸侯,①大者为卿相师傅,小者友教士大夫,或隐而不见。故子张居陈,②澹台子羽居楚,③子夏居西河,④子贡终于齐。⑤如田子方、段干木、吴起、禽滑氂之属,皆受业于子夏之伦,为王者师。⑥是时,独魏文侯好学。天下并争于战国,儒术既黜焉,然齐鲁之间学者犹弗废,于威宣之际,孟子、孙卿之列咸遵夫子之业而润色之,以学显于当世。⑦

①师古曰："七十子,谓弟子者七十七人也。称七十者,但言其成数也。"

②师古曰："子张姓颛孙,名师。"

③师古曰："子羽姓澹台,名子明。澹,徒甘反。"

④师古曰："子夏姓卜,名商。"

⑤师古曰："子贡姓端木,名赐。"

⑥师古曰："子方以下皆魏人也。滑,于拔反。氂,音离。"

⑦邓展曰："威、宣,齐二王。"

及至秦始皇,兼天下,燔《诗》《书》,杀术士,①六学从此缺矣。陈涉之王也,鲁诸儒持孔氏礼器往归之,于是孔甲为涉博士,卒与俱死。②陈涉起匹夫,欧适戍以立号,③不满岁而灭亡,其事至微浅,然而搢绅先生负礼器往委质为臣者,何也?以秦禁其业,积怨而发愤于陈王也。

①师古曰"燔,焚也。今新丰县温汤之处号愍儒乡,温汤西南三里有马谷,谷之西岸有坑,古老相传以为秦坑儒处也。卫宏《诏定古文官书序》云:'秦既焚书,患苦天下不从所改更法,而诸生到者拜为郎,前后七百人,乃密令冬种瓜于骊山坑谷中温处。瓜实成,诏博士诸生说之,人人不同,乃命就视之。为伏机,诸生贤儒皆至焉,方相难不决,因发机,从上填之以土,皆压,终乃无声。'此则阬儒之地,其不谬矣,燔,扶元反。"

②师古曰:"《孔光传》云:'鲋为陈涉博士,死陈下。'今此云孔甲,将名鲋而字甲也。"

③师古曰:"畋,与驱同。适,读曰谪。"

及高皇帝诛项籍，引兵围鲁，鲁中诸儒尚讲诵习礼，弦歌之音不绝，岂非圣人遗化好学之国哉？于是诸儒始得修其经学，讲习大射乡饮之礼。叔孙通作汉礼仪，因为奉常，诸弟子共定者，咸为选首，然后喟然兴于学。①然尚有干戈，平定四海，②亦未皇庠序之事也。③孝惠、高后时，公卿皆武力功臣。孝文时，颇登用。④然孝文本好刑名之言。及至孝景，不任儒，窦太后又好黄老术，故诸博士具官待问，未有进者。⑤

①师古曰："喟然，叹息貌，音丘位反。"

②师古曰："言陈豨、卢绾、韩信、黥布之徒相次反叛征伐也。"

③师古曰："皇，暇也。"

④师古曰："言少用文学之士。"

⑤师古曰："具官，谓备员而已。"

汉兴，言《易》自淄川田生；言《书》自济南伏生；言《诗》，于鲁则申培公，于齐则辕固生，①燕则韩太傅；②言《礼》，则鲁高堂生；言《春秋》，于齐则胡毋生，于赵则董仲舒。及窦太后崩，武安君田蚡为丞相，黜黄老、刑名百家之言，延文学儒者以百数，而公孙弘以治《春秋》为丞相封侯，天下学士靡然乡风矣。③

①师古曰："培、固者，其人名。生者，其号也。它皆类此。培，音陪。"

②师古曰："名婴也。"

③师古曰："乡，读曰向。"

弘为学官，悼道之郁滞，乃请曰："丞相、御史言：①制曰：'盖闻导民以礼，风之以乐。②婚姻者，居室之大伦也。③今礼废乐崩，朕甚愍焉，故详延天下方闻之士，咸登诸朝。④其今礼官劝学，讲议洽闻，举遗兴礼，以为天下先。⑤太常议，予博士弟子，崇乡里之化，以厉贤材焉。'⑥谨与太常臧、博士平等议，⑦曰：闻三代之道，乡里有教，夏曰校，殷曰庠，周曰序。⑧其劝善也，显之朝廷；其惩恶也，加之刑罚。故教化之行也，建首善自京师始，繇内及外。⑨今陛下昭至德，开大明，配天地，本人伦，劝学兴礼，崇化厉贤，以风四方，太平之原也。⑩古者政教未洽，不备其礼，请因旧官而兴焉。为博士官置弟子五十人,复其身。⑪太常择民年十八以上仪状端正者,补博士弟子。郡国县官有好文学,敬长上,肃政教,顺乡里,出入不悖,⑫所闻,令相长丞上属所二千石。⑬二千石谨察可者,常与计偕,⑭诣太常,得受业如弟子。一岁皆课,能通一艺以上,补文学掌故缺;其高弟可以为郎中,太常籍奏。⑮即有秀才异等,辄以名闻。其不事学若下材,及不能通一艺,罢之,而请诸能称者。⑯臣谨案诏书律令下者,⑰明天人分际,通古今之谊,⑱文章尔雅,训辞深厚,⑲恩施甚美。小吏浅闻,弗能究宣,亡以明布谕下。以治礼掌故以文学礼义为官,迁留滞。⑳请选择其秩比二百石以上及吏百石通一艺以上补左右内史、大行卒史,㉑比百石以下补郡太守卒史,皆各二人,㉒边郡一人。先用诵多者,不足,择掌故以补中二千石属,㉓文学掌故补郡属,备员。㉔请著功令。㉕它如律令。"㉖制曰:"可。"自此以来,公卿大夫士吏彬彬多文学之士矣。㉗

①师古曰:"此以下皆弘奏请之辞。"

②师古曰:"风,化也。"

③师古曰:"伦,理也。"

④师古曰:"详,悉也。方,道也。有道及博闻之士也。"

⑤师古曰:"举遗,谓经典遗逸者,求而举之。"

⑥师古曰:"厉,劝勉之也。一曰,砥厉也。自此以上,弘所引诏文。"

⑦师古曰:"臧,孔臧也。"

⑧师古曰:"教,效也。言可效道艺也。"

⑨师古曰:"繇,音由。由,从也。"

⑩师古曰:"风,化也。"

⑪师古曰:"复,方目反。"

⑫师古曰:"悖,乖也,音布内反。"

⑬师古曰:"闻,谓闻其部属有此人也。令,县令。相,侯相。长,县长。丞,县丞也。二千石,谓郡守及诸王相也。"

⑭师古曰:"随上计吏俱至京师。"

⑮师古曰:"为名籍而奏。"

⑯师古曰:"谓列其能通艺业而称任者,奏请补用之也。"

⑰师古曰:"下,谓班行也。"

⑱师古曰:"分,扶问反。"

⑲师古曰:"尔雅,近正也。言诏辞雅正而深厚也。"

⑳师古曰:"言治礼掌故之官本以有文学习礼义而为之,又所以迁擢留滞
之人。"

㉑师古曰:"言左右内史,后为左冯翊、右扶风,而大行后为大鸿胪也。"

㉒师古曰:"内地之郡,郡各补太守卒史二人也。"

㉓苏林曰:"属亦曹史,今县令文书解言属某甲也。"

㉔师古曰:"云备员者,示以升擢之,非藉其实用也。"

㉕师古曰:"新立此条,请以著于功令。功令,篇名,若今选举令。"

㉖师古曰:"此外并如旧律令。"

㉗师古曰:"彬彬,文章貌,音斌。"

昭帝时,举贤良文学,增博士弟子员满百人,宣帝末,增倍之。元帝好儒,能通一经者复。①数年,以用度不足,更为设员千人,郡国置五经百石卒史。成帝末,或言孔子布衣养徒三千人,今天子太学弟子少,于是增弟子员三千人。岁余,复如故。平帝时,王莽秉政,增元士之子得受业如弟子,勿以为员,②岁课甲科四十人为郎中,乙科二十人为太子舍人,丙科四十人补文学掌故云。

①师古曰:"蠲其役赋也。复,方目反。"

②师古曰:"常员之外,更开此路。"

自鲁商瞿子木受《易》孔子,①以授鲁桥庇子庸。②子庸授江东玗臂子弓。③子弓授燕周丑子家。子家授东武孙虞子乘。子乘授齐田何子装。及秦禁学,《易》为筮卜之书,独不禁,故传受者不绝。汉兴,田何以齐田徙杜陵,号杜田生,④授东武王同子中、雒阳周王孙、丁宽、齐服生,皆著《易传》数篇。⑤同授淄川杨何,字叔元,元光中征为太中大夫。齐即墨成,至城阳相。⑥广川孟但,为太子门大夫。鲁周霸、莒衡胡、⑦临淄主父偃,皆以《易》至大官。要言《易》者,本之田何。

①师古曰:"商瞿,姓也。瞿,音衢。"

②师古曰:"姓桥,名庇,字子庸。它皆类此。庇,音必寐反。"

③师古曰:"玕,姓也,音韩。"

④师古曰:"高祖用娄敬之言徙关东大族,故何以旧齐田氏见徙也。初徙时未为杜陵,盖史家本其地追言也。"

⑤师古曰:"田生授王同、周王孙、丁宽、服生四人,而四人皆著《易传》也。子中,王同字也。中,读曰仲。"

⑥师古曰:"姓即墨,名成。"

⑦师古曰:"莒人,姓衡,名胡也。"

丁宽字子襄,梁人也。初,梁项生从田何受《易》,时宽为项生从者,读《易》精敏,材过项生,遂事何。学成,何谢宽。①宽东归,何谓门人曰:"《易》以东矣"。②宽至雒阳,复从周王孙受古义,号《周氏传》。景帝时,宽为梁孝王将军距吴楚,号丁将军,作《易说》三万言,训故举大谊而已,③今《小章句》是也。宽授同郡砀田王孙。④王孙授施雠、孟喜、梁丘贺。繇是《易》有施、孟、梁丘之学。⑤

①师古曰:"告令罢去。"

②师古曰:"言丁宽得其法术以去。"

③师古曰:"故,谓经之旨趣也。它皆类此。"

④师古曰:"砀者,梁郡之县也,音唐,又音宕。"

⑤师古曰:"繇,与由同。后类此。"

施雠字长卿,沛人也。沛与砀相近,雠为童子,从田王孙受《易》。后雠徙长陵,田王孙为博士,复从卒业,①与孟喜、梁丘贺并。为人谦让,常称学废,不教授。及梁丘贺为少府,事多,乃遣子临分将门人张禹等从雠问。雠自匿不肯见,贺固请,不得已乃授临等。于是贺荐雠:"结发事师数十年,②贺不能及。"诏拜雠为博士。甘露中,与五经诸儒杂论同异于石渠阁。③雠授张禹、琅邪鲁伯。伯为会稽太守,禹至丞相。禹授淮阳彭宣、沛戴崇子平。崇为九卿,宣大司空。禹、宣皆有传。鲁伯授太山毛莫如少路、④琅邪邴丹曼容,著清名。莫如至常山守。此其知名者也。繇是施家有张、彭之学。

①师古曰:"卒,终也。"

②师古曰:"从结发为童卯,即从师学,著其早也。"

③师古曰:"《三辅故事》云石渠阁在未央殿北,以藏秘书也。"

④师古曰:"姓毛,名莫如,字少路。"

　　孟喜字长卿,东海兰陵人也。父号孟卿,①善为《礼》、《春秋》,授后苍、疏广。世所传《后氏礼》、《疏氏春秋》,皆出孟卿。孟卿以《礼》经多,《春秋》烦杂,乃使喜从田王孙受《易》。喜好自称誉,得《易》家候阴阳灾变书,诈言师田生且死时枕喜膝,独传喜,诸儒以此耀之。②同门梁丘贺疏通证明之,③曰:"田生绝于施雠手中,时喜归东海,安得此事?"又蜀人赵宾好小数书,后为《易》,饰《易》文,以为"箕子明夷,阴阳气亡箕子;箕子者,万物方荄兹也。"④宾持论巧慧,《易》家不能难,皆曰:"非古法也。"⑤云受孟喜,喜为名之。⑥后宾死,莫能持其说。喜因不肯仞,⑦以此不见信。喜举孝廉为郎,曲台署长,⑧病免,为丞相掾。博士缺,众人荐喜。上闻喜改师法,遂不用喜。喜授同郡白光少子、沛翟牧子兄,⑨皆为博士。由是有翟、孟、白之学。

①师古曰:"时人以卿呼之,若言公矣。"

②师古曰:"用为光荣也。"

③师古曰:"同门,同师学者也。疏通,犹言分别也。证明,明其伪也。"

④师古曰:"《易·明夷卦》象曰:'内文明而外柔顺,以蒙大难。文王以之,利艰贞,晦其明也。内难而能正其志,箕子以之。'而六五爻辞曰:'箕子之明夷,利贞。'此箕子者,谓殷父师说《洪范》者也,而宾妄为说耳。荄兹,言其根荄方滋茂也。荄,音该,又音皆。"

⑤师古曰:"心不服。"

⑥师古曰:"名之者,承取其名,云实授也。"

⑦师古曰:"仞亦名也。仞,音刃。"

⑧师古曰:"曲台,殿名。署者,主供其事也。"

⑨师古曰:"兄,读曰况。"

　　梁丘贺字长翁,琅邪诸人也。以能心计,为武骑。从太中大夫京房受《易》。房者,淄川杨何弟子也。①房出为齐郡太守,贺更事田王孙。宣帝时,闻京房为《易》明,求其门人,得贺。贺时为都司空令,坐事,论免为庶人。待诏黄门数入说教侍中,②以召贺。贺入说,上善之,③以贺为郎。会八月饮酎,行祠孝昭庙,④先驱旄头剑挺堕陷,首垂泥中,⑤刃乡乘舆车,⑥马惊。于是召贺筮之,有兵谋,不吉。上还,使有司侍祠。是时,霍氏外孙代郡太守任宣坐谋反诛,⑦宣子章为公车丞,亡在渭城界中,夜玄服入庙,居郎间,⑧执戟立庙门,待上至,欲为逆。发觉,伏诛。故事,上常夜入庙,其后待明而入,自此始也。贺以筮有应,繇是近幸,为太中大夫,给事中,至少府。为人小心周密,上信重之。年老终官。传子临,亦入说,为黄门郎。甘露中,奉使问诸儒于石渠,临学精孰,专行京房法。琅邪王吉通五经,闻临说,善之。时宣帝选高材郎十人从临讲,吉乃使其子郎中骏上疏从临受《易》。临代五鹿充宗君孟为少府,骏御史大夫,自有传。充宗授平陵士孙张仲方、⑨沛邓彭祖子夏、齐衡咸长宾。张为博士,至杨州牧,光禄大夫给事中,家世传业;彭祖,真定太傅;咸,王莽讲学大夫。由是梁丘有士孙、邓、衡之学。

　　①师古曰:"自别一京房,非焦延寿弟子为课吏法者。或书字误耳,不当为京房。"
　　②师古曰:"为诸侍中说经为教授。"
　　③师古曰:"说于天子之前。"
　　④师古曰:"行,谓天子出。"
　　⑤师古曰:"挺,引也,剑自然拔出也。墬,古地字。"
　　⑥师古曰:"乡,读曰向。"
　　⑦师古曰:"《霍光传》云任宣霍氏之婿,此云外孙,误。"
　　⑧师古曰:"郎皆皁衣,故章玄服以厕也。"
　　⑨师古曰:"姓士孙,名张,字仲方。"

　　京房受《易》梁人焦延寿。①延寿云尝从孟喜问《易》。会喜死,房以为延寿《易》即孟氏学,翟牧、白生不肯,皆曰非也。至成帝时,刘向校书,考《易》说,以为诸《易》家说皆祖田何、杨叔、丁将军,大谊略同,唯京氏为异,党焦延寿独得隐士之说,②托之孟氏,不相与同。房以明灾异得幸,为石显所谮诛,自有传。房授东海殷嘉、河东姚平、河南乘弘,③皆为郎、博士。由是《易》有京氏之学。

①师古曰:"延寿其字,名赣。"

②师古曰:"党,读曰傥。"

③师古曰:"乘,姓也,音食证反。"

费直字长翁,东莱人也。①治《易》为郎,至单父令。②长于卦筮,亡章句,徒以彖象系辞十篇文言解说上下经。琅邪王璜平中能传之。③璜又传古文《尚书》。

①师古曰:"费,扶味反。"

②师古曰:"单,音善。父,音甫。"

③师古曰:"中,读曰仲。"

高相,沛人也。治《易》与费公同时,其学亦亡章句,专说阴阳灾异,自言出于丁将军。传至相,相授子康及兰陵毋将永。康以明《易》为郎,永至豫章都尉。及王莽居摄,东郡太守翟谊举兵诛莽,事未发,康候知东郡有兵,私语门人,门人上书言之。后数月,翟谊兵起,莽召问,对受师高康。莽恶之,以为惑众,斩康。由是《易》有高氏学。高、费皆未尝立于学官。

伏生,济南人也,①故为秦博士。孝文时,求能治《尚书》者,天下亡有,闻伏生治之,欲召。时伏生年九十余,老不能行,于是诏太常,使掌故朝错往受之。②秦时禁书,伏生壁藏之,其后大兵起,流亡。汉定,伏生求其书,亡数十篇,独得二十九篇,即以教于齐、鲁之间。齐学者由此颇能言《尚书》,山东大师亡不涉《尚书》以教。伏生教济南张生及欧阳生,张生为博士,而伏生孙以治《尚书》征,弗能明定。是后鲁周霸、雒阳贾嘉颇能言《尚书》云。③

①张晏曰："名胜，《伏生碑》云也。"

②师古曰："卫宏《定古文尚书序》云：'伏生老，不能正言，言不可晓也，使其女传言教错。齐人语多与颍川异，错所不知者凡十二三，略以其意属读而已。'"

③师古曰："嘉者，贾谊之孙也。"

欧阳生字和伯，千乘人也。事伏生，授倪宽。宽又受业孔安国，至御史大夫，自有传。宽有俊材，初见武帝，语经学。上曰："吾始以《尚书》为朴学，弗好，及闻宽说，可观。"乃从宽问一篇。欧阳、大小夏侯氏学皆出于宽。宽授欧阳生子，世世相传，至曾孙高子阳，为博士。①高孙地余长宾以太子中庶子授太子，后为博士，论石渠。元帝即位，地余侍中，贵幸，至少府。戒其子曰："我死，官属即送汝财物，慎毋受。汝九卿儒者子孙，以廉洁著，可以自成。"及地余死，少府官属共送数百万，其子不受。天子闻而嘉之，赐钱百万。地余少子政为王莽讲学大夫。由是《尚书》世有欧阳氏学。

①师古曰："名高，字子阳。"

林尊字长宾，济南人也。事欧阳高，为博士，论石渠。后至少府、太子太傅，授平陵平当、梁陈翁生。当至丞相，自有传。翁生信都太傅，家世传业。由是欧阳有平、陈之学。翁生授琅邪殷崇、楚国龚胜。崇为博士，胜右扶风，自有传。而平当授九江朱普公文、上党鲍宣。普为博士，宣司隶校尉，自有传。徒众尤盛，知名者也。

夏侯胜，其先夏侯都尉，从济南张生受《尚书》，以传族子始昌。始昌传胜，胜又事同郡蕳卿。①蕳卿者，倪宽门人。胜传从兄子建，又事欧阳高。胜至长信少府，建太子太傅，自有传。由是《尚书》有大小夏侯之学。

①师古曰："蕳，音奸。"

周堪字少卿，齐人也。与孔霸俱事大夏侯胜。霸为博士。堪译官令，论于石渠，经为最高，后为太子少傅，而孔霸以太中大夫授太子。及元帝即位，堪为光禄大夫，与萧望之并领尚书事，为石显等所潜，皆免官。望之自杀，上愍之，乃擢堪为光禄勋，语在《刘向传》。堪授牟乡及长安许商长伯。牟乡为博士。霸以帝师赐爵号褒成君，传子光，亦事牟乡，至丞相，自有传。由是大夏侯有孔、许之学。商善为算，著《五行论历》，四至九卿，号其门人沛唐林子高为德行，平陵吴章伟君为言语，重泉王吉少音为政事，齐炔钦幼卿为文学。① 王莽时，林、吉为九卿，自表上师冢，大夫博士郎吏为许氏学者，各从门人，会车数百两，儒者荣之。钦、章皆为博士，徒众尤盛。章为王莽所诛也。

① 师古曰："依孔子弟子颜回以下为四科也。炔，音桂。"

张山拊字长宾，平陵人也。① 事小夏侯建，为博士，论石渠，至少府。授同县李寻、郑宽中少君、山阳张无故子儒、信都秦恭延君、陈留假仓子骄。无故善修章句，为广陵太傅，小夏侯说文。恭增师法至百万言，② 为城阳内史。仓以谒者论石渠，至胶东相。寻善说灾异，为骑都尉，自有传。宽中有俊材，以博士授太子，成帝即位，赐爵关内侯，食邑八百户，迁光禄大夫，领尚书事，甚尊重。会疾卒，谷永上疏曰："臣闻圣王尊师傅，褒显俊，显有功，生则致其爵禄，死则异其礼谥。昔周公薨，成王葬以变礼，而当天心。③ 公叔文子卒，卫侯加以美谥著为后法。④ 近事，大司空朱邑、右扶风翁归德茂夭年，孝宣皇帝愍册厚赐，赞命之臣靡不激扬。⑤ 关内侯郑宽中有颜子之美质，包商、偃之文学，⑥ 严然总五经之眇论，立师傅之显位，⑦ 入则乡唐虞之闿道，王法纳乎圣听，⑧ 出则参冢宰之重职，功烈施乎政事，退食自公，私门不开，⑨ 散赐九族，田亩不益，德配周召，忠合《羔羊》，未得登司徒，有家臣，⑩ 卒然早终，尤可悼痛。⑪ 臣愚以为宜加其莽礼，赐之令谥，⑫ 以章尊师褒贤显功之德。"上吊赠宽中甚厚。由是小夏侯有郑、张、秦、假、李氏之学。宽中授东郡赵玄无故，无故授沛唐尊，恭授鲁冯宾。宾为博士，尊王莽太傅，玄哀帝御史大夫，至大官，知名者也。

①师古曰："拊，音肤。"

②师古曰："言小夏侯本所说之文不多，而秦恭又更增益，故至百万言。"

③师古曰："周公死，成王欲葬之于成周，天乃雷雨以风，禾尽偃，大木斯拔。国大恐。王乃葬周公于毕，示不敢臣也。事见《尚书大传》，而与古文《尚书》不同。"

④师古曰："公叔文子，卫大夫公叔发也。文子卒，其子请谥于君。君曰：'昔者卫国凶饥，夫子为粥与国之饿者，不亦惠乎？卫国有难夫子以其死卫寡人，不亦贞乎？夫子听卫国之政，修其班制，以与四邻交，卫国社稷不辱，不亦文乎？谓夫子贞惠文子。'事见《礼记·檀弓》。"

⑤师古曰："赞，佐也。"

⑥师古曰："《论语》云'文学子游、子夏'。商，子夏名。偃，子游名。"

⑦师古曰："严，与俨同。眇，读曰妙。"

⑧师古曰："乡，读曰向。闳，大也。言陈圣王之法，闻于天子。"

⑨师古曰："'退食自公'，《召南·羔羊》诗之辞。言贬退所食之禄，而从至公之道也。"

⑩师古曰："司徒，掌礼教之官，言宽中学行堪为之也。家臣，若今诸公国官及、府佐也。"

⑪师古曰："卒，读曰猝。"

⑫师古曰："令，善也。"

孔氏有古文《尚书》，孔安国以今文字读之，因以起其家逸《书》，得十余篇，盖《尚书》兹多于是矣。遭巫蛊，未立于学官。安国为谏大夫，授都尉朝，①而司马迁亦从安国问。故迁书载《尧典》、《禹贡》、《洪范》、《微子》、《金縢》诸篇，多古文说。都尉朝授胶东庸生。庸生授清河胡常少子，②以明《谷梁春秋》为博士、部刺史，又传《左氏》。常授虢徐敖。敖为右扶风掾，又传《毛诗》，授王璜、平陵涂恽子真。子真授河南桑钦君长。王莽时，论学皆立。刘歆为国师，璜、恽等皆贵显。世所传《百两篇》者，出东莱张霸，分析合二十九篇以为数十，又采《左氏传》、《书叙》为作首尾，凡百二篇。篇或数简，文意浅陋。成帝时,求其古文者,霸以能为《百两》征,以中书校之,非是。③霸辞受父,父有弟子尉氏樊并,时太中大夫平当、侍御史周敞劝上存之。④后樊并谋反,乃黜其书。

①服虔曰:"朝名,都尉姓。"

②师古曰:"少子,亦常字也。"

③师古曰:"以霸加增私分析,故与中书之文不同也。中书,天子所藏之书也。"

④师古曰:"存者,立其学。"

申公,鲁人也。少与楚元王交俱事齐人浮丘伯受《诗》。汉兴,高祖过鲁,申公以弟子从师入见于鲁南宫。吕太后时,浮丘伯在长安,楚元王遣子郢与申公俱卒学。①元王薨,郢嗣立为楚王,令申公傅太子戊。戊不好学,病申公。②及戊立为王,胥靡申公。③申公愧之,归鲁退居家教,终身不出门,复谢宾客,④独王命召之乃往。弟子自远方至受业者千余人,申公独以《诗经》为训故以教,亡传,⑤疑者则阙弗传。兰陵王藏既从受《诗》,已通,事景帝,为太子少傅,免去。武帝初即位,藏乃上书宿卫,累迁,一岁至郎中令。及代赵绾亦尝受《诗》申公,为御史大夫。绾、藏请立明堂以朝诸侯,不能就其事,⑥乃言师申公。于是上使使束帛加璧,安车以蒲裹轮,驾驷迎申公,弟子二人乘轺传从。⑦至,见上,上问治乱之事。申公已八十余,老,对曰:"为治者不至多言,顾力行何如耳。"⑧是时上方好文辞,见申公对,默然。然已招致,即以为太中大夫,舍鲁邸,⑨议明堂事。太皇窦太后喜老子言,不说儒术,⑩得绾、藏之过,以让上曰:"此欲复为新垣平也!"⑪上因废明堂事,下绾、藏吏,皆自杀。申公亦病免归,教年卒。弟子为博士十余人,孔安国至临淮太守,周霸胶西公内史,夏宽城阳内史,砀鲁赐东海太守,兰陵缪生长沙内史,徐偃胶西中尉,邹人阙门庆忌胶东内史,⑫其治官民皆有廉节称。其学官弟子行虽不备,而至于大夫、郎、掌故以百数。申公卒以《诗》、《春秋》授,而瑕丘江公尽能传之,徒众最盛。及鲁许生、免中徐公,⑬皆守学教授。韦贤治《诗》，事大江公及许生，⑭又治《礼》，至丞相。传子玄成，以淮阳中尉论石渠，后亦至丞相。玄成及兄子赏以《诗》授哀帝，至大司马车骑将军，自有传。由是《鲁诗》有韦氏学。

①师古曰："郢即郢客也。"

②师古曰："患苦也。"

③师古曰："胥靡，相系而作役，解具在《楚元王传》也。"

④师古曰："身既不出门，非受业弟子，其它宾客来者又谢遣之，不与相见也。"

⑤师古曰："口说其指，不为解说之传。"

⑥师古曰："就，成也。"

⑦师古曰："传，张恋反。"

⑧师古曰："顾，念也。力行，谓勉力为行也。"

⑨师古曰："舍，止息也。"

⑩师古曰："喜，许既反。说，读曰悦。"

⑪师古曰："让，责也。"

⑫李奇曰："姓阙门，名庆忌。"

⑬苏林曰："免中，县名也。"李奇曰："邑名也。"师古曰："李说是也。"

⑭晋灼曰："大江公即瑕丘江公也，以异下博士江公，故称大。"

　　王式字翁思，东平新桃人也。事免中徐公及许生。式为昌邑王师。昭帝崩，昌邑王嗣立，以行淫乱废，昌邑群臣皆下狱诛，唯中尉王吉、郎中令龚遂以数谏减死论。式系狱当死，治事使者责问曰："师何以亡谏书？"式对曰："臣以《诗》三百五篇朝夕授王，至于忠臣孝子之篇，未尝不为王反复诵之也；①至于危亡失道之君，未尝不流涕为王深陈之也。臣以三百五篇谏，是以亡谏书。"使者以闻，亦得减死论，归家不教授。山阳张长安幼君②先事式，后东平唐长宾、沛褚少孙亦来事式，问经数篇，式谢曰："闻之于师具是矣，自润色之。"③不肯复授。唐生、褚生应博士弟子选，诣博士，抠衣登堂，颂礼甚严，④试诵说，有法，疑者丘盖不言。⑤诸博士惊问何师，对曰事式。皆素闻其贤，共荐式。诏除下为博士。⑥式征来，衣博士衣而不冠,曰:"刑余之人,何宜复充礼官?"既至舍中,会诸大夫博士,共持酒肉劳式,皆注意高仰之。⑦博士江公世为《鲁诗》宗,⑧至江公著《孝经说》,心嫉式,谓歌吹诸生曰:⑨"歌《骊驹》。"⑩式曰:"闻之于师:客歌《骊驹》,主人歌《客毋庸归》。⑪今日诸君为主人,日尚早,未可也。"江翁曰:"经何以言之?"⑫式曰:"在《曲礼》。"江翁曰:"何狗曲也!"⑬式耻之,阳醉,逿墬。⑭式客罢,让诸生曰:"我本不欲来,⑮诸生强劝我,竟为竖子所辱!"遂谢病免归,终于家。张生、唐生、褚生皆为博士。张生论石渠,至淮阳中尉。唐生楚太傅。由是《鲁诗》有张、唐、褚氏之学。张生兄子游卿为谏大夫,以《诗》授元帝。其门人琅邪王扶为泗水中尉,陈留许晏为博士。由是张家有许氏学。初,薛广德亦事王式,以博士论石渠,授龚舍。广德至御史大夫,舍泰山太守,皆有传。

①师古曰:"复,方目反。"

②李奇曰:"长安,名。"

③师古曰:"言所闻师说具尽于此,若嫌简略,任更润色。"

④师古曰:"抠衣,谓以手内举,令离地也。抠,口侯反。颂,读曰容。"

⑤苏林曰:"丘盖不言,不知之意也。"如淳曰:"齐俗以不知为丘。"师古曰:"二说皆非也。《论语》载孔子曰:'盖有不知而作之者,我无是也。'欲遵此意,故效孔子自称丘耳,盖者,发语之辞也。"

⑥师古曰:"下除官之书也。下,胡嫁反。"

⑦师古曰:"劳,来到反。"

⑧师古曰:"为《鲁诗》者所宗师也。"

⑨如淳曰:"其学官自有此法,酒坐歌吹以相乐也。"

⑩服虔曰:"逸《诗》篇名也,见《大戴礼》。客欲去,歌之。"文颖曰:"其辞云'骊驹在门,仆夫具存;骊驹在路,仆夫整驾'也。"

⑪文颖曰:"庸,用也。主人礼未毕,且无用归也。"

⑫师古曰:"于经何所有此言?"

⑬师古曰:"意怒,故妄发言。言狗者,轻贱之甚也。今流俗书本云何曲狗,妄改之也。"

⑭师古曰:"逿,失据而倒也。墬,古地字。逿,音徒浪反。"

⑮师古曰:"让,责也。"

　　辕固,齐人也。以治《诗》孝景时为博士,与黄生争论于上前。黄生曰:"汤武非受命,乃杀也。"固曰:"不然。夫桀纣荒乱,天下之心皆归汤武,汤武因天下之心而诛桀纣,桀纣之民弗为使而归汤武,汤武不得已而立,非受命为何?"①黄生曰:"'冠虽敝必加于首,履虽新必贯于足。'②何者?上下之分也。③今桀纣虽失道,然君上也;汤武虽圣,臣下也。夫主有失行,臣不正言匡过以尊天子,反因过而诛之,代立南面,非杀而何?"固曰:"必若云,④是高皇帝代秦即天子之位,非邪?"于是上曰:"食肉毋食马肝,未为不知味也;言学者毋言汤武受命,不为愚。"⑤遂罢。窦太后好老子书,召问固。固曰:"此家人言矣。"⑥太后怒曰:"安得司空城旦书乎!"⑦乃使固入圈击彘。上知太后怒,而固直言无罪,乃假固利兵⑧下,固刺彘正中其心,彘应手而倒。太后默然,亡以复罪。后上以固廉直,拜为清河太傅,疾免。武帝初即位,复以贤良征。诸儒多嫉毁曰固老,罢归之。时固已九十余矣。公孙弘亦征,仄目而事固。⑨固曰:"公孙子,务正学以言,无曲学以阿世!"诸齐以《诗》显贵,皆固之弟子也。昌邑太傅夏侯始昌最明,自有传。

　　①师古曰:"此非受命更何为?"
　　②师古曰:"语见太公《六韬》也。"
　　③师古曰:"分,扶问反。"
　　④师古曰:"谓必如黄生之言。"
　　⑤师古曰:"马肝有毒,食之憙杀人,幸得无食。言汤武为杀,是背经义,故以为喻也。"
　　⑥师古曰:"家人,言僮隶之属。"
　　⑦服虔曰:"道家以儒法为急,比之于律令也。"
　　⑧师古曰:"假,给与也。利兵,兵刃之利者。"
　　⑨师古曰:"言深惮之。"

　　后苍字近君,东海郯人也。事夏侯始昌。始昌通五经,苍亦通《诗》《礼》,为博士,至少府,授翼奉、萧望之、匡衡。奉为谏大夫,望之前将军，衡丞相，皆有传。衡授琅邪师丹、伏理斿君、颍川满昌君都。君都为詹事，理高密太傅，家世传业。丹大司空，自有传。由是《齐诗》有翼、匡、师、伏之学。满昌授九江张邯、琅邪皮容，皆至大官，徒众尤盛。

韩婴，燕人也。孝文时为博士，景帝时至常山太傅。婴推诗人之意，而作《外传》数万言，其语颇与齐、鲁间殊，然归一也。淮南贲生受之。[1]燕赵间言《诗》者由韩生。韩生亦以《易》授人，推《易》意而为之传。燕赵间好《诗》，故其《易》微，唯韩氏自传之。武帝时，婴尝与董仲舒论于上前，其人精悍，处事分明，[2]仲舒不能难也。后其孙商为博士。孝宣时，涿郡韩生其后也，以《易》征待诏殿中，曰："所受《易》即先太傅所传也。尝受《韩诗》，不如韩氏《易》深，太傅故专传之。"司隶校尉盖宽饶本受《易》于孟喜，见涿韩生说《易》而好之，即更从受焉。

①师古曰："贲，音肥。"
②师古曰："悍，勇锐。"

赵子，河内人也。事燕韩生，授同郡蔡谊。谊至丞相，自有传。谊授同郡食子公与王吉。吉为昌邑中尉，自有传。食生为博士，授泰山栗丰。吉授淄川长孙顺。顺为博士，丰部刺史。由是《韩诗》有王、食、长孙之学。丰授山阳张就，顺授东海发福，皆至大官，徒众尤盛。

毛公，赵人也。治《诗》，为河间献王博士，授同国贯长卿。长卿授解延年。延年为阿武令，授徐敖。敖授九江陈侠，为王莽讲学大夫。由是言《毛诗》者，本之徐敖。

汉兴，鲁高堂生传《士礼》十七篇，而鲁徐生善为颂。[1]孝文时，徐生以颂为礼官大夫，传子至孙延、襄。[2]襄其资性善为颂，不能通经;延颇能,未善也。襄亦以颂为大夫,至广陵内史。延及徐氏弟子公户满意、桓生、单次皆为礼官大夫。③而瑕丘萧奋以礼至淮阳太守。诸言《礼》为颂者由徐氏。

①苏林曰:"《汉旧仪》有二郎为此颂貌威仪事。有徐氏,徐氏后有张氏,不知经,但能盘辟为礼容。天下郡国有容史,皆诣鲁学之。"师古曰:"颂,读与容同。下皆类此。"

②师古曰:"延及襄二人。"

③师古曰:"姓公户,名满意也。与桓生及单次凡三人。单,音善。"

　　孟卿,东海人也。事萧奋,以授后仓、鲁闾丘卿。仓说《礼》数万言,号曰《后氏曲台记》,①授沛闻人通汉子方、②梁戴德延君、戴圣次君、沛庆普孝公。孝公为东平太傅。德号大戴,为信都太傅。圣号小戴,以博士论石渠,至九江太守。由是《礼》有大戴、小戴、庆氏之学。通汉以太子舍人论石渠,至中山中尉。普授鲁夏侯敬,又传族子咸,为豫章太守。大戴授琅邪徐良斿卿,为博士、州牧、郡守,家世传业。小戴授梁人桥仁季卿、杨荣子孙。③仁为大鸿胪,家世传业。荣琅邪太守。由是大戴有徐氏,小戴有桥、杨氏之学。

①服虔曰:"在曲台校书著记,因以为名。"师古曰:"曲台殿在未央宫。"

②如淳曰:"闻人,姓也,名通汉,字子方。"

③师古曰:"子孙,子荣之字也。"

　　胡母生字子都,齐人也。治《公羊春秋》,为景帝博士。与董仲舒同业,仲舒著书称其德。年老,归教于齐,齐之言《春秋》者宗事之,公孙弘亦颇受焉。而董生为江都相,自有传。弟子遂之者,兰陵褚大、东平嬴公、广川段仲、温吕步舒。①大至梁相,步舒丞相长史,唯嬴公守学不失师法,为昭帝谏大夫,授东海孟卿、鲁眭孟。孟为符节令,坐说灾异诛,自有传。

①师古曰:"遂,谓名位成达者。"

　　严彭祖字公子,东海下邳人也。与颜安乐俱事眭孟。孟弟子百余人,唯彭祖、安乐为明,质问疑谊,各持所见。孟曰:"《春秋》之意,在二子矣!"孟死,彭祖、安乐各颛门教授。① 由是《公羊春秋》有颜、严之学。彭祖为宣帝博士,至河南、东郡太守。以高弟入为左冯翊,迁太子太傅,廉直不事权贵。或说曰:"天时不胜人事,君以不修小礼曲意,亡贵人左右之助,经谊虽高,不至宰相。愿少自勉强!"彭祖曰:"凡通经术,固当修行先王之道,何可委曲从俗,苟求富贵乎!"彭祖竟以太傅官终。授琅邪王中,为元帝少府,② 家世传业。中授同郡公孙文、东门云。云为荆州刺史,文东平太傅,徒众尤盛。云坐为江贼拜辱命,下狱诛。③

①师古曰:"颛,与专同。专门,言各自名家。"

②师古曰:"中,读曰仲。"

③师古曰:"逢见贼而拜也。"

颜安乐字公孙,鲁国薛人,眭孟姊子也。家贫,为学积力,官至齐郡太守丞,后为仇家所杀。安乐授淮阳泠丰次君、① 淄川任公。公为少府,丰淄川太守。由是颜家有泠、任之学。始,贡禹事赢公,成于眭孟,至御史大夫,疏广事孟卿,至太子太傅,皆自有传。广授琅邪筦路,② 路为御史中丞。禹授颍川堂溪惠,③ 惠授泰山冥都,④ 都为丞相史。都与路又事颜安乐,故颜氏复有筦、冥之学。路授孙宝,为大司农,自有传。丰授马宫、琅邪左咸。咸为郡守九卿,徒众尤盛。官至大司徒,自有传。

①师古曰:"泠,音零。"

②师古曰:"筦亦管字也。"

③师古曰:"姓堂溪也。"

④师古曰:"冥,莫零反。"

瑕丘江公受《谷梁春秋》及《诗》于鲁申公,传子至孙为博士。武帝时,江公与董仲舒并。仲舒通五经,能持论,善属文。江公呐于口,① 上使与仲舒议,不如仲舒。而丞相公孙弘本为《公羊》学,比辑其议,卒用董生。②于是上因尊《公羊》家,诏太子受《公羊春秋》,由是《公羊》大兴。太子既通,复私问《谷梁》而善之。其后浸微,③唯鲁荣广王孙、皓星公二人受焉。广尽能传其《诗》、《春秋》,高材捷敏,与《公羊》大师眭孟等论,数困之,④故好学者颇复受《谷梁》。沛蔡千秋少君、梁周庆幼君、丁姓子孙⑤皆从广受。千秋又事皓星公,为学最笃。宣帝即位,闻卫太子好《欲梁春秋》,以问丞相韦贤、长信少府夏侯胜及侍中乐陵侯史高,皆鲁人也,言谷梁子本鲁学,公羊氏乃齐学也,宜兴《谷梁》。时千秋为郎,召见,与《公羊》家并说,上善《谷梁》说,擢千秋为谏大夫给事中,后有过,左迁平陵令。复求能为《谷梁》者,莫及千秋,上悯其学且绝,乃以千秋为郎中户将,⑥选郎十人从受。汝南尹更始翁君本自事千秋,能说矣。会千秋病死,征江公孙为博士。刘向以故谏大夫通达待诏,受《谷梁》,欲令助之。江博士复死,乃征周庆、丁姓待诏保宫,⑦使卒授十人。自元康中始讲,至甘露元年,积十余岁,皆明习。乃召五经名儒太子太傅萧望之等大议殿中,平《公羊》、《谷梁》同异,各以经处是非。时《公羊》博士严彭祖、侍郎申挽、伊推、宋显,⑧《谷梁》议郎尹更始、待诏刘向、周庆、丁姓并论。《公羊》家多不见从,愿请内侍郎许广,使者亦并内《谷梁》家中郎王亥,各五人,⑨议三十余事。望之等十一人各以经谊对,多从《谷梁》。由是《谷梁》之学大盛。庆、姓皆为博士。⑩姓至中山傅,授楚申章昌曼君,⑪为博士,至长沙太傅,徒众尤盛。尹更始为谏大夫、长乐户将,又受《左氏传》,取其变理合者以为章句,传子咸及翟方进、琅邪房凤。咸至大司农,方进丞相,自有传。

①师古曰:"属,音之欲反。呐,古讷字。"
②师古曰:"比,次也。辑,合也。比,频寐反。辑,与集同。"
③师古曰:"浸,渐也。"
④师古曰:"孟等穷屈也。"
⑤师古曰:"姓丁,名姓,字子孙。"
⑥师古曰:"户将,官名,解在《杨恽》、《盖宽饶传》。"
⑦师古曰:"保宫,少府之属宫也,本名居室。"
⑧师古曰:"挽,音晚。"

⑨师古曰:"使者,谓当时诏遣监议者也。内,谓引入议所也。《公羊》家既
　　请内许广,而使者因并内王亥也。"

⑩师古曰:"周庆、丁姓,二人也。"

⑪李奇曰:"姓申章,名昌,字曼君。"

　　房凤字子元,不其人也。①以射策乙科为大夫掌故。太常举方
正,为县令都尉,失官。大司马票骑将军王根奏除补长史,荐凤明经
通达,擢为光禄大夫,迁五官中郎将。时光禄勋王龚以外属内卿,②
与奉车都尉刘歆共校书,三人皆侍中。歆白《左氏春秋》可立,哀帝
纳之,以问诸儒,皆不对。歆于是数见丞相孔光,为言《左氏》以求
助,光卒不肯。唯凤、龚许歆,遂共移书责让太常博士,语在《歆传》。
大司空师丹奏歆非毁先帝所立,上于是出龚等补吏,龚为弘农,歆
河内,凤九江太守,至青州牧。始,江博士授胡常,常授梁萧秉君房,
王莽时为讲学大夫。由是《谷梁春秋》有尹、胡、申章、房氏之学。

①师古曰:"琅邪之县也。其,音基。"

②如淳曰:"邛成太后亲也。内卿光禄勋治宫中。"

　　汉兴,北平侯张苍及梁太傅贾谊、京兆尹张敞、太中大夫刘公
子皆修《春秋左氏传》。谊为《左氏传》训故,授赵人贯公,为河间献
王博士,子长卿为荡阴令,①授清河张禹长子。②禹与萧望之同时
为御史,数为望之言《左氏》,望之善之,上书数以称说。后望之为太
子太傅,荐禹于宣帝,征禹待诏,未及问,会疾死。授尹更始,③更始
传子咸及翟方进、胡常。常授黎阳贾护季君,哀帝时待诏为郎,授苍
梧陈钦子佚,以《左氏》授王莽,至将军。而刘歆从尹咸及翟方进受。
由是言《左氏》者本之贾护、刘歆。

①师古曰:"荡阴,河内县也。荡,音汤。"

②如淳曰:"非成帝师张禹也。"

③师古曰:"禹先授更始。"

　　赞曰:自武帝立五经博士,开弟子员,设科射策,劝以官禄,讫
于元始,百有余年,传业者浸盛,支叶蕃滋,①一经说至百余万言,

大师众至千余人,盖禄利之路然。② 初,《书》唯有欧阳,《礼》后,
《易》杨,《春秋》公羊而已。至孝宣世,复立《大小夏侯尚书》,《大小
戴礼》,《施》、《孟》、《梁丘易》,《谷梁春秋》。至元帝世,复立《京氏
易》。平帝时,又立《左氏春秋》、《毛诗》、逸《礼》、古文《尚书》,所以
罔罗遗失,兼而存之,是在其中矣。③

　　①师古曰:"浸,渐也。蕃,多也。滋,益也。"
　　②师古曰:"言为经学者则受爵禄而获其利,所以益劝。"
　　③如淳曰:"虽有虚妄之说,是当在其中,故兼而存之。"

汉书卷八九
列传第五九

循　吏

文翁　王成　黄霸　朱邑　龚遂
召信臣

师古曰："循，顺也，上顺公法，下顺人情也。"

汉兴之初，反秦之敝，与民休息，凡事简易，禁罔疏阔，而相国萧、曹以宽厚清静为天下帅。①民作"画一"之歌。②孝惠垂拱，高后女主，不出房闼，而天下晏然，民务稼穑，衣食滋殖。③至于文、景，遂移风易俗。是时循吏如河南守吴公、蜀守文翁之属，皆谨身帅先，居以廉平，不至于严，而民从化。

①师古曰："帅，遵也。"
②师古曰："谓歌曰：'萧何为法，讲若画一；曹参代之，守而勿失。'"
③师古曰："滋，益也。殖，生也。"

孝武之世，外攘四夷，内改法度，①民用雕敝，奸轨不禁。②时少能以化治称者，唯江都相董仲舒、内史公孙弘、儿宽居官可纪。三人皆儒者，通于世务，明习文法，以经术润饰吏事，天子器之。仲舒数谢病去，弘、宽至三公。

①师古曰："攘，却也。"
②师古曰："不可禁。"

孝昭幼冲，霍光秉政，承奢侈师旅之后，海内虚耗，光因循守

职，无所改作。至于始元、元凤之间，匈奴乡化，百姓益富，①举贤良
文学，问民所疾苦，于是罢酒榷而议盐铁矣。

　　①师古曰："乡，读曰向。"

　　及至孝宣，繇仄陋而登至尊，①兴于闾阎，②知民事之艰难，自
霍光薨后始躬万机，历精为治，五日一听事，自丞相已下，各奉职而
进。及拜刺史守相，辄亲见问，观其所繇，退而考察所行以质其
言，③有名实不相应，必知其所以然。常称曰："庶民所以安其田里
而亡叹息愁恨之心者，政平讼理也。④与我共此者，其唯良二千石
乎！"⑤以为太守，吏民之本，数变易则下不安，民知其将久，不或欺
罔，乃服从其教化。故二千石有治理效，辄以玺书勉厉，增秩赐金，
或爵至关内侯，公卿缺则选诸所表以次用之。⑥是故汉世良吏，于
是为盛，称中兴焉。若赵广汉、韩延寿、尹翁归、严延年、张敞之属，
皆称其位，然任刑罚，或抵罪诛，⑦王成、黄霸、朱邑、龚遂、郑弘、召
信臣等，⑧所居民富，所去见思，生有荣号，死见奉祀，此廪廪庶几
德让君子之遗风矣。⑨

　　①师古曰："仄，古侧字。仄陋，言非正统而身经微贱也。繇，与由同。次下
　　　类此。"
　　②师古曰："闾，里门也。阎，里中门也。言从里巷而即大位也。"
　　③师古曰："质，正也。"
　　④师古曰："讼理，言所讼见理而无冤滞也。"
　　⑤师古曰："谓郡守、诸侯相。"
　　⑥师古曰："所表，谓增秩赐金爵也。"
　　⑦师古曰："抵，至也，音丁礼反。"
　　⑧师古曰："召，读曰邵。"
　　⑨师古曰："廪廪，言有风采也。"

　　文翁，庐江舒人也。少好学，通《春秋》，以郡县吏察举。景帝末，
为蜀郡守，仁爱好教化。见蜀地辟陋有蛮夷风，①文翁欲诱进之，乃
选郡县小吏开敏有材者张叔等十余人亲自饬厉，②遣诣京师，受业
博士，或学律令。减省少府用度，买刀布蜀物，赍计吏以遗博士。③

数岁，蜀生皆成就还归，文翁以为右职，④用次察举，官有至郡守刺史者。

①师古曰："辟，读曰僻。"

②师古曰："饬，与敕同。"

③如淳曰："金马书刀，今赐计吏是也。作马形刀环内，以金镂之。"晋灼曰："刀，书刀；布，布刀也。旧时蜀郡工官作金马书刀，似佩刀形，金错其拊。布刀，谓妇人割裂财布刀也。"师古曰："少府，郡掌财物之府，以供太守者也。刀，凡蜀刀有环者也。布，蜀布细密也。二者蜀人作之皆善，故赍以为货，无限于书刀布刀也。如、晋二说皆烦而不当也。"

④师古曰："郡中高职也。"

又修起学官于成都市中，①招下县子弟以为学官弟子，②为除更繇，③高者以补郡县吏，次为孝弟力田。常选学官僮子，使在便坐受事。④每出行县，益从学官诸生明经饬行者与俱，⑤使传教令，出入闺阁。⑥县邑吏民见而荣之，数年，争欲为学官弟子，富人至出钱以求之。繇是大化，⑦蜀地学于京师者比齐鲁焉。至武帝时，乃令天下郡国皆立学校官，自文翁为之始云。

①师古曰："学官，学之官舍。"

②师古曰："下县，四郊之县，非郡所治也。"

③师古曰："不令从役也。更，工衡反。繇，读曰徭。"

④师古曰："便坐，别坐，可以视事，非正廷也。坐，财卧反。"

⑤师古曰："益，多也。饬，整也，读与敕同。"

⑥师古曰："闺阁，内中小门也。"

⑦师古曰："繇，读曰由。"

文翁终于蜀，吏民为立祠堂，岁时祭祀不绝。至今巴蜀好文雅，文翁之化也。①

①师古曰："文翁学堂于今犹在益州城内。"

王成不知何郡人也。为胶东相，治甚有声。宣帝最先褒之，地节三年下诏曰："盖闻有功不赏，有罪不诛，虽唐虞不能以化天下。今胶东相成，劳来不息，①流民自占八万余口，②治有异等之效。③

其赐成爵关内侯,秩中二千石。"未及征用,会病卒官。后诏使丞相御史问郡国上计长吏守丞以政令得失,或对言前胶东相成伪自增加,以蒙显赏,是后俗吏多为虚名云。

①师古曰:"谓劝勉招怀百姓也。劳,郎到反。来,郎代反。"

②师古曰:"隐度名数而来附业也。占,之赡反。"

③师古曰:"异于常等。"

　　黄霸字次公,淮阳阳夏人也。①以豪桀役使徙云陵。②霸少学律令,喜为吏,③武帝末以待诏入钱赏官,补侍郎谒者,④坐同产有劾免。⑤后复入谷沈黎郡,补左冯翊二百石卒史。⑥冯翊以霸入财为官,不署右职,⑦使领郡钱谷计。⑧簿书正,以廉称,⑨察补河东均输长,⑩复察廉为河南太守丞。霸为人明察内敏,⑪又习文法,然温良有让,足知,善御众。为丞,处议当于法,合人心,太守甚任之,吏民爱敬焉。

①师古曰:"夏,工雅反。"

②师古曰:"身为豪桀而役乡里人也。"

③师古曰:"喜,谓爱好也,音许吏反。"

④孟康曰:"赏官,主赏赐之官也。"师古曰:"此说非也,因入钱而见赏官。"

⑤师古曰:"同产,谓兄弟也。"

⑥如淳曰:"三辅郡得仕用它郡人,而卒史独二百石,所谓尤异者。"

⑦师古曰:"轻其为人也。右职,高职也。"

⑧师古曰:"计,谓出入之数也。"

⑨师古曰:"言无所侵隐,故簿书皆正,不虚谬。"

⑩师古曰:"以廉见察而迁补。"

⑪师古曰:"内敏,言心思捷疾也。"

　　自武帝末,用法深。昭帝立,幼,大将军霍光秉政,大臣争权,上官桀等与燕王谋作乱,光既诛之,遂遵武帝法度,以刑罚痛绳群下,繇是俗吏上严酷以为能,①而霸独用宽和为名。

①师古曰:"繇,读与由同。"

会宣帝即位,在民间时知百姓苦吏急也,闻霸持法平,召以为廷尉正,数决疑狱,庭中称平。①守丞相长史,坐公卿大议庭中,②知长信少府夏侯胜非议诏书大不敬,霸阿从不举劾,皆下廷尉,③系狱当死。霸因从胜受《尚书》狱中,再隃冬,④积三岁乃出,语在《胜传》。胜出,复为谏大夫,令左冯翊宋畸举霸贤良。胜又口荐霸于上,上擢霸为扬州刺史。三岁,宣帝下诏曰:"制诏御史:其以贤良高弟扬州刺史霸为颍川太守,秩比二千石居官。"

①师古曰:"此廷中谓廷尉之中。"

②师古曰:"大议,总会议也。此廷中谓朝廷之中。"

③师古曰:"胜及霸俱下廷尉。"

④师古曰:"隃,与逾同。"

时上垂意于治,数下恩泽诏书,吏不奉宣。①太守霸为选择良吏,分部宣布诏令,②令民咸知上意。使邮亭乡官皆畜鸡豚,③以赡鳏寡贫穷者。然后为条教,置父老师帅伍长,班行之于民间,劝以为善防奸之意,及务耕桑,节用殖财,种树畜养,去食谷马。米盐靡密,初若烦碎,④然霸精力能推行之。吏民见者,语次寻绎,⑤问它阴伏,以相参考。尝欲有所司察,择长年廉吏遣行,属令周密。⑥吏出,不敢舍邮亭,⑦食于道旁,乌攫其肉。⑧民有欲诣府口言事者适见之,霸与语道此。后日吏还谒霸,霸见迎劳之,曰:"甚苦!食于道旁乃为乌所盗肉。"吏大惊,以霸具知其起居,所问豪氂不敢有所隐。鳏寡孤独有死无以葬者,乡部书言,霸具为区处,⑨某所大木可以为棺,某亭猪子可以祭,吏往皆如言。其识事聪明如此,⑩吏民不知所出,⑪咸称神明。奸人去入它郡,盗贼日少。

①师古曰:"不令百姓皆知也。"

②师古曰:"分,扶问反。"

③师古曰:"邮行书舍,谓传送文书所止处,亦如今之驿馆矣。乡官者,乡所治处也。"

④师古曰:"米盐,言杂而且细。"

⑤师古曰:"绎,谓抽引而出也。"

⑥师古曰:"属,戒也。周密,不泄漏也。属,之欲反。"

⑦师古曰："舍,止也。"

⑧师古曰："攫,搏持之也。攫,音矍。"

⑨师古曰："区处,谓分别而处置也,音昌汝反。"

⑩师古曰："识,记也,音式二反。"

⑪师古曰："不知其用何术也。"

霸力行教化而后诛罚,①务在成就全安长吏。②许丞老,病
聋,③督邮白欲逐之,霸曰："许丞廉吏,虽老,尚能拜起送迎,正颇
重听,何伤? 且善助之,毋失贤者意。"或问其故,霸曰："数易长吏,
送故迎新之费及奸吏缘绝簿书盗财物,④公私费耗甚多,皆当出于
民,所易新吏又未必贤,或不如其故,徒相益为乱。凡治道,去其泰
甚者耳。"

①师古曰："力犹勤也。言先以德教化于下,若有弗从,然后用刑罚也。"

②师古曰："不欲易代及损伤。"

③如淳曰："许县丞。"

④师古曰："缘,因也。因交待之际而弃匿簿书以盗官物也。"

霸以外宽内明得吏民心,户口岁增,治为天下第一。征守京兆
尹,秩二千石。坐发民治驰道不先闻,又发骑士诣北军马不适士,①
劾乏军兴,连贬秩。有诏归颍川太守官,以八百石居治如其前。前
后八年,郡中愈治。是时,凤皇神爵数集郡国,颍川尤多。天子以霸
治行终长者,下诏称扬曰："颍川太守霸,宣布诏令,百姓乡化,②孝
子弟弟贞妇顺孙日以众多,田者让畔,道不拾遗,养视鳏寡,赡助贫
穷,狱或八年亡重罪囚,吏民乡于教化,兴于行谊,可谓贤人君子
矣。《书》不云乎? '股肱良哉!'③其赐爵关内侯,黄金百斤,秩中二
千石。"而颍川孝弟、有行义民、三老、力田皆以差赐爵及帛。后数
月,征霸为太子太傅,迁御史大夫。

①孟康曰："关西人谓补满为适。马少士多,不相补满也。"

②师古曰："乡,读曰向。下亦同。"

③师古曰："《虞书·益稷》之辞,已解于上。"

五凤二年,代邴吉为丞相,封建成侯,食邑六百户。霸材长于治
民,及为丞相,总纲纪号令风采不及丙、魏、于定国,功名损于治郡。

时京兆尹张敞舍鹓雀飞集丞相府，①霸以为神雀，议欲以闻。敞奏
霸曰："窃见丞相请与中二千石、博士杂问郡国上计长吏守丞，为民
兴利除害，成大化，条其对，有耕者让畔，男女异路，道不拾遗，及举
孝子贞妇者为一辈，先上殿，②举而不知其人数者次之，不为条教
者在后叩头谢。丞相虽口不言，而心欲其为之也。长吏守丞对时，
臣敞舍有鹓雀飞止丞相府屋上，丞相以下见者数百人。边吏多知鹓
雀者，问之，皆阳不知。丞相图议上奏③曰：'臣问上计长吏守丞以
兴化条，④皇天报下神雀。'后知从臣敞舍来，乃止。郡国吏窃笑丞
相仁厚有知略，微信奇怪也。昔汲黯为淮阳守，辞去之官，谓大行李
息曰：'御史大夫张汤怀诈阿意，以倾朝廷，公不早白，与俱受戮
矣。'息畏汤，终不敢言。后汤诛败，上闻黯与息语，乃抵息罪而秩黯
诸侯相，取其思竭忠也。臣敞非敢毁丞相也，诚恐群臣莫白，而长吏
守丞畏丞相指，归舍法令，各为私教，⑤务相增加，浇淳散朴，⑥并
行伪貌，有名亡实，倾摇解怠，甚者为妖。⑦假令京师先行让畔异
路，道不拾遗，其实亡益廉贪贞淫之行，而以伪先天下，固未可也；
即诸侯先行之，伪声轶于京师，非细事也。⑧汉家承敝通变，造起律
令，所以劝善禁奸，条贯详备，不可复加。宜令贵臣明饬长吏守
丞，⑨归告二千石，举三老、孝弟、力田、孝廉、廉吏务得其人，郡事
皆以义法令捡式，⑩毋得擅为条教。敢挟诈伪以奸名誉者，必先受
戮，⑪以正明好恶。"天子嘉纳敞言，召上计吏，使侍中临饬如敞指
意。霸甚惭。

①苏林曰："今虎贲所著鶡也。"师古曰："苏说非也。此鶡音芬，字本作鴍，
　　此通用耳。鴍雀大而色青，出羌中，非武贲所著也。武贲鶡者色黑，出上
　　党，以其斗死不止，故用其尾饰武臣首云。今时俗人所谓鶡鸡者也，音
　　曷，非此鴍雀也。"

②师古曰："丞相所坐屋也。古者屋之高严，通呼为殿，不必宫中也。"

③师古曰："图，谋也。"

④师古曰："凡言条者，一一而疏举之，若木条然也。"

⑤师古曰："舍，废也。"

⑥师古曰:"不杂为淳。以水浇之,则味离薄。朴,大质也。割之,散也。"

⑦师古曰:"解,读曰懈。"

⑧师古曰:"轶,过也,音逸。"

⑨师古曰:"伤,读与敡同。次下类此。"

⑩师古曰:"捡,局也,音居俭反。"

⑪师古曰:"奸,求也,音干。"

又乐陵侯史高以外属旧恩侍中贵重,霸荐高可太尉。天子使尚书召问霸:"太尉官罢久矣,丞相兼之,所以偃武兴文也。如国家不虞,边境有事,①左右之臣皆将率也。夫宣明教化,通达幽隐,使狱无冤刑,邑无盗贼,君之职也。将相之官,朕之任焉。②侍中乐陵侯高帷幄近臣,朕之所自亲,③君何越职而举之?"尚书令受丞相对,霸免冠谢罪,数日乃决。④自是后不敢复有所请。然自汉兴,言治民吏,以霸为首。

①师古曰:"如,若也。"

②师古曰:"言欲拜将相事,自在朕也。"

③师古曰:"具知其材质。"

④师古曰:"乃得免罪。"

为相五岁,甘露三年薨,谥曰定侯。霸死后,乐陵侯高竟为大司马。①霸子思侯赏嗣,为关都尉。薨,子忠侯辅嗣,至卫尉九卿。薨,子忠嗣侯,讫王莽乃绝。子孙为吏二千石者五六人。

①师古曰:"史著此者,亦言霸奏高为太尉,适事宜也。"

始,霸少为阳夏游徼,①与善相人者共载出,②见一妇人,相者言:"此妇人当富贵,不然,相书不可用也。"霸推问之,乃其乡里巫家女也。霸即取为妻,与之终身。为丞相后徙杜陵。

①师古曰:"游徼,主徼巡盗贼者也。"

②师古曰:"同乘车。"

朱邑字仲卿,庐江舒人也。少时为舒桐乡啬夫,廉平不苛,以爱利为行,①未尝笞辱人,存问耆老孤寡,遇之有恩,所部吏民爱敬焉。迁太守卒史,举贤良为大司农丞,迁北海太守,以治行第一入为大司农。为人惇厚，笃于故旧，然性公正，不可交以私。天子器之，朝廷敬焉。

　　①师古曰："仁爱于人而安利也。"

　　是时，张敞为胶东相，与邑书曰："明主游心太古，广延茂士，①此诚忠臣竭思之时也。直敞远守剧郡，驭于绳墨，②匈臆约结，固亡奇也。③虽有，亦安所施？④足下以清明之德，掌周稷之业，⑤犹饥者甘糟糠，穰岁余粱肉。⑥何则？有亡之势异也。昔陈平虽贤，须魏倩而后进，⑦韩信虽奇，赖萧公而后信。⑧故事各达其时之英俊，若必伊尹、吕望而后荐之，则此人不因足下而进矣。"⑨邑感敞言，贡荐贤士大夫，多得其助者。身为列卿，居处俭节，禄赐以共九族乡党，⑩家亡余财。

　　①师古曰："茂，善也。"

　　②师古曰："直，读曰值。"

　　③师古曰："约，屈也。"

　　④师古曰："言在远郡，无足展效也。"

　　⑤师古曰："司农主百谷，故云周稷之业。"

　　⑥师古曰："穰岁，丰穰之岁。穰，音攘。"

　　⑦苏林曰："魏无知也。"韦昭曰："无知字也。"师古曰："倩，士之美称，故云魏倩也，而韦氏便以为无知之字，非也。譬犹汲直为汲黯，岂为字直乎？且次下句云'赖萧公而后信，'亦非何之字也。"

　　⑧师古曰："信，谓为君上所信任也。一说，信，读曰伸，得伸其材用也。"

　　⑨师古曰："言能自达也。"

　　⑩师古曰："共，读曰供。"

　　神爵元年卒。天子闵惜，下诏称扬曰："大司农邑，廉洁守节，退食自公，亡强外之交，束修之馈①可谓淑人君子。遭离凶灾，朕甚闵之。②其赐邑子黄金百斤，以奉其祭祀。"

　　①师古曰："馈，与馈同。"

　　②师古曰："离亦遭。"

　　初，邑病且死，属其子①曰："我故为桐乡吏，其民爱我。必葬桐乡，后世子孙奉尝我，不如桐乡民。"②及死，其子葬之桐乡西郭外，民果共为邑起冢立祠,岁时祠祭,至今不绝。

　　①师古曰:"属,之欲反。"

　　②师古曰:"尝,谓蒸尝之祭。"

　　龚遂字少卿,山阳南平阳人也。以明经为官,至昌邑郎中令,事王贺。贺动作多不正,遂为人忠厚,刚毅有大节,内谏争于王,外责傅相,引经义,陈祸福,至于涕泣,蹇蹇亡已。①面刺王过,王至掩耳起走,曰:"郎中令善媿人。"②及国中皆畏惮焉,③王尝久与驺奴宰人游戏饮食,赏赐亡度,遂入见王,涕泣膝行,左右待御皆出涕。王曰:"郎中令何为哭?"遂曰:"臣痛社稷危也!愿赐清閒竭愚。"王辟左右,④遂曰:"大王知胶西王所以为无道亡乎?"王曰:"不知也。"曰:"臣闻胶西王有谀臣侯得,王所为拟于桀纣也,⑤得以为尧舜也。王说其诌谀,尝与寝处,⑥唯得所言,以至于是。⑦今大王亲近群小,渐渍邪恶所习,存亡之机,不可不慎也。臣请选郎通经术有行义者与王起居,坐则诵《诗》《书》,立则习礼容,宜有益。"王许之。遂乃选郎中张安等十人侍王。居数日,王皆逐去安等。久之,宫中数有妖怪,王以问遂,遂以为有大忧,宫室将空,语在《昌邑王传》。会昭帝崩,亡子,昌邑王贺嗣立,官属皆征入。王相安乐迁长乐卫尉,遂见安乐,流涕谓曰:"王立为天子,日益骄溢,谏之不复听,今哀痛未尽,⑧日与近臣饮食作乐,斗虎豹,召皮轩,车九流,驱驰东西,所为悖道。⑨古制宽,大臣有隐退,今去不得,阳狂恐知,身死为世戮,奈何?君,陛下故相,宜极谏争。"王即位二十七日,卒以淫乱废。昌邑群臣坐陷王于恶不道,皆诛,死者二百余人,唯遂与中尉王阳数以谏争得减死,髡为城旦。

　　①师古曰:"蹇蹇,不阿顺之意也。《易·蹇卦》曰'王臣蹇蹇'。"

　　②师古曰:"媿,古愧字。愧,辱也。"

　　③师古曰:"王及国人皆惮之。"

　　④师古曰:"閒,读曰闲。辟,音闢。"

　　⑤师古曰:"拟,比也。"

　　⑥师古曰:"说,读曰悦。"

⑦师古曰:"唯用得之邪言,故至亡。"

⑧师古曰:"谓新居丧服。"

⑨师古曰:"悖,乖也,音布内反。"

　　宣帝即位,久之,渤海左右郡岁饥,盗贼并起,①二千石不能禽制。上选能治者,丞相御史举遂可用,上以为渤海太守。时遂年七十余,召见,形貌短小,宣帝望见,不副所闻,心内轻焉,谓遂曰:"渤海废乱,朕甚忧之。君欲何以息其盗贼,以称朕意?"遂对曰:"海濒遐远,不沾圣化,②其民困于饥寒而吏不恤,故使陛下赤子盗弄陛下之兵于潢池中耳。③今欲使臣胜之邪,将安之也?"④上闻遂对,甚说,⑤答曰:"选用贤良,固欲安之也。"遂曰:"臣闻治乱民犹治乱绳,不可急也;唯缓之,然后可治。臣愿丞相御史且无拘臣以文法,得一切便宜从事。"上许焉,加赐黄金,赠遣乘传。至渤海界,⑥郡闻新太守至,发兵以迎,遂皆遣还,移书敕属县,悉罢逐捕盗贼吏。诸持锄钩田器者皆为良民,吏毋得问,⑦持兵者乃为贼。遂单车独行至府,郡中翕然,盗贼亦皆罢。⑧渤海又多劫略相随,闻遂教令,即时解散,弃其兵弩而持钩锄。盗贼于是悉平,民安土乐业。遂乃开仓廪假贫民,⑨选用良吏,尉安牧养焉。

①师古曰:"左右,谓侧近相次者。"

②师古曰:"濒,涯也,音频,又音宾。"

③师古曰:"赤子,犹言初生幼小之意也。积水曰潢,音黄。"

④师古曰:"胜,谓以威力克而杀之也。安,谓以德化抚而安之。"

⑤师古曰:"说,读曰悦。"

⑥师古曰:"传,张恋反。"

⑦师古曰:"钩,镰也。"

⑧师古曰:"罢,读曰疲。言为盗贼久,心亦疲厌。"

⑨师古曰:"假,谓给与。"

　　遂见齐俗奢侈,好末技,不田作,乃躬率以俭约,劝民务农桑,令口种一树榆、百本薤、五十本葱、一畦韭,①家二母彘、五鸡。②民有带持刀剑者,使卖剑买牛,卖刀买犊,曰:"何为带牛佩犊!"春夏不得不趋田亩,③秋冬课收敛,益畜果实菱芡。劳来循行,郡中皆有畜积，④吏民皆富实。狱讼止息。

①师古曰："每一口即如此种也。"

②师古曰："每一家则如此养之也。"

③师古曰："趋，读曰趣。趣，向也。"

④师古曰："菱，芰也。芡，鸡头也。劳来，劝勉也。畜，读曰蓄。芡，音俭。劳，庐到反。来，卢代反。"

数年，上遣使者征遂，议曹王生愿从。功曹以为王生素耆酒，亡节度，不可使。①遂不忍逆，从至京师。王生日饮酒，不视太守。②会遂引入宫。王生醉，从后呼，③曰："明府且止，愿有所白。"遂还问其故，④王生曰："天子即问君何以治渤海，君不可有所陈，对宜曰'皆圣主之德，非小臣之力也'。"遂受其言，既至前，上果问以治状，遂对如王生言。天子说其有让，⑤笑曰："君安得长者之言而称之？"遂因前曰："臣非知此，乃臣议曹教戒臣也。"上以遂年老不任公卿，拜为水衡都尉，议曹王生为水衡丞，以褒显遂云。水衡典上林禁苑，共张宫馆，⑥为宗庙取牲，官职亲近，上甚重之。以官寿卒。⑦

①师古曰："耆，读曰嗜。"

②师古曰："日日恒饮酒也。"

③师古曰："呼，火故反。"

④师古曰："还，回也。"

⑤师古曰："说，读曰悦。"

⑥师古曰："共，居用反。张，知亮反。下亦同。"

⑦师古曰："以寿终而卒于官也。"

召信臣字翁卿，九江寿春人也。①以明经甲科为郎，出补谷阳长。举高第，迁上蔡长，其治视民如子，所居见称述。超为零陵太守，病归。复征为谏大夫，迁南阳太守，其治如上蔡。

①师古曰："召，读曰邵。"

信臣为人勤力，有方略，好为民兴利，务在富之。躬劝耕农，出入阡陌，止舍离乡亭，①稀有安居。时行视郡中水泉，②开通沟渎，起水门提阏凡数十处，③以广溉灌，岁岁增加，多至三万顷。民得其

利,畜积有余。④信臣为民作均水约束,⑤刻石立于田畔,以防分
争。禁止嫁娶送终奢靡,务出于俭约。府县吏家子弟好游敖,不以
田作为事,辄斥罢之,甚者案其不法,以视好恶。⑥其化大行,郡中
莫不耕稼力田,百姓归之,户口增倍,盗贼狱讼衰止。吏民亲爱信
臣,号之曰召父。荆州刺史奏信臣为百姓兴利,郡以殷富,赐黄金四
十斤。迁河南太守,治行常为第一,复数增秩赐金。

①师古曰:"言休息之时,皆在野次。"

②师古曰:"行,下更反。"

③师古曰:"阙,所以壅水,音一曷反。"

④师古曰:"畜,读曰蓄。"

⑤师古曰:"言用之有次弟也。"

⑥师古曰:"视,谓曰示。"

竟宁中,征为少府,列于九卿,奏请上林诸离远宫馆稀幸御者,
勿复缮治共张,又奏省乐府黄门倡优诸戏,及宫馆兵弩什器减过泰
半。太官园种冬生葱韭菜茹,覆以屋庑,①昼夜爇蕴火,待温气乃
生。②信臣以为此皆不时之物,有伤于人,不宜以奉供养,及它非法
食物,悉奏罢,省费岁数千万。③信臣年老以官卒。

①师古曰:"庑,周室也。茹,人庶反。庑,音舞。"

②师古曰:"爇,古然字。蕴火,蓄火也。蕴,于云反。"

③师古曰:"素所费者,今皆省也。"

元始四年,诏书祀百辟卿士有益于民者,①蜀郡以文翁、九江
以召父应诏书。岁时郡二千石率官属行礼,奉祠信臣冢,而南阳亦
为立祠。

①师古曰:"百辟,百官。"

汉书卷九○
列传第六○

酷　吏

郅都　宁成 周阳由 **赵禹　义纵**
王温舒　尹齐　杨仆　咸宣
田广明　田延年　严延年　尹赏

　　孔子曰："导之以政，齐之以刑，民免而无耻；导之以德，齐之以礼，有耻且格。"①老氏称："上德不德，是以有德；下德不失德，是以无德。法令滋章，盗贼多有。"②信哉是言也！法令者，治之具，而非制治清浊之原也。③昔天下之网尝密矣，④然奸轨愈起，其极也，上下相遁，至于不振。⑤当是之时，吏治若救火扬沸，⑥非武健严酷，恶能胜其任而愉快乎？⑦言道德者，溺于职矣。⑧故曰："听讼吾犹人也，必也使无讼乎！"⑨"下士闻道大笑之。"⑩非虚言也。

　　①师古曰："《论语》载孔子之言也。格，至也。谓御以政刑，则人思苟免，不耻于恶；化以德礼，则下知愧辱，而至于治也。"

　　②师古曰："老子《德经》之言。上德体合自然，是以为德；下德务于修建，更以丧之。法令繁则巧诈益起，故多盗贼也。"

　　③师古曰："言为治之体，亦须法令，而法令非治之本。"

　　④师古曰："谓秦时。"

　　⑤师古曰："遁，避也。言吏避于君，萌避于吏，至乎丧败，不可振救也。"

　　⑥师古曰："言迫急也。本散不除，则其末难正。"

⑦师古曰："恶,读曰乌。乌,于何也。嬿,苟且也。"

⑧师古曰："溺,谓沉滞而不举也。"

⑨师古曰："《论语》载孔子之辞也。言使我听狱讼,犹凡人耳,然而立政施德,则能使其绝于争讼。"

⑩师古曰："老子《道经》之言也。大道玄深,非其所及,故致笑也。"

汉兴,破觚而为圜,斫雕而为朴,①号为罔漏吞舟之鱼。②而吏治蒸蒸,不至于奸,③黎民艾安。④由是观之,在彼不在此。⑤高后时,酷吏独有侯封,刻轹宗室,侵辱功臣。⑥吕氏已败,遂夷侯封之家。⑦孝景时,晁错以刻深颇用术辅其资,⑧而七国之乱发怒于错,错卒被戮。⑨其后有郅都、宁成之伦。⑩

①孟康曰："觚,方也。"师古曰："去严刑而从简易,抑巧伪而务敦厚也。雕,谓刻镂也,字与彫同。"

②师古曰："言其疏也。"

③师古曰："蒸蒸,纯壹之貌也。"

④师古曰："黎,众也。艾,读曰乂。乂,治也。"

⑤师古曰："言不在于严酷也。"

⑥师古曰："轹,谓陵践也,音来之反。"

⑦师古曰："诛除也。"

⑧师古曰："资,材也。"

⑨师古曰："卒,终也。"

⑩师古曰："郅,之日反。"

郅都,河东大阳人也。以郎事文帝。景帝时,为中郎将,敢直谏,面折大臣于朝。尝从入上林,贾姬在厕,①野彘入厕,上目都,②都不行。上欲自持兵救贾姬,都伏上前曰："亡一姬复一姬进,天下所少宁姬等邪?陛下纵自轻,奈宗庙太后何?"上还,彘亦不伤贾姬。太后闻之,赐都金百斤,上亦赐金百斤,由此重都。

①师古曰："贾姬即贾夫人,生赵敬肃王彭祖、中山靖王胜者。"

②师古曰："动目以使也。"

济南,瞷氏宗人三百余家,豪猾,①二千石莫能制,于是景帝拜

都为济南守。至则诛瞷氏首恶,余皆股栗。②居岁余,郡中不拾遗,
旁十余郡守畏都如大府。③

①应劭曰:"瞷,音马瞷眼之瞷。"师古曰:"音闲。"

②师古曰:"言惧之甚,至于股脚战栗也。"

③师古曰:"言犹如统属之。"

都为人勇有气,公廉,不发私书,问遗无所受,请寄无所听。常
称曰:"已背亲而出身,固当奉职死节官下,终不顾妻子矣。"

都迁为中尉,丞相条侯至贵居也,①而都揖丞相。是时民朴,畏
罪自重,而都独先严酷,致行法不避贵戚,列侯宗室见都侧目而视,
号曰"苍鹰"。②

①师古曰:"居,急傲,读与倨同。"

②师古曰:"言其挚击之甚。"

临江王征诣中尉府对簿,①临江王欲得刀笔为书谢上,②而都
禁吏弗与。魏其侯使人间予临江王。③临江王既得,为书谢上,因自
杀。窦太后闻之,怒,以危法中都,④都免归家。景帝乃使使即拜都
为雁门太守,⑤便道之官,⑥得以便宜从事。匈奴素闻郅都节,举边
为引兵去,竟都死不近雁门。匈奴至为偶人象都,⑦令骑驰射,莫能
中,其见惮如此。匈奴患之,乃中都以汉法。景帝曰:"都忠臣。"欲
释之。⑧窦太后曰:"临江王独非忠臣乎?"于是斩都也。

①师古曰:"簿者,狱辞之文书也,音步户反。"

②师古曰:"刀,所以削治书也。古者书于简牍,故必用刀焉。"

③师古曰:"伺间隙而私与也。"

④师古曰:"谓构成其罪也。中,竹仲反。次下亦同。"

⑤师古曰:"就家拜。"

⑥师古曰:"不令至阙陈谢也。"

⑦师古曰:"以木为人,象都之形也。偶,对也。"

⑧师古曰:"释,置也,解也。谓放免也。"

宁成,南阳穰人也。以郎谒者事景帝。好气,为小吏,必陵其长
史;为人上,操下急如束湿。①猾贼任威。稍迁至济南都尉,而郅都

为守。始前数都尉步入府，因吏谒守如县令，其畏都如此。及成往，直凌都出其上。都素闻其声，善遇，与结欢。久之，都死，后长安左右宗室多犯法，②上召成为中尉。其治效郅都，其廉弗如，然宗室豪杰人皆惴恐。③

①师古曰："操，执持也。束湿，言其急之甚也。湿物则易束。操，千高反。"

②师古曰："长安左右，京邑之中也。"

③师古曰："惴，战栗也。人人皆战恐也。惴，之瑞反。"

武帝即位，徙为内史。外戚多毁成之短，抵罪髡钳。是时九卿死即死，少被刑，而成刑极，自以为不复收，①乃解脱，诈刻传出关归家。②称曰："仕不至二千石，贾不至千万，安可比人乎！"③乃贳贷陂田千余顷，④假贫民，役使数千家。⑤数年，会赦，致产数千万，为任侠，持吏长短，出从数十骑。其使民，威重于郡守。

①如淳曰："以被重刑，将不复见收用也。"师古曰："刑极者，言残毁之重也。"

②师古曰："辄解脱钳钛而亡去也。传，所以出关之符也，音张恋反。"

③师古曰："贾，谓贩卖之。"

④师古曰："贳贷，假取之也。贷，吐得反。"

⑤师古曰："假，雇赁也。"

周阳由，其父赵兼以淮南王舅侯周阳，①故因氏焉。②由以宗家任为郎，事文帝。景帝时，由为郡守。武帝即位，吏治尚修谨，然由居二千石中最为暴酷骄恣。所爱者，桡法活之；所憎者，曲法灭之。③所居郡，必夷其豪。④为守，视都尉如令；为都尉，陵太守，夺之治。汲黯为忮，⑤司马安之文恶，⑥俱在二千石列，同车未尝敢均茵冯。⑦后由为河东都尉，与其守胜屠公争权，相告言，⑧胜屠公当抵罪，议不受刑，自杀，而由弃市。

①师古曰："封为周阳侯。"

②师古曰："遂改赵姓而为周阳也。"

③师古曰："桡亦屈曲也，音女教反。"

④师古曰："平除之。"

⑤师古曰："忮，意坚也，音章豉反。"

⑥孟康曰："以文法伤害人也。"

⑦师古曰："茵，车中蓐也。冯，车中所冯者也。言此二人皆下让由，故同车之时，自处其偏侧，不均敌也。冯，读曰凭。"

⑧师古曰："胜屠，姓也。"

　　自宁成、周阳由之后，事益多，民巧法，大抵吏治类多成、由等矣。①

①师古曰："大抵，大归也，音丁礼反。"

　　赵禹，斄人也。①以佐史补中都官，②用廉为令史，事太尉周亚夫。亚夫为丞相，禹为丞相史，府中皆称其廉平。然亚夫弗任，曰："极知禹无害，③然文深，④不可以居大府。"武帝时，禹以刀笔吏积劳，迁为御史。上以为能，至中大夫。与张汤论定律令，作见知，吏传相监司以法，尽自此始。

①师古曰："斄，读曰邰，扶风县也，音胎。"

②师古曰："京师诸官为吏也。"

③师古曰："无害，言无人能胜也。"

④应劭曰："禹持文法深刻。"

　　禹为人廉裾，①为吏以来，舍无食客。公卿相造请，②禹终不行报谢，务在绝知友宾客之请，③孤立行一意而已。见法辄取，亦不覆案求官属阴罪。④尝中废，已为廷尉。始条侯以禹贼深，及禹为少府九卿，酷急。至晚节，事益多。吏务为严峻，而禹治加缓，名为平。王温舒等后起，治峻禹。禹以老，徙为燕相。数岁，悖乱有罪，免归。⑤后十余年，以寿卒于家。

①师古曰："裾亦倨也，读与倨同。"

②师古曰："造，千到反。"

③师古曰："以此意告报公卿。"

④师古曰："不见知者无所搜求也。"

⑤师古曰："悖，惑也，言其心意昏惑也。悖，音布内反。"

　　义纵，河东人也。少年时尝与张次公俱攻剽，为群盗。①纵有姊,以医幸王太后。②太后问:"有子兄弟为官者乎?"姊曰:"有弟无行,不可。"太后乃告上,上拜义姁弟纵为中郎,③补上党郡中令。治敢往,少温籍,④县无逋事,⑤举第一。迁为长陵及长安令,直法行治,不避贵戚。以捕按太后外孙修成子中,⑥上以为能,迁为河内都尉。至则族灭其豪穰氏之属,河内道不拾遗。而张次公亦为郎,以勇悍从军,⑦敢深入,有功,封为岸头侯。

①师古曰:"剽,劫也,音频妙反。"

②师古曰:"武帝母。"

③孟康曰:"姁,纵姊名也。"师古曰:"姁,许于反。"

④服虔曰:"敢行暴害之政。"师古曰:"少温籍,言无所含容也。温,于问反。籍,才夜反。"

⑤师古曰:"逋,亡也,负也,音必胡反。"

⑥师古曰:"修成君,王太后所生金氏女也。中者,其子名也,读曰仲。"

⑦师古曰:"悍,胡旦反。"

宁成家居,上欲以为郡守,御史大夫弘曰:①"臣居山东为小吏时,宁成为济南都尉,其治如狼牧羊。成不可令治民。"上乃拜成为关都尉。岁余,关吏税肆郡国出入关者,②号曰:"宁见乳虎,无直宁成之怒。"③其暴如此。义纵自河内迁为南阳太守,闻宁成家居南阳,及至关,宁成侧行送迎,然纵气盛,弗为礼。至郡,遂按宁氏,破碎其家。成坐有罪,及孔、暴之属皆奔亡,④南阳吏民重足一迹。而平氏朱强、杜衍杜周为纵爪牙之吏,任用,⑤迁为廷尉史。

①师古曰:"公孙弘。"

②李奇曰:"肆,阅也。"师古曰:"肆,弋二反。"

③师古曰:"猛兽产乳,养护其子,则搏噬过常,故以喻也。直,读曰值。一曰,直,当。"

④师古曰:"孔氏、暴氏二家,素豪猾者。"

⑤师古曰:"平氏、杜衍,二县名也。"

军数出定襄,定襄吏民乱败,于是徙纵为定襄太守。纵至,掩定襄狱中重罪二百余人,及宾客昆弟私入相视者亦二百余人。纵壹切捕鞫,曰'为死罪解脱'。①是日皆报杀四百余人。②郡中不寒而栗,猾民佐吏为治。③

①孟康曰:"壹切皆捕之也。律,诸囚徒私解脱桎梏钳赭,加罪一等;为人解脱,与同罪。纵鞠相赂饷者二百人以为解脱死罪,尽杀之。"师古曰:"鞠,穷也,谓穷治也。"

②师古曰:"奏请得报而论杀。"

③师古曰:"百姓有素豪猾为罪恶者,今谓纵之严,反为吏耳目,助治公务以自效。"

是时,赵禹、张汤为九卿矣,然其治尚宽,辅法而行,纵以鹰击毛挚为治。①后会更五铢钱白金起,②民为奸,京师尤甚,乃以纵为右内史,王温舒为中尉。温舒至恶,所为弗先言纵,纵必以气陵之,③败坏其功。其治,所诛杀甚多,然取为小治,奸益不胜,④直指始出矣。吏之治以斩杀缚束为务,阎奉以恶用矣。⑤纵廉,其治效郅都。上幸鼎湖,病久,已而卒起幸甘泉,⑥道不治。上怒曰:"纵以我为不行此道乎?"衔之。⑦至冬,杨可方受告缗,纵以为此乱民,部吏捕其为可使者。天子闻,使杜式治,以为废格沮事,⑧弃纵市。后一岁,张汤亦死。

①师古曰:"言如鹰隼之击,奋毛羽执取飞鸟也。"

②师古曰:"更,改也。"

③师古曰:"言温舒虽酷恶,而纵又甚也。"

④晋灼曰:"取,音趣。"

⑤师古曰:"阎奉以严恶之故而见任用,言时政尚急刻也。"

⑥师古曰:"已,谓病愈也。言帝久病,既得愈,而忽然即幸甘泉。卒,读曰猝。"

⑦师古曰:"衔,含也。苞含在心,以为过也。"

⑧孟康曰:"武帝使杨可主告缗,没入其财物,纵捕为可使者。以为废格诏书,沮已成之事也。"师古曰:"沮,坏也,音材汝反。格,读曰阁。"

王温舒,阳陵人也。少时椎埋为奸。①已而试县亭长,②数废。数为吏,以治狱至廷尉史。事张汤,迁为御史,督盗贼,杀伤甚多。稍迁至广平都尉,择郡中豪敢往吏十余人为爪牙,③皆把其阴重罪，④而纵使督盗贼。⑤快其意所欲得，此人虽有百罪，弗法；⑥即有避回，夷之，亦灭宗。⑦以故齐、赵之郊盗不敢近广平，广平声为道不拾遗。上闻，迁为河内太守。

①师古曰："椎杀人而埋之。椎，直追反，其字从木。"

②师古曰："试，补也。"

③师古曰："豪桀而性果敢，一往无所顾者，以为吏也。"

④师古曰："把，布马反。"

⑤师古曰："纵，放也。督，察视也。"

⑥师古曰："言所捕盗贼得其人而快温舒意者，则不问其先所犯罪也。法，谓行法也。"

⑦师古曰："避回，谓不尽意捕击也。回，胡内反。"

素居广平时，皆知河内豪奸之家。及往，以九月至，令郡具私马五十匹，为驿自河内至长安，①部吏如居广平时方略，捕郡中豪猾，相连坐千余家。上书请，大者至族，小者乃死，家尽没入偿臧。②奏行不过二日，得可，事论报，至流血十余里。③河内皆怪其奏，以为神速。尽十二月，郡中无犬吠之盗。其颇不得，失之旁郡，追求，会春，温舒顿足叹曰："嗟乎，令冬月益展一月，足吾事矣！"④其好杀行威不爱人如此。

①师古曰："以私马于道上往往置驿也。"

②师古曰："以臧致罪者，既没入之，又令出倍臧，或收入官，或还其主也。"

③师古曰："天子可其奏而论决之。杀人既多，故血流十余里。"

④师古曰："立春之后，不复行刑，故云然。展，伸也。"

上闻之，以为能，迁为中尉。其治复放河内，①徒请召猜祸吏与从事，②河内则扬皆、麻戊，关中扬赣、成信等。③义纵为内史，惮之，未敢恣治。④及纵死，张汤败后，徙为廷尉。而尹齐为中尉，坐法抵罪，温舒复为中尉。为人少文，居它，惛惛不辩，⑤至于中尉则心开。素习关中俗，知豪恶吏，豪恶吏尽复为用。吏苛察，淫恶少年投缿购告言奸，⑥置伯落长以收司奸。⑦

①师古曰："放，依也，音甫往反。"

②应劭曰："徒,但也。猜,疑也。取吏好猜疑作祸害者,任用之。"

③师古曰："此皆猜祸者。"

④师古曰："言温舒惮纵,不得恣其酷暴。"

⑤师古曰："言为余官则心意蒙蔽,职事不举。惛,音昏。"

⑥师古曰："蛌,所以受投书也,音项。解在《赵广汉传》也。"

⑦师古曰："伯亦长帅之称也。置伯及邑落之长,以收捕司察奸人也。"

温舒多诌,善事有势者;即无势,视之如奴。有势家,虽有奸如山,弗犯;无势,虽贵戚,必侵辱。①舞文巧请下户之猾,以动大豪。②其治中尉如此。奸猾穷治,大氏尽靡烂狱中,③行论无出者。其瓜牙吏虎而冠。④于是中尉部中中猾以下皆伏,有势者为游声誉,称治。数岁,其吏多以权贵富。⑤

①师古曰："谓不居权要之职者。"

②师古曰："弄法为巧,而治下户之狡猾者,用讽动大豪之家。所以然者,为大豪中有权要,不可治故也。请,谓奏请。"

③师古曰："大氏,大归也。靡,碎也。氏,丁礼反。靡,武皮反。"

④师古曰："言其残暴之甚也,非有人情。"

⑤师古曰："为权贵之家所拥佑,故积受取致富者也。"

温舒击东越还,议有不中意,①坐以法免。是时,上方欲作通天台而未有人,温舒请覆中尉脱卒,得数万人作。②上说,③拜为少府。徙右内史,治如其故,奸邪少禁。坐法失官,复为右辅,行中尉,如故操。

①师古曰："不当天子意也。中,竹仲反。"

②师古曰："覆校脱漏未为卒者也。脱,它活反。"

③师古曰："说,读曰悦。"

岁余,会宛军发,①诏征豪吏。温舒匿其吏华成,及人有变告温舒受员骑钱,它奸利事,罪至族,自杀。②其时两弟及两婚家亦各自坐它罪而族。光禄勋徐自为曰："悲夫!夫古有三族,而王温舒罪至同时而五族乎!"③温舒死,家絫千金。④

①孟康曰："发兵伐大宛。"

②师古曰："员骑,骑之有正员也。"

③师古曰:"温舒与弟同三族,而两妻家各一,故为五也。"

④师古曰:"絫,古累字。"

尹齐,东郡茌平人也。①以刀笔吏稍迁至御史。事张汤,汤数称以为廉。武帝使督盗贼,斩伐不避贵势。迁关都尉,声甚于宁成。上以为能,拜为中尉。吏民益雕敝,轻齐木强少文,②豪恶吏伏匿而善吏不能为治,③以故事多废,抵罪④。后复为淮阳都尉。王温舒败后数年,病死,家直不满五十金。所诛灭淮阳甚多,及死,仇家欲烧其尸,妻亡去,归葬。

①师古曰:"茌,仕疑反。"

②师古曰:"木,质也,言如木石之为也。"

③师古曰:"恶吏不肯为用,独善吏在,故不能治事也。"

④师古曰:"以职事多废,故至于坐罪也。"

杨仆,宜阳人也。以千夫为吏。①河南守举为御史,使督盗贼关东,治放尹齐,以敢击行。②稍迁至主爵都尉,上以为能。南越反,拜为楼船将军,有功,封将梁侯。东越反,上欲复使将,为其伐前劳,③以书敕责之曰:"将军之功,独有先破石门、寻狭,④非有斩将搴旗之实也,⑤乌足以骄人哉!⑥前破番禺,捕降者以为虏,掘死人以为获,是一过也。建德、吕嘉逆罪不容于天下,⑦将军拥精兵不穷追,超然以东越为援,是二过也。⑧士卒暴露连岁,为朝会不置酒,将军不念其勤劳,而造佞巧,请乘传行塞,⑨因用归家,怀银黄垂三组,夸乡里,是三过也。⑩失期内顾,以道恶为解,⑪失尊尊之序,是四过也。欲请蜀刀,问君贾几,何对曰率数百,⑫武库日出兵而阳不知,挟伪干君,是五过也。⑬受诏不至兰池宫,⑭明日又不对。假令将军之吏问之不对,令之不从,其罪何如?推此心以在外,江海之间可得信乎!今东越深入,将军能率众以掩过不?"仆惶恐,对曰:"愿尽死赎罪!"与王温舒俱破东越。后复与左将军荀彘俱击朝鲜,为彘所缚,语在《朝鲜传》。还,免为庶人,病死。

①孟康曰："千夫若五大夫。武帝以军用不足,令民出钱谷为之。"师古曰：
　　"所谓武功赏官,以宠战士。"

②师古曰："果敢搏击而行其治也。"

③师古曰："伐,谓矜恃也。"

④刘德曰："南越中险地名也。"

⑤师古曰："攓,与搴同。搴,拔取之。"

⑥师古曰："乌,于何也。"

⑦师古曰："建德,南越王名也,尉佗玄孙也。吕嘉,其相也。"

⑧师古曰："以仆不穷追之故,令建德得以东越为援也。"

⑨师古曰："传,张恋反。行,下更反。"

⑩师古曰："银,银印也。黄,金印也。仆为主爵都尉,又为楼船将军,并将
　　梁侯三印,故三组也。组,即绶也。"

⑪师古曰："内顾,言思妻妾也。解,谓自解说也,若今言分疏。"

⑫孟康曰："仆尝为将,请官蜀刀,诏问贾,答言比率数百也。"师古曰：
　　"贾,读曰价。"

⑬师古曰："干,犯也。"

⑭如淳曰："本出军时,欲使之兰池宫,顿而不去。兰池宫在渭城。"

　　咸宣,杨人也。①以佐史给事河东守。卫将军青使买马河东,②
见宣无害,言上,征为厩丞。官事办,稍迁至御史及丞,使治主父偃
及淮南反狱,所以微文深诋杀者甚众,③称为敢决疑。数废数起,为
御史及中丞者几二十岁。④王温舒为中尉,而宣为左内史。其治米
盐,⑤事小大皆关其手,自部署县名曹宝物,官吏令丞弗得擅摇,痛
以重法绳之。居官数年,壹切为小治辩,然独宣以小至大,能自行
之,难以为经。⑥中废为右扶风,坐怒其吏成信,信亡藏上林中,宣
使郿令将吏卒,⑦阑入上林中蚕室门攻亭格杀信,射中苑门,⑧宣
下吏,为大逆,当族,自杀。而杜周任用。

①师古曰："咸,音减省之减。杨,河东之邑。"

②师古曰："将军卫青充使而于河东买马也。"

③师古曰："诋,诬也。"

④师古曰："几,音巨依反。"

⑤师古曰:"米盐,细杂也。"

⑥师古曰:"经,常也,不可为常法也。"

⑦师古曰:"郿,扶风县也,音媚。"

⑧师古曰:"中,竹仲反。"

是时,郡守尉诸侯相二千石欲为治者,大抵尽效王温欲等,而吏民益轻犯法,盗贼滋起。①南阳有梅免、百政,②楚有段中、杜少,③齐有徐勃,燕赵之间有坚卢、范主之属。大群至数千人,擅自号,攻城邑,取库兵,释死罪,④缚辱郡守都尉,杀二千石,为檄告县趣具食;⑤小群以百数,掠卤乡里者不可称数。于是上始使御史中丞、丞相长史使督之,⑥犹弗能禁,⑦乃使光禄大夫范昆、诸部都尉及故九卿张德等衣绣衣持节,虎符发兵以兴击,⑧斩首大部或至万余级。及以法诛通行饮食,坐相连郡,甚者数千人。数岁,乃颇得其渠率。⑨散卒失亡,复聚党阻山川,往往而群,无可奈何。于是作沈命法,⑩曰:"群盗起不发觉,发觉而弗捕满品者,⑪二千石以下至小吏主者皆死。"其后小吏畏诛,虽有盗弗敢发,恐不能得,坐课累府,府亦使不言。⑫故盗贼浸多,⑬上下相为匿,以避文法焉。

①师古曰:"滋亦益也。"

②师古曰:"梅、百,皆姓也。"

③师古曰:"中,读曰仲。"

④师古曰:"释,解也。"

⑤师古曰:"趣,读曰促。"

⑥师古曰:"出为使者督察也。"

⑦师古曰:"禁,居禽反。"

⑧师古曰:"以军兴之法而讨击也。"

⑨师古曰:"渠,大也。"

⑩应劭曰:"沈,没也。敢蔽匿盗贼者,没其命也。"孟康曰:"沈,藏匿也。命,亡逃也。"师古曰:"应说是。"

⑪师古曰:"品,率也,以人数为率也。"

⑫孟康曰:"县有盗贼,府亦并坐,使县不言之也。"师古曰:"府,郡府也。累,力瑞反。"

⑬师古曰："浸，渐也。"

田广明字子公，郑人也。①以郎为天水司马。功次迁河南都尉，以杀伐为治。郡国盗贼并起，迁广明为淮阳太守。岁余，故城父令公孙勇与客胡倩等谋反，②倩诈称光禄大夫，从车骑数十，言使督盗贼，止陈留传舍，太守谒见，欲收取之。广明觉知，发兵皆捕斩焉。而公孙勇衣绣衣，乘驷马车至圉，③圉使小史侍之，亦知其非是，守尉魏不害与厩啬夫江德、尉史苏昌共收捕之。上封不害为当涂侯，德辕阳侯，④昌蒲侯。初，四人俱拜于前，小史窃言。武帝问："言何？"对曰："为侯者得东归不？"上曰："女欲不？贵矣。⑤女乡名为何？"对曰："名遗乡。"上曰："用遗汝矣。"⑥于是赐小史爵关内侯，食遗乡六百户。

①师古曰："京兆郑县，即今之华州。"
②师古曰："倩，千见反。"
③师古曰："陈留圉县。"
④师古曰："辕，音辽。"
⑤师古曰："言汝欲归不？吾今贵汝，谓赐之爵也。"
⑥师古曰："遗，弋季反。"

上以广明连禽大奸，征入为大鸿胪，擢广明兄云中代为淮阳太仆。昭帝时，广明将兵击益州，还，赐爵关内侯，徙卫尉。后出为左冯翊，治有能名。宣帝初立，代蔡义为御史大夫，以前为冯翊与议定策，①封昌水侯。岁余，以祁连将军将兵击匈奴，出塞至受降城。受降都尉前死，丧柩在堂，广明召其寡妻与奸。既出不至质，②引军空还。下太仆杜延年簿责，③广明自杀阙下，国除。兄云中为淮阳守，亦敢诛杀，吏民守阙告之，竟坐弃市。

①师古曰："与，读曰豫。"
②服虔曰："质，所期处也。"
③师古曰："簿，步户反。"

田延年字子宾，先齐诸田也，徙阳陵。①延年以材略给事大将军莫府,霍光重之,迁为长史。出为河东太守,选拔尹翁归等以为爪牙,诛锄豪强,奸邪不敢发。以选入为大司农。会昭帝崩,昌邑王嗣位,淫乱,霍将军忧惧,与公卿议废之,莫敢发言。延年按剑,廷叱群臣,②即日议决,语在《光传》。宣帝即位,延年以决疑定策封阳成侯。

①师古曰:"高祖时徙之,其地后为阳陵县。"

②师古曰:"止于朝廷之中而叱之也,若言廷争矣。"

先是,茂陵富人焦氏、贾氏以数千万阴积贮炭苇诸下里物。①昭帝大行时,方上事暴起,②用度未办,延年奏言:"商贾或豫收方上不祥器物,冀其疾用,欲以求利,③非民臣所当为。请没入县官。"奏可。富人亡财者皆怨,出钱求延年罪。初,大司农取民牛车三万两为僦,④载沙便桥下,送致方上,车直千钱,延年上簿诈增僦直车二千,凡六千万,盗取其半。焦、贾两家告其事,下丞相府。丞相议奏延年"主守盗三千万,不道"。霍将军召延年,欲为道地,⑤延年抵曰:⑥"本出将军之门,蒙此爵位,⑦无有是事。"光曰:"即无事,当穷竟。"⑧御史大夫田广明谓太仆杜延年:"《春秋》之义,以功覆过。当废昌邑王时,非田子宾之言,大事不成。今县官出三千万自乞之何哉?⑨愿以愚言白大将军。"延年言之大将军,大将军曰:"诚然,实勇士也!当发大议时,震动朝廷。"光因举手自抚心曰:"使我至今病悸!⑩谢田大夫晓大司农,通往就狱,得公议之。"⑪田大夫使人语延年,延年曰:"幸县官宽我耳,何面目入牢狱,使众人指笑我,卒徒唾吾背乎!"即闭阁独居齐舍,⑫偏袒持刀东西步。数日,使者召延年诣廷尉。闻鼓声,自刭死,⑬国除。

①孟康曰:"死者归蒿里,葬地,故曰下里。"师古曰:"以数千万钱为本,而贮此物也。"

②师古曰:"方上,谓圹中也。昭帝暴崩,故其事仓猝。"

③师古曰:"疾,速也。"

④师古曰:"一乘为一两。僦,谓赁之与雇直也,音子就反。"

⑤师古曰:"为之开通道路,使有安全之地也。"

⑥师古曰:"抵,拒讳也,音丁礼反。"

⑦师古曰:"延年尝给事莫府,又为大将军长史,故云然也。"

⑧师古曰:"既无实事,当令有司穷治,尽其理。"

⑨师古曰:"自,谓乞与之也。乞,音气。"

⑩师古曰:"悸,心动也,音悸。"

⑪师古曰:"晓者,告白意指也。通者,从公家通理也。光忿其拒讳,故不佑
之。"

⑫师古曰:"齐,读曰斋。"

⑬晋灼曰:"使者至司农,司农发诏书,故鸣鼓也。"师古曰:"刎,谓断颈
也。"

　　严延年字次卿,东海下邳人也。其父为丞相掾,延年少学法律
丞相府,归为郡吏。以选除补御史掾,举侍御史。是时,大将军霍光
废昌邑王,尊立宣帝。宣帝初即位,延年劾奏"光擅废立主,无人臣
礼,不道。"奏虽寝,然朝庭肃焉敬惮。延年后复劾大司农田延年持
兵干属车,①大司农自讼不干属车。事下御史中丞,谴责延年何以
不移书宫殿门禁止大司农,而令得出入宫。于是覆劾延年阑内罪
人,法至死。②延年亡命。会赦出,丞相御史府征书同日到,延年以
御史书先至,诣御史府,复为掾。宣帝识之,③拜为平陵令,坐杀不
辜,去官。后为丞相掾,复擢好畤令。神爵中,西羌反,强弩将军许
延寿请延年为长史,从军败西羌,还为涿郡太守。

①师古曰:"干,犯也。属车,天子后车也,之欲反。"

②张晏曰:"故事,有所劾奏,并移宫门,禁止不得入。"师古曰:"覆,反也,
反以此事劾之。覆,芳目反。"

③张晏曰:"识其前劾霍光擅废立。"

　　时郡比得不能太守,①涿人毕野白等由是废乱。②大姓西高
氏、东高氏,③自郡吏以下皆畏避之,莫敢与忤,④咸曰:"宁负二千
石,无负豪大家。"宾客放为盗贼,⑤发,辄入高氏,吏不敢追。浸浸
日多,⑥道路张弓拔刃,然后敢行,其乱如此。延年至,遣掾蠡吾赵
绣案高氏得其死罪。绣见延年新将,⑦心内惧,为两劾,欲先白其轻

者观延年意,怒,乃出其重劾。延年已知其如此矣。赵掾至,白其轻者,延年索怀中,得重劾,⑧即收送狱。夜入,晨将至市论杀之,先所按者死,⑨吏皆股弁。⑩更遣吏分考两高,穷竟其奸,诛杀各数十人。郡中震恐,道不拾遗。

①师古曰:"比,频也。"

②师古曰:"废公法而狡乱也。"

③师古曰:"两高氏各以所居东西为号者。"

④师古曰:"忤,逆也,音悟。"

⑤师古曰:"放,纵也。"

⑥师古曰:"浸,渐也。"

⑦师古曰:"新为郡将也,谓郡守为郡将者,以其兼领武事也。"

⑧师古曰:"索,搜也,音山客反。"

⑨师古曰:"在高氏前死。"

⑩师古曰:"股战若弁。弁,谓抚手也。"

三岁,迁河南太守,赐黄金二十斤。豪强胁息,①野无行盗,威震旁郡。其治务在摧折豪强,扶助贫弱。贫弱虽陷法,曲文以出之;其豪桀侵小民者,以文内之。②众人所谓当死者,一朝出之;所谓当生者,诡杀之。③吏民莫能测其意,深浅战栗,不敢犯禁。按其狱,皆文至不可得反。④

①师古曰:"胁,敛也。屏气而息。"

②师古曰:"饰文而入之为罪。"

③师古曰:"诡,违正理而杀也。"

④师古曰:"致,至密也。言其文案整密也。反,音幡。"

延年为人短小精悍,敏捷于事,①虽子贡、冉有通艺于政事,不能绝也。吏忠尽节者,厚遇之如骨肉,皆亲乡之,②出身不顾,以是治下无隐情。然疾恶泰甚,中伤者多,尤巧为狱文,善史书,所欲诛杀,奏成于手,中主簿亲近史不得闻知。奏可论死,奄忽如神。冬月,传属县囚,会论府上,③流血数里,河南号曰"屠伯"。④令行禁止,郡中正清。

①师古曰:"悍,劲也。"

②师古曰："乡,读曰向。"

③师古曰："总集郡府而论杀。"

④邓展曰："言延年杀人,如屠儿之杀六畜。伯,长也。"

是时,张敞为京兆尹,素与延年善。敞治虽严,然尚颇有纵舍,闻延年用刑刻急,乃以书谕之曰:"昔韩卢之取菟也,上观下获,①不甚多杀。愿次卿少缓诛罚,思行此术。"延年报曰:"河南天下喉咽,二周余毙,②莠盛苗秽,何可不锄也?"③自矜伐其能,终不衰止。时黄霸在颍川,以宽恕为治,郡中亦平,娄蒙丰年,④凤皇下,上贤焉,下诏称扬其行,加金爵之赏。延年素轻霸为人,及比郡为守,褒赏反在己前,⑤心内不服。河南界中又有蝗虫,府丞义出行蝗,还见延年,延年曰:"此蝗岂凤皇食邪?"义又道司农中丞耿寿昌为常平仓,利百姓,延年曰:"丞相御史不知为也,当避位去。寿昌安得权此?"⑥后左冯翊缺,上欲征延年,符已发,为其名酷复止。⑦延年疑少府梁丘贺毁之,心恨。会琅邪太守以视事久病,满三月免,延年自知见废,谓丞曰:"此人尚能去官,我反不能去邪?"⑧又延年察狱史廉,臧不入身,⑨延年坐选举不实贬秩,笑曰:"后敢复有举人者矣!"⑩丞义年老颇悖,⑪素畏延年,恐见中伤。延年本尝与义俱为丞相史,实亲厚之,无意毁伤也,馈遗之甚厚。义愈益恐,自筮得死卦,忽忽不乐,取告至长安,⑫上书言延年罪名十事。已拜奏,因饮药自杀,以明不欺。事下御史丞按验,有此数事,以结延年,⑬坐怨望非谤政治不道弃市。

①应劭曰："韩卢,六国时韩氏之黑犬也。"孟康曰："言良犬之取菟,仰观人主之意而获之,喻不妄杀。"

②师古曰："喉咽,言其所在襟要,如人体之有喉咽也。二周,东西周君国也。咽,一千反。"

③师古曰："莠,秕谷所生也。苗,粟苗也。莠,音诱。"

④师古曰："娄,古屡字也。"

⑤师古曰："比,接近也,音频二反。"

⑥师古曰："作此仓非奇异之功也。公卿不知为之,是旷官也。寿昌安得擅此以为权乎?"

⑦应劭曰："符，竹使符也，臧在符节台，欲有所拜，召治书御史符节令发符下太尉也。"

⑧师古曰："与丞言云尔。"

⑨师古曰："延年察举其狱史为廉，而此人乃有臧罪，然臧不入身也。"

⑩师古曰："言已滥被贬秩，后人宁敢复举人乎？"

⑪师古曰："心思惑乱。悖，布内反。"

⑫师古曰："取休假。"

⑬师古曰："结，正其罪也。"

初，延年母从东海来，欲从延年腊，①到雒阳，适见报囚。②母大惊，便止都亭，不肯入府。延年出至都亭谒母，母闭阁不见。延年免冠顿首阁下，良久，母乃见之，因数责延年：③"幸得备郡守，专治千里，不闻仁爱教化，有以全安愚民，顾乘刑罚多刑杀人，④欲以立威，岂为民父母意哉！"延年服罪，重顿首谢，⑤因自为母御，归府舍。母毕正腊，⑥谓延年："天道神明，人不可独杀。⑦我不意当老见壮子被刑戮也！⑧行矣！去女东归，埽除墓地耳。"⑨遂去。归郡，见昆弟宗人，复为言之。后岁余，果败。东海莫不贤知其母。⑩延年兄弟五人皆有吏材，至大官，东海号曰"万石严妪"。⑪次弟彭祖，至太子太傅，在《儒林传》。

①师古曰："建丑之月为腊祭，因会饮，若今之蜡节也。"

②师古曰："奏报行决也。"

③师古曰："数，所具反。"

④师古曰："顾，反也。乘，因也。"

⑤师古曰："重，直用反。"

⑥师古曰："腊及正岁礼毕也。正，之盈反。"

⑦师古曰："言多杀人者，己亦当死。"

⑧师古曰："言素意不自谓如此也。"

⑨师古曰："言待其丧至也。"

⑩师古曰："称其贤智也。"

⑪师古曰："一门之中五二千石，故总云万石。"

尹赏字子心，巨鹿杨氏人也。以郡吏察廉为楼烦长。举茂材，

粟邑令。左冯翊薛宣奏赏能治剧,徙为频阳令,坐残贼免。后以御
史举为郑令。

永始、元延间,上怠于政,贵戚骄恣,红阳长仲兄弟交通轻侠,
臧匿亡命。①而北地大豪浩商等报怨,杀义渠长妻子六人,往来长
安中。丞相御史遣掾求逐党与,诏书召捕,久之乃得。长安中奸猾
浸多,闾里少年群辈杀吏,受赇报仇,②相与探丸为弹,③得赤丸者
斫武吏,得黑者斫文吏,白者主治丧;④城中薄暮尘起,剽劫行者,
死伤横道,枹鼓不绝。⑤赏以三辅高第选守长安令,得壹切便宜从
事。赏至,修治长安狱,穿地方深各数丈,致令辟为郭,⑥以大石覆
其口,名为“虎穴。”乃部户曹掾史,与乡吏、亭长、里正、父老、伍
人,⑦杂举长安中轻薄少年恶子,⑧无市籍商贩作务,而鲜衣凶服
被铠捍持刀兵者,悉籍记之,⑨得数百人。赏一朝会长安吏,车数百
两,分行收捕,皆劾以为通行饮食群盗。⑩赏亲阅,见十置一,⑪其
余尽以次内虎穴中,百人为辈,覆以大石。数日壹发视,皆相枕藉
死,便舆出,瘗寺门桓东,⑫楬著其姓名,⑬百日后,乃令死者家各
自发取其尸。亲属号哭,道路皆歔欷。长安中歌之曰:“安所求子死?
桓东少年场。⑭生时谅不谨,枯骨后何葬?”⑮赏所置皆其魁宿,⑯
或故吏善家子失计随轻黠愿自改者,财数十百人,⑰皆贳其罪,⑱
诡令立功以自赎。⑲尽力有效者,因亲用之为爪牙,追捕甚精,甘者
奸恶,甚于凡吏。⑳赏视事数月,盗贼止,郡国亡命散走,名归其处,
不敢窥长安。

①邓展曰:“红阳姓,长仲字也。”如淳曰:“红阳,南阳县也。长姓,仲字
也。”师古曰:“姓红阳而兄字长,弟字仲。今书长字或作张者非也,后
人所改耳。一曰,红阳侯王立之子,兄弟长少也。”

②师古曰:“或有自怨于吏,或受人赇赂报仇雠也。”

③师古曰:“为弹丸作赤、黑、白三色,而共探取之也。弹,徒旦反。”

④师古曰:“其党与有为吏及它人所杀者,则主其丧事也。”

⑤师古曰:“枹,击鼓椎也,音孚。其字从木。”

⑥师古曰:“致,谓积累之也。令辟,甄砖也。郭,谓四周之内也。致,读如
本字,又音缀。令,音零。辟,避历反。”

⑦师古曰:"五家为伍。伍人者,各其同伍之人也。"

⑧师古曰:"恶子,不丞父母教命者。"

⑨师古曰:"凶服,危险之服。铠,甲也。捍,臂衣也。籍记,为名籍以记之。"

⑩师古曰:"饮,于禁反。食,读曰饲。"

⑪师古曰:"置,放也。"

⑫如淳曰:"瘗,埋也。旧亭传于四角面百步筑土四方,上有屋,屋上有柱出,高丈余,有大板贯柱四出,名曰桓表。悬所治夹两边各一桓。陈宋之俗言桓声如和,今犹谓之和表。"师古曰:"即华表也。"

⑬师古曰:"楬,杙也。椓杙于瘗处而书死者名也。楬,音竭。杙,音弋,字并从木。"

⑭师古曰:"安犹焉也。死,谓尸也。"

⑮师古曰:"谅,信也。葬字合韵子郎反。"

⑯师古曰:"魁,根本也。宿,久旧也。"

⑰师古曰:"财,与才同。"

⑱师古曰:"贳,缓也。"

⑲师古曰:"诡,责也。"

⑳师古曰:"耆,读曰嗜。"

江湖中多盗贼,以赏为江夏太守,捕格江贼及所诛吏民甚多,坐残贼免。南山群盗起,以赏为右辅都尉,迁执金吾,督大奸猾。三辅吏民甚畏之。

数年卒官。疾病且死,戒其诸子曰:"丈夫为吏,正坐残贼免,追思其功效,则复进用矣。一坐软弱不胜任免,终身废弃,无有赦时,其羞辱甚于贪污坐臧。慎毋然!"赏四子皆至郡守,长子立为京兆尹,皆尚威严,有治辩名。

赞曰:自郅都以下皆以酷烈为声,然都抗直,引是非,争大体。张汤以知阿邑人主,与俱上下,①时辩当否,国家赖其便。赵禹据法守正。②杜周从谀,以少言为重。张汤死后,罔密事丛,③浸以耗废,④九卿奉职,救过不给,⑤何暇论绳墨之外乎!自是以至哀、平,酷吏众多,然莫足数,此知名见纪者。其廉者足以为仪表,⑥其污者

方略教道,一切禁奸,⑦亦质有文武焉。虽酷,称其位矣。⑧汤、周子
孙贵盛,故别传。⑨

①苏林曰:"邑,音人相悒纳之悒。"师古曰:"如苏氏之说,邑字音乌合反。
　　然今之书本或作色字,此言阿谀,观人主颜色而上下也。其义两通。"

②师古曰:"据,音據。"

③师古曰:"丛,谓众也。"

④师古曰:"浸,渐也。耗,乱也,音莫报反。"

⑤师古曰:"给,供也。"

⑥师古曰:"谓有仪形可表明者。"

⑦师古曰:"污,浊也。道,读曰导。"

⑧师古曰:"称,尺孕反。"

⑨师古曰:"言所以不列于酷吏之篇也。"

汉书卷九一
列传第六一

货　殖

范蠡　子贛　白圭　猗顿　乌氏蠃
巴寡妇清　蜀卓氏　程郑　宛孔氏
丙氏　刀间　师史　宣曲任氏

　　昔先王之制，自天子公侯卿大夫士对至于皂隶抱关击拆者，①
其爵禄奉养宫室车服棺椁祭祀死生之制各有差品，小不得僭大，贱
不得逾贵。夫然，故上下序而民志定。于是辩其土地川泽丘陵衍沃
原隰之宜，②教民种树畜养；③五谷六畜及至鱼鳖鸟兽萑蒲材干器
械之资，④所以养生送终之具靡不皆育。育之以时，而用之有节。草
木未落，斧斤不入于山林；⑤豺獭未祭，罝网不布于野泽；⑥鹰隼未
击，矰弋不施于徯隧。⑦既顺时而取物，然犹山不茬蘖，泽不伐
夭，⑧蝝鱼麛卵，咸有常禁。⑨所以顺时宣气，蕃阜庶物，⑩稸足功
用，如此之备也。⑪然后四民因其土宜，各任智力，夙兴夜寐，以治
其业，相与通功易事，交利而俱赡，⑫非有征发期会，而远近咸足。
故《易》曰"后以财成辅相天地之宜，以左右民"，⑬"备物致用，立成
器以为天下利，莫大乎圣人"，⑭此之谓也。《管子》云古之四民不得
杂处，⑮士相与言仁谊于间宴，⑯工相与议技巧于官府，商相与语
财利于市井，⑰农相与谋稼穑于田野，朝夕从事，不见异物而迁

焉。⑱故其父兄之教不肃而成,子弟之学不劳而能,各安其居而乐其业,甘其食而美其服,虽见奇丽纷华,非其所习,辟犹戎翟之与于越,不相入矣。⑲是以欲寡而事节,财足而不争。于是在民上者,道之以德,⑳齐之以礼,故民有耻而且敬,贵谊而贱利。此三代之所以直道而行,不严而治之大略也。㉑

①师古曰:"皂,养马者也。隶之言著也,属著于人也。抱关,守门者也。击柝,守夜击木以警众也。柝,音土各反。"

②师古曰:"衍,谓地平延者也。沃,水之所灌沃也。广平曰原,下湿曰隰。"

③师古曰:"树,殖也。"

④师古曰:"萑,菼也,即今之荻也。械者,器之总名也。萑音桓。菼音五宦反。荻,音敌。"

⑤师古曰:"《礼记·月令》:'季秋之月,草木黄落,乃伐薪为炭。'"

⑥师古曰:"《礼记·王制》云:'獭祭鱼,然后虞人入泽梁;豺祭兽,然后田猎。'《月令》:'孟春之月,獭祭鱼。''季秋之月,豺乃祭兽戮禽。'罿,兔网也,音嗟。"

⑦师古曰:"隼亦挚鸟,即今所呼为鹘者也。《月令》:'孟秋之月,鹰乃祭鸟,用始行戮。'弋,缴射也。矰者,弋之矢也。徯隧,径道也。矰,音曾。徯,音奚。隧,音遂。鹘,音胡骨反。"

⑧师古曰:"茬,古槎字也。槎,邪斫木也。蘖,髡斩之也。此夭谓草木之方长未成者也。槎,音士芽反。蘖,音五葛反。夭,音乌老反。"

⑨师古曰:"蚳,小虫也。麛,鹿子也。卵,鸟卵也。《月令》:'孟春之月,毋杀孩虫,毋麛毋卵'。蚳,音戈全反。麛,音莫奚反。"

⑩师古曰:"蕃,多也。阜,盛也。蕃,音扶元反。"

⑪师古曰:"稸即蓄字。"

⑫师古曰:"言以其所有,交易所无,而不匮乏。"

⑬师古曰:"《泰卦》象辞也。后,君也。左右,助也。言王者资财用以成教,赞天地之化育,以救助其众庶也。左右,读曰佐佑。"

⑭师古曰:"《上系》之辞也。备物致用,谓备取百物而极其功用。"

⑮师古曰:"管仲之书也。"

⑯师古曰:"间,读曰闲。"

⑰师古曰:"凡言市井者,市交易之处,井共汲之所,故总而言之也。说者

云因井而为市,其义非也。"

⑱师古曰:"言非本业则弗观视,故能各精其事,不移易。"

⑲孟康曰:"于越,南方越名也。"师古曰:"于,发语声也。戎蛮之语则然。
　于越犹句吴耳。辟,读曰譬。"

⑳师古曰:"道,读曰导。"

㉑师古曰:"直道而行,谓以德礼率下,不饰伪也。"

及周室衰,礼法堕,①诸侯刻桷丹楹,大夫山节藻棁②八佾舞
于庭,《雍》彻于堂。③其流至乎士庶人,莫不离制而弃本,稼穑之民
少,商旅之民多,谷不足而货有余。

①师古曰:"堕,毁也,音火规反。"

②师古曰:"桷,椽也。楹,柱也。节,栭也。山,刻为山形也。棁,侏儒柱也。
　藻,谓刻镂为水藻之文也。刻桷丹楹,鲁桓宫也。山节藻棁,臧文仲也。"

③师古曰:"八列舞于庭,谓季氏也。以《雍》乐彻食,三家则然,事见《论
　语》。"

陵夷至乎桓、文之后,①礼谊大坏,上下相冒,国异政,家殊俗,
耆欲不制,僭差亡极。②于是商通难得之货,工作亡用之器,士设反
道之行,以追时好而取世资。③伪民背实而要名,奸夫犯害而求利,
篡弑取国者为王公,圉夺成家者为雄桀。④礼谊不足以拘君子,刑
戮不足以威小人。富者木土被文锦,犬马余肉粟,而贫者裋褐不完,
唅菽饮水。⑤其为编户齐民,同列而以财力相君,虽为仆虏,犹亡愠
色。故夫饰变诈为奸轨者,自足乎一世之间;守道循理者,不免于饥
寒之患。其教自上兴,繇法度之无限也。⑥故列其行事,以传世变
云。

①师古曰:"齐桓、晋文也。"

②师古曰:"耆,读曰嗜。其下并同。极,止也。"

③师古曰:"追,逐也。"

④师古曰:"圉,谓禁守其人也。"

⑤师古曰:"裋,布长襦也。褐,编枲衣也。裋,音竖。唅亦含字也。菽,豆
　也。"

⑥师古曰:"繇,裋读与由同。"

　　昔越王句践困于会稽之上,乃用范蠡、计然。①计然曰:"知斗
则修备,时用则知物,二者形则万货之情可得见矣。②故旱则资舟,
水则资车,物之理也。"③推此类而修之,十年国富,厚赂战士,遂报
强吴,刷会稽之耻。④范蠡叹曰:"计然之策,十用其五而得意。既以
施国,吾欲施之家。"乃乘扁舟,⑤浮江湖,变姓名,适齐为鸱夷子
皮,⑥之陶为朱公。⑦以为陶天下之中,诸侯四通,货物所交易也,
乃治产积居,与时逐⑧而不责于人。故善治产者,能择人而任时。十
九年之间三致千金,再散分与贫友昆弟。后年衰老,听子孙修业而
息之,⑨遂至巨万。故言富者称陶朱。

　　①孟康曰:"姓计名然,越臣也。"蔡谟曰:"《计然》者,范蠡所著书篇名耳,
　　　非人也。谓之计然者,所计而然也。群书所称句践之贤佐,种、蠡为首,
　　　岂闻复有姓计名然者乎?若有此人,越但用半策便以至霸,是功重于范
　　　蠡,蠡之师也,焉有如此而越国不记其事,书籍不见其名,史迁不述其
　　　传乎?"师古曰:"蔡说谬矣。据《古今人表》,计然列在第四等,岂是范蠡
　　　书篇乎?计然一号研,故宾戏曰:'研、桑心计于无垠',即谓此耳。计
　　　然者,濮上人也,博学无所不通,尤善计算,尝南游越,范蠡卑身事之。
　　　其书则有《万物录》,著五方所出,皆述之。事见《皇览》及《晋中经簿》。
　　　又《吴越春秋》及《越绝书》并作计倪,此则倪、研及然声皆相近,实一人
　　　耳。何云书籍不见哉?"
　　②师古曰:"形,显见。"
　　③师古曰:"旱极则水,水极则旱,故于旱时而预蓄舟,水时预蓄车,以待
　　　其贵,收其利也。"
　　④师古曰:"刷,谓拭除之也,音所劣反。"
　　⑤孟康曰:"特舟也。"师古曰:"音匹延反。"
　　⑥师古曰:"自号鸱夷者,言若盛酒之鸱夷,多所容受,而可卷怀,与时张
　　　弛也。鸱夷,皮之所为,故曰子皮。"
　　⑦孟康曰:"陶即今定陶也。"
　　⑧孟康曰:"逐时而居买也。"师古曰:"此说非也。言豫居货物,随时而逐
　　　利。"
　　⑨师古曰:"息,生也。"

子贡既学于仲尼，退而仕卫，①发贮鬻财曹、鲁之间。②七十子之徒，赐最为饶，③而颜渊箪食瓢饮，在于陋巷。④子赣结驷连骑，束帛之币聘享诸侯，所至，国君无不分庭与之亢礼。⑤然孔子贤颜渊而讥子赣，曰："回也其庶乎，屡空。赐不受命，而货殖焉，意则屡中。"⑥

①师古曰："孔子弟子，姓端木，名赐也。"

②师古曰："多有积贮，趣时而发。鬻，卖之也。鬻，音弋六反。"

③师古曰："言于弟子之中最为富。"

④师古曰："箪，筲也。食，饭也。瓢，瓠勺也。一箪之饭，一瓢之饮，至贫也。箪，音丁安反。食，音似。瓢，音频遥反。"

⑤师古曰："为宾主之礼。"

⑥师古曰："《论语》载孔子之言也。颜回庶几圣道，虽数空匮，而乐在其中。子赣不受教命，唯财是殖，亿度是非，幸而中耳。意，读曰亿。中，音竹仲反。"

白圭，周人也。当魏文侯时，李克务尽地力，而白圭乐观时变，故人弃我取，人取我予。能薄饮食，忍嗜欲，节衣服，与用事僮仆同苦乐，趋时若猛兽挚鸟之发。故曰："吾治生犹伊尹、吕尚之谋，孙吴用兵，商鞅行法是也。故智不足与权变，勇不足以决断，仁不能以取予，强不能有守，虽欲学吾术，终不告也。"盖天下言治生者祖白圭。①

①师古曰："祖，始也，以其法为本始也。"

猗顿用盬盐起，①邯郸郭纵以铸冶成业，与王者埒富②

①师古曰："猗顿，鲁之穷士也。盬，盐池也。于盬造盐。故曰盬盐。盬音古。"

②师古曰："埒，等也。"

乌氏嬴畜牧，①及众，斥卖，②求奇缯物，间献戎王。③戎王十倍其偿，予畜，畜至用谷量牛马。④秦始皇令嬴比封君，以时与列臣朝请。⑤

　①师古曰:"氏,音支。乌氏,姓也。嬴,名也。其人为畜牧之业也。"

　②师古曰:"畜牧蕃盛,其数多则出而卖之也。"

　③师古曰:"避时之禁,故伺间隙私遗戎王。"

　④师古曰:"言其数饶不可计算,故以山谷多少言之。"

　⑤师古曰:"与,读曰豫。请,音才性反。"

　　巴寡妇清,①其先得丹穴,而擅其利数世,②家亦不訾。③清寡妇能守其业,用财自卫,人不敢犯。始皇以为贞妇而客之,为筑女怀清台。

　①师古曰:"以其行洁,故号曰清也。"

　②师古曰:"丹,丹沙也。穴者,山谷之穴出丹也。"

　③师古曰:"言资财众多无限数。訾,音子移反。"

　　秦汉之制,列侯封君食租税,岁率户二百。千户之君则二十万,朝觐聘享出其中。①庶民农工商贾,率亦岁万息二千,百万之家即二十万,而更繇租赋出其中,①衣食好美矣。故曰陆地牧马二百蹄②牛千蹄角,③千足羊,④泽中千足彘,水居千石鱼波,⑤山居千章之萩。⑥安邑千树枣;燕、秦千树栗;蜀、汉、江陵千树橘;淮北荥南河济之间千树萩⑦陈、夏千亩漆;⑧齐、鲁千亩桑麻;渭川千亩竹;及名国万家之城,带郭千亩亩钟之田,⑨若千亩卮茜,⑩千畦姜韭;⑪此其人皆与千户侯等。

　①师古曰:"更,音工衡反。繇,读曰徭。"

　②孟康曰:"五十匹也。"师古曰:"蹄,古蹄字。"

　③孟康曰:"百六十七头也。马贵而牛贱,以此为率也。"师古曰:"百六十七头牛,则为蹄与角凡一千二也。言千者,举成数也。"

　④师古曰:"凡言千足者,二百五十头也。"

　⑤师古曰:"波,读曰陂。言有大陂养鱼,一岁收千石鱼也。说者不晓,乃改其波字为皮,又读为披,皆失之矣。"

　⑥孟康曰:"萩任方章者千枚也。师古曰:"大材曰章,解在《百官公卿表》。

荻即楸树字也。其下并同也。"

⑦师古曰:"荣亦水名,济水所溢作也,即今所谓荣泽也。"

⑧师古曰:"陈,陈县也,夏,夏县也,皆属淮阳。种桼树而取其汁。夏,音
　　　蝦。"

⑨孟康曰:"一钟受六斛四斗。"师古曰:"一亩收钟者凡千亩也。"

⑩孟康曰:"茜草、卮子可用染也。"师古曰:"茜,音千见反。"

⑪师古曰:"哇,音携。"

　　谚曰:"以贫求富,农不如工,工不如商,刺绣文不如倚市门。"
此言末业,贫者之资也。①通邑大都酤一岁千酿,②醯酱千瓨,③浆
千儋,④屠牛羊彘千皮,谷粜千钟。⑤薪稾千车,船长千丈,⑥木千
章,竹竿万个,⑦辂车百乘,⑧牛车千两,⑨木器桼者千枚,铜器千
钧,⑩素木铁器若卮茜千石,⑪马蹄躈千,⑫牛千足,羊彘千双,⑬
僮手指千,⑭筋角丹沙千斤,其帛絮细布千钧,文采千匹,⑮荅布皮
革千石,⑯桼千大斗,⑰蘖曲盐豉千合,⑱鲐鮆千斤,⑲鲰鲍千钧,⑳
枣栗千石者三之,㉑狐貂裘千皮,羔羊裘千石,㉒旃席千具,它果采
千种,㉓子贷金钱千贯,节驵侩,㉔贪贾三之,廉贾五之,㉕亦比千
乘之家,此其大率也。

①师古曰:"言其易以得利也。"

②师古曰:"千瓮以酿酒。"

③师古曰:"瓨,长颈罂也,受十升。瓨,音胡双反。"

④孟康曰:"儋,罂也。"师古曰:"儋,人儋之也,一儋两罂。儋,音丁滥反。"

⑤师古曰:"谓常粜取而居之。"

⑥师古曰:"总积船之丈数也。"

⑦孟康曰:"个者,一个、两个。"师古曰:"个,读曰箇。箇,枚也。"

⑧师古曰:"辂车,轻小之车也。辂,音弋昭反。"

⑨师古曰:"车一乘曰一两。谓之两者,言其辕轮两两而耦。"

⑩孟康曰:"三十斤为一钧。"

⑪孟康曰:"百二十斤为石。素木,素器也。"

⑫师古曰:"躈,口也。蹄与口共千,则为马二百也。躈音江钓反,又口钓
　　　反。"

⑬师古曰:"彘即豕。"

⑭孟康曰:"童,奴婢也。古者无空手游口,皆有作务,作务须手指,故曰手指,以别马牛蹄角也。"师古曰:"手指,谓有巧伎者。指千则人百。"

⑮师古曰:"文,文缯也。帛之有色者曰采。"

⑯孟康曰:"荅布,白叠也。"师古曰:"粗厚之布也,其价贱,故与皮革同其量耳,非白叠也。荅者,厚重之貌,而读者妄为榻音,非也。"

⑰师古曰:"大斗者,异于量米粟之斗也。今俗犹有大量。"

⑱师古曰:"曲蘖以斤石称之,轻重齐则为合。盐豉则斗斛量之,多少等亦为合。合者,相配耦之言耳。今西楚荆沔之俗卖盐豉者,盐豉各一斗则各为裹而相随焉,此则合也。说者不晓,乃读为升合之合,又改作台,竞为解说,失之远矣。"

⑲师古曰:"鲐,海鱼也。鲞刀鱼也,饮而不食者。鲐,音胎,又音苔。鲞音荠,又音才尔反。而说者妄读鲐为夷,非唯失于训物,亦不知音矣。"

⑳师古曰:"鲰,脬鱼也,即今不著盐而干者也。鲍,今之鲲鱼也。鲰音辄。脬,音普各反。鲍,音于业反。而说者乃读鲍为鲲鱼之鲲,音五回反,失义远矣。郑康成以为鲍于煏室干之,亦非也。煏室干之,即鲰耳。盖今巴荆人所呼鳠鱼者是也。音居偃反。秦始皇载鲍乱臭,则是鲲鱼耳。而煏室干者,本不臭也。煏,音蒲北反。"

㉑师古曰:"三千石。"

㉒师古曰:"狐貂贵,故计其数;羔羊贱,故称其量也。"

㉓师古曰:"果采,谓于山野采取果实也。"

㉔孟康曰:"节,节物贵贱也。谓除估侩,其余利比于千乘之家也。"师古曰:"侩者,合会二家交易者也。駔者,其首率也。駔,音子朗反。侩,音工外反。"

㉕孟康曰:"贪贾,未当卖而卖,未当买而买,故得利少,而十得其三。廉贾,贵乃卖,贱乃买,故十得其五也。"

蜀卓氏之先,赵人也,用铁冶富。秦破赵,迁卓氏之蜀,夫妻推辇行。①诸迁虏少有余财,争与吏,求近处,处葭萌。②唯卓氏曰:"此地狭薄。吾闻岷山之下沃野,下有蹲鸱,至死不饥。③民工作布,易贾。"乃求远迁。致之临邛,大喜,即铁山鼓铸,④运筹算,贾滇、蜀民,⑤富至童八百人,田池射猎之乐拟于人君。

①师古曰:"步车曰辇。"

②师古曰:"县名也。《地理志》属广汉。葭,音家。"

③孟康曰:"跤,音蹲。水乡多鸠,其山下有沃野灌溉。"师古曰:"孟说非
　也。跤鸠,谓芋也,其根可食,以充粮,故无饥年。《华阳国志》曰汶山郡
　都安县有大芋如蹲鸱也。"

④师古曰:"即,就也。"

⑤师古曰:"行贩卖于滇、蜀之间也。滇,音丁贤反。"

　　程郑,山东迁虏也,亦冶铸,贾魁结民,富埒卓氏。①

①师古曰:"魁结,西南夷也。言程郑行贾,求利于其人也。埒,等也。魁,
　音直追反。结,读曰髻。

　　程、卓既衰,至成、哀间,成都罗裒訾至巨万。初,裒贾京师,随
身数十百万,①为平陵石氏持钱。其人强力。石氏訾次如、苴,②亲
信,厚资遣之,令往来巴蜀,数年间致千余万。裒举其半赂遗曲阳、
定陵侯,③依其权力,赊贷郡国,人莫敢负。④擅盐井之利,期年所
得自倍,⑤遂殖其货。

①师古曰:"言其自有数十万,且至百万。"

②孟康曰:"平陵如氏、苴氏也。石氏勤力,故訾次二人也。"师古曰:"孟说
　非也。其人强力,谓罗裒耳。訾次如、苴,自谓石氏之饶财也。苴,音侧
　于反。"

③师古曰:"谓王根、淳于长也。"

④师古曰:"贷,音吐戴反。"

⑤师古曰:"期,音基。"

　　宛孔氏之先,梁人也,用铁冶为业。秦灭魏,迁孔氏南阳,大鼓
铸,规陂田,连骑游诸侯,因通商贾之利,有游闲公子之名。①然其
赢得过当,瘉于孅啬,②家致数千金,故南阳行贾尽法孔氏之雍容。

①师古曰:"闲,读为闲。言其志宽大,不在急促。公子者,公侯贵人之子
　也,言其举动性行有似之也,若今言诸郎矣。"

②师古曰:"瘉,读为愈。愈,胜也。孅,细也。啬,爱也。言其于利虽不汲
　汲苟得,然所获赢余多于细啬者也。孅与纤同。下云周人既孅,义亦类

此。"

鲁人俗俭啬，而丙氏尤甚，以铁冶起，富至巨万。然家自父兄子弟约，颣有拾，卬有取，①贳贷行贾遍郡国。邹、鲁以其故，多去文学而趋利。

①师古曰："颣，古俯字也。俯仰必有所取拾，无巨细好恶也。"

齐俗贱奴虏，而刁间独爱贵之。①桀黠奴，人之所患，唯刁间收取，使之逐鱼盐商贾之利，或连车骑交守相，然愈益任之，终得其力，起数千万。故曰'宁爵无刁'，②言能使豪奴自饶，而尽其力也。刁间既衰，至成、哀间，临菑姓伟訾五千万。③

①师古曰："刁姓，间名也。音貂。"

②孟康曰："刁间能畜豪奴，奴或有连车骑交守相，奴自谓：'宁欲免去作民有爵邪？无将止为刁氏作奴乎？'无，发声助也。"

③师古曰："姓姓，名伟。"

周人既矮，而师史尤甚，转毂百数，①贾郡国，无所不至。雒阳街居在齐秦楚赵之中，富家相矜以久贾，②过邑不入门。设用此等，故师史能致十千万。③

①师古曰："转毂，谓以车载物而逐利者。"

②孟康曰："谓街巷居民无田地，皆相矜久贾在此诸国也。"师古曰："此说非也。言雒阳之地居在诸国之中，要冲之所，若大街衢，故其贾人无所不至而多得利，不惮久行也。中，音竹仲反。"

③师古曰："十千万，即万万也。言其财至万万也。一曰，至千万者十焉。"

师史既衰，至成、哀、王莽时，雒阳张长叔、薛子仲訾亦十千万。莽皆以为纳言士，欲法武帝，然不能得其利。①

①师古曰："法武帝者，言用卜式、东郭咸阳、孔仅等为官也。"

宣曲任氏，其先为督道仓吏。①秦之败也，豪桀争取金玉，任氏独窖仓粟，②楚汉相距荥阳，民不得耕种，米石至万，而豪桀金玉尽归任氏,任氏以此起富。富人奢侈,而任氏折节为力田畜。人争取贱贾,任氏独取贵善,③富者数世。④然任公家约:非田畜所生不衣食,公事不毕则不得饮酒食肉。⑤以此为闾里率,故富而主上重之。

①孟康曰:"若今吏督租谷使上道输在所也。"师古曰:"于京师四方诸道督其租耳。道者,非谓上道也。"

②师古曰:"取仓粟而窖臧之也。窖,音工孝反。"

③师古曰:"言其居买之物,不计贵贱,唯在良美也。贾,读曰价。"

④师古曰:"折节力田,务于本业,先公后私,率道闾里,故云善富。"

⑤师古曰:"任公,任氏之父也。言家为此私约制也。晋灼以为任用公家之约,此说非也。"

塞之斥也,唯桥桃以致马千匹,牛倍之,羊万,粟以万钟计。①

①孟康曰:"边塞主斥候卒也。唯此一人能致富若此。"师古曰:"此说非也。塞斥者,言国家斥开边塞,更令宽广,故桥桃得恣其畜牧也。姓桥,名桃。以万钟计者,不论斗斛千万之数,每率举万钟而计之,著其饶多也。"

吴楚兵之起,长安中列侯封君行从军旅,赍贷子钱家,①子钱家以为关东成败未决,莫肯予。唯毋盐氏出捐千金贷,②其息十之。三月,吴楚平。一岁之中,则毋盐氏息十倍,用此富关中。

①师古曰:"行者须赍粮而出,于子钱家贷之也。贷,谓求假之也,音吐得反。"

②师古曰:"贷,谓假与之,音吐戴反。"

关中富商大贾,大氐尽诸田,①田墙、田兰。韦家粟氏、安陵杜氏亦巨万。前富者既衰,自元、成讫王莽,京师富人杜陵樊嘉,茂陵挚网,平陵如氏、苴氏,长安丹王君房,豉樊少翁、王孙大卿,为天下高訾。②樊嘉五千万,其余皆巨万矣。王孙卿以财养士,与雄杰交,王莽以为京司市师,汉司东市令也。

①师古曰:"氏,读曰抵。抵,归也。"

②师古曰:"王君房卖丹,樊少翁及王孙大卿卖豉,亦致高訾。訾,读与资同。高訾,谓多资财。"

此其章章尤著者也。其余郡国富民兼业颛利,①以货赂自行,

取重于乡里者不可胜数。故秦杨以田农而甲一州,②翁伯以贩脂而
倾县邑,张氏以卖酱而隃侈,质氏以洒削而鼎食,③浊氏以胃脯而
连骑,④张里以马医而击钟,皆越法矣。然常循守事业,积累赢利,
渐有所起。至于蜀卓,宛孔,齐之刀间,公擅山川铜铁鱼盐市井之
入,运其筹策,上争王者之利,下锢齐民之业,⑤皆陷不轨奢僭之
恶。又况掘冢搏掩,犯奸成富,⑥曲叔、稽发、雍乐成之徒,⑦犹复齿
列,⑧伤化败俗,大乱之道也。

①师古曰:"颛,与专同。"

②孟康曰:"以田地过限,从此而富,为州中第一也。"

③服虔曰:"治刀剑者也。"如淳曰:"作刀剑削者。"师古曰:"二说皆非也。
洒,濯也。削,谓刀剑室也。谓人有刀剑削故恶者,主为洒刷之,去其垢
秽,更饰令新也。洒,音先礼反。削,音先召反。"

④晋灼曰:"今太官常以十月作沸汤煬羊胃,以末椒姜坋之,暴使燥是
也。"师古曰:"煬,音似兼反。坋,音蒲顿反。"

⑤师古曰:"锢亦谓专取之也。"

⑥师古曰:"搏掩,谓搏击掩袭,取人物者也。搏字或作博。一说搏,六博
也;掩,意钱之属也;皆戏而赌取财物。"

⑦师古曰:"姓曲名叔,姓稽名发,姓雍名乐成也。稽,音工奚反。"

⑧师古曰:"身为罪恶,尚复与良善之人齐齿并列。"

汉书卷九二
列传第六二

游　侠

朱家 楚田仲　剧孟 王孟　郭解
萬章　楼护　陈遵　原涉

　　古者天子建国，诸侯立家，自卿大夫以至于庶人各有等差，是以民服事其上，而下无觊觎。① 孔子曰："天下有道，政不在大夫。"② 百官有司奉法承令，以修所职，失职有诛，侵官有罚。夫然，故上下相顺，而庶事理焉。

　　①师古曰："觊，幸也。觎，欲也。幸得其所欲也。觊，音冀。觎，音逾，又音谕。"

　　②师古曰："《论语》载孔子之言。谓权不移于下也。"

　　周室既微，礼乐征伐自诸侯出。桓文之后，大夫世权，陪臣执命。① 陵夷至于战国，合从连衡，力政争强。② 繇是列国公子，魏有信陵，赵有平原，齐有孟尝，楚有春申，③ 皆藉王公之势，竞为游侠，鸡鸣狗盗，无不宾礼。④ 而赵相虞卿弃国捐君，以周穷交魏齐之厄；⑤ 信陵无忌窃符矫命，戮将专师，以赴平原之急；⑥ 皆以取重诸侯，显名天下。扼掔而游谈者，以四豪为称首。⑦ 于是背公死党之议成，守职奉上之义废矣。

　　①师古曰："齐桓、晋文，周之二霸也。陪，重也。"

　　②师古曰："力政者，弃背礼义专任威力也。从，音子容反。"

③师古曰："繇,读与由同。信陵君魏无忌,平原君赵胜,孟尝君田文,春申
　　君黄歇。"

④师古曰："谓孟尝君用鸡鸣而得亡出关,因狗盗而取狐白裘也。"

⑤师古曰："魏齐,虞卿之交也,将为范睢所杀,卿救之也。"

⑥师古曰："秦兵围赵,赵相平原君告急于无忌,无忌因如姬以窃兵符,矫
　　魏僖侯命代晋鄙为将,而令朱亥锤杀晋鄙,遂率兵救赵,秦兵以却,而
　　赵得全。"

⑦师古曰："扼,捉持也。掔,古手腕字也。四豪即魏信陵以下也。扼,音
　　厄。"

　　乃到汉兴,禁网疏阔,未之匡改也。①是故代相陈豨从车千乘,
而吴濞、淮南皆招宾客以千数。外戚大臣魏其、武安之属竞逐于京
师,布衣游侠剧孟、郭解之徒驰骛于闾阎,权行州域,力折公侯。众
庶荣其名迹,觊而慕之。虽其陷于刑辟,自与杀身成名,若季路、仇
牧,死而不悔。②故曾子曰："上失其道,民散久矣。"③非明王在上,
视之以好恶,齐之以礼法,民曷繇知禁而反正乎!④

①师古曰："匡,正也。"

②师古曰："季路,孔子弟子也,姓仲名由,卫人也。卫有蒯聩之乱,季路闻
　　之,故入赴难,遇孟黡石乞以戈击之,断缨。季路曰:'君子死,冠不免。'
　　结缨而死。仇牧,宋大夫也。宋万杀闵公,仇牧闻之,趋而至,手剑而叱
　　之。万臂击仇牧,碎首,齿著于门阖。言游侠之徒自许节操,同于季路、
　　仇牧。"

③师古曰:"《论语》载曾子之言也。解在《刑法志》。"

④师古曰:"视,读曰示。繇,读曰由。"

　　古之正法:五伯,三王之罪人也;①而六国,五伯之罪人也。夫
四豪者,又六国之罪人也。况于郭解之伦,以匹夫之细,窃杀生之
权,其罪已不容于诛矣。观其温良泛爱,振穷周急,谦退不伐,亦皆
有绝异之姿。惜乎不入于道德,苟放纵于末流,杀身亡宗,非不幸
也!

①师古曰:"伯,读曰霸。下皆类此。"

　　自魏其、武安、淮南之后,天子切齿,卫、霍改节。然郡国豪桀处
处各有,京师亲戚冠盖相望,亦古今常道,莫足言者。唯成帝时,外

家王氏宾客为盛,而楼护为帅。及王莽时,诸公之间,陈遵为雄;闾里之侠,原涉为魁。①

①师古曰:"魁者,斗之所用盛而杓之本也。故言根本者皆云魁。"

　　朱家,鲁人,高祖同时也。鲁人皆以儒教,而朱家用侠闻。所臧活豪士以百数,其余庸人不可胜言。然终不伐其能,饮其德,①诸所尝施,唯恐见之。振人不赡,先从贫贱始。家亡余财,衣不兼采,食不重味,乘不过轺牛。②专趋人之急,甚于己私。③既阴脱季布之厄,及布尊贵,终身不见。自关以东,莫不延颈愿交。楚田仲以侠闻,父事朱家,自以为行弗及也。田仲死后,有剧孟。

①孟康曰:"有德于人,而不自美也。"师古曰:"饮,没也,谓不称显。"
②晋灼曰:"轺,轺轩也,轺牛,小牛也。"师古曰:"轺,重挽也,音工豆反。晋说是也。"
③师古曰:"趋,读曰趣。趣,向也。"

　　剧孟者,洛阳人也。周人以商贾为资,剧孟以侠显。吴楚反时,条侯为太尉,乘传东,①将至河南,得剧孟,喜曰:"吴楚举大事而不求剧孟,吾知其无能为已。"②天下骚动,大将军得之若一敌国云。剧孟行大类朱家,而好博,多少年之戏。然孟母死,自远方送丧盖千乘。及孟死,家无十金之财。而符离王孟,亦以侠称江淮之间。③是时,济南瞯氏、陈周肤亦以豪闻。④景帝闻之,使使尽诛此属。其后,代诸白、梁韩毋辟、阳翟薛况、陕寒孺,纷纷复出焉。⑤

①师古曰:"乘传车而东,出为大将也。传,音张恋反。"
②师古曰:"已,语终辞。"
③师古曰:"符离,沛郡之县也。"
④师古曰:"瞯,音闲。"
⑤师古曰:"代郡白姓非一家也。故称诸焉。梁国人姓韩,名毋辟。阳翟属颍川。陕即今陕州陕县也。薛况、寒孺,皆人姓名也。辟,读曰避。"

　　郭解,河内轵人也,①温善相人许负外孙也。解父任侠,孝文时诛死。解为人静悍，②不饮酒。少时阴贼，感概③不快意，所杀甚众。以躯籍友报仇，④臧命作奸剽攻，⑤休及铸钱掘冢，⑥不可胜数。适有天幸，窘急，常得脱，若遇赦。

①师古曰："轵，音只。"

②师古曰："性沉静而勇悍。"

③师古曰："阴贼者，阴怀贼害之意也。感概者，感意气而立节概也。"

④师古曰："籍，古藉字也。藉，谓借助也。"

⑤师古曰："臧命，臧亡命之人也。剽，劫也。攻，谓穿窬而盗也。剽，音匹妙反。"

⑥师古曰："不报仇剽攻，则铸钱发冢也。"

及解年长，更折节为俭，以德报怨，厚施而薄望。然其自喜为侠益甚。①既已振人之命，不矜其功，②其阴贼著于心本，发于睚眦如故云。③而少年慕其行，亦辄为报仇，不使知也。

①师古曰："自好喜为此名也。喜，音许吏反。"

②师古曰："振，谓举救也。矜，夸恃也。"

③师古曰："著，音直略反。心本，犹言本心也。睚，音崖。眦，音渍。睚眦，又音五懈、士懈反。解具在《杜钦传》。"

解姊子负解之势，①与人饮，使之釂，非其任强灌之。②人怒，刺杀解姊子，去亡。解姊怒曰："以翁伯时人杀吾子，贼不得！"③弃其尸道旁，弗葬，欲以辱解。解使人微知贼处。④贼窘自归，⑤具以实告解。解曰："公杀之当，吾儿不直。"遂去其贼，⑥罪其姊子，收而葬之。诸公闻之，皆多解之义，⑦益附焉。

①师古曰："负，持也。"

②师古曰："尽爵曰釂。其人不饮，而使尽爵，乃强灌之，故怨怒也。釂，音子笑反。强，音其两反。"

③师古曰："翁伯，解字也。"

④师古曰："微，伺问之也。"

⑤师古曰："窘，困急。"

⑥师古曰："除去其罪也。去，音丘吕反。"

⑦师古曰："多犹重。"

解出，人皆避，有一人独箕踞视之。解问其姓名，客欲杀之。解曰："居邑屋不见敬,是吾德不修也,①彼何罪!"乃阴请尉史曰："是人吾所重,至践更时脱之。"②每至直更,数过,吏弗求。③怪之,问其故,解使脱之。箕踞者乃肉袒谢罪。少年闻之,愈益慕解之行。

①师古曰："邑屋,犹今人言村舍也。"

②师古曰："践更,为践更之卒也。脱,免也。更,音工衡反。脱,音它活反。"

③师古曰："直,当也,次当为更也。数,音所角反。"

洛阳人有相仇者,邑中贤豪居间以十数,终不听。①客乃见解。解夜见仇家,仇家曲听。②解谓仇家："吾闻洛阳诸公在间,多不听。今子幸而听解,解奈何从它县夺人邑贤大夫权乎!"乃夜去,不使人知,曰："且毋庸,待我去,令洛阳豪居间乃听。"③

①师古曰："居中间为道地和辑之,而不见许也。"

②师古曰："屈曲从其言。"

③师古曰："庸,用也。且无用休,待洛阳豪更言之乃从其言也。"

解为人短小,恭俭,出未尝有骑,①不敢乘车入其县庭。②之旁郡国,为人请求事,事可出,出之;③不可者,各令厌其意,④然后乃敢尝酒食。诸公以此严重之,争为用。邑中少年及旁近县豪夜半过门,常十余车,请得解客舍养之。⑤

①师古曰："不以骑自随也。"

②师古曰："所属之县也。"

③如淳曰："事可为免出者,出之。"

④师古曰："厌,满也,一赡反。"

⑤师古曰："舍,止也。言解多藏亡命,喜事少年与解同志者,知亡命者多归解,故夜将车来迎取其人居止而养之。"

及徙豪茂陵也,解贫,不中訾。①吏恐,不敢不徙。卫将军为言:"郭解家贫,不中徙"。上曰:"解布衣,权至使将军,此其家不贫!"②解徙,诸公送者出千余万。轵人杨季主子为县掾,举之,③解兄子断杨掾头。解入关,关中贤豪知与不知,闻声争交欢。④邑人又杀杨季主,季主家上书,萬人又杀阙下。⑤上闻,乃下吏捕解。解亡,置其母家室夏阳,身至临晋。临晋籍少翁素不知解,因出关。⑥籍少翁已出解,解传太原,所过辄告主人处。吏逐迹至籍少翁,少翁自杀,口绝。

久之得解,穷治所犯为,而解所杀,皆在赦前。

①师古曰:"中,充也。言訾财不充合徙之数也。中,音竹仲反。其下亦同。"

②师古曰:"将军为之言,是为其所使也。"

③师古曰:"鬲塞其送,不令解得之也。鬲,与隔同。"

④师古曰:"知,谓先相知。"

⑤师古曰:"于阙下杀上书人。"

⑥师古曰:"出解于关也。"

　　轵有儒生侍使者坐,客誉郭解,生曰:"解专以奸犯公法,何谓贤?"解客闻之,杀此生,断舌。吏以责解,实不知杀者,杀者亦竟莫知为谁。吏奏解无罪。御史大夫公孙弘议曰:"解布衣为任侠行权,以睚眦杀人,解不知,此罪甚于解知杀之。当大逆无道。"①遂族解。

①师古曰:"当,谓处断其罪。"

　　自是之后,侠者极众,而无足数者。然关中长安樊中子,槐里赵王孙,长陵高公子,西河郭翁中,①太原鲁翁孺,临淮兒长卿,②东阳陈君孺,虽为侠而恂恂有退让君子之风。③至若北道姚氏,西道诸杜,南道仇景,东道佗羽公子,④南阳赵调之徒,盗跖而居民间者耳,曷足道哉!此乃乡者朱家所羞也。⑤

①师古曰:"中,读皆曰仲。"

②师古曰:"兒,音五奚反。"

③师古曰:"恂恂,谨信之貌也,音荀。"

④师古曰:"据京师而言,指其东西南北谓也。姓佗,名羽,字公子。佗,古他字。"

⑤师古曰:"乡,读曰向。"

　　萬章字子夏,长安人也。①长安炽盛,街闾各有豪侠,章在城西柳市,②号曰"城西萬子夏"。为京兆尹门下督,从至殿中,③侍中诸侯贵人争欲揖章,莫与京兆尹言者。章逡循甚惧。其后京兆不复从也。④

①师古曰:"萬,音拒。"

②师古曰:"《汉宫阙疏》云细柳仓有柳市。"

③师古曰:"章从京兆也。"

④师古曰:"更不以章自随也。"

　　与中书令石显相善,亦得显权力,门车常接毂。至成帝初,石显坐专权擅势免官,归故郡。显赀巨万,当去,留床席器物数百万直,欲以与章,章不受。宾客或问其故,章叹曰:"吾以布衣见哀于石君,①石君家破,不能有以安也,②而受其财物,此为石氏之祸,万氏反当以为福邪!"诸公以是服而称之。

①师古曰:"言为石显所哀怜。"

②师古曰:"言力不能救。"

　　河平中,王尊为京兆尹,捕击豪侠,杀章及箭张回、①酒市赵君都、贾子光,②皆长安名豪,报仇怨养刺客者也。

①服虔曰:"作箭者,姓张名回。"

②服虔曰:"酒市中人也。"

　　楼护字君卿,齐人。父世医也,护少随父为医长安,出入贵戚家。护诵医经、本草、方术数十万言,长者咸爱重之。共谓曰:"以君卿之材,何不宦学乎?"繇是辞其父,学经传,①为京兆吏数年,甚得名誉。

①师古曰:"繇,读与由同。"

　　是时,王氏方盛,宾客满门,五侯争名,其客各有所厚,不得左右,①唯护尽入其门,咸得其欢心。结士大夫,无所不倾,其交长者,尤见亲而敬,众以是服。为人短小精辩,论议常依名节,听之者皆竦。与谷永俱为五侯上客,长安号曰"谷子云笔扎,楼君卿唇舌",言其见信用也。母死,送葬者致车二三千两,闾里歌之曰:"五侯治丧楼君卿。"

①师古曰:"不相经过也。"

　　久之,平阿侯举护方正,①为谏大夫,使郡国。护假贷,②多持币帛,过齐,上书求上先人冢,因会宗族故人,各以亲疏与束帛,一日散百金之费。使还,奏事称意,擢为天水太守。数岁免,家长安中。

时成都侯商为大司马卫将军，罢朝，欲候护，其主簿谏：“将军至尊，
不宜入闾巷。”商不听，遂往至护家。家狭小，官属立车下，久住移
时，天欲雨，主簿谓西曹诸掾曰：“不肯强谏，反雨立闾巷！”商还，或
白主簿语，商恨，以它职事去主簿，终身废锢。

　　①师古曰：“王谭也。”
　　②师古曰：“官以物假贷贫人，令护监之。贷，音吐戴反。”

　　后护复以荐为广汉太守。元始中，王莽为安汉公，专政，莽长子
宇与妻兄吕宽谋以血涂莽第门，欲惧莽，令归政。发觉，莽大怒，杀
宇，而吕宽亡。宽父素与护相知，宽至广汉过护，不以事实语也。到
数日，名捕宽诏书至，①护执宽。莽大喜，征护入为前辉光②封息乡
侯，列于九卿。

　　①师古曰：“举姓名而捕之也。”
　　②师古曰：“莽分三辅置前辉光、后丞烈，以护为之。辉，音晖。”

　　莽居摄，槐里大贼赵朋、霍鸿等群起，延入前辉光界，护坐免为
庶人。其居位，爵禄赂遗所得亦缘手尽。既退居里巷，时五侯皆已
死，年老失势，宾客益衰。至王莽篡位，以旧恩召见护，封为楼旧里
附城。①而成都侯商子邑为大司空，贵重，商故人皆敬事邑，唯护自
安如旧节，邑亦父事之，不敢有阙。时请召宾客，邑居樽下，称“贱子
上寿”。②坐者百数，皆离席伏，护独东乡正坐，③字谓邑曰：“公子
贵如何！”④

　　①师古曰：“莽为此爵名，效古之附庸也。”
　　②师古曰：“言以父礼事。”
　　③师古曰：“乡，读曰向。”
　　④苏林曰：“邑字公子也。”

　　初，护有故人吕公，无子，归护。护身与吕公、妻与妪同食。及
护家居，妻子颇厌吕公。护闻之，流涕责其妻子曰：“吕公以故旧穷
老托身于我，义所当奉。”遂养吕公终身。护卒，子嗣其爵。

　　陈遵字孟公，杜陵人也。祖父遂，字长子，宣帝微时与有故，相
随博弈，①数负进。②及宣帝即位，用遂，稍迁至太原太守，乃赐遂

玺书曰:"制诏太原太守:官尊禄厚,可以偿博进矣。妻君宁时在旁,知状。"③遂于是辞谢,因曰:"事在元平元年赦令前。"其见厚如此。元帝时,征遂为京兆尹,至廷尉。

①师古曰:"博,六博。弈,围棋也。"

②师古曰:"进者,会礼之财也,谓博所赌也,解在《高纪》。一说,进,胜也,帝博而胜,故遂有所负。"

③师古曰:"史皇孙名进,而此诏不讳之,盖史家追书,故有其字耳。君宁,遂妻名也。云妻知负博之状者,著旧恩之深也。"

遵少与张竦伯松俱为京兆史。竦博学通达,以廉俭自守,而遵放纵不拘,操行虽异,然相亲友,哀帝之末俱著名字,为后进冠。①并入公府,公府掾史率皆赢车小马,不上鲜明,而遵独极舆马衣服之好,门外车骑交错。又日出醉归,②曹事数废。西曹以故事谪之,③侍曹辄诣寺舍白遵曰:"陈卿今日以某事谪。"遵曰:"满百乃相闻。"故事,有百谪者斥,满百,西曹白请斥。大司徒马宫大儒优士,又重遵,④谓西曹:"此人大度士,奈何以小文责之?"乃举遵能治三辅剧县,补郁夷令。⑤久之,与扶风相失,⑥自免去。

①如淳曰:"为后进人士之冠首也。"

②师古曰:"言每日必出饮也。"

③师古曰:"案旧法令而罚之也。谪,读曰谪。此下皆同。"

④师古曰:"优礼贤士,而尤敬重遵。"

⑤师古曰:"右扶风之县。"

⑥师古曰:"意不相得也。"

槐里大贼赵朋、霍鸿等起,遵为校尉,击朋、鸿有功,封嘉威侯。居长安中,列侯近臣贵戚皆贵重之。牧守当之官,及郡国豪桀至京师者,莫不相因到遵门。

遵耆酒,①每大饮,宾客满堂,辄关门,取客车辖投井中,虽有急,终不得去。②尝有部刺史奏事,过遵,值其方饮,刺史大穷,候遵沾醉时,突入见遵母,③叩头自白当对尚书有期会状,母乃令从后阁出去。④遵大率常醉,然事亦不废。

①师古曰:"耆,读曰嗜。"

②师古曰:"既关闭门,又投车辖也。而说者便欲改辖字为馆,云门之馆
　篇,妄穿凿耳,馆自主人所执,何烦投井也。"

③师古曰:"沾湿言其大醉也。沾,音竹占反。"

④师古曰:"以其前门关闭,故从后阁出之也。"

　　长八尺余,长头大鼻,容貌甚伟。略涉传记,赡于文辞。性善书,
与人尺牍,主皆臧去以为荣。①请求不敢逆,所到,衣冠怀之,唯恐
在后。②时列侯有与遵同姓字者,每至人门,曰陈孟公,坐中莫不震
动,既至而非,因号其人曰陈惊坐云。

①师古曰:"去亦臧也,音丘吕反,又音举。"

②师古曰:"怀,来也,谓招来而礼之。"

　　王莽素奇遵材,在位多称誉者,繇是起为河南太守。①既至官,
当遣从史西,召善书吏十人于前,治私书谢京师故人。遵冯几,②口
占书吏,且省官事,③书数百封,亲疏各有意,河南大惊。数月免。

①师古曰:"繇,读与由同。"

②师古曰:"冯,读曰凭。"

③师古曰:"占,隐度也。口隐其辞以授吏也。占,音之赡反。"

　　初,遵为河南太守,而弟级为荆州牧,当之官,俱过长安富人故
淮阳王外家左氏饮食作乐。后司直陈崇闻之,劾奏"遵兄弟幸得蒙
恩超等历位,遵爵列侯,备郡守,级州牧奉使,皆以举直察枉宣扬圣
化为职,不正身自慎。始遵初除,乘藩车入闾巷,①过寡妇左阿君置
酒歌讴,遵起舞跳梁,顿仆坐上,暮因留宿,为侍婢扶卧。尊知饮酒
饫宴有节,②礼不入寡妇之门,而湛酒溷肴,③男女之别,轻辱爵
位,羞污印绂,④恶不可忍闻。臣请皆免。"遵既免,归长安,宾客愈
盛,饮食自若。⑤

①师古曰:"藩车,车之有屏蔽者。"

②师古曰:"宴食曰饫。饫,音于庶反。"

③师古曰:"湛,读曰沉,又音耽。"

④师古曰:"此绂谓印之组也。"

⑤师古曰:"言自如其故。"

　　久之,复为九江及河内都尉,凡三为二千石。而张竦亦至丹阳

太守,封淑德侯。后俱免官,以列侯归长安。竦居贫,无宾客,时时好事者从之质疑问事,论道经书而已。①而遵昼夜呼号,②车骑满门,酒肉相属。③

①师古曰:"质,正也。"

②师古曰:"呼,音火故反。"

③师古曰:"属,连续也。属,音之欲反。"

先是,黄门郎杨雄作《酒箴》以讽谏成帝,其文为酒客难法度士,譬之于物,曰:"子犹瓶矣。观瓶之居,居井之眉,①处高临深,动常近危。酒醪不入口,臧水满怀,不得左右,牵于缧絏。一旦叀碍,为瓽所轠,②身提黄泉,骨肉为泥。③自用如此,不如鸱夷。④鸱夷滑稽,腹如大壶,⑤尽日盛酒,人复借酤。⑥常为国器,托于属车,⑦出入两宫,经营公家。繇是言之,酒何过乎!"⑧遵大喜之,⑨常谓张竦:"吾与尔犹是矣。足下讽诵经书,苦身自约,⑩不敢差跌;⑪而我放意自恣,浮湛俗间,⑫官爵功名,不减于子,而差独乐,顾不优邪!"⑬竦曰:"人各有性,长短自裁。子欲为我亦不能,吾而效子亦败矣。虽然,学我者易持,效子者难将,吾常道也。"

①师古曰:"眉,井边地,若人目上之有眉。"

②师古曰:"缧絏,井索也。叀,县也。瓽,井以砖为甃者也。轠,击也。言瓶忽县碍不得下,而为井瓽所击,则破碎也。叀,音工绢反。瓽,音丁浪反。轠,音雷。诸家之说,或以叀为叀或音卫,又以瓽为瓮,皆失之。瓽,音侧救反。"

③师古曰:"提,掷也,掷入黄泉之中也。提,音徒计反。"

④师古曰:"鸱夷,韦囊以盛酒,即今鸱夷滕。"

⑤师古曰:"滑稽,圜转纵舍无穷之状。滑,音骨。稽,音鸡。"

⑥师古曰:"尽犹竟日也。"

⑦师古曰:"天子属车,常载酒食,故有鸱夷也。属,音之欲反。"

⑧师古曰:"繇,读与由同。其下类此。"

⑨师古曰:"喜,好爱也,音许吏反。"

⑩师古曰:"约,犹束也。"

⑪师古曰:"跌,音徒结反。"

⑫师古曰:"湛,读曰沉。"

⑬师古曰:"顾,念也。"

及王莽败,二人俱客于池阳,①竦为贼兵所杀。②更始至长安,大臣荐遵为大司马护军,与归德侯刘飒俱使匈奴。③单于欲胁诎遵,遵陈利害,为言曲直,单于大奇之,遣还。会更始败,遵留朔方,为贼所败,时醉见杀。

①师古曰:"左冯翊之县也。"

②李奇曰:"竦知有贼当去,会反支日,不去,因为贼所杀。桓谭以为通人之蔽也。"

③邓展曰:"飒,音立。"

原涉字巨先,祖父武帝时以豪桀自阳翟徙茂陵。①涉父哀帝时为南阳太守。天下殷富,大郡二千石死官,赋敛送葬皆千万以上,妻子通共受之,以定产业。时又少行三年丧者。及涉父死,让还南阳赙送,行丧冢庐三年,由是显名京师。礼毕,扶风谒请为议曹,②衣冠慕之辐辏。为大司徒史丹举能治剧,为谷口令,③时年二十余。谷口闻其名,不言而治。

①师古曰:"阳翟,颍川之县也。"

②师古曰:"礼毕,行丧终服也。"

③师古曰:"左冯翊之县,今之云阳谷口是其处也。"

先是,涉季父为茂陵秦氏所杀,涉居谷口半岁所,自劾去官,欲报仇。谷口豪桀为杀秦氏,亡命岁余,逢赦出。郡国诸豪及长安、五陵诸为气节者皆归慕之。①涉遂倾身与相待,人无贤不肖阗门,②在所闾里尽满客。或讥涉曰:"子本吏二千石之世,结发自修,以行丧推财礼让为名,正复仇取仇,犹不失仁义,何故遂自放纵,为轻侠之徒乎?"涉应曰:"子独不见家人寡妇邪?始自约敕之时,意乃慕宋伯姬及陈孝妇,③不幸壹为盗贼所污,遂行淫失,④知其非礼,然不能自还。吾犹此矣!"⑤

①师古曰:"五陵,谓长陵、安陵、阳陵、茂陵、平陵也。班固《西都赋》曰'南望杜、霸,北眺五陵',是知霸陵、杜陵非此五陵之数也。而说者以为高

祖以下至茂陵为五陵，失其本意。"

②师古曰："阗字与填同，音大千反。"

③师古曰："伯姬，鲁宣公女，嫁于宋恭公。恭公卒，伯姬寡居，至景公时，伯姬之宫夜火，左右曰：'夫人少避火。'伯姬曰：'妇人之义，保傅不具，夜不下堂。'遂逮于火而死。陈孝妇者，其夫当行，戒属孝妇曰：'幸有老母，吾若不来，汝善养吾母。'孝妇曰：'诺'。夫果死，孝妇养姑愈固。其父母将取嫁之，孝妇固欲自杀，父母惧而不取，遂使养姑。淮阳太守以闻，朝廷高其义，赐黄金四十斤，复之终身，号曰孝妇。"

④师古曰："失，读曰泆。"

⑤师古曰："还，读曰旋，谓反归故操。"

　　涉自以为前让南阳赙送，身得其名，而令先人坟墓俭约，非孝也。乃大治起冢舍，周阁重门。初，武帝时，京兆尹曹氏葬茂陵，民谓其道为京兆仟。涉慕之，乃买地开道，立表署曰南阳仟，人不肯从，谓之原氏仟。费用卬富人长者，①然身衣服车马才具，妻子内困。专以振施贫穷赴人之急为务。人尝置酒请涉，涉入里门，客有道涉所知母病避疾在里宅者。②涉即往候，叩门。家哭，涉因入吊，问以丧事。家无所有，涉曰："但洁扫除沐浴，待涉。"还至主人，对宾客叹息曰："人亲卧地不收，涉何心乡此！③愿彻去酒食。"宾客争问所当得，涉乃侧席而坐，④削牍为疏，⑤具记衣被棺木，下至饭含之物，分付诸客。⑥诸客奔走市买，至日昳皆会。⑦涉亲阅视已，谓主人："愿受赐矣。"既共饮食，涉独不饱，乃载棺物，从宾客往至丧家，为棺敛劳俫毕葬。⑧其周急待人如此。后人有毁涉者曰"奸人之雄也"，丧家子即时刺杀言者。

①师古曰："卬，音牛向反。"

②师古曰："在此里之中宅上。"

③师古曰："乡，读曰向。"

④师古曰："礼，有忧者侧席而坐。今涉恤人之丧，故侧席。"

⑤师古曰："牍，木简也。疏，音所虑反。"

⑥师古曰："饭，音扶晚反。含，音胡绀反。"

⑦师古曰："昳，音徒结反。"

⑧师古曰："劳俫，谓慰勉宾客也。棺，音工唤反。敛，音力瞻反。劳，音郎
　　到反。俫，音郎代反。"

　　宾客多犯法，罪过数上闻。王莽数收系欲杀，辄复赦出之。涉
惧，求为卿府掾史，欲以避客。文母太后丧时，守复土校尉。①已为
中郎，后免官。涉欲上冢，不欲会宾客，密独与故人期会。涉单车敺
上茂陵，②投暮，入其里宅，因自匿不见人。遣奴至市买肉，奴乘涉
气，与屠争言，斫伤屠者，亡。是时，茂陵守令尹公③新视事，涉未谒
也，闻之大怒。知涉名豪，欲以示众厉俗，遣两吏胁守涉。至日中，
奴不出，吏欲便杀涉去。涉迫窘不知所为。会涉所与期上冢者车数
十乘到，皆诸豪也，共说尹公。尹公不听，诸豪则曰："原巨先奴犯法
不得，使肉袒自缚，箭贯耳，诣廷门谢罪，于君威亦足矣。"尹公许
之。涉如言谢，复服遣去。④

　　①苏林曰："文母太后，元后也。"
　　②师古曰："敺，与驱同。"
　　③师古曰："守茂陵令，未真为之。"
　　④师古曰："令涉如故著衣服也。复，音扶目反。"

　　初，涉与新丰富人祁大伯为友，大伯同母弟王游公素嫉涉，时
为县门下掾，说尹公曰："君以守令辱原涉如是，一旦真令至，君复
单车归为府吏，涉刺客如云，杀人皆不知主名，可为寒心。涉治冢
舍，奢僭逾制，罪恶暴著，主上知之。今为君计，莫若堕坏涉冢舍，条
奏其旧恶，①君必得真令。如此，涉亦不敢怨矣。"尹公如其计，莽果
以为真令。涉缘此怨王游公，选宾客，遣长子初从车二十乘劫王游
公家。游公母即祁大伯母也，诸客见之皆拜，传曰："无惊祁夫人。"
遂杀游公父及子，断两头去。②

　　①师古曰："堕，毁也，音火规反。"
　　②师古曰："杀游公及其父。"

　　涉性略似郭解，外温仁谦逊，而内隐①好杀。睚眦于尘中，独死
者甚多。王莽末，东方兵起，诸王子弟多荐涉能得士死，可用。莽乃
召见，责以罪恶，赦贳，②拜镇戎大尹（天水太守）。涉至官无几，长
安败，③郡县诸假号起兵攻杀二千石长吏以应汉。诸假号素闻涉

名,争问原尹何在,拜谒之。时莽州牧使者依附涉者皆得活。传送至涉长安,更始西屏将军申徒建请涉与相见,大重之。故茂陵令尹公涉冢舍者为建主簿,涉本不怨也。涉从建所出,尹公故遮拜涉,谓曰:"易世矣,宜勿复相怨!"涉曰:"尹君,何壹鱼肉涉也!"④涉用是怒,使客刺杀主簿。

①师古曰:"隐,匿其情也。"

②师古曰:"贳,谓宽其罪。"

③师古曰:"无几,言无多时也。几,音居岂反。"

④师古曰:"言以涉为鱼肉,不以人遇之。"

　　涉欲亡去,申徒建内恨耻之,阳言:"吾欲与原巨先共镇三辅,岂以一吏易之哉!"宾客通言,令涉自系狱谢,建许之。宾客车数十乘共送涉至狱。建遣兵道徼取涉于车上,①送车分散驰,遂斩涉,县之长安市。②

①师古曰:"徼,要也,音工尧反。"

②师古曰:"县其首。"

　　自哀、平间,郡国处处有豪桀,然莫足数。其名闻州郡者,霸陵杜君敖,池阳韩幼孺,马领绣君宾,西河漕中叔,皆有谦退之风。①王莽居摄,诛锄豪侠,名捕漕中叔,不能得。②素善强弩将军孙建,莽疑建藏匿,泛以问建。③建曰:"臣名善之,诛臣足以塞责。"莽性果贼,无所容忍,然重建,不竟问,遂不得也。中叔子少游,复以侠闻于世云。

①师古曰:"马领,北地之县。绣、漕,皆姓也。漕,音才到反。中,读曰仲。"

②师古曰:"指其名而捕之。"

③师古曰:"泛者,以常语问之,不切责也。泛,音敷剑反。"

汉书卷九三
列传第六三

佞　幸

邓通　赵谈　韩嫣　李延年　石显
淳于长　张放　董贤

　　汉兴，佞幸宠臣，高祖时则有籍孺，孝惠有闳孺。此两人非有材能，但以婉媚贵幸，①与上卧起，公卿皆因关说。②故孝惠时，郎中皆冠骏𫛭，贝带，③傅脂粉，化闳、籍之属也。两人徙家安陵。其后宠臣，孝文时士人则邓通，宦者则赵谈、北宫伯子；④孝武时士人则韩嫣，⑤宦者则李延年；孝元时宦者则弘恭、石显；孝成时士人则张放、淳于长；孝哀时则有董贤。孝景、昭、宣时皆无宠臣。景帝唯有郎中令周仁。昭帝时，驸马都尉秺侯金赏⑥嗣父车骑将军日磾爵为侯，二人之宠取过庸，不笃。⑦宣帝时，侍中中郎将张彭祖少与帝微时同席研书，及帝即尊位，彭祖以旧恩封阳都侯，出常参乘，号为爱幸。其人谨敕，无所亏损，⑧为其小妻所毒薨，国除。

　　①师古曰："婉，顺也。媚，悦也。"

　　②师古曰："关说者，言由之而纳说，亦如行者之有关津。"

　　③师古曰："以骏𫛭毛羽饰冠，海贝饰带。骏𫛭即鵕鸟也。骏，音峻。𫛭，音仪。说在《司马相如传》。"

　　④师古曰："姓北宫，名伯子。"

　　⑤师古曰："嫣，音偃。"

⑥师古曰:"舵,音丁护反。"

⑦师古曰:"才过于常人耳,不能大厚也。"

⑧师古曰:"敕,整也。"

邓通,蜀郡南安人也,以濯船为黄头郎。①文帝尝梦欲上天,不能,有一黄头郎推上天,顾见其衣尻带后穿。②觉而之渐台,③以梦中阴目求推者郎,④见邓通,其衣后穿,梦中所见也。召问其名姓,姓邓,名通。邓犹登也,文帝甚说,⑤尊幸之,日日异。通亦愿谨,不好外交,⑥虽赐洗沐,不欲出。于是文帝赏赐通巨万以十数,⑦官至上大夫。

①师古曰:"濯船,能持濯行船也。土胜水,其色黄,故刺船之郎皆著黄帽,因号曰黄头郎也。濯,读曰擢,音直孝反。"

②师古曰:"衣尻带后,谓衣当尻上而居革带之下处。"

③师古曰:"觉,谓寝寐之寤也。未央殿西南有苍池,池中有渐台。觉,音工孝反。"

④师古曰:"默而视之,求所梦者。"

⑤师古曰:"说,读曰悦。"

⑥师古曰:"专谨曰愿,音突,又音原。"

⑦师古曰:"每赐辄巨万,如此者十数。"

文帝时间如通家游戏,①然通无他技能,不能有所荐达,独自谨身以媚上而已。上使善相人者相通,曰:"当贫饿死。"上曰:"能富通者在我,何说贫?"于是赐通蜀严道铜山,得自铸钱;②邓氏钱布天下,其富如此。

①师古曰:"间,谓投隙私行,不公显也。如,往也。"

②师古曰:"严道属蜀郡。县有蛮夷曰道。"

文帝尝病痈,邓通常为上嗽吮之。①上不乐,从容问曰:"天下谁最爱我者乎?"通曰:"宜莫若太子。"太子入问疾,上使太子齰痈。②太子齰痈而色难之。已而闻通尝为上齰之,太子惭,繇是心恨通。③

①师古曰:"嗽,音山角反。吮,音自兖反。"

②师古曰："蜡，啮也。啮出其脓血。蜡，音仕客反。"

③师古曰："緜，读与由同。其下类此。"

及文帝崩，景帝立，邓通免，家居。居无何，人有告通盗出徼外铸钱，①下吏验问，颇有，遂②竟案，尽没入之，通家尚负责数巨万。③长公主赐邓通，④吏辄随没入之，一簪不得著身。于是长公主乃令假衣食。⑤竟不得名一钱，寄死人家。

①师古曰："徼犹塞也。东北谓之塞，西南谓之徼。塞者，以障塞为名。徼者，取徼遮之义也。徼，音工钓反。"

②师古曰："遂，成也，成其罪状。"

③张晏曰："顾人采铜铸钱，未还庸直，而会没入故也。"师古曰："此说非也。积其前后所犯合没官者数多，除其见在财物以外，尚负官数巨万，故云吏辄随没入之耳，非负顾庸之私直。"

④师古曰："即馆陶长公主，文帝之女。"

⑤晋灼曰："使假贷而私为偿之也。"师古曰："此说非也。公主给其衣食也，而号云假借之耳，非通自有也。恐吏没入，故托云然。此所谓不得名一钱。"

赵谈者，以星气幸，北宫伯子长者爱人，故亲近，然皆不比邓通。

韩嫣字王孙，弓高侯颓当之孙也。武帝为胶东王时，嫣与上学书相爱。及上为太子，愈益亲嫣。嫣善骑射，聪慧。上即位，欲事伐胡，而嫣先习兵，①以故益尊贵，官至上大夫，赏赐拟邓通。②

①师古曰："言旧自便习。"

②师古曰："拟比也。"

始时，嫣常与上共卧起。江都王入朝，从上猎上林中。天子车驾跸通未行，①先使嫣乘副车，从数十百骑驰视兽。江都王望见，以为天子，辟从者，伏谒道旁。②嫣驱不见。既过，江都王怒，为皇太后泣，请得归国③入宿卫，比韩嫣。太后繇此衔嫣。

①师古曰："已称跸，止行人讫，而天子未出也。"

②师古曰："辟去其从者,而身独伏谒也。辟,音闢。"

③师古曰："还爵封于天子也。"

嫣侍出入永巷不禁,①以奸闻皇太后。太后怒,使使赐嫣死。上为谢,终不能得,嫣遂死。

①师古曰："言上恣其出入也。"

嫣弟说,亦爱幸,①以军功封案道侯。巫蛊时为庚太子所杀。子增封龙雒侯,②大司马车骑将军,自有传。③

①师古曰："说,读曰悦。"

②师古曰："雒字或作頷。"

③师古曰："在《韩信传》末。"

李延年,中山人,身及父母兄弟皆故倡也。①延年坐法腐刑,给事狗监中。②女弟得幸于上,号李夫人,列《外戚传》。延年善歌,为新变声。是时,上方兴天地祠,欲造乐,令司马相如等作诗颂。延年辄丞意弦歌所造诗,为之新声曲。而李夫人产昌邑王、延年鯀是贵为协律都尉,佩二千石印绶,而与上卧起,其爱幸埒韩嫣。③久之,延年弟季与中人乱,出入骄恣。及李夫人卒后,其爱弛,④上遂诛延年兄弟宗族。

①师古曰："乐人也。"

②师古曰："掌天子之狗,于其中供事也。"

③师古曰："埒,等齐。"

④师古曰："弛,解也,音式尔反。"

是后,宠臣大氐外戚之家也。①卫青、霍去病皆爱幸,然亦以功能自进。

①师古曰："氐,归也,音丁礼反。"

石显字君房,济南人。弘恭,沛人也。皆少坐法腐刑,为中黄门,以选为中尚书。宣帝时,任中书官。恭明习法令故事,善为请奏,能称其职。恭为令,显为仆射。元帝即位数年,恭死,显代为中书令。

是时,元帝被疾,不亲政事,方隆好于音乐,以显久典事,中人无外党，①精专可信任，遂委以政。事无小大，因显白决，贵幸倾朝，百僚皆敬事显。

　　①师古曰："少骨肉之亲，无婚姻之家也。"

　　显为人巧慧习事，能探得人主微指，内深贼，持诡辩以中伤人，①忿恨睚眦，辄被以危法。②初元中，前将军萧望之及光禄大夫周堪、宗正刘更生皆给事中。望之领尚书事，知显专权邪辟，③建白以为："尚书百官之本，国家枢机，④宜以通明公正处之。武帝游宴后庭，故用宦者，非古制也。宜罢中书宦官，应古不近刑人。"⑤元帝不听，繇是大与显忤。后皆害焉，望之自杀，堪、更生废锢，不得复进用，语在《望之传》。后太中大夫张猛、魏郡太守京房、御史中丞陈咸、待诏贾捐之皆尝奏封事，或召见，言显短。显求索其罪，房、捐之弃市，猛自杀于公车，咸抵损，髡为城旦。及郑令苏建得显私书奉之，后以它事论死。自是公卿以下畏显，重足一迹。⑥

　　①师古曰："诡，违也，违道之辩。"

　　②师古曰："被，加也，音皮义反。"

　　③师古曰："辟，读曰僻。"

　　④师古曰："立此议而白之。"

　　⑤师古曰："礼，刑人不在君侧，故云应古。"

　　⑥师古曰："言极恐惧，不敢自宽纵。"

　　显与中书仆射牢梁、少府五鹿充宗结为党友，诸附倚者皆得宠位，①民歌之曰："牢邪石邪，五鹿客邪！印何累累，绶若若邪。"②言其兼官据势也。

　　①师古曰："倚，依也，音于绮反。"

　　②师古曰："累累，重积也。若若，长貌。累，音力追反。"

　　显见左将军冯奉世父子为公卿著名，女又为昭仪在内，显心欲附之，荐言昭仪兄谒者逡①修敕宜侍幄帷，②天子召见，欲以为侍中，逡请间言事。上闻逡言显颛权，③天子大怒，罢逡归郎官。其后御史大夫缺，群臣皆举逡兄大鸿胪野王行能第一，天子以问显，显曰："九卿无出野王者。然野王亲昭仪兄，臣恐后世必以陛下度越众贤，④私后宫亲以为三公。"上曰："善，吾不见是。"⑤乃下诏嘉美野王，废而不用，语在《野王传》。

①师古曰："逡，音千旬反。"

②师古曰："敕，整也。"

③师古曰："颛，与专同。其下类此。"

④师古曰："度，过也。"

⑤师古曰："言不见此理。"

　　显内自知擅权事柄在掌握，恐天子一旦纳用左右耳目，有以间己，①乃时归诚，取一信以为验。显尝使至诸官有所征发，显先自白，恐后漏尽宫门闭，请使诏吏开门。上许之。显故投夜，还称诏开门入。后果有上书告显颛命矫诏开宫门，天子闻之，笑以其书示显。显因泣曰："陛下过私小臣，属任以事，②群下无不嫉妒，欲陷害臣者，事类如此非一，唯独明主知之。愚臣微贱，诚不能以一躯称快万众，③任天下之怨，④臣愿归枢机职，受后宫扫除之役，死无所恨，唯陛下哀怜财幸，⑤以此全活小臣。"天子以为然而怜之，数劳勉显，加厚赏赐，赏赐及赂遗訾一万万。⑥初，显闻众人匈匈，言己杀前将军萧望之。望之当世名儒，显恐天下学士姗己，⑦病之。是时，明经著节士琅邪贡禹为谏大夫，显使人致意，深自结纳。显因荐禹天子，历位九卿，至御史大夫，礼事之甚备。议者于是称显，以为不妒谮望之矣。显之设变诈以自解免取信人主者，皆此类也。

①师古曰："间，音工苋反。"

②师古曰："过犹误也。属，委也。属，音之欲反。"

③师古曰："称，音尺孕反。"

④师古曰："任犹当也。"

⑤师古曰："财，与裁同。"

⑥师古曰："赂遗，谓百官群下所遗也。訾，读与赀同。"

⑦师古曰："姗，古讪字。讪，谤也，音所谏反。"

　　元帝晚节寝疾，①定陶恭王爱幸，显拥佑太子颇有力。元帝崩，成帝初即位，迁显为长信中太仆，秩中二千石。显失倚，离权数月，丞相御史条奏显旧恶，及其党牢梁、陈顺皆免官。显与妻子徙归故

郡,忧满不食,道病死。②诸所交结,以显为官,皆废罢。少府五鹿充
宗左迁玄菟太守,御史中丞伊嘉为雁门都尉。长安谣曰:"伊徙雁,
鹿徙菟,去牢与陈实无贾。"③

①师古曰:"晚节,犹言末时也。"
②师古曰:"满,读曰懑,音闷。"
③师古曰:"贾,读曰价。"

　　淳于长字子鸿,魏郡元城人也。少以太后姊子为黄门郎,未进
幸。会大将军王凤病,长侍病,晨夜扶丞左右,甚有甥舅之恩。凤且
终,以长属托太后及帝。①帝嘉长义,拜为列校尉诸曹,迁水衡都尉
侍中,至卫尉九卿。

①师古曰:"属,音之欲反。"

　　久之,赵飞燕贵幸,上欲立以为皇后,太后以其所出微,难之。
长主往来通语东宫。①岁余,赵皇后得立,上甚德之,乃追显长前
功,下诏曰:"前将作大匠解万年奏请营作昌陵,罢弊海内,②侍中
卫尉长数白宜止徙家反故处,③朕以长言下公卿议者,皆合长计。
首建至策,民以康宁。④其赐长爵关内侯。"后遂封定陵侯,大见信
用,贵倾公卿。外交诸侯牧守,赂遗赏赐亦絫巨万,⑤多畜妻妾,淫
于声色不奉法度。

①师古曰:"主犹专。"
②师古曰:"罢,读曰疲。"
③师古曰:"陵置邑,徙人以实之。长奏令止所徙之家各还本处。"
④师古曰:"康,安也。"
⑤师古曰:"絫,古累字也。其下亦同。"

　　初,许皇后坐执左道废处长定宫,而后姊嬺为龙额思侯夫
人,①寡居。长与嬺私通,因取为小妻。许后因嬺赂遗长,欲求复为
婕妤。长受许后金钱乘舆服御物前后千余万,诈许为白上,立以为
左皇后。嬺每入长定宫,辄与嬺书,戏侮许后,嫚易无不言。②交通
书记,赂遗连年。是时,帝舅曲阳侯王根为大司马票骑将军,辅政数
岁,久病,数乞骸骨。长以外亲居九卿位,次第当代根。根兄子新都

侯王莽心害长宠，私闻长取许嫭，受长定宫赂遗。莽侍曲阳侯疾，因言："长见将军久病，意喜，自以当代辅政，至对衣冠议语署置。"③具言其罪过。根怒曰："即如是，何不白也？"莽曰："未知将军意，故未敢言。"根曰："趣白东宫。"④莽求见太后，具言长骄佚，⑤欲代曲阳侯，对莽母上车，⑥私与长定贵人姊通，受取其衣物。太后亦怒曰："儿至如此！往白之帝！"莽白上，上乃免长官，遣就国。

①晋灼曰："嫭，音廓。"

②师古曰："嫚，亵污也。易，轻也。易，音弋豉反。"

③师古曰："自谓当辅政，故豫言某人为某官，某人主某事。"

④师古曰："趣，读曰促。"

⑤师古曰："佚，读与逸同。"

⑥师古曰："莽母于长，舅之妻也，上车当于异处。便于前上，言不敬。"

初，长为侍中，奉两宫使，亲密。①红阳侯立独不得为大司马辅政，立自疑为长毁谮，常怨毒长。上知之。及长当就国也，立嗣子融从长请车骑，②长以珍宝因融重遗立，立因为长言。于是天子疑焉，下有司案验。吏捕融，立令融自杀以灭口。上愈疑其有大奸，遂逮长系洛阳诏狱穷治。长具服戏侮长定宫，③谋立左皇后，罪至大逆，死狱中。妻子当坐者徙合浦，母若归故郡。④红阳侯立就国。将军卿大夫郡守坐长免罢者数十人。莽遂代根为大司马。久之，还长母及子酺于长安。⑤后酺有罪，莽复杀之。徙其家属归故郡。

①师古曰："言为使者传言语于太后及帝，若立赵飞燕之类。"

②师古曰："嗣子，谓嫡长子，当为嗣者也。"

③师古曰："侮，古侮字。"

④师古曰："若者，其母名。"

⑤师古曰："酺，音蒲。"

始，长以外亲亲近，①其爱幸不及富平侯张放。放常与上卧起，俱为微行出入。

①师古曰："亲近，谓近幸于天子。近，音其靳反。"

董贤字圣卿，云阳人也。父恭为御史，任贤为太子舍人。哀帝

立,贤随太子官为郎。①二岁余,贤传漏在殿下,②为人美丽自
喜,③哀帝望见,说其仪貌,④识而问之,曰:"是舍人董贤邪?"因引
上与语,拜为黄门郎,繇是始幸。问及其父为云中候,即日征为霸陵
令,迁光禄大夫。贤宠爱日甚,为驸马都尉侍中,出则参乘,入御左
右,旬月间赏赐累巨万,贵震朝庭。常与上卧起。尝昼寝,偏藉上
褎,⑤上欲起,贤未觉,⑥不欲动贤,乃断褎而起。其恩爱至此。贤亦
性柔和便辟,善为媚自以固。每赐洗沐,不肯出,常留中视医药。上
以贤难归,诏令贤妻得通引籍殿中,止贤庐,⑦若吏妻子居官寺舍。
又召贤女弟以为昭仪,位次皇后,更名其舍为椒风,以配椒房云。⑧
昭仪及贤与妻且夕上下,并侍左右。赏赐昭仪及贤妻亦各千万数。
迁贤父为少府,赐爵关内侯,食邑,复徙为卫尉。又以贤妻父为将作
大匠,弟为执金吾。诏将作大匠为贤起大第北阙下,重殿洞门,⑨木
土之功穷极技巧,柱槛衣以绨锦。⑩下至贤家僮仆皆受上赐,及武
库禁兵,上方珍宝。其选物上弟尽在董氏,而乘舆所服乃其副也。及
至东园秘器,珠襦玉柙,豫以赐贤,无不备具。⑪又令将作为贤起冢
茔义陵旁,内为便房,刚柏题凑,⑫外为徼道,周垣数里,门阙罘罳
甚盛。

①师古曰:"东宫官属随例迁。"
②师古曰:"传漏,奏时刻。"
③师古曰:"喜,音许吏反。"
④师古曰:"说,读曰悦。"
⑤师古曰:"藉,谓身卧其上也。褎,古袖字。"
⑥师古曰:"觉,寐之寤也,音工效反。"
⑦师古曰:"庐,谓殿中所宿止处也。"
⑧师古曰:"皇后殿称椒房,欲配其名,故云椒风。"
⑨师古曰:"重殿,谓有前后殿。洞门,谓门门相当也。皆僭天子之制度。"
⑩师古曰:"槛,谓轩阑之板也。绨,厚缯也,音徒奚反。"
⑪师古曰:"东园,署名也。《汉旧仪》云东园秘器作棺梓,素木长二丈,崇
　　广四尺。珠襦,以珠为襦,如铠状,连缝之,以黄金为缕,要以下,玉为
　　柙,至足,亦缝以黄金为缕。"

⑫孟康曰："坚刚之柏也。"师古曰："题凑，解在《霍光传》。"

上欲侯贤而未有缘。会待诏孙宠、息夫躬等告东平王云后谒祠祀祝诅，①下有司治，皆伏其辜。上于是令躬、宠为因贤告东平事者，乃以其功下诏封贤为高安侯，躬宜陵侯，宠方阳侯，食邑各千户。顷之，复益封贤二千户。丞相王嘉内疑东平事冤，甚恶躬等，数谏争，以贤为乱国制度，嘉竟坐言事下狱死。

①师古曰："谒者，后之名。"

上初即位，祖母傅太后、母丁太后皆在，两家先贵。傅太后从弟喜先为大司马辅政，数谏，失太后指，免官。上舅丁明代为大司马，亦任职，颇害贤宠，及丞相王嘉死，明甚怜之。上浸重贤，欲极其位，①而恨明如此，遂册免明曰："前东平王云贪欲上位，祠祭祝诅，云后舅伍宏以医待诏，与校秘书郎杨闳结谋反逆，祸甚迫切。赖宗庙神灵，董贤等以闻，咸伏其辜。将军从弟侍中奉车都尉吴、族父左曹屯骑校尉宣皆知宏及栩丹诸侯王后亲，②而宣除用丹为御属，吴与宏交通厚善，数称荐宏。宏以附吴得兴其恶心，因医技进，几危社稷，③朕以恭皇后故，不忍有云。④将军位尊任重，既不能明威立义，折消未萌，⑤又不深疾云、宏之恶，而怀非君上，阿为宣、吴，⑥反痛恨云等扬言为群下所冤，又亲见言伍宏善医，死可惜也，⑦贤等获封极幸。嫉妒忠良，非毁有功，於戏伤哉！⑧盖'君亲无将，将而诛之'。⑨是以季友鸩叔牙，《春秋》贤之；赵盾不讨贼，谓之弑君。⑩朕闵将军陷于重刑，故以书饬。⑪将军遂非不改，复与丞相嘉相比，⑫令嘉有依，得以罔上。有司致法将军请狱治，朕惟噬肤之恩未忍，⑬其上票骑将军印绶，罢归就第。"遂以贤代明为大司马卫将军，册曰："朕承天序，惟稽古建尔于公，以为汉辅。往悉尔心，统辟元戎，⑭折冲绥远，匡正庶事，允执其中，天下之众，受制于朕，以将为命，以兵为威，可不慎与！"⑮是时，贤年二十二，虽为三公，常给事中，领尚书，百官因贤奏事。以父恭不宜在卿位，徙为光禄大夫，秩中二千石。弟宽信代贤为驸马都尉。董氏亲属皆侍中诸曹奉朝请,宠在丁、傅之右矣。⑯

①师古曰:"浸,益也。"

②师古曰:"栩,姓也,音许羽反。"

③师古曰:"几,音巨依反。"

④师古曰:"恭皇后,谓丁后,即哀帝母。"

⑤师古曰:"未萌,谓祸难之未生者。"

⑥师古曰:"以君上为非,怀此心也。"

⑦师古曰:"见,见天子。"

⑧师古曰:"於,读曰乌。戏,读曰呼。"

⑨师古曰:"将,谓将为逆乱。"

⑩师古曰:"季友,鲁桓公少子,庄公母弟也。叔牙亦桓公子。庄公有疾,叔
牙欲立其同母兄庆父,故季友使鸩季鸩之。《公羊传》曰:"季子杀兄何
善尔,诛不得避兄弟,君臣之义也。"赵盾,晋大夫赵宣子也,灵公欲杀
之,宣子将出奔,而赵穿攻灵公于桃园,宣子未出山而复。太史书曰:
'赵盾弑其君。'宣子曰:'不然。'曰:'子为正卿,亡不越境,反不讨贼,
非子而谁?'孔子曰:'董狐,古之良史也,书法不隐。赵宣子,古之良大
夫也,为法受恶。'"

⑪师古曰:"饬,与敕同。"

⑫师古曰:"比,谓比同也,音频寐反。"

⑬孟康曰:"《易》曰'噬肤灭鼻'。噬,食也。肤,膏也。喻爵禄恩泽加之,不
忍诛也。"师古曰:"孟说非也。《易·噬嗑卦》九二爻辞曰'噬肤灭鼻'。
噬肤者,言自啮其肌肤。诏云,为明是恭后之亲,有肌肤之爱,是以不忍
加法,故引噬肤之言也。"

⑭师古曰:"悉,尽也。统,领也。辟,君也。元戎,大众也。言为元戎之主
而统之也。辟,音必亦反。"

⑮师古曰:"与,读曰欤。"

⑯师古曰:"右,上也。"

明年,匈奴单于来朝,宴见,群臣在前。单于怪贤年少,以问
译,①上令译报曰:"大司马年少,以大贤居位。"单于乃起,拜贺汉
得贤臣。

①师古曰:"传语之人也。"

　　初，丞相孔光为御史大夫，时贤父恭为御史，事光。及贤为大司马，与光并为三公，上故令贤私过光。光雅恭谨，知上欲尊宠贤，及闻贤当来也，光警戒衣冠出门待，望见贤车乃却入。贤至中门，光入阁，既下车，乃出拜谒，送迎甚谨，不敢以宾客钧敌之礼。贤归，上闻之喜，立拜光两兄子为谏大夫常侍。贤繇是权与人主侔矣。①

　　①师古曰："侔，等也。"

　　是时，成帝外家王氏衰废，唯平阿侯谭子去疾，哀帝为太子时为庶子得幸，及即位，为侍中骑都尉。上以王氏亡在位者，遂用旧恩亲近去疾，复进其弟闳为中常侍。闳妻父萧咸，前将军望之子也，空为郡守，病免，为中郎将。兄弟并列，贤父恭慕之，欲与结婚姻。闳为贤弟驸马都尉宽信求咸女为妇，咸惶恐不敢当，私谓闳曰："董公为大司马，册文言'允执其中'，此乃尧禅舜之文，非三公故事，长老见者，莫不心惧。此岂家人子所能堪邪！"①闳性有知略，闻咸言，心亦悟。乃还报恭，深达咸自谦薄之意。恭叹曰："我家何用负天下，而为人所畏如是！"意不说。②后上置酒麒麟殿，③贤父子亲属宴饮，王闳兄弟侍中中常侍皆在侧。上有酒所，④从容视贤笑，⑤曰："吾欲法尧禅舜，何如？"闳进曰："天下乃高皇帝天下，非陛下之有也。陛下承宗庙，当传子孙于亡穷。统业至重，天子亡戏言！"上默然不说，⑥左右皆恐。于是遣闳出，后不得复侍宴。

　　①师古曰："家人，犹言庶人也，盖咸自谓。"

　　②师古曰："说，读曰悦。"

　　③师古曰："在未央宫。"

　　④师古曰："言酒在体中。"

　　⑤师古曰："从，音千容反。"

　　⑥师古曰："说，读曰悦。"

　　贤第新成，功坚，①其外大门无故自坏，贤心恶之。后数月，哀帝崩。太皇太后召大司马贤，引见东箱，问以丧事调度。贤内忧，不能对，免冠谢。太后曰："新都侯莽前以大司马奉送先帝大行，晓习故事，吾令莽佐君。"贤顿首幸甚。太后遣使者召莽，既至，以太后指使尚书劾贤帝病不亲医药,禁止贤不得入出宫殿司马中.贤不知所为,诣阙免冠徒跣谢.莽使谒者以太后诏即阙下册贤②曰:"间者以来,阴阳不调,菑害并臻,③元元蒙辜.④夫三公,鼎足之辅也,高安侯贤未更事理,⑤为大司马不合心,非所以折冲绥远也.其收大司马印绶,罢归第."即日贤与妻皆自杀,家惶恐夜葬.莽疑其诈死,有司奏请发贤棺,至狱诊视.⑥莽复风大司徒光奏"贤⑦质性巧佞,翼奸获封侯,⑧父子专朝,兄弟并宠,多受赏赐,治第宅,造冢圹,放效无极,不异王制,⑨费以万万计,国家为空虚.父子骄蹇,至不为使者礼,⑩受赐不拜,罪恶暴著.贤自杀伏辜,死后父恭等不悔过,乃复以沙画棺⑪四时之色,左苍龙,右白虎,上著金银日月,玉衣珠璧以棺,⑫至尊无以加.恭等幸得免于诛,不宜在中土.臣请收没入财物县官.诸以贤为官者皆免."父恭、弟宽信与家属徙合浦,母别归故郡巨鹿.长安中小民谨哗,乡其弟哭,几获盗之.⑬县官斥卖董氏财凡四十三万万.贤既见发,裸诊其尸,⑭因埋狱中.

①师古曰:"言尽功力而作之,极坚牢也.功字或作攻.攻,治也,言作治之甚坚牢."

②师古曰:"即,就也."

③师古曰:"菑,古灾字."

④师古曰:"蒙,被也."

⑤师古曰:"更,历也,音工衡反."

⑥师古曰:"谓民冢取其棺柩也.诊,验也.音轸."

⑦师古曰:"风,读曰讽.光,孔光也."

⑧师古曰:"翼,进也."

⑨师古曰:"放,依也,音甫往反."

⑩师古曰:"言不敬天子之使."

⑪师古曰:"以朱砂涂之,而又雕画也."

⑫师古曰:"以此物棺敛也.棺,音工唤反."

⑬师古曰:"阳往哭之,实欲窃盗也.乡,读曰向.几,读曰冀."

⑭师古曰:"裸露形也,音郎果反."

贤所厚吏沛朱诩自劾去大司马府,买棺衣收贤尸葬之.王莽闻之而大怒,以它罪击杀诩。诩子浮,建武中贵显,至大司马,司空,封侯。而王闳,王莽时为牧守,所居见纪,莽败乃去官。世祖下诏曰:"武王克殷,表商容之闾。①闳修善谨敕,兵起,吏民独不争其头首。今以闳子补吏。"至墨绶卒官,萧咸外孙云。

①师古曰:"商容,殷贤人。"

赞曰:柔曼之倾意,①非独女德,盖亦有男色焉。观籍、闳、邓、韩之徒非一,而董贤之宠尤盛,父子并为公卿,可谓贵重人臣无二矣。然进不繇道,②位过其任,莫能有终,所谓爱之适足以害之者也。汉世衰于元、成,坏于哀、平。哀、平之际,国多衅矣。③主疾无嗣,弄臣为辅,鼎足不强,栋干微挠。④一朝帝崩,奸臣擅命,董贤缢死,丁、傅流放,辜及母后,夺位幽废,⑤咎在亲便嬖,所任非仁贤。故仲尼著"损者三友",⑥王者不私人以官,殆为此也。⑦

①师古曰:"曼,泽也,言其质柔而色理光泽也。"
②师古曰:"言本不以德进。繇,读与由同。"
③师古曰:"衅,谓间隙也。"
④师古曰:"挠,弱也,音女教反。"
⑤师古曰:"谓贬皇太后赵氏为孝成皇后,退居北宫,哀皇后傅氏退居桂宫。"
⑥师古曰:"《论语》称孔子曰:'损者三友:友便辟,友善柔,友便佞,损矣。'"
⑦师古曰:"殆,近也。"

汉书卷九四上
列传第六四上

匈奴上

匈奴,其先夏后氏之苗裔,曰淳维。①唐虞以上有山戎、猃允、薰粥,②居于北边,随草畜牧而转移。其畜之所多则马、牛、羊,其奇畜则橐佗、驴、骡、駃騠、騊駼、驒騱。③逐水草迁徒,无城郭常居耕田之业。然亦各有分地。④无文书,以言语为约束。儿能骑羊,引弓射鸟鼠,⑤少长则射狐菟,⑥肉食,⑦士力能弯弓,尽为甲骑。其俗,宽则随畜田猎禽兽为生业,急则人习战攻以侵伐,⑧其天性也。其长兵则弓矢,短兵则刀铤。⑨利则进,不利则退,不羞遁走。苟利所在,不知礼义。自君王以下咸食畜肉,衣其皮革,被旃裘。壮者食肥美,老者饮食其余。贵壮健,贱老弱。父死,妻其后母;兄弟死,皆取其妻妻之。其俗有名不讳而无字。

①师古曰:“以殷时始奔北边。”

②师古曰:“皆匈奴别号。猃,音险。粥,音弋六反。”

③师古曰:“橐佗,言能负橐囊而駄物也。骡,驴种而马生也。駃騠,俊马也,生七日而超其母。騊駼,马类也,生北海。驒騱,驴騠类也。佗,音徒何反。駃,音决。騠,音提。騊,音桃。駼,音涂。驒,音颠。”

④师古曰:“分,音扶问反。其下亦同。”

⑤师古曰:“言其幼小则能射。”

⑥师古曰:“少长,言渐大。”

⑦师古曰:“言无米粟,唯食肉。”

⑧师古曰:“人人皆习之。”

⑨师古曰:"铤,铁把小矛也,音蝉。"

　　夏道衰,而公刘失其稷官,变于西戎,①邑于豳。②其后三百有余岁,戎狄攻大王亶父,③亶父亡走于岐下,④豳人悉从亶父而邑焉,作周。⑤其后百有余岁,周西伯昌伐畎夷。⑥后十有余年,武王伐纣而营雒邑,复居于酆镐,放逐戎夷泾、洛之北,⑦以时入贡,名曰荒服。其后二百有余年,周道衰,而周穆王伐畎戎,⑧得四白狼四白鹿以归。自是之后,荒服不至。于是作《吕刑》之辟。⑨至穆王之孙懿王时,王室遂衰,戎狄交侵,暴虐中国。中国被其苦,诗人始作,疾而歌之,曰:"靡室靡家,猃允之故";"岂不日戒,猃允孔棘。"⑩至懿王曾孙宣王,兴师命将以征伐之,诗人美大其功,曰:"薄伐猃允,至于太原";⑪"出车彭彭","城彼朔方"。⑫是时四夷宾服,称为中兴。

　　①师古曰:"公刘,后稷之曾孙也。变,化也,谓行化于其俗。"

　　②师古曰:"即今之豳州是其地也。"

　　③师古曰:"自公刘至亶父,承九君也。父,读曰甫。"

　　④师古曰:"岐山之下。"

　　⑤师古曰:"始作周国也。"

　　⑥师古曰:"西伯昌即文王也。畎,音工犬反。畎夷即畎戎也,又曰昆夷。昆字或作混,又作绲,二字并工本反。昆、绲、畎,声相近耳。亦曰犬戎也。《山海经》云:'黄帝生苗龙,苗龙生融吾,融吾生弄明,弄明生白犬。白犬有二牝牡,是为犬戎。'许氏《说文解字》曰'赤狄本犬种也',故字从犬。"

　　⑦师古曰:"此洛即漆沮水也,本出上郡雕阴泰冒山,而南入于渭。"

　　⑧师古曰:"穆王,成王孙,康王子也。"

　　⑨师古曰:"即《尚书·吕刑》篇是也。辟,法也,音闢。"

　　⑩师古曰:"《小雅·采薇》之诗也。孔,甚也。棘,急也。言征役逾时,靡有室家夫妇之道者,以有猃允之难故也。岂不日日相警戒乎?猃允之难甚急。"

　　⑪师古曰:"《小雅·六月》之诗也。薄伐,言逐出之。"

　　⑫师古曰:"《小雅·出车》之诗也。彭彭,盛也。朔方,方也。言猃允既去,北方安静,乃筑城以守。"

　　至于幽王,用宠姬褒姒之故,与申侯有隙。①申侯怒而与畎戎共攻杀幽王于丽山之下，②遂取周之地，卤获而居于泾渭之间，侵暴中国。秦襄公救周，于是周平王去酆镐而东徙于雒邑。③当时襄公伐戎至郊，④始列为诸侯。后六十有五年，而山戎越燕而伐齐，齐釐公与战于齐郊。⑤后四十四年，而山戎伐燕。燕告急齐，齐桓公北伐山戎，山戎走。后二十余年，而戎翟至雒邑，伐周襄王，⑥襄王出奔于郑之氾邑。⑦初，襄王欲伐郑，故取翟女为后，与翟共伐郑。已而黜翟后，翟后怨，而襄王继母曰惠后，有子带，欲立之，于是惠后与翟后、子带为内应，开戎翟，戎翟以故得入，破逐襄王，而立子带为王。于是戎翟或居于陆浑，⑧东至于卫，侵盗尤甚。周襄王既居外四年，乃使使告急于晋。晋文公初立，欲修霸业，乃兴师伐戎翟，诛子带，迎内襄王于雒邑。

①师古曰："幽王，宣王之子。"

②师古曰："丽，读曰骊。"

③师古曰："平王，幽王之子。"

④师古曰："郊，古岐字。"

⑤师古曰："釐，读曰僖。"

⑥师古曰："襄王，惠王之子。"

⑦苏林曰："氾，音凡，今颍川襄城是也。"师古曰："以襄王尝处之，因号襄城。"

⑧师古曰："今伊阙南陆浑山川是其地。"

　　当是时，秦晋为强国。晋文公攘戎翟，居于西河圁、洛之间，①号曰赤翟、白翟。②而秦穆公得由余，西戎八国服于秦。故陇以西有绵诸、绲戎、狄獂之戎，③在岐、梁、泾、漆之北有义渠、大荔、乌氏、朐衍之戎，④而晋北有林胡、楼烦之戎，燕北有东胡、山戎。⑤各分散溪谷，自有君长，往往而聚者百有余戎，然莫能相壹。

①晋灼曰："圁，音银。《三仓》作圆。《地理志》'圁水出上郡白土县西，东流入河。'师古曰："圁水即今银州银水是也。书本作圁，晋说是也。后转写者误为圆耳。洛水亦谓漆沮。"

②师古曰："《春秋》所书晋师灭赤狄潞氏，郤缺获白狄子者。"

③师古曰："皆在天水界，即绵诸道及獂道是也。獂，音桓。"

④师古曰:"此漆水在新平。荔,音隶。氏,音支。朐,音许于反。"
⑤服虔曰:"乌桓之先也,后为鲜卑。"

自是之后百有余年,晋悼公使魏绛和戎翟,戎翟朝晋。后百有余年,赵襄子逾句注而破之,并代以临胡貉。①后与韩、魏共灭知伯,分晋地而有之,则赵有代、句注以北,而魏有西河、上郡,以与戎界边。其后,义渠之戎筑城郭以自守,而秦稍蚕食之,至于惠王,遂拔义渠二十五城。惠王伐魏,魏尽入西河及上郡于秦。秦昭王时,义渠戎王与宣太后乱,有二子。②宣太后诈而杀义渠戎王于甘泉,遂起兵伐灭义渠。于是秦有陇西、北地、上郡,筑长以距胡。而赵武灵王亦变俗胡服,习骑射,北破林胡、楼烦,自代并阴山下至高阙为塞,③而置云中、雁门、代郡。其后燕有贤将秦开,为质于胡,胡甚信之。归而袭破东胡,东胡却千余里。④与荆轲刺秦王秦舞阳者,开之孙也。燕亦筑长城,自造阳至襄平,⑤置上谷、渔阳、右北平、辽西、辽东郡以距胡。当是时,冠带战国七,而三国边于匈奴。⑥其后赵将李牧时,匈奴不敢入赵边。后秦灭六国,而始皇帝使蒙恬将数十万之众北击胡,悉收河南地,因河为塞,筑四十四县城临河,徙適戍以充之。⑦而通直道自九原至云阳,因边山险,堑溪谷,可缮者缮之,⑧起临洮至辽东万余里。又度河据阳山北假中。⑨

①师古曰:"貉,音莫伯反。"
②师古曰:"即昭王母也。"
③师古曰:"并,音步浪反。高阙,解在《卫青霍去病传》。"
④师古曰:"却,退也,音丘略反。"
⑤师古曰:"造阳,地名,在上谷界。襄平即辽东所治也。"
⑥如淳曰:"燕、赵、秦。"
⑦师古曰:"適,读曰谪。有罪谪合徙戍者,令徙居之。"
⑧师古曰:"缮,补也。"
⑨师古曰:"北假,地名。"

当是时,东胡强而月氏盛。①匈奴单于曰头曼,②头曼不胜秦,北徙。十有余年而蒙恬死,诸侯畔秦,中扰乱,诸秦所徙適边者皆复去,③于是匈奴得宽,复稍度河南与中国界于故塞。

①师古曰:"氐,音支。"

②师古曰:"曼,音莫安反。"

③师古曰:"適音谪。"

单于有太子,名曰冒顿。后有爱阏氏,生少子,①头曼欲废冒顿而立少子,乃使冒顿质于月氏。冒顿既质,而头曼急击月氏。月氏欲杀冒顿,冒顿盗其善马,骑亡归。头曼以为壮,令将万骑。冒顿乃作鸣镝,②习勒其骑射,③令曰:"鸣镝所射而不悉射者斩。"行猎兽,有不射鸣镝所射辄斩之。已而,冒顿以鸣镝自射善马,左右或莫敢射,冒顿立斩之。居顷之,复以鸣镝自射其爱妻,左右或颇恐,不敢射,复斩之。顷之,冒顿出猎,以鸣镝射单于善马,左右皆射之。于是冒顿知其左右可用,从其父单于头曼猎,以鸣镝射头曼,其左右皆随鸣镝而射杀头曼,尽诛其后母与弟及大臣不听从者。于是冒顿自立为单于。

①师古曰:"阏氏,匈奴皇后号也。阏,音于连反。氏,音支。"

②应劭曰:"髐箭也。"师古曰:"镝,音嫡。髐,音呼交反。"

③师古曰:"勒其所部骑,皆习射也。"

冒顿既立,时东胡强,闻冒顿杀父自立,乃使使谓冒顿曰:"欲得头曼时号千里马。"冒顿问群臣,皆曰:"此匈奴宝马也,勿予。"冒顿曰:"奈何与人邻国爱一马乎?"遂与之。顷之,东胡以为冒顿畏之,使使谓冒顿曰:"欲得单于一阏氏。"冒顿问左右,左右皆怒曰:"东胡无道,乃求阏氏!请击之。"冒顿曰:"奈何与人邻国爱一女子乎?"遂取所爱阏氏予东胡。东胡王愈骄,西侵。与匈奴中间弃地莫居千余里,各居其边为瓯脱。①东胡使使谓冒顿曰:"匈奴所与我界瓯脱外弃地,匈奴不能至也,吾欲有之。"冒顿问群臣,或曰:"此弃地,予之。"于是冒顿大怒曰:"地者,国之本也,奈何予人!"诸言与者皆斩之。冒顿上马,令国中有后者斩,遂东袭击东胡。东胡初轻冒顿,不为备,及冒顿以兵至,大破灭东胡王,虏其民众畜产。既归,西击走月氏,南并楼烦、白羊河南王,②悉复收秦所使蒙恬所夺匈奴地者,与汉关故河南塞,至朝那、肤施,③遂侵燕、代。是时,汉方与项羽相距中国，罢于兵革。④以故冒顿得自强，控弦之士三十余万。⑤

①服虔曰："瓯脱，作土室以伺也。"师古曰："境上候望之处，若今之伏宿舍也。瓯，音一侯反。脱，音土活反。"

②师古曰："二王之居在河南。"

③师古曰："朝那属安定，肤施属上郡。"

④师古曰："罢，读曰疲。"

⑤师古曰："控，引也。控弦，言能引弓者。"

自淳维以至头曼，千有余岁，时大时小，别散分离，尚矣，①其世传不可得而次。然至冒顿，而匈奴最强大，尽服从北夷，而南与诸夏为敌国，其世姓官号可得而记云。

①师古曰："尚，久远。"

单于姓挛鞮氏，①其国称之曰"撑犁孤涂单于"。②匈奴谓天为"撑犁"，谓子为"孤涂"，单于者，广大之貌也，言其象天单于然也。置左右贤王，左右谷蠡，③左右大将，左右大都尉，左右大当户，左右都侯。匈奴谓贤曰"屠耆"，故常以太子为左屠耆王。自左右贤王以下至当户，大者万余骑，小者数千，凡二十四长，立号曰"万骑"。其大臣皆世官。呼衍氏，兰氏，④其后有须卜氏，此三姓，其贵种也。诸左王将居东方，直上谷以东，⑤接秽貉、朝鲜；右王将居西方，直上郡以西，接氏、羌；而单于庭直代、云中。各有分地，逐水草移徙。而左右贤王、左右谷蠡最大国，左右骨都侯辅政，诸二十四长，亦各自置千长、百长、什长、裨小王、⑥相、都尉、当户、且渠之属。⑦

①师古曰："挛，音力全反。鞮，音丁奚反。"

②苏林曰："撑，音掌距之掌。"师古曰："音丈庚反。"

③师古曰："谷，音鹿。蠡，音卢奚反。"

④师古曰："呼衍，即今鲜卑姓呼延者是也。兰姓，今亦有之。"

⑤师古曰："直，当也。其下亦同也。"

⑥师古曰："裨，音频移反。"

⑦师古曰："且，音子余反。今之沮渠姓，盖本因此官。"

岁正月，诸长小会单于庭，祠。五月，大会龙城，祭其先、天地、鬼神。秋，马肥，大会蹄林，课校人畜计。①其法，拔刃尺者死，坐盗者没入其家；有罪，小者轧，②大者死。狱久者不满十日，一国之囚不过数人。而单于朝出营，拜日之始生，夕拜月。其坐，长左而北向，③日上戊己。其送死，有棺椁金银衣裳，而无封树丧服；近幸臣妾从死者，多至数十百人。④举事常随月，盛壮以攻战，月亏则退兵。其攻战，斩首虏赐一卮酒，得卤获因以予之，得人以为奴婢。故其战，人人自为趋利，⑤善为诱兵以包敌。⑥故其逐利，如鸟之集；其困败，瓦解云散矣。战而扶舆死者，尽得死者家财。

①服虔曰："蹄，音带。匈奴秋社八月中皆会祭处也。"师古曰："蹄者，绕林木而祭也。鲜卑之俗，自古相传，秋天之祭，无林木者尚竖柳枝，众骑驰绕三周乃止。此其遗法。计者，人畜之数。"

②服虔曰："刃刻其面也。"如淳曰："轧，挝杖也。"师古曰："二说皆非也。轧，谓辗轹其骨节，若今之厌踝者也。轧，音于黠反。辗，音女展反。"

③师古曰："左者，以左为尊。"

④师古曰："或数十人，或百人。"

⑤师古曰："趣，读曰趋，向也。"

⑥师古曰："包裹取之。"

后北服浑窳、屈射、丁零、隔昆、龙新犁之国。①于是匈奴贵人大臣皆服，以冒顿为贤。

①师古曰："五小国也。浑，音胡昆反。窳，音弋主反。犁，音犁。"

是时，汉初定，徙韩王信于代，都马邑。匈奴大攻围马邑，韩信降匈奴。匈奴得信，因引兵南逾句注，攻太原，至晋阳下。高帝自将兵往击之。会冬大寒雨雪，①卒之堕指者十二三，于是冒顿阳败走，诱汉兵。汉兵逐击冒顿，冒顿匿其精兵，见其羸弱，于是汉悉兵，多步兵，三十二万，北逐之。高帝先至平城，步兵未尽到，冒顿纵精兵三十余万骑围高帝于白登，七日，②汉兵中外不得相救饷。匈奴骑，其西方尽白，东方尽駹，北方尽骊，南方尽骍马。③高帝乃使使间厚遗阏氏，④阏氏乃谓冒顿曰："两主不相困。今得汉地，单于终非能居之。且汉主有神，单于察之。"冒顿与韩信将王黄、赵利期，而兵久不来,疑其与汉有谋,亦取阏氏之言,乃开围一角。于是高皇帝令士皆持满傅矢外乡,从解角直出,⑤得与大军合,而冒顿遂引兵去。汉亦引兵罢,使刘敬结和亲之约。

①师古曰:"雨,音于具反。"

②师古曰:"白登在平城东南,去平城十余里。"

③师古曰:"骢,青马。骊,深黑。骍,赤马也。骢,音龙。骍,先营反。"

④师古曰:"求间隙而私遗之。"

⑤师古曰:"傅,读曰附。乡,读曰向。言满引弓弩,注矢外捍,从解围之隅直角以出去。"

是后,韩信为匈奴将,及赵利、王黄为数背约,侵盗代、雁门、云中。居无几何,陈豨反,①与韩信合谋击代。汉使樊哙往击之,复收代、雁门、云中郡县,不出塞。是时,匈奴以汉将数率众往降,②故冒顿常往来侵盗代地。于是高祖患之,乃使刘敬奉宗室女翁主为单于阏氏,③岁奉匈奴絮缯酒食物各有数,约为兄弟以和亲,冒顿乃少止。后燕王卢绾复反,率其党且万人降匈奴,往来苦上谷以东,终高祖世。

①师古曰:"无几何,言无多时也。几,音居岂反。"

②师古曰:"即谓韩信、陈豨之属耳。"

③师古曰:"诸王女曰翁主者,言其父自主婚。"

孝惠、高后时,冒顿浸骄,①乃为书,使使遗高后曰:"孤偾之君,②生于沮泽之中,③长于平野牛马之域,数至边境,愿游中国。陛下独立,孤偾独居。两主不乐,无以自虞。④愿以所有,易其所无。"高后大怒,召丞相及樊哙、季布等,议斩其使者,发兵而击之。樊哙曰:"臣愿得十万众,横行匈奴中。"问季布,布曰:"哙可斩也!前陈豨反于代,汉兵三十二万,哙为上将军,时匈奴围高帝于平城,哙不能解围。天下歌之曰:'平城之下亦诚苦!七日不食,不能彀弩。'⑤今歌唫之声未绝,伤痍者甫起,⑥而哙欲摇动天下,妄言以十万众横行,是面谩也。⑦且夷狄譬如禽兽,得其善言不足喜,恶言不足怒也。"高后曰:"善。"令大谒者张泽报书曰:"单于不忘弊邑,赐之以书，弊邑恐惧。退日自图，⑧年老气衰，发齿堕落，行步失度，单于过听，不足以自污。⑨弊邑无罪，宜在见赦。窃有御车二乘，马二驷，以奉常驾。冒顿得书，复使使来谢曰："未尝闻中国礼义，陛下幸而赦之。"因献马，遂和亲。

①师古曰："浸，渐也。"

②如淳曰："偾，仆也，犹言不能自立也。"师古曰："偾，音方问反。"

③师古曰："沮，浸湿之地，音子豫反。"

④师古曰："虞，与娱同。"

⑤师古曰："毅，张也，音工豆反。"

⑥师古曰："唫，古吟字。痍，创也。甫，始也。痍，音夷。"

⑦师古曰："谩，欺诳也，音慢，又音莫连反。"

⑧师古曰："图，谋也。"

⑨师古曰："过，误也。"

至孝文即位，复修和亲。其三年夏，匈奴右贤王入居河南地为寇，于是文帝下诏曰："汉与匈奴约为昆弟，无侵害边境，所以输遗匈奴甚厚。今右贤王离其国，将众居河南地，非常故。①往来入塞，捕杀吏卒，殴侵上郡保塞蛮夷，令不得居其故。②陵轹边吏，入盗甚骜无道，③非约也。其发边吏骑八万诣高奴，④遣丞相灌婴将击右贤王。"右贤王走出塞，文帝幸太原。是时，济北王反，文帝归，罢丞相击胡之兵。

①师古曰："言异于常，非旧事。"

②师古曰："殴与驱同。保塞蛮夷，谓本来属汉，而居边塞自保守。"

③师古曰："轹，音来各反。骜，与傲同。"

④师古曰："上郡之县也。"

其明年，单于遗汉书曰："天所立匈奴大单于敬问皇帝无恙。前时皇帝言和亲事，称书意合欢。①汉边吏侵侮右贤王，右贤王不请，②听后义卢侯难支等计，与汉吏相恨，绝二主之约，离昆弟之亲。皇帝让书再至，发使以书报，不来，汉使不至。③汉以其故不和，邻国不附。今以少吏之败约，④故罚右贤王，使至西方求月氏击之。以天之福，吏卒良，马力强，以灭夷月氏，⑤尽斩杀降下定之。楼兰、乌孙、呼揭及其旁二十六国,皆已为匈奴。⑥诸引弓之民,并为一家。北州以定,愿寝兵休士养马,除前事,复故约,⑦以安边民,以应古始,使少者得成其长,老者得安其处,世世平乐。未得皇帝之志,故郎中系雩浅奉书请,⑧献橐佗一,骑马二,驾二驷。⑨皇帝即不欲匈奴近塞,则且诏吏以远舍。⑩使者至,即遣之。"六月中,来至新望之地。⑪书至,汉议击与和亲孰便,公卿皆曰:"单于新破月氏,乘胜,不可击也。且得匈奴地,泽卤非可居也。和亲甚便。"汉许之。

①师古曰:"称,副也。言与所遗书意相副,而共结欢亲。"

②师古曰:"不告单于也。"

③师古曰:"让书,有责让之言也。谓匈奴再得汉书,而发使将书以报汉。汉留其使不得来还,而汉又更不发使至匈奴也。"

④师古曰:"少吏,犹言小吏。"

⑤师古曰:"夷,平也。"

⑥师古曰:"皆入匈奴国也。揭,音丘列反。"

⑦师古曰:"复,音扶目反。"

⑧师古曰:"呼,音火姑反。"

⑨师古曰:"骑马,堪为骑也。驾,可驾车也。二驷,八匹。"

⑩师古曰:"舍,居止也。"

⑪服虔曰:"汉界上塞下之地。"

孝文前六年,遗匈奴书曰:"皇帝敬问匈奴大单于无恙。使系雩浅遗朕书,云'愿寝兵休士,除前事,复故约,以安边民,世世平乐',朕甚嘉之。此古圣王之志也。汉与匈奴约为兄弟,所以遗单于甚厚。背约离兄弟之亲者,常在匈奴。然右贤王事已在赦前,勿深诛。单于若称书意,明告诸吏,使无负约,有信,敬如单于书。使者言单于自将并国有功,甚苦兵事。服绣袷绮衣、长襦、锦袍各一,①比疏一,②黄金饬具带一,黄金犀毗一,③绣十匹,锦二十匹,赤绨、绿缯各四十匹,④使中大夫意、谒者令肩遗单于。"

①师古曰:"服者,言天子自所服也。袷者,衣无絮也。绣袷绮衣,以绣为表,绮为里也。袷,音式冶反。"

②师古曰:"辫发之饬也,以金为之。比,音频寐反。疏字或作余。"

③孟康曰:"要中大带也。"张晏曰:"鲜卑郭洛带,瑞兽名也,东胡好服之。"师古曰:"犀毗,胡带钩也。亦曰鲜卑,亦谓师比,总一物也,语有轻重耳。"

④师古曰:"缯者,帛之总称。绨,厚缯也,音徒奚反。"

后顷之。冒顿死,子稽粥立,①号曰老上单于。

①师古曰:"稽,音鸡。粥,音育。"

老上稽粥单于初立,文帝复遣宗人女翁主为单于阏氏,①使宦者燕人中行说傅翁主。②说不欲行,汉强使之。说曰:"必我也,为汉患者。"③中行说既至,因降单于,单于爱幸之。

①师古曰:"宗人女,亦诸侯王之女。"

②师古曰:"姓中行,名说也。行,音胡郎反。说,读曰悦。"

③师古曰:"言我必于汉生患。"

初,单于好汉缯絮食物,中行说曰:"匈奴人众不能当汉之一郡,然所以强之者,以衣食异,无卬于汉。①今单于变俗好汉物,汉物不过什二,则匈奴尽归于汉矣。②其得汉絮缯以驰草棘中,衣裤皆裂弊,以视不如旃裘坚善也;③得汉食物皆去之,④以视不如重酪之便美也。"⑤于是说教单于左右疏记,以计识其人众畜牧。⑥汉遗单于书,以尺一牍,辞曰"皇帝敬问匈奴大单于无恙",所以遗物及言语云云。中行说令单于以尺二寸牍,及印封皆令广长大,倨鳌其辞⑦曰:"天地所生日月所置匈奴大单于敬问汉皇帝无恙",所以遗物语亦云云。

①师古曰:"卬,音牛向反。"

②师古曰:"言汉费物十分之二,则尽得匈奴之众也。"

③师古曰:"视,读曰示。下皆类此。"

④师古曰:"去,弃也,音丘吕反。"

⑤师古曰:"重,乳汁也。重,音竹用反,字本作湩,其音则同。"

⑥师古曰:"说者,举中行说之名也。疏,分条之也。识亦记,音式志反。"

⑦师古曰:"倨,慢也。鳌,与傲同。"

汉使或言匈奴俗贱老,中行说穷汉使曰:"而汉俗屯戍从军当发者,其亲岂不自夺温厚肥美赍送饮食行者乎?"①汉使曰"然"。说曰:"匈奴明以攻战为事,老弱不能斗,故以其肥美饮食壮健以自卫,如此父子各得相保,何以言匈奴轻老也?"汉使曰:"匈奴父子同穹庐卧。②父死,妻其后母;兄弟死,尽妻其妻。无冠带之节,阙庭之礼。"中行说曰:"匈奴之俗,食畜肉,饮其汁,衣其皮;畜食草饮水,随时转移。故其急则人习骑射,宽则人乐无事。约束径,易行;君臣简,可久。③一国之政犹一体也。父兄死,则妻其妻,恶种姓之失也。故匈奴虽乱,必立宗种。今中国虽阳不取其父兄之妻,亲属益疏则相杀,至到易姓,皆从此类也。且礼义之敝,上下交怨,而室屋之极,生力屈焉。④夫力耕桑以求衣食,⑤筑城郭以自备,故其民急则不习战攻,缓则罢于作业。⑥嗟土室之人,顾无喋喋占占,冠固何当!"⑦自是之后,汉使欲辩论者,中行说辄曰:"汉使毋多言,顾汉所输匈奴缯絮米糵,令其量中,必善美而已,⑧何以言为乎?且所给备善则已,不备善而苦恶,则候秋孰,以骑驰蹂乃稼穑也。"⑨日夜教单于候利害处。

①师古曰:"而,汝也。饮,音于禁反。食,音似。其下亦同。"

②师古曰:"穹庐,旃帐也。其形穹隆,故曰穹庐。"

③师古曰:"径,直也。简,率也。"

④师古曰:"言忠信衰薄,强为礼义,故其末流,怨恨弥起。栋宇之作,土木竞胜,劳役既重,所以力屈。屈,尽也,音其勿反。"

⑤师古曰:"力,谓竭力也。"

⑥师古曰:"罢,读曰疲。"

⑦师古曰:"嗟者,叹愍之言也。喋喋,利口也。占占,衣裳貌也。言汉人且当思念,无为喋喋占占耳。虽自谓著冠,何所当益也。喋,音牒。占,音昌占反。"

⑧师古曰:"顾,念也。中犹满也。量中者,满其数也。中,音竹仲反。"

⑨师古曰:"苦犹粗也。蹂,践也。乃,汝也。蹂,音人九反。"

孝文十四年,匈奴单于十四万骑入朝那萧关,杀北都尉卬,虏人民畜产甚多,遂至彭阳。①使骑兵入烧回中宫,②候骑至雍甘泉。于是文帝以中尉周舍、郎中令张武为将军,发车千乘,十万骑,军长安旁以备胡寇。而拜昌侯卢卿为上郡将军,宁侯魏遫为北地将军，③隆虑侯周灶为陇西将军，④东阳侯张相如为大将军，成侯董赤为将军。⑤大发车骑往击胡。单于留塞内月余，汉逐出塞即还，不能有所杀。匈奴日以骄，岁入边，杀略人民甚众，云中、辽东最甚，郡万余人。汉甚患之，乃使使遗匈奴书，单于亦使当户报谢，复言和亲事。

①服虔曰："安定县也。"师古曰："即今彭原县是。"

②师古曰："回中，地在安定，其中有宫也。"

③师古曰："逮，古速字。"

④师古曰："虑，音庐。"

⑤师古曰："《文纪》言建成侯，此言成侯，纪传不同，当有误。"

孝文后二年，使使遗匈奴书曰："皇帝敬问匈奴大单于无恙。使当户且渠雕渠难、郎中韩辽遗朕马二匹，已至，敬受。①先帝制：长城以北，引弓之国，受令单于；长城以内，冠带之室，朕亦制之。使万民耕织，射猎衣食，父子毋离，臣主相安，俱无暴虐。今闻渫恶民贪降其趋，②背义绝约，忘万民之命，离两主之欢，然其事已在前矣。书云'二国已和亲，两主欢说，③寝兵休卒养马，④世世昌乐，翕然更始'，朕甚嘉之。圣者日新，改作更始，使老者得息，幼者得长，各保其首领，而终其天年。朕与单于俱由此道，⑤顺天恤民，世世相传，施之无穷，天下莫不咸嘉。使汉与匈奴邻敌之国，匈奴处北地，寒，杀气早降，故诏吏遗单于秫糵金帛绵絮它物岁有数。今天下大安，万民熙熙，⑥独朕与单于为之父母。朕追念前事，薄物细故，谋臣计失，皆不足以离昆弟之欢。⑦朕闻天不颇覆，地不偏载，⑧朕与单于皆捐细故，俱蹈大道也，⑨堕坏前恶，以图长久，⑩使两国之民若一家子。元元万民，下及鱼鳖，上及飞鸟，跂行喙息蠕动之类，⑪莫不就安利，避危殆。故来者不止，天之道也。俱去前事，⑫朕释逃虏民，⑬单于毋言章尼等。⑭朕闻古之帝王，约分明而不食言。⑮单于留志，天下大安，⑯和亲之后，汉过不先。⑰单于其察之。"

①师古曰："当户且渠者，一人为二官。雕渠难者，其姓名。"

②晋灼曰："渫，音渫水之渫。邪恶不正之民。"师古曰："渫，音先列反。降，

　　下也,谓下意于利也。趋,读曰趣。"

③师古曰:"说,读曰悦。"

④师古曰:"寝,息也。"

⑤师古曰:"由,从也,用也。"

⑥师古曰:"和乐貌。"

⑦师古曰:"细故,小事也。"

⑧师古曰:"颇亦偏也,音普何反。"

⑨师古曰:"捐,弃也。"

⑩师古曰:"堕,毁也。图,谋也。堕,音火规反。"

⑪师古曰:"跂行,凡有足而行者也。喙息,凡以口出气者也。蠕蠕,动貌。
　　跂,音岐。喙,音许秽反。蠕,人兖反。"

⑫师古曰:"去,除也,音丘吕反。"

⑬师古曰:"谓汉人逃入匈奴者,令不追。"

⑭师古曰:"背单于降汉者。"

⑮师古曰:"凡云食言者,终为不信,弃其前言,如食而尽。"

⑯师古曰:"留志,谓计念和亲,"

⑰师古曰:"言更不负约。"

　　单于既约和亲。于是制诏御史:"匈奴大单于遗朕书,和亲已
定,亡人不足以益众广地,匈奴无入塞,汉无出塞,犯今约者杀之,
可以久亲,后无咎,俱便。朕已许。其布告天下,使明知之。"

　　后四年,老上单于死,子军臣单于立,而中行说复事之。汉复与
匈奴和亲。

　　军臣单于立岁余,匈奴复绝和亲,大入上郡、云中,各三万骑,
所杀略甚众。于是汉使三将军军屯北地,代屯句注,赵屯飞狐口,①
缘边亦各坚守以备胡寇。又置三将军军长安西细柳、渭北棘门、霸
上以备胡。胡骑入代句注边,烽火通于甘泉、长安。数月,汉兵至边。
匈奴亦远塞,②汉兵亦罢。后岁余,文帝崩,景帝立,而赵王遂乃阴
使于匈奴。吴楚反,欲与赵合谋入边。汉围破赵,匈奴亦止。自是
后,景帝复与匈奴和亲,通关市,给遗单于,遣翁主,如故约。终景帝
世,时时小入盗边,无大寇。

①师古曰："险陂之处,在代郡之南,南冲燕赵之中。"
②师古曰："远,离也,音于万反。"

　　武帝即位,明和亲约束,厚遇关市,饶给之。匈奴自单于以下皆亲汉,往来长城下。

　　汉使马邑人聂翁壹①间阑出物与匈奴交易,②阳为卖马邑城以诱单于。单于信之,而贪马邑财物,乃以十万骑入武州塞。汉伏兵三十余万马邑旁,御史大夫韩安国为护军将军,护四将军以伏单于。③单于既入汉塞,未至马邑百余里,见畜布野而无人牧者,怪之,乃攻亭。时雁门尉史行徼,见寇,保此亭。④单于得,欲刺之。尉史知汉谋,乃下,⑤具告单于。单于大惊,曰："吾固疑之。"乃引兵还。出曰："吾得尉史,天也。"以尉史为天王。汉兵约单于入马邑而纵兵,⑥单于不至,以故无所得。将军王恢部出代击胡辎重,⑦闻单于还,兵多,不敢出。汉以恢本建造兵谋而不进,诛恢。自是后,匈奴绝和亲,攻当路塞,⑧往往入盗于边,不可胜数。然匈奴贪,尚乐关市,耆汉财物,⑨汉亦通关市不绝以中之。⑩

①师古曰："姓聂名壹。翁者,老人之称也。"
②孟康曰："私出塞交易。"
③师古曰："伏兵而待单于也。"
④师古曰："汉律,近塞郡皆置尉,百里一人,士史、尉史各二人,巡行徼塞也。行,音下孟反。"
⑤师古曰："尉史在亭楼上,虏欲以矛戟刺之,惧,乃自下以谋告。"
⑥师古曰："放兵以击单于。"
⑦师古曰："重,音直用反。"
⑧师古曰："塞之当行道处者。"
⑨师古曰："耆,读曰嗜。"
⑩师古曰："以关市中其意。中,音竹仲反。"

　　自马邑军后五岁之秋,汉使四将各万骑击胡关市下。将军卫青出上谷,至龙城,得胡首虏七百人。公孙贺出云中,无所得。公孙敖出代郡,为胡所败七千。李广出雁门,为胡所败,匈奴生得广,广道亡归。①汉囚敖、广,敖、广赎为庶人。其冬,匈奴数千人盗边,渔阳尤甚。汉使将军韩安国屯渔阳备胡。其明年秋,匈奴二万骑入汉,杀辽西太守军,略二千余人。又败渔阳太守军千余人,围将军安国。②安国时千余骑亦且尽,会燕救之,至,匈奴乃去,又入雁门杀略千余人。于是汉使将军卫青将三万骑出雁门,李息出代郡,击胡,得首虏数千。其明年,卫青复出云中以西至陇西,击胡之楼烦、白羊王于河南,得胡首虏数千,羊百余万。于是汉遂取河南地,筑朔方,复缮故秦时蒙恬所为塞,因河而为固。汉亦弃上谷之斗辟县造阳地以予胡。③是岁元朔二年也。

①师古曰:"于道上亡还。"

②师古曰:"即韩安国也。"

③孟康曰:"县斗辟曲近胡。"师古曰:"斗,绝也。县之斗曲入匈奴界者,其中造阳地也。辟,读曰僻。"

　　其后冬,军臣单元死,其弟左谷蠡王伊稚斜自立为单于,攻败军臣太子於单。於单亡降汉,汉封於单为陟安侯,数月死。

　　伊稚斜单于既立,其夏,匈奴数万骑入代郡,杀太守共友,①略千余人。秋,又入雁门,杀略千余人。其明年,又入代郡、定襄、上郡,各三万骑,杀略数千人。匈奴右贤王怨汉夺之河南地而筑朔方,数寇盗边,及入河南,侵扰朔方,杀略吏民甚众。

①师古曰:"共友,太守姓名也。共,读曰龚。"

　　其明年春,汉遣卫青将六将军十余万人出朔方高阙。右贤王以为汉兵不能至,饮酒醉。汉兵出塞六七百里,夜围右贤王。右贤王大惊,脱身逃走,精骑往往随后去。汉将军得右贤王人众男女万五千人,裨小王十余人。其秋,匈奴万骑入代郡,杀都尉朱央,略千余人。

　　其明年春,汉复遣大将军卫青将六将军,十余万骑,仍再出定襄数百里①击匈奴,得首虏前后万九千余级,而汉亦亡两将军,三千余骑。右将军建得以身脱,而前将军翕侯赵信兵不利,降匈奴。赵信者,故胡小王,降汉,汉封为翕侯,以前将军与右将军并军,介独遇单于兵,故尽没。②单于既得翕侯,以为自次王,③用其姊妻之,与谋汉。信教单于益北绝幕，④以诱罢汉兵，徼极而取之，⑤毋近塞。⑥单于从之。其明年，胡数万骑入上谷，杀数百人。

①师古曰："仍，频也。"

②晋灼曰："介，音戛。"师古曰："介，特也。本虽并军，至遇单于，时特此。介，读如本字。"

③师古曰："自次者，尊重次于单于。"

④师古曰："直度曰绝。"

⑤师古曰："罢，读曰疲。徼，要也。诱令疲，要其困极，然后取之。徼，音工尧反。"

⑥师古曰："不近塞居，所以疲劳汉兵也。"

明年春，汉使票骑将军去病将万骑出陇西，过焉耆山千余里，得胡首虏八千余级，得休屠王祭天金人。①其夏，票骑将军复与合骑侯数万骑出陇西、北地二千里，过居延，攻祁连山，得胡首虏三万余级，禅小王以下十余人。是时，匈奴亦来入代郡、雁门，杀略数百人。汉使博望侯及李将军广出右北平，击匈奴左贤王。左贤王围李广，广军四千人死者过半，杀虏亦过当。会博望侯军救至，李将军得脱，尽亡其军。合骑侯后票骑将军期，及博望侯皆当死，赎为庶人。

①孟康曰："匈奴祭天处本在云阳甘泉山下，秦击夺其地，后徙之休屠王右地，故休屠有祭天金人象也。"师古曰："作金人以为天神之主而祭之，即今佛像是其遗法。"

其秋，单于怒昆邪王、休屠王居西方为汉所杀虏数万人，欲召诛之。昆邪、休屠王恐，谋降汉，汉使票骑将军迎之。昆邪王杀休屠王，并将其众降汉，凡四万余人，号十万。于是汉已得昆邪，则陇西、北地、河西益少胡寇，徙关东贫民处所夺匈奴河南地新秦中以实之，①西减北地以西戍卒半。明年春，匈奴入右北平、定襄各数万骑，杀略千余人。

①师古曰："新秦，解在《食货志》。"

其年春，汉谋以为"翕侯信为单于计，居幕北，以为汉兵不能至。"乃粟马，①发十万骑，私负从马凡十四万匹，②粮重不与焉，③令大将军青、票骑将军去病中分军，大将军出定襄，票骑将军出代。

咸约绝幕击匈奴。④单于闻之，远其辎重，⑤以精兵待于幕北。与汉
大将军接战一日，会暮，大风起，汉兵纵左右翼围单于。单于自度战
不能与汉兵，⑥遂独与壮骑数百溃汉围西北遁走。汉兵夜追之不
得，行捕斩首虏凡万九千级，⑦北至阗颜山赵信城而还。⑧

①师古曰："以粟秣马也。"

②师古曰："私负衣装者及私将马从者，皆非公家发与之限。"

③师古曰："负戴粮食者。重，音直用反。与，读曰豫。"

④师古曰："约，谓为其要。"

⑤师古曰："徙其辎重，令远去。"

⑥师古曰："与犹如也。度，音徒各反。"

⑦师古曰："且行且捕斩之。"

⑧孟康曰："赵信所作，因以名城。"师古曰："阗，音徒千反。"

单于之走，其兵往往与汉军相乱而随单于。单于久不与其大众
相得，右谷蠡王以为单于死，乃自立为单于。真单于复得其众，右谷
蠡乃去号，复其故位。

票骑之出代二千余里，与左王接战，汉兵得胡首虏凡七万余
人，左王将皆遁走。票骑封于狼居胥山，禅姑衍，临翰海而还。

是后匈奴远遁，而幕南无王庭。汉度河自朔方以西至令居，①
往往通渠置田官。吏卒五六万人，稍蚕食，地接匈奴以北。②

①师古曰："令，音零。下亦类此。"

②师古曰："其地相接不绝。"

初，汉两将大出围单于，所杀虏八九万，而汉士物故者亦万
数，①汉马死者十余万匹。匈奴虽病，远去，而汉马亦少，无以复往。
单于用赵信计，遣使好辞请和亲。天子下其议，或言和亲，或言遂臣
之。丞相长史任敞曰："匈奴新困，宜使为外臣，朝请于边。"②汉使
敞使于单于。单于闻敞计，大怒，留之不遣。先是汉亦有所降匈奴
使者，单于亦辄留汉使相当。汉方复收士马，会票骑将军去病死，于
是汉久不北击胡。

①师古曰："物故，谓死也。"

②师古曰："请，音材性反。"

数岁,伊稚斜单于立十三年死,子乌维立为单于。是岁,元鼎三年也。乌维单于立,而汉武帝始出巡狩郡县。其后汉方南诛两越,不击匈奴,匈奴亦不入边。

乌维立三年,汉已灭两越,遣故太仆公孙贺将万五千骑出九原二千余里,至浮苴井,①从票侯赵破奴万余骑出令居数千里,至匈奴河水,②皆不见匈奴,一人而还。

①师古曰:"苴,音子余反。《武纪》苴字作沮,其音同。"

②臣瓒曰:"水名也。去令居千里。"

是时,天子巡边,亲至朔方,勒兵十八万骑以见武节,①而使郭吉风告单于。②既至匈奴,主客问所使,③郭吉卑体好言曰:"吾见单于而口言。"单于见吉,吉曰:"南越王头已县于汉北阙下。今单于即能前与汉战,天子自将兵待边;即不能,亟南面而臣于汉。④何但远走亡匿于幕北寒苦无水草之地为?"⑤语卒,单于大怒,立斩主客见者,而留郭吉不归,迁辱之北海上。而单于终不肯为寇于汉边,休养士马,习射猎,数使使好辞甘言求和亲。

①师古曰:"见,示也。"

②师古曰:"风,读曰讽。"

③师古曰:"主客,主接诸客者也。问以何事而来。"

④师古曰:"亟,急也,音居力反。"

⑤师古曰:"但,空也。"

汉使王乌等窥匈奴。匈奴法,汉使不去节,不以墨黥其面,不得入穹庐。①王乌,北地人,习胡俗,去其节,黥面入庐,单于爱之,阳许曰:"吾为遣其太子入质于汉,以求和亲。"②

①师古曰:"以墨黥面也。"

②师古曰:"言为王乌故遣太子入质。"

汉使杨信使于匈奴。是时,汉东拔涉貉、朝鲜以为郡,①而西置酒泉郡以隔绝胡与羌通之路。又西通月氏、大夏,以翁主妻乌孙王,以分匈奴西方之援国。又北益广田至眩雷为塞,②而匈奴终不敢以为言。是岁,翕侯信死,汉用事者以匈奴已弱,可臣从也。杨信为人刚直屈强,素非贵臣也,③单于不亲。欲召入,不肯去节,乃坐穹庐外见杨信。杨信说单于曰："即欲和亲,以单于太子为质于汉"。单于曰："非故约。故约,汉常遣翁主,给缯絮食物有品,以和亲,④而匈奴亦不复扰边。今乃欲反古,⑤令吾太子为质。无几矣。"⑥匈奴俗,见汉使非中贵人,其儒生,以为欲说,折其辞辩;少年,以为欲刺,折其气。每汉兵入匈奴,匈奴辄报偿。汉留匈奴使,匈奴亦留汉使,必得当乃止。

①师古曰:"涉,与秽同,亦涉或作芬。"

②服虔曰:"眩雷,地在乌孙北也。眩,音州县之县。"

③师古曰:"屈,音其勿反。强,音其两反。"

④师古曰:"品,谓等差也。"

⑤师古曰:"反,违也。"

⑥师古曰:"言遣太子为质,则匈奴国中所余者无几,皆当尽也。几,音居岂反。"

杨信既归,汉使王乌等如匈奴。匈奴复谲以甘言,①欲多得汉财物,绐王乌曰:"吾欲入汉②见天子,面相结为兄弟。"王乌归报,汉为单于筑邸于长安。匈奴曰:"非得汉贵人使,吾不与诚语。③匈奴使其贵人至汉,病,服药欲愈之,不幸而死。汉使路充国佩二千石印绶使,送其丧,厚币直数千金。单于以为汉杀吾贵使者,乃留路充国不归。诸所言者,单于特空绐王乌,④殊无意入汉,遣太子来质。于是匈奴数使奇兵侵犯汉边。汉乃拜郭昌为拔胡将军,及浞野侯屯朔方以东,备胡。⑤

①师古曰:"谲,古诡字。"

②师古曰:"绐,诈也。"

③师古曰:"诚,实也。"

④师古曰:"特,但也。"

⑤师古曰:"浞野侯,赵破奴也。浞,音仕角反。"

乌维单于立十岁死,子詹师庐立,年少,号为儿单于。是岁,元封六年也。自是后,单于益西北,左方兵直云中,右方兵直酒泉、敦煌。

儿单于立,汉使两使,一人吊单于,一人吊右贤王,欲以乖其国。使者入匈奴，匈奴悉将致单于。单于怒而悉留汉使。汉使留匈奴者前后十余辈，而匈奴使来汉，亦辄留之相当。

　　是岁，汉使贰师将军西伐大宛，而令因杅将军筑受降城。①其冬，匈奴大雨雪，②畜多饥寒死，而单于年少，好杀伐，国中多不安。左大都尉欲杀单于。使人间告汉③曰："我欲杀单于降汉，汉远，汉即来兵近我，我即发。"④初汉闻此言，故筑受降城。犹以为远。

　　①师古曰："杅，音于。"
　　②师古曰："雨，音于具反。"
　　③师古曰："私来报。"
　　④师古曰："来兵，言以兵来也。"

　　其明年春，汉使浞野侯破奴将二万骑出朔方北二千余里，①期至浚稽山而还，②浞野侯既至期，左大都尉欲发而觉，单于诛之，发兵击浞野侯。浞野侯行捕首虏数千人。还，未至受降城四百里，匈奴八万骑围之。浞野侯夜出自求水，匈奴生得浞野侯，因急击其军。军吏畏亡将而诛，莫相劝而归，军遂没于匈奴。单于大喜，遂遣兵攻受降城，不能下，乃侵入边而去。明年，单于欲自攻受降城，未到，病死。

　　①师古曰："以迎左大都尉。"
　　②师古曰："浚，音俊。稽，音鸡。在武威北。"

　　儿单于立三岁而死。子少，匈奴乃立其季父乌维单于弟右贤王句黎湖为单于。①是岁，太初三年也。

　　①师古曰："句，音钩。"

　　句黎湖单于立，汉使光禄徐自为出五原塞数百里，远者千里，筑城障列亭至卢朐，①而使游击将军韩说、长平侯卫伉屯其旁，②使强弩都尉路博德筑居延泽上。

　　①师古曰："卢朐，山名也。朐，音劬。"
　　②师古曰："说，读曰悦。伉，音抗，即卫青子。"

　　其秋，匈奴大入云中、定襄、五原、朔方，杀略数千人，败数二千石而去，行坏光禄所筑亭障。又使右贤王入酒泉、张掖，略数千人。会任文击救，①尽复失其所得而去。闻贰师将军破大宛，斩其王还，单于欲遮之,不敢。其冬,病死。

①服虔曰:"任文,汉将也。"师古曰:"击救者,击匈奴而自救汉人。"

句黎湖单于立一岁死,其弟左大都尉且鞮侯立为单于。①

①师古曰:"且,子余反。鞮,音丁奚反。"

汉既诛大宛,威震外国,天子意欲遂困胡,乃下诏曰:"高皇帝遗朕平城之忧,①高后时单于书绝悖逆。昔齐襄公复九世之仇,《春秋》大之。"②是岁,太初四年也。

①师古曰:"遗,留也。"

②师古曰:"《公羊传》庄四年春,齐襄公灭纪,复仇也。襄公之九世祖昔为纪侯所谮,而亨杀于周,故襄公灭纪也。九世犹可以复仇乎?曰:虽百世可也。"

且鞮侯单于初立,恐汉袭之,尽归汉使之不降者路充国等于汉。单于乃自谓"我儿子,安敢望汉天子!汉天子,我丈人行。"①汉遣中郎将苏武厚币赂遗单于,单于益骄,礼甚倨,非汉所望也。明年,浞野侯破奴得亡归汉。

①师古曰:"丈人,尊老之称也。行,音胡浪反。"

其明年,汉使贰师将军将三万骑出酒泉,击右贤王于天山,得首虏万余级而还。匈奴大围贰师,几不脱。①汉兵物故什六七。②汉又使因杅将军出西河,与强弩都尉会涿邪山,亡所得。使骑都尉李陵将步兵五千人出居延北千余里,与单于会,合战,陵所杀伤万余人,兵食尽,欲归,单于围陵,陵降匈奴,其兵得脱归汉者四百人。单于乃贵陵,以其女妻之。

①师古曰:"几,音巨依反。"

②师古曰:"物故,谓死也。"

后二岁,汉使贰师将军六万骑,步兵七万,出朔方;强弩都尉路博德将万余人,与贰师会;游击将军说步兵三万人,出五原;①因杅将军敖将骑万,步兵三万人,出雁门。匈奴闻,悉远其累重于余吾水北,②而单于以十万待水南,与贰师接战。贰师解而引归,与单于连斗十余日。游击亡所得。因杅与左贤王战,不利,引归。

①师古曰:"即上韩说也。"

②师古曰："累重，谓妻子资产也。累，音力瑞反。重，音直用反。"

明年，且鞮侯单于死，立五年，长子左贤王立为狐鹿姑单于。是岁，太姑元年也。

初，且鞮侯两子，长为左贤王，次为左大将，病且死，言立左贤王。左贤王未至，贵人以为有病，更立左大将为单于。左贤王闻之，不敢进。左大将使人召左贤王而让位焉。左贤王辞以病，左大将不听，谓曰："即不幸死，传之于我。"左贤王许之，遂立为狐鹿姑单于。

狐鹿姑单于立，以左大将为左贤王，数年病死，其子先贤掸不得代，①更以为日逐王。日逐王者，贱于左贤王。单于自以其子为左贤王。

①师古曰："掸，音缠。"

单于既立六年，而匈奴入上谷、五原，杀略吏民。其年，匈奴复入五原、酒泉，杀两部都尉。于是汉遣贰师将军七万人出五原，御史大夫商丘成将三万余人出西河，重合侯莽通将四万骑出酒泉千余里。单于闻汉兵大出，悉遣其辎重，徙赵信城北邸郅居水。①左贤王驱其人民度余吾水六七百里，居兜衔山。单于自将精兵左安侯度姑且水。②

①师古曰："邸，至也，音丁礼反。郅，音之日反。"

②师古曰："且，音子余反。"

御史大夫军至追邪径，无所见，还。①匈奴使大将与李陵将三万余骑追汉军，至浚稽山合，转战九日，汉兵陷陈却敌，杀伤虏甚众。至蒲奴水，虏不利，还去。

①师古曰："从疾道而追之，不见虏而还也。邪，音似嗟反。"

重合侯军至天山，匈奴使大将偃渠与左右呼知王将二万余骑要汉兵，见汉兵强，引去。重合侯无所得失。是时，汉恐车师兵遮重合侯，乃遣闿陵侯将兵别围车师，①尽得其王民众而还。

①师古曰："闿，读与开同。"

贰师将军将出塞，匈奴使右大都尉与卫律将五千骑要击汉军于夫羊句山狭。①贰师遣属国胡骑二千与战，虏兵坏散，死伤者数百人。汉军乘胜追北,至范夫人城,②匈奴奔走,莫敢距敌。会贰师妻子坐巫蛊收,闻之忧惧。其掾胡亚夫亦避罪从军,说贰师曰:"夫人室家皆在吏,若还不称意,适与狱会,郅居以北可复得见乎?"③贰师由是狐疑,欲深入要功,遂北至郅居水上。虏已去,贰师遣护军将二万骑度郅居之水。一日,逢左贤王左大将,将二万骑与汉军合战一日,汉军杀左大将,虏死伤甚众。军长史与决眭都尉𪸩渠侯谋④曰:"将军怀异心,欲危众求功,恐必败。"谋共执贰师。贰师闻之,斩长史,引兵还至速邪乌燕然山。⑤单于知汉军劳倦,自将五万骑遮击贰师,相杀伤甚众。夜堑汉军前,深数尺,从后急击之,军大乱败,贰师降。单于素知其汉大将贵臣,以女妻之,尊宠在卫律上。

①服虔曰:"夫羊,地名也。"师古曰:"句山,西山也。句,音钩。"

②应劭曰:"本汉将筑此城。将亡,其妻率余众完保之,因以为名也。"张晏曰:"范氏,能胡诅者。"

③如淳曰:"以就诛后,虽复欲降匈奴,不可得。"

④晋灼曰:"本匈奴官也。《功臣表》归义侯仆多子雷后以属国都尉击匈奴,封𪸩渠。𪸩渠,鲁阳县也。"师古曰:"眭,音息随反。𪸩,音辉。仆多者,字当为朋。"

⑤师古曰:"速邪乌,地名也,燕然山在其中。燕,音一千反。"

　　其明年,单于遣使遗汉书云:"南有大汉,北有强胡。胡者,天之骄子也,不为小礼以自烦。今欲与汉闿大关,取汉女为妻,①岁给遗我糵酒万石,稷米五千斛,②杂缯万匹,它如故约,则边不相盗矣。"汉遣使者报送其使,单于使左右难汉使者,曰:"汉,礼义国也。贰师道前太子发兵反,何也?"使者曰:"然。乃丞相私与太子争斗,太子发兵欲诛丞相,丞相诬之,故诛丞相。此子弄父兵,罪当笞,小过耳。孰与冒顿单于身杀其父代立,常妻后母,禽兽行也!"单于留使者,三岁乃得还。

①师古曰:"闿,读与开同。"

②师古曰:"以糵为酒,味尤甜。稷米,稷粟米也。"

　　贰师在匈奴岁余,卫律害其宠,会母阏氏病,①律饬胡巫②言先单于怒,曰:"胡故时祠兵,常言得贰师以社,③何故不用?"于是

收贰师,贰师骂曰:"我死,必灭匈奴!"遂屠贰师以祠。会连雨雪数
月,畜产死,人民疫病,谷稼不孰,④单于恐,为贰师立祠室。

①师古曰:"单于之母也。"

②师古曰:"孰,与熟同。"

③师古曰:"以祠社。"

④师古曰:"北方早寒,虽不宜禾稷,匈奴中亦种黍穄。"

自贰师没后,汉新失大将军士卒数万人,不复出兵。三岁,武帝
崩。前此者,汉兵深入穷追二十余年,匈奴孕重堕殰,罢极苦之。①
自单于以下常有欲和亲计。

①师古曰:"孕重,怀任者也。堕,落也。殰,败也,音读。罢,读曰疲。极,
　困也。苦之,心厌苦也。"

后三年,单于欲求和亲,会病死。初,单于有异母弟为左大都
尉,贤,国人乡之,①母阏氏恐单于不立子而立左大都尉也,乃私使
杀之。左大都尉同母兄怨,遂不肯复会单于庭。又单于病且死,谓
诸贵人:"我子少,不能治国,立弟右谷蠡王。"及单于死,卫律等与
颛渠阏氏谋,匿单于死,诈掆单于令,②与贵人饮盟,更立子左谷蠡
王为壶衍鞮单于。是岁,始元二年也。

①师古曰:"乡,读曰向。谓悉皆附之。"

②师古曰:"掆,与矫同,其字从手。矫,托也。"

壶衍鞮单于既立,风谓汉使者,言欲和亲。①左贤王、右谷蠡王
以不得立怨望,率其众欲南归汉。恐不能自致,即胁卢屠王,欲与西
降乌孙,谋击匈奴。卢屠王告之,单于使人验问,右谷蠡王不服,反
以其罪罪卢屠王,国人皆冤之。于是二王去居其所,未尝肯会龙
城。②

①师古曰:"风,读曰讽。谓不正言也。"

②师古曰:"各自居其本处,不复会龙城祭。"

后二年秋,匈奴入代,杀都尉。单于年少初立,母阏氏不正,国
内乖离,常恐汉兵袭之。于是卫律为单于谋"穿井筑城,治楼以藏
谷,与秦人守之。①汉兵至,无奈我何。"即穿井数百,伐材数千。或
曰胡人不能守城,是遗汉粮也,②卫律于是止。乃更谋归汉使不降

者苏武、马宏等。马宏者，前副光禄大夫王忠使西国，为匈奴所遮，忠战死，马宏生得，亦不肯降。故匈奴归此二人，欲以通善意。是时，单于立三岁矣。

　①师古曰："秦时有人亡入匈奴者，今其子孙尚号秦人。"

　②师古曰："遮，音弋季反。"

　明年，匈奴发左右部二万骑，为四队，①并入边为寇。汉兵追之，斩首获虏九千人，生得瓯脱王，汉无所失亡。匈奴见瓯脱王在汉，恐以为道击之，②即西北远去，不敢南逐水草，发人民屯瓯脱。明年，复遣九千骑屯受降城以备汉，北桥余吾，令可度，③以备奔走。④是时，卫律已死。卫律在时，常言和亲之利，匈奴不信，及死后，兵数困，国益贫。单于弟左谷蠡王思卫律言，欲和亲而恐汉不听，故不肯先言，常使左右风汉使者。⑤然其侵盗益希，遇汉使愈厚，欲以渐致和亲，汉亦羁縻之。其后，左谷蠡王死。明年，单于使犁汙王窥边，言酒泉、张掖兵益弱，出兵试击，冀可复得其地。时汉先得降者，闻其计，天子诏边警备。后无几，右贤王、犁汙王四千骑⑥分三队，入日勒、屋兰、番和。⑦张掖太守、属国都尉发兵击，大破之，得脱者数百人。属国千长义渠王骑士射杀犁汙王，⑧赐黄金二百斤，马二百匹，因封为犁汙王。属国都尉郭忠封成安侯。自是后，匈奴不敢入张掖。

　①师古曰："队，部也，音徒内反。"

　②师古曰："道，读曰导。"

　③师古曰："于余吾水上作桥。"

　④师古曰："拟有迫急，北走避汉，从此桥度也。"

　⑤师古曰："风，读曰讽。"

　⑥师古曰："无几，谓不多时也。几，音居岂反。"

　⑦师古曰："皆张掖县也。番，音盘。"

　⑧师古曰："千长者，千人之长。"

　其明年，匈奴三千余骑入五原，略杀数千人，后数万骑南旁塞猎，①行攻塞外亭障，略取吏民去。是时，汉边郡烽火候望精明，匈

奴为边寇者少利,希复犯塞。汉复得匈奴降者,言乌桓尝发先单于
冢,匈奴怨之,方发二万骑击乌桓。大将军霍光欲发兵邀击之,②以
问护军都尉赵充国。充国以为"乌桓间数犯塞,③今匈奴击之,于汉
便。又匈奴希寇盗,北边幸无事。蛮夷自相攻击,而发兵要之,招寇
生事,非计也。"光更问中郎将范明友,明友言可击。于是拜明友为
度辽将军,将二万骑出辽东。匈奴闻汉兵至,引去。初,光诫明友:
"兵不空出,即后匈奴,遂击乌桓。"④乌桓时新中匈奴兵,⑤明友既
后匈奴,因乘乌桓敝,击之,斩首六千余级,获三王首,还,封为平陵
侯。

　　①师古曰:"旁,音步浪反。"
　　②师古曰:"邀迎而击之。邀,音工尧反。"
　　③师古曰:"间即中间也,犹言比日也。"
　　④师古曰:"后匈奴者,言兵迟后,邀匈奴不及。"
　　⑤师古曰:"为匈奴所中伤。"

　　匈奴繇是恐,①不能出兵。即使使之乌孙,求欲得汉公主。击乌
孙,取车延、恶师地。乌孙公主上书,下公卿议救,未决。昭帝崩,宣
帝即位,乌孙昆弥复上书言:"连为匈奴所侵削,昆弥愿发国半精兵
人马五万匹,尽力击匈奴。唯天子出兵,哀救公主!"本始二年,汉大
发关东轻锐士,选郡国吏三百石伉健习骑射者皆从军。②遣御史大
夫田广明为祁连将军,四万余骑,出西河;度辽将军范明友三万余
骑,出张掖;前将军韩增三万余骑,出云中;后将军赵充国为蒲类将
军,三万余骑,出酒泉;云中太守田顺为虎牙将军,三万余骑,出五
原;凡五将军,兵十余万骑,出塞各二千余里。及校尉常惠使护发兵
乌孙西域,昆弥自将翕侯以下五万余骑从西方入,与五将军兵凡二
十余万众。匈奴闻汉兵大出,老弱犇走,敺畜产远遁逃,③是以五将
少所得。

　　①师古曰:"繇,读与由同。"
　　②师古曰:"伉,音古浪反。"
　　③师古曰:"犇,古奔字。敺,与驱同。"

　　度辽将军出塞千二百余里,至蒲离候水,斩首捕虏七百余级,

卤获马牛羊万余。前将军出塞千二百余里,至乌员,①斩首捕虏,至
候山百余级,②卤马牛羊二千余。蒲类将军兵当与乌孙合击匈奴蒲
类泽,乌孙先期至而去,汉兵不与相及。蒲类将军出塞千八百余里,
西去候山,斩首捕虏,得单于使者蒲阴王以下三百余级,卤马牛羊
七千余。闻虏已引去,皆不至期还。天子薄其过,宽而不罪。祁连
将军出塞千六百里,至鸡秩山,斩首捕虏十九级,获牛马羊百余。逢
汉使匈奴还者冉弘等,言鸡秩山西有虏众,祁连即戒弘,使言无虏,
欲还兵。御史属公孙益寿谏,以为不可,祁连不听,遂引兵还。虎牙
将军出塞八百余里,至丹余吾水上,即止兵不进,斩首捕虏千九百
级,卤马牛羊七万余,引兵还。上以虎牙将军不至期,诈增卤获,而
祁连知虏在前,逗留不进,③皆下吏自杀。擢公孙益寿为侍御史。校
尉常惠与乌孙兵至右谷蠡庭,获单于父行④及嫂、居次、名王、犁汙
都尉、千长、将以下三万九千余级,虏马牛羊驴骡橐驼七十余万。汉
封惠为长罗侯。然匈奴民众死伤而去者,及畜产远移死亡不可胜
数。于是匈奴遂衰耗,⑤怨乌孙。

①师古曰:"乌员,地名也,音云。"

②师古曰:"候山,山名也。于此山斩捕得人。"

③孟康曰:"律语也,谓军行顿止,稽留不进也。"师古曰:"逗,读与住同,
　又音豆。"

④师古曰:"行,音胡浪反。"

⑤师古曰:"耗,减也,音呼到反。"

其冬,单于自将数万骑击乌孙,颇得老弱,欲还。会天大雨
雪,①一日深丈余,人民畜产冻死,还者不能什一。于是丁令乘弱攻
其北,②乌桓入其东,乌孙击其西。凡三国所杀数万级,马数万匹,
牛羊甚众。又重以饿死,③人民死者什三,畜产什五,匈奴大虚弱,
诸国羁属者皆瓦解,攻盗不能理。其后汉出三千余骑,为三道,并入
匈奴,捕虏得数千人还。匈奴终不敢取当,④兹欲乡和亲,⑤而边境
少事矣。

①师古曰:"雨,音于具反。"

②师古曰：“令，音零。”

③师古曰：“重，音直用反。”

④师古曰：“当者，报其直。”

⑤师古曰：“兹，益也。乡，读曰向。”

壶衍鞮单于立十七年死，弟左贤王立，为虚闾权渠单于。是岁，地节二年也。

虚闾权渠单于立，以右大将女为大阏氏，而黜前单于所幸颛渠阏氏。颛渠阏氏父左大且渠怨望。是时，匈奴不能为边寇，于是汉罢外城，以休百姓。①单于闻之喜，召贵人谋，欲与汉和亲。左大且渠心害其事，曰：“前汉使来，兵随其后，今亦效汉发兵，先使使者入。”乃自请与呼卢訾王各将万骑南旁塞猎，相逢俱入。②行未到，会三骑亡降汉，言匈奴欲为寇。于是天子诏发边骑屯要害处，使大将军军监治众等四人③将五千骑，分三队，④出塞各数百里，捕得虏各数十人而还。时匈奴亡其三骑，不敢入，即引去。是岁也，匈奴饥，人民畜产死十六七，又发两屯各万骑以备汉。其秋，匈奴前所得西嗕居左地者，⑤其君长以下数千人皆驱畜产行，与瓯脱战，所战杀伤甚众，遂南降汉。

①师古曰：“外城，塞外诸城。”

②师古曰：“訾，音子移反。旁，音步浪反。”

③师古曰：“治众者，军监之名。”

④师古曰：“队，音徒内反。”

⑤孟康曰：“嗕，音辱，匈奴种也。”师古曰：“嗕，音奴独反。”

其明年，西域城郭共击匈奴，取车师国，①得其王及人众而去。单于复以车师王昆弟兜莫为车师王，收其余民东徙，不敢居故地。而汉益遣屯士分田车师地以实之。其明年，匈奴怨诸国共击车师，遣左右大将各万余骑屯田右地，欲以侵迫乌孙西域。后二岁，匈奴遣左右奥鞬各六千骑，②与左大将再击汉之田车师城者，不能下。其明年，丁令比三岁入盗匈奴，③杀略人民数千，驱马畜去。匈奴遣万余骑往击之，无所得。其明年，单于将十余万骑旁塞猎，④欲入边寇。未至，会其民题除渠堂亡降汉言状，汉以为言兵鹿奚卢侯，而遣后将军赵充国将兵四万余骑屯缘边九郡备虏。月余,单于病欧血,因不敢入,还去,即罢兵。乃使题王都犁胡次等入汉,请和亲,未报,会单于死。是岁,神爵二年也。

①师古曰:"城郭,谓诸国为城居者。"

②师古曰:"奥,音郁。犍,音居言反。"

③师古曰:"比,频也。"

④师古曰:"旁,音步浪反。"

虚闾权渠单于立九年死。自始立而黜颛渠阏氏,颛渠阏氏即与右贤王私通。右贤王会龙城而去,颛渠阏氏语以单于病甚,且勿远。后数日,单于死。郝宿王刑未央使人召诸王,未至,①颛渠阏氏与其弟左大且渠都隆奇谋,立右贤王屠耆堂为握衍朐鞮单于。握衍朐鞮单于者,代父为右贤王,②乌维单于耳孙也。

①师古曰:"郝,音呼各反。"

②师古曰:"朐,音劬。"

握衍朐鞮单于立,复修和亲,遣弟伊酋若王胜之入汉献见。①单于初立,凶恶,杀虚闾权渠时用事贵人刑未央等,而任用颛渠阏氏弟都隆奇,又尽免虚闾权渠子弟近亲,而自以其子弟代之。虚闾权渠单于子稽侯狦既不得立,②亡归妻父乌禅幕。③乌禅幕者,本乌孙、康居间小国,数见侵暴,率其众数千人降匈奴,狐鹿姑单于以其弟子日逐王姊妻之,使长其众,居右地。④日逐王先贤掸,其父左贤王当为单于,让狐鹿姑单于,狐鹿姑单于许立之。国人以故颇言日逐王当为单于。日逐王素与握衍朐鞮单于有隙,即率其众数万骑归汉。汉封日逐王为归德侯。单于更立其从兄薄胥堂为日逐王。⑤

①师古曰:"酋,音材由反。"

②师古曰:"狦,音先安反,又,所奸反。"

③师古曰:"掸,音蝉。"

④师古曰:"长,众为之长帅。"

⑤师古曰:"胥,音先余反。"

明年,单于又杀先贤掸两弟。乌禅幕请之,不听,心恚。其后左奥鞬王死,单于自立其小子为奥鞬王,留庭。奥鞬贵人共立故奥鞬王子为王,与俱东徙。单于遣右丞相将万骑往击之,失亡数千人,不胜。时单于已立二岁,暴虐杀伐,国中不附。及太子、左贤王数谗左地贵人,左地贵人皆怨。其明年,乌桓击匈奴东边姑夕王,颇得人民,单于怒。姑夕王恐,即与乌禅幕及左地贵人共立稽侯狦为呼韩邪单于,发左地兵四五万人,西击握衍朐鞮单于,至姑且水北。①未战,握衍朐鞮单于兵败走,使人报其弟右贤王曰:"匈奴共攻我,若肯发兵助我乎?"②右贤王曰:"若不爱人,杀昆弟诸贵人。各自死若处,无来污我。"③握衍朐鞮单于恚,自杀。左大且渠都隆奇亡之右贤王所,其民众尽降呼韩邪单于。是岁,神爵四年也。握衍朐鞮单于立三年而败。

①师古曰:"且,音子余反。"

②师古曰:"若,汝也。其下亦同。"

③师古曰:"言于汝所居处自死。"

汉书卷九四下
列传第六四下

匈奴下

　　呼韩邪单于归庭数月,罢兵使各归故地,乃收其兄呼屠吾斯在民间者立为左谷蠡王,使人告右贤贵人,欲令杀右贤王。其冬,都隆奇与右贤王共立日逐王薄胥堂为屠耆单于,发兵数万人东袭呼韩邪单于。呼韩邪单于兵败走,屠耆单于还,以其长子都涂吾西为左谷蠡王,少子姑瞀楼头为右谷蠡王,①留居单于庭。

　　①师古曰:“瞀,音莫构反。”

　　明年秋,屠耆单于使日逐王先贤掸兄右奥鞬王为乌籍都尉,①各二万骑,屯东方以备呼韩邪单于。是时,西方呼揭王来与唯犁当户谋,②共谗右贤王,言欲自立为乌籍单于。屠耆单于杀右贤王父子,后知其冤,复杀唯犁当户。于是呼揭王恐,遂畔去,自立为呼揭单于。右奥鞬王闻之,即自立为车犁单于。乌籍都尉亦自立为乌籍单于。凡五单于。屠耆单于自将兵东击车犁单于,使都隆奇击乌籍。乌籍、车犁皆败,西北走,与呼揭单于兵合为四万人。乌籍、呼揭皆去单于号,共并力尊辅车犁单于。屠耆单于闻之,使左大将都尉四万骑分屯东方,以备呼韩邪单于,自将四万骑西击车犁单于。车犁单于败,西北走,屠耆单于即引西南,留阗敦地。③

　　①师古曰:“掸,音缠。粤,音郁。鞬,音居言反。”
　　②师古曰:“揭,音丘例反。唯,音弋癸反。”
　　③师古曰:“阗,音蹋。敦,音顿,又音对。”

　　其明年,呼韩邪单于遣其弟右谷蠡王等西袭屠耆单于屯兵,杀

略万余人。屠耆单于闻之，即自将六万骑击呼韩邪单于，行千里，未
至嗕姑地，①逢呼韩邪单于兵可四万人，合战，屠耆单于兵败，自
杀。都隆奇乃与屠耆少子右谷蠡王姑瞀楼头亡归汉，车犁单于东降
呼韩邪单于。呼韩邪单于左大将乌厉屈与父呼邀累乌厉温敦②皆
见匈奴乱，率其众数万人南降汉。封乌厉屈为新城侯，乌厉温敦为
义阳侯。是时，李陵子复立乌籍都尉为单于，呼韩邪单于捕斩之，遂
复都单于庭，然众裁数万人。屠耆单于从弟休旬王将所主五六百
骑，击杀左大且渠，并其兵，至右地，自立为闰振单于，在西边。其
后，呼韩邪单于兄左贤王呼屠吾斯亦自立为郅支骨都侯单于，在东
边。其后二年，闰振单于率其众东击郅支单于。郅支单于与战，杀
之，并其兵，遂进攻呼韩邪。呼韩邪破，其兵走，郅支都单于庭。

　　①师古曰："嗕音乃谷反。"
　　②师古曰："呼邀累者，其官号也。邀，古速字也。累，音力追反。"

　　呼韩邪之败也，左伊秩訾王为呼韩邪计，劝令称臣入朝事汉，
从汉求助，如此匈奴乃定。呼韩邪议问诸大臣，皆曰："不可。匈奴
之俗，本上气力而下服役，①以马上战斗为国，故有威名于百蛮。战
死，壮士所有也。②今兄弟争国，不在兄则在弟，虽死犹有威名，子
孙常长诸国。③汉虽强，犹不能兼并匈奴，奈何乱先古之制，臣事于
汉，卑辱先单于，④为诸国所笑！虽如是而安，何以复长百蛮！"左伊
秩訾曰："不然。强弱有时，今汉方盛，乌孙城郭诸国皆为臣妾。⑤自
且鞮侯单于以来，匈奴日削，不能取复，⑥虽屈强于此，未尝一日安
也。⑦今事汉则安存，不事则危亡，计何以过此！"诸大人相难久之。
呼韩邪从其计，引众南近塞，遣子右贤王铢娄渠堂入侍。⑧郅支单
于亦遣子右大将驹于利受入侍。是岁，甘露元年。

　　①师古曰："以服役于人为下。"
　　②师古曰："言人皆有此事耳。"
　　③师古曰："为诸国之长帅也。"
　　④师古曰："言忝辱之更令卑下也。"
　　⑤师古曰："谓西域诸国为城郭而居也。"

⑥师古曰:"且,音子余反。复,音扶目反。"

⑦师古曰:"屈,音其勿反。"

⑧师古曰:"娄,音力于反。"

明年,呼韩邪单于款五原塞,①愿朝三年正月。②汉遣车骑都尉韩昌迎,发过所七郡郡二千骑,为陈道上。③单于正月朝天子于甘泉宫,汉宠以殊礼,位在诸侯王上,赞谒称臣而不名。赐以冠带衣裳,黄金玺盭绶,④玉具剑,⑤佩刀,弓一张,矢四发,⑥棨戟十,⑦安车一乘,鞍勒一具,⑧马十五匹,黄金二十斤,钱二十万,衣被七十七袭,⑨锦绣绮縠杂帛八千匹,絮六千斤。礼毕,使使者道单于先行,宿长平。⑩上自甘泉宿池阳宫。上登长平,诏单于毋谒,⑪其左右当户之群臣皆得列观,及诸蛮夷君长王侯数万,咸迎于渭桥下,夹道陈。上登渭桥,咸称万岁。单于就邸,留月余,遣归国。单于自请愿留居光禄塞下,⑫有急保汉受降城。⑬汉遣长乐卫尉高昌侯董忠、车骑都尉韩昌将骑万六千,又发边郡士马以千数,送单于出朔方鸡鹿塞。⑭诏忠等留卫单于,助诛不服,又转边谷米糒,⑮前后三万四千斛,给赡其食。是岁,郅支单于亦遣使奉献,汉遇之甚厚。明年,两单于俱遣使朝献,汉待呼韩邪使有加。明年,呼韩邪单于复入朝,礼赐如初,加衣百一十袭,锦帛九千匹,絮八千斤。以有屯兵,故不复发骑为送。

①师古曰:"款,叩也。"

②师古曰:"会正旦之朝贺也。"

③师古曰:"所过之郡,每为发兵陈列于道,以为宠卫也。

④师古曰:"盭,古戾字。戾,草名也。以戾染绶,亦诸侯王之制也。"

⑤孟康曰:"摽首镡卫尽用玉为之也。"师古曰:"镡,剑口旁横出者也。卫,剑鼻也。镡,音淫。卫字本作彏,其音同耳。"

⑥服虔曰:"发,十二矢也。"韦昭曰:"射礼三而止,每射四矢,故以十二为一发也。"师古曰:"发犹今言箭一放两放也。今则以一矢为一放也。"

⑦师古曰:"棨戟,有衣之戟也。棨,音启。"

⑧师古曰:"勒,马辔也。"

⑨师古曰:"一称为一袭,犹今人之言一副衣服也。"

⑩师古曰："道，读曰导。长平，泾水上坂也，解在《宣纪》。"

⑪师古曰："不令拜也。"

⑫师古曰："徐自为所筑者也。"

⑬师古曰："保，守也。于此自守。"

⑭师古曰："在朔方窳浑县西北。"

⑮师古曰："糒，干饭也。音备。"

　　始，郅支单于以为呼韩邪降汉，兵弱不能复自还，即引其众西，欲攻定右地。又屠耆单于小弟本侍呼韩邪，亦亡之右地，收两兄余兵得数千人，自立为伊利目单于，道逢郅支，合战，郅支杀之，并其兵五万余人。闻汉出兵谷助呼韩邪，即遂留居右地。自度力不能定匈奴，①乃益西近乌孙，欲与并力，遣使见小昆弥乌就屠。乌就屠见呼韩邪为汉所拥，郅支亡虏，欲攻之以称汉，②乃杀郅支使，持头送都护在所，发八千骑迎郅支。郅支见乌孙兵多，其使又不反，勒兵逢击乌孙，破之。③因北击乌揭，④乌揭降。发其兵西破坚昆，北降丁令，⑤并三国。数遣兵击乌孙，常胜之。坚昆东去单于庭七千里，南去车师五千里，郅支留都之。

①师古曰："度，音徒各反。"

②师古曰："称汉朝之意也。称，音尺孕反。"

③师古曰："以兵逆之，相逢即击，故云逢击。"

④师古曰："揭，音丘例反。"

⑤师古曰："令，音零。"

　　元帝初即位，呼韩邪单于复上书，言民众困乏。汉诏云中、五原郡转谷二万斛以给焉。郅支单于自以道远，又怨汉拥护呼韩邪，遣使上书求侍子。汉遣谷吉送之，郅支杀吉。汉不知吉音问，而匈奴降者言闻瓯脱皆杀之。①呼韩邪单于使来，汉辄薄责之甚急。②明年，汉遣车骑都尉韩昌、光禄大夫张猛送呼韩邪单于侍子，求问吉等，因赦其罪，勿令自疑。③昌、猛见单于民众益盛，塞下禽兽尽，单于足以自卫，不畏郅支。闻其大臣多劝单于北归者，④恐北去后难约束，⑤昌、猛即与为盟约曰："自今以来，汉与匈奴合为一家，世世毋得相诈相攻。有窃盗者，相报，行其诛，偿其物；⑥有寇，发兵相助。汉与匈奴敢先背约者,受天不祥。令其世世子孙尽如盟。"昌、猛与单于及大臣俱登匈奴诺水东山,⑦刑白马,单于以径路刀金留犁挠酒,⑧以老上单于所破月氏王头为饮器者共饮血盟。昌、猛还奏事,公卿议者以为"单于保塞为藩,虽欲北去,犹不能为危害。昌、猛擅以汉国世世子孙与夷狄诅盟,令单于得以恶言上告于天,羞国家,伤威重,⑨不可行。宜遣使往告祠天,与解盟。昌、猛奉使无状,罪至不道。"⑩上薄其过,⑪有诏昌、猛以赎论,勿解盟。其后呼韩邪竟北归庭,人众稍稍归之,国中遂定。

①师古曰:"于瓯脱得声问,云杀之。"
②师古曰:"簿责,以文簿一一责之也。簿,音步户反。"
③师古曰:"疑者,疑汉欲讨伐。"
④师古曰:"塞下无禽兽,则射猎无所得,又不畏郅支,故欲北归旧处。"
⑤师古曰:"不可更共为言要。"
⑥师古曰:"汉人为盗于匈奴,匈奴人为盗于汉,皆相告报而诛偿。"
⑦师古曰:"诺水即今突厥地诺真水也。"
⑧应劭曰:"径路,匈奴宝刀也。金,契金也。留犁,饭匕也。挠,和也。契金著酒中,挠搅饮之。"师古曰:"契,刻。挠,搅也,音呼高反。"
⑨师古曰:"羞,辱也。"
⑩师古曰:"无状,盖无善状。"
⑪师古曰:"以其罪过为轻薄。"

郅支既杀使者,自知负汉,又闻呼韩邪益强,恐见袭击,欲远去。会康居王数为乌孙所困,与诸翁侯计,以为"匈奴大国,乌孙素服属之。今郅支单于困阸在外,可迎置东边,使合兵取乌孙以立之,①长无匈奴忧矣。"即使使至坚昆,通语郅支。郅支素恐,又怨乌孙,闻康居计,大说,②遂与相结,引兵而西。康居亦遣贵人,橐它驴马数千匹,迎郅支。郅支人众中寒道死,③余财三千人到康居。④其后,都护甘延寿与副陈汤发兵即康居诛斩郅支,⑤语在《延寿》、《汤传》。

①师古曰:"言与郅支并力共灭乌孙,以其地立郅支,今居之也。"
②师古曰:"说,读曰悦。"

③师古曰:"中寒,伤于塞也。道死,死于道上也。"

④师古曰:"财,与才同。"

⑤师古曰:"即,就也。"

　　郅支既诛,呼韩邪单于且喜且惧,上书言曰:"常愿谒见天子,诚以郅支在西方,恐其与乌孙俱来击臣,以故未得至汉。今郅支已伏诛,愿入朝见。"竟宁元年,单于复入朝,礼赐如初,加衣服锦帛絮,皆倍于黄龙时。单于自言愿婿汉氏以自亲。①元帝以后宫良家子王墙字昭君赐单于。单于欢喜,上书愿保塞上谷以西至敦煌,②传之无穷,请罢边备塞吏卒,以休天子人民。天子令下有司议,议者皆以为便。郎中侯应习边事,以为不可许。上问状,应曰:"周秦以来,匈奴暴桀,寇侵边境,汉兴,尤被其害。臣闻北边塞至辽东,外有阴山,东西千余里,草木茂盛,多禽兽,本冒顿单于依阻其中,治作弓矢,来出为寇,是其苑囿也。至孝武世,出师征伐,斥夺此地,攘之于幕北。③建塞徼,起亭隧,④筑外城,设屯戍,以守之然后边境得用少安。幕北地平,少草木,多大沙,匈奴来寇,少所蔽隐,从塞以南,径深山谷,往来差难。边长老言匈奴失阴山之后,过之未尝不哭也。如罢备塞戍卒,示夷狄之大利,不可一也。今圣德广被,天覆匈奴,⑤匈奴得蒙全活之,恩稽首来臣。夫夷狄之情,困则卑顺,强则骄逆,天性然也。前以罢外城,省亭隧,今裁足以候望通烽火而已。古者安不忘危,不可复罢,二也。中国有礼义之教,刑罚之诛,愚民犹尚犯禁,又况单于,能必其众不犯约哉!三也。⑥自中国尚建关梁以制诸侯,所以绝臣下之觊欲也。⑦设塞徼,置屯戍,非独为匈奴而已,亦为诸属国降民,本故匈奴之人,恐其思旧逃亡,四也。近西羌保塞,与汉人交通,吏民贪利,侵盗其畜产妻子,以此怨恨,起而背畔,世世不绝。今罢乘塞,则生嫚易分争之渐,五也。⑧往者从军多没不还者,子孙贫困,一旦亡出,从其亲戚,六也。又边人奴婢愁苦,欲亡者多,曰'闻匈奴中乐,无奈候望急何!'然时有亡出塞者,七也。盗贼桀黠,群辈犯法,如其窘急,亡走北出,则不可制,八也。起塞以来百有余年,非皆以土垣也,或因山岩石,木柴僵落,溪谷水门，⑨稍稍平之，卒徒筑治，功费久远，不可胜计。臣恐议者不深虑其终始，欲以一切省繇戍，⑩十年之外，百岁之内，卒有它变，障塞破坏，亭隧灭绝，当更发屯缮治，累世之功不可卒复，九也。⑪如罢戍卒，省候望，单于自以保塞守御，必深德汉，⑫请求无已。小失其意，则不可测。开夷狄之隙，亏中国之固，十也。非所以永持至安，威制百蛮之长策也。"

①师古曰："言欲取汉女而身为汉家婿。"

②师古曰："保，守也。自请保守之，令无寇盗。"

③师古曰："斥，开也。攘，却也，音人羊反。"

④师古曰："隧，谓深开小道而行，避敌钞寇也。隧，音遂。"

⑤师古曰："如天之覆也。"

⑥师古曰："必，极也，极保之也。"

⑦师古曰："觊，音冀。"

⑧师古曰："乘塞，登之而守也。嫚易，犹相欺侮也。易，音弋豉反。"

⑨师古曰："僵落，谓山上树木摧折或立死枯僵堕落者。僵，音姜。"

⑩师古曰："一切，谓权时也，解在《平纪》。繇，读曰徭。"

⑪师古曰："卒，读皆曰猝。"

⑫师古曰："于汉自称恩德也。"

对奏，天子有诏："勿议罢边塞事。"使车骑将军口谕单于①曰："单于上书愿罢北边吏士屯戍，子孙世世保塞。单于乡慕礼义，②所以为民计者甚厚，此长久之策也，朕甚嘉之。中国四方皆有关梁障塞，非独以备塞外也，亦以防中国奸邪放纵，出为寇害，故明法度以专众心也。敬谕单于之意，③朕无疑焉。为单于怪其不罢，故使大司马车骑将军嘉晓单于。"单于谢曰："愚不知大计，天子幸使大臣告语，甚厚！"

①师古曰："将军许嘉也。谕，谓晓告。"

②师古曰："乡，读曰向。"

③师古曰："言已晓知其意也。"

初，左伊秩訾为呼韩邪画计归汉，竟以安定。其后，或谗伊秩訾自伐其功，常鞅鞅，①呼韩邪疑之。左伊秩訾惧诛，将其众千余人降

汉,汉以为关内侯,食邑三百户,令佩其王印绶。②及竟宁中,呼韩
邪来朝,与伊秩訾相见,谢曰:"王为我计甚厚,令匈奴至今安宁,王
之力也,德岂可忘!我失王意,使王去不复顾留,③皆我过也。今欲
白天子,请王归庭。"伊秩訾曰:"单于赖天命,自归于汉,得以安宁,
单于神灵,天子之祐也,我安得力!既已降汉,又复归匈奴,是两心
也。愿为单于侍使于汉,不敢听命。"④单于固请不能得而归。

①师古曰:"伐,谓矜其功力。"

②师古曰:"虽于汉为关内侯,而依匈奴王号与印绶。"

③师古曰:"言不复顾念而留住匈奴中。"

④师古曰:"言为单于充使,留侍于汉,不能遇匈奴。"

　　王昭君号宁胡阏氏,①生一男伊屠智牙师,为右日逐王。呼韩
邪立二十八年,建始二年死。始,呼韩邪嬖左伊秩訾兄呼衍王女二
人。长女颛渠阏氏,生二子,长曰且莫车,②次曰囊知牙斯。少女为
大阏氏,生四子,长曰雕陶莫皋,次曰且麋胥,③皆长于且莫车,少
子咸、乐二人,皆小于囊知牙斯。又它阏氏子十余人。颛渠阏氏贵,
且莫车爱。呼韩邪病且死,欲立且莫车,其母颛渠阏氏曰:"匈奴乱
十余年,不绝如发,赖蒙汉力,故得复安。今平定未久,人民创艾战
斗,④且莫车年少,百姓未附,恐复危国。我与大阏氏一家共子,⑤
不如立雕陶莫皋。"大阏氏曰:"且莫车虽少,大臣共持国事,今舍贵
立贱,后世必乱。"⑥单于卒从颛渠阏氏计,立雕陶莫皋,约令传国
与弟。呼韩邪死,雕陶莫皋立,为复株累若鞮单于。⑦

①师古曰:"言胡得之,国以安宁也。"

②师古曰:"且,音子余反。"

③师古曰:"且音子余反。胥,音先于反。"

④师古曰:"创,初亮反,艾,读曰乂。"

⑤师古曰:"一家,言亲姊妹也。共子,两人所生恩慈无别也。"

⑥师古曰:"舍,谓弃置也。"

⑦师古曰:"复,音服。累,音力追反。"

　　复株累若鞮单于立,遣子右致卢儿王醯谐屠奴侯入侍,以且麋
胥为左贤王,且莫车为左谷蠡王,囊知牙斯为右贤王。复株累单于

复妻王昭君,生二女,长女云为须卜居次,①小女为当于居次。②

> ①李奇曰:"居次者,女之号,若汉言公主也。"文颖曰:"须卜氏,匈奴贵族也。"
>
> ②文颖曰:"当于,亦匈奴大族也。"师古曰:"须卜、当于,皆其夫家氏族。"

河平元年,单于遣右皋林王伊邪莫演等奉献朝正月。①既罢,遣使者送至蒲反。②伊邪莫演言:"欲降。即不受我,我自杀,终不敢还归。"使者以闻,下公卿议。议者或言:"宜如故事,受其降。"光禄大夫谷永、议郎杜钦以为:"汉兴,匈奴数为边害,故设金爵之赏以待降者。今单于诎体称臣,列为北藩,遣使朝贺,无有二心,汉家接之,宜异于往时。今既享单于聘贡之质,③而更受其逋逃之臣,是贪一夫之得而失一国之心,拥有罪之臣而绝慕义之君也。假令单于初立,欲委身中国,未知利害,④私使伊邪莫演诈降以卜吉凶,受之亏德沮善,⑤令单于自疏,不亲边吏;或者设为反间,欲因而生隙,⑥受之适合其策,使得归曲而直责。⑦此诚边竟安危之原,师旅动静之首,⑧不可不详也。不如勿受,以昭日月之信,抑诈谖之谋,怀附亲之心,便。"⑨对奏,天子从之。遣中郎将王舜往问降状。伊邪莫演曰:"我病狂,妄言耳。"遣去。归到,官位如故,不肯令见汉使。明年,单于上书愿朝河平四年正月,遂入朝,加赐锦绣缯帛二万匹,絮二万斤,它如竟宁时。

> ①师古曰:"演,音衍。"
>
> ②师古曰:"河东之县也。"
>
> ③师古曰:"享,当也。质,诚也。"
>
> ④师古曰:"假令,犹言或当也。"
>
> ⑤师古曰:"沮,坏也,音材汝反。"
>
> ⑥师古曰:"间,音居苋反。"
>
> ⑦师古曰:"归曲于汉,而以直义来责也。"
>
> ⑧师古曰:"竟,读曰境。"
>
> ⑨师古曰:"谖,诈辞也,音许远反。"

复株累单于立十岁,鸿嘉元年死,弟且麋胥立,为搜谐若鞮单于。

搜谐单于立,遣子左祝都韩王昫留斯侯入侍,①以且莫车为左贤王。搜谐单于立八岁,元延元年,为朝二年发行,②未入塞,病死。弟且莫车立,为车牙若鞮单于。

①师古曰:"昫,音许于反。"

②师古曰:"欲会二年岁首之朝礼,故豫发其国而行。"

车牙单于立,遣子右於涂仇掸王乌夷当入侍,①以襄知牙斯为左贤王。车牙单于立四岁,绥和元年死。弟襄知牙斯立,为乌珠留若鞮单于。

①师古曰:"涂,音徒。掸,音缠。"

乌珠留单于立,以第二阏氏子乐为左贤王,以第五阏氏子舆为右贤王,①遣子右股奴王乌鞮牙斯入侍。汉遣中郎将夏侯藩、副校尉韩容使匈奴。时帝舅大司马票骑将军王根领尚书事,或说根曰:"匈奴有斗入汉地,直张掖郡,②生奇材木,箭竿就羽,③如得之,于边甚饶,国家有广地之实,将军显功,垂于无穷。"根为上言其利,上直欲从单于求之,④为有不得,伤命损威。⑤根即但以上指晓藩,令从藩所说而求之。⑥藩至匈奴,以语次说单于曰:"窃见匈奴斗入汉地,直张掖郡。汉三都尉居塞上,士卒数百人寒苦,候望久劳。单于宜上书献此地,直断阏之,省两都尉士卒数百人,以复天子厚恩,⑦其报必大。"⑧单于曰:"此天子诏语邪,将从使者所求也?"藩曰:"诏指也,然藩亦为单于画善计耳。"单于曰:"孝宣、孝元皇帝哀怜父呼韩邪单于,从长城以北匈奴有之。此温偶駼王所居地也,⑨未晓其形状所生,请遣使问之。"⑩藩、容归汉。后复使匈奴,至则求地。单于曰:"父兄传五世,汉不求此地,至知独求,何也?已问温偶駼王,匈奴西边诸侯作穹庐及车,皆仰此山材木,⑪且先父地,不敢失也。"藩还,迁为太原太守。单于遣使上书,以藩求地状闻。诏报单于曰:"藩擅称诏从单于求地,法当死,更大赦二,⑫今徙藩为济南太守,不令当匈奴。"明年,侍子死,归葬。复遣子左於駼仇掸王稽留昆入侍。⑬

①师古曰:"此二人皆乌珠留之弟也。第二阏氏,即上所谓大阏氏也。第五

阏氏,亦呼韩邪单于之阏氏。"

②师古曰:"斗,绝也。直,当也。"

③师古曰:"就,大雕也,黄头赤目,其羽可为箭。竿,音工早反。"

④师古曰:"直犹正尔。"

⑤师古曰:"诏命不行,故云伤命也。"

⑥师古曰:"自以藩意说单于而求之。"

⑦师古曰:"复亦报。"

⑧师古曰:"汉得此地,必厚报赏单于。"

⑨师古曰:"偶,音五口反。骎,音涂。次下亦同。"

⑩师古曰:"所生,谓山之所出草木、鸟兽为用者。"

⑪师古曰:"谓诸小王为诸侯者,效中国之言耳。仰,音牛向反。"

⑫师古曰:"更,经也,音功衡反。"

⑬师古曰:"掸,音缠。稽,音鸡。"

至哀帝建平二年,乌孙庶子卑援疐①翕侯人众入匈奴西界,寇盗牛畜,颇杀其民。单于闻之,遣左大当户乌夷泠②将五千骑击乌孙,杀数百人,略千余人,敺牛畜去。③卑援疐恐,遣子趋逯为质匈奴。④单于受,以状闻。汉遣中郎将丁野林、副校尉公乘音使匈奴,责让单于,告令还归卑援疐质子。单于受诏,遣归。

①师古曰:"援,音爱。疐,音竹二反。"

②师古曰:"泠,音零。"

③师古曰:"敺,与驱同。"

④师古曰:"逯,音录。"

建平四年,单于上书愿朝五年。时哀帝被疾,或言匈奴从上游来厌人,①自黄龙、竟宁时,单于朝中国辄有大故。②上由是难之,以问公卿,亦以为虚费府帑,可且勿许。单于使辞去,未发,黄门郎杨雄上书谏曰:③

①服虔曰:"游犹流也。河水从西北来,故曰上游也。"师古曰:"上游,亦总谓地形耳,不必系于河水也。厌,音一涉反。"

②师古曰:"大故,谓国之大丧。"

③师古曰:"府,物所聚也。帑,藏金帛之所也,音它莽反,又音奴。"

臣闻六经之治,贵于未乱;兵家之胜,贵于未战。①二者皆

微,②然而大事之本,不可不察也。今单于上书求朝,国家不许
而辞之,臣愚以为汉与匈奴从此隙矣。本北地之狄,五帝所不
能臣,三王所不能制,其不可使隙甚明。臣不敢远称,请引秦以
来明之:

①师古曰:"已乱而后治之,战斗而后获胜,则不足贵。"
②师古曰:"微,谓精妙也。"

　　以秦始皇之强,蒙恬之威,带甲四十余万,然不敢窥西河,
乃筑长城以界之。会汉初兴,以高祖之威灵,三十万众困于平
城,士或七日不食。时奇谲之士石画之臣甚众,①卒其所以脱
者,世莫得而言也。②又高皇后尝忿匈奴,群臣庭议,樊哙请以
十万众横行匈奴中,季布曰:"哙可斩也,妄阿顺指!"于是大臣
权书遗之,③然后匈奴之结解,中国之忧平。及孝文时,匈奴侵
暴北边,候骑至雍甘泉,京师大骇,发三将军屯细柳、棘门、霸
上以备之,数月乃罢。孝武即位,设马邑之权,欲诱匈奴,使韩
安国将三十万众徼于便墼,④匈奴觉之而去,徒费财劳师,一
虏不可得见,况单于之面乎!其后深惟社稷之计,规恢万载之
策,⑤乃大兴师数十万,使卫青、霍去病操兵,前后十余年。⑥
于是浮西河,绝大幕,破寘颜,袭王庭,穷极其地,追奔逐北,封
狼居胥山,禅于姑衍,以临翰海,⑦虏名王贵人以百数。自是之
后,匈奴震怖,益求和亲,然而未肯称臣也。

①邓展曰:"石,大也。"师古曰:"石,言坚固如石也。画,计策也,音获。"
②师古曰:"卒,终也。莫得而言,谓自免之计,其事丑恶,故不传。"
③师古曰:"以权道为书,顺辞以答之。"
④师古曰:"徼,要也,音工尧反。墼,古地字。"
⑤师古曰:"恢,大也。"
⑥师古曰:"操,持也,音千高反。"
⑦师古曰:"积土为封,而又禅祭也。"

　　且夫前世岂乐倾无量之费,役无罪之人,快心于狼望之北
哉?①以为不壹劳者不久佚,不暂费者不永宁,②是以忍百万

之师以摧饿虎之喙,运府库之财填卢山之壑而不悔也。③至本始之初,匈奴有桀心,④欲掠乌孙,侵公主,乃发五将之师十五万骑猎其南,而长罗侯以乌孙五万骑震其西,皆至质而还。⑤时鲜有所获,⑥徒奋扬威武,明汉兵若雷风耳。虽空行空反,尚诛两将军。故北狄不服,中国未得高枕安寝也。逮至元康、神爵之间,大化神明,鸿恩溥洽,而匈奴内乱,五单于争立,日逐、呼韩邪携国归死,扶伏称臣,⑦然尚羁縻之,计不颛制。⑧自此之后,欲朝者不距,不欲者不强。⑨何者?外国天性忿鸷,⑩形容魁健,⑪负力怙气,⑫难化以善,易肆以恶,⑬其强难诎,其和难得。故未服之时,劳师远攻,倾国殚货,伏尸流血,破坚拔敌,如彼之难也;既服之后,慰荐抚循,交接赂遗,威仪俯仰,如此之备也。往时尝屠大宛之城,蹈乌桓之垒,探姑缯之壁,⑭藉荡姐之场,⑮艾朝鲜之旃,拔两越之旗,⑯近不过旬月之役,远不离二时之劳,⑰固已犁其庭,扫其闾,⑱郡县而置之,云彻席卷,后无余菑。⑲唯北狄为不然,真中国之坚敌也,三垂比之悬矣,前世重之兹甚,⑳未易可轻也。

①师古曰:“匈奴中地名也。”

②师古曰:“伏,与逸同。”

③师古曰:“喙,口也。摧百万之师于兽口也。卢山,匈奴中山也。喙,音许秽反。”

④师古曰:“桀,坚也。言其起立不顺。”

⑤师古曰:“质,信也,谓所期处。”

⑥师古曰:“鲜,少也,音先践反。”

⑦师古曰:“伏,音浦北反。”

⑧师古曰:“颛,与专同。专制,谓以为臣妾也。”

⑨师古曰:“强,音其两反。”

⑩师古曰:“鸷,很也,音竹二反。”

⑪师古曰:“魁,大也。”

⑫师古曰:“负,恃也。”

⑬师古曰:“肆,谓附属之也。恶,谓威也。”

⑭师古曰："姑缯,谓西南夷种也,在益州,见《昭纪》也。"

⑮刘德曰："羌属也。"师古曰："藉犹蹈也。姐,音紫。"

⑯师古曰："艾,读曰刈。刈,绝也。"

⑰师古曰："离,历也。三月为一时。"

⑱师古曰："犁,耕也。"

⑲师古曰："畜,古灾字也。"

⑳师古曰："兹,益也。"

今单于归义,怀款诚之心,欲离其庭,陈见于前,此乃上世之遗策,神灵之所想望,国家虽费,不得已者也。①奈何距以来厌之辞,疏以无日之期,消往昔之恩,开将来之隙!夫款而隙之,使有恨心,负前言,缘往辞,②归怨于汉,因以自绝,终无北面之心,威之不可,谕之不能,焉得不为大忧乎!夫明者视于无形,聪者听于无声,诚先于未然,即蒙恬、樊哙不复施,棘门、细柳不复备,马邑之策安所设,卫、霍之功何得用,五将之威安所震?③不然,壹有隙之后,虽智者劳心于内,辩者毂击于外,④犹不若未然之时也。且往者图西域,制车师,⑤置城郭都护三十六国,费岁以大万计者,⑥岂为康居、乌孙能逾白龙堆而寇西边哉?⑦乃以制匈奴也。夫百年劳之,一日失之,费十而爱一,臣窃为国不安也。唯陛下少留意于未乱未战,以遏边萌之祸。

①师古曰："已,止也。"

②师古曰："言单于因缘往昔和好之辞以怨汉也。"

③师古曰："先于未然,谓计策素定,御难折冲。"

④师古曰："毂击,言使车交驰,其毂相击也。"

⑤师古曰："图,谋也。"

⑥师古曰："财用之费,一岁数百万也。"

⑦孟康曰："龙堆形如土龙身,无头有尾,高大者二三丈,埤者丈余,皆东北向,相似也,在西域中。"

书奏,天子寤焉,召还匈奴使者,更报单于书而许之。赐雄帛五十匹,黄金十斤。单于未发,会病,复遣使愿朝明年。故事,单于朝,从名王以下及从者二百余人。单于又上书言:"蒙天子神灵,人民盛壮,愿从五百人入朝,以明天子盛德。"上皆许之。

　　元寿二年,单于来朝,上以太岁厌胜所在,①舍之上林苑蒲陶宫。②告之以加敬于单于,③单于知之。加赐衣三百七十袭,锦绣缯帛三万匹,絮三万斤,它如河平时。既罢,遣中郎将韩况送单于。单于出塞,到休屯井,北度车曰卢水,道里回远。④况等乏食,单于乃给其粮,失期不还五十余日。

　　①师古曰:"厌,音一涉反。"
　　②师古曰:"舍,止宿。"
　　③师古曰:"云以敬于单于,故令止上林。"
　　④师古曰:"回,音胡内反。"

　　初,上遣稽留昆随单于去,到国,复遣稽留昆同母兄右大且方与妇入侍。①还归,复遣且方同母兄左日逐王都与妇入侍。是时,汉平帝幼,太皇太后称制,新都侯王莽秉政,欲说太后以威德至盛异于前,②乃风单于,③令遣王昭君女须卜居次云入侍④太后,所以赏赐之甚厚。

　　①师古曰:"且,音子间反。"
　　②师古曰:"说,读曰悦。以此事取悦于太后。"
　　③师古曰:"风,读曰讽。"
　　④师古曰:"云者,其女名。"

　　会西域车师后王句姑、①去胡来王唐兜②皆怨恨都护校尉,将妻子人民亡降匈奴,语在《西域传》。单于受置左谷蠡地,遣使上书言状曰:"臣谨已受。"诏遣中郎将韩隆、王昌、副校尉甄阜、侍中谒者帛敞、长水校尉王歙使匈奴,③告单于曰:"西域内属,不当得受,④今遣之。"⑤单于曰:"孝宣、孝元皇帝哀怜,为作约束,自长城以南天子有之,长城以北单于有之。有犯塞,辄以状闻;有降者,不得受。臣知父呼韩邪单于蒙无量之恩,死遗言曰:'有从中国来降者,勿受,辄送至塞,以报天子厚恩。'此外国也,得受之。"使者曰:"匈奴骨肉相攻,国几绝,⑥蒙中国大恩,危亡复续,妻子完安,累世

相继,宜有以报厚恩。"单于叩头谢罪,执二虏还付使者。诏使中郎
将王萌待西域恶都奴界上逆受。⑦单于遣使送到国,因请其罪。使
者以闻,有诏不听,⑧会西域诸国王斩以示之。乃造设四条:⑨中国
人亡入匈奴者,乌孙亡降匈奴者,西域诸国佩中国印绶降匈奴者,
乌桓降匈奴者,皆不得受。遣中郎将王骏、王昌、副校尉甄阜、王寻
使匈奴,班四条与单于,杂函封,⑩付单于,令奉行,因收故宣帝所
为约束封函还。时,莽奏令中国不得有二名,因使使者以风单于,⑪
宜上书慕化,为一名,汉必加厚赏。单于从之,上书言:"幸得备藩
臣,窃乐太平圣制,臣故名囊知牙斯,今谨更名曰知。"莽大说,⑫白
太后,遣使者答谕,厚赏赐焉。

　　①师古曰:"句,音钩。"

　　②师古曰:"为其去胡而来降汉,故以为王号。"

　　③师古曰:"歙,音翕。"

　　④师古曰:"既属汉家,不得复臣匈奴。"

　　⑤师古曰:"今即遣还。"

　　⑥师古曰:"几,音巨依反。"

　　⑦服虔曰:"恶都奴,西域之谷名也。"师古曰:"逆受,迎而受之。"

　　⑧师古曰:"不免其罪。"

　　⑨师古曰:"更新为此制也。"

　　⑩师古曰:"与玺书同一函而封之。"

　　⑪师古曰:"风,读曰讽。"

　　⑫师古曰:"说,读曰悦。"

　　汉既班四条,后护乌桓使者告乌桓民,毋得复与匈奴皮布税。
匈奴以故事遣使者责乌桓税,①匈奴人民妇女欲贾贩者皆随往焉。
乌桓距曰:"奉天子诏条,不当予匈奴税。"匈奴使怒,收乌桓酋豪,
缚到悬之。酋豪昆弟怒,共杀匈奴使及其官属,收略妇女马牛。单
于闻之,遣使发左贤王兵入乌桓责杀使者,因攻击之。乌桓分散,或
走上山,或东保塞。匈奴颇杀人民,敺妇女弱小且千人去,②置左
地,告乌桓曰:"持马畜皮布来赎之。"乌桓见略者亲属二千余人持
财畜往赎,匈奴受,留不遣。③

①师古曰:"故时常税,是以求之。"

②师古曰:"敺,与驱同。"

③师古曰:"受其皮布而留人不遣。"

　　王莽之篡位也,建国元年,遣五威将王骏率甄阜、王飒、陈饶、帛敞、丁业六人,①多赍金帛,重遗单于,谕晓以受命代汉状,因易单于故印。故印文曰"匈奴单于玺",莽更曰"新匈奴单于章"。②将率既至,授单于印绂,③诏令上故印绂。单于再拜受诏。译前,欲解取故印绂,单于举掖授之。左姑夕侯苏从旁谓单于曰:"未见新印文,宜且勿与。"单于止,不肯与。请使者坐穹庐,单于欲前为寿。五威将曰:"故印绂当以时上。"单于曰:"诺。"复举掖授译。苏复曰:"未见印文,且勿与。"单于曰:"印文何由变更!"遂解故印绂奉上,将率受。著新绂,不解视印,饮食至夜乃罢。右率陈饶谓诸将率曰:"乡者姑夕侯疑印文,几令单于不与人。④如令视印,见其变改,必求故印,此非辞说所能距也。既得而复失之,辱命莫大焉。不如椎破故印,以绝祸根。"将率犹与,莫有应者。⑤饶,燕士,果悍,⑥即引斧椎坏之。明日,单于果遣右骨都侯当白将率曰:"汉赐单于印,言'玺'不言'章',又无'汉'字,诸王已下乃有'汉'言'章'。今即去'玺'加'新',与臣下无别。愿得故印。"将率示以故印,谓曰:"新室顺天制作,故印随将率所自为破坏。单于宜承天命,奉新室之制。"当还白,单于知已无可奈何,又多得赂遗,即遣弟右贤王舆奉马牛随将率入谢,因上书求故印。

①师古曰:"飒,音立。"

②师古曰:"新者,莽自系其国号。"

③师古曰:"绂者,印之组也,音弗。"

④师古曰:"乡,读曰向。几,音巨依反。"

⑤师古曰:"与,读曰豫。"

⑥师古曰:"果,决也。悍,勇也,音胡干反。"

　　将率还到左犁汗王咸所居地,见乌桓民多,以问咸。咸具言状,①将率曰:"前封四条,不得受乌桓降者,亟还之。"②咸曰:"请密与单于相闻,得语,归之。"单于使咸报曰:"当从塞内还之邪,从塞外还之邪?"将率不敢颛决,以闻。诏报,从塞外还之。

①师古曰:"谓前驱略得妇女弱小,赎之不还者。"

②师古曰:"㔯,急也,音居力反。"

单于始用夏侯藩求地有距汉语,后以求税乌桓不得,因寇略其人民,衅由是生,重以印文改易,①故怨恨。乃遣右大且渠蒲呼卢訾等十余人将兵众万骑,以护送乌桓为名,②勒兵朔方塞下。朔方太守以闻。

①师古曰:"重,音直用反。"

②师古曰:"阳言云护送乌桓人众,实来为寇。"

明年,西域车师后王须置离谋降匈奴,都护但钦诛斩之。置离兄狐兰支将人众二千余人,敺畜产,举国亡降匈奴,①单于受之。狐兰支与匈奴共入寇,击车师,杀后成长,②伤都护司马,复还入匈奴。

①师古曰:"敺,与驱同。举其一国之人皆亡降也。"

②师古曰:"后成,车师小国名也。长,其长帅也。"

时戊己校尉史陈良、终带、司马丞韩玄、右曲候任商等见西域颇背叛,闻匈奴欲大侵,恐并死,即谋劫略吏卒数百人,共杀戊己校尉刁护,①遣人与匈奴南犁汗王南将军相闻。匈奴南将军二千骑入西域迎良等,良等尽胁略戊己校尉吏士男女二千余人入匈奴。玄、商留南将军所,良、带径至单于庭,人众别置零吾水上田居。单于号良、带曰乌桓都将军;留居单于所,数呼与饮食。西域都护但钦上书言匈奴南将军右伊秩訾将人众寇击诸国。莽于是大分匈奴为十五单于,遣中郎将蔺苞、副校尉戴级将兵万骑,多赍珍宝至云中塞下,招诱呼韩邪单于诸子,欲以次拜之。使译出塞诱呼右犁汗王咸、咸子登、助三人,至则胁拜咸为孝单于,赐安车鼓车各一,黄金千斤,杂缯千匹,戏戟十;②拜助为顺单于,赐黄金五百斤;传送助、登长安。莽封苞为宣威公,拜为虎牙将军;封级为扬威公,拜为虎贲将军。单于闻之,怒曰:"先单于受汉宣帝恩,不可负也。今天子非宣帝子孙,何以得立?"遣左骨都侯、右伊秩訾王呼卢訾及左贤王乐将兵入云中益寿塞,大杀吏民。是岁,建国三年也。

①师古曰:"刃,音貂。"

②师古曰:"戟载,有旗之戟也。戟,音许宜反,又音麾。"

是后,单于历告左右部都尉、诸边王,入塞寇盗,大辈万余,中辈数千,少者数百,杀雁门、朔方太守、都尉,略吏民畜产不可胜数,缘边虚耗。莽新即位,怙府库之富欲立威,乃拜十二部将率,发郡国勇士,武库精兵,各有所屯守,转委输于边。议满三十万众,赍三百日粮,同时十道并出,穷追匈奴,内之于丁令,①因分其地,立呼韩邪十五子。

①师古曰:"逐之遭入丁令地。令,音零。"

莽将严尤谏曰:"臣闻匈奴为害,所从来久矣,未闻上世有必征之者也。后世三家周、秦、汉征之,然皆未有得上策者也。周得中策,汉得下策,秦无策焉。当周宣王时,猃允内侵,至于泾阳,命将征之,尽境而还。其视戎狄之侵,譬犹蚊虻之螫,驱之而已。①故天下称明,是为中策。汉武帝选将练兵,约赍轻粮,深入远戍,②虽有克获之功,胡辄报之,兵连祸结三十余年,中国罢耗,匈奴亦创艾,③而天下称武,是为下策。秦始皇不忍小耻而轻民力,筑长城之固,延袤万里,④转输之行,起于负海,疆境既完,中国内竭,以丧社稷,是为无策。今天下遭阳九之厄,比年饥馑,西北边尤甚。发三十万众,具三百日粮,东援海代,南取江淮,然后乃备。⑤计其道里,一年尚未集合,兵先至者聚居暴露,师老械弊,势不可用,此一难也。边既空虚,不能奉军粮,内调郡国,不相及属,此二难也。⑥计一人三百日食,用糒十八斛,非牛力不能胜;牛又当自赍食,加二十斛,重矣。胡地沙卤,多乏水草,以往事揆之,军出未满百日,牛必物故且尽,⑦余粮尚多,人不能负,此三难也。胡地秋冬甚寒,春夏甚风,多赍鬴镬薪炭,重不可胜,⑧食糒饮水,以历四时,师有疾疫之忧,是故前世伐胡,不过百日,非不欲久,势力不能,此四难也。辎重自随,则轻锐者少,⑨不得疾行,虏徐遁逃,势不能及,幸而逢虏,又累辎重,⑩如遇险阻,衔尾相随,⑪虏要遮前后,危殆不测,此五难也。大用民力,功不可必立,臣伏忧之。今既发兵,宜纵先至者,令臣尤等深入霆击,且以创艾胡虏。"⑫莽不听尤言,转兵谷如故,天下骚动。

①师古曰:"蠠,古蚊字也。虻,音盲。螫,音式亦反。敺,与驱同。"

②师古曰:"约,少也。少赍衣装。"

③师古曰:"罢,读曰疲。耗,损也。创,音初向反。艾,读曰乂。次下亦同。"

④师古曰:"裒,长也,音茂。"

⑤师古曰:"援,引也,音爰。"

⑥师古曰:"调,发也,音徒钓反。属,音之欲反。"

⑦师古曰:"物故,谓死也。"

⑧师古曰:"鬴,古釜字也。镬,釜之大口者也。镬,音富。"

⑨师古曰:"重,直用反。其下亦同。"

⑩师古曰:"累,音力瑞反。"

⑪师古曰:"衔,马衔也。尾,马尾也。言前后单行,不得并驱。"

⑫师古曰:"请率见到之兵,且以击虏。"

　　咸既受莽孝单于之号,驰出塞归庭,具以见胁状白单于。单于更以为於粟置支侯,匈奴贱官也。后助病死,莽以登代助为顺单于。

　　厌难将军陈钦、①震狄将军王巡屯云中葛邪塞。是时,匈奴数为边寇,杀将率吏士,略人民,敺畜产去甚众。②捕得虏生口验问,皆曰孝单于咸子角数为寇。两将以闻。四年,莽会诸蛮夷,斩咸子登于长安市。

①师古曰:"厌,音一涉反。"

②师古曰:"敺,与驱同。"

　　初,北边自宣帝以来,数世不见烟火之警,人民炽盛,牛马布野。及莽挠乱匈奴,与之构难,①边民死亡系获,又十二部兵久屯而不出,吏士罢弊。②数年之间,北边虚空,野有暴骨矣。

①师古曰:"挠,搅也,音火高反。"

②师古曰:"罢,读曰疲。"

　　乌珠留单于立二十一岁,建国五年死。匈奴用事大臣右骨都侯须卜当,即王昭君女伊墨居次云之婿也。云常欲与中国和亲,又素与咸厚善,见咸前后为莽所拜,故遂越舆而立咸为乌累若鞮单于。①

①师古曰："累,音力追反。"

乌累单于咸立,以弟舆为左谷蠡王。乌珠留单于子苏屠胡本为左贤王,以弟屠耆阏氏子卢浑为右贤王。①乌珠留单于在时,左贤王数死,以为其号不详,更易命左贤王曰："护于"。护于之尊最贵,次当为单于,故乌珠留单于授其长子以为护于,欲传以国。咸怨乌珠留单于贬贱己号,不欲传国,及立,贬护于为左屠耆王。云、当遂劝咸和亲。

①师古曰："浑,音胡昆反。"

天凤元年,云、当遣人之西河虎猛制虏塞下,①告塞吏曰欲见和亲侯。和亲侯王歙者,王昭君兄子也。②中部都尉以闻。莽遣歙、歙弟骑都尉展德侯飒使匈奴,③贺单于初立,赐黄金衣被缯帛,绐言侍子登在,因购求陈良、终带等。单于尽收四人及手杀校尉刀护贼芝音妻子以下二十七人,皆械槛付使者,遣厨唯姑夕王富等四十人送歙、飒。莽作焚如之刑,烧杀陈良等,④罢诸将率屯兵,但置游击都尉。单于贪莽赂遗,故外不失汉故事,然内利寇掠。又使还,知子登前死,怨恨,寇虏从左地入,不绝。⑤使者问单于,辄曰："乌桓与匈奴无状黠民共为寇入塞,譬如中国有盗贼耳!咸初立持国,威信尚浅,尽力禁止,不敢有二心。"

①师古曰："武猛,县名,制虏塞在其界。"

②师古曰："歙,音翕。"

③师古曰："飒,音立。"

④应劭曰："《易》有焚如、死如、弃如之言,莽依此作刑名也。"如淳曰："焚如、死如、弃如者,谓不孝子也。不畜于父母,不容于朋友,故烧杀弃之,莽依此作刑名也。"师古曰："《易·离卦》九四爻辞也。"

⑤师古曰："入为寇而虏掠。"

天凤二年五月,莽复遣歙与五威将王咸率伏黯、丁业等六人,使送右厨唯姑夕王,因奉归前所斩侍子登及诸贵人从者丧,皆载以常车。至塞①下,单于遣云、当子男大且渠奢等至塞迎。咸等至,多遗单于金珍,因谕说改其号,号匈奴曰"恭奴",单于曰"善于",赐印绥。封骨都侯当为后安公,当子男奢为后安侯。单于贪莽金币,故曲听之,然寇盗如故。咸、歙又以陈良等购金付云、当,令自差与之。②十二月,还入塞,莽大喜,赐歙钱二百万,悉封黯等。

　①刘德曰:"县易车也。旧司农出钱市车,县次易牛也。"

　②师古曰:"差其次第多少。"

　单于咸立五岁,天凤五年死,弟左贤王舆立,为呼都而尸道皋若鞮单于。匈奴谓孝曰"若鞮",自呼韩邪后,与汉亲密,见汉谥帝为"孝",慕之,故皆为"若鞮"。

　呼都而尸单于舆既立,贪利赏赐,遣大且渠奢与云女弟当户居次子醯椟王①俱奉献至长安。莽遣和亲侯歙与奢等俱至制虏塞下,与云、当会。因以兵迫胁,将至长安。云、当小男从塞下得脱,归匈奴。当至长安,莽拜为须卜单于,欲出大兵以辅立之。兵调度亦不合,而匈奴愈怒,并入北边,北边由是坏败。会当病死,莽以其庶女陆逯任妻后安公奢,②所以尊宠之甚厚,终为欲出兵立之者。③会汉兵诛莽,云、奢亦死。

　①师古曰:"椟,音读。"

　②李奇曰:"陆逯,邑也。莽改公主曰任。奢本为侯,莽以女妻之,故进爵为公。"师古曰:"逯,音录。任,音壬。"

　③师古曰:"言为此计意不止。"

　更始二年冬,汉遣中郎将归德侯飒、大司马护军陈遵使匈奴,授单于汉旧制玺绶,王侯以下印绶,因送云、当余亲属贵人从者。单于舆骄,谓遵、飒曰:"匈奴本与汉为兄弟,匈奴中乱,①孝宣皇帝辅立呼韩邪单于,故称臣以尊汉。今汉亦大乱,为王莽所篡,匈奴亦出兵击莽,空其边境,令天下骚动思汉,莽卒以败而汉复兴,亦我力也,当复尊我!"遵与相掌距,②单于终持此言。其明年夏,还。会赤眉入长安,更始败。

　①师古曰:"言中间之时也,读如本字,又音竹仲反。"

　②师古曰:"掌,谓支柱也,音丈庚反,又丑庚反。"

赞曰：《书》戒"蛮夷猾夏"，①《诗》称"戎狄是膺"，②《春秋》"有道守在四夷"，③久矣夷狄之为患也。故自汉兴，忠言嘉谋之臣曷尝不运筹策相与争于庙堂之上乎？高祖时则刘敬，吕后时樊哙、季布，孝文时贾谊、朝错，孝武时王恢、韩安国、朱买臣、公孙弘、董仲舒，人持所见，各有同异，然总其要，归两科而已。缙绅之儒则守和亲，介胄之士则言征伐，皆偏见一时之利害，而未究匈奴之终始也。自汉兴以至于今，旷世历年，多于春秋，其与匈奴有修文而和亲之矣，有用武而克伐之矣，有卑下而承事之矣，④有威服而臣畜之矣，诎伸异变，强弱相反，是故其详可得而言也。

①师古曰："《虞书·舜典》载舜命皋陶作士之言也。猾，乱也。夏，谓中夏诸国也。"

②师古曰："《鲁颂·闵宫》之诗，美僖公兴师与齐桓讨难。膺，当也。"

③师古曰："《春秋左氏传》昭三十二年楚囊瓦为令尹，城郢。沈尹戌曰：'古者天子，守在四夷。'言德及远。"

④师古曰："下，音胡亚反。"

昔和亲之论，发于刘敬。是时天下初定，新遭平城之难，故从其言，约结和亲，赂遗单于，冀以救安边境。孝惠、高后时遵而不违，匈奴寇盗不为衰止，而单于反以加骄倨。逮至孝文，与通关市，妻以汉女，增厚其赂，岁以千金，而匈奴数背约束，边境屡被其害。是以义帝中年，赫然发愤，遂躬戎服，亲御鞍马，从六郡良家材力之士，①驰射上林，讲习战陈，聚天下精兵，军于广武，顾问冯唐，与论将帅，喟然叹息，思古名臣，此则和亲无益，已然之明效也。

①师古曰："六郡，谓陇西、天水、安定、北地、上郡、西河也。其安定、天水、西河，武帝所置耳，史本其土地，而追言也。"

仲舒亲见四世之事，犹复欲守旧文，颇增其约。以为"义动君子，利动贪人，如匈奴者，非可以仁义说也，①独可说以厚利，结之于天耳。②故与之厚利以没其意，③与盟于天以坚其约，质其爱子以累其心，④匈奴虽欲展转，奈失重利何，奈欺上天何，奈杀爱子何。⑤夫赋敛行赂不足以当三军之费，城郭之固无以异于贞士之约，⑥而使边城守境之民父兄缓带，稚子咽哺，⑦胡马不窥于长城，而羽檄不行于中国，不亦便于天下乎！"察仲舒之论，考诸行事，乃知其未合于当时，而有阙于后世也。当孝武时，虽征伐克获，而士马物故亦略相当；虽开河南之野，建朔方之郡，亦弃造阳之北九百余里。匈奴人民每来降汉，单于亦辄拘留汉使以相报复。⑧其桀骜尚如斯，⑨安肯以爱子而为质乎？此不合当时之言也。若不置质，空约和亲，是袭孝文既往之悔，而长匈奴无已之诈也。⑩夫边城不选守境武略之臣，修障隧备塞之具，厉长戟劲弩之械，恃吾所以待边寇。而务赋敛于民，远行货赂，割剥百姓，以奉寇仇。信甘言，守空约，而几胡马之不窥，不已过乎！⑪

①师古曰："此说谓劝谕。"
②师古曰："此说读曰悦。"
③师古曰："没，溺也。"
④师古曰："累，音力瑞反。"
⑤师古曰："展转，为移动其心。"
⑥晋灼曰："坚城固守，不胜遣贞士为和亲之约也。"
⑦师古曰："咽，吞也。哺，谓所食在口者也。咽，音宴。哺，音捕。"
⑧师古曰："复，音扶目反。"
⑨师古曰："骜，与傲同。"
⑩师古曰："袭，重也，重叠为其事。"
⑪师古曰："几，读曰冀。"

　　至孝宣之世，承武帝奋击之威，直匈奴百年之运，①因其坏乱几亡之阸，②权时施宜，覆以威德，然后单于稽首臣服，遣子入侍，三世称藩，宾于汉庭。是时边城晏闭，牛马布野，③三世无犬吠之警，黎庶亡干弋之役。④

①师古曰："直，当也。"
②师古曰："几，近也，音巨依反。"
③师古曰："晏，晚也。"
④师古曰："黎，古黎字。"

　　后六十余载之间，遭王莽篡位，始开边隙，单于由是归怨自绝，莽遂斩其侍子,边境之祸构矣。故呼韩邪始朝于汉,汉议其仪,而萧望之曰:"戎狄荒服,言其来服荒忽无常,时至时去,宜待以客礼,让而不臣。如其后嗣遂逃窜伏,①使于中国不为叛臣。"及孝元时,议罢守塞之备,侯应以为不可,可谓盛不忘衰,安必思危,远见识微之明矣。至单于咸弃其爱子,昧利不顾,②侵掠所获,岁巨万计,而和亲赂遗,不过千金,安在其不弃质而失重利也?仲舒之言,漏于是矣。

①师古曰:"遂,古遁字。"

②师古曰:"昧,贪也,音妹。"

夫规事建议,不图万世之固,而媮恃一时之事者,未可以经远也。①若乃征伐之功,秦汉行事,严尤论之当矣。故先王度土,中立封畿,②分九州,列五服,③物土贡,制外内,④或修刑政,或昭文德,远近之势异也。是以《春秋》内诸夏而外夷狄。⑤夷狄之人贪而好利,被发左衽,人面兽心,其与中国殊章服,异习俗,饮食不同,言语不通,辟居北垂寒露之野,⑥逐草随畜,射猎为生,隔以山谷,雍以沙幕,⑦天地所以绝外内也。是故圣王禽兽畜之,不与约誓,不就攻伐;约之则费赂而见欺,攻之则劳师而招寇。其地不可耕而食也,其民不可臣而畜也,是以外而不内,疏而不戚,⑧政教不及其人,正朔不加其国;来则惩而御之,去则备而守之。⑨其慕义而贡献,则接之以礼让,羁縻不绝,使曲在彼,盖圣王制御蛮夷之常道也。

①师古曰:"媮,与偷同。"

②师古曰:"度,音大各反。中,音竹仲反。"

③师古曰:"九州、五服,解并在前。"

④师古曰:"物土贡者,各因其土所生之物而贡之也。制外内,谓五服之差,远近异制。"

⑤师古曰:"《春秋》成十五年'诸侯会吴于钟离'。《公羊传》曰:'曷为殊会?吴外也。曷为外?《春秋》内其国而外诸夏,内诸夏而外夷狄也。'"

⑥师古曰:"辟,读曰僻。"

⑦师古曰:"雍,读曰壅。"

⑧师古曰:"戚,近也。"

⑨师古曰:"惩,谓使其创乂。"

汉书卷九五
列传第六五

西南夷　南粤王　闽粤王
朝鲜

南夷君长以十数，夜郎最大。① 其西，靡莫之属以十数，滇最大。② 自滇以北，君长以十数，邛都最大。③ 此皆椎结，④ 耕田，有邑聚。其外，西自桐师以东，北至叶榆，⑤ 名为嶲、昆明，⑥ 编发，⑦ 随畜移徙，亡常处，亡君长，地方可数千里。自嶲以东北，君长以十数，徙、筰都最大。⑧ 自筰以东北，君长以十数，冉駹最大。⑨ 其俗，或土著，或移徙。⑩ 在蜀之西。自駹以东北，君长以十数，白马最大，皆氐类也。此皆巴蜀西南外蛮夷也。

① 师古曰："后为县，属牂柯郡。"

② 师古曰："地有滇池，因为名也。滇，音颠。"

③ 师古曰："今之邛州本其地。"

④ 师古曰："椎，音直追反。结，读曰髻。为髻如椎之形也。《陆贾传》及《货殖传》皆作魁字，音义同耳。此下《朝鲜传》亦同。"

⑤ 师古曰："叶榆，泽名，因以立号，后为县，属益州郡。"

⑥ 师古曰："嶲，即今之嶲州也。昆明又在其西南，即今之南宁州，诸爨所居，是其地也。嶲，音髓。"

⑦ 师古曰："编，音步典反。"

⑧ 师古曰："徙及筰都，二国也。徙后为徙县，属蜀郡。筰都后为沈黎郡。徙，音斯。筰，音材各反。"

⑨师古曰："今夔州、开州首领多姓冉者,本皆冉种也。骁,音尨。"

⑩师古曰："土著,谓有常居著于土地也。著,音直略反。"

始楚威王时,使将军庄𫏋将兵循江上,①略巴、黔中以西。②庄𫏋者,楚庄王苗裔也。𫏋至滇池,方三百里,③旁平地肥饶数千里,④以兵威定属楚。欲归报,会秦击夺楚巴、黔中郡,道塞不通,因乃以其众王滇,变服,从其俗,以长之。⑤秦时尝破,略通五尺道,⑥诸此国颇置吏焉。十余岁,秦灭。及汉兴,皆弃此国而关蜀故徼。⑦巴蜀民或窃出商贾,取其莋马、僰僮、旄牛,以此巴蜀殷富。

①师古曰："循,顺也。谓缘江而上也。𫏋,音居略反。"

②师古曰："黔中,即今黔州是其地,本巴人也。"

③师古曰："《地理志》益州滇池县,其泽在西北。《华阳国志》云泽下流浅狭,状如倒池,故云滇池。"

④师古曰："池旁之地也。"

⑤师古曰："为其长帅也。"

⑥师古曰："其处险阸,故道才广五尺。"

⑦师古曰："西南之徼,犹北方塞也。徼,音工钓反。"

建元六年,大行王恢击东粤,东粤杀王郢以报。恢因兵威使番阳令唐蒙风晓南粤。①南粤食蒙蜀枸酱,②蒙问所从来,曰:"道西北牂柯江,③江广数里,出番禺城下。"④蒙归至长安,问蜀贾人,独蜀出枸酱,多持窃出市夜郎。夜郎者,临牂柯江,江广百余步,足以行船。南粤以财物役属夜郎,西至桐师,然亦不能臣使也。蒙乃上书说上曰:"南粤王黄屋左纛,⑤地东西万余里,名为外臣,实一州主。今以长沙、豫章往,水道多绝,难行。窃闻夜郎所有精兵可得十万,浮船牂柯,出不意,此制粤一奇也。诚以汉之强,巴蜀之饶,通夜郎道,为置吏,甚易。"上许之。乃拜蒙以郎中将,将千人,食重万余人,⑥从巴苻关入,遂见夜郎侯多同。⑦厚赐,谕以威德,约为置吏,使其子为令。⑧夜郎旁小邑皆贪汉缯帛,以为汉道险,终不能有也,乃且听蒙约。还报,乃以为犍为郡。发巴蜀卒治道,自僰道指牂柯江。蜀人司马相如亦言西夷邛、莋可置郡。使相如以郎中将往谕,皆如南夷,为置一都尉,十余县,属蜀。

①师古曰:"番,音蒲何反。风,读曰讽。"

②晋灼曰:"枸,音矩。"刘德曰:"枸树如桑,其椹长二三寸,味酢。取其实以为酱,美,蜀人以为珍味。"师古曰:"刘说非也。子形如桑椹耳。缘木而生,非树也。子又不长二三寸,味尤辛,不酢。今宕渠则有之。食,读曰饲。"

③师古曰:"道,由也,由此而来。"

④师古曰:"番,音普安反。禺,音隅。"

⑤师古曰:"言为天子之车服。"

⑥师古曰:"食粮及衣重也。重,音直用反。"

⑦师古曰:"多同,其侯名也。"

⑧师古曰:"比之于汉县也。"

当是时,巴蜀四郡通西南夷道,载转相饟,①数岁,道不通,士罢饿馁,离暑湿,死者甚众。②西南夷又数反,发兵兴击,耗费亡功。③上患之,使公孙弘往视问焉。还报,言其不便。及弘为御史大夫,时方筑朔方,据河逐胡,弘等因言西南夷为害,④可且罢,专力事匈奴。上许之,罢西夷,独置南夷两县一都尉,稍令犍为自保就。⑤

①师古曰:"饟,古饷字。"

②师古曰:"罢,读曰疲。馁,饥也。离,遭也。馁,音能贿反。"

③师古曰:"耗,损也,音呼到反。"

④师古曰:"言通西南夷大为损害。"

⑤师古曰:"令自保守,且修成其郡县。"

及元狩元年,博望侯张骞言使大夏时,见蜀布、邛竹杖,问所从来,曰:"从东南身毒国,①可数千里,得蜀贾人市。"或闻邛西可二千里有身毒国。骞因盛言大夏在汉西南,慕中国,患匈奴隔其道,诚通蜀,身毒国道便近,又亡害。于是天子乃令王然于、柏始昌、吕越人等十余辈间出西南夷,②指求身毒国。至滇,滇王当羌乃留为求道。③四岁余,皆闭昆明,莫能通。④滇王与汉使言:"汉孰与我大?"⑤及夜郎侯亦然。各自以一州王,不知汉广大。使者还,因盛言滇大国,足事亲附,⑥天子注意焉。

①师古曰:"即天竺也,亦曰捐笃也。"

②师古曰:"求间隙而出也。"

③师古曰:"当羌,滇王名。"

④师古曰:"为昆明所闭塞。"

⑤师古曰:"与犹如。"

⑥师古曰:"言可专事招来之,令其亲附。"

　　及至南粤反,上使驰义侯因犍为发南夷兵。且兰君恐远行,旁国虏其老弱,①乃与其众反,杀使者及犍为太守。汉乃发巴蜀罪人当击南粤者八校尉击之。会越已破,汉八校尉不下,中郎将郭昌、卫广引兵还,行诛隔滇道者且兰,②斩首数万,遂平南夷为牂柯郡。夜郎侯始倚南粤,南粤已灭,还诛反者,③夜郎遂入朝,上以为夜郎王。南粤破后,及汉诛且兰、邛君,并杀莋侯,冉駹皆震恐,请臣置吏。以邛都为粤巂郡,莋都为沈黎郡,冉駹为文山郡,广汉西白马为武都郡。

①师古曰:"恐发兵与汉行后,其国空虚,而旁国来寇,钞取其老弱也。且,音子余反。"

②师古曰:"言因军行而便诛之也。"

③师古曰:"谓军还而诛且兰。"

　　使王然于以粤破及诛南夷兵威风谕滇王入朝。①滇王者,其众数万人,其旁东北劳深、靡莫皆同姓相杖,未肯听。②劳、莫数侵犯使者吏卒。元封二年,天子发巴蜀兵击灭劳深、靡莫,以兵临滇。滇王始首善,以故弗诛。③滇王离西夷,④滇举国降,请置吏入朝。于是以为益州郡,赐滇王王印,复长其民。⑤西南夷君长以百数,独夜郎、滇受王印。滇,小邑也,最宠焉。

①师古曰:"风,读曰讽。"

②师古曰:"杖犹倚也,相依倚为援而不听滇王入朝也。杖,音直亮反。"

③师古曰:"言初始以来,常有善意。"

④师古曰:"言东向事汉。"

⑤师古曰:"为之长帅。"

　　后二十三岁,孝昭始元元年,益州廉头、姑缯民反,杀长吏,牂柯、谈指、同并等二十四邑，凡三万余人皆反。①遣水衡都尉发蜀郡、犍为犇命万余人②击牂柯，大破之。后三岁，姑缯、叶榆复反，遣水衡都尉吕辟胡将郡兵击之。③辟胡不进，蛮夷遂杀益州太守，乘胜与辟胡战，士战及溺死者四千余人。明年，复遣军正王平与大鸿胪田广明等并进，大破益州，斩首捕虏五万余级，获畜产十余万。上曰："钩町侯亡波率其邑君长人民击反者，④斩首捕虏有功，其立亡波为钩町王。大鸿胪广明赐爵关内侯，食邑三百户。"后间岁，武都氐人反，⑤遣执金吾马适建、龙𬱟侯韩增与大鸿胪广明将兵击之。

①师古曰："并，音伴。"
②师古曰："犇，古奔字。奔命，解在《昭纪》。"
③师古曰："辟，音璧。"
④师古曰："钩，音巨于反。町，音大鼎反。"
⑤师古曰："间岁，隔一岁。"

　　至成帝河平中，夜郎王兴与钩町王禹、漏卧侯俞①更举兵相攻。②牂柯太守请发兵诛兴等，议者以为道远不可击，乃遣太中大夫蜀郡张匡持节和解。兴等不从命，刻木象汉吏，立道旁射之。杜钦说大将军王凤曰："太中大夫匡使和解蛮夷王侯，王侯受诏，已复相攻，轻易汉使，不惮国威，其效可见。恐议者选耍，复守和解，③太守察动静，有变乃以闻。如此，则复旷一时，④王侯得收猎其众，申固其谋，党助众多，各不胜忿，必相殄灭。自知罪成，狂犯守尉，⑤远臧温暑毒草之地，虽有孙吴将，贲育士，⑥若入水火，往必焦没，知勇亡所施。屯田守之，费不可胜量。宜因其罪恶未成，未疑汉家加诛，阴敕旁郡守尉练士马，⑦大司农豫调谷积要害处，⑧选任职太守往，以秋凉时入，诛其王侯尤不轨者。即以为不毛之地，亡用之民，圣王不以劳中国，⑨宜罢郡，放弃其民，绝其王侯，勿复通。如以先帝所立累世之功不可堕坏，⑩亦宜因其萌牙，早断绝之，乃已成形然后战师，则万姓被害。"

①孟康曰："漏卧，夷邑名，后为县。"师古曰："俞，音逾。"
②师古曰："更，互也，音工衡反。"

③师古曰:"选耎,怯不前之意也。选,音息兖反。耎,音人兖反。"

④师古曰:"旷,空也。一时,三月也。言空废一时,不早发兵也。"

⑤师古曰:"言起狂勃之心,而杀守尉也。"

⑥师古曰:"孙,孙武也。吴,吴起也。贲,孟贲也。育,夏育也。"

⑦师古曰:"练。简也。"

⑧师古曰:"调,发也。要害者,在我为要,于敌为害也。调,音徒钓反。"

⑨师古曰:"即犹若也。不毛,言不生草木。"

⑩师古曰:"如亦若也。堕,毁也,音火规反。"

大将军凤于是荐金城司马陈立为牂柯太守,立者,临邛人,前
为连然长,不韦令,①蛮夷畏之。及至牂柯,谕告夜郎王兴,兴不从
命,立请诛之。未报,乃从吏数十人出行县,②至兴国且同亭,③召
兴。兴将数千人往至亭,从邑君数十人入见立。立数责,因断头。④
邑君曰:"将军诛亡状,为民除害,愿出晓士众。"以兴头示之,皆释
兵降。⑤钩町王禹、漏卧侯俞震恐,入粟千斛,牛羊劳吏士。立还归
郡,兴妻父翁指与兴子邪务收余兵,迫胁旁二十二邑反。至冬,立奏
募诸夷与都尉长史分将攻翁指等。翁指据陻为垒,立使奇兵绝其饷
道,纵反间以诱其众。⑥都尉万年曰:"兵久不决,费不可共。"⑦引
兵独进,败走,趋立营。⑧立怒,叱戏下令格之。⑨都尉复还战,立引
兵救之。时天大旱,立攻绝其水道。蛮夷共斩翁指,持首出降。立
已平定西夷,征诣京师。会巴郡有盗贼,复以立为巴郡太守,秩中二
千石居,赐爵左庶长。⑩徙为天水太守,劝民农桑,为天下最,赐金
四十斤。入为左曹卫将军、护军都尉,卒官。

①苏林曰:"皆益州县也。"

②师古曰:"行,音下更反。"

③师古曰:"且,音子余反。"

④师古曰:"数,音所具反。"

⑤师古曰:"释,解也。"

⑥师古曰:"间,音居苋反。"

⑦师古曰:"共,读曰供。"

⑧师古曰:"趋,读曰趣。趣,向也。"

⑨师古曰:"戏,音许宜反,又音麾。解在《高纪》及《灌夫传》。"

⑩师古曰:"第十谲也。"

王莽篡位,改汉制,贬钩町王以为侯。王邯怨恨,①牂柯大尹周钦诈杀邯。邯弟承攻杀钦,州郡击之,不能服。三边蛮夷悉扰尽反,复杀益州大尹程隆。莽遣平蛮将军冯茂发巴、蜀、犍为吏士,赋敛取足于民,以击益州。出入三年,疾疫死者什七,巴、蜀骚动。莽征茂还,诛之。更遣宁始将军廉丹与庸部牧史熊②大发天水、陇西骑士,广汉、巴、蜀,犍为吏民十万人,转输者合二十万人,击之。始至,颇斩首数千,其后军粮前后不相及,士卒饥疫,三岁余死者数万。而粤嶲蛮夷任贵亦杀太守枚根,自立为邛谷王。③会莽败汉兴,诛贵,复旧号云。④

①师古曰:"邯,其王名也。邯,音酣。"

②孟康曰:"莽改益州为庸部。"

③师古曰:"枚根,太守之姓名。"

④师古曰:"此汉兴者,谓光武中兴也。"

南粤王赵佗,真定人也。①秦并天下,略定扬粤,②置桂林、南海、象郡,以適徙民与粤杂处。③十三岁,至二世时,南海尉任嚣④病且死,召龙川令赵佗⑤语曰:"闻陈胜等作乱,豪桀叛秦相立,南海辟远,恐盗兵侵此。⑥吾欲兴兵绝新道,⑦自备待诸侯变,会疾甚。且番禺负山险阻,⑧南北东西数千里,颇有中国人相辅,此亦一州之主,可为国。郡中长吏亡足与谋者,故召公告之。"即被佗书,行南海尉事。⑨嚣死,佗即移檄告横浦、阳山、湟溪关⑩曰:"盗兵且至,急绝道聚兵自守。"因稍以法诛秦所置吏,以其党为守假。⑪秦已灭,佗即击并桂林、象郡,自立为南粤武王。

①师古曰:"真定,本赵国之县也。佗,音徒何反。"

②师古曰:"本扬州之分,故云扬粤。"

③师古曰:"適读曰谪。谪有罪者,徙之于越地,与其土人杂居。"

④师古曰:"嚣,音敖。"

⑤师古曰:"龙川,南海之县也,即今之循州。"

⑥师古曰:"辟,读曰僻。"

⑦师古曰:"秦所开越道也。"

⑧师古曰:"负,背也。"

⑨师古曰:"被,加也,音皮义反。"

⑩师古曰:"湟,音皇。"

⑪师古曰:"令为郡县之职,或守或假也。"

高帝已定天下,为中国劳苦,故释佗不诛。①十一年,遣陆贾立佗为南粤王,与剖符通使,使和辑百粤,②毋为南边害,与长沙接境。

①师古曰:"释,置也。"

②师古曰:"辑,与集同也。"

高后时,有司请禁粤关市铁器。佗曰:"高皇帝立我,通使物,今高后听谗臣,别异蛮夷,隔绝器物,①此必长沙王计,欲倚中国,②击灭南海并王之,自为功也。"于是佗乃自尊号为南武帝,发兵攻长沙边,败数县焉。高后遣将军隆虑侯灶击之,③会暑湿,士卒大疫,兵不能隃领。④岁余,高后崩,即罢兵。佗因此以兵威财物赂遗闽粤、西瓯骆,役属焉,⑤东西万余里。乃乘黄屋左纛,称制,与中国侔。⑥

①师古曰:"鬲,与隔同也。"

②师古曰:"倚,音于绮反。"

③师古曰:"周灶也。虑,音庐。"

④师古曰:"隃与逾同。下皆类此。"

⑤师古曰:"西瓯即骆越也。言西者,以别东瓯也。"

⑥师古曰:"侔,等也。"

文帝元年,初镇抚天下,使告诸侯四夷从代来即位意,谕盛德焉。①乃为佗亲冢在真定置守邑,②岁时奉祀。召其从昆弟,尊官厚赐宠之。诏丞相平举可使粤者,平言陆贾先帝时使粤。上召贾为太中大夫,谒者一人为副使,赐佗书曰:"皇帝谨问南粤王,甚苦心劳意。朕,高皇帝侧室之子,③弃外奉北藩于代,道里辽远,雍蔽朴愚,未尝致书。④高皇帝弃群臣,孝惠皇帝即世,高后自临事,不幸有疾,日进不衰,⑤以故悖暴乎治。⑥诸吕为变故乱法,不能独制,乃取它姓子为孝惠皇帝嗣。赖宗庙之灵,功臣之力,诛之已毕。朕以王侯吏不释之故,⑦不得不立,今即位。乃者,闻王遗将军隆虑侯书,求亲昆弟,请罢长沙两将军。⑧朕以王书罢将军博阳侯,亲昆弟在真定者,已遣人存问,修治先人冢。前日闻王发兵于边,为寇灾不止。当其时,长沙苦之,南郡尤甚,虽王之国,庸独利乎!⑨必多杀士卒,伤良将吏,寡人之妻,孤人之子,独人父母,得一亡十,朕不忍为也。朕欲定地犬牙相入者,以问吏,吏曰'高皇帝所以介长沙土也',⑩朕不得擅变焉。吏曰:'得王之地不足以为大,得王之财不足以为富,服领以南,王自治之。'⑪虽然,王之号为帝。两帝并立,亡一乘之使以通其道,是争也;争而不让,仁者不为也。愿与王分弃前患,⑫终今以来,通使如故。⑬故使贾驰谕告王朕意,王亦受之,毋为寇灾矣。上褚五十衣,中褚三十衣,下褚二十衣,遗王。⑭愿王听乐娱忧,存问邻国。"⑮

①师古曰:"言不以威武加于远方也。"

②师古曰:"亲,谓父母也。"

③师古曰:"言非正嫡所生也。"

④师古曰:"言未得通使于越。"

⑤师古曰:"言疾病益甚也。"

⑥师古曰:"悖,乖也,音布内反。"

⑦孟康曰:"辞让帝位不见置也。"

⑧师古曰:"佗之昆弟在故乡者求访之,而两将军将兵击越者请罢之,以实附于汉也。言亲昆弟者,谓有服属者也。"

⑨师古曰:"言越兵寇边,长沙、南郡皆厌苦之。而汉军亦当相拒,方有战斗,于越亦非利也。"

⑩师古曰:"介,隔也。"

⑪苏林曰:"山领名也。"如淳曰:"长沙南界也。"

⑫师古曰:"彼此共弃,故云分。"

⑬师古曰:"从今通使至于终久,故云终今以来也。"

⑭师古曰:"以绵装衣曰褚。上中下者,绵之多少薄厚之差也。褚,音竹吕

反。”

⑮师古曰:“谓东越及瓯骆等。”

　　陆贾至,南粤王恐,乃顿首谢,愿奉明诏,长为藩臣,奉贡职。于是下令国中曰:“吾闻两雄不俱立,两贤不并世。汉皇帝贤天子。自今以来,去帝制黄屋左纛。”因为书称:“蛮夷大长老夫臣佗昧死再拜上书皇帝陛下:老夫故粤吏也,高皇帝幸赐臣佗玺,以为南粤王,使为外臣,时内贡职。①孝惠皇帝即位,义不忍绝,所以赐老夫者厚甚。高后自临用事,近细士,信谗臣,②别异蛮夷,出令曰:‘毋予蛮夷外粤金铁田器;马牛羊③即予,予牡,毋与牝。’④老夫处辟,马牛羊齿已长,⑤自以祭祀不修,有死罪,使内史藩、中尉高、御史平凡三辈上书谢过,皆不反。又风闻老夫父母坟墓已坏削,兄弟宗族已诛论。⑥吏相与议曰:‘今内不得振于汉,外亡以自高异。’⑦故更号为帝,自帝其国,非敢有害于天下。高皇后闻之大怒,削去南粤之籍,使使不通。老夫窃疑长沙王谗臣,故敢发兵以伐其边。且南方卑湿,蛮夷中西有西瓯,其众半赢,⑧南面称王;东有闽粤,其众数千人,亦称王;西北有长沙,其半蛮夷,亦称王。⑨老夫故敢妄窃帝号,聊以自娱。老夫身定百邑之地,东西南北数千万里,带甲百万有余,然北面而臣事汉,何也?不敢背先人之故。老夫处粤四十九年,于今抱孙焉。然夙兴夜寐,寝不安席,食不甘味,目不视靡曼之色,耳不听钟鼓之音者,以不得事汉也。今陛下幸哀怜,复故号,⑩通使汉如故,老夫死骨不腐,改号不敢为帝矣!谨北面因使者献白璧一双,翠鸟千,犀角十,紫贝五百,桂蠹一器,⑪生翠四十双,孔雀二双。昧死再拜,以闻皇帝陛下。”

　　①师古曰:“言以时输入贡职。”

　　②师古曰:“细士,犹言小人也。”

　　③师古曰:“言非中国,故云外越。”

　　④师古曰:“恐其蕃息。”

　　⑤师古曰:“辟,读曰僻。齿已长,谓老矣。”

　　⑥师古曰:“风闻,闻风声。”

　　⑦师古曰:“振,起也。”

⑧师古曰:"羸,谓劣弱也。"

⑨师古曰:"言长沙之国半杂蛮夷之人。"

⑩师古曰:"复,音扶目反。"

⑪应劭曰:"桂树中蝎虫也。"苏林曰:"汉旧常以献陵庙,载以赤毂小车。"

　师古曰:"此虫食桂,故味辛,而渍之以蜜食之也。蠹,音丁故反。"

　陆贾还报,文帝大说。①遂至孝景时,称臣遣使入朝请。②然其居国,窃如故号;其使天子,称王朝命如诸侯。

①师古曰:"说,读曰悦。"

②师古曰:"请,音才性反。"

　至武帝建元四年,佗孙胡为南粤王。立三年,闽粤王郢兴兵南击边邑。粤使人上书曰:"两粤俱为藩臣,毋擅兴兵相攻击。今东粤擅兴兵侵臣,臣不敢兴兵,唯天子诏之。"于是天子多南粤义,①守职约,②为兴师,遣两将军往讨闽粤。兵未隃领,闽粤王弟余善杀郢以降,于是罢兵。

①师古曰:"多犹重也。"

②师古曰:"守藩臣之职,而不逾约制。"

　天子使严助往谕意,南粤王胡顿首曰:"天子乃兴兵诛闽粤,死亡以报德!"遣太子婴齐入宿卫。谓助曰:"国新被寇,使者行矣。胡方日夜装入见天子。"助去后,其大臣谏胡曰:"汉兴兵诛郢,亦行以惊动南粤。且先王言事天子期毋失礼,要之不可以怵好语入见。①入见则不得复归,亡国之势也。"于是胡称病,竟不入见。后十余岁,胡实病甚,太子婴齐请归。胡薨,谥曰文王。

①师古曰:"怵,诱也。不可被诱怵以好语而入汉朝也。怵,音先聿反。"

　婴齐嗣立,即臧其先武帝、文帝玺。①婴齐在长安时,取邯郸摎氏女,②生子兴。及即位,上书请立摎氏女为后,兴为嗣。汉数使使者风谕,③婴齐犹尚乐擅杀生自恣,惧入见,要以用汉法,比内诸侯,固称病,遂不入见。遣子次公入宿卫。婴齐薨,谥为明王。

①李奇曰:"去其僭号。"

②师古曰:"摎,音居虬反。"

③师古曰:"风,读曰讽。讽谕令入朝。"

太子兴嗣立,其母为太后。太后自未为婴齐妻时,尝与霸陵人安国少季通。①及婴齐薨后,元鼎四年,汉使安国少季谕王、王太后入朝,令辩士谏大夫终军等宣其辞,勇士魏臣等辅其决,②卫尉路博德将兵屯桂阳,待使者。王年少,太后中国人,安国少季往,复与私通,国人颇知之,多不附太后。太后恐乱起,亦欲倚汉威,③劝王及幸臣求内属。即因使者上书,请比内诸侯,三岁壹朝,除边关。于是天子许之,赐其丞相吕嘉银印,及内史、中尉、太傅印,余得自置。④除其故黥劓刑,用汉法。诸使者皆留填抚之。⑤王、王太后饬治行装重资,为入朝具。

①师古曰:"姓安国,字少季。"

②师古曰:"助令决策也。"

③师古曰:"倚,音于绮反。"

④师古曰:"丞相、内史、中尉,太傅之外,皆任其国自选置,不受汉之印绶。"

⑤师古曰:"填,音竹刃反。"

相吕嘉年长矣,相三王,宗族官贵为长吏七十余人,男尽尚王女,女尽嫁王子弟宗室,及苍梧秦王有连。①其居国中甚重,粤人信之,多为耳目者,得众心愈于王。②王之上书,数谏止王,王不听。有畔心,数称病不见汉使者。使者注意嘉,势未能诛。王、王太后亦恐嘉等先事发,欲介使者权,谋诛嘉等。③置酒请使者,大臣皆侍坐饮。嘉弟为将,将卒居宫外。酒行,太后谓嘉:"南粤内属,国之利,而相君苦不便者,何也?"以激怒使者。使者狐疑相杖,遂不敢发。④嘉见耳目非是,⑤即趋出。太后怒,欲纵嘉以矛,⑥王止太后。嘉遂出,介弟兵就舍,⑦称病,不肯见王及使者。乃阴谋作乱。王素亡意诛嘉,嘉知之,以故数月不发。太后独欲诛嘉等,力又不能。

①孟康曰:"苍梧,越中王,自名为秦王。连,亲婚也。"晋灼曰:"秦王即下赵光也。赵本与秦同姓,故曰秦王。"

②师古曰:"愈,胜也。"

③师古曰:"介,恃也。"

④师古曰："杖，音直亮反。"

⑤师古曰："异于常也。"

⑥师古曰："纵，谓撞刺之也，音窗。"

⑦李奇曰："介，被也。"师古曰："介，甲也，被甲而自卫也，弟兵即上所云弟将卒居外者。"

天子闻之，罪使者怯亡决。又以为王、王太后已附汉，独吕嘉为乱，不足以兴兵，欲使庄参以二千人往。参曰："以好往，数人足；以武往，二千人亡足以为也。"辞不可，天子罢参兵。郏壮士故济北相韩千秋①奋曰："以区区粤，又有王应，独吕嘉为害，愿得勇士三百人，必斩嘉以报。"于是天子遣千秋与王太后弟摎乐将二千人往。入粤境，吕嘉乃遂反，下令国中曰："王年少，太后中国人，又与使者乱，专欲内属，尽持先王宝入献天子以自媚，多从人，行至长安，虏卖以为僮。取自脱一时利，亡顾赵氏社稷为万世虑之意。"乃与其弟将卒攻杀太后、王，尽杀汉使者。遣人告苍梧秦王及其诸郡县，立明王长男粤妻子术阳侯建德为王。而韩千秋兵之入也，破数小邑。其后粤直开道给食，②未至番禺四十里，粤以兵击千秋等，灭之。使人函封汉使节置塞上，好为谩辞谢罪，③发兵守要害处。于是天子曰："韩千秋虽亡成功，亦军锋之冠。④封其子延年为成安侯。摎乐，其姊为王太后，首愿属汉，封其子广德为龙亢侯。"⑤乃赦天下，曰："天子微弱，诸侯力政，讥臣不讨贼。⑥吕嘉、建德等反，自立晏如，⑦令粤人及江淮以南楼船十万师往讨之。"

①师古曰："颍川郏县人也。郏，音夹。"

②师古曰："纵之令深入，然后诛灭之。"

③师古曰："谩，诳也，音慢，又音莫连反。"

④师古曰："言最为首也。"

⑤晋灼曰："亢，古龙字。"

⑥师古曰："力政，谓以兵力相加也。讥臣不讨贼者，《春秋》之义。"

⑦师古曰："言自相置立，而心安泰无恐惧。"

元鼎五年秋，卫尉路博德为伏波将军，出桂阳，下湟水；①主爵都尉杨仆为楼船将军，出豫章，下横浦；故归义粤侯二人为戈船、下

灡将军,②出零陵,或下离水,或抵苍梧;使驰义侯因巴蜀罪人,发
夜郎兵,下牂柯江:咸会番禺。

　　①师古曰:"湟,音皇。"

　　②师古曰:"从粤来归义,而汉封之。"

　　六年冬,楼船将军将精卒先陷寻狭,破石门,得粤船粟,因推而
前,挫粤锋,以粤数万人待伏波将军。伏波将军将罪人,道远后期,
与楼船会乃有千余人,遂俱进。楼船居前,至番禺,建德、嘉皆城守。
楼船自择便处,居东南面,伏波居西北面。会暮,楼船攻败粤人,纵
火烧城。粤素闻伏波,莫,不知其兵多少。①伏波乃为营,②遣使招
降者,赐印绶,复纵令相招。③楼船力攻烧敌,④反敺而入伏波营
中。⑤迟旦,城中皆降伏波。⑥吕嘉、建德以夜与其属数百人亡入
海。伏波又问降者,知嘉所之,遣人追。故其校司马苏弘得建德,为
海常侯;⑦粤郎都稽得嘉,为临蔡侯。⑧

　　①师古曰:"莫,读曰暮也。"

　　②师古曰:"设营垒以待降者。"

　　③师古曰:"来降者即赐以侯印,而放令还,更相招谕。"

　　④师古曰:"力,尽力也。"

　　⑤师古曰:"敺,与驱同。"

　　⑥师古曰:"迟,音丈二反。解在《高纪》。"

　　⑦师古曰:"校之司马,若今行军总管司马也。"

　　⑧孟康曰:"越中所自置郎也。"师古曰:"稽,音鸡。"

　　苍梧王赵光与粤王同姓,闻汉兵至,降,为随桃侯。及粤揭阳令
史定降汉,为安道侯。①粤将毕取以军降,为膫侯。②粤桂林监居
翁③谕告瓯骆四十余万口降,为湘城侯。戈船、下灡将军兵及驰义
侯所发夜郎兵未下,南粤已平。遂以其地为儋耳、珠崖、南海、苍梧、
郁林、合浦、交阯、九真、日南九郡。伏波将军益封。楼船将军以推
锋陷坚为将梁侯。

　　①苏林曰:"揭,音羯。南海县。"

　　②师古曰:"越将姓毕名取也。《功臣表》膫属南阳,音来雕反。"

　　③服虔曰:"桂林部监也。姓居名翁。"

自尉佗王凡五世,九十三岁而亡。

闽粤王无诸及粤东海王摇,其先皆粤王句践之后也,姓驺氏。秦并天下,废为君长,以其地为闽中郡。①及诸侯畔秦,无诸、摇率粤归番阳令吴芮,所谓番君者也,②从诸侯灭秦。当是时,项羽主命,不王也,③以故不佐楚。汉击项籍,无诸、摇帅粤人佐汉。汉五年,复立无诸为闽粤王,王闽中故地,都冶。④孝惠三年,举高帝时粤功,⑤曰闽君摇功多,其民便附,乃立摇为东海王,都东瓯,世号曰东瓯王。

①师古曰:"即今之泉州建安是也。"
②师古曰:"吴芮号也。番,音蒲河反。"
③孟康曰:"主号命诸侯,不王无诸、摇等也。"
④师古曰:"地名,即候官县是也。冶,音弋者反。"
⑤师古曰:"追论其功。"

后数世,①孝景三年,吴王濞反,欲从闽粤,②闽粤未肯行,独东瓯从。及吴破,东瓯受汉购,杀吴王丹徒,以故得不诛。

①师古曰:"后,与後同。古通用字。"
②师古曰:"招粤令从之。"

吴王子驹亡走闽粤,怨东瓯杀其父,常劝闽粤击东瓯。建元三年,闽粤发兵围东瓯,东瓯使人告急天子。天子问太尉田蚡,蚡对曰:"粤人相攻击,固其常,不足以烦中国往救也。"中大夫严助诘蚡,言当救。天子遣助发会稽郡兵浮海救之,语具在《助传》。汉兵未至,闽粤引兵去。东粤请举国徙中国,乃悉与众处江淮之间。

六年,闽粤击南粤,南粤守天子约,不敢擅发兵,而以闻。上遣大行王恢出豫章,大司农韩安国出会稽,皆为将军。兵未隃领,闽粤王郢发兵距险。其弟余善与宗族谋曰:"王以擅发兵,不请,故天子兵来诛。汉兵众强,即幸胜之,后来益多,①灭国乃止。今杀王以谢天子,天子罢兵,固国完。不听乃力战,不胜即亡入海。"皆曰:"善。"即锹杀王,②使使奉其头致大行。大行曰:"所为来者,诛王。王头

至,不战而殒,利莫大焉。"乃以便宜案兵告大司农军,而使使奉王
头驰报天子。诏罢两将军兵,曰:"郢等首恶,独无诸孙繇君丑不与
谋。"③乃使郎中将立丑为粤繇王,奉闽粤祭祀。

①师古曰:"言汉地广大,兵众盛强,今虽胜之,后更来也。"

②师古曰:"钺,音初江反。"

③张晏曰:"繇,邑号也。"师古曰:"繇,音摇。与,读曰豫。"

　　余善以杀郢,威行国中,民多属,窃自立为王,繇王不能制。上
闻之,为余善不足复兴师,曰:"余善首诛郢,师得不劳。"因立余善
为东粤王,与繇王并处。

　　至元鼎五年,南粤反,余善上书请以卒八千从楼船击吕嘉等。
兵至揭阳,以海风波为解,①不行,持两端,阴使南粤。②及汉破番
禺,楼船将军仆上书愿请引兵击东粤。上以士卒劳倦,不许。罢兵,
令诸校留屯豫章梅领待命。③

①师古曰:"解者,自解说,若今言分疏。"

②师古曰:"遣使与相和。"

③师古曰:"听诏命也。"

　　明年秋,余善闻楼船请诛之,汉兵留境,且往,①乃遂发兵距汉
道,号将军驺力等为"吞汉将军",入白砂、武林,梅领,杀汉三校尉。
是时,汉使大司农张成、故山州侯齿将屯,②不敢击,却就便处。③
皆坐畏懦诛。余善刻"武帝"玺自立,诈其民,为妄言。④上遣横海将
军韩说出句章,⑤浮海从东方往;楼船将军仆出武林,⑥中尉王温
舒出梅领,粤侯为戈船、下濑将军出如邪、白砂,元封元年冬,咸入
东粤。东粤素发兵距崄,使徇北将军守武林,败楼船军数校尉,杀长
史。楼船军卒钱唐榬终古斩徇北将军,⑦为语儿侯。⑧自兵未往。

①师古曰:"言兵在境首,恐将来讨之。"

②师古曰:"齿,城阳恭王子也,旧封山州侯。"

③师古曰:"却,退也,音丘略反。"

④师古曰:"妄自尊大也。"

⑤师古曰:"说,读曰悦。句章,会稽之县。"

⑥师古曰:"杨仆也。"

⑦师古曰："钱唐，会稽县也。榬姓，终古，名也。榬，音袁。"

⑧孟康曰："越中地也。今吴南亭是。"师古曰："语字或作箊，或作籲，其音同。"

故粤衍侯吴阳前在汉，汉使归谕余善，不听。及横海军至，阳以其邑七百人反，攻粤军于汉阳。及故粤建成侯敖与繇王居股谋，俱杀余善，以其众降横海军。封居股为东成侯，万户；封敖为开陵侯；①封阳为卯石侯，②横海将军说为按道侯，横海校尉福为缭荌侯。③福者，城阳王子，故为海常侯，坐法失爵，从军亡功，以宗室故侯。及东粤将多军，④汉兵至，弃军降，封为无锡侯。故瓯骆将左黄同斩西于王，封为下鄜侯。⑤

①师古曰："《功臣表》云开陵侯建成以故东粤建成侯斩余善侯，二千户。而此传云名敖，疑表误。"

②师古曰："《功臣表》作外石，与此不同，疑表误。"

③师古曰："缭，音辽。荌，音于耕反。"

④李奇曰："多军，名。"

⑤师古曰："鄜，音郭。"

于是天子曰："东粤狭多阻，闽粤悍，数反覆。"①诏军吏皆将其民徙处江淮之间。东粤地遂虚。

①师古曰："悍，勇也。"

朝鲜王满，燕人。自始燕时，尝略属真番、朝鲜，①为置吏筑障。②秦灭燕，属辽东外徼。汉兴，为远难守，复修辽东故塞，至浿水为界，③属燕。燕王卢绾反，入匈奴，满亡命，聚党千余人，椎结蛮夷服而东走出塞，度浿水，居秦故空地上下障，稍役属真番、朝鲜蛮夷及故燕、齐亡在者王之，④都王险。⑤

①师古曰："战国时燕国略得此地。"

②师古曰："障，所以自障蔽也，音之亮反。"

③师古曰："浿水在乐浪县，音普盖反。"

④师古曰："燕、齐之人亡居此地，及真番、朝鲜蛮夷皆属满也。"

⑤李奇曰："地名也。"

　　会孝惠、高后天下初定,辽东太守即约满为外臣,保塞外蛮夷,毋使盗边;蛮夷君长欲入见天子,勿得禁止。以闻,上许之,以故满得以兵威财物侵降其旁小邑,真番、临屯皆来服属,方数千里。

　　传子至孙右渠,①所诱汉亡人滋多,②又未尝入见;③真番、辰国欲上书见天子,又雍阏弗通。④元封二年,汉使涉何谯谕右渠,终不肯奉诏。⑤何去至界,临浿水,使驭刺杀送何者朝鲜裨王长,⑥即度水,驰入塞,遂归报天子曰"杀朝鲜将"。上为其名美,弗诘,拜何为辽东东部都尉。朝鲜怨何,发兵袭攻,杀何。

　　①师古曰:"满死传子,子死传孙。右渠者,其孙名也。"

　　②师古曰:"滋,益也。"

　　③师古曰:"不朝见天子也。"

　　④师古曰:"辰,谓辰韩之国也。雍,读曰壅。"

　　⑤师古曰:"谯,责让也,音才笑反。"

　　⑥师古曰:"长者,裨王名也。送何至浿水,何因刺杀之。"

　　天子募罪人击朝鲜。其秋,遣楼船将军杨仆从齐浮勃海,兵五万,左将军荀彘出辽东,诛右渠。右渠发兵距险。左将军卒多率辽东士,①兵先纵,败散。多还走,坐法斩。②楼船将齐兵七千人先至王险。右渠城守,窥知楼船军少,即出击楼船,楼船军败走。将军仆失其众,遁山中十余日,稍求收散卒,复聚。左将军击朝鲜浿水西军,未能破。

　　①如淳曰:"辽东兵多也。"

　　②师古曰:"于法合斩。"

　　天子为两将未有利,乃使卫山因兵威往谕右渠。右渠见使者,顿首谢:"愿降,恐将诈杀臣;今见信节,请服降。"遣太子入谢,献马五千匹,及馈军粮。①人众万余持兵,方度浿水,使者及左将军疑其为变,谓太子已服降,宜令人毋持兵。太子亦疑使者、左将军诈之,遂不度浿水,复引归。山报,天子诛山。

　　①师古曰:"馈亦馈字。"

　　左将军破浿水上军,乃前至城下,围其西北。楼船亦往会,居城南。右渠遂坚城守,数月未能下。

左将军素侍中,幸,①将燕、代卒,悍,乘胜,军多骄。楼船将齐卒,入海已多败亡,其先与右渠战,困辱亡卒,卒皆恐,将心惭,其围右渠,常持和节。左将军急击之,朝鲜大臣乃阴间使人私约降楼船,②往来言,尚未肯决。左将军数与楼船期战,楼船欲就其约,不会。左将军亦使人求间隙降下朝鲜,不肯,心附楼船。以故两将不相得。左将军心意楼船前有失军罪,③今与朝鲜和善而又不降,疑其有反计,未敢发。天子曰:"将率不能,前乃使卫山谕降右渠,不能颛决,与左将军相误,卒沮约。④今两将围城又乖异,以故久不决。"使故济南太守公孙遂往正之,有便宜得以从事。遂至,左将军曰:"朝鲜当下久矣,不下者,楼船数期不会。"具以素所意告遂曰:"今如此不取,恐为大害,非独楼船,又且与朝鲜共灭吾军。"遂亦以为然,而以节召楼船将军入左将军军计事,即令左将军戏下执缚楼船将军,⑤并其军。以报,天子许遂。

①师古曰:"亲幸于天子。"

②师古曰:"与楼船为要约而请降。"

③师古曰:"意,疑也。"

④师古曰:"颛,与专同。卒,终也。沮,坏也。"

⑤师古曰:"戏,读与麾同。"

左将军已并两军,即急击朝鲜。朝鲜相路人、相韩陶、尼谿相参、将军王唊①相与谋曰:"始欲降楼船,楼船今执,独左将军并将,战益急,恐不能与,②王又不肯降。"陶、唊、路人皆亡降汉。路人道死。元封三年夏,尼谿相参乃使人杀朝鲜王右渠来降。王险城未下,故右渠之大臣成已又反,复改吏。左将军使右渠子长、③降相路人子最④告谕其民,诛成已。故遂定朝鲜为真番、临屯、乐浪、玄菟四郡。封参为澅清侯,⑤陶为秋苴侯,⑥唊为平州侯,长为几侯。最以父死颇有功,为沮阳侯。左将军征至,坐争功相嫉乖计,弃市。楼船将军坐兵至列口当待左将军,⑦擅先纵,失亡多,当诛,赎为庶人。

①应劭曰:"凡五人也,戎狄不知官纪,故皆称相。"师古曰:"相路人一也,相韩陶二也,尼谿相参三也,将军王唊四也。应氏乃云五人,误读为句,

　　谓尼谿人名,失之矣。不当寻下文乎? 唊,音颊。"

②如淳曰:"不能与左将军相持也。"师古曰:"此说非也。不能与,犹言不
　如也。"

③师古曰:"右渠之子名长。"

④师古曰:"相路人前已降汉而死于道,故谓之降相。最者,其子名。"

⑤师古曰:"湔,音获。"

⑥晋灼曰:"《功臣表》秋苴属勃海。"师古曰:"苴,音千余反。"

⑦苏林曰:"列口,县名也。度海先得之。"

　　赞曰:楚、粤之先,历世有土。及周之衰,楚地方五千里,而句践
亦以粤伯。①秦灭诸侯,唯楚尚有滇王。汉诛西南夷,独滇复宠。及
东粤灭国迁众,繇王居股等犹为万户侯。三方之开,皆自好事之臣。
故西南夷发于唐蒙、司马相如,两粤起严助、朱买臣,朝鲜由涉何。
遭世富盛,动能成功,然已勤矣。②追观太宗填抚尉佗,③岂古所谓
"招携以礼,怀远以德"者哉!④

①师古曰:"伯,读曰霸。"

②师古曰:"已,甚也。言其事甚勤劳。"

③师古曰:"言文帝以恩德安抚之也。填,音竹刃反。"

④师古曰:"《春秋左氏传》僖七年诸侯盟于宁母,管仲言于齐侯曰:'臣闻
　之,招携以礼,怀远以德。'携,谓离贰者也。怀,来也。言有离贰者则招
　集之,恃险远者则怀来之也。故赞引之。"

汉书卷九六上
列传第六六上

西域上

师古曰："自乌孙国已后分为下卷。"

西域以孝武时始通,本三十六国,其后稍分至五十余,①皆在匈奴之西,乌孙之南。南北有大山,中央有河,东西六千余里,南北千余里。东则接汉,陇以玉、阳关,②西则限以葱岭。③其南山,东出金城,与汉南山属焉。④其河有两原:一出葱岭山,一出于阗。⑤于阗在南山下,其河北流,与葱岭河合,东注蒲昌海。蒲昌海,一名盐泽者也,去玉门、阳关三百余里,广袤三百里。⑥其水亭居,冬夏不增减,皆以为潜行地下,南出于积石,为中国河云。

①师古曰："司马彪《续汉书》云,至于哀、平,有五十五国也。"

②孟康曰："二关皆在敦煌西界"。师古曰:"陇,塞也。"

③师古曰:"《西河旧事》云葱岭其山高大,上悉生葱,故以名焉。"

④师古曰:"属,联也,音之欲反。"

⑤师古曰:"阗字与寞同,徒贤反,又音徒见反。"

⑥师古曰:"袤,长也,音茂。"

自玉门、阳关出西域有两道:从鄯善傍南山北,波河西行至莎车,为南道;①南道西逾葱岭则出大月氏、安息。②自车师前王廷随北山,波河西行至疏勒,为北道;北道西逾葱岭则出大宛、康居、奄蔡焉。

①师古曰:"波河,循河也。鄯,音上扇反。傍,音步浪反。波,音彼义反。此下皆同也。"

②师古曰:"氏,音支。"

西域诸国大率土著,①有城郭田畜,与匈奴、乌孙异俗,故皆役属匈奴。②匈奴西边日逐王置僮仆都尉,使领西域,常居焉耆、危须、尉黎间,赋税诸国,取富给焉。③

①师古曰:"言著土地而有常居,不随畜牧移徙也。著,音直略反。"

②师古曰:"服属于匈奴,为其所役使也。"

③师古曰:"给,足也。"

自周衰,戎狄错居泾渭之北。①及秦始皇攘却戎狄,筑长城,界中国,②然西不过临洮。③

①师古曰:"错,杂也。"

②师古曰:"为中国之竟界也。"

③师古曰:"洮,音土高反。"

汉兴至于孝武,事征四夷,广威德,而张骞始开西域之迹。其后骠骑将军击破匈奴右地,降浑邪、休屠王,①遂空其地,始筑令居以西,②初置酒泉郡,后稍发徙民充实之,分置武威、张掖、敦煌,③列四郡,据两关焉。自贰师将军伐大宛之后,西域震惧,多遣使来贡献,汉使西域者益得职。④于是自敦煌西至盐泽,往往起亭,而轮台、渠犁皆有田卒数百人,置使者校尉领护,⑤以给使外国者。⑥

①师古曰:"屠,音除。"

②师古曰:"令,音铃。"

③师古曰:"敦,音徒门反。"

④师古曰:"赏其勤劳皆得拜职也。"

⑤师古曰:"统领保护营田之事也。"

⑥师古曰:"收其所种五谷以供之。"

至宣帝时,遣卫司马使护鄯善以西数国。及破姑师,未尽殄,①分以为车师前后王及山北六国。时汉独护南道,未能尽并北道也,然匈奴不自安矣。其后日逐王畔单于,将众来降,护鄯善以西使者郑吉迎之。既至汉,封日逐王为归德侯,吉为安远侯。是岁,神爵三年也。乃因使吉并护北道,故号曰都护。都护之起,自吉置矣。②僮仆都尉由此罢,匈奴益弱,不得近西域。于是徙屯田,田于北胥

鞭,③披莎车之地,④屯田校尉始属都护。都护督察乌孙、康居诸外
国⑤动静,有变以闻。可安辑,安辑之;可击,击之。⑥都护治乌垒
城,去阳关二千七百三十八里,与渠犁田官相近,土地肥饶,于西域
为中,故都护治焉。

　　①师古曰:"虽破其国,未能灭之。"

　　②师古曰:"都犹总也,言总护南北之道。"

　　③师古曰:"胥鞬,地名也。胥,音先余反。鞬,音居言反。"

　　④师古曰:"披,分也。"

　　⑤师古曰:"督,视也。"

　　⑥师古曰:"辑,与集同。"

　　至元帝时,复置戊己校尉,屯田车师前王庭。是时,匈奴东蒲类
王兹力支将人众千七百余人降都护,都护分车师后王之西为乌贪
訾离地以处之。

　　自宣、元后,单于称藩臣,西域服从,其土地山川王侯户数道里
远近翔实矣。①

　　①师古曰:"翔,与详同。假借用耳。"

　　出阳关,自近者始,曰婼羌。①婼羌国王号去胡来王。②去阳关
千八百里,去长安六千三百里,辟在西南,不当孔道。③户四百五
十,口千七百五十,胜兵者五百人。西与且末接。④随畜逐水草,不
田作,仰鄯善、且末谷。⑤山有铁,自作兵,兵有弓、矛、服刀、剑、
甲。⑥西北至鄯善,乃当道云。

　　①孟康曰:"婼音儿。"师古曰:"音而遮反。"

　　②师古曰:"言去离胡戎来附汉也。"

　　③师古曰:"辟,读曰僻。孔道者,穿山险而为道,犹今言穴径耳。"

　　④师古曰:"且,音子余反。"

　　⑤师古曰:"赖以自给也。仰,音牛向反。"

　　⑥刘德曰:"服刀,拍髀也。"师古曰:"拍,音貊。髀,音俾,又音陛。"

　　鄯善国,本名楼兰,王治扜泥城,①去阳关千六百里,去长安六

千一百里。户千五百七十，口万四千一百，胜兵二千九百十二人。辅
国侯、却胡侯、②鄯善都尉、击车师都尉、左右且渠、击车师君各一
人，译长二人。西北去都护治所千七百八十五里，至山国千三百六
十五里，③西北至车师千八百九十里。地沙卤，少田，寄田仰谷旁
国。④国出玉，多葭苇、柽柳、胡桐、白草。⑤民随畜牧逐水草，有驴
马，多橐它。⑥能作兵，与婼羌同。

①师古曰："扞，音一胡反。"

②师古曰："却，音丘略反，其字从卩。卩，音节。下皆类此。"

③师古曰："此国山居，故名山国也。"

④师古曰："寄于它国种田，又籴旁国之谷也。仰，音牛向反。"

⑤孟康曰："白草，草之白者。胡桐似桑而多曲。"师古曰："柽柳，河柳也，
　今谓之赤柽。白草似莠而细，无芒，其干熟时正白色，牛马所嗜也。胡桐
　亦似桐，不类桑也。虫食其树而沫出下流者，俗名为胡桐泪，言似眼泪
　也，可以汗金银，工匠皆用之。流俗语讹呼泪为律。柽，音丑成反。"

⑥师古曰："它，古他字也，音徒何反。"

　　初，武帝感张骞之言，甘心欲通大宛诸国，使者相望于道，一岁
中多至十余辈。楼兰、姑师当道，苦之，①攻劫汉使王恢等，又数为
匈奴耳目，令其兵遮汉使。汉使多言其国有城邑，兵弱易击。于是
武帝遣从票侯赵破奴将属国骑②及郡兵数万击姑师。王恢数为楼
兰所苦，上令恢佐破奴将兵。破奴与轻骑七百人先至，虏楼兰王，遂
破姑师，因暴兵威以动乌孙、大宛之属。③还，封破奴为浞野侯，恢
为浩侯。④于是汉列亭障至玉门矣。

①师古曰："每供给使者受其劳费，故厌苦之。"

②师古曰："属国，谓诸外国属汉也。"

③师古曰："暴，谓显扬也。"

④苏林曰："浩，音昊。"

　　楼兰既降服贡献，匈奴闻，发兵击之。于是楼兰遣一子质匈奴，
一子质汉。后贰师军击大宛，匈奴欲遮之，贰师兵盛不敢当，即遣骑
因楼兰候汉使后过者，欲绝勿通。时汉军正任文将兵屯玉门关，为
贰师后距，①捕得生口，知状以闻。上诏文便道引兵捕楼兰王。将诣

阙,簿责王,②对曰:"小国在大国间,不两属无以自安。愿徙国入居汉地。"上直其言,遣归国,③亦因使候司匈奴。匈奴自是不甚亲信楼兰。

①师古曰:"后距者,居后以距敌。"

②师古曰:"以文簿一一责之。簿,音步户反。"

③师古曰:"以其言为直。"

征和元年,楼兰王死,国人来请质子在汉者,欲立之。质子常坐汉法,下蚕室宫刑,故不遣。报曰:"侍子,天子爱之,不能遣。其更立其次当立者。"楼兰更立王,汉复责其质子,亦遣一子质匈奴。后王又死,匈奴先闻之,遣质子归,得立为王。①汉遣使诏新王,令入朝,天子将加厚赏。楼兰王后妻,故继母也,谓王曰:"先王遣两子质汉皆不还,奈何欲往朝乎?"王用其计,谢使曰:"新立,国未定,愿待后年入见天子。"然楼兰国最在东垂,近汉,当白龙堆,乏水草,常主发导,负水儋粮,送迎汉使,又数为吏卒所寇,惩艾不便与汉通。②后复为匈奴反间,③数遮杀汉使。其弟尉屠耆降汉,具言状。

①师古曰:"匈奴在汉前闻楼兰王死,故即遣质子还也。"

②师古曰:"艾,读曰乂。"

③师古曰:"间,音居苋反。"

元凤四年,大将军霍光白遣平乐监傅介子往刺其王。介子轻将勇敢士,赍金币,扬言以赐外国为名。既至楼兰,诈其王欲赐之,王喜,与介子饮,醉,将其王屏语,壮士二人从后刺杀之,贵人左右皆散走。介子告谕以"王负汉罪,天子遣我诛王,当更立王弟尉屠耆在汉者。汉兵方至,毋敢动,自令灭国矣!"介子遂斩王尝归首,①驰传诣阙,②县首北阙下。封介子为义阳侯。乃立尉屠耆为王,更名其国为鄯善,为刻印章,赐以宫女为夫人,备车骑辎重,③丞相将军率百官送至横门外④,祖而遣之。⑤王自请天子曰:"身在汉久,今归,单弱,而前王有子在,恐为所杀。国中有伊循城,其地肥美,愿汉遣一将屯田积谷,令臣得依其威重。"于是汉遣司马一人、吏士四十人,田伊循以填抚之。⑥其后更置都尉。伊循官置始此矣。

①师古曰："尝归者，其王名也。《昭纪》言安归，今此作尝归，纪传不同，当
　有误者。"
②师古曰："传，音张恋反。"
③师古曰："重，音直用反。"
④孟康曰："横，音光。"
⑤师古曰："为设祖道之礼也。"
⑥师古曰："填，音竹刃反。"

　　鄯善当汉道冲，西通且末七百二十里。自且末以往皆种五谷，
土地草木，畜产作兵，略与汉同，有异乃记云。

　　且末国，王治且末城，去长安六千八百二十里。户二百三十，口
千六百一十，胜兵三百二十人。辅国侯、左右将、译长各一人。西北
至都护治所二千二百五十八里，北接尉犁，南至小宛可三日行。有
蒲陶诸果。西通精绝二千里。

　　小宛国，王治扜零城，①去长安七千二百一十里。户百五十，口
千五十，胜兵二百人。辅国侯、左右都尉各一人。西北至都护治所
二千五百五十八里，东与婼羌接，辟南不当道。②

①师古曰："扜，音乌。"
②师古曰："辟，读曰僻。下皆类此。"

　　精绝国，王治精绝城，去长安八千八百二十里。户四百八十，口
三千三百六十，胜兵五百人。精绝都尉、左右将、译长各一人。北至
都护治所二千七百二十三里，南至戎卢国四日行，地陀狭，西通扜
弥四百六十里。①

①师古曰："扜音乌。"

　　戎卢国，王治卑品城，去长安八千三百里。户二百四十，口千六
百一十，胜兵三百人。东北至都护治所二千八百五十八里，东与小
宛、南与婼羌、西与渠勒接，辟南不当道。

　　扜弥国，王治扜弥城，去长安九千二百八十里。户三千三百四十，口二万四十，胜兵三千五百四十。辅国侯、左右将、左右都尉、左右骑君各一人，译长二人。东北至都护治所三千五百五十三里，南与渠勒、东北与龟兹、西北与姑墨接，①西通于阗三百九十里。今名宁弥。

　　①师古曰："龟，音丘。兹，音慈。"

　　渠勒国，王治鞬都城，①去长安九千九百五十里。户三百一十，口二千一百七十，胜兵三百人。东北至都护治所三千八百五十二里，东与戎卢、西与婼羌、北与扜弥接。

　　①师古曰："鞬音居言反。"

　　于阗国，王治西城，去长安九千六百七十里。户三千三百，口万九千三百，胜兵二千四百人。辅国侯、左右将、左右骑君、东西城长、译长各一人。东北至都护治所三千九百四十七里，南与婼羌接，北与姑墨接。于阗之西，水皆西流，注西海；其东，水东流，注盐泽，河原出焉。①多玉石。②西通皮山三百八十里。

　　①苏林曰："即中国河也。"
　　②师古曰："玉石，玉之璞也。一曰，石之似玉也。"

　　皮山国，王治皮山城，去长安万五十里。户五百，口三千五百，胜兵五百人。左右将、左右都尉、骑君、译长各一人。东北至都护治所四千二百九十二里，西南至乌秅国千三百四十里，①南与天笃接，北至姑墨千四百五十里，西南当罽宾、乌弋山离道，西北通莎车三百八十里。

　　①郑氏曰："乌秅音鷃拏。"师古曰："乌，音一加反。秅音直加反。急言之声如鷃拏耳，非正音也。"

　　乌秅国,王治乌秅城,去长安九千九百五十里。户四百九十,口二千七百三十三,胜兵七百四十人。东北至都护治所四千八百九十二里,北与子合、蒲犁,西与难兜接。山居,田石间,有白草。累石为室。民接手饮。①出小步马,②有驴无牛。其西则有县度,③去阳关五千八百八十八里,去都护治所五千二十里。县度者,石山也,溪谷不通,以绳索相引而度云。

　　①师古曰:"自高山下溪涧中饮水,故接连其手,如猿之为。"
　　②孟康曰:"种小能步也。"师古曰:"此说非也。小,细也。细步,言其能躁足,即今所谓百步千迹者也。岂谓其小种乎?"
　　③师古曰:"县绳而度也。县,古悬字耳。"

　　西夜国,王号子合王,治呼犍谷,①去长安万二百五十里。户三百五十,口四千,胜兵千人。东北到都护治所五千四十六里,东与皮山、西南与乌秅、北与莎车、西与蒲犁接。蒲犁及依耐、无雷国②皆西夜类也。西夜与胡异,其种类羌氐行国,③随畜逐水草往来。而子合土地出玉石。

　　①师古曰:"犍,音巨言反。"
　　②师古曰:"耐,音奴代反。"
　　③师古曰:"言不土著也。"

　　蒲犁国,王治蒲犁谷,去长安九千五百五十里。户六百五十,口五千,胜兵二千人。东北至都护治所五千三百九十六里,东至莎车五百四十里,北至疏勒五百五十里,南与西夜子合接,西至无雷五百四十里。侯、都尉各一人。寄田莎车。种俗与子合同。

　　依耐国,王治去长安万一百五十里。户一百二十五,口六百七十,胜兵三百五十人。东北至都护治所二千七百三十里,至莎车五百四十里,至无雷五百四十里,北至疏勒六百五十里,南与子合接,俗相与同。①少谷,寄田疏勒、莎车。

　　①师古曰:"与子合同风俗也。"

无雷国,王治卢城,去长安九千九百五十里。户千,口七千,胜兵三千人。东北至都护治所二千四百六十五里,南至蒲犁五百四十里,南与乌秅、北与捐毒、西与大月氏接。①衣服类乌孙,俗与子合同。

①师古曰:"捐毒即身毒、天笃也,本皆一名,语有轻重耳。"

难兜国,王治去长安万一百五十里。户五千,口三万一千,胜兵八千人。东北至都护治所二千八百五十里,西至无雷三百四十里,西南至罽宾三百三十里,南与婼羌、北与休循、西与大月氏接。种五谷、蒲陶诸果。有银铜铁,作兵与诸国同,属罽宾。

罽宾国,王治循鲜城,去长安万二千二百里。不属都护。户口胜兵多,大国也。东北至都护治所六千八百四十里,东至乌秅国二千二百五十里,东北至难兜国九日行,西北与大月氏、西南与乌弋山离接。

昔匈奴破大月氏,大月氏西君大夏,而塞王南君罽宾。①塞种分散,往往为数国。②自疏勒以西北,休循、捐毒之属,皆故塞种也。

①师古曰:"君,谓为之君也。塞,音先得反。"

②师古曰:"即所谓释种者也,亦语有轻重耳。"

罽宾地平,温和,有目宿,杂草奇木,檀、槐、梓、竹、漆。①种五谷、蒲陶诸果,粪治园田。地下湿,生稻,冬食生菜。其民巧,雕文刻镂,治宫室,织罽,刺文绣,好治食。有金银铜锡,以为器。市列。②以金银为钱,文为骑马,幕为人面。③出封牛、水牛、象、大狗、沐猴、孔爵、④珠玑、珊瑚、虎魄、璧流离。⑤它畜与诸国同。

①师古曰:"槐,音怀。即槐之类也,叶大而黑也。"

②师古曰:"市有列肆,亦如中国也。"

③张晏曰:"钱文面作骑马形,漫面作人面目也。"如淳曰:"幕,音漫。"师古曰:"幕即漫耳,无劳借音。今所呼幕皮者,亦谓其平而无文也。"

④师古曰:"封牛,项上隆起者也。郭义恭《广志》云厨宾大狗大如驴,赤色,数里摇鼗以呼之。沐猴,即弥猴也。"

⑤孟康曰:"流离青色如玉。"师古曰:"《魏略》云大秦国出赤、白、黑、黄、青、绿、缥、绀、红、紫十种流离。孟言青色,不博通也。此盖自然之物,采泽光润,逾于众玉,其色不恒。今俗所用,皆销治石汁,加以众药,灌而为之,尤虚脆不贞,实非真物。"

自武帝始通厨宾,自以绝远,汉兵不能至,其王乌头劳数剽杀汉使。①乌头劳死,子代立,遣使奉献。汉使关都尉文忠送其使。王复欲害忠,忠觉之,乃与容屈王子阴末赴共合谋,攻厨宾,杀其王,立阴末赴为厨宾王,授印绶。后军候赵德使厨宾,与阴末赴相失,②阴末赴锁琅当德,③杀副已下七十余人,遣使者上书谢。孝元帝以绝域不录,放其使者于县度,绝而不通。

①师古曰:"剽,劫也,音频妙反。"

②师古曰:"相失意也。"

③师古曰:"琅当,长锁也,若今之拲系人锁矣。琅,音郎。"

成帝时,复遣使献,谢罪,汉欲遣使者报送其使,杜钦说大将军王凤曰:"前厨宾王阴末赴本汉所立,后卒畔逆。①夫德莫大于有国子民,罪莫大于执杀使者,所以不报恩,不惧诛者,自知绝远,兵不至也。有求则卑辞,无欲则娇嫚,终不可怀服。凡中国所以为通厚蛮夷,惬快其求者,为壤比而为寇。②今县度之阸,非厨宾所能越也。其乡慕,不足以安西域;③虽不附,不能危城郭。④前亲逆节,恶暴西域,⑤故绝而不通;今悔过来,而无亲属贵人,奉献者皆行贾贱人,欲通货市买,以献为名,故烦使者送至县度,恐失实见欺。凡遣使送客者,欲为防护寇害也。起皮山南,更不属汉之国四五,⑥斥候士百余人,五分夜击刀斗自守,⑦尚时为所侵盗。驴畜负粮,须诸国禀食,得以自赡。⑧国或贫小不能食,或桀黠不肯给,拥强汉之节,馁山谷之间,⑨乞丐无所得,⑩离一二旬则人畜弃捐旷野而不反。⑪又历大头痛、小头痛之山,赤土、身热之阪,令人身热无色,头痛呕吐,驴畜尽然。⑫又有三池、盘石阪,道狭者尺六七寸,长者径三十里。临峥嵘不测之深，⑬行者骑步相持，绳索相引，二千余里乃到县度。畜队，未半坑谷尽靡碎；⑭人堕，势不得相收视。险阻危害，不可胜言。圣王分九州，制五服，⑮务盛内，不求外。今遣使者承至尊之命，送蛮夷之贾，劳吏士之众，涉危难之路，罢弊所恃以事无用，⑯非久长计也。使者业已受节，可至皮山而还。"⑰于是凤白从钦言。罽宾实利赏赐贾市，其使数年而壹至云。

①师古曰："卒，终也。"

②师古曰："比，近也。为其土壤接近，能为寇也。愞，音苦颊反。比，音频寐反。"

③师古曰："乡，读曰向"

④师古曰："城郭，总谓西域诸国也。"

⑤师古曰："暴，谓章露也。"

⑥师古曰："言经历不属汉者凡四五国也。更，音工衡反。"

⑦师古曰："夜有五更，故分而持之也。刀斗，解在《李广传》。"

⑧师古曰："襄，给也。赡，足也。食，读曰饲。次下并同。"

⑨师古曰："馁，饥也，音能馁反。"

⑩师古曰："丏亦乞也，音工大反。"

⑪师古曰："离亦历也。旷，空也。"

⑫师古曰："呕，音一口反。"

⑬师古曰："峥嵘，深险之貌也。峥，音仕耕反。嵘，音宏。"

⑭师古曰："队亦堕也。靡，散也。队，音直类反。靡，音縻。"

⑮师古曰："九州，冀、兖、豫、青、徐、荆、杨、梁、雍也。五服，甸、侯、绥、要、荒。"

⑯师古曰："罢，读曰皮。所恃，谓中国之人也。无用，谓远方蛮夷之国也。"

⑰师古曰："言已立计遣之，不能即止，可至皮山也。"

　　乌弋山离国，王去长安万二千二百里。不属都护。户口胜兵，大国也。东北至都护治所六十日行，东与罽宾、北与扑桃、西与犁靬、条支接。①

①师古曰："扑，音布木反。犁，读与骊同。靬，音巨连反，又巨言反。"

　　行可百余日，乃至条支。国临西海，暑湿，田稻。有大鸟，卵如瓮。①人众甚多,往往有小君长,安息役属之,以为外国。②善眩。③
安息长老传闻条支有弱水西王母,亦未尝见也。④自条支乘水西
行,可百余日,近日所入云。

①师古曰:"瓮,汲水瓶也,音于龙反。"

②师古曰:"安息以条支为外国,如言蕃国也。"

③师古曰:"眩,读与幻同,解在《张骞传》。"

④师古曰:"《玄中记》云'昆仑之弱水,鸿毛不能起'也。《尔雅》曰'觚竹、
　北户、西王母、日下,谓之四荒'也。"

乌弋地暑热莽平,①其草木、畜产、五谷、果菜、食饮、宫室、市
列、钱货、兵器、金珠之属皆与罽宾同,而有桃拔、师子、犀牛。②俗
重安杀。③其钱独文为人头,幕为骑马。以金银饰杖。④绝远,汉使
希至。自玉门、阳关出南道,历都善而南行,至乌弋山离,南道极矣。
转北而东得安息。

①师古曰:"言有草莽而平坦也。一曰,莽莽平野之貌。"

②孟康曰:"桃拔一名符拔,似鹿,长尾,一角者或为天鹿,两角或为辟邪。
　师子似虎,正黄有髯耏,尾端茸毛大如斗。"师古曰:"师子即《尔雅》所
　谓狻猊也。狻,音酸。猊,音倪。拔,音步葛反。耏亦颊旁毛也,音而。茸,
　音人庸反。"

③师古曰:"重,难也。言其仁爱不妄杀也。"

④师古曰:"杖,谓所持兵器也,音直亮反。"

安息国,王治番兜城,①去长安万一千六百里。不属都护。北与
康居、东与乌弋山离、西与条支接。土地风气,物类所有,民俗与乌
弋、罽宾同。亦以银为钱,文独为王面,幕为夫人面。王死辄更铸钱。
有大马爵。②其属小大数百城,地方数千里,最大国也。临妫水,商
贾车船行旁国。书革,旁行为书记。③

①苏林曰:"番,音盘。"

②师古曰:"《广志》云'大爵,颈及膺身,蹄似橐驼,色苍,举头高八九尺,
　张翅丈余,食大麦'。"

③服虔曰:"横行为书记也。"师古曰:"今西方胡国及南方林邑之徒,书皆

横行，不直下也。革，谓皮之不柔者。"

武帝始遣使至安息，王令将将二万骑迎于东界。东界去王都数千里，行比至，过数十城，人民相属。①因发使随汉使者来观汉地，以大鸟卵及犁靬眩人献于汉，天子大说。②安息东则大月氏。

①师古曰："属，朕也，音之欲反。"

②师古曰："说，读曰悦。"

大月氏国，治监氏城，去长安万一千六百里。不属都护。户十万，口四十万，胜兵十万人。东至都护治所四千六百四十里，西至安息四十九日行，南与罽宾接。土地风气，物类所有，民俗钱货，与安息同。出一封橐驼。①

①师古曰："脊上有一封也。封言其隆高，若封土也。今俗呼为封牛。封，音峰。"

大月氏本行国也，随畜移徙，与匈奴同俗。控弦十余万，故强轻匈奴。①本居敦煌、祁连间，至冒顿单于攻破月氏，而老上单于杀月氏，以其头为饮器，月氏乃远去，过大宛，西击大夏而臣之，②都妫水北为王庭。其余小众不能去者，保南山羌，号小月氏。

①师古曰："自恃其强盛，而轻易匈奴也。"

②师古曰："解在《张骞传》。"

大夏本无大君长，城邑往往置小长，民弱畏战，故月氏徙来，皆臣畜之，共禀汉使者。①有五翖侯：②一曰休密翖侯，治和墨城，去都护二千八百四十一里，去阳关七千八百二里；二曰双靡翖侯，治双靡城，去都护三千七百四十一里，去阳关七千七百八十二里；三曰贵霜翖侯，治护澡城，③去都护五千九百四十里，去阳关七千九百八十二里。四曰肸顿翖侯，④治薄茅城，去都护五千九百六十二里，去阳关八千二百二里。五曰高附翖侯，治高附城，去都护六千四十一里，去阳关九千二百八十三里。凡五翖侯，皆属大月氏。

①师古曰："同受节度也。"

②师古曰："翖即翕字。"

③师古曰："澡，音藻。"

④师古曰:"肿,音许乙反。"

康居国,王冬治乐越匿地。①到卑阗城。②去长安万二千三百里。不属都护。至越匿地马行七日,至王夏所居蕃内九千一百四里。③户十二万,口六十万,胜兵十二万人。东至都护治所五千五百五十里。与大月氏同俗。东羁事匈奴。④

①师古曰:"乐,音来各反。"
②师古曰:"阗,音徒千反。"
③师古曰:"王每冬寒夏暑,则徙别居不一处。"
④师古曰:"为匈奴所羁牵也。"

宣帝时,匈奴乖乱,五单于并争,汉拥立呼韩邪单于,而郅支单于怨望,杀汉使者,西阻康居。①其后,都护甘延寿、副校尉陈汤发戊己校尉西域诸国兵至康居,诛灭郅支单于,语在《甘延寿》、《陈汤传》。是岁,元帝建昭三年也。

①师古曰:"依其险阻,以自保固也。"

至成帝时,康居遣子侍汉,贡献,然自以绝远,独骄嫚,不肯与诸国相望。都护郭舜数上言:"本匈奴盛时,非以兼有乌孙、康居故也;及其称臣妾,非以失二国也。汉虽皆受其质子,然三国内相输遣,交通如故,亦相候司,见便则发;合不能相亲信,离不能相臣役。以今言之,结配乌孙竟未有益,反为中国生事。然乌孙既结在前,今与匈奴俱称臣,义不可距。而康居骄黠,讫不肯拜使者。①都护吏至其国,坐之乌孙诸使下,王及贵人先饮食已,乃饮啖都护吏,②故为无所省以夸旁国。③以此度之,何故遣子入侍?其欲贾市为好,辞之诈也。匈奴,百蛮大国,④今事汉甚备,闻康居不拜,且使单于有自下之意,⑤宜归其侍子,绝勿复使,⑥以章汉家不通无礼之国。敦煌、酒泉小郡及南道八国,给使者往来人马驴橐驼食,皆苦之。⑦空罢耗所过,送迎骄黠绝远之国,⑧非至计也。"汉为其新通,重致远人,⑨终羁縻而未绝。

①师古曰:"讫,竟也。"

②师古曰："饮,音于禁反。啖,音徒滥反。"

③师古曰："言故不省视汉使也。"

④师古曰："于百蛮之中最大国也。"

⑤师古曰："言单于见康居不事汉,以之为高,自以事汉为太卑,而欲改志也。"

⑥师古曰："不通使于其国也。"

⑦师古曰："言二郡八国皆以此事为困苦。"

⑧师古曰："所过,所经过之处。骄黠,谓康居使也。罢,读曰疲。耗,音呼到反。"

⑨师古曰："以此声名为重也。"

其康居西北可二千里,有奄蔡国。控弦者十余万。大。与康居同俗。临大泽,无崖,盖北海云。

康居有小王五:一曰苏薤王,治苏薤城,①去都护五千七百七十六里,去阳关八千二十五里;二曰附墨王,治附墨城,去都护五千七百六十七里,去阳关八千二十五里;三曰窳匿王,②治窳匿城,去都护五千二百六十六里,去阳关七千五百二十五里;四曰罽王,治罽城,去都护六千二百九十六里,去阳关八千五百五十五里;五曰奥鞬王,③治奥鞬城,去都护六千九百六里,去阳关八千三百五十五里。凡五王,属康居。

①师古曰："薤,音下戒反。"

②师古曰："窳,音庾。"

③师古曰："奥,音于六反。鞬,音居言反。"

大宛国,王治贵山城,去长安万二千五百五十里。户六万,口三十万,胜兵六万人。副王、辅国王各一人。东至都护治所四千三十一里,北至康居卑阗城千五百一十里,西南至大月氏六百九十里,北与康居、南与大月氏接,土地风气物类民俗与大月氏、安息同。大宛左右以蒲陶为酒,富人藏酒至万余石,久者至数十岁不败。俗耆酒,马耆目宿。①

①师古曰："耆,读嗜。"

宛别邑七十余城,多善马,马汗血,言其先天马子也。①

①孟康曰:"言大宛国有高山,其上有马不可得,因取五色母马置其下与
集,生驹,皆汗血,因号曰天马子云。"

张骞始为武帝言之,上遣使者持千金及金马,以请宛善马。宛
王以汉绝远,大兵不能至,爱其宝马不肯与。汉使妄言,①宛遂攻杀
汉使,取其财物。于是天子遣贰师将军李广利将兵前后十余万人伐
宛,连四年。宛人斩其王毋寡首,献马三千匹,汉军乃还,语在《张骞
传》。贰师既斩宛王,更立贵人素遇汉善者名昧蔡为宛王。②后岁
余,宛贵人以为昧蔡谄,使我国遇屠,③相与共杀昧蔡,立毋寡弟蝉
封为王。遣子入侍,质于汉,汉因使使赐镇抚之。又发使十余辈,
抵宛西诸国④求奇物,因风谕以伐宛之威。⑤宛王蝉封与汉约,岁
献天马二匹。汉使采蒲陶、目宿种归。天子以天马多,又外国使来
众,益种蒲陶、目宿离宫馆旁,极望焉。⑥

①师古曰:"谓詈辱宛王。"

②师古曰:"昧,音秣。蔡,音千曷反。"

③师古曰:"谄,古谄字。"

④师古曰:"抵,至也。"

⑤师古曰:"风,读曰讽。"

⑥师古曰:"今北道诸州旧安定、北地之境往往有目宿者,皆汉时所种
也。"

自宛以西至安息国,虽颇异言,然大同,自相晓知也。其人皆深
目,多须髯,善贾市,争分铢。贵女子,女子所言,丈夫乃决正。其地
皆丝漆,不知铸铁器。及汉使亡卒降,教铸作它兵器。①得汉黄白
金,辄以为器,不用为币。

①师古曰:"汉使至其国及有亡卒降其国者,皆教之也。"

自乌孙以西至安息,近匈奴。匈奴尝困月氏,①故匈奴使持单
于一信到国,国传送食,②不敢留苦。③及至汉使,非出币物不得
食,不市畜不得骑,所以然者,以汉远,而汉多财物,④故必市乃得
所欲。及呼韩邪单于朝汉,后咸尊汉矣。

①师古曰:"困,苦也。"

②师古曰:"言畏之甚也。食,读曰饲。"
③师古曰:"不敢留连及困苦之也。"
④师古曰:"远,音于万反。"

桃槐国,王去长安万一千八十里。①户七百,口五千,胜兵千人。
①师古曰:"槐,音回。"

休循国,王治鸟飞谷,在葱领西,去长安万二百一十里。户三百五十八,口千三十,胜兵四百八十人。东至都护治所三千一百二十一里,至捐毒衍敦谷二百六十里,西北至大宛国九百二十里,西至大月氏千六百一十里。民俗衣服类乌孙,因畜随水草,本故塞种也。

捐毒国,王治衍敦谷,去长安九千八百六十里。户三百八十,口千一百,胜兵五百人。东至都护治所二千八百六十一里。至疏勒。南与葱领属,①无人民。西上葱领,则休循也。西北至大宛千三十里,北与乌孙接。衣服类乌孙,随水草,依葱领,本塞种也。
①师古曰:"属,朕也,音之欲反。"

莎车国,王治莎车城,去长安九千九百五十里。户二千三百三十九,口万六千三百七十三,胜兵三千四十九人。辅国侯、左右将、左右骑君、备西夜君各一人,都尉二人,译长四人。东北至都护治所四千七百四十六里,西至疏勒五百六十里,西南至蒲犁七百四十里。有铁山,出青玉。

宣帝时,乌孙公主小子万年,莎车王爱之。莎车王无子死,死时万年在汉。莎车国人计欲自托于汉,又欲得乌孙心,即上书请万年为莎车王。汉许之,遣使者奚充国送万年。万年初立,暴恶,国人不说。①莎车王弟呼屠徵杀万年,并杀汉使者,自立为王,约诸国背汉。会卫候冯奉世使送大宛客,即以便宜发诸国兵击杀之,更立它昆弟子为莎车王。还，拜奉世为光禄大夫。是岁，元康元年也。

　　①师古曰："说，读曰悦。"

　　疏勒国，王治疏勒城，去长安九千三百五十里。户千五百一十，
口万八千六百四十七，胜兵二千人。疏勒侯、击胡侯、辅国侯、都尉、
左右将、左右骑君、左右译长各一人。东至都护治所二千二百一十
里，南至莎车五百六十里。有市列，西当大月氏、大宛、康居道也。

　　尉头国，王治尉头谷，去长安八千六百五十里。户三百，口二千
三百，胜兵八百人。左右都尉各一人，左右骑君各一人。东至都护
治所千四百一十一里，南与疏勒接，山道不通，西至捐毒千三百一
十四里，径道马行二日。田畜随水草，衣服类乌孙。

汉书卷九六下
列传第六六下

西域下

　　乌孙国,大昆弥治赤谷城,①去长安八千九百里。户十二万,口六十三万,胜兵十八万八千八百人。相,大禄,左右大将二人,侯三人,大夫将、都尉各一人,大监二人,大吏一人,舍中大吏二人,骑君一人。东至都护治所千七百二十一里,西至康居蕃内地五千里。地莽平。多雨,寒。山多松槚。②不田作种树,③随畜逐水草,与匈奴同俗。国多马,富人至四五千匹。民刚恶,贪狼无信,多寇盗,最为强国。故服匈奴,④后盛大,取羁属,不肯往朝会。⑤东与匈奴、西北与康居、西与大宛、南与城郭诸国相接。本塞地也,大月氏西破走塞王,塞王南越县度,大月氏居其地。后乌孙昆莫击破大月氏,大月氏徙西臣大夏,而乌孙昆莫居之,故乌孙民有塞种、大月氏种云。

　　①师古曰:"乌孙于西域诸戎其形最异。今之胡人青眼、赤须,状类祢猴者,本其种。"

　　②师古曰:"莽平,谓有草莽而平坦也。一曰,莽莽平野之貌。槚,木名,其心似松,音武元反。"

　　③师古曰:"树,植也。"

　　④师古曰:"故,谓旧时也。服,属于匈奴也。"

　　⑤师古曰:"言才羁縻属之而已。"

　　始,张骞言乌孙本与大月氏共在敦煌间,今乌孙虽强大,可厚赂招,令东居故地,妻以公主,与为昆弟,以制匈奴。语在《张骞传》。武帝即位,令骞赍金币往。昆莫见骞如单于礼,①骞大惭,谓曰:"天子致赐,王不拜,则还赐。"②昆莫起拜,其它如故。

①师古曰:"昆莫自比于单于。"

②师古曰:"还赐,谓将赐物还归汉也。"

初,昆莫有十余子,中子大禄强,善将,①将众万余骑别居。大禄兄太子,太子有子曰岑陬。②太子蚤死,③谓昆莫曰:"必以岑陬为太子。"昆莫哀许之。大禄怒,乃收其昆弟,将众畔,谋攻岑陬。昆莫与岑陬万余骑,令别居,昆莫亦自有万余骑以自备。国分为三,大总羁属昆莫。骞既致赐,谕指曰:"乌孙能东居故地,则汉遣公主为夫人,结为昆弟,共距匈奴,不足破也。"乌孙远汉,未知其大小,④又近匈奴,服属日久,其大臣皆不欲徙。昆莫年老国分,不能专制,乃发使送骞,因献马数十匹报谢。其使见汉人众富厚,归其国,其国后乃益重汉。

①师古曰:"言其材力优强,能为将。"

②师古曰:"岑,音仕林反。陬,音子侯反。"

③师古曰:"蚤,古早字。"

④师古曰:"远,音于万反。"

匈奴闻其与汉通,怒欲击之。又汉使乌孙,乃出其南,抵大宛、月氏,相属不绝。①乌孙于是恐,使使献马,愿得尚汉公主,为昆弟。天子问群臣,议许,曰:"必先内聘,然后遣女。"乌孙以马千匹聘。②汉元封中,遣江都王建女细君为公主,以妻焉。赐乘舆服御物,为备官属宦官侍御数百人,赠送甚盛。乌孙昆莫以为右夫人。匈奴亦遣女妻昆莫,昆莫以为左夫人。

①师古曰:"抵,至也。属,音之欲反。"

②师古曰:"入聘财。"

公主至其国,自治宫室居,岁时一再与昆莫会,置酒饮食,以币帛赐王左右贵人。昆莫年老,语言不通,公主悲愁,自为作歌曰:"吾家嫁我兮天一方,远托异国兮乌孙王。穹庐为室兮旃为墙,以肉为食兮酪为浆。①居常土思兮心内伤,②愿为黄鹄兮归故乡。"③天子闻而怜之,间岁遣使者持帷帐锦绣给遗焉。④

①师古曰:"食谓饭,音饲。"

②师古曰："土思,谓忧思而怀本土。"

③师古曰："鹄,音下督反。"

④师古曰："间岁者,谓每隔一岁而往也。"

昆莫年老,欲使其孙岑陬尚公主。公主不听,上书言状,天子报曰："从其国俗,欲与乌孙共灭胡。"岑陬遂妻公主。昆莫死,岑陬代立。岑陬者,官号也,名军须靡。昆莫,王号也,名猎骄靡。后书"昆弥"云。①岑陬尚江都公主,生一女少夫。②公主死,汉复以楚王戊之孙解忧为公主,妻岑陬。岑陬胡妇子泥靡尚小,岑陬且死,以国与季父大禄子翁归靡,曰："泥靡大,以国归之。"

①师古曰："昆莫本是王号,而其人名猎骄靡,故书云昆弥。昆取昆莫,弥取骄靡。弥、靡音有轻重耳,盖本一也。后遂以昆弥为其王号也。"

②师古曰："名少夫。"

翁归靡既立,号肥王,复尚楚主解忧,生三男两女:长男曰元贵靡;次曰万年,为莎车王;次曰大乐,为左大将;长女弟史,为龟兹王绛宾妻;小女素光,为若呼翕侯妻。①

①师古曰："弟史、素光,皆女名"

昭帝时,公主上书言:"匈奴发骑田车师,车师与匈奴为一,共侵乌孙,唯天子幸救之!"汉养士马,议欲击匈奴。会昭帝崩,宣帝初即位,公主及昆弥皆遣使上书,言:"匈奴复连发大兵侵击乌孙,取车延、恶师地,收人民去,使使谓乌孙趣持公主来,①欲隔绝汉。昆弥愿发国半精兵,自给人马五万骑,尽力击匈奴。唯天子出兵以救公主、昆弥。"汉兵大发十五万骑,五将军分道并出,语在《匈奴传》。遣校尉常惠使持节护乌孙兵,昆弥自将翕侯以下五万骑从西方入,至右谷蠡王庭,获单于父行及嫂、居次、名王、犁汙都尉、千长、骑将以下四万级,马牛羊驴橐驼七十余万头,乌孙皆自取所虏获。还,封惠为长罗侯。是岁,本始三年也。汉遣惠持金币赐乌孙贵人有功者。

①师古曰："趣,读曰促。"

元康二年,乌孙昆弥因惠上书:"愿以汉外孙元贵靡为嗣,得令复尚汉公主,结婚重亲,畔绝匈奴,愿聘马骡各千匹。"诏下公卿议,大鸿胪萧望之以为"乌孙绝域,变故难保,不可许。"上美乌孙新立

大功，又重绝故业，①遣使者至乌孙，先迎取聘。昆弥及太子、左右
大将、都尉皆遣使，凡三百余人，入汉迎取少主。上乃以乌孙主解忧
弟相夫为公主，置官属侍御百余人，舍上林中，学乌孙言。②天子自
临平乐观，会匈奴使者、外国君长大角抵，设乐而遣之。使长罗侯光
禄大夫为副，凡持节者四人，送少主至敦煌。未出塞，闻乌孙昆弥翁
归靡死，乌孙贵人共从本约，立岑陬子泥靡代为昆弥，号狂王。惠上
书：“愿留少主敦煌，惠驰至乌孙，责让不立元贵靡为昆弥，还迎少
主。”事下公卿，望之复以为“乌孙持两端，难约结。前公主在乌孙四
十余年，恩爱不亲密，边竟未得安，③此已事之验也。今少主以元贵
靡不立而还，信无负于夷狄，中国之福也。少主不止，繇役将兴，其
原起此。”天子从之，征还少主。

①师古曰：“重，难也。故业，谓先与乌孙婚亲也。”

②师古曰：“舍，止也。”

③师古曰：“竟，读曰境”

　　狂王复尚楚主解忧，生一男鸱靡，不与主和，又暴恶失众。汉使
卫司马魏和意、副候任昌送侍子，公主言狂王为乌孙所患苦，易诛
也。遂谋置酒会，罢，使士拔剑击之。剑旁下，①狂王伤，上马驰去。
其子细沈瘦②会兵和意、昌及公主于赤谷城。数月，都护郑吉发诸
国兵救之，乃解去。汉遣中郎将张遵持医药治狂王，赐金二十斤，采
缯。因收和意、昌系琐，从尉犁槛车至长安，斩之。车骑将军长史张
翁留验公主与使者谋杀狂王状，主不服，叩头谢，张翁捽主头骂
詈。③主上书，翁还，坐死。副使季都别将医养视狂王，狂王从十余
骑送之。都还，坐知狂王当诛，见便不发，下蚕室。

①师古曰：“不正下。”

②师古曰：“瘦，音搜。”

③师古曰：“捽，持其头，音材兀反。”

　　初，肥王翁归靡胡妇子乌就屠，狂王伤时惊，与诸翕侯俱去，居
北山中，扬言母家匈奴兵来，故众归之。后遂袭杀狂王，自立为昆
弥。汉遣破羌将军辛武贤将兵万五千人到敦煌，遣使者案行表，穿

卑鞮侯井以西，①欲通渠转谷，积居庐仓以讨之。

　　①孟康曰："大井六通渠也，下泉流涌出，在白龙堆东土山下。"

　　初，楚主侍者冯嫽①能史书，习事，尝持汉节为公主使，行赏赐于城郭诸国，敬信之，号曰冯夫人。为乌孙右大将妻，右大将与乌就屠相爱，都护郑吉使冯夫人说乌就屠，以汉兵方出，必见灭，不如降。乌就屠恐，曰："愿得小号。"宣帝征冯夫人，自问状。遣谒者竺次、期门甘延寿为副，送冯夫人。冯夫人锦车持节，②诏乌就屠诣长罗侯赤谷城，立元贵靡为大昆弥，乌就屠为小昆弥，皆赐印绶。破羌将军不出塞还。后乌就屠不尽归诸翕侯民众，汉复遣长罗侯惠将三校屯赤谷，因为分别其人民地界，大昆弥户六万余，小昆弥户四万余，然众心皆附小昆弥。

　　①师古曰："音了。嫽者，慧也，故以为名。"

　　②服虔曰："锦车，以锦衣车也。"

　　元贵靡、鸥靡皆病死，公主上书言年老土思，愿得归骸骨，葬汉地。天子闵而迎之，公主与乌孙男女三人俱来至京师。是岁，甘露三年也。时年且七十，赐以公主田宅奴婢，奉养甚厚，朝见仪比公主。后二岁卒，三孙因留守坟墓云。

　　元贵靡子星靡代为大昆弥，弱，①冯夫人上书，愿使乌孙镇抚星靡。汉遣之，卒百人送焉。都护韩宣奏，乌孙大吏、大禄、大监皆可以赐金印紫绶，以尊辅大昆弥，汉许之。后都护韩宣复奏，星靡怯弱，可免，更以季父左大将乐大为昆弥，汉不许。后段会宗为都护，招还亡畔，安定之。②

　　①师古曰："言其尚幼少。"

　　②师古曰："有人众亡畔者，皆招而还之，故安定也。"

　　星靡死，子雌栗靡代。小昆弥乌就屠死，子拊离代立，①为弟日贰所杀。汉遣使者立拊离子安日为小昆弥。日贰亡，阻康居。汉徙己校屯姑墨，②欲候便讨焉。安日使贵人姑莫匿等三人诈亡从日贰，刺杀之。③都护廉褒赐姑莫匿等金人二十斤，缯三百匹。

　　①师古曰："拊，读与抚同。"

②师古曰："有戊己两校兵,此直徙己校也。"

③师古曰："诈畔亡而投之,因得以刺杀。"

　　后安日为降民所杀,汉立其弟末振将代。时大昆弥雌栗靡健,翁侯皆畏服之,告民牧马畜无使入牧,①国中大安和翁归靡时。②小昆弥末振将恐为所并,使贵人乌日领诈降,刺杀雌栗靡。汉欲以兵讨之而未能,遣中郎将段会宗持金币与都护图方略,立雌栗靡季父公主孙伊秩靡为大昆弥。汉没入小昆弥侍子在京师者。久之,大昆弥翁侯难栖杀末振将,末振将兄安日子安犁靡代为小昆弥。③汉恨不自诛末振将,复使段会宗即斩其太子番丘。④还,赐爵关内侯。是岁,元延二年也。会宗以翁侯难栖杀末振将,虽不指为汉,合于讨贼,奏以为坚守都尉。责大禄、大吏、大监以雌栗靡见杀状,夺金印紫绶,更与铜墨云。末振将弟卑爰疐⑤本共谋杀大昆弥,将众八万余口北附康居,谋欲藉兵⑥兼并两昆弥。两昆弥畏之,亲倚都护。⑦

①师古曰："勿入昆弥牧中,恐其相扰也。"

②师古曰："胜于翁归靡时也。"

③师古曰："末振将之兄名安日,安日之子名安犁靡。"

④师古曰："番,音盘。"

⑤师古曰："疐,音竹二反。"

⑥师古曰："藉,借也。"

⑦师古曰："倚,依附也,音于绮反。"

　　哀帝元寿二年,大昆弥伊秩靡与单于并入朝,汉以为荣。至元始中,卑爰疐杀乌日领以自效,汉封为归义侯。两昆弥皆弱,卑爰疐侵陵,都护孙建袭杀之。自乌孙分立两昆弥后,汉用忧劳,且无宁岁。①

①师古曰："言或镇抚,或威制之,故多事也。"

　　姑墨国,王治南城,去长安八千一百五十里。户三千五百,口二万四千五百,胜兵四千五百人。姑墨侯、辅国侯、都尉、左右将、左右骑君各一人,译长二人。东至都护治所二千二十一里,南至于阗马行十五日,北与乌孙接。出铜、铁、雌黄。东通龟兹六百七十里。王莽时,姑墨王丞杀温宿王,并其国。

温宿国,王治温宿城,①去长安八千三百五十里。户二千二百,口八千四百,胜兵千五百人。辅国侯、左右将、左右都尉、左右骑君、译长各二人。东至都护治所二千三百八十里,西至尉头三百里,北至乌孙赤谷六百一十里。土地物类所有与鄯善诸国同。东通姑墨二百七十里。

①师古曰:"今雍州醴泉县北有山名温宿领者,本因汉时得温宿国人令居此地田牧,因以为名。"

龟兹国,王治延城,去长安七千四百八十里。户六千九百七十,口八万一千三百一十七,胜兵二万一千七十六人。大都尉丞、辅国侯、安国侯、击胡侯、却胡都尉、击车师都尉、左右将、左右都尉、左右骑君、左右力辅君各一人,东西南北部千长各二人,却胡君三人,译长四人。南与精绝、东南与且末、西南与扜弥、北与乌孙、西与姑墨接。①能铸冶,有铅。东至都护治所乌垒城三百五十里。

①师古曰:"扜音乌。"

乌垒,户百一十,口千二百,胜兵三百人。城都尉、译长各一人。与都护同治。其南三百三十里至渠犁。

渠犁,城都尉一人,户百三十,口千四百八十,胜兵百五十人。东北与尉犁、东南与且末、南与精绝接。西有河,至龟兹五百八十里。

自武帝初通西域,置校尉,屯田渠犁。是时军旅连出,师行三十二年,海内虚耗。征和中,贰师将军李广利以军降匈奴。上既悔远征伐,而搜粟都尉桑弘羊与丞相御史奏言:"故轮台东捷枝、渠犁皆故国,地广,饶水草,有溉田五千顷以上,处温和,田美,可益通沟

渠,种五谷,与中国同时孰。其旁国少锥刀,贵黄金采缯,可以易谷
食,宜给足不乏。①臣愚以为可遣屯田卒诣故轮台以东,置校尉三
人分护,各举图地形,通利沟渠,务使以时益种五谷。张掖、酒泉②
遣骑假司马为斥候,属校尉,事有便宜,因骑置以闻。③田一岁,有
积谷,募民壮健有累重敢徙者诣田所,④就畜积为本业,⑤益垦溉
田,稍筑列亭,连城而西,以威西国,辅乌孙,为便。臣谨遣征事臣昌
分部行边,⑥严敕太守都尉明烽火,选士马,谨斥候,蓄茭草。愿陛
下遣使使西国,以安其意。臣昧死请。"

① 师古曰:"言以锥刀及黄金彩缯与此旁国易谷食,可以给田卒,不忧乏
　　粮。"

② 师古曰:"益,多也。"

③ 师古曰:"骑置,即今之驿马也。"

④ 师古曰:"累重,谓妻子家属也。累,音力瑞反。重,音直用反。"

⑤ 师古曰:"畜,读曰蓄。"

⑥ 师古曰:"分,音扶问反。行,音下更反。"

　　上乃下诏,深陈既往之悔,曰:"前有司奏,欲益民赋三十助边
用,①是重困老弱孤独也。②而今又请遣卒田轮台。轮台西于车师
千余里,前开陵侯击车师时,③危须、尉犁、楼兰六国子弟在京师者
皆先归,发畜食迎汉军,④又自发兵,凡数万人,王各自将,共围车
师,降其王。诸国兵便罢,力不能复至道上食汉军。⑤汉军破城,食
至多,然士自载不足以竟师,⑥强者尽食畜产,羸者道死数千人。朕
发酒泉驴橐驼负食,出玉门迎军。吏卒起张掖,不甚远,然尚厮留甚
众。⑦曩者,朕之不明,以军候弘上书言'匈奴缚马前后足,置城下,
驰言"秦人,我丐若马"'。⑧又汉使者久留不还,故兴遣贰师将
军,⑨欲以为使者威重也。古者卿大夫与谋,⑩参以蓍龟,不吉不
行。⑪乃者以缚马书遍视丞相、御史、二千石、诸大夫、郎、为文学
者,⑫乃至郡属国都尉成忠、赵破奴等,皆以'虏自缚其马,不祥甚
哉!'为'欲以见强,⑬夫不足者视人有余。'⑭《易》之,卦得《大过》,
爻在九五,⑮匈奴困败。公车方士、太史、治星、望气,及太卜龟蓍皆

以为'吉,匈奴必破,时不可再得也。'⑯又曰'北伐行将,于䩡山必克。'⑰卦诸将,贰师最吉。⑱故朕亲发贰师下䩡山,诏之必毋深入。今计谋、卦兆皆反缪。⑲重合侯得虏候者,言'闻汉军当来,匈奴使巫埋羊牛所出诸道及水上以诅军。⑳单于遗天子马裘,常使巫祝之。缚马者,诅军事也。'又卜'汉军一将不吉'。匈奴常言'汉极大,然不能饥渴,㉑失一狼,走千羊。'乃者贰师败,军士死略离散,㉒悲痛常在朕心。今请远田轮台,欲起亭隧,㉓是扰劳天下,非所以优民也。今朕不忍闻。大鸿胪等又议,欲募囚徒送匈奴使者,明封侯之赏以报忿,五伯所弗能为也。㉔且匈奴得汉降者,常提掖搜索,问以所闻。㉕今边塞未正,阑出不禁,障候长吏使卒猎兽,以皮肉为利,卒苦而烽火乏,失亦上集不得,㉖后降者来,若捕生口虏,乃知之。㉗当今务在禁苛暴,止擅赋,力本农,修马复令,㉘以补缺,毋乏武备而已。郡国二千石各上进畜马方略补边状,与计对。"㉙由是不复出军。而封丞相车千秋为富民侯,以明休息,思富养民也。

①师古曰:"三十者,每口转增三十钱也。"

②师古曰:"重,音直用反。"

③晋灼曰:"开陵侯,匈奴介和王来降者。"

④师古曰:"畜,谓马牛羊等也。"

⑤师古曰:"食,读曰饲。"

⑥师古曰:"士虽各自载粮,而在道已尽。至于归涂,尚苦乏食不足,不能终师旅之事也。"

⑦师古曰:"厮留,言其前后离厮,不相逮及也。厮,音斯。"

⑧师古曰:"谓中国人为秦人,习故言也。乞,乞与也。若,汝也。乞,音气。"

⑨师古曰:"兴军而遗之。"

⑩师古曰:"与,读曰豫。"

⑪师古曰:"谓共卿大夫谋事,尚不专决,犹杂问蓍龟也。"

⑫师古曰:"视,读曰示。为文学,谓学经书之人也。"

⑬师古曰:"见,显示。"

⑭师古曰:"言其夸张也。视,亦读曰示。"

⑮孟康曰:"其繇曰'枯杨生华',象曰'枯杨生华,何可久也!'谓匈奴破不

　久也。"

⑯师古曰:"今便利之时,后不可再得也。"

⑰师古曰:"行将,谓道将率行也。鬴山,山名也。鬴,古釜字。"

⑱师古曰:"上遣诸将,而于卦中贰师最吉也。"

⑲师古曰:"言不效也。缪,妄也。"

⑳师古曰:"于军所行之道及水上埋牛羊。"

㉑师古曰:"能,音耐。"

㉒师古曰:"言死及被虏略,并自离散也。"

㉓师古曰:"隧者,依深险之处开通行道也。"

㉔师古曰:"伯,读曰霸。五霸尚耻不为,况今大汉也。

㉕师古曰:"搜索者,恐其或私赍文书也。"

㉖师古曰:"言边塞有阑出逃亡之人,而主者不禁。又长吏利于皮肉,多使
　障候之卒猎兽,故令烽火有乏。又其人劳苦,因致奔亡。凡有此失,皆不
　集于所上文书。"

㉗师古曰:"既不上书,所以当时不知,至有降者来,及捕生口,或虏得匈
　奴人言之,乃知此事。"

㉘孟康曰:"先是令长吏各以秩养马,亭有牝马,民养马皆复不事。后马多
　绝乏,至此复修之也。"师古曰:"此说非也。马复,因养马以免徭赋也。
　复,音方目反。"

㉙师古曰:"与上计者同来赴对也。"

　初,贰师将军李广利击大宛,还过杅弥,杅弥遣太子赖丹为质
于龟兹。广利责龟兹曰:"外国皆臣属于汉,龟兹何以得受杅弥质?"
即将赖丹入至京师。昭帝乃用桑弘羊前议,以杅弥太子赖丹为校
尉,将军田轮台,轮台与渠犁地皆相连也。龟兹贵人姑翼谓其王曰:
"赖丹本臣属吾国,今佩汉印绶来。迫吾国而田,必为害。"王即杀赖
丹,而上书谢汉,汉未能征。

　宣帝时,长罗侯常惠使乌孙还,便宜发诸国兵,①合五万人攻
龟兹,责以前杀校尉赖丹。龟兹王谢曰:"乃我先王时为贵人姑翼所
误,我无罪。"执姑翼诣惠,惠斩之。时乌孙公主遣女来至京师学鼓
琴,汉遣侍郎乐奉送主女,过龟兹。龟兹前遣人至乌孙求公主女,未
还。会女过龟兹,龟兹王留不遣,复使使报公主,主许之。后公主上

书,愿令女比宗室入朝,而龟兹王绛宾亦爱其夫人,上书言得尚汉外孙为昆弟,愿与公主女俱入朝。元康元年,遂来朝贺。王及夫人皆赐印绶。夫人号称公主,赐以车骑旗鼓,歌吹数十人,绮绣杂缯琦珍凡数千万。②留且一年,厚赠送之。后数来朝贺,乐汉衣服制度,归其国,治宫室,作徼道周卫,出入传呼,撞钟鼓,如汉家仪。外国胡人皆曰:“驴非驴,马非马,若龟兹王,所谓骡也。”绛宾死,其子丞德自谓汉外孙,成、哀帝时往来尤数,汉遇之亦甚亲密。

　　①师古曰:“以便宜擅发兵也。”

　　②师古曰:“琦,音奇。”

　　东通尉犁六百五十里。

　　尉犁国,王治尉犁城,去长安六千七百五十里。户千二百,口九千六百,胜兵二千人。尉犁侯、安世侯、左右将、左右都尉、击胡君各一人,译长二人。西至都护治所三百里,南与鄯善、且末接。

　　危须国,王治危须城,去长安七千二百九十里。户七百,口四千九百,胜兵二千人。击胡侯、击胡都尉、左右将、左右都尉、左右骑君、击胡君、译长各一人。西至都护治所五百里,至焉耆百里。

　　焉耆国,王治员渠城,①去长安七千三百里,户四千,口三万二千一百,胜兵六千人。击胡侯、却胡侯、辅国侯、左右将、左右都尉、击胡左右君、击车师君、归义车师君各一人,击胡都尉、击胡君各二人,译长三人。西南至都护治所四百里,南至尉犁百里,北与乌孙接。近海水多鱼。

　　①师古曰:“员,音于权反”

　　乌贪訾离国,王治于娄谷,去长安万三百三十里。户四十一,口二百三十一,胜兵五十七人。辅国侯、左右都尉各一人。东与单桓、南与且弥、西与乌孙接。①

①师古曰："且，音子余反。"

　　卑陆国，王治天山东乾当国，①去长安八千六百八十里。户二百二十七，口千三百八十七，胜兵四百二十二人。辅国侯、左右将、左右都尉、左右译长各一人。西南至都护治所千二百八十七里。

　　①师古曰："乾，音干。"

　　卑陆后王，国治番渠类谷，①去长安八千七百一十里。户四百六十二，口千一百三十七，胜兵三百五十人。辅国侯、都尉、译长各一人，将二人。东与郁立师、北与匈奴、西与劫国、南与车师接。

　　①师古曰："番，音盘。"

　　郁立师国，王治内咄谷，①去长安八千八百三十里。户百九十，口千四百四十五，胜兵三百三十一人。辅国侯、左右都尉、译长各一人。东与车师后城长、西与卑陆、北与匈奴接。

　　①师古曰："咄，音丁忽反。"

　　单桓国，王治单桓城，去长安八千八百七十里。户二十七，口百九十四，胜兵四十五人。辅国侯、将、左右都尉、译长各一人。

　　蒲类国，王治天山西疏榆谷，去长安八千三百六十里。户三百二十五，口二千三十二，胜兵七百九十九人。辅国侯、左右将、左右都尉各一人。西南至都护治所千三百八十七里。

　　蒲类后国，王去长安八千六百三十里。户百，口千七十，胜兵三百三十四人。辅国侯、将、左右都尉、译长各一人。

　　西且弥国，王治天山东于大谷，①去长安八千六百七十里。户三百三十二，口千九百二十六，胜兵七百三十八人。西且弥侯、左右将、左右骑君各一人。西南至都护治所千四百八十七里。

　①师古曰："且,音子余反。"

　　东且弥国,王治天山东兑虚谷,去长安八千二百五十里。户百九十一,口千九百四十八,胜兵五百七十二人。东且弥侯、左右都尉各一人。西南至都护治所千五百八十七里。

　　劫国,王治天山东丹渠谷,去长安八千五百七十里。户九十九,口五百,胜兵百一十五人。辅国侯、都尉、译长各一人。西南至都护治所千四百八十七里。

　　狐胡国,王治车师柳谷,去长安八千二百里。户五十五,口二百六十四,胜兵四十五人。辅国侯、左右都尉各一人。西至都护治所千一百四十七里,至焉耆七百七十里。

　　山国,王去长安七千一百七十里。①户四百五十,口五千,胜兵千人。辅国侯、左右将、左右都尉、译长各一人。西至尉犁二百四十里,西北至焉耆百六十里,西至危须二百六十里。东南与鄯善、且末接。山出铁,民山居,寄田籴谷于焉耆、危须。

　①师古曰："常在山下居,不为城治也。"

　　车师前国,王治交河城。河水分流绕城下,故号交河。去长安八千一百五十里。户七百,口六千五十,胜兵千八百六十五人。辅国侯、安国侯、左右将、都尉、归汉都尉、车师君、通善君、乡善君各一人,①译长二人。西南至都护治所千八百七里,至焉耆八百三十五里。

　①师古曰："乡,读曰向。"

　　车师后王国,治务涂谷,去长安八千九百五十里。户五百九十五,口四千七百七十四,胜兵千八百九十人。击胡侯、左右将、左右都尉、道民君、译长各一人。①西南至都护治所千二百三十七里。

①师古曰:"道,读曰导。"

车师都尉国,户四十,口三百三十三,胜兵八十四人。

车师后城长国,户百五十四,口九百六十,胜兵二百六十人。

武帝天汉二年,以匈奴降者介和王为开陵侯,将楼兰国兵始击车师,匈奴遣右贤王将数万骑救之,汉兵不利,引去。征和四年,遣重合侯马通将四万骑击匈奴,道过车师北,复遣开陵侯将楼兰、尉犁、危须凡六国兵别击车师,勿令得遮重合侯。诸国兵共围车师,车师王降服,臣属汉。

昭帝时,匈奴复使四千骑田车师。宣帝即位,遣五将将兵击匈奴,①车师田者惊去,车师复通于汉。匈奴怒,召其太子军宿,欲以为质。军宿,焉耆外孙,不欲质匈奴,亡走焉耆。车师王更立子乌贵为太子。及乌贵立为王,与匈奴结婚姻,教匈奴遮汉道通乌孙者。

①师古曰:"谓本始二年御史大夫田广明为祁连将军,后将军赵充国为蒲类将军,云中太守田顺为武牙将军,及度辽将军范明友、前将军韩增,凡五将也。"

地节二年,汉遣侍郎郑吉、校尉司马憙①将免刑罪人田渠犁,积谷,欲以攻车师。至秋收谷,吉、憙发城郭诸国兵万余人,自与所将田士千五百人共击车师,攻交河城,破之。王尚在其北石城中,未得,会军食尽,吉等且罢兵,归渠犁田。收秋毕,复发兵攻车师王于石城。王闻汉兵且至,北走匈奴求救,匈奴未为发兵。王来还,与贵人苏犹议欲降汉,恐不见信。苏犹教王击匈奴边国小蒲类,斩首,略其人民,以降吉。车师旁小金附国随汉军后盗车师,车师王复自请击破金附。

①师古曰:"憙,音许吏反。"

匈奴闻车师降汉,发兵攻车师,吉、憙引兵北逢之,匈奴不敢前。吉、憙即留一候与卒二十人留守王,吉等引兵归渠犁。车师王恐匈奴兵复至而见杀也,乃轻骑奔乌孙,吉即迎其妻子置渠犁。东奏事,至酒泉,有诏还田渠犁及车师,益积谷以安西国,侵匈奴。吉还,传送车师王妻子诣长安,赏赐甚厚,每朝会四夷,常尊显以示之。于是吉始使吏卒三百人别田车师。得降者,言单于大臣皆曰:"车师地肥美,近匈奴,使汉得之,多田积谷,必害人国,不可不争也。"果遣骑来击田者,吉乃与校尉尽将渠犁田士千五百人往田,匈奴复益遣骑来,汉田卒少不能当,保车师城中。匈奴将即其城下谓吉曰:①"单于必争此地,不可田也。"围城数日乃解。后常数千骑往来守车师,吉上书言:"车师去渠犁千余里,间以河山,②北近匈奴,汉兵在渠犁者势不能相救,愿益田卒。"公卿议以为道远烦费,可且罢车师田者。诏遣长罗侯③将张掖、酒泉骑出车师北千余里,扬威武车师旁。胡骑引去,吉乃得出,归渠犁,凡三校尉屯田。

①师古曰:"即,就也。"

②师古曰:"间,隔也,音居苋反。"

③师古曰:"常惠也。"

车师王之走乌孙也,乌孙留不遣,遣使上书,愿留车师王,备国有急,可从西道以击匈奴。汉许之。于是汉召故车师太子军宿在焉耆者,立以为王,尽徙车师国民令居渠犁,遂以车师故地与匈奴。车师王得近汉田官,与匈奴绝,亦安乐亲汉。后汉使侍郎殷广德责乌孙,求车师王乌贵,将诣阙,①赐第与其妻子居。是岁,元康四年也。其后置戊己校尉屯田,居车师故地。

①师古曰:"乌孙遣其将之贵者入汉朝。"

元始中,车师后王国有新道,出五船北,通玉门关,往来差近,戊己校尉徐普欲开以省道里半,避白龙堆之厄。车师后王姑句①以道当为拄置,②心不便也。地又颇与匈奴南将军地接,普欲分明其界然后奏之,召姑句使证之,不肯,系之。姑句数以牛羊赇吏,求出不得。姑句家矛端生火,其妻股紫陬③谓姑句曰:"矛端生火,此兵气也,利以用兵。前车师前王为都护司马所杀,今久系必死,不如降匈奴。"即驰寇出高昌壁,入匈奴。

①师古曰:"句,音钩。"

②师古曰："拄者，支拄也。言有所置立，而支拄于己，故心不便也。拄，音
　竹羽反，又音竹具反。其字从手，而读之者或不晓，以拄为梁柱之柱，及
　分破其句，言置柱于心，皆失之矣。"

③师古曰："陬，音子侯反。"

　　又去胡来王唐兜，国比大种赤水羌，①数相寇，不胜，告急都
护。都护但钦不以时救助，唐兜困急，怨钦，东守玉门关。玉门关不
内，即将妻子人民千余人亡降匈奴。匈奴受之，而遣使上书言状。是
时，新都侯王莽秉政，遣中郎将王昌等使匈奴，告单于西域内属，不
当得受。单于谢罪，执二王以付使者。莽使中郎王萌待西域恶都奴
界上逢受。②单于遣使送，因请其罪。③使者以闻，莽不听，诏下会
西域诸国王，陈军斩姑句、唐兜以示之。

①师古曰："比，近也，音频寐反。"

②师古曰："逢受，谓先至待之，逢见即受取也。"

③师古曰："请免其罪也。"

　　至莽篡位，建国二年，以广新公甄丰为右伯，当出西域。车师后
王须置离闻之，与其右将股鞮、左将尸泥支谋曰：①"闻甄公为西域
太伯，当出。故事，给使者牛羊谷刍茭，道译，前五威将过，所给使尚
未能备。今太伯复出，国益贫，恐不能称。"②欲亡入匈奴。戊己校尉
刀护闻之，③召置离验问，辞服，乃械致都护但钦在所埒娄成。④置
离人民知其不还，皆哭而送之。至，钦则斩置离。置离兄辅国侯狐
兰支将置离众二千余人，驱畜产，举国亡降匈奴。⑤

①师古曰："鞮，音丁奚反。"

②师古曰："不副所求也。"

③师古曰："刀，音雕。"

④师古曰："埒娄，城名。埒，音劣。娄，音楼。"

⑤师古曰："尽率一国之众也。"

　　是时，莽易单于玺，单于恨怒，遂受狐兰支降，遣兵与共寇击车
师，杀后城长，伤都护司马，及狐兰兵复还入匈奴。时戊己校尉刁护
病，遣史陈良屯桓且谷备匈奴寇，①史终带取粮食，司马丞韩玄领
诸壁，右曲候任商领诸垒，相与谋曰："西域诸国颇背叛，匈奴欲大

侵,要死。可杀校尉,将人众降匈奴。"②即将数千骑至校尉府,胁诸亭令燔积薪,③分告诸壁曰:"匈奴十万骑来入,吏士皆持兵,后者斩!"得三四百人,去校尉府数里止,晨火燃。④校尉开门击鼓收吏士,良等随入,遂杀校尉刁护及子男四人、诸昆弟子男,独遣妇女小儿。⑤止留戊己校尉城,遣人与匈奴南将军相闻,南将军以二千骑迎良等。良等尽胁略戊己校尉吏士男女二千余人入匈奴。单于以良、带为乌贲都尉。⑥

①师古曰:"且,音子余反。"

②如淳曰:"言匈奴来侵,会当死耳,可降匈奴也。"师古曰:"要,音一妙反。"

③师古曰:"示为逢火也。"

④师古曰:"古然字。"

⑤师古曰:"遣,留置不杀也。"

⑥师古曰:"贲,音奔。"

后三岁,单于死,弟乌累单于咸立,①复与莽和亲。莽遣使者多赍金币赂单于,购求陈良、终带等。单于尽收四人及手杀刁护者芝音妻子以下二十七人,皆械槛车付使者。到长安,莽皆烧杀之。其后莽复欺诈单于,和亲遂绝。匈奴大击北边,而西域亦瓦解。焉耆国近匈奴,先叛,杀都护但钦,莽不能讨。

①师古曰:"累,音力追反。"

天凤三年,乃遣五威将王骏、西域都护李崇将戊己校尉出西域,诸国皆郊迎,送兵谷。焉耆诈降而聚兵自备。骏等将莎车、龟兹兵七千余人,分为数部入焉耆,焉耆伏兵要遮骏。及姑墨、尉犁、危须国兵为反间,还共袭击骏等,皆杀之。唯戊己校尉郭钦别将兵,后至焉耆。焉耆兵未还,钦击杀其老弱,兵还。莽封钦为剿胡子。①李崇收余士,还保龟兹。数年,莽死,崇遂没,西域因绝。

①邓展曰:"剿,音衫。"师古曰:"剿,绝也,音子小反。字本作勦,转写误耳。"

最凡国五十。自译长、城长、君、监、吏、大禄、百长、千长、都尉、且渠、当户、将、相至侯、王,皆佩汉印绶,凡三百七十六人。而康居、大月氏、安息、罽宾、乌弋之属,皆以绝远不在数中,其来贡献则相与报,不督录总领也。

赞曰:孝武之世,图制匈奴,患其兼从西国,结党南羌,[1]乃表河曲,列四郡,开玉门,通西域,以断匈奴右臂,隔绝南羌、月氏。单于失援,由是远遁,而幕南无王庭。

①师古曰:"图,谋也。从,音子容反。"

遭值文、景玄默,养民五世,天下殷富,财力有余,士马强盛。故能睹犀布、玳瑁则建珠崖七郡,[1]感枸酱、竹杖则开牂柯、越巂,[2]闻天马、蒲陶则通大宛、安息。自是之后,明珠、文甲、通犀、翠羽之珍盈于后宫,[3]蒲梢、龙文、鱼目、汗血之马充于黄门,[4]巨象、师子、猛犬、大雀之群食于外囿。[5]殊方异物,四面而至。于是广开上林,穿昆明池,营千门万户之宫,立神明通天之台,兴造甲乙之帐,[6]落以随珠和璧,[7]天子负黼依,袭翠被,冯玉几,而处其中。[8]设酒池肉林以飨四夷之客,作《巴俞》都庐、海中《砀极》、漫衍鱼龙、角抵之戏以观视之。[9]及赂遗赠送,万里相奉,师旅之费,不可胜计。至于用度不足,乃榷酒酤,管盐铁,铸白金,造皮币,算至车船,租及六畜。民力屈,财用竭,[10]因之以凶年,寇盗并起,道路不通,直指之使始出,衣绣杖斧,断斩于郡国,然后胜之。是以末年遂弃轮台之地,而下哀痛之诏,岂非仁圣之所悔哉!且通西域,近有龙堆,远则葱岭,身热、头痛、县度之陀。淮南、杜钦、杨雄之论,皆以为此天地所以界别区域,绝外内也。《书》曰"西戎即序",[11]禹既就而序之,非上威服致其贡物也。

①师古曰:"玳,音代。瑁,音妹。"

②师古曰:"枸,音矩。"

③如淳曰:"文甲即玳瑁也。通犀,中央色白,通两头。"

④孟康曰:"四骏马名也。"师古曰:"梢马,音所交反。"

⑤师古曰:"巨亦大。"

⑥师古曰:"其数非一,以甲乙次第名之也。"

⑦师古曰:"落,与络同。"

⑧师古曰:"依,读曰扆。扆如小屏风,而画为黼文也。白与黑谓之黼,又为斧形。袭,重衣也。被,音皮义反。"

⑨晋灼曰:"都庐,国名也。"李奇曰:"都庐,体轻善缘者也。《砀极》,乐名也。"师古曰:"巴人,巴州人也。俞,水名,今渝州也。巴俞之人,所谓賨人也,劲锐善舞,本从高祖定三秦有功,高祖喜观其舞,因令乐人习之,故有《巴俞》之乐。漫衍者,即张衡《西京赋》所云"巨兽百寻,是为漫延"者也。鱼龙者,为含利之兽,先戏于庭极,毕乃入殿前激水,化成比目鱼,跳跃漱水,作雾障日,毕,化成黄龙八丈,出水敖戏于庭,炫耀日光。《西京赋》云"海鳞变而成龙",即为此色也。俞,音逾。砀,音大浪反。衍,音弋战反。视,读曰示。观示者,视之令观也。"

⑩师古曰:"屈,音其勿反。"

⑪师古曰:"《禹贡》之辞也。序,次也。"

西域诸国,各有君长,兵众分弱,无所统一,虽属匈奴,不相亲附。匈奴能得其马畜旃罽,而不能统率与之进退。与汉隔绝,道里又远,得之不为益,弃之不为损。盛德在我,无取于彼。故自建武以来,西域思汉威德,咸乐内属。唯其小邑鄯善、车师,界迫匈奴,尚为所拘。而其大国莎车、于阗之属,数遣使置质于汉,愿请属都护。圣上远览古今,因时之宜,羁縻不绝,辞而未许。虽大禹之序西戎,周公之让白雉,太宗之却走马,义兼之矣,亦何以尚兹!①

①师古曰:"'西戎即序',说已在前。昔周公相成王,赵裳氏重九译而献白雉。至,王问周公,公曰:'德不加焉,则君子不飨其质;政不施焉,则君子不臣其远。吾何以获此物也?'译曰:'吾受命国之黄耇曰:"久矣天之无列风雨雷也,意中国有圣人乎?盍往朝之,然后归之。"'王称先王之神所致,以荐宗庙。太宗,汉文帝也。却走马,谓有人献千里马,不受,还之,赐道路费也。老子《德经》曰'天下有道,却走马以粪',故赞引也。"

汉书卷九七上
列传第六七上

外戚上

　　自古受命帝王及继体守文之君,①非独内德茂也,盖亦有外戚之助焉。夏之兴也以涂山,②而桀之放也用末喜;③殷之兴也以有娀及有娍,④而纣之灭也嬖妲己;⑤周之兴也以姜嫄及太任、太姒,⑥而幽王之禽也淫褒姒。⑦故《易》基《乾》《坤》,《诗》首《关雎》,⑧《书》美厘降,⑨《春秋》讥不亲迎。⑩夫妇之际,人道之大伦也。⑪礼之用,唯昏姻为兢兢。⑫夫乐调而四时和,阴阳之变,万物之统也,可不慎与!⑬人能弘道,末如命何。⑭甚哉,妃匹之爱,君不能得之臣,父不能得之子,况卑下乎!⑮既欢合矣,或不能成子姓,⑯成子姓矣,而不能要其终,岂非命也哉!孔子罕言命,盖难言之。⑰非通幽明之变,恶能识乎性命!⑱

①师古曰:"继体,谓嗣位也。守文,言遵成法,不用武功也。"

②师古曰:"禹娶涂山氏之女而生启也。"

③师古曰:"末喜,桀之妃,有施氏女也,美于色,薄于德,女子行,丈夫心。桀常置末喜于膝上,听用其言,昏乱失道。于是汤伐之,遂放桀,与末喜死于南巢。"

④师古曰:"有娀,国名,其女简狄吞燕卵而生卨,为殷始祖。有娍氏女,汤妃也。娀,音嵩。娍,音说。"

⑤师古曰:"妲己,纣之妃,有苏氏女也,美好辩辞,兴于奸宄,嬖幸于纣。纣用其言,毒虐众庶。于是武王伐纣,战于牧野,纣师倒戈,不为之战。武王克殷,致天之罚,斩妲己头,县之于小白旗,以为纣之亡者,由此女

也。"

⑥师古曰："姜嫄，有邰氏之女，帝喾之妃也，履大人迹而生后稷，为周始
　　祖。太任，文王母；太姒，武王母也。嫄，音原。"

⑦师古曰："谓黜申后而致犬戎，举伪烽而诸侯莫救也。"

⑧师古曰："基亦始。"

⑨师古曰："厘，理也。《尚书·尧典》称舜之美，云'厘降二女于妫汭'，言
　　尧欲观舜治迹，以己二女妻之，舜能以治降下二女，以成其德。"

⑩师古曰："《春秋公羊经》：'隐二年，纪履𫑗来逆女。'传曰：'外逆女不
　　书，此何以书？讥也。何讥尔？始不亲迎也。'"

⑪师古曰："伦，理也。"

⑫师古曰："兢兢，戒慎也。"

⑬师古曰："与，读曰欤。"

⑭师古曰："末，无也。《论语》载孔子曰：'人能弘道，非道弘人。'又称子路
　　曰：'道之将兴，命也；道之将废，命也。公伯寮其如命何？'故引之。"

⑮师古曰："言虽君父之尊，不能夺其所好，而移其本意。"

⑯师古曰："姓，生也。"

⑰师古曰："《论语》曰'子罕言利与命与仁'。罕者，希也。"

⑱师古曰："恶，音乌，谓于何也。《伦语》称子贡曰：'夫子之文章可得而闻
　　也，夫子之言性与天道不可得而闻也已矣！'谓孔子不言性命及天道。
　　而学者误读，谓孔子之言自然与天道合，非唯失于文句，实乃大乖意
　　旨。"

汉兴，因秦之称号，帝母称皇太后，祖母称太皇太后，適称皇
后，①妾皆称夫人。又有美人、良人、八子、七子、长使、少使之号
焉。②至武帝制倢伃、娙娥、傛华、充依，各有爵位，③而元帝加昭仪
之号，④凡十四等云。⑤昭仪位视丞相，爵比诸侯王。倢伃视上卿，
比列侯。娙娥视中二千石，比关内侯。⑥傛华视真二千石，比大上
造。⑦美人视二千石，比少上造。⑧八子视千石，比中更。⑨充依视
千石，比左更。⑩七子视八百石，比右庶长。⑪良人视八百石，比左
庶长。⑫长使视六百石，比五大夫。⑬少使视四百石，比公乘。⑭五
官视三百石。⑮顺常视二百石。无涓、共和、娱灵、保林、良使、夜者

皆视百石。⑯上家人子、中家人子视有秩斗食云。⑰五官以下,葬司
马门外。⑱

①师古曰:"適,读曰嫡。后亦君也。天曰皇天,地曰后土,故天子之妃,以
　后为称,取象二仪。"

②师古曰:"良,善也。八、七,禄秩之差也。长使、少使,主供使者。"

③师古曰:"倢,言接幸于上也。伃,美称也。娙娥,皆美貌也。傛傛犹言奕
　奕也,便习之意也。充依,言充后庭而依秩序也。倢音接。伃音予,字或
　从女,其音同耳。娙音五经反。傛音容。"

④师古曰:"昭显其仪,示隆重也。"

⑤师古曰:"除皇后,自昭仪以下至秩百石,十四等。"

⑥师古曰:"中二千石,实得二千石也。中之言满也。月得百八十斛,是为
　一岁凡得二千一百六十石。言二千者,举成数耳。"

⑦师古曰:"真二千石,月得百五十斛,一岁凡得千八百石耳。大上造,第
　十六爵。"

⑧师古曰:"二千石,月得百二十斛,一岁凡得一千四百四十石耳。少上
　造,第十五爵。"

⑨师古曰:"中更,第十三爵也。更,音公衡反。其下亦同。"

⑩师古曰:"左更,第十二爵。"

⑪师古曰:"右庶长,第十一爵。"

⑫师古曰:"左庶长,第十爵。"

⑬师古曰:"五大夫,第九爵。"

⑭师古曰:"公乘,第八爵。"

⑮师古曰:"五官,所掌亦象外之五官也。"

⑯师古曰:"涓,洁也。无涓,言无所不洁也。共,读曰恭,言恭顺而和柔也。
　娱灵,可以娱乐情灵也。保,安也。保林,言其可安众如林也。良使,使
　令之善者也。夜者,主职夜事。令,音力成反。"

⑰师古曰:"家人子者,言采择良家子以入宫,未有职号,但称家人子也。
　斗食,谓佐史也。谓之斗食者,言不满百石,日食一斗二升。"

⑱服虔曰:"陵上司马门之外。"

　　高祖吕皇后,父吕公,单父人也,①好相人。高祖微时,吕公见

而异之，乃以女妻高祖，生惠帝、鲁元公主。高祖为汉王，元年封吕公为临泗侯，二年立孝惠为太子。

①师古曰："单，音善。父，音甫。"

后汉王得定陶戚姬，爱幸，生赵隐王如意。太子为人仁弱，高祖以为不类己，常欲废之而立如意，"如意类我"。戚姬常从上之关东，日夜啼泣，欲立其子。吕后年长，常留守，希见，益疏。如意且立为赵王，留长安，几代太子者数。①赖公卿大臣争之，及叔孙通谏，用留侯之策，得无易。

①师古曰："几，音巨依反。数，音所角反。"

吕后为人刚毅，佐高帝定天下，兄二人皆为列将，从征伐。长兄泽为周吕侯，次兄释之为建成侯，逮高祖而侯者三人。高祖四年，临泗侯吕公薨。

高祖崩，惠帝立，吕后为皇太后，乃令永巷囚戚夫人，髡钳衣赭衣，令舂。戚夫人舂且歌曰："子为王，母为虏，终日舂薄暮，常与死为伍！①相离三千里，当谁使告女？"②太后闻之大怒，曰："乃欲倚女子邪？"③乃召赵王诛之。使者三反，④赵相周昌不遣。太后召赵相，相征至长安。使人复召赵王，王来。惠帝慈仁，知太后怒，自迎赵王霸上，入宫，挟与起居饮食。数月，帝晨出射，赵王不能蚤起，太后伺其独居，使人持鸩饮之。迟帝还，赵王死。⑤太后遂断戚夫人手足，去眼熏耳，饮喑药，⑥使居鞠域中，⑦名曰"人彘"。居数月，乃召惠帝视"人彘"。帝视而问，知其戚夫人，乃大哭，因病，岁余不能起。使人请太后曰："此非人所为。臣为太后子，终不能复治天下！"⑧以此日饮为淫乐，不听政，七年而崩。

①师古曰："与死罪者为伍也。"

②师古曰："女，读曰汝。此下皆同。"

③师古曰："乃亦汝。"

④师古曰："反，还也。三还，犹今言三回也。"

⑤师古曰："迟，音直二反。解在《高纪》。"

⑥师古曰："去其眼睛，以药熏耳令聋也。喑，不能言也，以喑药饮之也。饮，音于禁反。喑，音于今反。"

⑦师古曰:"鞠域,如蹋鞠之域,谓窟室也。鞠,音巨六反。"

⑧师古曰:"令太后视事,已自如太子然。"

太后发丧,哭而泣不下。①留侯子张辟强为侍中,年十五,谓丞相陈平曰:"太后独有帝,今哭而不悲,君知其解未?"②陈平曰:"何解?"辟强曰:"帝无壮子,太后畏君等。今请拜吕台、吕产为将,将兵居南北军,及诸吕皆官,居中用事。如此则太后心安,君等幸脱祸矣!"③丞相如辟强计请之,太后说,其哭乃哀。④吕氏权由此起。乃立孝惠后宫子为帝,太后临朝称制。复杀高祖子赵幽王友、共王恢⑤及燕王建子。遂立周吕侯子台为吕王,⑥台弟产为梁王,建成侯释之子禄为赵王,台子通为燕王,又封诸吕凡六人皆为列侯,追尊父吕公为吕宣王,兄周吕侯为悼武王。

①师古曰:"泣,谓泪。"

②师古曰:"解犹解说其意。"

③师古曰:"脱,免也。"

④师古曰:"说,曰悦。"

⑤师古曰:"共,读曰恭。"

⑥师古曰:"台,音土来反。"

太后持天下八年,病犬祸而崩,语在《五行志》。病困,以赵王禄为上将军居北军,梁王产为相国居南军,戒产、禄曰:"高祖与大臣约,非刘氏王者天下共击之,今王吕氏,大臣不平。我即崩,恐其为变,必据兵卫宫,慎毋送丧,为人所制。"太后崩,太尉周勃、丞相陈平、朱虚侯刘章等共诛产、禄,悉捕诸吕男女,无少长皆斩之。而迎立代王,是为孝文皇帝。

孝惠张皇后。宣平侯敖尚帝姊鲁元公主,有女。惠帝即位,吕太后欲为重亲,以公主女配帝为皇后。欲其生子,万方终无子,乃使阳为有身,取后宫美人子名之,①杀其母,立所名子为太子。

①师古曰:"名为皇后子。"

惠帝崩,太子立为帝,四年,乃自知非皇后子,出言曰:"太后安能杀吾母而名我！我壮即为所为。"①太后闻而患之，恐其作乱，乃幽之永巷，言帝病甚，左右莫得见。太后下诏废之，语在《高后纪》。遂幽死，更立恒山王弘为皇帝，而以吕禄女为皇后。欲连根固本牢甚，②然而无益也。吕太后崩，大臣正之，卒灭吕氏。少帝、恒山、淮南、济川王，皆以非孝惠子诛。独置孝惠皇后，废处北宫，③孝文后元年薨，葬安陵，不起坟。

①师古曰："为其所为，谓所生之母也。并音于伪反。"

②师古曰："牢，坚也。"

③师古曰："置，留也。北宫，在未央宫之北。"

高祖薄姬，文帝母也。父吴人，秦时与故魏王宗女魏媪通，生薄姬。而薄姬父死山阴，因葬焉。①及诸侯畔秦，魏豹立为王，而魏媪内其女于魏宫。许负相薄姬，当生天子。是时，项羽方与汉王相距荥阳，天下未有所定。豹初与汉击楚，及闻许负言，心喜，因背汉而中立，与楚连和。②汉使曹参等虏魏王豹，以其国为郡，而薄姬输织室。豹已死，汉王入织室，见薄姬，有诏内后宫，岁余不得幸。

①师古曰："山阴，会稽之县。"

②师古曰："自谓当得天下。"

始姬少时，与管夫人、赵子儿相爱，约曰："先贵毋相忘！"已而管夫人、赵子儿先幸汉王。汉王四年，坐河南成皋灵台，此两美人侍，相与笑薄姬初时约。汉王问其故，两人俱以实告。汉王心凄然怜薄姬，是日召，欲幸之。对曰："昨暮梦龙据妾胸。"上曰："是贵征也，吾为汝成之。"遂幸，有身。岁中生文帝，年八岁立为代王。自有子后，希见。高祖崩，诸幸姬戚夫人之属，吕后怒，皆幽之不得出宫。而薄姬以希见故，得出从子之代，为代太后。太后弟薄昭从如代。①

①师古曰："如，往也。"

代王立十七年，高后崩。大臣议立后，疾外家吕氏强暴，皆称薄氏仁善，故迎立代王为皇帝，尊太后为皇太后，封弟昭为轵侯。①太

后母亦前死,葬栎阳北。乃追尊太后父为灵文侯,会稽郡致园邑三
百家,长丞以下使奉守寝庙,上食祠如法。栎阳亦置灵文夫人园,令
如灵文侯园仪。太后蚤失父,其奉太后外家魏氏有力,②乃召复魏
氏,③赏赐各以亲疏受之。薄氏侯者一人。

①师古曰:"軹,音只。"

②师古曰:"言太后为外家所养也。"

③师古曰:"优复之也。复,音方目反。"

　　太后后文帝二岁,孝景前二年崩,①葬南陵。②用吕后不合葬
长陵,③故特自起陵,近文帝。

①师古曰:"言文帝崩后二岁,太后乃崩。"

②师古曰:"薄太后陵在霸陵之南,故称南陵,即今所谓薄陵。"

③师古曰:"以吕后是正嫡,故薄不得合葬也。"

　　孝文窦皇后,景帝母也,吕太后时以良家子选入宫。太后出宫
人以赐诸王各五人,窦姬与在行中。①家在清河,愿如赵,近家,②
请其主遣宦者吏"必置我籍赵之伍中"。③宦者忘之,误置籍代伍
中。籍奏,诏可。当行,窦姬涕泣,怨其宦者,不欲往,相强乃肯行。
至代,代王独幸窦姬,生女嫖。④孝惠七年,生景帝。

①师古曰:"与,读曰豫。"

②师古曰:"如,往也。"

③师古曰:"主遣宦者吏,谓宦者为吏而主发遣宫人者也。籍,谓名簿也。
　伍犹列也。"

④师古曰:"嫖,音匹昭反。"

　　代王王后生四男,先代王未入立为帝而王后卒,及代王为帝
后,王后所生四男更病死。①文帝立数月,公卿请立太子,而窦姬男
最长,立为太子。窦姬为皇后,女为馆陶长公主。②明年,封少子武
为代王,后徙梁,③是为梁孝王。

①师古曰:"更,互也,音公衡反。"

②师古曰:"年最长,故谓长公主。"

③师古曰:"初封代王,后更为梁王。"

窦皇后亲蚤卒,葬观津。①于是薄太后乃诏有司追封窦后父为安成侯,母曰安成夫人,令清河置园邑二百家,长丞奉守,比灵文园法。

①师古曰:"观津,清河之县也。观,音工唤反。"

窦后兄长君。弟广国字少君,年四五岁时,家贫,为人所略卖,其家不知处。传十余家至宜阳,为其主人入山作炭。暮卧岸下百余人,岸崩,尽厌杀卧者,①少君独脱不死。②自卜,数日当为侯。从其家之长安,③闻皇后新立,家在观津,姓窦氏。广国去时虽少,识其县名及姓,又尝与其姊采桑,堕,④用为符信,上书自陈。皇后言帝,召见问之,具言其故,果是。复问其所识,⑤曰:"姊去我西时,与我决传舍中,丐沐沐我,已,饭我,乃去。"⑥于是窦皇后持之而泣,侍御左右皆悲。乃厚赐之,家于长安。绛侯、灌将军等曰:"吾属不死,命乃且县此两人。⑦此两人所出微,不可不为择师傅,又复放吕氏大事也。"⑧于是乃选长者之有节行者与居。窦长君、少君由此为退让君子,不敢以富贵骄人。

①师古曰:"厌,音一甲反。"

②师古曰:"脱,免也。"

③师古曰:"从其主家也。之,往也。"

④师古曰:"堕,谓堕树。"

⑤师古曰:"识,记也,音式志反。"

⑥师古曰:"乞沐具而为之沐,沐讫又饭食之也。饭,音扶晚反。"

⑦师古曰:"恐其后擅权,则将相大臣当被害。"

⑧师古曰:"放,音甫往反。"

窦皇后疾,失明。文帝幸邯郸慎夫人、尹姬,皆无子。文帝崩,景帝立,皇后为皇太后,乃封广国为章武侯。长君先死,封其子彭祖为南皮侯。吴楚反时,太后从昆弟子窦婴侠,喜士,①为大将军,破吴楚,封魏其侯。窦氏侯者凡三人。

①师古曰:"喜,音许吏反。"

窦太后好黄帝、老子言,景帝及诸窦不得不读《老子》,尊其术。太后后景帝六岁,凡立五十一年,元光六年崩,①合葬霸陵。遗诏尽

以东宫金钱财物赐长公主嫖。② 至武帝时,魏其侯窦婴为丞相,后
诛。

①师古曰:"《武纪》建元六年,太皇太后崩。此传云后景帝六岁是也。而以
　建元为元光,则是参错。又当言凡立四十五年,而云五十一。再三乖谬,
　皆是此传误。"

②师古曰:"东宫,太后所居。"

孝景薄皇后,孝文薄太后家女也。景帝为太子时,薄太后取以
为太子妃。景帝立,立薄妃为皇后,无子无宠。立六年,薄太后崩,
皇后废。废后六年薨,葬长安城东平望亭南。

孝景王皇后,武帝母也。父王仲,槐里人也。母臧儿,故燕王臧
荼孙也,为仲妻,生男信与两女。而仲死,臧儿更嫁为长陵田氏妇,
生男蚡、胜。臧儿长女嫁为金王孙妇,生一女矣,而臧儿卜筮曰两女
当贵,欲倚两女,① 夺金氏。金氏怒,不肯与决,乃内太子宫。太子幸
爱之,生三女一男。男方在身时,王夫人梦日入其怀,以告太子,太
子曰:"此贵征也。"未生而文帝崩,景帝即位,王夫人生男。是时,薄
皇后无子。后数岁,景帝立齐栗姬男为太子,而王夫人男为胶东王。

①师古曰:"冀其贵而依倚之得尊宠也。倚,音于绮反。"

长公主嫖有女,欲与太子为妃,栗姬妒,而景帝诸美人皆因长
公主见得贵幸,栗姬日怨怒,谢长主,不许。长主欲与王夫人,王夫
人许之。会薄皇后废,长公主日谮栗姬短。景帝尝属诸姬子,① 曰:
"吾百岁后,善视之。"栗姬怒,不肯应,言不逊,景帝心衔之而未发
也。

①师古曰:"诸姬子,诸姬所生之子也。属,音之欲反。此下皆同。"

长公主日誉王夫人男之美,帝亦自贤之。又耳曩者所梦日
符,① 计未有所定。王夫人又阴使人趣大臣立栗姬为皇后。② 大行
奏事,文曰:"'子以母贵,母以子贵。'今太子母号宜为皇后。"帝怒
曰:"是乃所当言邪!"③ 遂案诛大行,而废太子为临江王。栗姬愈

恚,不得见,以忧死。卒立王夫人为皇后,④男为太子。封皇后兄信为盖侯。

①师古曰:"耳常听闻而记之也。符犹瑞应。"
②师古曰:"趣,音曰促。"
③师古曰"乃,汝也。言此事非汝所当得言。"
④师古曰:"卒,终也。"

初,皇后始入太子家,后女弟儿姁亦复入①,生四男。儿姁蚤卒,四子皆为王。②皇后长女为平阳公主,次南宫公主,次隆虑公主。③

①师古曰:"姁,音许于反。诸妇人之名字,音皆同。"
②师古曰:"谓广川惠王越,胶东康王寄,清河哀王乘,常山宪王舜。"
③师古曰:"虑,音庐。"

皇后立九年,景帝崩。武帝即位,为皇太后,尊太后母臧儿为平原君,封田蚡为武安侯,胜为周阳侯。王氏、田氏侯者凡三人。盖侯信好酒,田蚡、胜贪,巧于文辞。蚡至丞相,追尊王仲为共侯,①槐里起园邑二百家,长丞奉守。及平原君薨,从田氏葬长陵,亦置园邑如共侯法。

①师古曰:"共,读曰恭。"

初,皇太后微时所为金王孙生女俗,在民间,盖讳之也。①武帝始立,韩嫣白之。②帝曰:"何为不蚤言?"乃车驾自往迎之。其家在长陵小市,直至其门,使左右入求之。家人惊恐,女逃匿。扶将出拜,帝下车立曰:"大姊,何藏之深也?"载至长乐宫,与俱谒太后,太后垂涕,女亦悲泣。帝奉酒,前为寿。钱千万,奴婢三百人,公田百顷,甲第,以赐姊。太后谢曰:"为帝费。"因赐汤沐邑,号修成君。男女各一人,女嫁诸侯,男号修成子仲,以太后故,横于京师。③太后凡立二十五年,后景帝十五岁,元朔三年崩,合葬阳陵。

①师古曰:"言随流俗而在闾巷,未显贵。"
②师古曰:"嫣,音偃。"
③师古曰:"横,音胡孟反。"

　　孝武陈皇后,长公主嫖女也。曾祖父陈婴与项羽俱起,后归汉,为堂邑侯。传子至孙午,午尚长公主,生女。

　　初,武帝得立为太子,长主有力,取主女为妃。及帝即位,立为皇后,擅宠骄贵,十余年而无子,闻卫子夫得幸,几死者数焉。①上愈怒。后又挟妇人媚道,颇觉。元光五年,上遂穷治之,女子楚服等坐为皇后巫蛊祠祭祝诅,大逆无道,相连及诛者三百余人。楚服枭首于市。使有司赐皇后策曰:“皇后失序,惑于巫祝,②不可以承天命。其上玺绶,罢退居长门宫。”

　　①师古曰:“几,音巨依反。数,音所角反。”
　　②师古曰:“言失德义之序,而妄祝诅也。”

　　明年,堂邑侯午薨,主男须嗣侯。主寡居,私近董偃。十余年,主薨。须坐淫乱,兄弟争财,当死,自杀,国除。后数年,废后乃薨,葬霸陵郎官亭东。

　　孝武卫皇后字子夫,生微也。其家号曰卫氏,出平阳侯邑。子夫为平阳主讴者。①武帝即位,数年无子。平阳主求良家女十余人,饰置家。帝袚霸上,②还过平阳主。主见所侍美人,③帝不说。既饮,讴者进,帝独说子夫。④帝起更衣,子夫侍尚衣⑤轩中,得幸。⑥还坐欢甚,赐平阳主金千斤。主因奏子夫送入宫。子夫上车,主拊其背曰:“行矣!⑦强饭勉之。⑧即贵,愿无相忘!”入宫岁余,不复幸。武帝择宫人不中用者斥出之,子夫得见,涕泣请出。上怜之,复幸,遂有身,尊宠。召其兄卫长君、弟青侍中。而子夫生三女,元朔元年生男据,遂立为皇后。

　　①师古曰:“齐歌曰讴,音一侯反。”
　　②孟康曰:“袚,除也。于霸水上自袚除,今三月上巳袚禊也。”师古曰:“袚,音废。禊,音系。”
　　③师古曰:“侍,储侍也。侍,音丈纪反。”
　　④师古曰:“说,皆读曰悦。”
　　⑤如淳曰:“以帷帐障尊者也。”晋灼曰:“代侍五尚之衣。”师古曰:“二说皆非也。尚,主也。时于轩中侍帝,权主衣裳。”

⑥师古曰："轩,谓轩车,即今车之施幰者。"

⑦师古曰："拊,谓摩循之也。行矣,犹今言好去。"

⑧师古曰："强,音其两反。饭,音扶晚反。"

先是卫长君死,乃以青为将军,击匈奴有功,封长平侯。青三子襁褓中,皆为列侯。及皇后姊子霍去病亦以军功为冠军侯,至大司马票骑将军。青为大司马大将军。卫氏支属侯者五人。青还,尚平阳主。

皇后立七年,而男立为太子。后色衰,赵之王夫人、中山李夫人有宠,皆蚤卒。后有尹婕妤、钩弋夫人更幸。①卫后立三十八年,遭巫蛊事起,江充为奸,太子惧不能自明,遂与皇后共诛充,发兵,兵败,太子亡走。诏遣宗正刘长乐、执金吾刘敢奉策收皇后玺绶,自杀。黄门苏文、姚定汉舆置公车令空舍,盛以小棺,瘗之城南桐柏。②卫氏悉灭。宣帝立,乃改葬卫后,追谥曰思后,置园邑三百家,长丞周卫奉守焉。③

①师古曰："更,互也,音工衡反。"

②师古曰："瘗,埋也。桐柏,亭名也。瘗,音于例反。"

③师古曰："葬在杜门外大道东,以倡优杂伎千人乐其园,故号千人聚。其地在今长安城内金城坊西北隅是也。"

孝武李夫人,本以倡进。①初,夫人兄延年性知音,善歌舞,武帝爱之。每为新声变曲,闻者莫不感动。延年侍上起舞,歌曰:"北方有佳人,绝世而独立,一顾倾人城,再顾倾人国。宁不知倾城与倾国,佳人难再得!"②上叹息曰:"善!世岂有此人乎?"平阳主因言延年有女弟,上乃召见之,实妙丽善舞。由是得幸,生一男,是为昌邑哀王。李夫人少而蚤卒,上怜闵焉,图画其形于甘泉宫。及卫思后废后四年,武帝崩,大将军霍光缘上雅意,以李夫人配食,③追上尊号曰孝武皇后。

①师古曰:"倡,乐人,音昌。"

②师古曰:"非不吝惜城与国也,但以佳人难得,爱悦之深,不觉倾覆。"

③师古曰:"缘,因也。雅意,素旧之意。"

　　初，李夫人病笃，上自临候之，夫人蒙被谢曰："妾久寝病，形貌
毁坏，不可以见帝。愿以王及兄弟为托。"上曰："夫人病甚，殆将不
起，一见我属托王及兄弟，岂不快哉？"夫人曰："妇人貌不修饰，不
见君父。妾不敢以燕媟见帝。"①上曰："夫人弟一见我，②将加赐千
金，而予兄弟尊官。"夫人曰："尊官在帝，不在一见。"上复言欲必见
之，夫人遂转乡歔欷而不复言。③于是上不说而起。④夫人姊妹让
之曰：⑤"贵人独不可一见上属托兄弟邪？何为恨上如此？"夫人曰：
"所以不欲见帝者，乃欲以深托兄弟也。我以容貌之好，得从微贱爱
幸于上。夫以色事人者，色衰而爱弛，⑥爱弛则恩绝。上所以挛挛顾
念我者，乃以平生容貌也。⑦今见我毁坏，颜色非故，必畏恶吐弃
我，意尚肯复追思闵录其兄弟哉！"及夫人卒，上以后礼葬焉。其后，
上以夫人兄李广利为贰师将军，封海西侯，延年为协律都尉。

　　①师古曰："媟与嬻同。谓不严饰。"
　　②师古曰："弟，但也。"
　　③师古曰："乡，读曰向，转面而向里也。歔音虚。欷，音许既反。"
　　④师古曰："说，读曰悦。"
　　⑤师古曰："让，责也。"
　　⑥师古曰："弛，解也，音式尔反。"
　　⑦师古曰："挛，音力全反，又读曰恋。"

　　上思念李夫人不已，方士齐人少翁言能致其神。乃夜张灯烛，
设帷帐，陈酒肉，而令上居他帐，遥望见好女如李夫人之貌，还幄坐
而步。①又不得就视，上愈益相思悲感，为作诗曰："是邪，非邪？②
立而望之，偏何姗姗其来迟！"③令乐府诸音家弦歌之。上又自为作
赋，以伤悼夫人，其辞曰：

　　①师古曰："夫人之神于幄中坐，又出而徐步。"
　　②师古曰："言所见之状定是夫人以否。"
　　③师古曰："姗姗，行貌，音先安反。"

　　　　美连娟以修嫭兮，①命樔绝而不长，②饰新宫以延贮兮，
　　泯不归乎故乡。③惨郁郁其芜秽兮，隐处幽而怀伤，释舆马于
　　山椒兮，奄修夜之不阳。④秋气憯以凄泪兮，桂枝落而销亡，⑤

神茕茕以遥思兮,精浮游而出疆。托沈阴以圹久兮,惜蕃华之未央,⑥念穷极之不还兮,惟幼眇之相羊。⑦函蒙荻以俟风兮,芳杂袭以弥章,⑧的容与以猗靡兮,缥飘姚虖愈庄。⑨燕淫衍而抚楹兮,连流视而娥扬,⑩既激感而心逐兮,包红颜而弗明。⑪欢接狎以离别兮,宵寤梦之芒芒,⑫忽迁化而不反兮,魄放逸以飞扬。何灵魂之纷纷兮,哀裴回以踟躇,⑬势路日以远兮,遂荒忽而辞去。⑭超兮西征,屑兮不见。⑮浸淫敞荒,寂兮无音,⑯恩若流波,怛兮在心。⑰

①师古曰:"嫇美也。连娟,纤弱也。嫇音互。娟,音一全反。"

②师古曰:"椓,截也,音子小反。"

③师古曰:"新宫,待神之处。贮,与伫同。伫,待也。泯然,灭绝意。"

④孟康曰:"山椒,山陵也,置舆马于山陵也。"师古曰:"自憯郁郁以下,皆言夫人身处坟墓而隐翳也。修,长也。阳,明也。"

⑤师古曰:"凄泪,寒凉之意也。桂枝芳香,亦喻夫人也。憯,音千感反。泪,音戾。"

⑥师古曰:"沉阴,言在地下也。圹,与旷同。未央,犹未半也。言年岁未半,而早落蕃华,故痛惜之。蕃,音抚元反。"

⑦师古曰:"惟,思也。幼眇,犹窈窕也。相羊,翱翔也。幼,音一小反。相,音襄。"

⑧李奇:"荻音敷。"孟康曰:"荻,音绥,华中齐也。夫人之色如春华含荻敷散,以待风也。"师古曰:"杂袭,重积也。"

⑨孟康曰:"言夫人之颜色的然盛美,虽在风中缥姚,愈益端严也。"师古曰:"缥,音匹妙反。"

⑩师古曰:"追述平生欢宴之时也。娥扬,扬其娥眉。"

⑪晋灼曰:"包,藏也。谓夫人藏其颜色,不肯见帝属其家室也。"师古曰:"此说非也。心逐者,帝自言中心追逐夫人不能已也。包红颜者,言在坟墓之中不可见也。"

⑫师古曰:"言绝接狎之欢,而遂离别也。宵,夜也。芒芒,无知之貌也。芒,音莫郎反。"

⑬师古曰:"踟躇,住足也。踟,音畤。躇,合韵音丈预反。"

⑭师古曰:"荒,音呼广反。"

⑮师古曰:"屑然,疾意也。以日为喻,故言西征。"

⑯师古曰:"芃,古忧字。"

⑰师古曰:"流波,言恩宠不绝也。怛,悼也,音丁曷反。"

乱曰:①佳侠函光,陨朱荣兮,②嫉妒阘茸,将安程兮!③方时隆盛,年夭伤兮,④弟子增欷,洿沫怅兮。⑤悲愁於邑,喧不可止兮。⑥响不虚应,亦云已兮。⑦嫷妍太息,叹稚子兮,⑧怆懔不言,倚所恃兮。⑨仁者不誓,岂约亲兮?⑩既往不来,申以信兮。⑪去彼昭昭,就冥冥兮,既下新宫,不复故庭兮。⑫呜呼哀哉,想魂灵兮!

①师古曰:"乱,理也,总理赋中之意。"

②孟康曰:"佳侠,犹佳丽。"

③师古曰:"言嫉妒阘茸之徒不足与夫人为程品也。阘茸,众贱之称也。阘,音吐腊反。茸,音人勇反。"

④师古曰:"伤,合韵音式向反。"

⑤应劭曰:"弟,夫人弟兄也。子,昌邑王也。"孟康曰:"洿沫,涕涟也。"晋灼曰:"沫,音水沫面之沫。言涕泪洿集覆面下也。"师古曰:"沫,晋说是也。怅,惆怅也。洿音乌。洿,下也。沫,音呼内反,字从午未之未也。"

⑥师古曰:"朝鲜之间谓小儿泣不止名为喧,音许远反。"

⑦师古曰:"响,读曰响。响之随声,必当有应,而今涕泣从自已耳,夫人不知之,是虚其应。"

⑧孟康曰:"夫人蒙被,歜歇不见,帝哀其子小而孤也。"晋灼曰:"三辅谓忧愁面省瘦曰嫷冥。嫷冥犹嫷妍也。"师古曰:"嫷,音在消反。"

⑨孟康曰:"恃平日之恩,知上必感念之也。"师古曰:"怆懔,哀怆之意也。怆,音刘。懔,音栗。"

⑩如淳曰:"仁者之行惠尚一不以为恩施,岂有亲亲而反当以言约乎?"

⑪师古曰:"死者一往不返,情念酷痛,重以此心为信,不有忽忘也。信,合韵音新。"

⑫师古曰:"故庭,谓平生所居室之庭也。复,音扶目反。"

其后李延年弟季坐奸乱后宫,广利降匈奴,家族灭矣。

孝武钩弋赵婕妤,昭帝母也,家在河间。武帝巡狩过河间,望气者言此有奇女,天子亟使使召之。既至,女两手皆拳,上自披之,手即时伸。由是得幸,号曰拳夫人。先是,其父坐法宫刑,为中黄门,死长安,葬雍门。①

> ①师古曰:"雍门在长安西北孝里西南,去长安三十里。《广记》云赵父冢在门西也。"

拳夫人进为婕妤,居钩弋宫,①大有宠,太始三年生昭帝,号钩弋子。任身十四月乃生,上曰:"闻昔尧十四月而生,今钩弋亦然。"乃命其所生门曰尧母门。后卫太子败,而燕王旦、广陵王胥多过失,宠姬王夫人男齐怀王、李夫人男昌邑哀王皆蚤薨,钩弋子年五六岁,壮大多知,②上常言"类我",又感其生与众异,甚奇爱之,心欲立焉,以其年稚母少,恐女主颛恣乱国家,犹与久之。③

> ①师古曰:"《黄图》钩弋宫在城外,《汉武故事》曰在直门南也。"
>
> ②师古曰:"壮大者,言其形体伟大。"
>
> ③师古:"与,读曰豫。"

钩弋婕妤从幸甘泉,有过见谴,以忧死,①因葬云阳。②后上疾病,乃立钩弋子为皇太子。拜奉车都尉霍光为大司马大将军,辅少主。明日,帝崩。昭帝即位,追尊钩弋婕妤为皇太后,发卒二万人起云陵,邑三千户。追尊外祖赵父为顺成侯,诏右扶风置园邑二百家,长丞奉守如法。顺成侯有姊君姁,赐钱二百万,奴婢第宅以充实焉。诸昆弟各以亲疏受赏赐。赵氏无在位者,唯赵父追封。

> ①师古曰:"谴,责也,音口羡反。"
>
> ②师古曰:"在甘泉宫南,今土俗人呼为女陵。"

孝昭上官皇后。祖父桀,陇西上邽人也。少时为羽林期门郎,从武帝上甘泉,天大风,车不得行,解盖授桀。桀奉盖,虽风常属车;①雨下,盖辄御。上奇其材力,迁未央厩令。上尝体不安,及愈,见马,②马多瘦,上大怒:"令以我不复见马邪!"欲下吏,桀顿首曰:"臣闻圣体不安,日夜忧惧,意诚不在马。"③言未卒,泣数行下。上以为忠,由是亲近,为侍中,稍迁至太仆。武帝疾病,以霍光为大将军,太仆桀为左将军,皆受遗昭辅少主。以前捕斩反者莽通功,封桀为安阳侯。

①师古曰:"属,连也,音之欲反"。

②师古曰:"见,谓呈见之,音胡电反。"

③师古曰:"诚,实也。"

初,桀子安取霍光女,结婚相亲,光每休沐出,桀常代光入决事。昭帝始立,年八岁,帝长姊鄂邑盖长公主居禁中,共养帝。①盖主私近子客河间丁外人。②上与大将军闻之,不绝主欢,有诏外人侍长主。长主内周阳氏女,令配耦帝。时上官安有女,即霍光外孙,安因光欲内之。光以为尚幼,不听。安素与丁外人善,说外人曰:"闻长主内女,安子容貌端正,诚因长主时得入为后,③以臣父子在朝而有椒房之重,④成之在于足下,汉家故事,常以列侯尚主,足下何忧不封侯乎?"外人喜,言于长主。长主以为然,诏召安女入为婕妤,安为骑都尉。月余,遂立为皇后,年甫六岁。⑤

①师古曰:"共,音居用反。养,音弋亮反。"

②师古曰:"子客,子之宾客也。外人,其名也。"

③师古曰:"以时得入。"

④师古曰:"椒房,殿名,在未央宫,皇后所居。"

⑤师古曰:"甫,始也。"

安以后父封桑乐侯,食邑千五百户,迁车骑将军,日以骄淫。受赐殿中,出对宾客言:"与我婿饮,大乐!"见其服饰,使人归,欲自烧物。安醉则裸行内,与后母及父诸良人、侍御皆乱。①子病死,仰而骂天。数守大将军光,为丁外人求侯,②及桀欲妄官禄外人,③光执正,皆不听。又桀妻父所幸充国为太医监,阑入殿中,下狱当死。冬月且尽,盖主为充国入马二十匹赎罪,乃得减死论。于是桀、安父子深怨光而重德盖主。知燕王旦帝兄,不得立,亦怨望,桀、安即记光过失予燕王,令上书告之,又为丁外人求侯。燕王大喜,上书称:"子路丧姊,期而不除,孔子非之。子路曰:'由不幸寡兄弟,不忍除之。'④故曰'观过知仁'。⑤今臣与陛下独有长公主为姊,陛下幸使丁外人侍之,外人宜蒙爵号。"书奏,上以问光,光执不许。及告光罪过,上又疑之,愈亲光而疏桀、安。桀、安浸恚,⑥遂结党与谋杀光,诱征燕王至而诛之,因废帝而立桀。或曰:"当如皇后何?"安曰:"逐麋之狗,当顾菟邪!⑦且用皇后为尊,一旦人主意有所移,虽欲为家人亦不可得,⑧此百世之一时也。"事发觉,燕王、盖主皆自杀。语在《霍光传》。桀、安宗族既灭,皇后以年少不与谋,⑨亦光外孙,故得不废。皇后母前死,葬茂陵郭东,追尊曰敬夫人,置园邑二百家,长丞奉守如法。皇后自使私奴婢守桀、安冢。⑩

①师古曰:"良人,谓妾也。侍御,则兼婢矣。"

②师古曰:"守,求请之。"

③师古曰:"不由材德,故云妄。"

④师古曰:"事见《礼记》。由,子路之名。"

⑤师古曰:"《论语》云孔子曰:'人之过也,各于其党,观过斯知仁矣。'引此言者,谓子路厚于骨肉,虽违礼制,是其仁爱。"

⑥师古曰:"浸,渐也。"

⑦师古曰:"言所求者大,不顾小也。"

⑧师古曰:"家人,言凡庶匹夫。"

⑨师古曰:"与,读曰豫。"

⑩师古曰:"《庙记》云上官桀、安冢并在霍光冢东,东去夏侯胜冢二十步。"

光欲皇后擅宠有子,帝时体不安,左右及医皆阿意,言宜禁内,虽宫人使令皆为穷绔,多其带,①后宫莫有进者。

①服虔曰:"穷绔,有前后当,不得交通也。"师古曰:"使令,所使之人也。绔,古裤字也。穷绔即今之绲裆裤也。令,音力征反。绲,音下昆反。"

皇后立十岁而昭帝崩,后年十四五云。昌邑王贺征即位,尊皇后为皇太后。光与太后共废王贺,立孝宣帝。宣帝即位,为太皇太后。凡立四十七年,年五十二,建昭二年崩,合葬平陵。

卫太子史良娣,宣帝祖母也。太子有妃,有良娣,有孺子,妻妾凡三等,子皆称皇孙。史良娣家本鲁国,有母贞君,兄恭。以元鼎四年入为良娣,生男进,号史皇孙。①

　　①师古曰:"进者,皇孙之名。"

　　武帝末,巫蛊事起,卫太子及良娣、史皇孙皆遭害。史皇孙有一男,号皇曾孙,时生数月,犹坐太子系狱,积五岁乃遭赦。治狱使者邴吉怜皇曾孙无所归,载以付史恭。恭母贞君年老,见孙孤,甚哀之,自养视焉。

　　后曾孙收养于掖庭,遂登至尊位,是为宣帝。而贞君及恭已死,恭三子皆以旧恩封。长子高为乐陵侯,曾为将陵侯,玄为平台侯,及高子丹以功德封武阳侯,侯者凡四人。高至大司马车骑将军,丹左将军,自有传。

　　史皇孙王夫人,宣帝母也,名翁须。太始中得幸于史皇孙。皇孙妻妾无号位,皆称家人子。征和二年,生宣帝。帝生数月,卫太子、皇孙败,家人子皆坐诛,莫有收葬者,唯宣帝得全。即尊位后,追尊母王夫人谥曰悼后,祖母史良娣曰戾后,皆改葬,起园邑,长丞奉守。语在《戾太子传》。

　　地节三年,求得外祖母王媪,媪男无故,无故弟武,皆随使者诣阙。时乘黄牛车,故百姓谓之黄牛妪。

　　初,上即位,数遣使者求外家,久远,多似类而非是。既得王媪,令太中大夫任宣与丞相御史属杂考问乡里识知者,皆曰王妪。妪言名妄人,家本涿郡蠡吾平乡。①年十四嫁为同乡王更得妻。更得死,嫁为广望王乃始妇。②产子男无故、武,女翁须。翁须年八九岁时,寄居广望节侯子刘仲卿宅,仲卿谓乃始曰:"予我翁须,自养长之。"媪为翁须作缥单衣,③送仲卿家。仲卿教翁须歌舞,往来归取冬夏衣。居四五岁,翁须来言:"邯郸贾长儿求歌舞者,仲卿欲以我与之。"媪即与翁须逃走,之平乡。④仲卿载乃始共求媪,媪惶急,将翁须归,曰:"儿居君家,非受一钱也,⑤奈何欲予它人?"仲卿诈曰:"不也。"后数日,翁须乘长儿毕马过门,呼曰:"我果见行,⑥当之柳宿。"⑦媪与乃始之柳宿,见翁须相对涕泣,谓曰:"欲为汝自言。"⑧

翁须曰:"母置之,⑨何家不可以居?⑩自言无益也。"媪与乃始还求钱用,随逐至中山卢奴,见翁须与歌舞等比五人同处,⑪媪与翁须共宿。明日,乃始留视翁须,媪还求钱,欲随至邯郸。媪归,橐贾未具,乃始来归曰:"翁须已去,我无钱用随也。"因绝至今,不闻其问。贾长儿妻贞及从者师遂辞:⑫"往二十岁,太子舍人侯明从长安来求歌舞者,请翁须等五人。长儿使遂送至长安,皆入太子家。"及广望三老更始、刘仲卿妻其等四十五人辞,皆验。⑬宣奏王媪悼后母明白,上皆召见,赐无故、武爵关内侯,旬月间,尝赐以巨万计。顷之,制诏御史赐外祖母号为博平君,以博平、蠡吾两县户万一千为汤沐邑。封舅无故为平昌侯,武为乐昌侯,食邑各六千户。

①师古曰:"蠡,音礼。"

②师古曰:"广望,亦涿郡之县。"

③师古曰:"缣即今之绢也,音兼。"

④师古曰:"之,往也。"

⑤师古曰:"言不尝得其聘币。"

⑥师古曰:"呼,音火故反。"

⑦苏林曰:"聚邑名也,在中山卢奴东北三十里。"

⑧师古曰:"言自讼理,不肯行。"

⑨师古曰:"置之,犹言任听之,不须自言。"

⑩师古曰:"言所去处皆可安也。"

⑪师古曰:"比,音必寐反。"

⑫师古曰:"辞,对辞。"

⑬师古曰:"其者,仲卿妻之名。"

　　初,乃始以本始四年病死,后三岁,家乃富贵,追赐谥曰思成侯。诏涿郡治冢室,置园邑四百家,长丞奉守如法。岁余,博平君薨,谥曰思成夫人。诏徙思成侯合葬奉明顾成庙南,置园邑长丞,①罢涿郡思成园。王氏侯者二人,无故子接为大司马车骑将军,而武子商至丞相,自有传。

①师古曰:"本号广明,故《戾太子传》云皇孙及王夫人皆葬广明,其后以置园邑奉守,改曰奉明。"

　　孝宣许皇后,元帝母也。父广汉,昌邑人,少时为昌邑王郎。从武帝上甘泉,误取它郎鞍以被其马,发觉,吏劾从行而盗,当死,有诏募下蚕室。①后为宦者丞。上官桀谋反时,广汉部索,②其殿中庐有索长数尺可以缚人者数千枚,满一箧缄封,③广汉索不得,它吏往得之。④广汉坐论为鬼薪,输掖庭,后为暴室啬夫。时宣帝养于掖庭,号皇曾孙,与广汉同寺居。⑤时掖庭令张贺,本卫太子家吏,及太子败,贺坐下刑,以旧恩养视皇曾孙甚厚。及曾孙壮大,贺欲以女孙妻之。是时,昭帝始冠,长八尺二寸。贺弟安世为右将军,与霍将军同心辅政,闻贺称誉皇曾孙,欲妻以女,安世怒曰:“曾孙乃卫太子后也,幸得以庶人衣食县官,足矣,勿复言予女事。”于是贺止。时许广汉有女平君,年十四五,当为内者令欧侯氏子妇。⑥临当入,欧侯氏子死。其母将行卜相,⑦言当大贵,母独喜。贺闻许啬夫有女,乃置酒请之,⑧酒酣,为言:“曾孙体近,下人,乃关内侯,⑨可妻也。”广汉许诺。明日,妪闻之,怒。⑩广汉重令为介,⑪遂与曾孙,一岁生元帝。数月,曾孙立为帝,平君为婕妤。是时,霍将军有小女,与皇太后有亲。公卿议更立皇后,皆心仪霍将军女,⑫亦未有言。上乃诏求微时故剑,大臣知指,白立许婕妤为皇后。既立。霍光以后父广汉刑人不宜君国,岁余乃封为昌成君。

①孟康曰:“死罪囚欲就宫者听之。”

②师古曰:“部分搜索罪人也。索,音山客反。”

③师古曰:“殿中庐,桀所止宿庐舍在宫中者也。缄,束箧也,音工咸反。”

④师古曰:“须得此绳索者,用为桀之反具。”

⑤师古曰:“寺者,掖庭之官舍。”

⑥师古曰:“欧侯,姓也。欧,音乌沟反。”

⑦师古曰:“将领自随而行卜。”

⑧师古曰:“请,召也,召啬夫饮酒也。”

⑨师古曰:“言曾孙之身于帝为近亲,纵其人材下劣,尚作关内侯。书本或无人字。

⑩师古曰:“广汉之妻不欲与曾孙。”

⑪师古曰:“更令人作媒而结婚姻。重,音直用反。”

⑫服虔曰:"仪,音蚁。"晋灼曰:"仪,向也。"师古曰:"晋说是也,谓附向
之。"

霍光夫人显欲贵其小女,道无从。①明年,许皇后当娠,病。女
医淳于衍者,霍氏所爱,尝入宫侍皇后疾。衍夫赏为掖庭户卫,谓
衍:"可过辞霍夫人行,②为我求安池监。"衍如言报显。显因生心,
辟左右,③字谓衍:"少夫幸报我以事,④我亦欲报少夫,可乎?"⑤
衍曰:"夫人所言,何等不可者!"⑥显曰:"将军素爱小女成君,欲奇
贵之,愿以累少夫。"⑦衍曰:"何谓邪?"显曰:"妇人免乳大故,十死
一生。⑧今皇后当免身,可因投毒药去也,⑨成君即得为皇后矣。如
蒙力事成,富贵与少夫共之。"衍曰:"药杂治,当先尝,安可?"⑩显
曰:"在少夫为之耳。将军领天下,谁敢言者?缓急相护,但恐少夫
无意耳!"衍良久曰:"愿尽力。"即捣附子,赍入长定宫。皇后免身
后,衍取附子并合大医大丸以饮皇后。⑪有顷,曰:"我头岑岑也,药
中得无有毒?"⑫对曰:"无有。"遂加烦懑,崩。⑬衍出,过见显,相劳
问,⑭亦未敢重谢衍。⑮后人有上书告诸医侍疾无状者,皆收系诏
狱,劾不道。显恐急,即以状具语光,因曰:"既失计为之,无令更急
衍!"光惊鄂,默然不应。其后奏上,署衍勿论。⑯

①师古曰:"从,因也,由也。无由得内其女。"

②师古曰:"过辞夫人,乃行入宫也。"

③师古曰:"辟,音闢,谓屏去之。"

④如淳曰:"称衍字曰少夫,亲之也。"晋灼曰:"报我以事,谓谢求池监也。"

⑤晋灼曰:"报少夫谋弑许后事。"

⑥师古曰:"无事而不可。"

⑦师古曰:"累,托也,音力瑞反。"

⑧师古曰:"免乳为产子也。大故,大事也。乳,音人喻反。"

⑨师古曰:"去,谓除去皇后也,音丘吕反。"

⑩师古曰:"与众医共杂治之,又有先尝者,何可行毒?"

⑪晋灼曰:"大丸,今泽兰丸之属。"

⑫师古曰:"岑岑,痹冈之意。"

⑬师古曰:"懑,音满,又音冈。"

⑭师古曰："劳,音来到反。"

⑮师古曰："恐人知觉之。"

⑯李奇曰："光题其奏也。"师古曰："言之于帝,故解释耳,光不自署也。"

　　许后立三年而崩,谥曰恭哀皇后,葬杜南,是为杜陵南园。①后五年,立皇太子,乃封太子外祖父昌成君广汉为平恩侯,位特进。后四年,复封广汉两弟,舜为博望侯,延寿为乐成侯。许氏侯者凡三人。广汉薨,谥曰戴侯,无子,绝。葬南园旁,置邑三百家,长丞奉守如法。宣帝以延寿为大司马车骑将军,辅政。元帝即位,复封延寿中子嘉为平恩侯,奉戴侯后,亦为大司马车骑将军。

①师古曰："即今之所谓小陵者,去杜陵十八里。"

　　孝宣霍皇后,大司马大将军博陆侯光女也。母显,既使淳于衍阴杀许后,显因为成君衣补,①治入宫具,劝光内之,果立为皇后。

①师古曰："谓缝作嫁时衣被也。为,音于伪反"

　　初,许后起微贱,登至尊日浅,从官车服甚节俭,五日一朝皇太后于长乐宫,亲奉案上食,以妇道共养。及霍后立,亦修许后故事。而皇太后亲霍后之姊子,故常竦体,敬而礼之。皇后辇驾侍从甚盛,赏赐官属以千万计,与许后时县绝矣。上亦宠之,颛房燕。①立三岁而光薨。后一岁,上立许后男为太子,昌成君者为平恩侯。显怒恚不食,欧血,曰："此乃民间时子,安得立?即后有子,反为王邪!"复教皇后令毒太子。皇后数召太子赐食,保阿辄先尝之,后挟毒不得行。后杀许后事颇泄,显遂与诸婿昆弟谋反,发觉,皆诛灭。使有司赐皇后策曰："皇后荧惑失道,怀不德,挟毒与母博陆宣成侯夫人显谋欲危太子,无人母之恩,不宜奉宗庙衣服,不可以承天命。乌呼伤哉!其退避宫,上玺绶有司。"霍后立五年,废处昭台宫。②后十二岁,徙云林馆,乃自杀,葬昆吾亭东。③

①师古曰："颛,与专同。"

②师古曰："在上林中。"

③师古曰："昆吾,地名,在蓝田。"

　　初,霍光及兄骠骑将军去病皆自以功伐封侯居位,宣帝以光故,封去病孙山、山弟云皆为列侯,侯者前后四人。

孝宣王皇后。其先高祖时有功赐爵关内侯,自沛徙长陵,传爵
至后父奉光。奉光少时好斗鸡,宣帝在民间数与奉光会,相识。奉
光有女年十余岁,每当适人,所当适辄死,故久不行。及宣帝即位,
召入后宫,稍进为婕妤。是时,馆陶王母华婕妤①及淮阳宪王母张
婕妤、楚孝王母卫婕妤皆爱幸。

①师古曰:"华,音户花反。"

霍皇后废后,上怜许太子蚤失母,①几为霍氏所害,②于是乃
选后宫素谨慎而无子者,遂立王婕妤为皇后,令母养太子。自为后
后,希见无宠。封父奉光为邛成侯。立十六年,宣帝崩,元帝即位,
为皇太后。封太后兄舜为安平侯。后二年,奉光薨,谥曰共侯,葬长
门南,置园邑二百家,长丞奉守如法。元帝崩,成帝即位,为太皇太
后。复爵太皇太后弟骏为关内侯,食邑千户。王氏列侯二人,关内
侯一人。舜子章,章从弟咸,皆至左右将军。时成帝母亦姓王氏,故
世号太皇太后为邛成太后。

①师古曰:"许后所生,故曰许太子。"

②师古曰:"几,音巨依反。"

邛成太后凡立四十九年,年七十余,永始元年崩,合葬杜陵,称
东园。①奉光孙勋坐法免。元始中,成帝太后下诏曰:"孝宣王皇后,
朕之姑,深念奉质共修之义,恩结于心。②惟邛成共侯国废祀绝,朕
甚闵焉。其封共侯曾孙坚固为邛成侯。"至王莽乃绝。

①师古曰:"虽同茔兆而别为坟,王后陵次宣帝陵东,故曰东园也。"

②师古曰:"质,读曰贽。"

汉书卷九七下
列传第六七下

外戚下

　　孝元王皇后,成帝母也。家凡十侯,五大司马,①外戚莫盛焉。自有传。

　　①师古曰:"十侯者,阳平顷侯禁、禁子敬侯凤、安成侯崇、平阿侯谭、成都侯商、红阳侯立、曲阳侯根、高平侯逢时、安阳侯音、新都侯莽也。五大司马者,凤、音、商、根、莽也。一曰,凤嗣禁为侯,不当重数。而十人者,淳于长即其一也。"

　　孝成许皇后,大司马车骑将军平恩侯嘉女也。元帝悼伤母恭哀后居位日浅而遭霍氏之辜,故选嘉女以配皇太子。初入太子家,上令中常侍黄门亲近者侍送,还白太子欢说状,①元帝喜谓左右:"酌酒贺我!"左右皆称万岁。久之,有一男,失之。及成帝即位,立许妃为皇后,复生一女,失之。

　　①师古曰:"说,读曰悦。"

　　初,后父嘉自元帝时为大司马车骑将军辅政,已八九年矣。及成帝立,复以元舅阳平侯王凤为大司马大将军,与嘉并。杜钦以为故事,后父重于帝舅,乃说凤曰:"车骑将军至贵,将军宜尊之敬之,无失其意。盖轻细微眇之渐,必生乖忤之患,①不可不慎。卫将军之日盛于盖侯,②近世之事,语尚在于长老之耳,唯将军察焉。"久之,上欲专委任凤,乃策嘉曰:"将军家重身尊,不宜以吏职自系。③赐黄金二百斤,以特进侯就朝位。"后岁余薨,谥曰恭侯。

①师古曰："眇亦细也。忤,违也。"
②师古曰："卫将军,卫青也,武帝卫皇后之弟。盖侯,王信也,武帝之舅。"
③师古曰："絫,古累字也,音力瑞反。"

　　后聪慧,善史书,自为妃至即位,常宠于上,后宫希得进见。皇太后及帝诸舅忧上无继嗣,时又数有灾异,刘向、谷永等皆陈其咎在于后宫。上然其言。于是省减椒房掖廷用度。①皇后乃上疏曰:

①师古曰："椒房殿皇后所居。"

　　　妾誇布服粝食,①加以幼稚愚惑,不明义理,幸得免离茅屋之下,备后宫埽除。蒙过误之宠,居非命所当托,洿秽不修,旷职尸官,②数逆至法,逾越制度,当伏放流之诛,不足以塞责。乃壬寅日大长秋受诏:"椒房仪法,御服舆驾,所发诸官署,及所造作,遗赐外家群臣妾,③皆如竟宁以前故事。"妾伏自念,入椒房以来,遗赐外家未尝逾故事,每辄决上,④可覆问也。⑤今诚时世异制,长短相补,不出汉制而已,纤微之间,未必可同。若竟宁前与黄龙前,岂相放哉?⑥家吏不晓,⑦今壹受诏如此,且使妾摇手不得。今言无得发取诸官,殆谓未央宫不属妾,不宜独取也。⑧言妾家府亦不当得,妾窃惑焉。⑨幸得赐汤沐邑以自奉养,亦小发取其中,何害于谊而不可哉?又诏书言服御所造,皆如竟宁前,吏诚不能揆其意,即且令妾被服所为不得不如前。⑩设妾欲作某屏风张于某所,曰故事无有,或不能得,则必绳妾以诏书矣。⑪此二事诚不可行,唯陛下省察。

①孟康曰："誇,大也,大布之衣也。粝,粗米也。"师古曰："言在家时野贱也。誇,音夸。粝,音刺。"
②师古曰："洿,与污同。旷,空也。尸,主也,妄主其官。"
③师古曰："外家,谓后之家族,言在外也。"
④师古曰："每事皆奏决于天子,乃敢行也。上,音时掌反。"
⑤师古曰："覆,音芳目反。"
⑥晋灼曰："竟宁,元帝时也。黄龙,宣帝时也。言二帝奢俭不同,岂相放哉?"师古曰："放,依也,音甫往反。"
⑦师古曰："家吏,皇后之官属。"

⑧师古曰："未央宫天子之宫，故其财物皇后不得取也。今言者，谓诏书新有所限约之言。"

⑨师古曰："此言谓家吏之言。"

⑩师古曰："诏书本云奢俭之制，如竟宁耳，而吏乃谓衣服处置一一如之也。被，音皮义反。"

⑪师古曰："言或有所求，吏不肯备，因云诏书不许也。"

宦吏佷，必欲自胜。①幸妾尚贵时，犹以不急事操人，②况今日日益侵，又获此诏，其操约人，岂有所诉？陛下见妾在椒房，终不肯给妾纤微③内邪？若不私府小取，将安所仰乎？④旧故，中宫乃私夺左右之贱缯，及发乘舆服缯，言为待诏补，已而贸易其中。⑤左右多窃怨者，甚耻为之。又故事以特牛祠大父母，戴侯、敬侯皆得蒙恩以太牢祠，今当率如故事，唯陛下哀之！

①师古曰："宦吏，奄人为皇后吏也。佷，坚也。佷，之豉反。"

②师古曰："尚贵时，谓昔被宠遇之时也。操，持也，音千高反。次下亦同。"

③师古曰："言皇后自有汤沐故，更无它纤毫给赐。"

④师古曰："内邪，言内中所须者也。邪，语辞也。仰，音牛向反。"

⑤师古曰："托言此缯拟待别诏有所补浣，而私换易取其好者以自用。"

今吏甫受诏读记，①直豫言使后知之，非可复若私府有所取也。②其萌牙所以约制妾者，恐失人理。③今但损车驾，及毋若未央宫有所发，遗赐衣服如故事，则可矣。④其余诚太迫急，奈何？妾薄命，端遇竟宁前。⑤竟宁前于今世而比之，岂可耶？⑥故时酒肉有所赐外家，辄上表乃决。又故杜陵梁美人岁时遗酒一石，肉百斤耳。⑦妾甚少之，遗田八子诚不可若是。⑧事率众多，不可胜以文陈。⑨俟自见，索言之，⑩唯陛下深察焉！

①师古曰："甫，始也。"

②师古曰："若谓如未奉诏之前也。"

③师古曰："萌牙，言其初始发意，若草木之方生也。"

④师古曰："言今止当减损车马制度，及不得同未央宫辄有发取，妄遗赐

人，于事则可。而后之衣服，自当如旧也。"

⑤师古曰："端，正也。言不得以他时为比例，而正依竟宁前。"

⑥师古曰："言今时国家制度众事比竟宁前，不肯皆同也。"

⑦苏林曰："宣帝美人也。"

⑧师古曰："当多于梁美人也。"

⑨师古曰："率犹计也，类也。言以文书陈之，不可胜尽。"

⑩师古曰："俟，待也。自见，后自见于天子也。索，尽也。见，音胡电反。索，音先各反。"

上于是采刘向、谷永之言以报曰：

皇帝问皇后，所言事闻之。夫日者众阳之宗，天光之贵，王者之象，人君之位也。夫以阴而侵阳，亏其正体，是非下陵上，妻乘夫，贱逾贵之变与？①春秋二百四十二年，变异为众，莫若日蚀大。自汉兴，日蚀亦为吕、霍之属见。以今揆之，岂有此等之效与？②诸侯拘迫汉制，牧相执持之也，③又安获齐、赵七国之难？将相大臣裏诚秉忠，唯义是从，④又恶有上官、博陆、宣成之谋？⑤若乃徒步豪桀，非有陈胜、项梁之群也；匈奴、夷狄，非有冒顿、郅支之伦也。方外内乡，百蛮宾服，⑥殊俗慕义，八州怀德，虽使其怀挟邪意，犹不足忧，又况其无乎？求于夷狄无有，求于臣下无有，微后宫也当，何以塞之？⑦

①师古曰："与，读曰欤。"

②师古曰："与，读曰欤。"

③师古曰："牧，州牧也。相，诸侯王相也。"

④师古曰："裏，古怀字。"

⑤师古曰："恶，于何也。上官，上官桀、安也。博陆，博陆侯霍禹也。宣成，宣成侯夫人显也。恶，音乌。"

⑥师古曰："乡，读曰向。内向，皆向中国也。"

⑦师古曰："微，无也，犹言非也。塞，当也。"

日者，建始元年正月，①白气出于营室。营室者，天子之后宫也。正月于《尚书》为皇极。皇极者，王气之极也。白者，西方之气，其于春当废。今正于王极之月，兴废气于后宫，视后妾无能怀任保全者，②以著继嗣之微，贱人将起也。③至其九月，流星如瓜，出于文昌，贯紫宫，尾委曲如龙，临于钩陈，此又章显前尤，著在内也。④其后则有北宫井溢，南流逆理，数郡水出，流杀人民。后则讹言传相惊震，女童入殿，咸莫觉知。⑤夫河者水阴，四渎之长，今乃大决，没漂陵邑，⑥斯昭阴盛盈溢，违经绝纪之应也。乃昔之月，鼠巢于树，野鹊变色。五月庚子，鸟焚其巢太山之域。《易》曰："鸟焚其巢，旅人先咲后号咷。丧牛于易，凶。"⑦言王者处民上，如鸟之处巢也，不顾恤百姓，百姓畔而去之，若鸟之自焚也，虽先快意说笑，⑧其后必号而无及也。百姓丧其君，若牛亡其毛也，故称凶。泰山，王者易姓告代之处，今正于岱宗之山，甚可惧也。三月癸未，大风自西摇祖宗寝庙，扬裂帷席，折拔树木，顿僵车辇，毁坏槛屋，灾及宗庙，足为寒心！四月己亥，日蚀东井，转旋且索，与既无异。⑨己犹戊也，亥复水也，⑩明阴盛，咎在内。于戊己，亏君体，著绝世于皇极，显祸败及京都。于东井，变怪众备，末重益大，来数益甚。成形之祸月以迫切，不救之患日浸娄深，⑪咎败灼灼若此，岂可以忽哉！⑫

①师古曰："日者，犹言往日也。"

②师古曰："视，读曰示。"

③师古曰："著，明也。"

④师古曰："尤，过也。"

⑤师古曰："谓陈持弓也。"

⑥师古曰："大阜曰陵。"

⑦师古曰：咲，古笑字也。咷，音桃。解并在《谷永传》。"

⑧师古曰："说，读曰悦。"

⑨师古曰："转旋且索，言须臾之间则欲尽也。既亦尽耳，《春秋》书'日有食之，既'。故诏引以为言也。索，音先各反。"

⑩张晏曰："己戊皆中宫，为君。亥为水，阴气也。"

⑪师古曰："浸，甚也。娄，古屡字。"

⑫师古曰："灼灼，明白貌也。忽，怠忘也。"

《书》云："高宗肜日,粤有雊雉。①祖己曰:'惟先假王正厥事。'"又曰:"虽休勿休,惟敬五刑,以成三德。"②即饬椒房及掖庭耳。③今皇后有所疑,便不便,其条刺,使大长秋来白之。④吏拘于法,亦安足过?盖矫枉者过直,古今同之。⑤且财币之省,特牛之祠,其于皇后,所以扶助德美,为华宠也。咎根不除,灾变相袭,⑥祖宗且不血食,何戴侯也!传不云乎?"以约失之者鲜。"⑦审皇后欲从其奢与?⑧朕亦当法孝武皇帝也,如此则甘泉、建章可复兴矣。世俗岁殊,时变日化,遭事制宜,因时而移,旧之非者,何可放焉!⑨君子之道,乐因循而重改作。昔鲁人为长府,闵子骞曰:"仍旧贯如之何?何必改作!"⑩盖恶之也。《诗》云:"虽无老成人,尚有典刑,曾是莫听,大命以倾。"⑪孝文皇帝,朕之师也。皇太后,皇后成法也。假使太后在彼时不如职,今见亲厚,又恶可以逾乎!⑫皇后其刻心秉德,毋违先后之制度,力谊勉行,称顺妇道,⑬减省群事,谦约为右。⑭其孝东宫,毋阙朔望,⑮推诚永究,爱何不臧!⑯养名显行,以息众谗,⑰垂则列妾,使有法焉。⑱皇后深惟毋忽!

①师古曰:"肜,音弋中反。"

②师古曰:"解并在《谷永传》。"

③师古曰:"谓祖己所言,皆以戒后宫也。饬,与敕同。"

④师古曰:"条,谓分条之也。刺,谓书之于刺板也。刺,音千赐反。"

⑤师古曰:"矫,正也。枉,曲也。言意在正曲,遂过于直。"

⑥师古曰:"袭,重累也。"

⑦师古曰:"《论语》载孔子之言也。鲜,少也。谓能行俭约而有过失之事,如此者少也。鲜,音先践反。"

⑧师古曰:"与,读曰欤。"

⑨师古曰:"放,音甫往反。"

⑩师古曰:"事见《论语》。长府,藏货之府也。闵子骞,孔子弟子也,名损。仍,因也。贯,事也。言因旧事则可,何乃复更改作乎?"

⑪师古曰:"《大雅·荡之》诗也。老成人,旧故之臣也。典刑,常法也。言暗乱之时不用旧法,以至倾危。"

⑫师古曰：“言假令太后昔时不得其志，不依常理，而皇后今被亲厚，何可逾于太后制度乎？妇不可逾姑也。恶，音乌。”

⑬师古曰：“称，副也。”

⑭师古曰：“以谦约为先。”

⑮师古曰：“东宫，太后所居也。朔望，朝谒之礼也。”

⑯师古曰：“究，竟也。爰，于也。臧，善也。于何不善，言何事而不善也。”

⑰师古曰：“讙，哗，众议也，音许元反。”

⑱师古曰：“言垂法于后宫，使皆遵行也。”

是时，大将军凤用事，威权尤盛。其后，比三年日蚀，①言事者颇归咎于凤矣。而谷永等遂著之许氏，许氏自知为凤所不佑。②久之，皇后宠亦益衰，而后宫多新爱。后姊平安刚侯夫人谒等为媚道祝诅后宫有身者王美人及凤等，③事发觉，太后大怒，下吏考问，谒等诛死，许后坐废处昭台宫，④亲属皆归故郡山阳，后弟子平恩侯旦就国。凡立十四年而废，在昭台岁余，还徙长定宫。⑤

①师古曰：“比，频也。”

②师古曰：“佑，助也。”

③师古曰：“诅，古诅字。”

④师古曰：“在上林苑中。”

⑤师古曰：“《三辅黄图》林光宫有长定宫。”

后九年，上怜许氏，下诏曰：“盖闻仁不遗远，谊不忘亲。前平安刚侯夫人谒坐大逆罪，家属幸蒙赦令，归故郡。朕惟平恩戴侯，先帝外祖，魂神废弃，莫奉祭祀，念之未尝忘于心。其还平恩侯旦及亲属在山阳郡者。”是岁，废后败。先是，废后姊嫛寡居，与定陵侯淳于长私通，①因为之小妻。长绐之曰；②“我能白东宫，复立许后为左皇后。”废后因嫛私赂遗长，数通书记相报谢长。书有悖谩，③发觉，天子使廷尉孔光持节赐废后药，自杀，葬延陵交道厩西。

①师古曰：“嫛者，后姊之名也，音靡。”

②师古曰：“绐，诳也。”

③师古曰：“悖，惑乱也。谩，嫚污也。悖音布内反。谩，与嫚同。”

孝成班婕妤,帝初即位,选入后宫。始为少使,蛾而大幸,①为婕妤,居增成舍,②再就馆,③有男,数月失之。成帝游于后庭,尝欲与婕妤同辇载,婕妤辞曰:"观古图画,贤圣之君皆有名臣在侧,三代末主乃有嬖女,④今欲同辇,得无近似之乎?"⑤上善其言而止。太后闻之,喜曰:"古有樊姬,今有班婕妤。"⑥婕妤诵《诗》及《窈窕》、《德象》、《女师》之篇。⑦每进见上疏,依则古礼。⑧

①如淳曰:"蛾,无几之顷也。"师古曰:"蛾,与俄同,古字通用。"

②应劭曰:"后宫有八区,增成第三也。"

③苏林曰:"外舍产子也。"晋灼曰:"谓阳禄与柘观。"

④师古曰:"嬖,爱也,音必计反。"

⑤师古曰:"近,音巨靳反。"

⑥张晏曰:"楚王好田,樊姬为不食禽兽之肉。"

⑦师古曰:"《诗》谓《关雎》以下也。《窈窕》、《德象》、《女师》之篇,皆古箴戒之书也。故传云诵《诗》及《窈窕》以下诸篇,明《诗》外别有此篇耳。而说者便谓《窈窕》等即是《诗》篇,盖失之矣。"

⑧师古曰:"则,法也。"

自鸿嘉后,上稍隆于内宠。婕妤进侍者李平,平得幸,立为婕妤。上曰:"始卫皇后亦从微起。"乃赐平姓曰卫,所谓卫婕妤也。其后赵飞燕姊弟亦从自微贱兴,逾越礼制,浸盛于前。①班婕妤及许皇后皆失宠,稀复进见。鸿嘉三年,赵飞燕谮告许皇后、班婕妤挟媚道,祝诅后宫,詈及主上。许皇后坐废。考问班婕妤,婕妤对曰:"妾闻'死生有命,富贵在天。'②修正尚未蒙福,为邪欲以何望?使鬼神有知,不受不臣之诉;③如其无知,诉之何益?故不为也。"上善其对,怜悯之,赐黄金百斤。

①师古曰:"逾,与踰同。浸,渐也。"

②师古曰:"《论语》载子夏对司马牛之言也。"

③师古曰:"祝诅主上是不臣也。"

赵氏姊弟骄妒,婕妤恐久见危,求共养太后长信宫,①上许焉。婕妤退处东宫,作赋自伤悼,其辞曰:

①师古曰:"共,音居用反。养,音弋向反。"

承祖考之遗德兮,何性命之淑灵,①登薄躯于宫阙兮,充下陈于后庭。②蒙圣皇之渥惠兮,当日月之盛明,③扬光烈之翕赫兮,奉隆宠于增成。既过幸于非位兮,窃庶几乎嘉时,④每寤寐而累息兮,申佩离以自思,⑤陈女图以镜监兮,顾女史而问诗。悲晨妇之作戒兮,⑥哀褒、阎之为邮;⑦美皇、英之女虞兮,荣任、姒之母周。⑧虽愚陋其靡及兮,敢舍心而忘兹?⑨历年岁而悼惧兮,闵蕃华之不滋。⑩痛阳禄与柘馆兮,仍襒禄而离灾,⑪岂妾人之殃咎兮? 将天命之不可求。

①师古曰:"何,任也,负也。"

②师古曰:"陈,列也。"

③师古曰:"渥,厚也。"

④师古曰:"嘉,善也。"

⑤师古曰:"累息,言惧而喘息也。离,桂衣之带也。女子适人,父亲结其离而戒之,故云自思也。累,古累字。"

⑥张晏曰:"《书》云'牝鸡之晨,惟家之索',喻妇人无男事也。"

⑦师古曰:"《小雅》刺幽王之诗曰'赫赫宗周,褒姒灭之','阎妻煽方处',故云为邮。邮,过也。"

⑧师古曰:"皇,娥皇;英,女英。尧之二女也。女,妻也。虞,虞舜也。任,太任,文王之母也;姒,太姒,武王之母也。女虞,女音尼据反。"

⑨师古曰:"舍,息也。"

⑩师古曰:"滋,益也。言时逝不留,华色落也。蕃,音扶元反。"

⑪服虔曰:"二馆名也,生子此馆,皆失之也。"师古曰:"二观并在上林中。仍,频也。离,遭也。"

白日忽已移光兮,遂晻莫而昧幽,①犹被覆载之厚德兮,不废捐于罪邮。②奉共养于东宫兮,托长信之末流,③共洒埽于帷幄兮,永终死以为期。④愿归骨于山足兮,依松柏之余休。⑤

①师古曰:"晻与暗同,又音乌感反。莫,读曰暮。一曰,莫,静也,读如本字。"

②师古曰:"言主上之恩比于天地,虽有罪过,不废弃也。被,音皮义反。"

③师古曰:"末流,谓恩顾之末也。一曰,流,谓等列也。共,音居用反。养,音弋向反。"

④师古曰:"共,音居容反。洒,音灑,又所寄反。埽,音先到反。"

⑤师古曰:"山足,谓陵下也。休,荫也。"

重曰:①潜玄宫兮幽以清,应门闭兮禁闼扃。②华殿尘兮玉阶苔,中庭萋兮绿草生。③广室阴兮帷幄暗,房栊虚兮风泠泠。④感帷裳兮发红罗,纷綷縩兮纨素声。⑤神眇眇兮密靓处,君不御兮谁为荣?⑥俯视兮丹墀,思君兮履綦。⑦仰视兮云屋,双涕兮横流。⑧顾左右兮和颜,酌羽觞兮销忧。⑨惟人生兮一世,忽一过兮若浮。已独享兮高明,处生民兮极休。⑩勉虞精兮极乐,与福禄兮无期。⑪《绿衣》兮《白华》,自古兮有之。⑫

①师古曰:"重者,情志未申,更作赋也,音直用反。"

②师古曰:"正门谓之应门。扃,短关也,音工荧反。"

③师古曰:"苔,水气所生也。萋萋,青草貌也。苔,音台。萋,音妻。"

④师古曰:"栊,疏槛也,音来东反。泠,音零。"

⑤师古曰:"感,动也。言风动发帷裳罗绮也。綷縩,衣声也。綷,音千随反。縩,音蔡。"

⑥师古曰:"靓字与静同。"

⑦孟康曰:"丹墀,赤地也。"师古曰:"綦,履下饰也。言视殿上之地,则想君履綦之迹也。綦,音其。"

⑧师古曰:"云屋,言其黮霮,状若云也。黮,音徒感反。霮,音徒对反。"

⑨刘德曰:"酒行疾如羽也。"孟康曰:"羽觞,爵也,作生爵形,有头尾羽翼。"如淳曰:"以玳瑁覆翠羽于下彻上见。"师古曰:"孟说是也。"

⑩师古曰:"享,当也。休,美也。"

⑪师古曰:"此虞与娱同。"

⑫师古曰:"《绿衣》,《诗·邶风》刺妾上僭夫人失位。《白华》,《小雅》篇,周人刺幽王黜申后也。"

至成帝崩,婕妤充奉园陵,薨,因葬园中。

孝成赵皇后,本长安宫人。①初生时,父母不举,三日不死,乃收养之。及壮,属阳阿主家,②学歌舞,号曰飞燕。③成帝尝微行出,

过阳阿主,作乐。上见飞燕而说之,④召入宫,大幸。有女弟复召入,
俱为婕妤,贵倾后宫。

> ①师古曰:"本宫人以赐阳阿主家也。宫人者,省中侍使官婢,名曰宫人,
> 　非天子掖庭中也。事见《汉旧仪》。言长安者,以别甘泉等诸宫省也。"
>
> ②师古曰:"阳阿,平原之县也。今俗书阿字作河。又或为河阳,皆后人所
> 　妄改耳。"
>
> ③师古曰:"以其体轻故也。"
>
> ④师古曰:"说,读曰悦。"

许后之废也,上欲立赵婕妤。皇太后嫌其所出微甚,难之。太
后姊子淳于长为侍中,数往来传语,得太后指,上立封赵婕妤父临
为成阳侯。后月余,乃立婕妤为皇后。追以长前白罢昌陵功,封为
定陵侯。

皇后既立,后宠少衰,而弟绝幸,为昭仪。居昭阳舍。其中庭彤
朱,而殿上髤漆,①切皆铜沓黄金涂,②白玉阶,③壁带往往为黄金
釭,函蓝田璧,明珠、翠羽饰之,④自后宫未尝有焉。姊弟颛宠十余
年,卒者无子。⑤

> ①师古曰:"以漆漆物谓之髤,音许求反,又许昭反。今关东俗,器物一再
> 　著漆者谓之捎漆。捎即髤声之转重耳。髤字或作髹,音义亦与髤同。今
> 　关西俗云黑髤盘、朱髤盘,其音如此,两义并通。"
>
> ②师古曰:"切,门限也,音千结反。沓,冒其头也。涂,以金涂铜上也。沓,
> 　音它合反。"
>
> ③师古曰:"阶,所由升殿陛也。"
>
> ④服虔曰:"釭,壁中之横带也。"晋灼曰:"以金环饰之也。"师古曰:"壁
> 　带,壁之横木露出如带者也。于壁之中,往往以金为釭,若车釭之形
> 　也。其釭中著玉璧、明珠、翠羽耳。蓝田,山名,出美玉。釭,音工。流俗
> 　读之音江,非也。"
>
> ⑤师古曰:"颛,与专同。卒,终也。"

末年,定陶王来朝,王祖母傅太后私赂遗赵皇后、昭仪,定陶王
竟为太子。

明年春,成帝崩。帝素强,无疾病。是时,楚思王衍、梁王立来

朝,明旦当辞去,上宿供张白虎殿。①又欲拜左将军孔光为丞相,已
刻侯印书赞。②昏夜平善,乡晨,傅绔袜,③欲起,因失衣,不能言,
昼漏上十刻而崩。民间归罪赵昭仪,皇太后诏大司马莽、丞相大司
空曰:"皇帝暴崩,群众讙哗怪之。掖庭令辅等在后庭左右,侍燕迫
近,杂与御史、丞相、廷尉治问皇帝起居发病状。"赵昭仪自杀。

①师古曰:"白虎殿在未央宫中。供,音居用反。张,音竹亮反。"

②师古曰:"赞,谓廷拜之文。"

③应劭曰:"傅,著也。"师古曰:"乡,读曰向。傅,读曰附。绔,古裤字也。
　袜,音武伐反。"

　哀帝既立,尊赵皇后为皇太后,封太后弟侍中驸马都尉钦为新
成侯。赵氏侯者凡二人。后数月,司隶解光奏言:

　　臣闻许美人及故中宫史曹宫皆御幸孝成皇帝,产子,子隐
不见。

　　臣遣从事掾业、史望①验问知状者掖庭狱丞籍武,故中黄
门王舜、吴恭、靳严,官婢曹晓、道房、张弃,故赵昭仪御者于客
子、王偏、臧兼等,皆曰宫即晓子女,前属中宫,为学事史,通
《诗》,授皇后。房与宫对食,②元延元年中宫语房曰:"陛下幸
宫。"后数月,晓入殿中,见宫腹大,问宫。宫曰:"御幸有身。"其
十月中,宫乳掖庭牛官令舍,③有婢六人。中黄门田客持诏记,
盛绿绨方底,④封御史中丞印,予武曰:"取牛官令舍妇人新产
儿,婢六人,尽置暴室狱,母问儿男女,谁儿也!"武迎置狱。宫
曰:"善臧我儿胞,⑤丞知是何等儿也!"⑥后三日,客持诏记与
武,问:"儿死未? 手书对牍背。"⑦武即书对:"儿见在,未死。"
有顷,客出曰:"上与昭仪大怒,奈何不杀?"武叩头啼曰:"不杀
儿,自知当死;杀之,亦死!"即因客奏封事,曰:"陛下未有继
嗣,子无贵贱,唯留意!"奏入,客复持诏记予武曰:"今夜漏上
五刻,持儿与舜,会东交掖门。"武因问客:"陛下得武书,意何
如?"曰:"恼也。"⑧武以儿付舜,舜受诏,内儿殿中,为择乳母,
告"善养儿,且有赏。毋令漏泄!"舜择弃为乳母,时儿生八九

日。后三日,客复持诏记,封如前予武,中有封小绿箧,记曰:"告武以箧中物书予狱中妇人,武自临饮之。"⑨武发箧中有裹药二枚,赫蹄书,⑩曰:"告伟能:努力饮此药,不可复入。女自知之!"⑪伟能即宫。宫读书已,曰:"果也,欲姊弟擅天下,我儿男也,额上有壮发,类孝元皇帝。⑫今儿安在?危杀之矣!⑬奈何令长信得闻之?"⑭宫饮药死。后宫婢六人召入,出语武曰:"昭仪言'女无过。⑮宁自杀邪!若外家也?'⑯我曹言愿自杀。"⑰即自缪死。⑱武皆表奏状。弃所养儿十一日,⑲宫长李南以诏书取儿去,⑳不知所置。㉑

①师古曰:"业者掾之名,望者史之名也,皆不言其姓。"

②应劭曰:"宫人自相与为夫妇名对食,甚相妒忌也。"

③师古曰:"乳,产也,音而具反。下皆类此。"

④师古曰:"绨,厚缯也。绿,其色也。方底,盛书囊,形若今之算幐耳。绨,音大奚反。"

⑤师古曰:"胞,谓胎之衣也,音苞。"

⑥师古曰:"意言是天子儿耳。"

⑦师古曰:"牍,木简也。时以为诏记问之,故令于背上书对辞。"

⑧服虔曰:"憕,直视貌也。"师古曰:"憕,音丑庚反。字本作瞪,其音同耳。"

⑨师古曰:"饮,音于禁反。"

⑩孟康曰:"蹄犹地也,染纸素令赤而书之,若今黄纸也。"邓展曰:"赫,音兄弟阋墙之阋。"应劭曰:"赫蹄,薄小纸也。"晋灼曰:"今谓薄小物为阋蹄,邓音应说是也。"师古曰:"孟说非也。今书本赫字或作击。"

⑪师古曰:"女,读曰汝。"

⑫师古曰:"壮发,当额前侵下而生,今俗呼为圭头者是也。"

⑬师古曰:"危,险也,犹今人言险不杀耳。"

⑭师古曰:"谓太后。"

⑮师古曰:"言我知汝无罪过也。女,读曰汝。"

⑯晋灼曰:"宁便自杀,出至外舍死也。"

⑰师古曰:"曹,辈也。"

⑱晋灼曰:"缪,音缪缚之缪。"郑氏曰:"自缢也。"师古曰:"缪,绞也,居虬反。"

⑲师古曰："弃，谓张弃也。"

⑳晋灼曰："《汉仪注》有女长御，比侍中，宫长岂此邪？"

㉑师古曰："终竟不知置何所也。"

　　许美人前在上林涿沐馆，数召入饰室中若舍，①一岁再三召，留数月或半岁御幸。元延二年褱子，②其十一月乳。③诏使严持乳医及五种和药丸三，送美人所。后客子、偏、兼闻昭仪谓成帝曰："常给我言从中宫来，④即从中宫来，许美人儿何从生中？许氏竟当复立邪！"⑤恕，以手自捣，⑥以头击壁户柱，从床上自投地，啼泣不肯食，曰："今当安置我，欲归耳！"帝曰："今故告之，反怒为！⑦殊不可晓也。"⑧帝亦不食。昭仪曰："陛下自知是，不食为何？⑨陛下……自言'约不负女'，⑩今美人有子，竟负约，谓何？"帝曰："约以赵氏，故不立许氏。使天下无出赵氏上者，毋忧也！"后诏使严持绿囊书予许美人，告严曰："美人当有以予女，受来，置饰室中帘南。"⑪美人以苇箧一合盛所生儿，缄封，及绿囊报书予严。严持箧书，置饰室帘南去。帝与昭仪坐，使客子解箧缄。未已，⑫帝使客子、偏、兼皆出，自闭户，独与昭仪在。须臾开户，呼客子、偏、兼，使缄封箧及绿绨方底，推置屏风东。恭受诏，持箧方底予武，皆封以御史中丞印，曰："告武：箧中有死儿，埋屏处，勿令人知。"武穿狱楼垣下为坎，埋其中。

①师古曰："或暂入，或留止也。"

②师古曰："褱本怀字。"

③师古曰："乳，谓产子也，音而树反。其下亦同。"

④师古曰："给，诳也。中宫，皇后所居。"

⑤晋灼曰："昭仪前要帝不得立许美人为皇后，而今有子中，许氏竟当复立为皇后邪！此前约之言也。"师古曰："此说非也。言美人在内中，何从得儿而生也，故言何从生中。次此下，乃始言约耳。"

⑥师古曰："恕，怨怒也。捣，筑也。恕，音直类反。"

⑦师古曰："故以许美人产子告汝，何为反怒？"

⑧师古曰："言其不可告语也。"

⑨师古曰:"何为不食也。"

⑩师古曰:"女,读曰汝。次下亦同。"

⑪师古曰:"帘,户帘也,音廉。"

⑫师古曰:"緘,束箧之绳也,音居咸反。"

　　故长定许贵人及故成都、平阿侯家婢王业、任娳、公孙习前免为庶人,①诏召入属昭仪为私婢。成帝崩,未幸梓宫,②仓卒悲哀之时,昭仪自知罪恶大,知业等故许氏、王氏婢,恐事泄,而以大婢羊子等赐予业等各且十人,以慰其意,属无道我家过失。③

①师古曰:"娳,音丽。"

②师古曰:"言未大敛也。"

③师古曰:"属,音之欲反。"

　　元延二年五月,故掖庭令吾丘遵谓武曰:①"掖庭丞吏以下皆与昭仪合通,无可与语者,独欲与武有所言。我无子,武有子,是家轻族人,得无不敢乎?②掖庭中御幸生子者辄死,久饮药伤堕者无数,欲与武共言之大臣,票骑将军贪耆钱,不足计事③,奈何令长信得闻之?"遵后病困,谓武:"今我已死,前所语事,武不能独为也,慎语!"④

①师古曰:"姓吾丘,名遵。"

②苏林曰:"是家,谓成帝也。不敢斥,故言是家。"师古曰:"遵自以无子,故无所顾惧,武既有子,恐祸相及,当止不敢言也。"

③师古曰:"耆,读曰嗜。"

④师古曰:"言汝脱不能独为,勿漏泄其语。"

　　皆在今年四月丙辰赦令前。臣谨案:永光三年,男子忠等发长陵傅夫人冢。事更大赦,①孝元皇帝下诏曰:"比朕不当所得赦也。"穷治,尽伏辜,天下以为当。鲁严公夫人杀世子,齐桓召而诛焉,《春秋》予之。②赵昭仪倾乱圣朝,亲灭继嗣,家属当伏天诛。前安平刚侯夫人谒坐大逆,同产当坐,以蒙赦令,归故郡。今昭仪所犯尤悖逆,罪重于谒,而同产亲属皆在尊贵之位,迫近帷幄,③群下寒心,非所以惩恶崇谊示四方也。请事穷竟,丞相以下议正法。

①师古曰:"更,音工衡反。"

②师古曰:"严公夫人谓哀姜也。予,谓许予之也。解具在《五行志》。"

③师古曰:"近,音巨靳反。"

哀帝于是免新成侯赵钦、钦兄子成阳侯䜣,皆为庶人,将家属徙辽西郡。时议郎耿育上疏言:

> 臣闻继嗣失统,废適立庶,①圣人法禁,古今至戒。然大伯见历知適,逡循固让,②委身吴粤,权变所设,不计常法,致位王季,以崇圣嗣,卒有天下。③子孙承业,七八百载,功冠三王,道德最备,是以尊号追及大王。故世必有非常之变,然后乃有非常之谋。孝成皇帝自知继嗣不以时立,念虽末有皇子,万岁之后未能持国,④权柄之重,制于女主,女主骄盛则耆欲无极,⑤少主幼弱则大臣不使,⑥世无周公抱负之辅,恐危社稷,倾乱天下。知陛下有贤圣通明之德,仁孝子爱之恩,怀独见之明,内断于身,故废后宫就馆之渐,绝微嗣祸乱之根,⑦乃欲致位陛下以安宗庙。愚臣既不能深援安危,定金匮之计,⑧又不知推演圣德,述先帝之志,⑨乃反覆校省内,暴露私燕,⑩诬污先帝倾惑之过,成结宠妾妒媚之诛,甚失贤圣远见之明,逆负先帝忧国之意。

①师古曰:"適,读曰嫡。次下亦同。"

②师古曰:"历,谓王季,即文王之父也。知適,谓知其当为適嗣。"

③师古曰:"卒,终也。"

④师古曰:"末,晚暮也。万岁,言晏驾也。"

⑤师古曰:"耆,读曰嗜。"

⑥师古曰:"不使,可使从命也。"

⑦师古曰:"微嗣者,谓幼主也。"

⑧师古曰:"愚臣,谓解光等也。援,引也。金匮,言长久之法可藏于金匮石室者也。援,音爰。"

⑨师古曰:"演,广也,音弋善反。"

⑩师古曰:"私燕,谓成帝闲宴之私也。覆,音芳目反。"

夫论大德不拘俗,立大功不合众,此乃孝成皇帝至思所以万万于众臣,陛下圣德盛茂所以符合于皇天也,岂当世庸庸斗筲之臣所能及哉!且褒广将顺君父之美,匡捄销灭既往之过,①古今通义也。事不当时固争,防祸于未然,各随指阿从,以求容媚,晏驾之后,尊号已定,万事已讫,乃探追不及之事,讦扬幽昧之过,②此臣所深痛也!

①师古曰:"捄,古救字。"

②师古曰:"讦,音居谒反。"

愿下有司议,即如臣言,宜宣布天下,使咸晓知先帝圣意所起。不然,空使谤议上及山陵,下流后世,远闻百蛮,近布海内,甚非先帝托后之意也。盖孝子善述父之志,善成人之事,唯陛下省察!

哀帝为太子,亦颇得赵太后力,遂不竟其事。傅太后恩赵太后,赵太后亦归心,①故成帝母及王氏皆怨之。

①师古曰:"恩,谓以厚恩接遇之。一曰,恩,谓衔其立哀帝为嗣之恩也。"

哀帝崩,王莽白太后诏有司曰:"前皇太后与昭仪俱侍帷幄,姊弟专宠锢寝,执贼乱之谋,残灭继嗣以危宗庙,悖天犯祖,①无为天下母之义。贬皇太后为孝成皇后,②徙居北宫。"后月余,复下诏曰:"皇后自知罪恶深大,朝请希阔,③失妇道,无共养之礼,而有狼虎之责,④宗室所怨,海内之仇也,而尚在小君之位,诚非皇天之心。夫小不忍乱大谋,恩之所不能已者义之所割也,⑤今废皇后为庶人,就其园。"是日自杀。凡立十六年而诛。

①师古曰:"悖,违也。祖,先帝也。"

②晋灼曰:"使哀帝不母,罪之也。"

③师古曰:"请,谒也。阔犹阙也。"

④师古曰:"共,读曰供,音居用反。养,弋向反。其下并同。"

⑤师古曰:"言以义割恩也。"

先是,有童谣曰:"燕燕尾涏涏,①张公子,时相见。木门仓琅根,燕飞来,啄皇孙。皇孙死,燕啄矢。"成帝每微行出,常与张放俱,而称富平侯家,故曰张公子。仓琅根,宫门铜锾也。②

①师古曰:"涐涐,光泽之貌也,音徒见反。"

②师古曰:"锾,读与环同。"

　　孝元傅昭仪,哀帝祖母也。父河内温人,蚤卒,母更嫁为魏郡郑翁妻,生男恽。昭仪少为上官太后才人,自元帝为太子,得进幸。元帝即位,立为婕妤,甚有宠。为人有材略,善事人,下至宫人左右,饮酒酹地,皆祝延之。①产一男一女,女为平都公主,男为定陶恭王。恭王有材艺,尤爱于上。元帝既重傅婕妤,及冯婕妤亦幸,生中山孝王,上欲殊之于后宫,以二人皆有子为王,上尚在,未得称太后,乃更号曰昭仪,赐以印绶,在婕妤上。昭其仪,尊之也。至成、哀时,赵昭仪、董昭仪皆无子,犹称焉。

①师古曰:"酹,以酒沃地也。祝延,祝之使长年也。酹,音来外反。祝,音之受反。"

　　元帝崩,傅昭仪随王归国,称定陶太后。后十年,恭王薨,子代为王。王母曰丁姬。傅太后躬自养视,既壮大,成帝无继嗣。时中山孝王在。元延四年,孝王及定陶王皆入朝。傅太后多以珍宝赂遗赵昭仪及帝舅票骑将军王根,阴为王求汉嗣。皆见上无子,欲豫自结为久长计,更称誉定陶王。①上亦自器之,明年,遂征定陶王立为太子。语在《哀纪》。月余,天子立楚孝王孙景为定陶王,奉恭王后。太子议欲谢,少傅阎崇以为:"《春秋》不以父命废王父命,②为人后之礼不得顾私亲,不当谢。"太傅赵玄以为当谢,太子从之。诏问所以谢状,尚书劾奏玄,左迁少府,以光禄勋师丹为太傅。诏傅太后与太子母丁姬自居定陶国邸,下有司议皇太子得与傅太后、丁姬相见不,有司奏议不得相见。顷之,成帝母王太后欲令傅太后、丁姬十日一至太子家,成帝曰:"太子丞正统,当共养陛下,不得复顾私亲。"王太后曰:"太子小,而傅太后抱养之,今至太子家,以乳母恩耳,不足有所妨。"于是令傅太后得至太子家。丁姬以不安养太子,独不得。

①师古曰:"更,音工衡反。"

②师古曰:"王父,谓祖也。"

　　成帝崩,哀帝即位。王太后诏令傅太后、丁姬十日一至未央宫。高昌侯董宏希指,①上书言宜立丁姬为帝太后。师丹劾奏:"宏怀邪误朝,不道。"上初即位,谦让,从师丹言止。后乃白令王太后下诏,尊定陶恭王为恭皇。哀帝因是曰:"《春秋》'母以子贵',尊傅太后为恭皇太后,丁姬为恭皇后,各置左右詹事,食邑如长信宫、中宫。追尊恭皇太后父为崇祖侯,恭皇后父为褒德侯。"后岁余,遂下诏曰:"汉家之制,推亲亲以显尊尊,定陶恭皇之号不宜复称定陶。其尊恭皇太后为帝太太后,丁后为帝太后。"后又更号帝太太后为皇太太后,称永信宫,帝太后称中安宫,而成帝母太皇太后本称长信宫,成帝赵后为皇太后,并四太后,各置少府、太仆,秩皆中二千石。为恭皇立寝庙于京师,比宣帝父悼皇考制度,序昭穆于前殿。②傅太后父同产弟四人,曰子孟、中叔、子元、幼君。③子孟子喜至大司马,封高武侯。中叔子晏亦大司马,封孔乡侯。幼君子商封汝昌侯,为太后父崇祖侯后,更号崇祖曰汝昌哀侯。太后同母弟郑恽前死,以恽子业为阳信侯,追尊恽为阳信节侯。郑氏、傅氏侯者凡六人,大司马二人,九卿二千石六人,侍中诸曹十余人。

①师古曰:"希望天子意指也。"

②如淳曰:"庙之前曰殿,半以后曰寝。"

③师古曰:"中,读曰仲。"

　　傅太后既尊,后尤骄,与成帝母语,至谓之妪。与中山孝王母冯太后并事元帝,追怨之,陷以祝诅罪,令自杀。元寿元年崩,合葬渭陵,称孝元傅皇后云。

　　定陶丁姬,哀帝母也,《易》祖师丁将军之玄孙。①家在山阳瑕丘,父至庐江太守。始定陶恭王先为山阳王,而丁氏内其女为姬。王后姓张氏,其母郑礼,即傅太后同母弟也。太后以亲戚故,欲其有子,然终无有。唯丁姬河平四年生哀帝,丁姬为帝太后,两兄忠、明。

明以帝舅封阳安侯。忠蚤死,封忠子满为平周侯。太后叔父宪、望。望为左将军,宪为太仆。明为大司马票骑将军辅政。丁氏侯者凡二人,大司马一人,将军、九卿、二千石六人,侍中诸曹亦十余人。丁、傅以一二年间暴兴尤盛。然哀帝不甚假以权势,权势不如王氏在成帝世也。

①师古曰:"祖,始也。《儒林传》丁宽《易》家之始师。"

建平二年,丁太后崩。上曰:"《诗》云'谷则异室,死则同穴'。①昔季武子成寝,杜氏之墓在西阶下,请合葬而许之。②附葬之礼,自周兴焉。孝子事亡如事存,帝太后宜起陵恭皇之园。"遣大司马票骑将军明东送葬于定陶,贵震山东。

①师古曰:"《王国·大车》之诗也。谷,生也。"

②师古曰:"事见《礼记》。"

哀帝崩,王莽秉政,使有司举奏丁、傅罪恶。莽以太皇太后诏皆免官爵,丁氏徙归故郡。莽奏贬傅太后号为定陶共王母,丁太后号曰丁姬。

元始五年,莽复言:"共王母、丁姬前不臣妾,①至葬渭陵,冢高与元帝山齐,怀帝太后、皇太太后玺绶以葬,②不应礼。礼有改葬,请发共王母及丁姬冢,取其玺绶消灭,徙共王母及丁姬归定陶,葬共王冢次,而葬丁姬复其故。"③太后以为既已之事,不须复发。莽固争之,太后诏曰:"因故棺为致椁作冢,④祠以太牢。"谒者护既发傅太后冢,崩压杀数百人;开丁姬椁户,火出炎四五丈,⑤吏卒以水沃灭乃得入,烧燔椁中器物。

①师古曰:"不遵臣妾之道。"

②师古曰:"怀,谓挟之以自随也。"

③师古曰:"复,音扶目反。"

④师古曰:"致,谓累也。"

⑤师古曰:"炎,音弋瞻反。"

莽复奏言:"前共王母生,僭居桂宫,皇天震怒,灾其正殿;丁姬死,葬逾制度,今火焚其椁。此天见变以告,当改如媵妾也。臣前奏请葬丁姬复故,非是。①共王母及丁姬棺皆名梓宫,珠玉之衣非藩

妾服,请更以木棺代,去珠玉衣,葬丁姬滕妾之次。"奏可。既开傅太
后棺,臭闻数里。公卿在位皆阿莽指,入钱帛,遣子弟及诸生四夷,
凡十余万人,操持作具,助将作掘平共王母、丁姬故冢,二旬间皆
平。莽又周棘其处以为世戒云。②时有群燕数千,衔土投丁姬穿
中。③丁傅既败,孔乡侯晏将家属徙合浦,宗族皆归故郡。唯高武侯
喜得全,自有传。

　　①师古曰:"言尚太优僭也。"
　　②师古曰:"以棘周绕也。"
　　③师古曰:"穿,谓圹中也。"

　　孝哀傅皇后,定陶太后从弟子也。哀帝为定陶王时,傅太后欲
重亲,取以配王。王入为汉太子,傅氏女为妃。哀帝即位,成帝大行
尚在前殿,而傅太后封傅妃父晏为孔乡侯,与帝舅阳安侯丁明同日
俱封。时师丹谏,以为:"天下自王者所有,亲戚何患不富贵?而仓
卒若是,其不久长矣!"晏封后月余,傅妃立为皇后。傅氏既盛,晏最
尊重。哀帝崩,王莽白太皇太后下诏曰:"定陶共王太后与孔乡侯晏
同心合谋,背恩忘本,专恣不轨,与至尊同称号,终没,至乃配食于
左坐,①悖逆无道。今令孝哀皇后退就桂宫。"后月余,复与孝成赵
皇后俱废为庶人,就其园自杀。

　　①应劭曰:"若礼以其妃配者也。坐于左而并食。"师古曰:"坐,音材卧
　　反。"

　　孝元冯昭仪,平帝祖母也。元帝即位二年,以选入后宫。时父
奉世为执金吾。昭仪始为长使,数月至美人。后五年就馆生男,拜
为婕妤。时父奉世为右将军光禄勋,奉世长男野王为左冯翊,父子
并居朝廷,议者以为器能当其位,非用女宠故也。而冯婕妤内宠与
傅昭仪等。

　　建昭中,上幸虎圈斗兽,后宫皆坐。熊佚出圈,①攀槛欲上殿。
左右贵人傅昭仪等皆惊走,冯婕妤直前当熊而立,左右格杀熊。上

问:"人情惊惧,何故前当熊?"婕妤对曰:"猛兽得人而止,妾恐熊至御坐,故以身当之。"元帝嗟叹,以此倍敬重焉。傅昭仪等皆惭。明年夏,冯婕妤男立为信都王,尊婕妤为昭仪。元帝崩,为信都太后,与王俱居储元宫。② 河平中,随王之国。后徙中山,是为孝王。

    ①师古曰:"佚字与逸同。"

    ②师古曰:"《黄图》在上林苑中。"

    后征定陶王为太子,封中山王舅参为宜乡侯。参,冯太后少弟也。是岁,孝王薨,有一男,嗣为王,时未满岁,有眚病,① 太后自养视,数祷祠解。②

    ①孟康曰:"灾眚之眚,谓妖病也。"服虔曰:"身尽青也。"苏林曰:"名为肝厥,发时唇口手足十指甲皆青。"师古曰:"下去祷祠解舍,孟说是也。未满岁者,谓为王未满岁也。眚,音所领反,字不作青。服、苏误矣。"

    ②师古曰:"解,音懈。"

    哀帝即位,遣中郎谒者张由将医治中山小王。由素有狂易病,① 病发怒去,西归长安。尚书簿责擅去状,② 由恐,因诬言中山太后祝诅上及太后。太后即傅昭仪也,素常怨冯太后,因是遣御史丁玄案验,尽收御者官吏及冯氏昆弟在国者百余人,分系雒阳、魏郡、巨鹿。数十日无所得,更使中谒者令史立③ 与丞相长史、大鸿胪丞杂治。立受傅太后指,几得封侯,④ 治冯太后女弟习及寡弟妇君之,死者数十人。巫刘吾服祝诅。医徐遂成言习、君之曰"武帝时医修氏刺治武帝得二千万耳,⑤ 今愈上,不得封侯,不如杀上,令中山王代,可得封。"立等劾奏祝诅谋反,大逆。责问冯太后,无服辞。立曰:"熊之上殿何其勇,今何怯也!"太后还谓左右:"此乃中语,前世事,⑥ 吏何用知之? 欲陷我效也!"⑦ 乃饮乃药自杀。

    ①师古曰:"狂易者,狂而变易常性也。"

    ②师古曰:"簿责,以文簿一一责问也。"

    ③师古曰:"官为中谒者令,姓史,名立。"

    ④师古曰:"几,读曰冀。"

    ⑤师古曰:"刺治,谓箴之。"

    ⑥师古曰:"中语,谓宫中之言语也。"

⑦师古曰："效,征验也。"

先未死,有司请诛之,上不忍致法,废为庶人,徙云阳宫。既死,有司复奏:"太后死在未废前。"有诏以诸侯王太后仪葬之。宜乡侯参、君之、习夫及子当相坐者,或自杀,或伏法。参女弁为孝王后,有两女,有司奏免为庶人,与冯氏宗族徙归故郡。张由以先告赐爵关内侯,史立迁中太仆。

哀帝崩,大司徒孔光奏"由前诬告骨肉,立陷人入大辟,为国家结怨于天下,以取秩迁,获爵邑,幸蒙赦令,请免为庶人,徙合浦"云。

中山卫姬,平帝母也。父子豪,中山卢奴人,官至卫尉。子豪女弟为宣帝婕妤,生楚孝王;长女又为元帝婕妤,生平阳公主。成帝时,中山孝王无子,上以卫氏吉祥,以子豪少女配孝王。元延四年,生平帝。

平帝年二岁,孝王薨,代为王。哀帝崩,无嗣,太皇太后与新都侯莽迎中山王立为帝。莽欲颛国权,惩丁、傅行事,①以帝为成帝后,母卫姬及外家不当得至京师。乃更立宗室桃乡侯子成都为中山王,奉孝王后,遣少傅左将军甄丰赐卫姬玺绶,即拜为中山孝王后,以苦陉县为汤沐邑。又赐帝舅卫宝、宝弟玄爵关内侯。赐帝三妹,谒臣号修义君,哉皮为承礼君,鬲子为尊德君,②食邑各二千户。

①师古曰："惩,创艾也。"

②师古曰："鬲,音历。"

莽长子宇非莽隔绝卫氏,恐久后受祸,即私与卫宝通书记,教卫后上书谢恩,因陈丁、傅旧恶,几得至京师。①莽白太皇太后,诏有司曰:"中山孝王后深分明为人后之义,条陈故定陶傅太后、丁姬悖天逆理,上僭位号,②徙定陶王于信都,为共王立庙于京师,如天子制,不畏天命,侮圣人言,③坏乱法度,居非其制,称非其号。是以皇天震怒,火烧其殿,六年之间,大命不遂,祸殃仍重,④竟令孝哀帝受其余灾,大失天心,夭命暴崩,又令共王祭祀绝废,精魂无所依

归。朕惟孝王后深说经义，明镜圣法，惧古人之祸败，近事之咎殃，
畏天命，奉圣言，是乃久保一国，长获天禄，而令孝王永享无疆之
祀，福祥之大者也。朕甚嘉之。夫褒义赏善，圣王之制，其以中山故
安户七千益中山后汤沐邑，加赐及中山王黄金各百斤，增傅相以下
秩。”

①师古曰：“几，读曰冀。”

②师古曰：“悖，违也。”

③师古曰：“《论语》称孔子曰：‘君子有三畏：畏天命，畏大人，畏圣人之
　　言。小人不知天命，而不畏也，狎大人，侮圣人之言。’故此文引之也。
　　侮，古侮字。”

④师古曰：“遝犹延也。重，问直用反。”

卫后日夜啼泣，思见帝，而但益户邑。宇复教令上书，求至京
师。会事发觉，莽杀宇，尽诛卫氏支属。卫宝女为中山王后，免后，
徙合浦。①唯卫后在，②王莽篡国，废为家人。后岁余卒，葬孝王旁。

①师古曰：“黜其后位而徙也。”

②师古曰：“中山孝王后也。”

孝平王皇后，安汉公太傅大司马莽女也。平帝即位，年九岁，成
帝母太皇太后称制，而莽秉政。莽欲依霍光故事，以女配帝，太后意
不欲也。莽设变诈，令女必入，因以自重，事在《莽传》。太后不得已
而许之，遣长乐少府夏侯藩、宗正刘宏、少府宗伯凤、尚书令平晏纳
采，①太师光、大司徒马宫、大司空甄丰、左将军孙建、执金吾尹赏、
行太常事太中大夫刘歆及太卜、太史令以下四十九人赐皮弁素
绩，②以礼杂卜筮，太牢祠宗庙，待吉月日。明年春，遣大司徒宫、大
司空丰、左将军建、右将军甄邯、光禄大夫歆奉乘舆法驾，迎皇后于
安汉公第。宫、③丰、歆授皇后玺绂，④登车称警跸，便时上林延寿
门，⑤入未央宫前殿。群臣就位行礼，大赦天下。益封父安汉公地满
百里，赐迎皇后及行礼者，自三公以下至驺宰执事长乐、未央宫、安
汉公第者，皆增秩，赐金帛各有差。皇后立三月，以礼见高庙。尊父

安汉公号曰宰衡,位在诸侯王上。赐公夫人号曰功显君,食邑。封公子安为襃新侯,临为赏都侯。

①师古曰:"官为少府,姓宗伯,名凤也。纳采者,《礼记》云婚礼纳采问名,谓采择其可者。"

②师古曰:"皮弁,以鹿皮为冠,形如人手之弁合也。素绩,谓素裳也。朱衣而素裳。绩字或作积。积,谓襞绩之,若今之襈为也。"

③师古曰:"本自莽第,以皇后在是,因呼曰宫。"

④师古曰:"绂所以系玺,音芾。"

⑤师古曰:"取时日之便也,音频面反。"

后立岁余,平帝崩。莽立孝宣帝玄孙婴为孺子,莽摄帝位,尊皇后为皇太后。三年,莽即真,以婴为定安公,改皇太后号为定安公太后。太后时年十八矣,为人婉瘱有节操,①自刘氏废,常称疾不朝会。莽敬惮伤哀,欲嫁之,乃更号为黄皇室主,②令立国将军成新公孙建世子襐饰将医往问疾。③后大怒,笞鞭其傍侍御。因发病,不肯起,莽遂不复强也。及汉兵诛莽,燔烧未央宫,后曰:"何面目以见汉家!"自投火中而死。

①师古曰:"婉,顺也。瘱,静也,音乌计反。"

②师古曰:"莽自谓土德,故云黄皇。室主者,若汉之称公主。"

③师古曰:"襐,盛饰也,音丈,又音象。一曰,襐,首饰也,在两耳后,刻镂而为之。"

赞曰:《易》著吉凶而言谦盈之效,天地鬼神至于人道靡不同之。①夫女宠之兴,繇至微而体至尊,②穷富贵而不以功,此固道家所畏,祸福之宗也。序自汉兴,终于孝平,外戚后庭色宠著闻二十有余人,然其保位全家者,唯文、景、武帝太后及邛成后四人而已。至如史良娣、王悼后、许恭哀后身皆夭折不辜,而家依托旧恩,不敢纵恣,是以能全。其余大者夷灭,小者放流,乌呼!鉴兹行事,变亦备矣。

①师古曰:"《易·谦卦》曰:'天道亏盈而益谦,地道变盈而流谦,鬼神害盈而福谦,人道恶盈而好谦。'"

②师古曰:"醵异出同。"

汉书卷九八
列传第六八

元　后

　　孝元皇后，王莽姑也。莽自谓黄帝之后，其《自本》曰：①黄帝姓姚氏，八世生虞舜。舜起妫汭，以妫为姓。②至周武王封舜后妫满于陈，是为胡公，十三世生完。完字敬仲，犇齐，③齐桓公以为卿，姓田氏。十一世，田和有齐国，二世称王，至王建为秦所灭。项羽起，封建孙安为济北王。至汉兴，安失国，齐人谓之“王家”，因以为氏。

　　①师古曰：“述其本系。”
　　②师古曰：“妫，水名。水曲曰汭。言因水为姓。汭，音而锐反。”
　　③师古曰：“犇，古奔字。”

　　文、景间，安孙遂字伯纪，处东平陵，①生贺，字翁孺。为武帝绣衣御史，逐捕魏郡群盗坚卢等党与，及吏畏懦逗遛当坐者，②翁孺皆纵不诛。它部御史暴胜之等奏杀二千石，诛千石以下，③及通行饮食坐连及者，大部至斩万余人，语见《酷吏传》。翁孺以奉使不称免，④叹曰：“吾闻活千人有封子孙，吾所活者万余人，后世其兴乎！”翁孺既免，而与东平陵终氏为怨，乃徙魏郡元城委粟里，为三老，魏郡人德之。元城建公曰：⑤“昔春秋沙麓崩，晋史卜之，曰：‘阴为阳雄，土火相乘，⑥故有沙麓崩。后六百四十五年，宜有圣女，兴其齐田乎！’⑦今王翁孺徙，正直其地，⑧日月当之。元城郭东有五鹿之虚，即沙鹿地也。⑨后八十年，当有贵女兴天下”云。

　　①师古曰：“济南之县。”

②师古曰:"懦,音乃唤反。逗,音住,又音豆。"

③师古曰:"二千石者,奏而杀之;其千石以下,则得专诛。"

④师古曰:"不称,谓不副所委。"

⑤服虔曰:"元城人年老者也。"

⑥李奇曰:"此龟繇文也。阴,元后也。阳,汉也。王氏舜后,土也。汉,火也。故曰土火相乘,阴盛而沙麓崩。"

⑦张晏曰:"阴数八,八八六十四。土数五,故六百四十五岁。《春秋》僖十四年,沙麓崩,岁在乙亥,至哀帝元寿二年,哀帝崩,元后始摄政,岁在庚申,沙麓崩后六百四十五岁。"

⑧师古曰:"直亦当。"

⑨师古曰:"虚,读曰墟。"

翁孺生禁,字稚君,少学法律长安,为廷尉史。本始三年,生女政君,即元后也。禁有大志,不修廉隅,好酒色,多取傍妻,凡有四女八男:长女君侠,次即元后政君,次君力,次君弟;长男凤孝卿,次曼元卿,谭子元,崇少子,商子夏,立子叔,根稚卿,逢时季卿。唯凤、崇与元后政君同母。母,適妻,魏郡李氏女也。①后以妒去,更嫁为河内苟宾妻。

①师古曰:"適,读曰嫡。"

初,李亲任政君在身,①梦月入其怀。及壮大,婉顺得妇人道。尝许嫁未行,所许者死。后东平王聘政君为姬,未入,王薨。禁独怪之,使卜数者相政君,②当大贵,不可言。"禁心以为然,乃教书,学鼓琴。五凤中,献政君,年十八矣,入掖庭为家人子。

①师古曰:"任,怀任。"

②师古曰:"数,计也,若言今之禄命书也。数,音所具反。"

岁余,会皇太子所爱幸司马良娣病,且死,谓太子曰:"妾死非天命,乃诸娣妾良人更祝诅杀我。"①太子怜之,且以为然。及司马良娣死,太子悲恚发病,忽忽不乐,因以过怒诸娣妾,莫得进见。久之,宣帝闻太子恨过诸娣妾,欲顺适其意,乃令皇后择后宫家人子可以虞侍太子者,②政君与在其中。③及太子朝,皇后乃见政君等五人,微令旁长御问知太子所欲,太子殊无意于五人者,不得已于

皇后，④强应曰："此中一人可。"⑤是时政君坐近太子，又独衣绛缘
诸于，⑥长御即以为是。皇后使侍中杜辅、掖庭令浊贤交送政君太
子宫，⑦见丙殿。得御幸，有身。先是者，太子后宫娣妾以十数，御幸
久者七八年，莫有子，及王妃壹幸而有身。甘露三年，生成帝于甲馆
画堂，为世適皇孙。⑧宣帝爱之，自名曰骜，字太孙，常置左右。"

①师古曰："更，音工衡反。"

②师古曰："此虞与娱同。"

③师古曰："与，读曰豫。"

④师古曰："恐不副皇后意，故言不得已。"

⑤师古曰："非其本心，故曰强。"

⑥师古曰："诸于，大掖衣，即褂衣之类也。"

⑦师古曰："浊，姓也。交送，谓侍中、掖庭令杂为使。"

⑧师古曰："適，读曰嫡。"

　　后三年，宣帝崩，太子即位，是为孝元帝。立太孙为太子，以母
王妃为婕妤，封父禁为阳平侯。后三曰，婕妤立为皇后，禁位特进，
禁弟弘至长乐卫尉。永光二年，禁薨，谥曰顷侯。长子凤嗣侯，为卫
尉侍中。皇后自有子后，希复进见。太子壮大，宽博恭慎，语在《成
纪》。其后幸酒，乐燕乐，①元帝不以为能。而傅昭仪有宠于上，生定
陶共王。王多材艺，上甚爱之，坐则侧席，行则同辇，②常有意欲废
太子而立共王。时凤在位，与皇后、太子同心忧惧，赖侍中史丹拥右
太子，③语在《丹传》。上亦以皇后素谨慎，而太子先帝所常留意，故
得不废。

①师古曰："幸酒，好酒也。乐宴乐，好宴私之乐也。解具在《成纪》。"

②师古曰："侧席，谓附近御坐。"

③师古曰："右，读曰佑，助也。"

　　元帝崩，太子立，是为孝成帝。尊皇后为皇太后，以凤为大司马
大将军领尚书事，益封五千户。王氏之兴自凤始。又封太后同母弟
崇为安成侯，食邑万户。凤庶弟谭等皆赐爵关内侯，食邑。

　　其夏，黄雾四塞终日。①天子以问谏大夫杨兴、博士驷胜等，对
皆以为"阴盛侵阳之气也。高祖之约也，非功臣不侯，今太后诸弟皆

以无功为侯,非高祖之约,外戚未曾有也,故天为见异。"②言事者多以为然。凤于是惧,上书辞谢曰:"陛下即位,思慕谅闇,③故诏臣凤典领尚书事,上无以明圣德,下无以益政治。今有茀星天地赤黄之异,④咎在臣凤,当伏显戮,以谢天下。今谅闇已毕,大义皆举,宜躬亲万机,以承天心。"因乞骸骨辞职。上报曰:"朕承先帝圣绪,涉道未深,不明事情,是以阴阳错缪,日月无光,赤黄之气,充塞天下,咎在朕躬。今大将军乃引过自予,欲上尚书事,归大将军印绶,罢大司马官,是明朕之不德也。朕委将军以事,诚欲庶几有成,显先祖之功德。将军其专心固意,辅朕之不逮,毋有所疑。"

①师古曰:"塞,满也,言四方皆满。"

②师古曰:"见,显示。"

③师古曰:"《商书》云'高宗谅闇'。谅,信;闇,默也。言居父丧信默,三年不言也。"

④师古曰:"茀与孛同。"

后五年,诸吏散骑安成侯崇薨,谥曰共侯。有遗腹子奉世嗣侯,太后甚哀之。明年,河平二年,上悉封舅谭为平阿侯,商成都侯,立红阳侯,根曲阳侯,逢时高平侯。五人同日封,故世谓之"五侯"。太后同产唯曼蚤卒,①余毕侯矣。太后母李亲,苟氏妻,生一男名参,寡居。顷侯禁在时,太后令禁还李亲。②太后怜参,欲以田蚡为比而封之。③上曰:"封田氏,非正也。"以参为侍中水衡都尉。王氏子弟皆卿大夫侍中诸曹,分据势官满朝廷。

①张晏曰:"同父则为同产,不必同母也。上言唯凤、崇同母也。"

②师古曰:"召还王氏。"

③李奇曰:"田蚡与孝景王后同母异父,得封故也。"师古曰:"比,例也,音必寐反。"

大将军凤用事,上遂谦让无所颛。①左右常荐光禄大夫刘向少子歆通达有异材。上召见歆,诵读诗赋,甚说之,②欲以为中常侍,召取衣冠。临当拜,左右皆曰:"未晓大将军。"③上曰:"此小事,何须关大将军。"左右叩头争之。上于是语凤,凤以为不可,乃止。其见惮如此。

①师古曰:"颛,与专同。凡事皆不自专也。"

②师古曰:"说,读曰悦。"

③师古曰:"晓犹白。"

上即位数年,无继嗣,体常不平。①定陶共王来朝,太后与上承先帝意,遇共王甚厚,赏赐十倍于它王,不以往事为纤介。②共王之来朝也,天子留,不遣归国。上谓共王:"我未有子,人命不讳,③一朝有它,且不复相见。④尔长留侍我矣!"其后天子疾益有瘳,共王因留国邸,且夕侍上,上甚亲重。大将军凤心不便共王在京师,会日蚀,凤因言:"日蚀,阴盛之象。为非常异。定陶王虽亲,于礼当奉藩在国。今留侍京师,诡正非常,⑤故天见戒。⑥宜遣王之国。"上不得已于凤而许之。⑦共王辞去,上与相对涕泣而决。

①师古曰:"言多疾疢。"

②师古曰:"往事,谓先帝时欲以代太子也。言无纤介之嫌怒。"

③师古曰:"人命无常不可讳。"

④师古曰:"它,谓晏驾也。"

⑤师古曰:"诡,违也。"

⑥师古曰:"见,显示。"

⑦师古曰:"言迫于凤不得止。"

京兆尹王章素刚直敢言,以为凤建遣共王之国非是。①乃奏封事言日蚀之咎矣。天子召见章,延问以事。章对曰:"天道聪明,佑善而灾恶,以瑞异为符效。今陛下以未有继嗣,引近定陶王,②所以承宗庙,重社稷,上顺天心,下安百姓。此正议善事,当有祥瑞,何故致灾异?灾异之发,为大臣颛政者也。今闻大将军猥归日蚀之咎于定陶王,③建遣之国,苟欲使天子孤立于上,颛擅朝事以便其私,非忠臣也。且日蚀,阴侵阳,臣颛君之咎。今政事大小皆自凤出,天子曾不壹举手,凤不内省责,反归咎善人,推远定陶王。④且凤诬罔不忠,非一事也。前丞相乐昌侯商,⑤本以先帝外属,内行笃,有威重,位历将相,国家柱石臣也,其人守正,不肯诎节随凤委曲,卒用闺门之事为凤所罢,身以忧死,众庶愍之。又凤知其小妇弟张美人已尝适人,⑥于礼不宜配御至尊,托以为宜子,内之后宫,苟以私其妻弟。闻张美人未尝任身就馆也。⑦且羌胡尚杀首子以荡肠正世，⑧况于天子，而近已出之女也！此三者皆大事，陛下所自见，足以知其余，及它所不见者。⑨凤不可令久典事，宜退使就第，选忠贤以代之。"

①师古曰："建立其议也。"

②师古曰："近，音巨靳反。"

③师古曰："犹犹曲也。"

④师古曰："远，音于万反。"

⑤师古曰："王商也。"

⑥师古曰："小妇，妾也。弟，谓女弟，即妹也。"

⑦师古曰："是则不为宜子，明凤所言非实。"

⑧师古曰："荡，洗涤也。言妇初来所生之子或它姓。"

⑨师古曰："以所见者譬之，则不见者可知。"

自凤之白罢商，后遣定陶王也，上不能平。及闻章言，天子感寤，纳之，谓章曰："微京兆尹直言，吾不闻社稷计！①且唯贤知贤，君试为朕求可以自辅者。"于是章奏封事，荐中山孝王舅琅邪太守冯野王"先帝时历二卿，忠信质直，知谋有余。野王以王舅出，以贤复入，明圣主乐进贤也。"上自为太子时，数闻野王先帝名卿，声誉出凤远甚，方倚欲以代凤。

①师古曰："微，无也。"

初，章每召见，上辄辟左右。①时太后从弟长乐卫尉弘子侍中音②独侧听，具知章言，以语凤。凤闻之，称病出就第，上疏乞骸骨，谢上曰："臣材驽愚戆，得以外属兄弟七人封为列侯，宗族蒙恩，赏赐无量。辅政出入七年，国家委任臣凤，所言辄听，荐士常用。无一功善，阴阳不调，灾异数见，咎在臣凤奉职无状，此臣一当退也。五经传记，师所诵说，咸以日蚀之咎在于大臣非其人，《易》曰'折其右肱'，③此臣二当退也。河平以来，臣久病连年，数出在外，旷职素餐，此臣三当退也。④陛下以皇太后故不忍诛废，臣犹自知当远流放，又重自念，⑤兄弟宗族所蒙不测，当杀身靡骨死毂毂下，⑥不当以无益之故有离寝门之心。诚岁余以来，所苦加侵，⑦日日益甚，不胜大愿,愿乞骸骨,归自治养,冀赖陛下神灵,未埋发齿,期月之间,幸得瘳愈,复望帷幄,不然,必塞沟壑。臣以非材见私,天下知臣受恩深也;以病得全骸骨归,天下知臣被恩见哀,重巍巍也。⑧进退于国为厚,万无纤介之议。⑨唯陛下哀怜!”其辞指甚哀,太后闻之为垂涕,不御食。

①师古曰:“辟,读曰闢。”

②师古曰:“弘者,太后之叔父也。音则从父弟。”

③师古曰:“《丰卦》九三爻辞也。肱,臂也。”

④师古曰:“空废职任,徒受禄秩也。”

⑤师古曰:“重,音直用反。”

⑥师古曰:“靡,碎也,音武皮反。”

⑦师古曰:“诚,实也。”

⑧师古曰:“巍巍,高貌。重,音直用反。”

⑨师古曰:“论者不云疏斥外戚也。”

　　上少而亲倚凤,弗忍废,乃报凤曰:“朕秉事不明,政事多阙,故天变娄臻,咸在朕躬。①将军乃深引过自予,欲乞骸骨而退,则朕将何嚮焉!《书》不云乎?‘公毋困我’。②务专精神,安心自持,期于亟瘳,称朕意焉。”③于是凤起视事。

①师古曰:“娄,古屡字。”

②师古曰:“《周书·洛诰》载成王告周公辞也。言公必须留京师,毋得远去,而令我困。”

③师古曰:“亟,急。瘳,差也。”

　　上使尚书劾奏章:“知野王前以王舅出补吏,而私荐之,欲令在朝阿附诸侯;又知张美人体御至尊,而妄称引羌胡杀子荡肠,非所宜言。”遂下章吏。廷尉致其大逆罪,以为“比上夷狄,欲绝继嗣之端;背畔天子,私为定陶王。”章死狱中,妻子徙合浦。

　　自是,公卿见凤,侧目而视,郡国守相刺史皆出其门。①又以侍中太仆音为御史大夫,列于三公。而五侯群弟,争为奢侈,赂遗珍宝,四面而至;后庭姬妾,各数十人,僮奴以千百数,罗钟磬,舞郑女,作倡优,狗马驰逐;大治第室,起土山渐台,洞门高廊阁道,连属

弥望。②百姓歌之曰:"五侯初起,曲阳最怒,坏决高都,连竟外
杜,③土山渐台西白虎。"④其奢僭如此。然皆通敏人事,好士养贤,
倾财施予,以相高尚。

　　①师古曰:"言为其家寮属者,皆得大官。"

　　②师古曰:"弥,竟也。言望之极目也。属,音之欲反。"

　　③服虔曰:"坏决高都水入长安。高都水在长安西也。"孟康曰:"杜、鄠二
　　　县之间田亩一金。言其境自长安至杜陵也。"李奇曰:"长安有高都、外
　　　杜里,既坏决高都水殿,复衍及外杜里。"师古曰:"成都侯商自擅穿帝
　　　城引水耳,曲阳无此事。又虽大作第宅,不得从长安至杜陵也。李说为
　　　是。"

　　④师古曰:"皆放效天子之制也。"

　　凤辅政凡十一岁,阳朔三年秋,凤疾,天子数自临问,亲执其
手,涕泣曰:"将军病,如有不可言,平阿侯谭次将军矣。"①凤顿首
泣曰:"谭等虽与臣至亲,行皆奢僭,无以率导百姓,不如御史大夫
音谨敕,②臣敢以死保之。"及凤且死,上疏谢上,复固荐音自代,言
谭等五人必不可用。天子然之。

　　①师古曰:"不可言,谓死也,不欲斥言之。"

　　②师古曰:"敕,整也。"

　　初,谭倨,不肯事凤,①而音敬凤,卑恭如子,故荐之。凤薨,天
子临吊赠宠,送以轻车介士,军陈自长安至渭陵,谥曰敬成侯。子襄
嗣侯,为卫尉。御史大夫音竟代凤为大司马车骑将军,而平阿侯谭
位特进,领城门兵。谷永说谭,令让不受城门职,由是与音不平,语
在《永传》。

　　①师古曰:"倨,慢也,音据。"

　　音既以从舅越亲用事,小心亲职,岁余,上下诏曰:"车骑将军
音宿卫忠正,勤劳国家,前为御史大夫,以外亲宜典兵马,入为将
军,不获宰相之封,朕甚慊焉!其封音为安阳侯,食邑与五侯等,俱
三千户。"

　　初,成都侯商尝病,欲避暑,从上借明光宫。①后又穿长安城,
引内沣水注第中大陂以行船,立羽盖,张周帷,辑濯越歌。②上幸商

第,见穿城引水,意恨,内衔之,未言。后微行出,过曲阳侯第,又见园中土山渐台似类白虎殿。③于是上怒,以让车骑将军音。商、根兄弟欲自黥劓谢太后。上闻之大怒,乃使尚书责问司隶校尉、京兆尹"知成都侯商擅穿帝城,决引沣水,曲阳侯根骄奢僭上,赤墀青琐,④红阳侯立父子臧匿奸猾亡命,宾客为群盗,司隶、京兆皆阿纵不举奏正法。"二人顿首省户下。又赐车骑将军音策书曰:"外家何甘乐祸败,⑤而欲自黥劓,相戮辱于太后前,伤慈母之心,以危乱国! 外家宗族强,上一身浸弱日久,⑥今将一施之。⑦君其召诸侯,令待府舍。"⑧是日,诏尚书奏文帝时诛将军薄昭故事。车骑将军音藉槁请罪,⑨商、立、根皆负斧质谢。上不忍诛,然后得已。

①师古曰:"《黄图》云明光宫在城内,近桂宫也。"
②师古曰:"楫与檝同,濯与棹同,皆所以行船也。今执楫棹人为越歌也。楫,谓棹之短者也。今吴越之人呼为桡,音饶。越歌,为越之歌。"
③师古曰:"《黄图》云在未央宫。"
④孟康曰:"以青画户边镂中,天子制也。"如淳曰:"门楣格再重,如人衣领再重,里者青,名曰青琐,天子门制也。"师古曰:"孟说是。青琐者,刻为连琐文,而青涂也。"
⑤师古曰:"言此罪过,并身自为之。"
⑥师古曰:"浸,渐也。"
⑦师古曰:"行刑罚。"
⑧师古曰:"令总集音之府舍,待诏命。"
⑨师古曰:"自坐槁上,言就刑戮也。"

久之,平阿侯谭薨,谥曰安侯。子仁嗣侯。太后怜弟曼蚤死,独不封,曼寡妇渠供养东宫,子莽幼孤不及等比,①常以为语。平阿侯谭、成都侯商及在位多称莽者。久之,上复下诏追封曼为新都哀侯,而子莽嗣爵为新都侯。后又封太后姊子淳于长为定陵侯。王氏亲属,侯者凡十人。

①师古曰:"比,音必寐反。"

上悔废平阿侯谭不辅政而薨也,乃复进成都侯商以特进,领城门兵,置幕府,得举吏如将军。杜邺说车骑将军音令亲附商,语在

《邺传》。王氏爵位日盛，唯音为修整，数谏正，有忠节，辅政八年，
薨。吊赠如大将军，谥曰敬侯。子舜嗣侯，为太仆侍中。特进成都
侯商代音为大司马卫将军，而红阳侯立位特进，领城门兵。

商辅政四岁，病乞骸骨，天子闵之，更以为大将军，益封二千
户，赐钱百万。商薨，吊赠如大将军故事，谥曰景成侯，子况嗣侯。红
阳侯立次当辅政，有罪过，语在《孙宝传》。上乃废立而用光禄勋曲
阳侯根为大司马票骑将军，岁余，益封千七百户。高平侯逢时无材
能名称，是岁薨，谥曰戴侯，子卖之嗣侯。

绥和元年，上即位二十余年，无继嗣，而定陶共王已薨，子嗣立
为王。王祖母定陶傅太后重赂遗票骑将军根，为王求汉嗣。根为言，
上亦欲立之，遂征定陶王为太子。时根辅政五岁矣，乞骸骨，上乃益
封根五千户，赐安车驷马，黄金五百斤，罢就第。

先是，定陵侯淳于长以外属能谋议，为卫尉侍中，在辅政之次。
是岁，新都侯莽告长伏罪与红阳侯立相连，[①]长下狱死，立就国，语
在《长传》。故曲阳侯根荐莽以自代，上亦以为莽有忠直节，遂擢莽
从侍中骑都尉光禄大夫为大司马。

①师古曰："伏罪，谓旧罪阴伏未发者也。"

岁余，成帝崩，哀帝即位。太后诏莽就第，避帝外家。哀帝初优
莽，不听。莽上书固乞骸骨而退。上乃下诏曰："曲阳侯根前在位，
建社稷策，侍中太仆安阳侯舜往时护太子家，导朕，忠诚专壹，有旧
恩。新都侯莽忧劳国家，执义坚固，庶几与为治，太后诏休就第，朕
甚闵焉。其益封根二千户，舜五百户，莽三百五十户。以莽为特进，
朝朔望。"又还红阳侯立京师。哀帝少而闻知王氏骄盛，心不能善，
以初立，故优之。

后月余，司隶校尉解光奏："曲阳侯根宗重身尊，三世据权，五
将秉政，天下辐凑自效。[①]根行贪邪，臧累巨万，纵横恣意，[②]大治
室第，第中起土山，立两市，殿上赤墀，户青琐；游观射猎，使奴从者
被甲持弓弩，陈为步兵；止宿离宫，水衡共张，[③]发民治道，百姓苦
其役。内怀奸邪，欲筦朝政，[④]推亲近吏主簿张业以为尚书，蔽上壅

下,内塞王路,外交藩臣,骄奢僭上,坏乱制度。案根骨肉至亲,社稷
大臣,⑤先帝弃天下,根不悲哀思慕,山陵未成,公聘取故掖庭女乐
五官殷严、王飞君等,⑥置酒歌舞,捐忘先帝厚恩,背臣子义。及根
兄子成都侯况幸得以外亲继父为列侯侍中,不思报厚恩,亦聘取故
掖庭贵人以为妻,皆无人臣礼,大不敬不道。"于是天子曰:"先帝遇
根、况父子至厚也,今乃背忘恩义!"以根尝建社稷之策,⑦遣就国。
免况为庶人,归故郡。根及况父商所荐举为官者,皆罢。

①师古曰:"效,献也,献其款诚。"

②师古曰:"横,音胡孟反。"

③师古曰:"共,音居用反。张,竹亮反。"

④师古曰:"筦与管同。"

⑤师古曰:"至亲,谓于成帝为舅。"

⑥如淳曰:"五官,官名也。《外戚传》曰五官视三百石。"

⑦师古曰:"谓立哀帝为嗣也。"

　　后二岁,傅太后、帝母丁姬皆称尊号。有司奏:"新都侯莽前为
大司马,贬抑尊号之议,亏损孝道,及平阿侯仁臧匿赵昭仪亲属,皆
就国。"天下多冤王氏。

　　谏大夫杨宣上封事言:"孝成皇帝深惟宗庙之重,称述陛下至
德以承天序,圣策深远,恩德至厚。惟念先帝之意,岂不欲以陛下自
代,奉承东宫哉!①太皇太后春秋七十,数更忧伤,②敕令亲属引领
以避丁、傅,③行道之人为之陨涕,况于陛下,时登高远望,独不惭
于延陵乎!"哀帝深感其言,复封商中子邑为成都侯。

①师古曰:"言供养太后。"

②师古曰:"更,经也,音工衡反。"

③师古曰:"引领,自引首领而退也。"

　　元寿元年,日蚀。贤良对策多讼新都侯莽者,上于是征莽及平
阿侯仁还京师侍太后。曲阳侯根薨,国除。

　　明年,哀帝崩,无子,太皇太后以莽为大司马,与共征立中山王
奉哀帝后,是为平帝。帝年九岁,当年被疾,太后临朝,委政于莽,莽
颛威福。红阳侯立莽诸父,平阿侯仁素刚直,莽内惮之,令大臣以罪

过奏遣立、仁就国。莽日诳耀太后,言辅政致太平,群臣奏请尊莽为安汉公。后遂遣使者迫守立、仁,令自杀,赐立谥曰荒侯,子柱嗣,仁谥曰刺侯,子术嗣。是岁,元始三年也。明年,莽风群臣奏立莽女为皇后,①又奏尊莽为宰衡,莽母及两子皆封为列侯,语在《莽传》。

①师古曰:"风,读曰讽。"

莽既外壹群臣,令称己功德,又内媚事旁侧长御以下,赂遗以千万数。白尊太后姊妹君侠为广恩君,君力为广惠君,君弟为广施君,皆食汤沐邑,日夜共誉莽。莽又知太后妇人厌居深宫中,莽欲虞乐以市其权,①乃令太后四时车驾巡狩四郊,②存见孤寡贞妇。春幸茧馆,③率皇后,列侯夫人桑,遵霸水而祓除;④夏游篽宿、鄠、杜之间;⑤秋历东馆,望昆明,集黄山宫;冬飨饮飞羽,⑥校猎上兰,⑦登长平馆,⑧临泾水而览焉。太后所至属县,辄施恩惠,赐民钱帛牛酒,岁以为常。太后从容言曰:⑨"我始入太子家时,见于丙殿,至今五六十岁,尚颇识之。"⑩莽因曰:"太子宫幸近,可壹往游观,不足以为劳。"于是太后幸太子宫,甚说。⑪太后旁弄儿病在外舍,⑫莽自亲候之。其欲得太后意如此。

①张晏曰:"以游观之乐易其权,若市买。"师古曰:"此虞与娱同。"

②师古曰:"邑外谓之郊,近二十里也。"

③师古曰:"《汉宫阁疏》云上林苑有茧观,盖蚕茧之所也。"

④师古曰:"桑,采桑也。遵,循也,谓缘水边。"

⑤师古曰:"篽宿苑在长安城南,今之御宿川是也。"

⑥师古曰:"黄山宫在槐里。飞羽殿在未央宫中。羽字或作雨。"

⑦师古曰:"上兰,观名也,在上林中。"

⑧师古曰:"在长平坂也。"

⑨师古曰:"从,音千容反。"

⑩师古曰:"识,记也,音式志反。"

⑪师古曰:"说,读曰悦。"

⑫服虔曰:"官婢侍史生儿,取以作弄儿也。"

平帝崩,无子,莽征宣帝玄孙选最少者广戚侯子刘婴,年二岁,托以卜相为最吉。乃风公卿奏请立婴为孺子,①令宰衡安汉公莽践祚居摄,如周公傅成王故事。太后不以为可,力不能禁,于是莽遂为摄皇帝,改元称制焉。俄而宗室安众侯刘崇及东郡太守翟义等恶之,更举兵欲诛莽。②太后闻之,曰:"人心不相远也。③我虽妇人,亦知莽必以是自危,不可。"其后,莽遂以符命自立为真皇帝,先奉诸符瑞以白太后,太后大惊。

①师古曰:"风,读曰讽。"
②师古曰:"更,音工衡反。"
③师古曰:"言所见者同。"

初,汉高租入咸阳至霸上,秦王子婴降于轵道,奉上始皇玺。及高祖诛项籍,即天子位,因御服其玺,世世传受,号汉传国玺。以孺子未立,玺臧长乐宫。及莽即位,请玺,太后不肯授莽。莽使安阳侯舜谕指。舜素谨敕,太后雅爱信之。舜既见,太后知其为莽求玺,怒骂之曰:"而属父子宗族蒙汉家力,富贵累世,①既无以报,受人孤寄,乘便利时,夺取其国,②不复顾恩义。人如此者,狗猪不食其余,③天下岂有而兄弟邪!且若自以金匮符命为新皇帝,④变更正朔服制,亦当自更作玺,传之万世,何用此亡国不祥玺为,而欲求之?我汉家老寡妇,旦暮且死,欲与此玺俱葬,终不可得!"太后因涕泣而言,旁侧长御以下皆垂涕。舜亦悲不能自止,良久乃仰谓太后:"臣等已无可言者。⑤莽必欲得传国玺,太后宁能终不与邪!"太后闻舜语切,恐莽欲胁之,乃出汉传国玺,投之地以授舜,曰:"我老已死,如而兄弟,今族灭也!"舜既得传国玺,奏之,莽大说,⑥乃为太后置酒未央宫渐台,大纵众乐。

①师古曰:"而,汝也。"
②师古曰:"孤寄,言以孤寄托之。"
③师古曰:"言恶贱。"
④师古曰:"若亦汝。"
⑤师古曰:"言不可谏止。"
⑥师古曰:"说,读曰悦。"

莽又欲改太后汉家旧号,易其玺绂,恐不见听,而莽疏属王谏欲谄莽,上书言:"皇天废去汉而命立新室,太皇太后不宜称尊号,

当随汉废,以奉天命。"莽乃车驾至东宫,亲以其书白太后。太后曰:
"此言是也!"①莽因曰:"此悖德之臣也,②罪当诛!"于是冠军张永
献符命铜璧,文言"太皇太后当为新室文母太皇太后"。③莽乃下诏
曰:"予视群公,咸曰:'休哉!④其文字非刻非画,厥性自然。'予伏
念皇天命予为子,更命太皇太后为'新室文母皇太后',协于新室故
交代之际,信于汉氏。哀帝之代,世传行诏筹,为西王母共具之
祥,⑤当为历代为母,昭然著明。予祗畏天命,敢不钦承!谨以令月
吉日,亲率群公诸侯卿士,奉上皇太后玺绂,⑥以当顺天心,光于四
海焉。"太后听许。莽于是鸩杀王谏,而封张永为贡符子。

①师古曰:"恚恚之辞也。"
②师古曰:"悖,乖也,音布内反。"
③服虔曰:"铜璧如璧形,以铜为之也。"
④师古曰:"视,读曰示。休,美也。"
⑤师古曰:"共,音居用反。"
⑥师古曰:"此绂谓玺之组也。"

　　初,莽为安汉公时,又谄太后,奏尊元帝庙为高宗,太后晏驾后
当以礼配食云。及莽改号太后为新室文母,绝之于汉,不令得体元
帝。堕坏孝元庙,①更为文母太后起庙,独置孝元庙故殿以为文母
篹食堂,②既成,名曰长寿宫。以太后在,故未谓之庙。莽以太后好
出游观,乃车驾置酒长寿宫,请太后。既至,见孝元庙废彻涂地,太
后惊,泣曰:"此汉家宗庙,皆有神灵,与何治而坏之!③且使鬼神无
知,又何用庙为!如今有知,我乃人之妃妾,岂宜辱帝之堂以陈馈食
哉!"私谓左右曰:"此人嫚神多矣,能久得祐乎!"饮酒不乐而罢。

①师古曰:"堕,毁也,音火规反。"
②孟康曰:"篹,音撰。"晋灼曰:"篹,具也。"
③师古曰:"与,音曰预。言此何罪,于汝无所干预,何为毁坏之?"

　　自莽篹位后,知太后怨恨,求所以媚太后无不为,然愈不说。①
莽更汉家黑貂,著黄貂,②又改汉正朔伏腊日。太后令其官属黑貂,
至汉家正腊日,独与其左右相对饮酒食。

①师古曰:"说,音曰悦。"

②孟康曰："侍中所著貂也。莽更汉制也。"师古曰："更亦改。"

太后年八十四，建国五年二月癸丑崩。三月乙酉，合葬渭陵。莽诏大夫杨雄作诔曰："太阴之精，沙麓之灵，作合于汉，配元生成。"著其协于元城沙麓。泰阴精者，谓梦月也。大后崩后十年，汉兵诛莽。

初，红阳侯立就国南阳，与诸刘结恩，立少子丹为中山太守。世祖初起，丹降，为将军，战死。上闵之，封丹子泓为武桓侯，至今。①

①师古曰："泓，音于宏反。"

司徒掾班彪曰：三代以来，《春秋》所记，王公国君，与其失世，稀不以女宠。汉兴，后妃之家吕、霍、上官，几危国者数矣。①及王莽之兴，由孝元后历汉四世为天下母，飨国六十余载，群弟世权，更持国柄，②五将十侯，卒成新都。位号已移于天下，而元后卷卷犹握一玺，③不欲以授莽，妇人之仁，悲夫！

①师古曰："几，音巨依反。数，音所角反。"

②师古曰："更，音工衡反。"

③师古曰："卷，音其圆反。解在《刘向传》。"

汉书卷九九上
列传第六九上

王莽上

王莽字巨君,孝元皇后之弟子也。元后父及兄弟皆以元、成世封侯,居位辅政,家凡九侯,五大司马,语在《元后传》。①唯莽父曼蚤死,不侯。②莽群兄弟皆将军五侯子,乘时侈靡,③以舆马声色佚游相高,④莽独孤贫,因折节为恭俭。受《礼经》,师事沛郡陈参,勤身博学,被服如儒生。⑤事母及寡嫂,养孤兄子,行甚敕备。⑥又外交英俊,内事诸父,曲有礼意。阳朔中,世父大将军凤病,⑦莽侍疾,亲尝药,乱首垢面,不解衣带连月。凤且死,以托太后及帝,拜为黄门郎,迁射声校尉。

①师古曰:“《外戚传》言十侯,此云九者,凤本嗣禁为侯。”
②师古曰:“蚤,古早字。”
③师古曰:“乘,因也,因贵戚之时。”
④师古曰:“佚字与逸同。”
⑤师古曰:“被,音皮义反。”
⑥师古曰:“敕,整也。”
⑦师古曰:“谓伯父也,以居长嫡而继统也。”

久之,叔父成都侯商上书,愿分户邑以封莽,及长乐少府戴崇、侍中金涉、胡骑校尉箕闳、上谷都尉阳并、中郎陈汤,皆当世名士,咸为莽言,上由是贤莽。永始元年,封莽为新都侯,国南阳新野之都乡,千五百户。迁骑都尉光禄大夫侍中,宿卫谨敕,爵位益尊,节操愈谦。散舆马衣裘,振施宾客,①家无所余。收赡名士,交结将相卿

大夫甚众。故在位更推荐之,②游者为之谈说,虚誉隆洽,倾其诸父
矣。敢为激发之行,处之不惭恧。③

①师古曰:"振,举也。"

②师古曰:"更,音工衡反。"

③师古曰:"激,急动也。恧,愧也。激,音工历反。恧,音女六反。"

莽兄永为诸曹,蚤死,有子光,莽使学博士门下。莽休沐出,振
车骑,①奉羊酒,劳遗其师,恩施下竟同学。②诸生纵观,长老叹息。
光年小于莽子宇,莽使同日内妇,宾客满堂。须臾,一人言太夫人苦
某痛,当饮某药,比客罢者数起焉。③尝私买侍婢,昆弟或颇闻知,
莽因曰:"后将军朱子元无子,④莽闻此儿种宜子,⑤为买之。"即日
以婢奉子元。其匿情求名如此。

①师古曰:"振,整也。一曰,振,张起也。"

②师古曰:"竟,周遍也。"

③师古曰:"比,音必寐反。数,音所角反。"

④师古曰:"谓朱博。"

⑤师古曰:"此儿,谓所买婢也。"

是时,太后姊子淳于长以材能为九卿,先进在莽右。①莽阴求
其罪过,因大司马曲阳侯根白之,长伏诛,莽以获忠直,语在《长
传》。根因乞骸骨,荐莽自代,上遂擢为大司马。是岁,绥和元年也,
年三十八矣。莽既拔出同列,继四父而辅政,②欲令名誉过前人,遂
克己不倦,聘诸贤良以为掾史,赏赐邑钱悉以享士,愈为俭约。母
病,公卿列侯遣夫人问疾,莽妻迎之,衣不曳地,布蔽膝。见之者以
为僮使,问知其夫人,皆惊。

①师古曰:"名位居其右。右,前也。"

②师古曰:"凤、商、音、根四人皆为大司马,而莽之诸父也。"

辅政岁余,成帝崩,哀帝即位,尊皇太后为太皇太后。太后诏莽
就第,避帝外家。莽上疏乞骸骨,哀帝遣尚书令诏莽曰:"先帝委政
于君而弃群臣,朕得奉宗庙,诚嘉与君同心合意。今君移病求退,①
以著朕之不能奉顺先帝之意,②朕甚悲伤焉。已诏尚书待君奏事。"
又遣丞相孔光、大司空何武、左将军师丹、卫尉傅喜白太后曰:"皇

帝闻太后诏,甚悲。大司马即不起,皇帝即不敢听政。"太后复令莽
视事。

①师古曰:"移书言病也。一曰,以病而移居也。"

②师古曰:"著,明也。"

时哀帝祖母定陶傅太后、母丁姬在,高昌侯董宏上书言:"《春
秋》之义,'母以子贵',丁姬宜上尊号。"莽与师丹共劾宏误朝不道,
语在《丹传》。后日,未央宫置酒,内者令为傅太后张幄坐于太皇太
后坐旁,①莽案行,责内者令曰:"定陶太后藩妾,何以得与至尊
并?"彻去,更设坐。傅太后闻之,大怒,不肯会,重怨恚莽。②莽复乞
骸骨,哀帝赐莽黄金五百斤,安车驷马,罢就第。公卿大夫多称之
者,上乃加恩宠,置使家中黄门,③十日一赐餐。下诏曰:"新都侯莽
忧劳国家,执义坚固,朕庶几与为治。太皇太后诏莽就第,朕甚闵
焉。其以黄邮聚户三百五十益封,④位特进,给事中,朝朔望见礼如
三公,⑤车驾乘绿车从。"⑥后二岁,傅太后、丁姬皆称尊号,丞相朱
博奏:"莽前不广尊尊之义,抑贬尊号,亏损孝道,当伏显戮,幸蒙赦
令,不宜有爵土,请免为庶人。"上曰:"以莽与太皇太后有属,勿免,
遣就国。"

①师古曰:"坐,并音材卧反。"

②师古曰:"会,谓至置酒所也。重,音直用反。"

③苏林曰:"使黄门在其家中为使令。"

④服虔曰:"黄邮在南阳棘阳县。"

⑤师古曰:"见天子之礼也。见,音胡电反。"

⑥师古曰:"绿车,皇孙之车,天子出行,令莽乘之以从,所以宠也。"

莽杜门自守,其中子获杀奴,①莽切责获,令自杀。在国三岁,
吏上书究讼莽者以百数。②元寿元年,日食,贤良周护、宋崇等对策
深讼莽功德,上于是征莽。

①师古曰:"获者,莽子之名也。今书本有作护字者,流俗所改耳。"

②师古曰:"言其合管朝政,不当就国也。"

始莽就国,南阳太守以莽贵重,选门下掾宛孔休守新都相。①
休谒见莽,莽尽礼自纳,休亦闻其名,与相答。后莽疾,休候之,莽缘

恩意，进其玉具宝剑，欲以为好。②休不肯受，莽因曰："诚见君面有瘢，③美玉可以灭瘢，欲献其瑑。"即解其瑑，④休复辞让。莽曰："君嫌其贾邪？"⑤遂椎碎之，⑥自裹以进休，休乃受。及莽征去，欲见休，休称疾不见。

①师古曰："姓孔名休，宛县人。"

②师古曰："结欢好也，音呼到反。"

③师古曰："瘢，创痕也。痕，音下恩反。"

④服虔曰："瑑，音卫。"苏林曰："剑鼻也。"师古曰："瑑字本作璏，从王，彘声，后转写者讹也，瑑自雕瑑字耳，音篆也。"

⑤师古曰："贾，读曰价，言其所有价直也。"

⑥师古曰："椎，音直追反，其字从木。"

莽还京师岁余，哀帝崩，无子，而傅太后、丁太后皆先薨，太皇太后即日驾之未央宫，收取玺绶，遣使者驰召莽。诏尚书，诸发兵符节，百官奏事，中黄门、期门兵皆属莽。莽曰："大司马高安侯董贤年少，不合众心，收印绶。"贤即日自杀。太后诏公卿举可大司马者，大司徒孔光、大司空彭宣举莽，前将军何武、后将军公孙禄互相举。太后拜莽为大司马，与议立嗣。安阳侯王舜，莽之从弟，其人修饬，①太后所信爱也，莽白以舜为车骑将军，使迎中山王奉成帝后，是为孝平皇帝。帝年九岁，太后临朝称制，委政于莽。莽白赵氏前害皇子，傅氏骄僭，遂废孝成赵皇后、孝哀傅皇后，皆令自杀，语在《外戚传》。

①师古曰："饬，读与敕同。敕，整也。"

莽以大司徒孔光名儒，相三主，太后所敬，天下信之，于是盛尊事光，引光女婿甄邯为侍中奉车都尉。诸哀帝外戚及大臣居位素所不说者，①莽皆傅致其罪，②为请奏，令邯持与光。光素畏慎，不敢不上之，莽白太后，辄可其奏。于是前将军何武、后将军公孙禄坐互相举免，丁、傅及董贤亲属皆免官爵，徙远方。红阳侯立，太后亲弟，虽不居位，莽以诸父内敬惮之，畏立从容言太后，令己不得肆意，③乃复令光奏立旧恶："前知定陵侯淳于长犯大逆罪，多受其赂，为言误朝；④后白以官婢杨寄私子为皇子，众言曰吕氏、少帝复出，纷纷为天下所疑，难以示来世，成襁保之功。请遣立就国。"太后不听。莽曰："今汉家衰，比世无嗣，⑤太后独代幼主统政，诚可畏惧，力用公正先天下，尚恐不从，⑥今以私恩逆大臣议如此，群下倾邪，乱从此起。宜可且遣就国，安后复征召之。"⑦太后不得已，遣立就国。莽之所以胁持上下，皆此类也。

①师古曰："说，读曰悦。"

②师古曰："傅，读曰附。附益而引致之令入罪。"

③师古曰："肆，放也。"

④师古曰："妄称誉之，误惑朝廷也。"

⑤师古曰："比，频也。"

⑥师古曰："力，勉力。"

⑦师古曰："安犹徐也。"

于是附顺者拔擢，忤恨者诛灭。王舜、王邑为腹心，甄丰、甄邯主击断，平晏领机事，刘歆典文章，孙建为爪牙。丰子寻、歆子棻、①涿郡崔发、南阳陈崇，皆以材能幸于莽。莽色厉而言方，②欲有所为，微见风采，③党与承其指意而显奏之，莽稽首涕泣，固推让焉，上以惑太后，下用示信于众庶。

①师古曰："棻或作榛字，音扶云反。"

②师古曰："外示凛厉之色，而假为方直之言。"

③师古曰："见，音胡电反。"

始，风益州令塞外蛮夷献白雉，①元始元年正月，莽白太后下诏，以白雉荐宗庙。群臣因奏言太后"委任大司马莽定策安宗庙。故大司马霍光有安宗庙之功，益封三万户，畴其爵邑，比萧相国。莽宜如光故事。"太后问公卿曰："诚以大司马有大功当著之邪？②将以骨肉故欲异之也？"于是群臣乃盛陈"莽功德致周成白雉之瑞，千载同符。圣王之法，臣有大功则生有美号，故周公及身在而托号于周。莽有定国安汉家之大功，宜赐号曰安汉公，益户，畴爵邑，上应古制，下准行事，以顺天心。"太后诏尚书具其事。

①师古曰："风，读曰讽。下皆类此。"

②师古曰："著,明也。"

莽上书言："臣与孔光、王舜、甄丰、甄邯共定策,今愿独条光等功赏,寝置臣莽,勿随辈列。"甄邯白太后下诏曰:"'无偏无党,王道荡荡。'①属有亲者,义不得阿。君有安宗庙之功,不可以骨肉故蔽隐不扬。君其勿辞。"莽复上书让。太后诏谒者引莽待殿东箱,莽称疾不肯入。太后使尚书令恂诏之曰:"君以选故而辞以疾,②君任重,不可阙,以时亟起。"③莽遂固辞。太后复使长信太仆闳承制召莽,莽固称疾。左右白太后,宜勿夺莽意,但条孔光等,莽乃肯起。太后下诏曰:"太傅博山侯光宿卫四世,世为傅相,忠孝仁笃,行义显著,建议定策,益封万户,以光为太师,与四辅之政。④车骑将军安阳侯舜积累仁孝,使迎中山王,折冲万里,功德茂著,益封万户,以舜为太保。左将军光禄勋丰宿卫三世,忠信仁笃,⑤使迎中山王,辅导共养,以安宗庙,⑥封丰为广阳侯,食邑五千户,以丰为少傅。皆授四辅之职,畴其爵邑,各赐第一区。侍中奉车都尉邯宿卫勤劳,建议定策,封邯为承阳侯,食邑二千四百户。"⑦四人既受赏,莽尚未起,群臣复上言:"莽虽克让,朝所宜章,以时加赏,明重元功,无使百僚元元失望。"太后乃下诏曰:"大司马新都侯莽三世为三公,典周公之职,建万世策,功德为忠臣宗,化流海内,远人慕义,越氏重译献白雉。其以召陵、新息二县户二万八千益封莽,复其后嗣,畴其爵邑,⑧封功如萧相国。以莽为太傅,干四辅之事,号曰安汉公。以故萧相国甲第为安汉公第,定著于令,传之无穷。"

①师古曰:"《尚书·洪范》之言也。荡荡,广平之貌也。故引之。"
②师古曰:"选,善也。国家欲褒其善,加号畴邑,乃以疾辞。"
③师古曰:"亟,急出,音居力反。"
④师古曰:"与,读曰豫。"
⑤师古曰:"笃,厚也。"
⑥师古曰:"共,音居用反。养,音弋亮反。"
⑦师古曰:"承,音蒸。"
⑧师古曰:"复,音方目反。"

于是莽为惶恐,不得已而起受策。策曰:"汉危无嗣,而公定之;

四辅之职，三公之任，而公干之；群寮众位，而公宰之：功德茂著，宗庙以安，盖白雉之瑞，周成象焉。①故赐嘉号曰安汉公，辅翼于帝，期于致平，②母违朕意。"莽受太傅安汉公号，让还益封畴爵邑事，云愿须百姓家给，然后加赏。③群公复争，大后诏曰："公自期百姓家给，是以听之。其令公奉、舍人、赏赐皆倍故。④百姓家给人足，大司徒、大司空以闻。"莽复让不受，而建言宜立诸侯王后及高祖以来功臣子孙，大者封侯，或赐爵关内侯食邑，然后及诸在位，各有第序。上尊宗庙，增加礼乐；下惠士民鳏寡，恩泽之政无所不施。语在《平纪》。

①师古曰："言致白雉之瑞，有周公相成王之象。"

②师古曰："致太平。"

③师古曰："给，足也。家给，家家自足。"

④师古曰："奉，所食之奉也。舍人，私府吏员也。倍故，数多于故各一倍也。奉，音扶用反。"

莽既说众庶，①又欲专断，知太后厌政，乃风公卿②奏言："往者，吏以功次迁至二千石，及州部所举茂材异等吏，率多不称，宜皆见安汉公。又太后不宜亲省小事。"令太后下诏曰："皇帝幼年，朕且统政，比加元服。③今众事烦碎，朕春秋高，精气不堪，殆非所以安躬体而育养皇帝者也。故选忠贤，立四辅，群下劝职，永以康宁。孔子曰：'巍巍乎，舜禹之有天下而不与焉！'④自今以来，非封爵乃以闻。他事，安汉公、四辅平决。州牧、二千石及茂材吏初除奏事者，辄引入至近署对安汉公，考故官，问新职，以知其称否。"于是莽人人延问，致密恩意，厚加赠送，其不合指，显奏免之，权与人主侔矣。

①师古曰："说，读曰悦。"

②师古曰："风，读曰讽。"

③师古曰："比至平帝加元服以来，太后且统政也。比，音必寐反。"

④师古曰："《论语》载孔子之言也。巍巍，高貌也。言舜禹之治天下，委任贤人以成其功，而不身亲其事也。与，读曰预。"

莽欲以虚名说太后，①白言"新承孝哀丁、傅奢侈之后，百姓未赡者多，太后宜且衣缯练，颇损膳，以视天下。"②莽因上书，愿出钱百万,献田三十顷,付大司农助给贫民。于是公卿皆慕效焉。莽帅群臣奏言:"陛下春秋尊,久衣重练,减御膳,诚非所以辅精气,育皇帝,安宗庙也。臣莽数叩头省户下,白争未见许。今幸赖陛下德泽,间者风雨时,甘露降,神芝生,萐荚、朱草、嘉禾,休征同时并至。③臣莽等不胜大愿,愿陛下爱精休神,阔略思虑,④遵帝王之常服,复太官之法膳,使臣子各得尽欢心,备共养。唯哀省察!"莽又令太后下语曰:"盖闻母后之义,思不出乎阈。⑤国不蒙佑,皇帝年在襁褓,未任亲政,战战兢兢,惧于宗庙之不安。国家之大纲,微朕孰当统之,⑥是以孔子见南子,周公居摄,盖权时也。⑦勤身极思,忧劳未绥,故国奢则视之以俭,⑧矫枉者过其正,而朕不身帅,将谓天下何!夙夜梦想,五谷丰孰,百姓家给,比皇帝加元服,委政而授焉。⑨今诚未皇轻靡而备味,⑩庶几与百僚有成,其勖之哉!"⑪每有水旱,莽辄素食,⑫左右以白。太后遣使者诏莽曰:"闻公菜食,忧民深矣。今秋幸孰,公勤于职,以时食肉,爱身为国。"

①师古曰:"说,读曰悦。"

②师古曰:"缯练,谓帛无文者。视,读曰示。"

③师古曰:"休,美也。征,证也。"

④师古曰:"阔,宽也。略,简也。"

⑤师古曰:"阈,门橛也,音域。"

⑥师古曰:"微,无也。"

⑦师古曰:"南子,卫灵公夫人。孔子欲说灵公以治道,故见南子也。"

⑧师古曰:"视,读曰示。"

⑨师古曰:"比,音必寐反。"

⑩师古曰:"皇,暇也。靡,细也。"

⑪师古曰:"勖,勉也。"

⑫师古曰:"素食,菜食,解在《霍光传》。

　　莽念中国已平,唯四夷未有异,乃遣使者赍黄金币帛,重赂匈奴单于,使上书言:"闻中国讥二名,故名囊知牙斯,今更名知,慕从圣制。"又遣王昭君女须卜居次入侍。所以诳耀媚事太后,下至帝侧长御,方故万端。

　　莽既尊重，欲以女配帝为皇后，以固其权，奏言："皇帝即位三年，长秋宫未建，液廷媵未充。①乃者，国家之难，本从亡嗣，配取不正。请考论五经定取礼，②正十二女之义，以广继嗣。博采二王后及周公孔子世列侯在长安者適子女。"③事下有司，上众女名，王氏女多在选中者。莽恐其与己女争，即上言："身亡德，子材下，不宜与众女并采。"太后以为至诚，乃下诏曰："王氏女，朕之外家，其勿采。"庶民、诸生、郎吏以上守阙上书者日千余人，公卿大夫或诣廷中，或伏省户下，咸言："明诏圣德巍巍如彼，安汉公盛勋堂堂若此，今当立后，独奈何废公女？天下安所归命！愿得公女为天下母。"莽遣长史以下分部晓止公卿及诸生，④而上书者愈甚。太后不得已，听公卿采莽女。莽复自白："宜博选众女。"公卿争曰："不宜采诸女以贰正统。"⑤莽白："愿见女。"太后遣长乐少府、宗正、尚书令纳采见女，还奏言："公女渐渍德化，有窈窕之容，⑥宜承天序，奉祭祀。"有诏遣大司徒、大司空策告宗庙，杂加卜筮，皆曰："兆遇金水王相，卦遇父母得位，⑦所谓'康强'之占，'逢吉'之符也。"信乡侯佟上言：⑧"《春秋》天子将娶于纪，则褒纪子称侯，⑨安汉公国未称古制。"⑩事下有司，皆曰："古者天子封后父百里，尊而不臣，以重宗庙，孝之至也。佟言应礼，可许。请以新野田二万五千六百顷益封莽，满百里。"莽谢曰："臣莽子女诚不足以配至尊，复听众议，益封臣莽，伏自惟念，得托肺腑，获爵土，如使子女诚能奉称圣德，臣莽国邑足以共朝贡，⑪不须复加益地之宠。愿归所益。"太后许之。有司奏："故事，聘皇后黄金二万斤，为钱二万万。"莽深辞让，受四千万，而以其三千三百万予十一媵家。群臣复言："今皇后受聘，逾群妾亡几。"⑫有诏复益二千三百万，合为三千万。莽复以其千万分予九族贫者。

　　①师古曰："液，与掖同，音通用。"
　　②师古曰："取，皆读曰娶。"
　　③师古曰："適，读曰嫡，谓妻所生也。"
　　④师古曰："分，音扶问反。"

⑤师古曰："言皇后之位,当在莽女。"

⑥师古曰："窈窕,幽闲也。"

⑦孟康曰："金水相生也。"张晏曰："金王则水相也。遇父母,谓《泰卦》乾下坤上,天下于地,是配享之卦。"师古曰："王,音于放反。"

⑧师古曰："《王子侯表》清河纲王子豹始封新乡侯,傅爵至曾孙佟,王莽篡位赐姓王,即谓此也。而此传作乡侯,古者新、信同音故耳。佟,音徒冬反。"

⑨师古曰："解在《外戚恩泽侯表》也。"

⑩师古曰："称,副也,音尺孕反。其下亦同。"

⑪师古曰："共,读曰供。"

⑫师古曰："亡几,不多也。亡,读曰无。几,音居岂反。其下并同。"

陈崇时为大司徒司直,与张敞孙竦相善。竦者？博通士,为崇草奏,称莽功德,①崇奏之,曰：

①师古曰："草,谓创立其文也。"

窃见安汉公自初束脩,①值世俗隆奢丽之时,蒙两宫厚骨肉之宠,②被诸父赫赫之光,③财饶势足,亡所忤意,④然而折节行仁,克心履礼,拂世矫俗,确然特立,⑤恶衣恶食,陋车驽马,妃匹无二,闺门之内,孝友之德,众莫不闻;清静乐道,温良下士,⑥惠于故旧,笃于师友。孔子曰"未若贫而乐,富而好礼",⑦公之谓矣。

①师古曰："束脩,谓初学官之时。"

②师古曰："两宫,谓成帝及太后。"

③师古曰："被,音皮义反。"

④师古曰："忤,逆也,无人能逆其意也。忤,音五故反。"

⑤师古曰："拂,违也。矫,正也。拂,音佛。"

⑥师古曰："下,音胡嫁反。"

⑦师古曰："《论语》子贡问曰：'贫而无谄,富而无骄,何如？'孔子曰：'可也,未若贫而乐,富而好礼者也。'"

及为侍中,故定陵侯淳于长有大逆罪,公不敢私,建白诛讨,①周公诛管、蔡,季子鸩叔牙,②公之谓矣。

①师古曰："首立其事也。"

②师古曰:"解并在前。"

　　是以孝成皇帝命公大司马,委以国统。孝哀即位,高昌侯董宏希指求美,造作二统,①公手劾之,以定大纲。建白定陶太后不宜在乘舆幄坐,②以明国体。《诗》曰"柔亦不茹,刚亦不吐,不畏强围",③公之谓矣。

①晋灼曰:"欲令丁姬为帝太后。"

②师古曰:"坐,音才卧反。"

③师古曰:"《大雅·烝人》之诗,美仲山甫之德。茹,食也。强围,强梁围捍也。"

　　深执谦退,推诚让位。定陶太后欲立僭号,惮彼面刺幄坐之义,佞惑之雄,朱博之畴,惩此长、宏手劾之事,上下壹心,谗贼交乱,诡辟制度,遂成篡号,①斥逐仁贤,诛残戚属,而公被胥、原之诉,远去就国,②朝政崩坏,纲纪废弛,危亡之祸,不隧如发。③《诗》云"人之云亡,邦国殄瘁",④公之谓矣。

①师古曰:"诡,违也。辟,读曰僻。"

②应劭曰:"胥、原,子胥、屈原也。"师古曰:"远去朝廷,而就其侯国。"

③师古曰:"弛,解也,音式尔反。隧,音直类反。"

④师古曰:"《大雅·瞻仰》之诗也。殄,尽也。瘁,病也。言为政不善,贤人奔亡矣,天下邦国尽困病也。瘁,与萃同,音才醉反。"

　　当此之时,宫亡储主,董贤据重,加以傅氏有女之援,①皆自知得罪天下,结仇中山,②则必同忧,断金相翼,③藉假遗诏,频用赏诛,先除所惮,急引所附,遂诬往冤,更惩远属,事势张见,其不难矣!④赖公立入,即时退贤,及其党亲。当此之时,公运独见之明,奋亡前之威,⑤盱衡厉色,振扬武怒,⑥乘其未坚,厌其未发,⑦震起机动,敌人摧折,虽有贲育不及持刺,⑧虽有樗里不及回知,⑨虽有鬼谷不及造次,⑩是故董贤丧其魂魄,遂自绞杀。人不还踵,日不移晷,⑪霍然四除,更为宁朝。非陛下莫引立公,非公莫克此祸。《诗》云"惟师尚父,时惟鹰扬,亮彼武王",⑫孔子曰"敏则有功",⑬公之谓矣。

①师古曰:"谓哀帝傅皇后。"

②张晏曰："傅太后谮中山冯太后，陷以祝诅之罪。"

③师古曰："引《易·系辞》'二人同心，其利断金'。翼，助也。"

④师古曰："言哀帝既崩，丁、傅、董贤欲称遗诏，树立党亲，共立幼主，以据国权也。远属，国之宗室疏远者也。"

⑤师古曰："无前，谓无有敢当之者。"

⑥孟康曰："眉上曰衡。盱衡，举眉扬目也。"师古曰："盱，音许于反。"

⑦师古曰："厌，音一涉反。"

⑧师古曰："孟贲、夏育皆古勇士也。持刺，谓持兵刃以刺。"

⑨师古曰："樗里子名疾，秦惠王之弟也，为秦相，时人号曰智囊。"

⑩师古曰："鬼谷先生，苏秦之师，善谈说。"

⑪师古曰："还，读曰旋。晷，景也。言其速疾。"

⑫师古曰："《大雅·大明》之诗也。师尚父，太公也。亮，助也。言太公武毅，若鹰之飞扬，佐助武王以克殷也。"

⑬师古曰："《论语》载孔子对子张之言也。敏，疾也。言应事速疾，乃能成功。"

于是公乃白内故泗水相丰、斄令邯，①与大司徒光、车骑将军舜建定社稷，奉节东迎，皆以功德受封益土，为国名臣。书曰"知人则哲"，②公之谓也。

①师古曰："甄丰、甄邯也。斄，读曰邰。"

②师古曰："《虞书·咎繇谟》之辞也。哲，智也。"

公卿咸叹公德，同盛公勋，皆以周公为比，①宜赐号安汉公，益封二县，公皆不受。传曰申包胥不受存楚之报，晏平仲不受辅齐之封，②孔子曰："能以礼让为国乎何有"，③公之谓也。

①师古曰："比，音必寐反。"

②师古曰："申包胥，楚大夫也。吴师入郢，楚昭王出奔，包胥如秦乞师，秦出师以救楚。昭王反国欲赏，包胥辞曰：'吾为君也，非为身也。'遂不受。晏平仲，齐大夫晏婴也，以道佐齐景公。景公欲封之，让而不受。"

③师古曰："《论语》载孔子之言也。解在《董仲舒传》。"

将为皇帝定立妃后，有司上名，公女为首，公深辞让，迫不得已，然后受诏。父子之亲天性自然，欲其荣贵甚于为身，皇后之尊侔于天子，当时之会千载希有，然而公惟国家之统，揖大福之恩，①事事谦退，动而固辞。《书》曰"舜让于德不嗣"，②公之谓矣。

①师古曰："揖，谓让而不当也。"

②"书曰，《虞书·舜典》之辞。言舜自让德薄，不足以继帝尧之事也。"

自公受策，以至于今，亹亹翼翼，日新其德，①增修雅素以命下国，後俭隆约以矫世俗，②割财损家以帅群下，弥躬执平以逮公卿，③教子尊学以隆国化。僮奴衣布，马不秣谷，食饮之用，不过凡庶。《诗》云"温温恭人，如集于木"，④孔子曰"食无求饱，居无求安"，⑤公之谓矣。

①师古曰："亹亹，勉也。翼翼，敬也。亹音武匪反。"

②师古曰："後，退也。矫，正也。後，音千旬反，其字从彳。"

③师古曰："弥，读与弭同。"

④师古曰："《小雅·小宛》之诗。温温，柔貌也。如集于木，恐堕坠耳。"

⑤师古曰："《论语》载孔子之言也。谓君子好学乐道，故志不在安饱。"

克身自约，籴食逮给，①物物卬市，日阒亡储。②又上书归孝哀皇帝所益封邑，入钱献田，殚尽旧业，为众倡始。③于是小大乡和，承风从化，④外则王公列侯，内则帷幄侍御，翕然同时，各竭所有，或入金钱，或献田亩，以振贫穷，收赡不足者。昔令尹子文朝不及夕，鲁公仪子不茹园葵，⑤公之谓矣。

①师古曰："才得粗及仅足而已。"

②师古曰："物物卬市，言其衣食所须皆买之于市，不自营作，而不夺工商利也。阒，尽也。日阒，言当日即尽，不蓄积也。卬，音牛向反。阒，音空穴反。"

③师古曰："倡，音尺尚反。"

④师古曰："乡，读曰向。"

⑤张晏曰："令尹子文自毁其家以纾楚国之难，仕而逃禄，朝不及夕也。"师古曰："子文，楚令尹鬭縠於菟也。公仪子，鲁国公仪休也，拔其园葵，不夺园夫之利。食菜曰茹，音人诸反。"

开门延士，下及白屋，①娄省朝政，综管众治，②亲见牧守以下，考迹雅素，审知白黑。《诗》云"夙夜匪解，以事一人"，③

《易》曰“终日乾乾，夕惕若厉”，④公之谓矣。

①师古曰：“白屋，谓庶人以白茅覆屋者也。”

②师古曰：“娄，古屡字。”

③师古曰：“《大雅·烝人》之诗也。一人，天子也。解，读曰懈。”

④师古曰：“《乾卦》九三爻辞也。乾乾，自强之意。惕，惧也。厉，病也。”

　　比三世为三公，再奉送大行，①秉冢宰职，填安国家，②四海辐凑，靡不得所。《书》曰“纳于大麓，列风雷雨不迷”，③公之谓矣。

①师古曰：“比，频也。”

②师古曰：“填，音竹刃反。”

③师古曰：“《虞书·舜典》叙舜之德。麓，录也。言尧使舜大录万机之政。一曰，山足曰麓。言有圣德，虽遇风雷不迷惑也。”

　　此皆上世之所鲜，禹稷之所难，①而公包其终始，一以贯之，可谓备矣！②是以三年之间，化行如神，嘉瑞叠累，岂非陛下知人之效，得贤之致哉！故非独君之受命也，臣之生亦不虚矣。是以伯禹锡玄圭，周公受郊祀，③盖以达天之使，不敢擅天之功也。④揆公德行，为天下纪；⑤观公功勋，为万世基。基成而赏不配，纪立而褒不副，⑥诚非所以厚国家，顺天心也。

①师古曰：“鲜，音先践反。”

②师古曰：“《论语》称孔子谓曾子曰‘参乎，吾道一以贯之’，谓忠恕。”

③师古曰：“《尚书·禹贡》云‘禹锡玄圭，告厥成功’，言赏治水功成也。《礼记·明堂位》曰：‘成王幼弱，周公践天子之位以治天下。七年，乃致政于成王。成王以周公为有勋劳于天下，封周公于曲阜，地方七百里，革车千乘，命鲁公世世祀周公以天子礼乐。是以鲁君孟春乘大路，旂十有二旒，日月之章，祀帝于郊，配以后稷，天子之礼也。’”

④师古曰：“言天降贤材以助王者，王者当申达其用，而不敢自专。”

⑤师古曰：“揆，度也。纪，理也。”

⑥师古曰：“配，对也。”

　　高皇帝褒赏元功，相国萧何邑户既倍，又蒙殊礼，奏事不名，入殿不趋，封其亲属十有余人。乐善无厌，班赏亡遗，①苟有一策，即必爵之，是故公孙戎位在充郎，选繇旄头，壹明樊

哙,封二千户。②孝文皇帝褒赏绛侯,益封万户,赐黄金五千
斤。孝武皇帝恤录军功,裂三万户以封卫青,青子三人,或在襁
褓,皆为通侯。孝宣皇帝显著霍光,增户命畴,封者三人,延及
兄孙。夫绛侯即因汉藩之固,杖朱虚之鲠,依诸将之递,据相扶
之势,其事虽丑,要不能遂。③霍光即席常任之重,乘大胜之
威,未尝遭时不行,陷假离朝,④朝之执事,亡非同类,割断历
久,统政旷世,虽曰有功,所因亦易,然犹有计策不审过征之
累。⑤及至青、戎,摽末之功,⑥一言之劳,然犹皆蒙丘山之赏。
课功绛、霍,造之与因也;比于青、戎,地之与天也。而公又有宰
治之效,乃当上与伯禹、周公等盛齐隆,兼其褒赏,岂特与若云
者同日而论哉?⑦然曾不得蒙青等之厚,臣诚惑之!

①师古曰:"遴,与吝同。"

②孟康曰:"公孙戎奴也,高帝时为旄头郎。"晋灼曰:"《楚汉春秋》上东围
　　项羽,闻樊哙反,旄头公孙戎明之,卒不反,封戎二千户。"师古曰:"此
　　公孙戎耳,非戎奴也。戎奴自武帝时人,孟说误矣。籀,读与由同。"

③李奇曰:"言勃之功不遂,而霍光据席常任也。"晋灼曰:"丑,众也。言勃
　　欲诛诸吕,其事虽众,要不能以吕后在时而遂意也。"师古曰:"二说皆
　　非也。递,绕也,谓相围绕。言绛侯之时汉之强,汉家外有藩屏磐石之
　　固,内有朱虚骨鲠之强,诸将同心围绕扶翼,吕氏之党虽欲作乱,心怀
　　丑恶,事必不成。言勃之功不足多也。递,音带。"

④服虔曰:"言光未尝陷假不遇,而离去朝也。莽尝退就国,是陷假也。"师
　　古曰:"假,升也。陷假者,被陷害而去所升之位。"

⑤师古曰:"光误征昌邑王,不得其人也。累,音力瑞反。"

⑥服虔曰:"摽音刀末之摽。谓卫青、公孙戎也。"师古曰:"摽,音匹遥反。"

⑦师古曰:"若云,谓者向者所云绛、霍、青、戎也。"

　　臣闻功亡原者赏不限,德亡首者褒不检。①是故成王之于
周公也,度百里之限,②越九锡之检,开七百里之宇,③兼商、
奄之民,④赐以附庸殷民六族,⑤大路大旂,⑥封父之繁弱,夏
后之璜,⑦祝宗卜史,⑧备物典策,⑨官司彝器,⑩白牡之牲,⑪
郊望之礼。⑫王曰:"叔父,建尔元子。"⑬子父俱延拜而受

之。⑭可谓不检亡原者矣。非特止此,六子皆封。⑮《诗》曰:"亡
言不雠,亡德不报。"⑯报当如之,不如非报也。⑰近观行事,高
祖之约,非刘氏不王,然而番君得王长沙,下诏称忠,定著于
令,⑱明有大信不拘于制也。春秋晋悼公用魏绛之策,诸夏服
从。郑伯献乐,悼公于是以半赐之。绛深辞让,晋侯曰:"微子,
寡人不能济河。夫赏,国之典,不可废也。子其受之。"魏绛于
是有金石之乐,《春秋》善之,⑲取其臣竭忠以辞功,君知臣以
遂赏也。今陛下既知公有周公功德,不行成王之褒赏,遂听公
之固辞,不顾《春秋》之明义,则民臣何称,万世何述?诚非所以
为国也。

①师古曰:"无原,谓不可测其本原也。无首,谓无出其上者也。检,局也。"

②师古曰:"度亦逾越也。"

③师古曰:"解并在前也。"

④师古曰:"商、奄,二国名。"

⑤师古曰:"谓条氏、徐氏、萧氏、索氏、长勺氏、尾勺氏也。"

⑥师古曰:"解已在前也。"

⑦师古曰:"封父,古诸侯也。繁弱,大弓名也。半璧曰璜。父,读曰甫。"

⑧师古曰:"太祝、太宗、太卜、太史,凡四官。"

⑨师古曰:"既有备物,而加之策书也。一曰,典策,《春秋》之制也。"

⑩师古曰:"官司,百官也。彝器,常用之器也。一曰,彝,祭宗庙酒器也。
　《周礼》有六彝。彝,法也,言器有所法象之貌耳。"

⑪师古曰:"《明堂位》曰'季夏六月,以禘礼祀周公于太庙,牲用白牡'。"

⑫师古曰:"郊,即上祀帝于郊也。望,谓望山川而祭之也。"

⑬师古曰:"《鲁颂·闷宫》之诗曰:'王曰叔父,建尔元子,俾侯于鲁。'谓
　命周公以封伯禽为鲁公也。"

⑭师古曰:"谓周公拜前,鲁公拜后。"

⑮师古曰:"周公六子,伯离之弟也。"

⑯师古曰:"《大雅·抑》之诗也。雠,用也。有善言则用之,有德者必报之。
　一曰,雠,对也。赏当其言也。"

⑰服虔曰:"报赏当如其德,不如德者,非报也。"

⑱师古曰:"谓吴芮也。解在《芮传》。番,音蒲河反。"

⑲师古曰:"事见《左传》襄十一年。微,无也。"

　　臣愚以为,宜恢公国,令如周公,①建立公子,令如伯禽。所赐之品,亦皆如之。诸子之封,皆如六子。即群下较然输忠,黎庶昭然感德。②臣诚输忠,民诚感德,则于王事何有?③唯陛下深惟祖宗之重,敬畏上天之戒,仪形虞、周之盛,④敕尽伯禽之赐,无遗周公之报,⑤令天法有设,后世有祖,⑥天下幸甚!

①师古曰:"恢,大也。"

②师古曰:"较,明貌也。"

③师古曰:"言臻其极无阙遗。"

④师古曰:"仪形,谓则而象之。"

⑤师古曰:"敕,备也。遗,与遗同。"

⑥师古曰:"祖,始也。以此为法之始。"

太后以视群公,①群公方议其事,会吕宽事起。

①师古曰:"视,读曰示。"

　　初,莽欲擅权,白太后:"前哀帝立,背恩义,自贵外家丁、傅,挠乱国家,几危社稷。①今帝以幼年复奉大宗,为成帝后,宜明一统之义,以戒前事,为后代法。"于是遣甄丰奉玺绶,即拜帝母卫姬为中山孝王后,赐帝舅卫宝、宝弟玄爵关内侯,皆留中山,不得至京师。

①师古曰:"挠,扰也,音火高反。几,音巨依反。"

　　莽子宇,非莽隔绝卫氏,恐帝长大后见怨。宇即私遣人与宝等通书,教令帝母上书求入。语在《卫后传》。莽不听。宇与师吴章及妇兄吕宽议其故,章以为莽不可谏,而好鬼神,可为变怪以惊惧之,章因推类说令归政于卫氏。宇即使宽夜持血洒莽第门,吏发觉之,莽执宇送狱,饮药死。宇妻焉怀子,①系狱,须产子已,杀之。②莽奏言:"宇为吕宽等所诖误,流言惑众,与管、蔡同罪,臣不敢隐其诛。"甄邯等白太后下诏曰:"夫唐尧有丹朱,周文王有管、蔡,此皆上圣亡奈下愚子何,以其性不可移也。公居周公之位,辅成王之主,而行管、蔡之诛,不以亲亲害尊尊,朕甚嘉之。昔周公诛四国之后,大化乃成,至于刑错。③公其专意,翼国期于致平。"④莽因是诛灭卫氏,穷治吕宽之狱,连引郡国豪桀素非议己者,内及敬武公主、⑤梁王立、红阳侯立、平阿侯仁,使者迫守,皆自杀。死者以百数,海内震焉。

①师古曰:"焉,其名。"

②师古曰:"须,待也。"

③师古曰:"四国,谓三监及淮夷耳。"

④师古曰:"翼,助也。"

⑤师古曰:"元帝女弟也。"

大司马护军褒奏言:"安汉公遭子宇陷于管、蔡之辜,子爱至重,为帝室故不敢顾私。惟宇遭罪,喟然愤发作书八篇,以戒子孙。宜班郡国,令学官以教授。"事下群公,请令天下吏能诵公戒者,以著官薄,比《孝经》。①

①师古曰:"著官薄,言用之得选举也。"

四年春,郊祀高祖以配天,宗祀孝文皇帝以配上帝。四月丁未,莽女立为皇后,大赦天下。遣大司徒司直陈崇等八人分行天下,览观风俗。①

①师古曰:"行,音下更反。"

太保舜等奏言:"《春秋》列功德之义,太上有立德,其次有立功,其次有立言,唯至德大贤然后能之。其在人臣,则生有大赏,终为宗臣,殷之伊尹,周之周公是也。"及民上书者八千余人,咸曰:"伊尹为阿衡,周公为太宰,周公享七子之封,有过上公之赏。宜如陈崇言。"章下有司,有司请"还前所益二县及黄邮聚、新野田,采伊尹、周公称号,加公为宰衡,位上公。掾史秩六百石。三公言事,称'敢言之'。群吏毋得与公同名。出从期门二十人,羽林三十人,前后大车十乘。赐公太夫人号曰功显君,食邑二千户,黄金印赤韨。①封公子男二人,安为褒新侯,临为赏都侯。加后聘三千七百万,合为一万万,以明大礼。"太后临前殿,亲封拜。安汉公拜前,二子拜后,如周公故事。莽稽首辞让,出奏封事,愿独受母号,还安、临印韨及号位户邑。事下太师光等,皆曰:"赏未足以直功,②谦约退让,公之常节,终不可听。"莽求见固让。太后下诏曰:"公每见,叩头流涕固辞,今移病,固当听其让,令眠事邪?③将当遂行其赏,遣归就第也?"光等曰:"安、临亲受印韨,策号通天,其义昭昭。黄邮、召陵、新野之田为入尤多,④皆止于公,公欲自损以成国化,宜可听许。治平之化当以时成,宰衡之官不可世及。纳征钱,乃以尊皇后,非为公也。功显君户,止身不传。褒新、赏都两国合三千户,甚少矣。忠臣之节,亦宜自屈,而信主上之义。⑤宜遣大司徒、大司空持节承制,诏公亟入视事。⑥诏尚书勿复受公之让奏。"奏可。

①师古曰:"此韨,印之组也。"

②师古曰:"直,当也。"

③师古曰:"眠,古视字。"

④师古曰:"召,读邵。"

⑤师古曰:"信,读曰申。"

⑥师古曰:"亟,急也,音居力反。"

莽乃起视事,上书言:"臣以元寿二年六月戊午仓卒之夜,以新都侯引入未央宫;庚申拜为大司马,充三公位;元始元年二月丙辰拜为太傅,赐号安汉公,备四辅官;今年四月甲子复拜为宰衡,位上公。臣莽伏自惟,爵为新都侯,号为安汉公,官为宰衡、太傅、大司马,爵贵号尊官重,一身蒙大宠者五,诚非鄙臣所能堪。据元始三年,天下岁已复,官属宜皆置。①《谷梁传》曰:'天子之宰,通于四海。'②臣愚以为,宰衡官以正百僚平海内为职,而无印信,名实不副。臣莽无兼官之材,今圣朝既过误而用之,臣请御史刻宰衡印章曰'宰衡太傅大司马印',成,授臣莽,上太傅与大司马之印。"太后诏曰:"可。韨如相国,③朕亲临授焉。"莽乃复以所益纳征钱千万,遗与长乐长御奉共养者。④太保舜奏言:"天下闻公不受千乘之土,辞万金之币,散财施予千万数,莫不乡化。⑤蜀郡男子路建等辍讼惭怍而退,虽文王却虞芮何以加!⑥宜报告天下。"奏可。宰衡出,从大车前后各十乘,直事尚书郎、侍御史、谒者、中黄门、期门羽林。⑦宰衡常持节,所止谒者代持之。⑧宰衡掾史秩六百石,三公称"敢言之"。

①如淳曰："前时饥,省官职,今丰,宜复之也。"师古曰："复,音扶目反。"

②师古曰："宰,治也。治众事者,谓大臣也。"

③师古曰："皱亦谓组也。"

④师古曰："太后之长御也。共,音居用反。养,音戈亮反。"

⑤师古曰："乡,读曰向。"

⑥师古曰："却,退也。虞、芮,二国名也,并在河之东。二国之君相与争田,
久而不平,闻文王之德,乃往断焉。入周之境,则耕者让畔,行者让路,
乃相谓曰:'我小人也,不可以履君子之庭。'遂相让,以其所争为闲田
而退。"

⑦师古曰："自此以上,皆从宰衡出。"

⑧师古曰："相代而持也。"

是岁,莽奏起明堂、辟雍、灵台,为学者筑舍万区,作市、常满
仓,制度甚盛。立《乐经》,益博士员,经各五人。征天下通一艺教授
十一人以上,及有《逸礼》、古《书》、《毛诗》、《周官》、《尔雅》、天文、
图谶、钟律、月令、兵法、《史篇》文字,①通知其意者,皆诣公车。网
罗天下异能之士,至者前后千数,皆令记说廷中,将令正乖谬,壹异
说云。群臣奏言："昔周公奉继体之嗣,据上公之尊,然犹七年制度
乃定。夫明堂、辟雍,堕废千载莫能兴,②今安汉公起于第家,辅翼
陛下,四年于兹,功德烂然。③公以八月载生魄庚子④奉使朝,用
书⑤临赋营筑,越若翊辛丑,⑥诸生、庶民大和会,十万众并集,平
作二旬,大功毕成。⑦唐虞发举,成周造业,诚亡以加。宰衡位宜在
诸侯王上,赐以束帛加璧,大国乘车、安车各一,⑧骊马二驷。"⑨诏
曰："可。其议九锡之法。"

①孟康曰："史籀所作十五篇古文书也。"师古曰："周宣王太史史籀所作
大篆书也。籀,音直救反。"

②师古曰："堕,毁也,音火规反。"

③师古曰："烂然,章明之貌。"

④师古曰："载,始也。魄,月魄也。"

⑤孟康曰："赋功役之书。"

⑥师古曰:"翊,明也。辛丑者,庚子之明日也。越,发语辞也。"

⑦师古曰:"平作,谓不促遽也。平字或作丕。丕亦大也。"

⑧服虔曰:"大国乘车,如大国王之乘车也。"

⑨师古曰:"骊马,并驾也。"

冬,大风吹长安城东门屋瓦且尽。

五年正月,祫祭明堂,诸侯王二十八人,列侯百二十人,宗室子九百余人,征助祭。礼毕,封孝宣曾孙信等三十六人为列侯,余皆益户赐爵,金帛之赏各有数。是时,吏民以莽不受新野田而上书者前后四十八万七千五百七十二人,及诸侯王、公、列侯、宗室见者皆叩头言,宜亟加赏于安汉公。①于是莽上书曰:"臣以外属,越次备位,未能奉称。②伏念圣德纯茂,承天当古,制礼以治民,作乐以移风,四海奔走,百蛮并辏,③辞去之日,莫不陨涕。非有款诚,岂可虚致?自诸侯王已下至于吏民,咸知臣莽上与陛下有葭莩之故,④又得典职,每归功列德者,辄以臣莽为余言。臣见诸侯面言事于前者,未尝不流汗而惭愧也。虽性愚鄙,至诚自知,德薄位尊,力少任大,夙夜悼栗,常恐污辱圣朝。今天下治平,风俗齐同,百蛮率服,皆陛下圣德所自躬亲,太师光、太保舜等辅政佐治,群卿大夫莫不忠良,故能以五年之间至致此焉。臣莽实无奇策异谋。奉承太后圣诏,宣之于下,不能得什一;受群贤之筹画,而上以闻,不能得什伍。⑤当被无益之辜,所以敢且保首领须臾者,诚上休陛下余光,而下依群公之故也。⑥陛下不忍众言,辄下其章于议者。臣莽前欲立奏止,恐其遂不肯止。今大礼已行,助祭者毕辞,不胜至愿,愿诸章下议者皆寝勿上,使臣莽得尽力毕制礼作乐事。事成,以传示天下,与海内平之。即有所间非,则臣莽当被诖上误朝之罪,⑦如无他谴,得全命赐骸骨归家,避贤者路,是臣之私愿也。惟陛下哀怜财幸!"⑧甄邯等白太后,诏曰:"可。唯公功德光于天下,是以诸侯王、公、列侯、宗室、诸生、吏民翕然同辞,连守阙庭,故下其章。诸侯、宗室辞去之日,复见前重陈,⑨虽晓喻罢遣,犹不肯去。告以孟夏将行厥赏,莫不欢悦,称万岁而退。今公每见,辄流涕叩头言愿不受赏,赏即加不敢当位。方制作未定,事须公而决,故且听公。制作毕成,群公以闻。究于前议,⑩其九锡礼仪亟奏。⑪

①师古曰:"亟,急也。"

②师古曰:"称,音尺证反。"

③师古曰:"臻即臻字也。"

④师古曰:"葭,芦也。莩者,其简里白皮也。言其轻薄而附著也,故以为喻。葭,音加。莩,音孚。"

⑤师古曰:"言皆不晓,又遗忘也。"

⑥师古曰:"休,庇荫也。"

⑦师古曰:"间,音居苋反。"

⑧师古曰:"此财与裁同,通用也。"

⑨师古曰:"重,音直用反。"

⑩师古曰:"究,竟也。"

⑪师古曰:"亟,急也。"

于是公卿大夫、博士、议郎、列侯张纯等九百二人皆曰:"圣帝明王招贤劝能,德盛者位高,功大者赏厚。故宗臣有九命上公之尊,则有九锡登等之宠。①今九族亲睦,百姓既章,万国和协,黎民时雍,②圣瑞毕溱,太平已洽。③帝者之盛莫隆于唐虞,而陛下任之;忠臣茂功莫著于伊周,而宰衡配之。所谓异时而兴,如合符者也。谨以六艺通义,经文所见,《周官》、《礼记》宜于今者,为九命之锡。④臣请命锡。"奏可。策曰:

①张晏曰:"宗臣有勋劳为上公,国所宗者也。《周礼》'上公九命'。九命,九赐也。"师古曰:"登等,谓升于常等也。"

②师古曰:"章,明也。时,是也。雍亦和也。自此已上,皆取《尧典》叙尧德之言也。"

③师古曰:"溱亦与臻同。"

④师古曰:"《礼含文嘉》云:'九锡者,车马、衣服、乐悬、朱户、纳陛、武贲、铁钺、弓矢、秬鬯也。'"

惟元始五年五月庚寅,太皇太后临于前殿,延登,亲诏之曰:公进,虚听朕言。①前公宿卫孝成皇帝十有六年,纳策尽忠,白诛故定陵侯淳于长,以弥乱发奸,②登大司马,职在内辅。孝哀皇帝即位,骄妾窥欲,奸臣萌乱,公手劾高昌侯董宏,改正故定陶共王母之僭坐。自是之后,朝臣论议,靡不据经。以病辞位,归于第家,为贼臣所陷。就国之后,孝哀皇帝觉寤,复还公长安,临病加剧,犹不忘公,复特进位。是夜仓卒,国无储主,奸臣充朝,危殆甚矣。朕惟定国之计莫宜于公,引纳于朝,即日罢退高安侯董贤,转漏之间,忠策辄建,纲纪咸张。绥和、元寿,再遭大行,万事毕举,祸乱不作。辅朕五年,人伦之本正,天地之位定。③钦承神祇,经纬四时,复千载之废,矫百世之失,④天下和会,大众方辑。⑤《诗》之灵台,《书》之作雒,镐京之制,商邑之度,于今复兴。⑥昭章先帝之元功,明著祖宗之令德,推显严父配天之义,修立郊禘宗祀之礼,以光大孝。是以四海雍雍,万国慕义,蛮夷殊俗,不召自至,渐化端冕,奉珍助祭。⑦寻旧本道,遵术重古,动而有成,事得厥中。至德要道,通于神明,祖考嘉享。光耀显章,天符仍臻,元气大同。麟凤龟龙,众祥之瑞,七百有余。遂制礼作乐,有绥靖宗庙社稷之大勋。普天之下,惟公是赖,官在宰衡,位为上公。今加九命之锡,其以助祭,共文武之职,⑧乃遂及厥祖。⑨於戏,岂不休哉!⑩

①师古曰:"进前虚己而听也。"

②师古曰:"弥,读曰弭。弭,止也。"

③张晏曰:"定冠婚之仪,徙南北之郊也。"

④张晏曰:"封先代之后,立古文经,定迭毁之礼也。"

⑤师古曰:"辑,与集字同。"

⑥师古曰:"灵台,所以观气象者也。文王受命,作邑于丰,始立此台,兆庶自劝,就其功作,故《大雅·灵台》之诗曰:'经始灵台,经之营之,庶人攻之,不日成之。'作雒,谓周公营洛邑以为王都,所谓成周也。《周书·洛诰》曰:'召公既相宅,周公往营成周,使来告卜,作《洛诰》。'丰、镐相近,故总曰镐京。成周既城,迁殷顽民使居之,故云商邑之度也。"

⑦师古曰:"蛮夷渐染朝化而正衣冠,奉其国珍来助祭。"

⑧师古曰:"共,读曰供。"

⑨师古曰："荣宠之命,上延其先祖也。"

⑩师古曰："於戏,读曰呜呼。休,美也。"

于是莽稽首再拜,受绿韨衮冕衣裳,①场琫场珌,②句履,③鸾路乘马,④龙旂九旒,皮弁素积,⑤戎路乘马,⑥彤弓矢、卢弓矢,⑦左建朱钺,右建金戚,⑧甲胄一具,⑨秬鬯二卣,⑩圭瓒二,⑪九命青玉圭二,⑫朱户纳陛。⑬署宗官、祝官、卜官、史官,虎贲三百人,家令丞各一人,宗、祝、卜、史官皆置啬夫,佐安汉公。在中府外第,虎贲为门卫,当出入者傅籍。⑭自四辅、三公有事府第,皆用传。⑮以楚王邸为安汉公第,大缮治,通周卫。祖祢庙及寝皆为朱户纳陛。陈崇又奏:"安汉公祠祖祢,出城门,城门校尉宜将骑士从。入有门卫,出有骑士,所以重国也。"奏可。

①师古曰："此韨谓蔽膝也,或谓韨韠。韨,音弗。韠,音毕。"

②孟康曰："场,玉名也。佩刀之饰,上曰琫,下曰珌。《诗》云'韠琫有珌'是也。"师古曰："场音荡。琫,音布孔反。珌,音必。"

③孟康曰："今齐祀履舃头饰也,出履三寸。"师古曰："其形歧头。句,音巨俱反。"

④师古曰："鸾路,路车之施鸾者也,解在《礼乐志》。四马曰乘,音食证反。其下亦同。"

⑤师古曰："素积,素裳也。"

⑥师古曰："戎路,戎车也。"

⑦师古曰："彤,赤色。卢,黑色。"

⑧师古曰："钺、戚,皆斧属。"

⑨师古曰："胄,兜鍪。"

⑩师古曰："秬鬯,香酒也。卣,中樽也,音攸,又音羊九反。"

⑪师古曰："以圭为勺末。"

⑫师古曰："青者,春色,东方生而长育万物也。"

⑬孟康曰："纳,内也。谓凿殿基际为陛,不使露也。"师古曰："孟说是也。尊者不欲露而升陛,故内之于霤下也。诸家之释,文句虽烦,义皆不了,故无取云。"

⑭师古曰："傅犹著也,音附。"

⑮孟康曰："传,符也。"师古曰："音张恋反。"

其秋，莽以皇后有子孙瑞，通子午道。①子午道从杜陵直绝南山，径汉中。②

①张晏曰："时年十四，始有妇人之道也。子，水；午，火也。水以天一为牡，火以地二为牝，故火为水妃，今通子午以协之。"

②师古曰："子，北方也。午，南方也。言通南北道相当，故谓之子午耳。今京城直南山有谷通梁、汉道者，名子午谷。又宜州西界，庆州东界，有山名子午领，计南北直相当。此则北山者是子，南山者是午，共为子午道。"

风俗使者八人还，言天下风俗齐同，诈为郡国造歌谣，颂功德，凡三万言。莽奏定著令。又奏为市无二贾，①官无狱讼，邑无盗贼，野无饥民，道不拾遗，男女异路之制，犯者象刑。②刘歆、陈崇等十二人皆以治明堂；宣教化，封为列侯。

①师古曰："言纯质也。贾，音价。"

②师古曰："象刑，解在《武纪》及《刑法志》。"

莽既致太平，北化匈奴，东致海外，南怀黄支，唯西方未有加。乃遣中郎将平宪等多持金币诱塞外羌，使献地，愿内属。宪等奏言："羌豪良愿等种，人口可万二千人，愿为内臣，献鲜水海、允谷盐池，平地美草皆予汉民，自居险阻处为藩蔽。问良愿降意，对曰：'太皇太后圣明，安汉公至仁，天下太平，五谷成孰，或禾长丈余，或一粟三米，或不种自生，或茧不蚕自成，甘露从天下，醴泉自地出，凤皇来仪，神爵降集。从四岁以来，羌人无所疾苦，故思乐内属。'宜以时处业，置属国领护。"事下莽，莽复奏曰："太后秉统数年，恩泽洋溢，和气四塞，绝域殊俗，靡不慕义。越裳氏重译献白雉，黄支自三万里贡生犀，东夷王度大海奉国珍，匈奴单于顺制作，去二名，今西域良愿等复举地为臣妾，昔唐尧横被四表，亦亡以加之。今谨案已有东海、南海、北海郡，未有西海郡，请受良愿等所献地为西海郡。臣又闻圣王序天文，定地理，因山川民俗以制州界。汉家地广二帝三王，①凡十三州，州名及界多不应经。《尧典》十有二州，后定为九州。汉家廓地辽远，州牧行部，远者三万余里，不可为九。谨以经义正十二州名,分界以应正始。"奏可。又增法五十条,犯者徙之西海。
徙者以千万数,民始怨矣。

①服虔曰:"唐虞及周要服之内为七千里,夏殷方三千里,汉地南北万二
　千里也。"

　　泉陵侯刘庆上书①言:"周成王幼少,称孺子,周公居摄。今帝
富于春秋,宜令安汉公行天子事,如周公。"群臣皆曰:"宜如庆言。"

①师古曰:"《王子侯年表》'众陵节侯贤,长沙定王子,本始四年戴侯真定
　嗣,二十二年薨,黄龙元年顷侯庆嗣。'此则是也。此传及《翟义传》并云
　泉陵,《地理志》泉陵属零陵郡,而表作众陵,表为误也。"

　　冬,荧惑入月中。

　　平帝疾,莽作策,请命于泰畤,戴璧秉圭,愿以身代。藏策金縢,
置于前殿,敕诸公勿敢言。①十二月,平帝崩,大赦天下。莽征明礼
者宗伯凤等与定天下吏六百石以上皆服丧三年。奏尊孝成庙曰统
宗,孝平庙曰元宗。时元帝世绝,而宣帝曾孙有见王五人,②列侯广
戚侯显等四十八人,莽恶其长大,曰:"兄弟不得相为后。"乃选玄孙
中最幼广戚侯子婴,年二岁,托以为卜相最吉。

①师古曰:"诈依周公为武王请命,作金縢。"

②师古曰:"王之见在者。"

　　是月,前辉光谢器奏武功长孟通浚井得白石,①上园下方,有
丹书著石,②文曰"告安汉公莽为皇帝"。符命之起,自此始矣。莽使
群公以白太后,太后曰:"此诬罔天下,不可施行!"太保舜谓太后:
"事已如此,无可奈何,沮之力不能止。③又莽非敢有它,但欲称摄
以重其权,填服天下耳。"④太后听许。舜等即共令太后下诏曰:"盖
闻天生众民,不能相治,为之立君以统理之。君年幼稚,必有寄托而
居摄焉,然后能奉天施而成地化,群生茂育。《书》不云乎?'天工人
其代之。'⑤朕以孝平皇帝幼年,且统国政,几加元服,委政而属
之。⑥今短命而崩,呜呼哀哉!已使有司征孝宣皇帝玄孙二十三人,
差度宜者,以嗣孝平皇帝之后。⑦玄孙年在襁褓,不得至德君子,孰
能安之?安汉公莽辅政三世,比遭际会,安光汉室,⑧遂同殊风,至

于制作,与周公异世同符。今前辉光谢嚣、武功长通上言丹石之符,朕深思厥意,云“为皇帝”者,乃摄行皇帝之事也。夫有法成易,非圣人者亡法。其令安汉公居摄践祚,如周公故事,以武功县为安汉公采地,⑨名曰汉光邑,具礼仪奏。”

①师古曰:“浚,抒治之也。器,音许骄反。浚,音峻。抒,音直吕反。”

②师古曰:“著音直略反。”

③师古曰:“沮,坏也,音才汝反。”

④师古曰:“填,音竹刃反。”

⑤师古曰:“《虞书·咎繇谟》之辞也。言人代天理治工事也。”

⑥师古曰:“属,付也。几,音曰冀。属,音之欲反。”

⑦师古曰:“差度,谓择也。度,音大各反。”

⑧师古曰:“比,频也。”

⑨师古曰:“采,官也。以官受地,故谓之采。”

　　于是群臣奏言:“太后圣德昭然,深见天意,诏令安汉公居摄。臣闻周成王幼少,周道未成,成王不能共事天地,修文武之烈。①周公权而居摄,则周道成,王室安;不居摄,则恐周队失天命。②《书》曰:‘我嗣事子孙,大不克共上下,遏失前人光,在家不知命不易。天应棐谌,乃亡队命。’③说曰:④周公服天子之冕,南面而朝群臣,发号施令,常称王命。召公贤人,不知圣人之意,故不说也。⑤《礼·明堂记》曰:‘周公朝诸侯于明堂,天子负斧依南面而立。’⑥谓‘周公践天子位,六年朝诸侯,制礼作乐,而天下大服’也。召公不说。时武王崩,缞粗未除。⑦由是言之,周公始摄则居天子之位,非乃六年而践祚也。《书》逸《嘉禾篇》曰:‘周公奉鬯立于阼阶,延登,赞曰:“假王莅政,勤和天下。”’此周公摄政,赞者所称。⑧成王加元服,周公则致政。《书》曰“朕复子明辟”,⑨周公常称王命,专行不报,故言我复子明君也。臣请安汉公居摄践祚,服天子韨冕,⑩背斧依于户牖之间,南面朝群臣,听政事。车服出入警跸,民臣称臣妾,皆如天子之制。郊祀天地,宗祀明堂,共祀宗庙,享祭群神,赞曰‘假皇帝’,⑪民臣谓之‘摄皇帝’,自称曰‘予’。平决朝事,常以皇帝之诏称‘制’,以奉顺皇天之心,辅翼汉室,保安孝平皇帝之幼嗣,遂寄托

之义,隆治平之化。⑫其朝见太皇太后、帝皇后,皆复臣节。自施政
教于其宫家国采,如诸侯礼仪故事。臣昧死请。"太后诏曰:"可。"明
年,改元口居摄。

①师古曰:"共,读曰恭。烈,业也。"

②师古曰:"队,音直类反。"

③师古曰:"《周书·君奭》之篇也。邵公为保,周公为师,相成王为左右。
　　邵公不悦,周公作《君奭》以告之。奭,邵公名也。尊而呼之,故曰君也。
　　言我恐后嗣子孙大不能恭承天地,绝失先王光大之道,不知受命之难。
　　天所应辅唯在有诚,所以亡失其命也。共,音恭。柴音匪。"

④师古曰:"谓说经义也。"

⑤师古曰:"召,读曰邵。说,读曰悦。次下并同。"

⑥师古曰:"依,读曰扆。此下亦同。"

⑦师古曰:"缭,音千回反。"

⑧师古曰:"赞,谓祭祝之辞也。"

⑨师古曰:"《周书·洛诰》载周公告成王之辞,言我复还明君之政于子
　　也。复,音扶目反。"

⑩师古曰:"比辙亦谓裳敝也。"

⑪师古曰:"赞,谓祭祝之辞也。共,音恭。"

⑫师古曰:"遂,成也。"

　　居摄元年正月,莽祀上帝于南郊,迎春于东郊,行大射礼于明
堂,养三老五更,成礼而去。①置柱下五史,秩如御史,听政事,侍旁
记疏言行。

①师古曰:"更,音工衡反。"

　　三月己丑,立宣帝玄孙婴为皇太子,号曰孺子。以王舜为太傅
左辅,甄丰为太阿右拂,①甄邯为太保后承。又置四少,秩皆二千
石。

①师古曰:"拂,读曰弼。"

　　四月,安众侯刘崇与相张绍谋曰:①"安汉公莽专制朝政,必危
刘氏。天下非之者,乃莫敢先举,此宗室耻也。吾帅宗族为先,海内
必和。"绍等从者百余人,遂进攻宛,不得入而败。绍者,张竦之从兄

也。竦与崇族父刘嘉诣阙自归，莽赦弗罪。竦因为嘉作奏曰：

①师古曰："安众康侯丹，长沙定王子，崇即丹之玄孙子也，见《王子侯表》。"

　　建平、元寿之间，大统几绝，宗室几弃。①赖蒙陛下圣德，扶服振救，②遮捍匡卫，国命复延，宗室明目。临朝统政，发号施令，动以宗室为始，登用九族为先。并录支亲，建立王侯，南面之孤，计以百数。收复绝属，存亡续废，③得比肩首，复为人者，嫔然成行，④所以藩汉国，辅汉宗也。建辟雍，立明堂，班天法，流圣化，朝群后，昭文德，宗室诸侯，咸益土地。天下喁喁，引领而叹，⑤颂声洋洋，满耳而入。⑥国家所以服此美，膺此名，飨此福，受此荣者，岂非太皇太后旦昃之思，陛下夕惕之念哉！何谓？⑦乱则统其理，危则致其安，祸则引其福，绝则继其统，幼则代其任，晨夜屑屑，寒暑勤勤，⑧无时休息，孳孳不已者，⑨凡以为天下，厚刘氏也。⑩臣无愚智，民无男女，皆谕至意。⑪

①师古曰："几，亦音巨依反。"
②师古曰："陛下，谓莽也。服，音蒲北反。"
③师古曰："复，音扶目反。"
④师古曰："嫔然，多貌也。行，列也。嫔，音匹人反。行，音下郎反。"
⑤师古曰："喁喁，众口向上也，音颙。"
⑥师古曰："《论语》载孔子曰：'师挚之始，《关雎》之乱，洋洋乎盈耳哉！'故竦引之也。洋，音羊，又音翔。"
⑦师古曰："先为设问，复陈其事也。"
⑧师古曰："屑屑犹切切，动作之意也。"
⑨师古曰："孳孳，不息之意也，音与孜同。"
⑩师古曰："为，音于伪反。"
⑪师古曰："谕，晓也。"

　　而安众侯崇乃独怀悖惑之心，操畔逆之虑，①兴兵动众，欲危宗庙，恶不忍闻，罪不容诛，诚臣子之雠，宗室之雠，国家之贼，天下之害也。是故亲属震落而告其罪，民人溃畔而弃其

兵,进不跬步,退伏其殃。②百岁之母,孩提之子,③同时断斩,
悬头竿杪,④珠珥在耳,首饰犹存,为计若此,岂不悖哉!⑤

①师古曰:"悖,乖也。"

②师古曰:"半步曰跬,谓一举足也,音空蕊反。"

③师古曰:"婴儿始孩,人所提挈,故曰孩提也。孩者,小儿笑也。"

④师古曰:"杪,末也,音莫小反。"

⑤师古曰:"悖,惑也,音布内反。"

　　臣闻古者畔逆之国,既以诛讨,则猪其宫室以为污池,纳
垢浊焉,①名曰凶虚,②虽生菜茹,而人不食。③四墙其社,覆
上栈下,示不得通。④辨社诸侯,⑤出门见之,著以为戒。⑥方
今天下闻崇之反也,咸欲骞衣手剑而叱之。其先至者,则拂其
颈,⑦冲其匈,刃其躯,切其肌;后至者,欲拨其门,仆其墙,⑧
夷其屋,焚其器,⑨应声涤地,则时成创。⑩而宗室尤甚,言必
切齿焉。何则?以其背畔恩义,而不知重德之所在也。宗室所
居或远,嘉幸得先闻,不胜愤愤之愿,愿为宗室倡始,⑪父子兄
弟负笼荷锸,驰之南阳,⑫猪崇宫室,令如古制。及崇社宜如亳
社,以赐诸侯,用永监戒。愿下四辅公卿大夫议,以明好恶,视
四方。⑬

①李奇曰:"掘其宫以为池,用贮水也。"师古曰:"猪,谓畜水污下也。污,
　音乌。"

②师古曰:"虚,读曰墟。墟,故居也,言凶人所居也。"

③师古曰:"所食之菜曰茹,音人庶反。"

④师古曰:"栈,谓以篱蔽之也。下则栈之,上则覆之,所以隔塞不通阴阳
　之气。"

⑤孟康曰:"辨,布也。布崇社国,国各作一,见以为戒也。"师古曰:"辨,读
　曰班。"

⑥师古曰:"著,明也。"

⑦师古曰:"拂,戾也,音佛。"

⑧师古曰:"仆,倒也。"

⑨师古曰:"夷,平也。"

⑩师古曰:"涤地,犹言涂地。则时,即时也。创,伤也,音初良反。"

⑪师古曰:"倡,音先向反。"

⑫师古曰:"笼,所以盛土也。锸,锹也。"

⑬师古曰:"视,读曰示。"

于是莽大说。①公卿曰:"皆宜如嘉言。"莽白太后下诏曰:"惟嘉父子兄弟,虽与崇有属,不敢阿私,或见萌牙,相率告之,及其祸成,同共仇之,应合古制,忠孝著焉。其以杜衍户千封嘉为师礼侯,嘉子七人皆赐爵关内侯。"后又封竦为淑德侯。长安为之语曰:"欲求封,过张伯松;②力战斗,不如巧为奏。"莽又封南阳吏民有功者百余人,污池刘崇室宅。后谋反者,皆污池云。

①师古曰:"说,读曰悦。"

②师古曰:"竦之字。"

群臣复白:"刘崇等谋逆者,以莽权轻也。宜尊重以填海内。"①五月甲辰,太后诏莽朝见太后称"假皇帝"。

①师古曰:"填,音竹刃反。"

冬十月丙辰朔,日有食之。

十二月,群臣奏请:"益安汉公宫及家吏,置率更令,庙、厩、厨长丞,中庶子,虎贲以下百余人,又置卫士三百人。安汉公庐为摄省,府为摄殿,弟为摄宫。"奏可。

莽白太后下诏曰:"故太师光虽前薨,功效已列。太保舜、大司空丰、轻车将军邯、步兵将军建皆为诱进单于筹策,又典灵台、明堂、辟雍、四郊,定制度,开子午道,与宰衡同心说德,①合意并力,功德茂著。封舜子匡为同心侯,林为说德侯,光孙寿为合意侯,丰孙匡为并力侯。益邯、建各三千户。

①师古曰:"说,音悦。次下亦同。"

是岁,西羌庞恬、傅幡等①怨莽夺其地作西海郡,反攻西海太守程永,永奔走。莽诛永,遣护羌校尉窦况击之。

①师古曰:"幡,音敷元反,其字从巾。"

二年春,窦况等击破西羌。

五月,更造货:错刀,一直五千;契刀,一直五百;大钱,一直五十,与五铢钱并行。民多盗铸者。禁列侯以下不得挟黄金,输御府受直,然卒不与直。

九月,东郡太守翟义都试,勒车骑,因发奔命,立严乡侯刘信为天子,①移檄郡国,言"莽毒杀平帝,摄天子位,欲绝汉室,今共行天罚诛莽。"②郡国疑惑,众十余万。莽惶惧不能食,昼夜抱孺子告祷郊庙,放《大诰》作策,③遣谏大夫桓谭等班于天下,谕以摄位当反政孺子之意,④遣王邑、孙建等八将军击义,分屯诸关,守陀塞。槐里男子赵明、霍鸿等起兵,以和翟义,⑤相与谋曰:"诸将精兵悉东,京师空,可攻长安。"众稍多,至且十万人,莽恐,遣将军王奇、王级将兵距之。以太保甄邯为大将军,受钺高庙,领天下兵,左杖节,右把钺,屯城外。王舜、甄丰昼夜循行殿中。⑥

①师古曰:"东平炀王之子。"

②师古曰:"共,读曰恭。"

③师古曰:"放,依也。《大诰》,《周书》篇名,周公所作也。放,音甫往反。"

④师古曰:"谕,晓告之。"

⑤师古曰:"和,音胡卧反。"

⑥师古曰:"行,音下更反。"

十二月,王邑等破翟义于圉。司威陈崇使监军,①上书言:"陛下奉天洪范,心合宝龟,②膺受元命,豫知成败,咸应兆占,是谓配天。配天之主,虑则移气,言则动物,施则成化。臣崇伏读诏书下日,窃计其时,圣思始发,而反虏仍破;③诏文始书,反虏大败;制书始下,反虏毕斩。众将未及齐其锋芒,臣崇未及尽其愚虑,而事已决矣。"莽大说。④

①师古曰:"为使而监军于外。"

②师古曰:"心与龟合也。"

③师古曰:"思,虑也。"

④师古曰:"说,读曰悦。"

三年春,地震。大赦天下。

　　王邑等还京师,西与王级等合击明、鸿,皆破灭,语在《翟义传》。莽大置酒未央宫白虎殿,劳赐将帅。诏陈崇治校军功,第其高下。莽乃上奏曰:"明圣之世,国多贤人,故唐虞之时,可比屋而封,至功成事就,则加赏焉。至于夏后涂山之会,执玉帛者万国,诸侯执玉,附庸执帛。周武王孟津之上,尚有八百诸侯。周公居摄,郊祀后稷以配天,宗祀文王于明堂以配上帝,是以四海之内各以其职来祭,盖诸侯千八百矣。《礼记·王制》千七百余国,是以孔子著《孝经》曰:'不敢遗小国之臣,而况于公侯伯子男乎? 故得万国之欢心以事其先王。'此天子之孝也。秦为亡道,残灭诸侯以为郡县,欲擅天下之利,故二世而亡。高皇帝受命除残,考功施赏,建国数百,后稍衰微,其余仅存。太皇太后躬统大纲,广封功德以劝善,兴灭继绝以永世,是以大化流通,且暮且成。遭羌寇害西海郡,反虏流言东郡,逆贼惑众西土,忠臣孝子莫不奋怒,所征殄灭,尽备厥辜,天下咸宁。今制礼作乐,实考周爵五等,地四等,有明文;[1]殷爵三等,有其说,无其文。[2]孔子曰:'周监于二代,郁郁乎文哉! 吾从周。'[3]臣请诸将帅当受爵邑者爵五等,地四等。"奏可。于是封者高为侯伯,次为子男,当赐爵关内侯者更名曰附城,凡数百人。击西海者以"羌"为号,槐里以"武"为号,翟义以"虏"为号。

　　[1]苏林曰:"爵五等:公、侯、伯、子、男也。地四等:公一等,侯伯二等,子男三等,附庸四等。"

　　[2]师古曰:"公一等,侯二等,伯、子、男三等。"

　　[3]师古曰:"《论语》载孔子之言也。监,视也。二代,夏、殷也。郁郁,文章貌。"

　　群臣复奏言:"太后修功录德,远者千载,近者当世,或以文封,或以武爵,深浅大小,靡不毕举。今摄皇帝背依践祚,宜异于宰国之时,制作虽未毕已,[1]宜进二子爵皆为公。《春秋》'善善及子孙','贤者之后,宜有土地'。成王广封周公庶子六人,皆有茅土。及汉家名相大将萧、霍之属,咸及支庶。兄子光,可先封为列侯;诸孙,制度毕已,大司徒、大司空上名,如前诏书。"太后诏曰:"进摄皇帝子

褒新侯安为新举公,赏都侯临为褒新公,封光为衍光侯。"是时,莽
还归新都国,群臣复白以封莽孙宗为新都侯。莽既灭翟义,自谓威
德日盛,获天人助,遂谋即真之事矣。

　　①师古曰:"已,止也。"

　　九月,莽母功显君死,意不在哀,令太后诏议其服。少阿、羲和
刘歆与博士诸儒七十八人皆曰:"居摄之义,所以统立天功,兴崇帝
道,成就法度,安辑海内也。①昔殷成汤既没,而太子蚤夭,其子太
甲幼少不明,伊尹放诸桐宫而居摄,以兴殷道。周武王既没,周道未
成,成王幼少,周公屏成王而居摄,以成周道。②是以殷有翼翼之
化,③周有刑错之功。④今太皇太后比遭家之不造,⑤委任安汉公
宰尹群僚,衡平天下。⑥遭孺子幼少,未能共上下,⑦皇天降瑞,出
丹石之符,是以太后则天明命,诏安汉公居摄践祚,将以成圣汉之
业,与唐虞三代比隆也。摄皇帝遂开秘府,会群儒,制礼作乐,卒定
庶官,茂成天功。⑧圣心周悉,卓尔独见,发得周礼,以明因监,⑨则
天稽古,而损益焉,犹仲尼之闻《韶》,⑩日月之不可阶,⑪非圣哲之
至,孰能若兹!纲纪咸张,成在一匮,⑫此其所以保佑圣汉,安靖元
元之效也。今功显君薨,《礼》:'庶子为后,为其母缌。'传曰:'与尊
者为体,不敢服其私亲也。'摄皇帝以圣德承皇天之命,受太后之诏
居摄践祚,奉汉大宗之后,上有天地社稷之重,下有元元万机之忧,
不得顾其私亲。故太皇太后建厥元孙,俾侯新都⑬为哀侯后。明摄
皇帝与尊者为体,承宗庙之祭,奉共养太皇太后,不得服其私亲也。
《周礼》曰'王为诸侯缌缞','弁而加环缞',⑭同姓则麻,异姓则葛。
摄皇帝当为功显君缌缞,弁而加麻环经,如天子吊诸侯服,以应圣
制。"莽遂行焉,凡壹吊再会,而令新都侯宗为主,服丧三年云。

　　①师古曰:"辑字与集同。"

　　②师古曰:"屏犹拥也。"

　　③师古曰:"《商颂·殷武》之诗曰'商邑翼翼,四方之极',言商邑礼俗翼
　　　翼然可则效,乃四方之中正也。"

　　④师古曰:"谓成康之世囹圄空虚。"

⑤师古曰:"比,频也。《周颂·闵予小子》之篇曰'遭家不造'。造,成也。故议者引之。"

⑥师古曰:"宰,治也。尹,正也。衡,平也。言如称之衡。"

⑦师古曰:"共,读曰恭。上下,谓天地。"

⑧师古曰:"茂,美也。"

⑨李奇曰:"殷因于夏礼,周监于二代。"

⑩师古曰:"孔子至齐郭门之外,遇一婴儿,挈一壶,相与俱行,其视精,其心正,其端端。孔子谓御曰:'趣驱之,趣驱之,《韶》乐方作。'孔子至彼而及《韶》,闻之,三月不知肉味。言天纵多能而识微也,故取喻耳。"

⑪师古曰:"《论语》载子贡叙孔子德云:'它人贤者,丘陵也,犹可逾也。仲尼,日月也,无得而逾焉。'又曰:'夫子之不可及,犹天之不可阶而升也。'"

⑫师古曰:"《论语》云孔子曰:'譬如为山,未成一匮,止,吾止也。譬如平地,虽覆一匮,进,吾往也。'匮者,织草为器,所以盛土也。言人修行道德,有若为山,虽于平地,始覆一匮之土而作不止,可以得成,故吾欲往观之。今此议者谓莽修行政化,致于太平,本由一匮也。"

⑬师古曰:"建,立也。元,长也。谓立莽孙宗为新都侯也。俾,使也。"

⑭师古曰:"于弁上加环绖也。谓之环者,言其轻细如环之形。"

司威陈崇奏,衍功侯光私报执金吾窦况,令杀人,况为收系,致其法。莽大怒,切责光。光母曰:"女自视孰与长孙、中孙?"①遂母子自杀,及况皆死。初,莽以事母、养嫂、抚兄子为名,及后悖虐,复以示公义焉。②令光子嘉嗣爵为侯。

①师古曰:"长孙、中孙,莽子宇及获字也。皆为莽所杀,故云然。中,读曰仲。"

②服虔曰:"不舍光罪为公义。"

莽下书曰:"遏密之义,讫于季冬,①正月郊祀,八音当奏。王公卿士,乐凡几等?五声八音,条各云何?其与所部儒生各尽精思,悉陈其义。"

①张晏曰:"平帝以元始五年十二月崩,至此再期年也。"师古曰:"《虞书》:'放勋乃徂,百姓如丧考妣,三载,四海遏密八音。'遏,止也。密,静也。谓不作乐也。故莽引之。"

　　是岁，广饶侯刘京、车骑将军千人扈云、大保属臧鸿奏符命。①京言齐郡新井，云言巴郡石牛，鸿言扶风雍石，莽皆迎受。十一月甲子，莽上奏太后曰：“陛下至圣，遭家不造，遇汉十二世三七之陀，承天威命，诏臣莽居摄，受孺子之托，任天下之寄。臣莽兢兢业业，惧于不称。②宗室广饶侯刘京上书言：‘七月中，齐郡临淄县昌兴亭长辛当一暮数梦，曰：“吾，天公使也。天公使我告亭长曰：‘摄皇帝当为真。’即不信我，此亭中当有新井。”亭长晨起视亭中，诚有新井，③入地且百尺。’十一月壬子，直建冬至，④巴郡石牛，戊午，雍石文，皆到于未央宫之前殿。臣与太保安阳侯舜等视，天风起，尘冥，风止，得铜符帛图于石前，文曰：‘天告帝符，献者封侯。承天命，用神令。’骑都尉崔发等眂说。⑤及前孝哀皇帝建平二年六月甲子下诏书，更为太初元将元年，案其本事，甘忠可、夏贺良谶书臧兰台。⑥臣莽以为元将元年者，大将居摄改元之文也，于今信矣。《尚书·康诰》‘王若曰：“孟侯，朕其弟，小子封。”’⑦此周公居摄称王之文也。《春秋》隐公不言即位，摄也。此二经周公、孔子所定，盖为后法。孔子曰：‘畏天命，畏大人，畏圣人之言。’⑧臣莽敢不承用！臣请共事神祇宗庙，奏言太皇太后、孝平皇后，皆称‘假皇帝’。⑨其号令天下，天下奏言事，毋言‘摄’。以居摄三年为初始元年，漏刻以百二十为度，用应天命。臣莽夙夜养育隆就孺子，⑩令与周之成王比德，宣明太皇太后威德于万方，期于富而教之。孺子加元服，复子明辟，如周公故事。”奏可。众庶知其奉符命，指意群臣博议别奏，以视即真之渐矣。⑪

　　①师古曰：“千人，官名也，属车骑将军。扈，其姓；云，其名。”
　　②师古曰：“兢兢，慎也。业业，危也。”
　　③师古曰：“诚，实也。”
　　④师古曰：“壬子之日冬至，而其日当建。”
　　⑤师古曰：“眂，古视字也。视其文而说其意也。”
　　⑥师古曰：“兰台，掌图籍之所。”
　　⑦师古曰：“孟，长也。孟侯者，言为诸侯之长也。封者，卫康叔名。”

⑧师古曰:"《论语》载孔子之言也,已解在上。"
⑨师古曰:"共,音曰恭。"
⑩师古曰:"隆,长也。成就之使其长大也。"
⑪师古曰:"视,读曰示。"

期门郎张充等六人谋共劫莽,立楚王,发觉诛死。

梓潼人哀章①学问长安,素无行,好为大言。见莽居摄,即作铜匮,为两检,署其一曰"天帝行玺金匮图",其一署曰"赤帝行玺某传予黄帝金策书"。某者,高皇帝名也。书言王莽为真天子,皇太后如天命。图书皆书莽大臣八人,又取令名王兴、王盛,章因自窜姓名,②凡为十一人,皆署官爵,为辅佐。章闻齐井、石牛事下,即日昏时,衣黄衣,持匮至高庙,以付仆射。仆射以闻。戊辰,莽至高庙拜受金匮神嬗。③御王冠,谒太后,还坐未央宫前殿,下书曰:"予以不德,托于皇初祖考黄帝之后,皇始祖考虞帝之苗裔,而太皇太后之末属。皇天上帝隆显大佑,成命统序,符契图文,金匮策书,神明诏告,属予以天下兆民。④赤帝汉氏高皇帝之灵,承天命,传国金策之书,予甚祗畏,敢不钦受!以戊辰直定,⑤御王冠,即真天子位,定有天下之号曰新。其改正朔,易服色,变牺牲,殊徽帜,异器制。⑥以十二月朔癸酉为建国元年正月之朔,以鸡鸣为时。服色配德上黄,牺牲应正用白,使节之旄幡皆纯黄,其署曰'新使五威节',以承皇天上帝威命也。"

①师古曰:"梓潼,广汉之县也。潼,音童。"
②师古曰:"窜,谓厕著也。"
③师古曰:"嬗,古禅字。言有神命,使汉禅位于莽也。"
④师古曰:"属,委付也,音之欲反。"
⑤师古曰:"于建除之次,其日当定。"
⑥师古曰:"徽帜,通谓旌旗之属也。帜,音式志反。"

汉书卷九九中
列传第六九中

王莽中

　　始建国元年正月朔,莽帅公侯卿士奉皇太后玺韨,①上太皇太后,顺符命,去汉号焉。

　　①师古曰:"韨,谓玺之组,音弗。"

　　初,莽妻宜春侯王氏女,立为皇后。①本生四男:宇、获、安、临。二子前诛死,安颇荒忽,②乃以临为皇太子,安为新嘉辟。③封宇子六人:千为功隆公,寿为功明公,吉为功成公,宗为功崇公,世为功昭公,利为功著公。大赦天下。

　　①师古曰:"王䜣为丞相,初封宜春侯,传爵至孙咸。莽妻,咸之女。"

　　②师古曰:"荒,音呼广反。"

　　③师古曰:"辟,君也。谓之辟者,取为国君之义,音璧。"

　　莽乃策命孺子曰:"咨尔婴,昔皇天右乃太祖,①历世十二,享国二百一十载,历数在于予躬。《诗》不云乎?'侯服于周,天命靡常。'②封尔为定安公,永为新室宾。於戏!③敬天之休,④往践乃位,毋废予命。"又曰:"其以平原、安德、漯阴、鬲、重丘,凡户万,⑤地方百里,为定安公国。立汉祖宗之庙于其国,与周后并,行其正朔、服色。世世以事其祖宗,永以命德茂功,享历代之祀焉。以孝平皇后为定安太后。"读策毕,莽亲执孺子手,流涕歔欷,⑥曰:"昔周公摄位,终得复子明辟,今予独迫皇天威命,不得如意!"哀叹良久。中傅将孺子下殿,北面而称臣。百僚陪位,莫不感动。

①师古曰："右,读曰佑。佑,助也"

②师古曰："《大雅·文王》之诗也。言殷之后嗣,乃为诸侯,服事周室,天命无常也。谓微子为宋公。"

③师古曰："於戏,音曰呜呼。"

④师古曰："休,美也。"

⑤师古曰："五县也。㵺,音它合反。鬲,音与隔同。"

⑥师古曰："歔,音虚。欷,音许气反。"

又按金匮,辅臣皆封拜。以太傅、左辅、骠骑将军安阳侯王舜为太师,封安新公;大司徒就德侯平晏为太傅,就新公;少阿、羲和、京兆尹红休侯刘歆为国师,嘉新公;广汉梓潼哀章为国将,美新公:是为四辅,位上公。太保、后承承阳侯甄邯①为大司马,承新公;丕进侯王寻为大司徒,章新公;步兵将军成都侯王邑为大司空,隆新公:是为三公。大阿、右拂、大司空、卫将军广阳侯甄丰②为更始将军,广新公;京兆王兴为卫将军,奉新公;轻车将军成武侯孙建为立国将军,成新公;京兆王盛为前将军,崇新公:是为四将。凡十一公。王兴者,故城门令史。王盛者,卖饼。莽按符命求得此姓名十余人,两人容貌应卜相,径从布衣登用,以视神焉。③余皆拜为郎。是日,封拜卿大夫、侍中、尚书官凡数百人。诸刘为郡守,皆徙为谏大夫。

①师古曰："承,音烝。"

②师古曰："拂,读曰弼。"

③师古曰："视,读曰示。"

改明光宫为定安馆,定安太后居之。以故大鸿胪府为定安公第,皆置门卫使者监领。敕阿乳母不得与语,常在四壁中,①至于长大,不能名六畜。后莽以女孙宇子妻之。

①孟康曰："令定安公居四壁中,不得有所见。"

莽策群司曰："岁星司肃,东岳太师典致时雨,①青炜登平,考景以晷。②荧惑司哲,南岳太傅典致时奥,③赤炜颂平,考声以律。④太白司艾,西岳国师典致时阳,⑤白炜象平,考量以铨。⑥辰星司谋,北岳国将典致时寒,⑦玄炜和平,考星以漏。⑧月刑元股左,司马典致武应,考方法矩,⑨主司天文,钦若昊天,敬授民时,力来农事,以丰年谷。⑩曰德元厷右,司徒典致文瑞,考圜合规,⑪主司人道,五教是辅,帅民承上,宣美风俗,五品乃训。⑫斗平元心中,司空典致物图,考度以绳,⑬主司地里,平治水土,掌名山川,众殖鸟兽,蕃茂草木。"各策命以其职,如典诰之文。

①应劭曰:"貌之不恭,是谓不肃。肃,敬也。厥罚常雨。常雨,水也。故申戒厥任,欲使雨泽以时也。"晋灼曰:"众物生于东方,故戒太师也。"

②服虔曰:"炜,音晖。"如淳曰:"青气之光辉也。"晋灼曰:"言青阳之气始升而上,以成万物也。春秋分立表以正东西。东,日之始出也,考景以晷属焉。"

③应劭曰:"视之不明,是谓不哲。哲,智也。厥罚常燠。燠,暑也。"晋灼曰:"南方,盛阳之位。太傅,师尊之称,故戒之也。"师古曰:"燠,音于六反。"

④晋灼曰:"颂,宽颂也。夏,假也。物假大,乃宣平也。六月阴气之始,故为地统。地之中数六,六为律,律有形有色,色尚黄,故考声以律属焉。"师古曰:"颂,读曰容。"

⑤应劭曰:"言之不从,是谓不艾。艾,安也。厥罚常阳。阳,旱也。"师古曰:"艾,读曰乂。"

⑥应劭曰:"量,斗斛也。铨,权衡也。"晋灼曰:"象,形也,万物无不成形于西方,大小轻重皆可知,故称量属焉。"

⑦应劭曰:"听之不聪,是谓不谋。谋,图也。厥罚常寒。"晋灼曰:"北,伏也。阳气伏于下,阴主杀,故戒国将。"

⑧应劭曰:"推五星行度以漏刻也。"晋灼曰:"和,合也。万物皆合藏于北方,水又主平,故曰和平。历度起于斗分,日月纪于摄提,摄提值斗杓所指以建时节,故考星属焉。"

⑨张晏曰:"月为刑,司马主武,又典天,故使主威刑也。"

⑩师古曰:"钦,敬也。若,顺也。力来,劝勉之也。来,音郎代反。"

⑪张晏曰:"日为阳位。"晋灼曰:"厷圜也。五教在宽,则和气感物,四灵见象,故文瑞属焉。"师古曰:"厷,古肱字。"

⑫师古曰:"五教,谓父义、母慈、兄友、弟恭、子孝也。五品即五常,谓仁、义、礼、智、信。"

⑬张晏曰:"斗,北斗也,主齐七政。司空主水土,土为中,故责之。"孟康

曰:"《易》'河出图,洛出书',司空主水土,责以其物也。"晋灼曰:"中央
为四季土。土者信,信者直,故为绳。"

置大司马司允,①大司徒司直,大司空司若,②位皆孤卿。更名
大司农曰羲和,后更为纳言,大理曰作士,太常曰秩宗,大鸿胪曰典
乐,少府曰共工,③水衡都尉曰予虞,与三公司卿凡九卿,分属三
公。每一卿置大夫三人,一大夫置元士三人,凡二十七大夫,八十一
元士,分主中都官诸职。更名光禄勋曰司中,太仆曰太御,卫尉曰太
卫,执金吾曰奋武,中尉曰军正,又置大赘官,主乘舆服御物,④后
又典兵秩,位皆上卿,号曰六监。改郡太守曰大尹,都尉曰太尉,县
令长曰宰,御史曰执法,公车司马曰王路四门,长乐宫曰常乐室,未
央宫曰寿成室,前殿曰王路堂,⑤长安曰常安。更名秩百石曰庶士,
三百石曰下士,四百石曰中士,五百石曰命士,六百石曰元士,千石
曰下大夫,比二千石曰中大夫,二千石曰上大夫,中二千石曰卿。车
服黻冕,各有差品。⑥又置司恭、司徒、司明、司聪、司中大夫及诵诗
工、彻膳宰,以司过。策曰:"予闻上圣欲昭厥德,罔不慎修厥身,用
绥于远,是用建尔司于五事。毋隐尤,毋将虚,⑦好恶不愆,立于厥
中。⑧於戏,勖哉!"⑨令王路设进善之旌,非谤之木,敢谏之鼓。⑩
谏大夫四人常坐王路门受言事者。

①师古曰:"允,信也。"
②师古曰:"若,顺也。"
③师古曰:"共,音曰龚。"
④师古曰:"赘,聚也,言财物所聚也,音之锐反。"
⑤服虔曰:"如言路寝也。"
⑥师古曰:"此黻谓衣裳之黻。"
⑦师古曰:"尤,过也。将,助也。虚,谓虚美也。言勿隐吾过,而助为虚美。"
⑧师古曰:"愆,违也。"
⑨师古曰:"於戏,读曰呜呼。勖,勉也。"
⑩师古曰:"非,音曰诽。"

封王氏齐缞之属为侯,大功为伯,小功为子,缌麻为男,其女皆
为任。①男以"睦"、女以"隆"为号焉,②皆授印韨③令诸侯立太夫

人、夫人、世子,亦受印韍。

①师古曰:"任,充也。男服之义,男亦任也,音壬。"

②师古曰:"睦、隆,皆其受封邑之号,取嘉名。"

③师古曰:"韍亦印之组。次下并同。"

又曰:"天无二日,土无二王,百王不易之道也。汉氏诸侯或称王,至于四夷亦如之,违于古典,缪于一统。其定诸侯王之号皆称公,及四夷僭号称王者皆更为侯。"

又曰:"帝王之道,相因而通;盛德之祚,百世享祀。予惟黄帝、帝少昊、帝颛顼、帝喾、帝尧、帝舜、帝夏禹、皋陶、伊尹咸有圣德,假于皇天,①功烈巍巍,光施于远。予甚嘉之,营求其后,将祚厥祀。"惟王氏,虞帝之后也,出自帝喾;刘氏,尧之后也,出自颛顼。于是封姚恂为初睦侯,奉黄帝后;②梁护为修远伯,奉少昊后;③皇孙功隆公千,奉帝喾后;刘歆为祁烈伯,奉颛顼后;国师刘歆子叠为伊休侯,奉尧后;④妫昌为始睦侯,奉虞帝后;山遵为褒谋子,奉皋陶后;伊玄为褒衡子,奉伊尹后。汉后定安公刘婴,位为宾。周后卫公姬党,更封为章平公,亦为宾。殷后宋公孔弘,运转次移,更封为章昭侯,位为恪。⑤夏后辽西姒丰,封为章功侯,亦为恪。⑥四代古宗,宗祀于明堂,以配皇始祖考虞帝。周公后褒鲁子姬就,宣尼公后褒成子孔钧,已前定焉。

①师古曰:"假,至也,升也,音工雅反。"

②服虔曰:"姚,舜姓,故封为黄帝后。"

③服虔曰:"以为伯益之后,故封之。"

④师古曰:"上言红休侯刘歆为国师嘉新公,今此云刘歆为祁烈伯,又言国师刘歆子为伊休侯,是则祁烈伯自别一刘歆,非国师也。"

⑤师古曰:"恪,敬也。言侍之加敬,亦如宾也。周以舜后并杞、宋为三恪也。"

⑥服虔曰:"姒,夏姓。"

莽又曰:"予前在摄时,建郊宫,定桃庙,立社稷,①神祇报况,②或光自上复于下,流为乌,③或黄气熏蒸,昭耀章明,以著黄、虞之烈焉。④自黄帝至于济南伯王,而祖世氏姓有五矣。⑤黄帝二十五子,分赐厥姓十有二氏。虞帝之先,受姓曰姚,其在陶唐曰妫,在周曰陈,在齐曰田,在济南曰王。予伏念皇初祖考黄帝,皇始祖考虞帝,以宗祀于明堂,宜序于祖宗之亲庙。其立祖庙五,亲庙四,后夫人皆配食。郊祀黄帝以配天,黄后以配地。⑥以新都侯东弟为大禖,岁时以祀。⑦家之所尚,种祀天下。⑧姚、妫、陈、田、王氏凡五姓者,皆黄、虞苗裔,予之同族也。《书》不云乎?'惇序九族。'⑨其令天下上此五姓名籍于秩宗,皆以为宗室。世世复,无有所与。⑩其元城王氏,勿令相嫁娶,⑪以别族理亲焉。"封陈崇为统睦侯,奉胡王后;⑫田丰为世睦侯,奉敬王后。⑬

①师古曰:"远祖曰姚,音吐尧反。"

②师古曰:"况,赐也。"

③师古曰:"复,音扶目反。"

④师古曰:"烈,余业也。自云承黄、虞之后。"

⑤师古曰:"济南伯王,莽之高祖。"

⑥孟康曰:"黄帝之后也。"

⑦师古曰:"禖,祀也。立此大祠,常以岁时祀其先也。"

⑧师古曰:"言国已立大禖祠先祖矣,其众庶之家所尚者,各令传祀勿绝,普天之下同其法。"

⑨师古曰:"《虞书·皋陶谟》之辞也。惇,厚也。"

⑩师古曰:"复,音方目反。与,读曰预。"

⑪师古曰:"元城王氏不得与四姓昏娶,以其同祖也。余它王氏,则不禁焉。"

⑫孟康曰:"追王陈胡公。"

⑬孟康曰:"追王陈敬仲。"

　　天下牧守皆以前有翟义、赵明等领州郡,怀忠孝,封牧为男,守为附城。又封旧恩戴崇、金涉、箕闳、杨并等子皆为男。

　　遣骑都尉嚣等①分治黄帝园位于上都桥畤,②虞帝于零陵九疑,胡王于淮阳陈,敬王于齐临淄,愍王于城阳莒,③伯王于济南东平陵,孺王于魏郡元城,④使者四时致祠。其庙当作者,以天下初定,且祫祭于明堂太庙。

①师古曰:"嚣,音许骄反。"

②师古曰:"桥山之上,故曰桥畤也。"

③服虔曰:"齐愍王。"

④师古曰:"莽之高祖名遂字伯纪,曾祖名贺字翁孺,故谓之伯王、孺王。"

以汉高庙为文祖庙。①莽曰:"予之皇始祖考虞帝受嬗于唐,②汉氏初祖唐帝,世有传国之象,③予复亲受金策于汉高皇帝之灵。惟思褒厚前代,何有忘时?汉氏祖宗有七,④以礼立庙于定安国。其园寝庙在京师者,勿罢,祠荐如故。予以秋九月亲入汉氏高、元、成、平之庙。诸刘更属籍京兆大尹,勿解其复,各终厥身,⑤州牧数存问,勿令有侵冤。"

①师古曰:"欲法舜受终于文祖。"

②师古曰:"嬗,古禅字。"

③师古曰:"尧传舜,汉传莽,自以舜后故,言有传国之象。"

④苏林曰:"汉本祀祖宗有四,莽以元帝、成帝、平帝为宗,故有七。"

⑤师古曰:"复,音方目反。"

又曰:"予前在大麓,至于摄假,①深惟汉氏三七之阸,赤德气尽,思索广求,②所以辅刘延期之术,靡所不用。以故作金刀之利,几以济之。③然自孔子作《春秋》以为后王法,至于哀之十四而一代毕,协之于今,亦哀之十四也。④赤世计尽终,不可强济。皇天明威,黄德当兴,隆显大命,属予以天下。⑤今百姓咸言皇天革汉而立新,⑥废刘而兴王。夫'刘'之为字'卯、金、刀'也,正月刚卯,金刀之利,皆不得行。⑦博谋卿士,佥曰天人同应,昭然著明。其去刚卯莫以为佩,除刀钱勿以为利,承顺天心,快百姓意。"乃更作小钱,径六分,重一铢,文曰"小钱直一",与前"大钱五十"者为二品,并行。欲防民盗铸,禁不得挟铜炭。

①师古曰:"大麓者,谓为大司马、宰衡时,妄引'舜纳于大麓,烈风雷雨不迷'也。摄假,谓初为摄皇帝,又为假皇帝。"

②师古曰:"索亦求也,音山客反。"

③师古曰:"几,读曰冀。"

④张晏曰:"汉哀帝即位六年,平帝五年,居摄三年,凡十四年。"

⑤师古曰:"属,音之欲反。"

⑥师古曰:"革,改也。"

⑦服虔曰:"刚卯,以正月卯日作佩之,长三寸,广一寸,四方,或用玉,或用金,或用桃,著革带佩之。今有玉在者,铭其一面曰'正月刚卯'。金刀,莽所铸之钱也。"晋灼曰:"刚卯长一寸,广五分,四方。当中央从穿作孔,以采丝葩其底,如冠缨头蕤。刻其上面,作两行书,文曰:'正月刚卯既央,灵殳四方,赤青白黄,四色是当。帝令祝融,以教夔、龙,庶疫刚瘅,莫我敢当。'其一铭曰:'疾日严卯,帝令夔化,顺尔固伏,化兹灵殳。既正既直,既觚既方,庶疫刚瘅,莫我敢当。'"师古曰:"今往往有土中得玉刚卯者,案大小及文,服说是也。莽以刘字上有卯,下有金,旁又有刀,故禁刚卯及金刀也。"

四月,徐乡侯刘快结党数千人起兵于其国。①快兄殷,故汉胶东王,时改为扶崇公。快举兵攻即墨,殷闭城门,自系狱。吏民距快,快败走,至长广死。莽曰:"昔予之祖济南愍王困于燕寇,自齐临淄出保于莒。宗人田单广设奇谋,获杀燕将,复定齐国。今即墨士大夫复同心珍灭反虏,予甚嘉其忠者,怜其无辜。其赦殷等,非快之妻子它亲属当坐者皆勿治。吊问死伤,赐亡者葬钱,人五万。殷知大命,深疾恶快,以故辄伏厥辜。其满殷国户万,地方百里。"又封符命臣十余人。

①师古曰:"快,胶东恭王子也。而《王子侯表》作怏字,从火,与此不同,疑表误。"

莽曰:"古者,设庐井八家,一夫一妇田百亩,什一而税,则国给民富而颂声作。①此唐虞之道,三代所遵行也。秦为无道,厚赋税以自供奉,罢民力以极欲,②坏圣制,废井田,是以兼并起,贪鄙生,强者规田以千数,弱者曾无立锥之居。又置奴婢之市,与牛马同兰,③制于民臣,颛断其命。奸虐之人因缘为利,至略卖人妻子,逆天心,悖人伦,④缪于'天地之性人为贵'之义。⑤《书》曰'予则奴戮女',⑥唯不用命者,然后被此辜矣。汉氏减轻田租,三十而税一,常有更赋,罢癃咸出,⑦而豪民侵陵,分田劫假。厥名三十税一,实什税五也。⑧父子夫妇终年耕芸,⑨所得不足以自存。故富者犬马余菽粟,骄而为邪;贫者不厌糟糠,穷而为奸。⑩俱陷于辜,刑用不错。⑪予前在大麓,始令天下公田口井,⑫时则有嘉禾之祥,遭反虏逆贼且止。今更名天下田曰‘王田’,奴婢曰‘私属’,皆不得卖买。其男口不盈八,而田过一井者,分余田予九族邻里乡党。故无田,今当受田者,如制度。敢有非井田圣制,无法惑众者,投诸四裔,以御魑魅,⑬如皇始祖考虞帝故事。”

①师古曰:“给,足也。”

②师古曰:“罢,读曰疲。”

③师古曰:“兰,谓遮兰之,若牛马兰圈也。”

④师古曰:“惇,乱也。惇,音布内反。”

⑤师古曰:“《孝经》称孔子曰‘天地之性人为贵’,故引之。性,生也。”

⑥师古曰:“《夏书·甘誓》之辞也。奴戮,戮之以为奴也。说《书》者以为帑,子也,戮及妻子。此说非也。《泰誓》云‘囚奴正士’,岂及子之谓乎?女,读曰汝。”

⑦师古曰:“更,音工衡反。罢,音疲。癃,音隆。”

⑧师古曰:“解并在《食货志》。”

⑨师古曰:“芸字与耘同。”

⑩师古曰:“厌,饱也。”

⑪师古曰:“错,置也,音千故反。”

⑫师古曰:“计口而为井田。”

⑬师古曰:“魑,山神也。魅,老物精也。魑,音螭。魅,音媚。”

　　是时,百姓便安汉五铢钱,以莽钱大小两行难知,又数变改不信,皆私以五铢钱市买。讹言大钱当罢,莫肯挟。莽患之,复下书:“诸挟五铢钱,言大钱当罢者,比非井田制,投四裔。”于是农商失业,食货俱废,民人至涕泣于市道。及坐卖买田宅奴婢,铸钱,自诸侯卿大夫至于庶民,抵罪者不可胜数。

　　秋,遣五威将王奇等十二人班《符命》四十二篇于天下。德祥五事,符命二十五,福应十二,凡四十二篇。其德祥言文、宣之世黄龙见于成纪、新都,高祖考王伯墓门梓柱生枝叶之属。符命言井石、金匮之属。福应言雌鸡化为雄之属。其文尔雅依托,皆为作说,①大归言莽当代汉有天下云。总而说之曰："帝王受命，必有德祥之符瑞，协成五命，申以福应，②然后能立巍巍之功，传于子孙，永享无穷之祚。故新室之兴也，德祥发于汉三七九世之后。③肇命于新都，受瑞于黄支，④开王于武功，定命于子同，⑤成命于巴宕，⑥申福于十二应，天所以保祐新室者深矣，固矣！武功丹石出于汉氏平帝末年，火德销尽，土德当代，皇天眷然，去汉与新，以丹石始命于皇帝。皇帝谦让，以摄居之，未当天意，故其秋七月，天重以三能文马。⑦皇帝复谦让，未即位，故三以铁契，四以石龟，五以虞符，六以文圭，七以玄印，八以茂陵石书，九以玄龙石，十以神井，十一以大神石，十二以铜符帛图。申命之瑞，浸以显著，⑧至于十二，以昭告新皇帝。皇帝深惟上天之威不可不畏，故去摄号，犹尚称假，改元为初始，欲以承塞天命，克厌上帝之心。⑨然非皇天所以郑重降符命之意，⑩故是日天复决其以勉书。⑪又侍郎王盱见人衣白布单衣，赤缋方领，⑫冠小冠，立于王路殿前，谓盱曰：'今日天同色，以天下人民属皇帝。'⑬盱怪之，行十余步，人忽不见。至丙寅暮，汉氏高庙有金匮图策：'高帝承天命，以国传新皇帝。'明旦，宗伯忠孝侯刘宏以闻，乃召公卿议，未决，而大神石人谈曰：'趣新皇帝之高庙受命，毋留！'⑭于是新皇帝立登车，之汉氏高庙受命。受命之日，丁卯也。丁，火，汉氏之德也。卯，刘姓所以为字也。明汉刘火德尽，而传于新室也。皇帝谦谦，既备固让，十二符应迫著，命不可辞。⑮惧然祇畏，茍然闵汉氏之终不可济，⑯亹亹在左右之不得从意，⑰为之三夜不御寝，三日不御食。延问公侯卿大夫，佥曰：'宜奉如上天威命。'于是乃改元定号，海内更始。新室既定，神祇欢喜，申以福应，吉瑞累仍。⑱《诗》曰：'宜民宜人，受禄于天；保右命之，自天申之。'⑲此之谓也。"五威将军奉《符命》，赍印绶，王侯以下及吏官名更者，⑳外及匈奴、西域，徼外蛮夷，皆即授新室印绶，因收故汉印绶。赐吏爵人二级，民爵人一级，女子百户羊酒，蛮夷币帛各有差。大赦天下。

①师古曰："尔雅，近正也。谓近于正经，依古义而为之说。"

②师古曰："五命,谓五行之次,相承以受命也。申,重也。"

③苏林曰："二百一十岁,九天子也。"

④孟康曰："献牝犀。"

⑤孟康曰："梓潼县也,莽改也。"

⑥晋灼曰："巴郡宕渠县也。"

⑦服虔曰："三台星也。"晋灼曰："许慎说,文马缩身金精,周成王时犬戎献之。"师古曰："能,音台。"

⑧师古曰："浸,渐也。"

⑨师古曰："塞,当也。厌,满也。"

⑩师古曰："郑重,犹言频烦也。重,音直用反。"

⑪孟康曰："哀章所作策书也。言数有瑞应,莽自谦居摄,天复决其疑,劝勉令为真也。"晋灼曰："勉字当为龟。是日自复有龟书及天下金匮图策事也。"师古曰："孟说是。"

⑫师古曰："缋者,会五采也。以布为单衣,以赤加缋为其方领也。盱,音许于反。缋,音胡内反。"

⑬师古曰："同色者,言五方天神共齐其谋,同其颜色也。字或作包,包者,言天总包括天下人众而与莽也。其义两通。属,委也,音之欲反。"

⑭师古曰："趣,读曰促。"

⑮师古曰："迫,促也。著,明也。"

⑯师古曰："惧,音瞿。瞿然,自失之意也。革然,变动之貌也。瞿,音居具反。"

⑰师古曰："亹亹,自勉之意。左右,助也。言欲助汉室,而迫天命,不得从其本意也。左右,音曰佐佑也。"

⑱师古曰："申,重也。仍,频也。"

⑲师古曰："《大雅·假乐》之诗也。言有功德宜于众人者,则受天之福禄。天乃保安而佑助之,命以邦国也。申,谓重其意也。右,读曰佑。"

⑳师古曰："更,改也。"

五威将乘《乾》文车,①驾《坤》六马,②背负鹫鸟之毛,服饰甚伟。③每一将各置左右前后中帅,凡五帅。衣冠车服驾马,各如其方面色数。④将持节,称太一之使;帅持幢,称五帝之使。莽策命曰:"普天之下,迄于四表,⑤靡所不至。"其东出者,至玄菟、乐浪、高句

骊、夫余；⑥南出者，隃徼外，历益州，⑦贬句町王为侯；西出者，至
西域，尽改其王为侯；北出者，至匈奴庭，授单于印，改汉印文，去
"玺"曰"章"。单于欲求故印，陈饶椎破之，语在《匈奴传》。单于大
怒，而句町、西域后卒以此皆畔。饶还，拜为大将军，封威德子。

① 郑氏曰："画天文象于车也。"
② 郑氏曰："《坤》为牝马。六，地数。"
③ 师古曰："鷩鸟，雉属，即鵔鸃也。今俗呼之山鸡，非也。鷩，音鳖。"
④ 师古曰："色者，东方青，南方赤也。数者，若木数三，火数二之类。"
⑤ 师古曰："迄亦至也。"
⑥ 师古曰："夫余，亦东北夷也。乐，音洛。浪，音郎。夫，音扶。"
⑦ 师古曰："隃，与逾同。"

　　冬，靁，①桐华。
① 师古曰："古雷字。"

　　置五威司命，中城四关将军。司命司上公以下，中城主十二城
门。策命统睦侯陈崇曰："咨尔崇。夫不用命者，乱之原也；大奸猾
者，贼之本也；铸伪金钱者，妨宝货之道也；骄奢逾制者，凶害之端
也；漏泄省中及尚书事者，'机事不密则害成'也；①拜爵王庭，谢恩
私门者，禄去公室，政从亡矣：凡此六条，国之纲纪。是用建尔作司
命，'柔亦不茹，刚亦不吐，不侮鳏寡，不畏强圉'，②帝命帅繇，统睦
于朝。"③命说符侯崔发曰："'重门击柝，以待暴客。'④女作五威中
城将军，⑤中德既成，天下说符。"⑥命明威侯王级曰："绕雷之固，
南当荆楚。⑦女作五威前关将军，振武奋卫，明威于前。"命尉睦侯
王嘉曰："羊头之阸，北当燕赵。⑧女作五威后关将军，壶口捶扼，尉
睦于后。"⑨命掌威侯王奇曰："肴黾之险，东当郑卫。⑩女作五威左
关将军，函谷批难，掌威于左。"⑪命怀羌子王福曰："汧陇之阻，西
当戎狄。⑫女作五威右关将军，成固据守，怀羌于右。"

① 师古曰："《易·上系》之辞曰'君不密则失臣，臣不密则失身，机事不密
　　则害成'，故引之。"
② 师古曰："引《诗·大雅》美仲山甫之辞，其义并解于上。"
③ 师古曰："帅，循也。繇，读与由同。"

④师古曰：“《易·下系》之辞也。击柝，谓击木以守夜也。暴客，谓奸暴之
　人来为寇害者也。柝，音他各反。”

⑤师古曰：“女，读曰汝。其下并同。”

⑥师古曰：“说，音悦。”

⑦服虔曰：“隃险之道。”师古曰：“谓之绕雷者，言四面塞阨，其道屈曲，溪
　谷之水，回绕而雷也。其处即今商州界七盘十二绕是也。雷，力救反。”

⑧师古曰：“羊头，山名，在上党壶关县。”

⑨师古曰：“壶口亦山名也。捶扼，谓据险阨而捶击也。捶，音之蕊反。”

⑩师古曰：“肴亦山也。黾，黾池也。皆在陕县之东。黾，音莫善反。”

⑪师古曰：“批，谓纠闭之也。函谷故关，今在桃林县界。批，音步结反。”

⑫师古曰：“汧，扶风汧县，有吴山、汧水之阻。陇，谓陇阺也。汧陇相连。
　汧，音苦坚反。阺，丁礼反。”

又遣谏大夫五十人分铸钱于郡国。

是岁，长安狂女子碧呼道中①曰：“高皇帝大怒，趣归我国。不
者，九月必杀汝！”②莽收捕杀之。治者掌寇大夫陈成自免去官。③

①师古曰：“碧者，女子名也。呼，叫也，音火故反。”

②师古曰：“趣，读曰促。”

③师古曰：“狂妄之，职在掌寇，故云治者。”

真定刘都等谋举兵，发觉，皆诛。

真定、常山大雨雹。①

①师古曰：“雨，音于具反。”

二年二月，赦天下。

五威将帅七十二人还奏事，汉诸侯王为公者，悉上玺绶为民，
无违命者。封将为子，帅为男。

初设六筦之令。①命县官酤酒，卖盐铁器，铸钱，诸采取名山大
泽众物者税之。又令市官收贱卖贵，赊贷予民，收息百月三。②牺和
置酒士，郡一人，乘传督酒利。③禁民不得挟弩铠，徙西海。

①师古曰：“筦，亦管字也。管，主也。”

②如淳曰：“出百钱与民用，月收其息三钱也。”师古曰：“贷，音吐戴反。”

③师古曰：“督，视察之。传，音张恋反。”

匈奴单于求故玺,莽不与,遂寇边郡,杀略吏民。

十一月,立国将军建奏:"西域将钦上言,①九月辛巳,戊己校尉史陈良、终带共贼杀校尉刁护,②劫略吏士,自称废汉大将军,亡入匈奴。又今月癸酉,不知何一男子遮臣建车前,自称'汉氏刘子舆,成帝下妻子也。③刘氏当复,④趣空宫。'⑤收系男子,即常安姓武字仲。皆逆天违命,大逆无道。请论仲及陈良等亲属当坐者。奏可。汉氏高皇帝比著戒云,罢吏卒,为宾食,⑥诚欲承天心,全子孙也。其宗庙不当在常安城中,及诸刘为诸侯者,当与汉俱废。陛下至仁,久未定。前故安众侯刘崇、徐乡侯刘快、⑦陵乡侯刘曾、⑧扶恩侯刘贵等⑨更聚众谋反。⑩今狂狡之虏,或妄自称亡汉将军,或称成帝子子舆,至犯夷灭,连未止者,此圣恩不蚤绝其萌牙故也。臣愚以为汉高皇帝为新室宾,享食明堂。成帝,异姓之兄弟,平帝,婿也,皆不宜复入其庙。元帝与皇太后为体,⑪圣恩所隆,礼亦宜之。臣请汉氏诸庙在京师者皆罢。诸刘为诸侯者,以户多少就五等之差;其为吏者皆罢,待除于家。⑫上当天心,称高皇帝神灵,⑬塞狂狡之萌。"莽曰:"可。嘉新公国师以符命为予四辅,明德侯刘龚、率礼侯刘嘉等凡三十二人皆知天命,或献天符,或贡昌言,⑭或捕告反虏,厥功茂焉。诸刘与三十二人同宗共祖者勿罢,赐姓曰王。"唯国师以女配莽子,故不赐姓。改定安太后号曰黄皇室主,绝之于汉也。

①师古曰:"但钦也。"

②师古曰:"刁,音貂。"

③师古曰:"下妻,犹言小妻。"

④师古曰:"复,音扶福反。"

⑤师古曰:"趣,读曰促。"

⑥师古曰:"比,频也。言高帝频戒云,勿使吏卒守汉庙,欲为寄食之宾于王氏庙中。"

⑦师古曰:"并解于上。"

⑧师古曰:"楚思王子。"

⑨师古曰:"不知谁子孙。"

⑩师古曰："更,音工衡反。"

⑪师古曰："夫妇一体也。"

⑫师古曰："罢黜其职,各使退归,而言在家待迁除。"

⑬师古曰："称,音尺孕反。"

⑭师古曰："昌,当也。"

　　冬十二月,雷。

　　更名匈奴单于曰降奴服于。莽曰："降奴服于知①威侮五行,②背畔四条,③侵犯西域,延及边垂,为元元害,罪当夷灭。命遣立国将军孙建等凡十二将,十道并出,共行皇天之威,罚于知之身。④惟知先祖故呼韩邪单于稽侯狦⑤累世忠孝,保塞守徼,不忍以一知之罪,灭稽侯狦之世。今分匈奴国土人民以为十五,立稽侯狦子孙十五人为单于。遣中郎将蔺苞、戴级驰之塞下,召拜当为单于者。诸匈奴人当坐虏知之法者,皆赦除之。"遣五威将军苗䜣、虎贲将军王况出五原,厌难将军陈钦、震狄将军王巡出云中,⑥振武将军王嘉、平狄将军王萌出代郡,相威将军李棽、镇远将军李翁出西河,⑦诛貉将军阳俊、讨秽将军严尤出渔阳,奋武将军王骏、定胡将军王晏出张掖,及偏裨以下百八十人。募天下囚徒、丁男、甲卒三十万人,转众郡委输五大夫衣裘、兵器、粮食,长吏送自负海江淮至北边,使者驰传督趣,以军兴法从事,⑧天下骚动。先至者屯边郡,须毕具乃同时出。

①师古曰："知者,莽改单于之名也,本名囊知牙斯。"

②师古曰："引《夏书·甘誓》之文。"

③师古曰："四条,莽所与作制者,事在《匈奴传》。"

④师古曰："共,读曰恭。"

⑤师古曰："狦音狦,又音先安反。"

⑥师古曰："厌,音一涉反。"

⑦师古曰："棽,音所林反。"

⑧师古曰："传,音张恋反。趣,音促。"

　　莽以钱币讫不行,①复下书曰："民以食为命,以货为资,是以八政以食为首。宝货皆重则小用不给,皆轻则僦载烦费,②轻重大小各有差品,则用便而民乐。"于是造宝货五品,语在《食货志》。百姓不从,但行小大钱二品而已。盗铸钱者不可禁,乃重其法,一家铸钱,五家坐之,没入为奴婢。吏民出入,持布钱以副符传,③不持者,厨传勿舍,关津苛留。④公卿皆持以入宫殿门,欲以重而行之。

①师古曰:"讫,竟也。"

②师古曰:"僦,送也。一曰,赁也,音子就反。"

③师古曰:"旧法,行者持符传,即不稽留。今更令持布钱,与符相副,乃得过也。传,音张恋反。其下亦同。"

④师古曰:"厨,行道饮食处。传,置驿之舍也。苛,问也,音何。"

是时争为符命封侯,其不为者相戏曰:"独无天帝除书乎?"司命陈崇白莽曰:"此开奸臣作福之路而乱天命,宜绝其原。"莽亦厌之,遂使尚书大夫赵并验治,非五威将率所班,皆下狱。

初,甄丰、刘歆、王舜为莽腹心,倡导在位,①褒扬功德;"安汉"、"宰衡"之号及封莽母、两子、兄子,皆丰等所共谋,而丰、舜、歆亦受其赐,并富贵矣,非复欲令莽居摄也。居摄之萌,出于泉陵侯刘庆、前辉光谢嚣、长安令田终术。莽羽翼已成,意欲称摄。丰等承顺其意,莽辄复封舜、歆两子及丰孙。丰等爵位已盛,心意既满,又实畏汉宗室、天下豪桀。而疏远欲进者,并作符命,莽遂据以即真,舜、歆内惧而已。丰素刚强,莽觉其不说,②故徙大阿、右拂、大司空丰,托符命文,为更始将军,③与卖饼儿王盛同列。丰父子默默。时子寻为侍中京兆大尹茂德侯,即作符命,新室当分陕,立二伯,④以丰为右伯,太傅平晏为左伯,如周、召故事。莽即从之,拜丰为右伯。当述职西出,未行,寻复作符命,言故汉氏平帝后黄皇室主为寻之妻。莽以诈立,心疑大臣怨谤,欲震威以惧下,因是发怒曰:"黄皇室主天下母,此何谓也!"收捕寻。寻亡,丰自杀。寻随方士入华山,岁余捕得,辞连国师公歆子侍中东通灵将、五司大夫隆威侯棻,棻弟右曹长水校尉伐虏侯泳,大司空邑弟左关将军堂威侯奇,及歆门人侍中骑都尉丁隆等,牵引公卿党亲列侯以下,死者数百人。寻手理有"天子"字,莽解其臂入视之,曰:"此一'大子'也,或曰'一六子'也。

六者,戮也。明寻父子当戮死也。"乃流棻于幽州,放寻于三危,殛隆
于羽山,⑤皆驿车载其尸传致云。

①师古曰:"倡,音赤上反。"

②师古曰:"说,读曰悦。"

③师古曰:"拂,读曰弼。"

④师古曰:"分陕者,欲依周公、召公故事,自陕以东周公主之,自陕以西
召公主之。陕即今陕州,是其地也。伯,长也。陕,音式冉反。"

⑤师古曰:"效舜之罚共工等也。殛,诛也,音居力反。"

莽为人侈口蹷颐,①露眼赤精,大声而嘶。②长七尺五寸,好厚
履高冠,以氂装衣,③反膺高视,瞰临左右。④是时,有用方技待诏
黄门者,或问以莽形貌,待诏曰:"莽所谓鸱目虎吻豺狼之声者也,
故能食人,亦当为人所食。"问者告之,莽诛灭待诏,而封告者。后常
翳云母屏面,⑤非亲近莫得见也。

①师古曰:"侈,大也。蹷,短也。颐,颐也。蹷,音其月反。颐,音胡感反。"

②师古曰:"嘶,声破也,音先奚反。"

③师古曰:"毛之强曲者曰氂,以装褚衣中,令其张起也。氂,音力之反,字
或作氂,音义同。"

④师古曰:"瞰,谓远视也,音口滥反。"

⑤师古曰:"屏面即便面,盖扇之类也。解在《张敞传》。"

是岁,以初睦侯姚恂为宁始将军。

三年,莽曰:"百官改更,职事分移,律令仪法,未及悉定,且因
汉律令仪法以从事。令公卿大夫诸侯二千石举吏民有德行、通政
事、能言语、明文学者各一人,诣王路四门。"

遣尚书大夫赵并使劳北边,还言五原北假膏壤殖谷,①异时常
置田官。乃以并为田禾将军,发戍卒屯田北假,以助军粮。

①师古曰:"北假,地名也。膏壤,言其土肥美也。殖,生也。"

是时,诸将在边,须大众集,①吏士放纵,而内郡愁于征发,民
弃城郭,流亡为盗贼,并州、平州尤甚。莽令七公六卿号皆兼称将
军,遣著武将军逯并等填名都,②中郎将、绣衣执法各五十五人,分

填缘边大郡，督大奸猾擅弄兵者，皆便为奸于外，挠乱州郡，③货赂为市，侵渔百姓。莽下书曰："虏知罪当夷灭，故遣猛将分十二部，将同时出，一举而决绝之矣。内置司命军正，外设军监十有二人，诚欲以司不奉命，令军人咸正也。今则不然，各为权势，恐猲良民，④妄封人颈，得钱者去。⑤毒蠚并作，农民离散。⑥司监若此，可谓称不？⑦自今以来，敢犯此者，辄捕系，以名闻。"然犹放纵自若。

①师古曰："须，待也。"

②师古曰："逮，音录。填，音竹刃反。此下亦同。"

③师古曰："挠，音火高反，其字从手。"

④师古曰："猲，以威力胁之也，音呼葛反。"

⑤如淳曰："权臣妄以法枉良人为僮仆，封其颈以别之也。得顾钱，乃去封。"

⑥师古曰："蠚，音呼各反。"

⑦师古曰："称，音尺孕反。"

而蔺苞、戴级到塞下，招诱单于弟咸、咸子登入塞，胁拜咸为孝单于，赐黄金千斤，锦绣甚多，遣去；将登至长安，拜为顺单于，留邸。

太师王舜自莽篡位后病悸，浸剧，死。①莽曰："昔齐太公以淑德累世，为周氏太师，盖予之所监也。②其以舜子延袭父爵，为安新公，延弟褒新侯匡为太师将军，永为新室辅。"

①师古曰："心动曰悸。浸，渐也。悸，音葵季反。"

②师古曰："监，谓视见也。"

为太子置师友各四人，秩以大夫。以故大司徒马宫为师疑，故少府宗伯凤为傅丞，博士袁圣为阿辅，京兆尹王嘉为保拂，①是为四师；故尚书令唐林为胥附，博士李充为犇走，②谏大夫赵襄为先后，中郎将廉丹为御侮，是为四友。又置师友祭酒及侍中、谏议、六经祭酒各一人，凡九祭酒，秩上卿。琅邪左咸为讲《春秋》、颍川满昌为讲《诗》、长安国由为讲《易》、平阳唐昌为讲《书》、沛郡陈咸为讲《礼》、崔发为讲《乐》祭酒。遣谒者持安车印绶，即拜楚国龚胜为太子师友祭酒，胜不应征，不食而死。

①师古曰："拂,读曰弼。"

②师古曰："犇,古奔字。"

宁始将军姚恂免,侍中崇禄侯孔永为宁始将军。

是岁,池阳县有小人景,长尺余,或乘车马,或步行,操持万物,小大各相称,①三日止。

①师古曰："车马及物皆称其人之形。"

灅河郡蝗生。①

①师古曰："谓缘河南北诸郡。灅,音频,又音宾。"

河决魏郡,泛清河以东数郡。先是,莽恐河决为元城冢墓害。及决东去,元城不忧水,故遂不堤塞。

四年二月,赦天下。

夏,赤气出东南,竟天。

厌难将军陈歆言捕虏生口,虏犯边者皆孝单于咸子角所为。莽怒,斩其子登于长安,以视诸蛮夷。①

①师古曰："视,音曰示。"

大司马甄邯死,宁始将军孔永为大司马,侍中大赘侯辅为宁始将军。

莽每当出,辄先搜索城中,名曰"横搜"。①是月,横搜五日。

①师古曰："索,音山客反。横,音胡孟反。"

莽至明堂,授诸侯茅土。下书曰:"予以不德,袭于圣祖,为万国主。思安黎元,在于建侯,分州正域,以美风俗。追监前代,爰纲爰纪。惟在《尧典》,十有二州,卫有五服。①《诗》国十五,拊遍九州。②《殷颂》有'奄有九有'之言。③《禹贡》之九州无并、幽,《周礼·司马》则无徐、梁。帝王相改,各有云为。或昭其事,或大其本,厥义著明,其务一矣。昔周二后受命,故有东都、西都之居。予之受命,盖亦如之。其以洛阳为新室东都,常安为新室西都。邦畿连体,各有采任。州从《禹贡》为九,爵从周氏有五。诸侯之员千有八百,附城之数亦如之,以俟有功。诸公一同,有众万户,土方百里。侯伯一国,众户五千,土方七十里。子男一则,众户二千有五百,土方五十里。附城大者食邑九成,众户九百,土方三十里。自九以下,降杀以两,④至于一成。⑤五差备具,合当一则。今已受茅土者,公十四人,侯九十三人,伯二十一人,子百七十一人,男四百九十七人,凡七百九十六人。附城千五百一十一人。九族之女为任者,八十三人。及汉氏女孙中山承礼君、遵德君、修义君更以为任。十有一公,九卿,十二大夫,二十四元士。定诸国邑采之处,使侍中讲礼大夫孔秉等与州部众郡晓知地理图籍者,共校治于寿成朱鸟堂。予数与群公祭酒上卿亲听视,咸已通矣。夫褒德赏功,所以显仁贤也;九族和睦,所以褒亲亲也。予永惟匪解,思稽前人,⑥将章黜陟,以明好恶,安元元焉。"以图簿未定,未授国邑,且令受奉都内,月钱数千。⑦诸侯皆困乏,至有庸作者。

①师古曰:"并解于上。"

②师古曰:"谓周南、召南、卫、王、郑、齐、魏、唐、秦、陈、邶、曹、桧、鲁、商,凡十五国也。一曰,周南、召南、邶、鄘、卫、王、郑、齐、魏、唐、秦、陈、邶、曹、桧,是为十五国。拼音普胡反。"

③师古曰:"《商颂·玄鸟》之诗,美汤有功德,故能覆有九州。"

④师古曰:"两两而降。杀,音所例反。"

⑤如淳曰:"十里为成。"

⑥师古曰:"解,音曰懈。稽,考也。"

⑦师古曰:"奉,音扶用反。"

中郎区博谏莽曰:①"井田虽圣王法,其废久矣。周道既衰,而民不从。秦知顺民之心,可以获大利也,故灭庐井而置阡陌,遂王诸夏,讫今海内未厌其敝。今欲违民心,追复千载绝迹,②虽尧舜复起,而无百年之渐,弗能行也。天下初定,万民新附,诚未可施行。"莽知民怨,乃下书曰:"诸名食王田,皆得卖之,勿拘以法。犯私买卖庶人者,且一切勿治。"

①师古曰:"区,姓也,音一侯反。"

②师古曰:"复,音扶目反。"

初,五威将帅出,改句町王以为侯,王邯怨怒不附。①莽讽牂柯大尹周歆诈杀郎。邯弟承起兵攻杀歆。先是,莽发高句骊兵,当伐胡,不欲行,郡强迫之,皆亡出塞,因犯法为寇。辽西大尹田谭追击之,为所杀。州郡归咎于高句骊侯驺。严尤奏言:"貉人犯法,不从驺起,正有它心,宜令州郡且尉安之。②今猥被以大罪,恐其遂畔,③夫余之属必有和者。④匈奴未克,夫余、秽貉复起,此大忧也。"莽不尉安,秽貉遂反,诏尤击之。尤诱高句骊侯驺至而斩焉,传首长安。莽大说,下书曰:"乃者,命遣猛将,共行天罚,⑤诛灭虏知,分为十二部,或断其右臂,或斩其左腋,或溃其胸腹,或紬其两胁。⑥今年刑在东方,⑦诛貉之部先纵焉。捕斩虏驺,平定东域,虏知殄灭,在于漏刻。此乃天地群神社稷宗庙祐助之福,公卿大夫士民同心将率虓虎之力也。⑧予甚嘉之。其更名高句骊为下句骊,布告天下,令咸知焉。"于是貉人愈犯边,东北与西南夷皆乱云。

①师古曰:"邯,句町王之名也,音下甘反。"

②师古曰:"假令驺有恶心,亦当且尉安。"

③师古曰:"猥,多也,厚也。被,加也,音皮义反。"

④师古曰:"和,应也,音胡卧反。"

⑤师古曰:"共,读曰恭。"

⑥师古曰:"紬,音与抽同。"

⑦张晏曰:"是岁在壬申,刑在东方。"

⑧师古曰:"虓,音火交反。"

莽志方盛,以为四夷不足吞灭,专念稽古之事,复下书曰:"伏念予之皇始祖考虞帝,受终文祖,在璇玑玉衡以齐七政,遂类天上帝,禋于六宗,望秩于山川,遍于群神,巡狩五岳,群后四朝,敷奏以言,明试以功。①予之受命即真,到于建国五年,已五载矣。阳九之阸既度,百六之会已过。岁在寿星,填在明堂,仓龙癸酉,德在中宫。②观晋掌岁,龟策告从,③其以此年二月建寅之节东巡狩,具礼仪调度。"④群公奏请募吏民人马布帛绵,又请内郡国十二买马,发帛四十五万匹,输常安,前后毋相须。⑤至者过半,莽下书曰:"文母太后体不安,其且止待后。"

①师古曰:"解并在前。"

②服虔曰:"仓龙,太岁也。"张晏曰:"太岁起于甲寅为龙,东方仓。癸德在中宫也。"晋灼曰:"寿星,角亢也。东宫仓龙,房心也。心为明堂,填星所在,其国昌。莽自谓土也,土行主填星。癸德在中宫,宫又土也。"

③孟康曰:"观辰星进退。掌,主也。"晋灼曰:"《国语》晋文公以卯出酉入,过五鹿得土,岁在寿星,其日戊申。莽欲法之,以为吉祥。正以二月建寅之节东巡狩者,取万物生之始也。视晋识太岁所在,宿度所合,卜筮皆吉,故法之。"

④师古曰:"调,音徒钓反。"

⑤师古曰:"须,待也。"

是岁,改十一公号,以"新"为"心",后又改"心"为"信"。

五年二月,文母皇太后崩,葬渭陵,与元帝合而沟绝之。①立庙于长安,新室世世献祭。元帝配食,坐于床下。莽为太后服丧三年。

①如淳曰:"葬于司马门内,作沟绝之。"

大司马孔永乞骸骨,赐安车驷马,以特进就朝位。同风侯逯并为大司马。

是时,长安民闻莽欲都雒阳,不肯缮治室宅,①或颇彻之。莽曰:"玄龙石文曰'定帝德,国雒阳'。符命著明,敢不钦奉!以始建国八年,岁缠星纪,②在雒阳之都。其谨缮修常安之都,勿令坏败。敢有犯者,辄以名闻,请其罪。"

①师古曰:"缮,补也。"

②孟康曰:"缠,居也。星纪在斗、牵牛间。"师古曰:"缠,践历也,音直连反。"

是岁,乌孙大小昆弥遣使贡献。大昆弥者,中国外孙也。其胡妇子为小昆弥,而乌孙归附之。莽见匈奴诸边并侵,意欲得乌孙心,乃遣使者引小昆弥使置大昆弥使上。保成师友祭酒满昌劾奏使者曰:"夷狄以中国有礼谊,故诎而服从。大昆弥,君也,今序臣使于君使之上,非所以有夷狄也。奉使大不敬!"莽怒,免昌官。

西域诸国以莽积失恩信,焉耆先畔,杀都护但钦。

十一月,彗星出,二十余日,不见。

是岁,以犯挟铜炭者多,除其法。

明年改元曰天凤。

天凤元年正月,赦天下。

莽曰:"予以二月建寅之节行巡狩之礼,太官赍糒干肉,内者行张坐卧,①所过毋得有所给。②予之东巡,必躬载耒,每县则耕,以劝东作。③予之南巡,必躬载耨,每县则薅,以劝南伪。④予之西巡,必躬载铚,每县则获,以劝西成。予之北巡,必躬载拂,每县则粟,以劝盖臧。⑤毕北巡狩之礼,即于土中居雒阳之都焉。敢有趍讙犯法,辄以军法从事。"⑥群公奏言:"皇帝至孝,往年文母圣体不豫,躬亲供养,衣冠稀解。因遭弃群臣悲哀,颜色未复,饮食损少。今一岁四巡,道路万里,春秋尊,非糒干肉之所能堪。且无巡狩,须阕大服,以安圣体。⑦臣等尽力养牧兆民,奉称明诏。"⑧莽曰:"群公、群牧、群司、诸侯、庶尹愿尽力相帅养牧兆民,欲以称予,繇此敬听,⑨其勖之哉!毋食言焉。更以天凤七年,岁在大梁,仓龙庚辰,行巡狩之礼。厥明年,岁在实沈,仓龙辛巳,即土之中雒阳之都。"乃遣太傅平晏、大司空王邑之雒阳,营相宅兆,图起宗庙、社稷、郊兆云。

①师古曰:"糒,干饭也。张坐卧,谓帷帐茵席也。糒,音备。"

②师古曰:"言自赍食及帷帐以行,在路所经过,不须供费也。"

③师古曰:"耒,耕曲禾也,音力辈反。"

④师古曰:"耨,锄也。薅,耘去草也。耨,音奴豆反。薅,音火高反。伪,读曰讹。讹,化也。"

⑤师古曰:"拂,音佛,所以击治禾者也,今谓之连枷。粟,谓治粟。"

⑥刘德曰:"趍讙,走呼也。"

⑦师古曰:"阕,尽也,音口决反。"

⑧师古曰:"称,副也。"

⑨师古曰:"繇,读与由同。"

三月壬申晦,日有食之。大赦天下。策大司马逯并曰:"日食无光,干戈不戢,其上大司马印绂,就侯氏朝位。太傅平晏勿领尚书事,省侍中诸曹兼官者。以利苗男欣为大司马。①

①如淳曰:"利苗,邑名。"

莽即真,尤备大臣,抑夺下权,朝臣有言其过失者,辄拔擢。孔仁、赵博、费兴等以敢击大臣,故见信任,①择名官而居之。公卿入宫,吏有常数,太傅平晏从吏过例,掖门仆射苟问不逊,②戊曹士收系仆射。③莽大怒,使执法发车骑数百围太傅府,捕士,即时死。大司空士夜过奉常亭,亭长苟之,告以官名,亭长醉曰:"宁有符传邪?"④士以马筴击亭长,⑤亭长斩士,亡,郡县逐之。家上书,⑥莽曰:"亭长奉公,勿逐。"大司空邑斥士以谢。国将哀章颇不清,莽为选置和叔,⑦敕曰:"非但保国将闱门,当保亲属在西州者。"诸公皆轻贱,而章尤甚。

①师古曰:"费,音扶昧反。"

②师古曰:"仆射苟问平晏,其言不逊。"

③应劭曰:"莽自以土行,故使太傅置戊曹士。士,掾也。"苏林曰:"士者,曹掾,属公府,诸曹次第之名也。"师古曰:"应说是。"

④师古曰:"传,音张恋反。"

⑤师古曰:"筴,策也,音止蕊反。"

⑥师古曰:"亭长家上书自治。"

⑦师古曰:"特为置此官。"

四月,陨霜,杀屮木,①海濒尤甚。②六月,黄雾四塞。七月,大风拔树,飞北阙直城门屋瓦。③雨雹,杀牛羊。

①师古曰:"屮,古草字。"

②师古曰:"边海之地也。濒,音频,又音宾。"

③师古曰:"北阙直城门瓦皆飞也。直城门,长安城门名也。解在《成纪》。"

莽以《周官》、《王制》之文,置卒正、连率、大尹,职如太守;属令、属长,职如都尉。置州牧、部监二十五人,见礼如三公。监位上大夫,各主五郡。公氏作牧,侯氏卒正,伯氏连率,子氏属令,男氏属长,皆世其官。其无爵者为尹。分长安城旁六乡,置帅各一人。分三辅为六尉郡,①河东、河内、弘农、河南、颍川、南阳为六队郡,②置大夫,职如太守;属正,职如都尉。更名河南大尹曰保忠信卿。益河南属县满三十。置六郊州长各一人，人主五县。及它官名悉改。
大郡至分为五。郡县以亭为名者三百六十，以应符命文也。缘边又
置竟尉，以男为之。③诸侯国閒田，为黜陟增减云。④莽下书曰："常
安西都曰六乡，众县曰六尉。义阳东都曰六州，众县曰六队。粟米
之内曰内郡，⑤其外曰近郡。有鄣徼者曰边郡。合百二十有五郡。九
州之内，县二千二百有三。公作甸服，是为惟城；诸在侯服，是为惟
宁；在采、任诸侯，是为惟翰；⑥在宾服，是为惟屏；⑦在揆文教，奋
武卫，是为惟垣；在九州之外，是为惟藩；⑧各以其方为称，总为万
国焉。"其后，岁复变更，一郡至五易名，而还复其故。吏民不能纪，
每下诏书，辄系其故名，曰："制诏陈留大尹、太尉：其以益岁以南付
新平。⑨新平，故淮阳。以雍丘以东付陈定。陈定，故梁郡。以封丘
以东付治亭。治亭，故东郡。以陈留以西付祈隧。祈隧，故荥阳。陈
留已无复有郡矣。大尹、太尉，皆诣行在所。"其号令变易，皆此类
也。

①师古曰："《三辅黄图》云：'渭城、安陵以西，北至枸邑、义渠十县，属京
　尉大夫府，居故长安寺；高陵以北十县，属师尉大夫府，居故廷尉府；新
　丰以东，至湖十县，属翊尉大夫府，居城东；霸陵、杜陵，东至蓝田，西至
　武功、郁夷十县，属光尉大夫府，居城南；茂陵、槐里以西，至汧十县，属
　扶尉大夫府，居城西；长陵、池阳以北，至云阳、祋祤十县，属列尉大夫
　府，居城北。'"

②师古曰："队，音遂。"

③师古曰："竟，音曰境。"

④师古曰："閒音闲。以拟有功封赐，有罪黜陟也。

⑤师古曰："《禹贡》去王城四百里纳粟，五百里纳米，皆在甸服之内。"

⑥师古曰："采，采服也。任，男服也。"

⑦师古曰："宾服即古卫服也，取诸侯宾服以为名。"

⑧师古曰："凡此惟城以下，取《诗·大雅·板》之篇云'价人惟藩，太师惟
　垣，大邦惟屏，大宗惟翰，怀德惟宁，宗子惟城'，以为名号也。解在《诸
　侯王表》。"

⑨苏林曰："陈留圉县，莽改曰益岁。"

令天下小学,戊子代甲子为六旬首。冠以戊子为元日,①昏以戊寅之旬为忌日。②百姓多不从者。

①师古曰:"冠,音工唤反。元,善也。"

②师古曰:"昏,谓娶妻也。"

匈奴单于知死,弟咸立为单于,求和亲。莽遣使者厚赂之,诈许还其侍子登,因购求陈良、终带等。单于即执良等付使者,槛车诣长安。莽燔烧良等于城北,令吏民会观之。

缘边大饥,人相食。谏大夫如普行边兵,①还言:"军士久屯塞苦,边郡无以相赡。今单于新和,宜因是罢兵。"校尉韩威进曰:"以新室之威而吞胡虏,无异口中蚤虱。臣愿得勇敢之士五千人,不赍斗粮,饥食虏肉,渴饮其血,可以横行。"莽壮其言,以威为将军。然采普言,征还诸将在边者。免陈钦等十八人,又罢四关填都尉诸屯兵。会匈奴使还,单于知侍子登前诛死,发兵寇边,莽复发军屯。于是边民流入内郡,为人奴婢,乃禁吏民敢挟边民者弃市。

①师古曰:"行,音下更反。"

益州蛮夷杀大尹程隆,三边尽反。遣平蛮将军冯茂将兵击之。宁始将军侯辅免,讲《易》祭酒戴参为宁始将军。

二年二月,置酒王路堂,公卿大夫皆佐酒。①大赦天下。

①师古曰:"助行酒。"

是时,日中见星。

大司马苗䜣左迁司命,以延德侯陈茂为大司马。

讹言黄龙堕死黄山宫中,百姓奔走往观者有万数。莽恶之,①捕系问语所从起,不能得。

①师古曰:"莽自谓黄德,故有此妖。"

单于咸既和亲,求其子登尸,莽欲遣使送致,恐咸怨恨害使者,乃收前言当诛侍子者故将军陈钦,以他罪系狱。钦曰:"是欲以我为说于匈奴也。"①遂自杀。莽选儒生能颛对者②济南王咸为大使,五威将琅邪伏黯等为帅,使送登尸。敕令掘单于知墓,棘鞭其尸。又令匈奴却塞于漠北,责单于马万匹,牛三万头,羊十万头,及稍所略边民生口在者皆还之。莽好为大言如此。咸到单于庭,陈莽威德,责单于背畔之罪,应敌从横,单于不能诎,遂致命而还之。入塞,咸病死,封其子为伯,伏黯等皆为子。

①师古曰:"说,解说也。托言以其前建议诛侍子,今故杀之。"

②师古曰:"颛,与专同。专对,谓应对无方,能专其事。"

莽意以为制定则天下自平,故锐思于地理,制礼作乐,讲合六经之说。公卿旦入暮出,议论连年不决,不暇省狱讼冤结民之急务。县宰缺者,数年守兼,①一切贪残日甚。中郎将、绣衣执法在郡国者,并乘权势,传相举奏。又十一公士分布劝农桑,班时令,案诸章,冠盖相望,交错道路,召会吏民,逮捕证左,郡县赋敛,递相赇赂,白黑纷然,②守阙告诉者多。莽自见前颛权以得汉政,故务自揽众事,③有司受成苟免。④诸宝物名、帑藏、钱谷官,皆宦者领之;⑤吏民上封事书,宦官左右开发,尚书不得知。其畏备臣下如此。又好变改制度,政令烦多,当奉行者,辄质问乃以从事,⑥前后相乘,惯眊不漊。⑦莽常御灯火至明,犹不能胜。尚书因是为奸寝事,上书待报者连年不得去,拘系郡县者逢赦而后出,卫卒不交代三岁矣。谷常贵,边兵二十余万人仰衣食,县官愁苦。⑧五原、代郡尤被其毒,起为盗贼,数千人为辈,转入旁郡。莽遣捕盗将军孔仁将兵与郡县合击,岁余乃定,边郡亦略将尽。⑨

①师古曰:"不拜正官,权令人守兼。"

②师古曰:"白黑,谓清浊也。纷然,乱意也,言清浊不分也。"

③师古曰:"揽与揽同,其字从手。"

④师古曰:"莽事事自决,成熟乃以付吏,吏苟免罪责而已。"

⑤师古曰:"帑,音他莽反,又音奴。"

⑥师古曰:"质,正也。"

⑦师古曰:"乘,积也,登也。惯眊,不明也。漊,散也,彻也。惯,音工内反。眊音莫报反。"

⑧师古曰:"仰,音牛向反。"

⑨师古曰:"言其逃亡,结为盗贼,在者少也。"

邯郸以北大雨雾,水出,深者数丈,流杀数千人。

立国将军孙建死,司命赵闳为立国将军。宁始将军戴参归故官,南城将军廉丹为宁始将军。

三年二月乙酉,地震,大雨雪,①关东尤甚,深者一丈,竹柏或枯。大司空王邑上书言:"视事八年,功业不效,司空之职尤独废顿,至乃有地震之变。愿乞骸骨。"莽曰:"夫地有动有震,震者有害,动者不害。《春秋》记地震,《易·系》《坤》动,动静辟胁,万物生焉。②灾异之变,各有云为。天地动威,以戒予躬,公何辜焉,而乞骸骨,非所以助予者也。使诸吏散骑司禄大卫修宁男遵谕予意焉。"

①师古曰:"雨,音于具反。"

②师古曰:"辟,音闢。辟,开也。胁,收敛也。《易·上系》之辞曰:'夫《坤》,其动也辟,其静也翕,是以广生焉。'故莽引之也。翕、胁之声相近,义则同。"

五月,莽下吏禄制度,曰:"予遭阳九之阸,百六之会,国用不足,民人骚动,自公卿以下,一月之禄十缏布二匹,①或帛一匹。予每念之,未尝不戚焉。今阸会已度,府帑虽未能充,略颇稍给,其以六月朔庚寅始,赋吏禄皆如制度。"四辅公卿大夫士,下至舆僚,凡十五等。僚禄一岁六十六斛,稍以差增,上至四辅而为万斛云。莽又曰:"'普天之下,莫非王土;率土之宾,莫非王臣。'②盖以天下养焉。《周礼》膳羞百有二十品,今诸侯各食其同、国、则;③辟、任、附城食其邑;④公、卿、大夫、元士食其采。⑤多少之差,咸有条品。岁丰穰则充其礼,⑥有灾害则有所损,与百姓同忧喜也。其用上计时通计,天下幸无灾害者,太官膳羞备其品矣;即有灾害,以什率多少而损膳焉。东岳太师立国将军保东方三州一部二十五郡;南岳太傅前将军保南方二州一部二十五郡;西岳国师宁始将军保西方一州二部二十五郡;北岳国将卫将军保北方二州一部二十五郡;大司马保纳卿、言卿、仕卿、作卿、京尉、扶尉、兆队、右队、中部左洎前七部;⑦大司徒保乐卿、典卿、宗卿、秩卿、翼尉、光尉、左队、前队、中部、右部，有五郡；大司空保予卿、虞卿、共卿、工卿、师尉、列尉、祈队、后队、中部泊后十郡，⑧及六司，六卿，皆随所属之公保其灾害，亦以十率多少而损其禄。郎、从官、中都官吏食禄都内之委者，以太官膳羞备损而为节。⑨诸侯、辟、任、附城、群吏亦各保其灾害。几上下同心，⑩劝进农业，安元元焉。"莽之制度烦碎如此，课计不可理，吏终不得禄，各因官职为奸，受取赇赂以自共给。⑪

①孟康曰："缕，八十缕也。"师古曰："缕，音子公反。"

②师古曰："莽引《小雅·北山》之诗也。"

③师古曰："谓公食同，侯伯食国，子男食则也。"

④师古曰："辟，君也。任，公主也。辟，音壁。任，音壬。"

⑤师古曰："谓因官职而食地也。"

⑥师古曰："穰，音人掌反。"

⑦服虔曰："大司马保此官，皆如郡守也。"晋灼曰："左与前故特七部。"师古曰："泊亦暨字也。暨，及也。队，音遂。此下并同。"

⑧师古曰："共，读曰龚。"

⑨师古曰："言随其多少。"

⑩师古曰："几，音曰冀。"

⑪师古曰："共，读曰供。"

　　是月戊辰，长平馆西岸崩，邕泾水不流，毁而北行。①遣大司空王邑行视，②还奏状，群臣上寿，以为《河图》所谓"以土填水"，③匈奴灭亡之祥也。乃遣并州牧宋弘、游击都尉任萌等将兵击匈奴，至边止屯。

①师古曰："邕，读曰壅。"

②师古曰："行，音下更反。"

③师古曰："填，读与镇同。"

　　七月辛酉，霸城门灾，民间所谓青门也。①

①师古曰："《三辅黄图》云长安城东出南头名霸城门，俗以其色青，名曰青门。"

　　戊子晦，日有食之。大赦天下。复令公卿大夫诸侯二千石举四行各一人。①大司马陈茂以日食免，武建伯严尤为大司马。②

①师古曰："依汉光禄之四科。"

②如淳曰："莽之伯、子、男号也。"

十月戊辰，王路朱鸟门鸣，昼夜不绝，崔发等曰："虞帝辟四门，通四聪。①门鸣者，明当修先圣之礼，招四方之士也。"于是令群臣皆贺，所举四行从朱鸟门入而对策焉。

①师古曰："《虞书》叙舜之德也，'辟四门，明四目，达四聪'，故引之。"

平蛮将军冯茂击句町，士卒疾疫，死者什六七，赋敛民财什取五，益州虚耗而不克，征还，下狱死。更遣宁始将军廉丹与庸部牧史熊击句町，颇斩首，有胜。莽征丹、熊，丹、熊愿益调度，必克乃还。复大赋敛，就都大尹冯英不肯给，上言："自越巂遂久仇牛、同亭邪豆之属反畔以来，积且十年，①郡县距击不已。续用冯茂，苟施一切之政。僰道以南，山险高深，茂多敺众远居，②费以亿计，吏士离毒气死者什七。③今丹、熊惧于自诡期会，④调发诸郡兵谷，复訾民取其十四，⑤空破梁州，功终不遂。⑥宜罢兵屯田，明设购赏。"莽怒，免英官。后颇觉寤，曰："英亦未可厚非。"复以英为长沙连率。

①服虔曰："遂久，县名也。仇牛等越巂旁夷。"

②师古曰："敺，读与驱同。"

③师古曰："离，遭也。"

④师古曰："诡，责也。自以为忧责。"

⑤师古曰："发人訾财，十取其四也。"

⑥师古曰："遂，成也。"

翟义党王孙庆捕得，莽使太医、尚方与巧屠共刳剥之，①量度五臓，②以竹筳导其脉，知所终始，③云可以治病。④

①师古曰："刳，剖也，音口胡反。"

②师古曰："度，音徒各反。"

③师古曰："筳，竹挺也，音庭。"

④师古曰："以知血脉之原，则尽攻疗之道也。"

是岁，遣大使五威将王骏、西域都护李崇将戊己校尉出西域，诸国皆郊迎贡献焉。诸国前杀都护但钦，骏欲袭之，命佐帅何封、戊己校尉郭钦别将。①焉耆诈降，伏兵击骏等，皆死。钦、封后到，袭击

老弱,从车师还入塞。莽拜钦为填外将军,②封剿胡子,③何封为集
胡男。西域自此绝。

　①师古曰:"别领兵在后也。将,音子亮反。"

　②师古曰:"填,音竹刃反。"

　③师古曰:"剿,音子小反。"

汉书卷九九下
列传第六九下

王莽下

　　四年五月，莽曰："保成师友祭酒唐林、故谏议祭酒琅邪纪逡，①孝弟忠恕，敬上爱下，博通旧闻，德行醇备，至于黄发，靡有愆失。②其封林为建德侯，逡为封德侯，位皆特进，见礼如三公。③赐弟一区，钱三百万，授几杖焉。"

　①师古曰："逡，音千旬反，字或从彳，其音同耳。"
　②师古曰："黄发，老称，谓白发尽落，更生黄者。"
　③师古曰："朝见之礼。"

　　六月，更授诸侯茅土于明堂，曰："予制作地理，建封五等，考之经艺，合之传记，通于义理，论之思之，至于再三，自始建国之元以来九年于兹，乃今定矣。予亲设文石之平，陈菁茅四色之土，①钦告于岱宗泰社后土、先祖先妣，以班授之。②各就厥国，养牧民人，用成功业。其在缘边，若江南，非诏所召，遣侍于帝城者，纳言掌货大夫且调都内故钱，予其禄，③公岁八十万，侯伯四十万，子男二十万。"然复不能尽得。莽好空言，慕古法，多封爵人，性实遴啬，④托以地理未定，故且先赋茅土，用慰喜封者。

　①师古曰："《尚书·禹贡》'苞匦菁茅'，儒者以为菁，菜名也，茅，三脊茅也。而莽此言以菁茅为一物，则是谓善茅为菁茅也。土有五色，而此云四者，中央之土不以封也。菁，音精。"
　②师古曰："钦，敬也。班，布也。"
　③师古曰："调，谓发取之，音徒钓反。次下亦同。"

④师古曰:"邋,读与沓同。"

是岁,复明六筦之令,每一筦下,为设科条防禁,犯者罪至死,吏民抵罪者浸众。又一切调上公以下诸有奴婢者,率一口出钱三千六百,天下愈愁,盗贼起。纳言冯常以六筦谏,莽大怒,免常官。置执法左右刺奸。选用能吏侯霸等分督六尉、六队,①如汉刺史,与三公士郡一人从事。

①师古曰:"督,察也。队,音遂。"

临淮瓜田仪等为盗贼,依阻会稽长州,①琅邪女子吕母亦起。初,吕母子为县吏,为宰所冤杀。②母散家财,以酤酒买兵弩,③阴厚贫穷少年,得百余人,遂攻海曲县,杀其宰以祭子墓。引兵入海,其众浸多,后皆万数。莽遣使者即赦盗贼,还言:"盗贼解,辄复合。问其故,皆曰愁法禁烦苛,不得举手。大作所得,不足以给贡税。闭门自守,又坐邻伍铸钱挟铜,奸吏因以愁民。民穷,悉起为盗贼。"莽大怒,免之。其或顺指,言"民骄黠当诛",及言"时运适然,且灭不久",莽说,辄迁之。④

①服虔曰:"姓瓜田,名仪。"师古曰:"长州,即枚乘所云长州之苑。"

②师古曰:"宰,县令。"

③师古曰:"酤,音姑。"

④师古曰:"说,读曰悦。"

是岁八月,莽亲之南郊,铸作威斗。威斗者,以五石铜为之,①若北斗,长二尺五寸,欲以厌胜众兵。②既成,令司命负之,莽出在前,入在御旁。铸斗日,大寒,百官人马有冻死者。

①李奇曰:"以五色药石及铜为之。"苏林曰:"以五色铜矿冶之。"师古曰:"李说是也。若今作鍮石之为。"

②师古曰:"厌,音一叶反。"

五年正月朔,北军南门灾。

以大司马司允费兴为荆州牧,见,问到部方略,兴对曰:"荆、杨之民率依阻山泽,以渔采为业。①间者,国张六筦,税山泽,妨夺民之利,连年久旱,百姓饥穷,故为盗贼。兴到部,欲令明晓告盗贼归田里,假贷犁牛种食,②阔其租赋,③几可以解释安集。"④莽怒,免兴官。

①师古曰:"渔,谓捕鱼也。采,谓采取蔬果之属。"

②师古曰:"贷,音土戴反。"

③师古曰:"阔,宽也。"

④师古曰:"几,读曰冀。"

天下吏以不得奉禄,并为奸利,郡尹县宰家累千金。莽下诏曰:"详考始建国二年胡虏猾夏以来,诸军吏及缘边吏大夫以上为奸利增产致富者,收其家所有财产五分之四,以助边急。"公府士驰传天下,考覆贪饕,①开吏告其将,奴婢告其主,几以禁奸,②奸愈甚。

①师古曰:"传,音张恋反。饕,音吐高反。"

②师古曰:"几,读曰冀。"

皇孙功崇公宗坐自画容貌,被服天子衣冠,刻印三:一曰"维祉冠存己夏处南山臧薄冰",①二曰"肃圣宝继",②三曰"德封昌图"。③又宗舅吕宽家前徙合浦,私与宗通,发觉按验,宗自杀。莽曰:"宗属为皇孙,爵为上公,知宽等叛逆族类,而与交通;刻铜印三,文意甚害,不知厌足,窥欲非望。《春秋》之义,'君亲毋将,将而诛焉。'④迷惑失道,自取此辜,乌呼哀哉!宗本名会宗,以制作去二名,今复名会宗。贬厥爵,改厥号,赐谥为功崇缪伯,以诸伯之礼葬于故同谷城郡。"⑤宗姊妨为卫将军王兴夫人,祝诅姑,杀婢以绝口。事发觉,莽使中常侍蕳恽责问妨,⑥并以责兴,皆自杀。事连及司命孔仁妻,亦自杀。仁见莽免冠谢,莽使尚书劾仁:"乘《乾》车,驾《坤》马,左苍龙,右白虎,前朱雀,后玄武,右杖威节,左负威斗,号曰赤星,非以骄仁,乃以尊新室之威命也。仁擅免天文冠,大不敬。"有诏勿劾,更易新冠。其好怪如此。⑦

①文颖曰:"祉,福祚也。冠存己,欲袭代也。"应劭曰:"夏处南山,就阴凉也。臧薄冰,亦以除暑也。"

②应劭曰:"莽自谓承圣舜后,能肃敬,得天宝龟以立。宗欲继其绪。"

③苏林曰:"宗自言以德见封,当送昌炽,受天下图籍。"

④师古曰:"《春秋公羊传》之辞也。以公子牙将为杀逆而诛之,故云然也。

亲,谓父母也。"

⑤师古曰:"同者,宗所封一同之地。"

⑥师古曰:"蕝,音带,又音徒盖反。"

⑦师古曰:"言莽性好为鬼神怪异之事。"

以直道侯王涉为卫将军。涉者,曲阳侯根子也。根,成帝世为大司马,荐莽自代,莽恩之,①以为曲阳非令称,②乃追谥根曰直道让公,涉嗣其爵。

①师古曰:"怀其旧恩也。"

②师古曰:"令,善也。曲阳之名,非善称也。"

是岁,赤眉力子都、樊崇等以饥馑相聚,起于琅邪,转钞掠,众皆万数。遣使者发郡国兵击之,不能克。

六年春,莽见盗贼多,乃令太史推三万六千岁历纪,六岁一改元,布天下。下书曰:"《紫阁图》曰'太一、黄帝皆仙上天,①张乐昆仑虔山之上。后世圣主得瑞者,当张乐秦终南山之上。'②予之不敏,奉行未明,乃今谕矣。复以宁始将军为更始将军,以顺符命。《易》不云乎?'日新之谓盛德,生生之谓易。'③予其饎哉!"欲以逛耀百姓,销解盗贼。众皆笑之。

①师古曰:"仚,古仙字。上,升也。"

②服虔云:"长安南山,《诗》诗所谓终南,故秦地,故言秦也。"

③李奇曰:"《易》道生诸当生者也。"师古曰:"《下系》之辞。体化合变,故曰日新。"

初,献《新乐》于明堂、太庙。群臣始冠麟韦之弁。①或闻其乐声,曰:"清厉而哀,非兴国之声也。"

①李奇曰:"鹿皮冠。"

是时,关东饥旱数年,力子都等党众浸多。①更始将军廉丹击益州不能克,征还。更遣复位后大司马护军郭兴、庸部牧李晔击蛮夷若豆等,太傅牺叔士孙喜清洁江湖之盗贼。而匈奴寇边甚。莽乃大募天下丁男及死罪囚、吏民奴,名曰"猪突豨勇",以为锐卒。一切税天下吏民,訾三十取一,缣帛皆输长安。令公卿以下至郡县黄绶皆保养军马，②多少各以秩为差。又博募有奇技术可以攻匈奴者，将待以不次之位。言便宜者以万数：或言能度水不用舟楫，③连马接骑，济百万师；或言不持斗粮，服食药物，三军不饥；或言能飞，一日千里，可窥匈奴。莽辄试之，取大鸟翮为两翼，④头与身皆著毛，通引环纽，飞数百步堕。莽知其不可用，苟欲获其名，皆拜为理军，赐以车马，待发。

①师古曰："浸，渐也。"

②师古曰："保者，言不许其有死失。"

③师古曰："楫，所以刺舟也，音集，其字从木。"

④师古曰："羽本曰翮，音胡隔反。"

初，匈奴右骨都侯须卜当，其妻王昭君女也，尝内附。莽遣昭君兄子和亲侯王歙诱呼当至塞下，胁将诣长安，强立以为须卜善于后安公。①始欲诱迎当，大司马严尤谏曰："当在匈奴右部，兵不侵边，单于动静，辄语中国，此方面之大助也。于今迎当置长安槀街，一胡人耳，②不如在匈奴有益。"莽不听。既得当，欲遣尤与廉丹击匈奴，皆赐姓征氏，号二征将军，当诛单于舆而立当代之。③出车城西横厩，未发。尤素有智略，非莽攻伐西夷，数谏不从，著古名将乐毅、白起不用之意及言边事凡三篇，奏以风谏莽。④及当出廷议，尤固言匈奴可且以为后，先忧山东盗贼。莽大怒，乃策尤曰："视事四年，蛮夷猾夏不能遏绝，寇贼奸宄不能殄灭，不畏天威，不用诏命，兒很自臧，持必不移，⑤怀执异心，非沮军议。⑥未忍致于理，其上大司马武建伯印韨，⑦归故郡。"以降符伯董忠为大司马。

①师古曰："善于者，匈奴之号也。后安公者，中国之爵。两加之。"

②师古曰："槀街，蛮夷馆所在也，解在《陈汤传》。槀，音工早反。"

③师古曰："舆者，时见为单于之名。"

④师古曰："风，读曰讽。"

⑤师古曰："兒，古貌字也。兒很，言其很戾见于容貌也。臧，善也。自以为善，而固持其所见，不可移易。"

⑥师古曰："沮，坏也，音材汝反。"

⑦师古曰："韨者，印之组。"

翼平连率田况奏郡县訾民不实，①莽复三十税一。以况忠言忧国，进爵为伯，赐钱二百万。众庶皆詈之。青、徐民多弃乡里流亡，老弱死道路，壮者入贼中。

①师古曰："举百姓赀财，不以实数。"

凤夜连率韩博上言："有奇士，长丈，大十围，来至臣府，曰欲奋击胡虏。自谓巨毋霸，出于蓬莱东南，五城西北昭如海濒，①辄车不能载，三马不能胜。即日以大车四马，建虎旗，载霸诣阙。霸卧则枕鼓，以铁箸食，此皇天所以辅新室也。愿陛下作大甲高车，贲育之衣，遣大将一人与虎贲百人迎之于道。京师门户不容者，开高大之，以视百蛮，②镇安天下。"博意欲以风莽。③莽闻恶之，留霸在所新丰，④更其姓曰巨母氏，谓因文母太后而霸王符也。⑤征博下狱，以非所宜言，弃市。

①师古曰："昭如，海名也。濒，涯也，音频，又音宾。"

②师古曰："视，音曰示。"

③晋灼曰："讽言毋得纂盗而霸。"

④师古曰："在所，谓其见到之处。"

⑤师古曰："莽字巨君，若言文母出此人，使我致霸王。"

明年改元曰地皇，从三万六千岁历号也。

地皇元年正月乙未，赦天下。下书曰："方出军行师，敢有趋讙犯法者，辄论斩，毋须时，①尽岁止。"②于是春夏斩人都市，百姓震惧，道路以目。

①师古曰："趋讙，谓趋走而讙哗也。须，待也。"

②师古曰："至此岁尽而止。"

二月壬申，日正黑。莽恶之，下书曰："乃者日中见昧，阴薄阳，黑气为变，百姓莫不惊怪。兆域大将军王匡遣吏考问上变事者，欲蔽上之明，是以適见于天，①以正于理，塞大异焉。

①师古曰："適音谪。谪，责也，陟厄反。见，音胡电反。"

莽见四方盗贼多，复欲厌之，①又下书曰："予之皇初祖考黄帝

定天下,将兵为上将军,建华盖,立斗献,②内设大将,外置大司马
五人,大将军二十五人,偏将军百二十五人,裨将军千二百五十人,
校尉万二千五百人,司马三万七千五百人,候十一万二千五百人,
当百一十二万五千人,③士吏四十五万人,士千三百五十万人,④
应协于《易》'弧矢之利,以威天下'。⑤予受符命之文,稽前人,将条
备焉。"⑥于是置前后左右中大司马之位,赐诸州牧号为大将军,郡
卒正、连帅、大尹为偏将军,属令长裨将军,县宰为校尉。乘传使者
经历郡国,日且十辈,⑦仓无见谷⑧以给,传车马不能足,赋取道中
车马,⑨取办于民。

①师古曰:"厌,音一叶反。"

②师古曰:"献,音牺。谓斗魁及杓末,如勺之形也。"

③晋灼曰:"当亦官名也。"师古曰:"当百,官名,百非其数。"

④晋灼曰:"自五大司马至此皆以五乘之也。"师古曰:"晋说非也。从上计
之,或五或十,或两或三。"

⑤师古曰:"《易·下系》辞曰:'弦木为弧,剡木为矢,弧矢之利,以威天
下。'言所立将率,以合此意。木弓曰弧。"

⑥师古曰:"稽,考也,考法于前人也。"

⑦师古曰:"传,音张恋反。次下亦同。"

⑧师古曰:"见,谓见在也。"

⑨师古曰:"于道中行者,即执取之,以充事也。"

七月,大风毁王路堂。复下书曰:"乃壬午餔时,有列风雷雨发
屋折木之变,①予甚弁焉,予甚栗焉,予甚恐焉。②伏念一旬,迷乃
解矣。③昔符命立安为新迁王,④临国雒阳,为统义阳王。是时,
予在摄假,谦不敢当,而以为公。其后金匮文至。议者皆曰:'临国
雒阳为统,谓据土中为新室统也,宜为皇太子。'自此后,临久病,虽
瘳不平,朝见挈茵舆行。⑤见王路堂者,张于西厢及后阁更衣中,⑥
又以皇后被疾,临且去本就舍,妃妾在东永巷。⑦壬午,列风毁王路
西厢及后阁更衣中室。昭宁堂池东南榆树大十围,东僵,击东阁,阁
即东永巷之西垣也。皆破折瓦坏,发屋拔木,予甚惊焉。又候官奏
月犯心前星,厥有占,予甚忧之。伏念《紫阁图文》,太一、黄帝皆得

瑞以仙，后世褒主当登终南山。⑧所谓新迁王者，乃太一新迁之后也。⑨统义阳王乃用五统以礼义登阳上迁之后也。临有兄而称太子，名不正。宣尼公曰：'名不正，则言不顺，至于刑罚不中，民无所错手足。'⑩惟即位以来，阴阳未和，风雨不时，数遇枯旱蝗螟为灾，谷稼鲜耗，百姓苦饥，⑪蛮夷猾夏，寇贼奸宄，人民正营，无所错手足。⑫深惟厥咎，在名不正焉。其立安为新迁王，临为统义阳王，几以保全二子，⑬子孙千亿，外攘四夷，内安中国焉。"

①师古曰："列风，列暴之风。"

②师古曰："弁，疾也。一曰，弁，抚手也，言惊惧也。"

③师古曰："先言列风雷雨，后言迷乃解矣，盖取舜'纳于大麓，列风雷雨不迷'，以为言也。"

④服虔曰："安，莽第三子也。迁，音仙。莽改汝南新蔡曰新迁。"师古曰："迁犹仙耳，不劳假借音。"

⑤服虔曰："有疾以执茵舆之行也。"晋灼曰："《汉仪注》皇后、婕妤乘辇，余者以茵，四人举以行。岂今之板舆而铺茵乎？"师古曰："晋说非也。此直谓坐茵褥之上，而令四人对举茵之四角，舆而行，何谓板舆乎？"

⑥李奇曰："张，帐也。"晋灼曰："更衣中，谓朝贺易衣服处，室屋名也。"

⑦师古曰："言临侍疾，故去其本所居，而来就此止息，是以妃妾在东永巷也。"

⑧李奇曰："褒主，大主也。"

⑨服虔曰："太一、黄帝欲令安追继其后也。"

⑩师古曰："《论语》载孔子对子路之言。错，安置也，音千故反。莽追谥孔子为褒成宣尼公。"

⑪师古曰："鲜，少也。耗，虚也。鲜，音先践反。耗，音火到反。"

⑫师古曰："正营，惶恐不安之意也。正，音征。"

⑬师古曰："几，读曰冀。"

　　是月，杜陵便殿乘舆虎文衣废臧在室匣中者①出，自树立外堂上，②良久乃委地。吏卒见者以闻，莽恶之，下书曰："宝黄厮赤，③其令郎从官皆衣绛。"

①师古曰："匣，匮也，音狎。"

②师古曰："树，竖也。"

③服虔曰："以黄为宝，自用其行气也。厮赤，厮役贱者皆衣赤，贱汉行
也。"

　　望气为数者多言有土功象，莽又见四方盗贼多，欲视为自安能
建万世之基者，①乃下书曰："予受命遭阳九之厄，百六之会，府帑
空虚，百姓匮乏，宗庙未修，且祫祭于明堂太庙，夙夜永念，非敢宁
息。深惟吉昌莫良于今年，予乃卜波水之北，郎池之南，惟玉食。②
予又卜金水之南，明堂之西，亦惟玉食。予将亲筑焉。"于是遂营长
安城南，③提封百顷。九月甲申，莽立载行视，④亲举筑三下。司徒
王寻、大司空王邑持节，及侍中常侍执法杜林等数十人将作。⑤崔
发、张邯说莽曰："德盛者文缛，⑥宜崇其制度，宣视海内，⑦且令万
世之后无以复加也。"莽乃博征天下工匠诸图书，以望法度算，及吏
民以义入钱谷助作者，骆驿道路。⑧坏彻城西苑中建章、承光、包
阳、大台、储元宫及平乐、当路、阳禄馆，凡十余所，⑨取其材瓦，以
起九庙。是月，大雨六十余日。令民入米六百斛为郎，其郎吏增秩
赐爵至附城。九庙：一曰黄帝太初祖庙，二曰帝虞始祖昭庙，三曰陈
胡王统祖穆庙，四曰齐敬王世祖昭庙，五曰济北愍王王祖穆庙，凡
五庙不堕云；⑩六曰济南伯王尊祢昭庙，七曰元城孺王尊祢穆庙，
八曰阳平顷王戚祢昭庙，九曰新都显王戚祢穆庙。殿皆重屋。太初
祖庙东西南北各四十丈，高十七丈，余庙半之。为铜薄栌，⑪饰以金
银琱文，⑫穷极百工之巧。带高增下，⑬功费数百巨万，卒徒死者万
数。

①师古曰："视，音示。"

②刘德曰："长安南也。"晋灼曰："《黄图》波、浪，二水名也，在甘泉苑中。"
　师古曰："晋说非也。《黄图》有西波池、郎池，皆在石城南上林中。玉食，
　谓龟为玉兆之文而墨食也。波，音彼皮反。"

③师古曰："盖所谓金水之南，明堂之西。"

④师古曰："立载，谓立而乘车也。行，音下更反。"

⑤师古曰："将领筑作之人。"

⑥师古曰："文，礼文也。缛，繁也，音辱。"

⑦师古曰:"视,读曰示。"

⑧师古曰:"骆驿,言不绝。"

⑨师古曰:"自建章以下至阳禄,皆上林苑中馆。"

⑩师古曰:"堕,毁也,音火规反。"

⑪师古曰:"薄栌,柱上枅,即今所谓楷也。栌,音卢。"

⑫师古曰:"琱字与雕同。"

⑬师古曰:"本因高地而建立之,其旁下者更增筑。"

巨鹿男子马适求等谋举燕赵兵以诛莽,①大司空士王丹发觉以闻。莽遣三公大夫逮治党与,②连及郡国豪杰数千人,皆诛死。封丹为辅国侯。

①师古曰:"马适,姓也。求,名也。"

②师古曰:"逮,逮捕之也。已解于上。"

自莽为不顺时令,百姓怨恨,莽犹安之,又下书曰:"惟设此壹切之法以来,常安六乡巨邑之都,桴鼓稀鸣,盗贼衰少,①百姓安土,岁以有年,此乃立权之力也。今胡虏未灭诛,蛮僰未绝焚,江湖海泽麻沸,盗贼未尽破珍,②又兴奉宗庙社稷之大作,民众动摇。今复壹切行此令,尽二年止之,以全元元,救愚奸。"

①师古曰:"巨,大也。桴,所以击鼓者也,音浮,其字从木。"

②师古曰:"麻沸,言如乱麻而沸涌。"

是岁,罢大小钱,更行货布,长二寸五分,广一寸,直货钱二十五。货钱径一寸,重五铢,枚直一。两品并行。敢盗铸钱及偏行布货,伍人知不发举,皆没入为官奴婢。①

①师古曰:"伍人,同伍之人,若今伍保者也。"

太傅平晏死,以予虞唐尊为太傅。尊曰:"国虚民贫,咎在奢泰。"乃身短衣小袖,乘牝马柴车,①藉槁,瓦器,②又历遗公卿。③出见男女不异路者,尊自下车,以象刑赭幡污染其衣。④莽闻而说之,⑤下诏申敕公卿思与厥齐。⑥封尊为平化侯。

①师古曰:"柴车即栈车。"

②师古曰:"藉槁,去蒲蒻也。瓦器,以瓦为食器。"

③师古曰:"以瓦器食,遗公卿也。"

④师古曰:"楮幡,以楮汁渍巾幡。"

⑤师古曰:"说,读曰悦。"

⑥师古曰:"令与尊同此操行也。《论语》称子曰'见贤思齐',故莽云然。"

是时,南郡张霸、江夏羊牧、王匡等起云杜绿林,号曰下江兵,①众皆万余人。武功中水乡民三舍垫为池。②

①晋灼曰:"本起江夏云杜县,后分西上,入南郡,屯蓝田,故号下江兵也。"

②师古曰:"垫,陷也,音丁念反。"

二年正月,以州牧位三公,刺举息解,①更置牧监副,秩元士,冠法冠,行事如汉刺史。

①师古曰:"解,读曰懈。"

是月,莽妻死,谥曰孝睦皇后,葬渭陵长寿园西,令永侍文母,名陵曰亿年。初,莽妻以莽数杀其子,涕泣失明,莽令太子临居中养焉。莽妻旁侍者原碧,莽幸之。后临亦通焉,恐事泄,谋共杀莽。临妻愔,国师公女,①能为星,语临宫中且有白衣会。临喜,以为所谋且成。后贬为统义阳王,出在外第,愈忧恐。会莽妻病困,临予书曰:"上于子孙至严,前长孙、中孙年俱三十而死。②今臣临复适三十,诚恐一旦不保中室,则不知死命所在!"③莽侯妻疾,见其书,大怒,疑临有恶意,不令得会丧。既葬,收原碧等考问,具服奸、谋杀状。莽欲秘之,使杀案事使者司命从事,埋狱中,家不知所在。赐临药,临不肯饮,自刺死。使侍中骠骑将军同说侯林赐魂衣玺韨,④策书曰:"符命文立临为统义阳王,此言新室即位三万六千岁后,为临之后者乃当龙阳而起。前过听议者,以临为太子,有烈风之变,辄顺符命,立为统义阳王。在此之前,自此之后,不作信顺,弗蒙厥佑,夭年陨命,呜呼哀哉!迹行赐谥,谥曰缪王。"又诏国师公:"临本不知星,事从愔起。"愔亦自杀。

①师古曰:"愔,音一寻反。"

②师古曰:"中,读曰仲。"

③李奇曰:"中室,临之母也。"晋灼曰:"长乐宫中殿也。"师古曰:"二说皆

　　非也。中室,室中也。临自言欲于室中自保全,不可得耳。"

　　④师古曰:"说,读曰悦。"

　　是月,新迁王安病死。初,莽为侯就国时,幸侍者增秩、怀能、开明。怀能生男兴,增秩生男匡、女晔,开明生女捷,皆留新都国,以其不明故也。①及安疾甚,莽自病无子,为安作奏,使上言:"兴等母虽微贱,属犹皇子,不可以弃。"章视群公,②皆曰:"安友于兄弟,③宜及春夏加封爵。"于是以王车遣使迎兴等,封兴为功修公,匡为功建公,晔为睦修任,捷为睦逮任。孙公明公寿病死,旬月四丧焉。莽坏汉孝武、孝昭庙,分葬子孙其中。

　　①师古曰:"言侍者或与外人私通所生子女,不可分明也。"

　　②师古曰:"视,读曰示。以所上之章遍示之。"

　　③师古曰:"友,爱也。善兄弟曰友。"

　　魏成大尹李焉与卜者王况谋,况谓焉曰:"新室即位以来,民田奴婢不得卖买,数改钱货,征发烦数,军旅骚动,四夷并侵,百姓怨恨,盗贼并起,汉家当复兴。君姓李,李音徵,徵火也,①当为汉辅。"因为焉作谶书,言"文帝发忿,居地下趣军,北告匈奴,南告越人。②江中刘信,执敌报怨,复续古先,四年当发军。江湖有盗,自称樊王,姓为刘氏,万人成行,③不受赦令,欲动秦、雒阳。十一年当相攻,太白扬光,岁星入东井,其号当行。"④又言莽大臣吉凶,各有日期。会合十余万言。焉令吏写其书,吏亡告之。莽遣使者即捕焉,狱治皆死。

　　①师古曰:"征,音竹里反。"

　　②师古曰:"趣,读曰促。"

　　③师古曰:"行,音胡郎反。"

　　④师古曰:"号,谓号令也。"

　　三辅盗贼麻起,①乃置捕盗都尉官,令执法谒者追击长安中,建鸣鼓攻贼幡,而使者随其后。遣太师牺仲景尚、更始将军护军王党将兵击青、徐,国师和仲曹放助郭兴击句町。转天下谷币诣西河、五原、朔方、渔阳,每一郡以百万数,欲以击匈奴。

　　①师古曰:"言起者如乱麻也。"

秋,陨霜杀菽,关东大饥,蝗。

民犯铸钱,伍人相坐,没入为官奴婢。其男子槛车,儿女子步,以铁琐琅当其颈,传诣钟官,以十万数。[1]到者易其夫妇,[2]愁苦死者什六七。孙喜、景尚、曹放等击贼不能克,军师放纵,百姓重困。[3]

①师古曰:"琅当,长锁也。钟官,铸钱之官也。"

②师古曰:"改相配匹,不依其旧也。"

③师古曰:"重,音直用反。"

莽以王况谶言荆楚当兴,李氏为辅,欲厌之,[1]乃拜侍中掌牧大夫李棽为大将军、扬州牧,赐名圣,[2]使将兵奋击。

①师古曰:"厌,音一叶反。"

②师古曰:"改其旧名,以圣代谶。棽,音所林反。"

上谷储夏自请愿说瓜田仪,[1]莽以为中郎,使出仪。[2]仪文降,未出而死。[3]莽求其尸葬之,为起冢、祠室,谥曰瓜宁殇男,几以招来其余,[4]然无肯降者。

①服虔曰:"储夏,人姓也。"

②师古曰:"说之令自出。"

③师古曰:"上文书言降,而身未出。"

④师古曰:"几,读曰冀。"

闰月丙辰,大赦天下,天下大服民私服在诏书前亦释除。[1]

①张晏曰:"莽妻本以此岁死,天下大服也。私服,自丧其亲。皆除之。"

郎阳成修献符命,言继立民母,又曰:"黄帝以百二十女致神仙。"莽于是遣中散大夫、谒者各四十五人分行天下,[1]博采乡里所高有淑女者上名。

①师古曰:"行,音下更反。"

莽梦长乐宫铜人五枚起立,莽恶之,念铜人铭有"皇帝初兼天下"之文,即使尚方工镌灭所梦铜人膺文。[1]又感汉高庙神灵,[2]遣虎贲武士入高庙,拔剑四面提击,[3]斧坏户牖,[4]桃汤赭鞭鞭洒屋壁,[5]令轻车校尉居其中,又令中军北垒居高寝。[6]

①师古曰:"镌,凿也,音子全反。"

②师古曰:"谓梦见谴责。"

③师古曰:"提,掷也,音徒计反。"

④师古曰:"以斧斫坏之。"

⑤师古曰:"桃汤洒之,赭鞭鞭之也。赭,赤也。"

⑥师古曰:"徙北军垒之兵士于高庙寝中屯居也。"

　　或言皇帝时建华盖以登仙,莽乃造华盖九重,高八丈一尺,金
瑵羽葆,①载以秘机四轮车,②驾六马,力士三百人黄衣帻,车上人
击鼓,挽者皆呼"登仙"。莽出,令在前。百官窃言:"此似輀车,非仙
物也。"③

①师古曰:"瑵,读曰爪。谓盖弓头为爪形。"

②服虔曰:"盖高八丈,其杠皆有屈膝,可上下屈申也。"师古曰:"言潜为
　　机关,不使外见,故曰秘机也。"

③师古曰:"輀车,载丧车,音而。"

　　是岁,南郡秦丰众且万人。平原女子迟昭平能说经博以八
投,①亦聚数千人在河阻中。莽召问群臣禽贼方略,皆曰:"此天囚
行尸,命在漏刻。"故左将军公孙禄征来与议,②禄曰:"太史令宗宣
典星历,候气变,以凶为吉,乱天文,误朝廷。太傅平化侯饰虚伪以
偷名位,'贼夫人之子'。③国师嘉信公颠倒五经,毁师法,令学士疑
惑。明学男张邯、地理侯孙阳造井田,使民弃土业。牺和鲁匡设六
筦,以穷工商。说符侯崔发阿谀取容,令下情不上通。宜诛此数子
以慰天下!"又言:"匈奴不可攻,当与和亲。臣恐新室忧不在匈奴,
而在封域之中也。"莽怒,使虎贲扶禄出。然颇采其言,左迁鲁匡为
五原卒正,以百姓怨非故。六筦非匡所独造,莽厌众意而出之。④

①服虔曰:"博弈经,以八箭投之。"

②师古曰:"与,读曰豫。"

③师古曰:"《论语》称子路使子羔为费宰,孔子曰'贼夫人之子',言羔未
　　知政道,而使宰邑,所以为贼害也。故禄引此而言。"

④师古曰:"厌,满也,音一艳反。"

　　初,四方皆以饥寒穷愁起为盗贼,稍稍群聚,常思岁熟得归乡
里。众虽万数,置称巨人、从事、三老、祭酒,①不敢略有城邑,转掠

求食，日殚而已。②诸长吏牧守皆自乱斗中兵而死，③贼非敢欲杀
之也，而莽终不谕其故。④是岁，大司马士按章豫州，⑤为贼所获，
贼送付县。士还，上书具言状。莽大怒，下狱以为诬罔。因下书责
七公曰："夫吏者，理也。宣德明恩，以牧养民，仁之道也。抑强督奸，
捕诛盗贼，义之节也。⑥今则不然。盗发不辄得，至成群党，遮略乘
传宰士。⑦士得脱者，又妄自言'我责数贼'何故为是?"⑧贼曰"以
贫穷故耳"。贼护出我'。今俗人议者率多若此。惟贫困饥寒，犯法
为非，大者群盗，小者偷穴，不过二科，⑨今乃结谋连党以千百数，
是逆乱之大者，岂饥寒之谓邪?七公其严敕卿大夫、卒正、连率、庶
尹，谨牧养善民，急捕殄盗贼。有不同心并力，疾恶黜贼，而妄曰饥
寒所为，辄捕系，请其罪。"于是群下愈恐，莫敢言贼情者，亦不得擅
发兵，贼由是遂不制。

  ①师古曰："亶，读曰但。言不为大号。"

  ②师古曰："殚，尽也。随日而尽也。殚，音空穴反。"

  ③师古曰："中，伤也。"

  ④师古曰："不晓此意也。"

  ⑤师古曰："有上章相告者，就而按治之。"

  ⑥师古曰："督，谓察视也。"

  ⑦师古曰："传，音张恋反。"

  ⑧师古曰："数，音所具反。"

  ⑨师古曰："穴，谓穿墙为盗也。"

  唯翼平连率田况素果敢，发民年十八以上四万余人，授以库
兵，与刻石为约。赤糜闻之，不敢入界。①况自劾奏，莽让况：②"未
赐虎符而擅发兵，此弄兵也，厥罪乏兴。③以况自诡必禽灭贼，故且
勿治。"④后况自请出界击贼，所向皆破。莽以玺书令况领青、徐二
州牧事。况上言："盗贼始发，其原甚微，非部吏、伍人所能禽也。咎
在长吏不为意，县欺其郡，郡欺朝廷，实百言十，实千言百。朝廷忽
略，不辄督责，遂至延曼连州，⑤乃遣将率，多发使者，传相监趣。⑥
郡县力事上官，应塞诘对，⑦共酒食，具资用，以救断斩，⑧不给复
忧盗贼治官事。⑨将率又不能躬率吏士，战则为贼所破，吏气浸伤，

徒费百姓。⑩前幸蒙赦令,贼欲解散,或反遮击,恐入山谷,转相告
语,故郡县降贼,皆更惊骇,恐见诈灭,因饥馑易动,旬日之间更十
余万人,此盗贼所以多之故也。今雒阳以东,米石二千。窃见诏书,
欲遣太师、更始将军,二人爪牙重臣,多从人众,道上空竭,少则亡
以威视远方。⑪宜急选牧、尹以下,明其赏罚;收合离乡、小国无城
郭者,徙其老弱置大城中,积臧谷食,并力固守。贼来攻城,则不能
下,所过无食,势不得群聚。如此,招之必降,击之则灭。今空复多
出将率,郡县苦之,反甚于贼。宜尽征还乘传诸使者,以休息郡县。
委任臣况以二州盗贼,必平定之。"莽畏恶况,阴为发代,遣使者赐
况玺书。使者至,见况,因令代监其兵。况随使者西,到,拜为师尉
大夫。况去,齐地遂败。

①师古曰:"麋,眉也。以朱涂眉,故曰赤眉。古字通用。"

②师古曰:"让,责也。"

③师古曰:"擅发之罪,与乏军兴同科也。"

④师古曰:"诡,责也。自以为忧责。"

⑤师古曰:"延,音弋战反。曼,与蔓同。"

⑥师古曰:"趣,读曰促。"

⑦师古曰:"力,勤也。塞,当也。"

⑧师古曰:"交惧斩死之刑也。共,读曰供。"

⑨师古曰:"给,暇也。"

⑩师古曰:"浸,渐也。"

⑪师古曰:"视,读曰示。"

　　三年正月,九庙盖构成,纳神主。莽谒见,大驾乘六马,以五采
毛为龙文衣,著角,长三尺。①华盖车,元戎十乘在前。因赐治庙者
司徒、大司空钱各千万,侍中、中常侍以下皆封。封都匠仇延为邯淡
里附城。②

①师古曰:"以被马上也。"

②师古曰:"都匠,大匠也。邯,音胡敢反。淡,音大敢反。丰盛之意。"

　　二月,霸桥灾,数千人以水沃救,不灭。莽恶之,下书曰:"夫三

皇象春,五帝象夏,三王象秋,五伯象冬。皇王,德运也;伯者,继空续乏以成历数,故其道驳。①惟常安御道多以所近为名。乃二月癸巳之夜,甲午之辰,火烧霸桥,从东方西行,至甲午夕,桥尽火灭。大司空行视考问,②或云寒民舍居桥下,③疑以火自燎,为此灾也。④其明旦即乙未,立春之日也。予以神明圣祖黄虞遗统受命,至于地皇四年为十五年。正以三年终冬绝灭霸驳之桥,欲以兴成新室统壹长存之道也。又戒此桥空东方之道。今东方岁荒民饥,道路不通,东岳太师亟科条,⑤开东方诸仓,赈贷穷乏,以施仁道。其更名霸馆为长存馆,霸桥为长存桥。”

①师古曰:“伯,皆读曰霸。”

②师古曰:“行,音下更反。”

③师古曰:“舍,止宿也。”

④师古曰:“燎,谓炙令腈也。”

⑤师古曰:“亟,急也,音己力反。”

是月,赤眉杀太师牺仲景尚。关东人相食。

四月,遣太师王匡、更始将军廉丹东,①祖都门外,②天大雨,沾衣止。长老叹曰:“是为泣军!”莽曰:“惟阳九之阸,与害气会,究于去年。枯旱霜蝗,饥馑荐臻,③百姓困乏,流离道路,于春尤甚,予甚悼之。今使东岳太师特进褒新侯开东方诸仓,赈贷穷乏。太师公所不过道,分遣大夫、谒者并开诸仓,以全元元。太师公因与廉丹大使五威司命位右大司马更始将军平均侯之兖州,填抚所掌,④及青、徐故不轨盗贼未尽解散,后复屯聚者,皆清洁之,期于安兆黎矣。”⑤太师、更始合将锐士十余万人,所过放纵。东方为之语曰:“宁逢赤眉,不逢太师! 太师尚可,更始杀我!”卒如田况之言。

①师古曰:“东,谓东出也。”

②师古曰:“祖道送匡、丹于都门外。”

③师古曰:“荐,读曰荐。荐,仍也。”

④师古曰:“之,往也。填,音竹刃反。”

⑤师古曰:“黎,众也。”

莽又多遣大夫、谒者分教民煮草木为酪,酪不可食,重为烦费。①莽下书曰:"惟民困乏,虽溥开诸仓以赈赡之,②犹恐未足。其且开天下山泽之防,诸能采取山泽之物而顺月令者,其恣听之,勿令出税。至地皇三十年如故,是王光上戊之六年也。③如令豪吏猾民辜而搉之,小民弗蒙,非予意也。④《易》不云虖?'损上益下,民说无疆,'⑤《书》云:'言之不从,是谓不乂。'⑥咨虖群公,可不忧哉!"⑦

①师古曰:"重,音直用反。"

②师古曰:"溥,与普同。"

③孟康曰:"戊,土也,莽所作历名。"

④师古曰:"辜搉,谓独专其利,而令它人犯者得罪辜也。"

⑤师古曰:"《益卦》象辞也。言损上以益下,则人皆欢悦无穷竟。"

⑥师古曰:"《洪范》之言。艾,读曰乂。乂,治也。"

⑦师古曰:"咨者,叹息之言。"

　　是时,下江兵盛,新市朱鲔、平林陈牧等皆复聚众,攻击乡聚。莽遣司命大将军孔仁部豫州,纳言大将军严尤、秩宗大将军陈茂击荆州,各从吏士百余人,乘船从渭入河,至华阴乃出乘传,到部募士。尤谓茂曰:"遣将不与兵符,必先请而后动,是犹绁韩卢而责之获也。"①

①师古曰:"绁,系也。韩卢,古韩国之名犬也。黑色曰卢。"

　　夏,蝗从东方来,蜚蔽天,①至长安,入未央宫,缘殿阁。莽发吏民设购赏捕击。

①师古曰:"蜚,古飞字也。"

　　莽以天下谷贵,欲厌之,①为大仓,置卫交戟,名曰"政始掖门。"

①师古曰:"厌,音一叶反。"

　　流民入关者数十万人,乃置养赡官禀食之。①使者监领,与小吏共盗其禀,饥死者十七八。先是,莽使中黄门王业领长安市买,贱取于民,民甚患之。业以省费为功,赐爵附城。莽闻城中饥馑,以问业。业曰:"皆流民也。"乃市所卖粱饭肉羹,持入视莽,②曰:"居民食咸如此。"莽信之。

①师古曰："稟，给也。食，读曰饲。"

②师古曰："视，读曰示。"

冬，无盐索卢恢等举兵反城。①廉丹、王匡攻拔之，斩首万余级。莽遣中郎将奉玺书劳丹、匡，进爵为公，封吏士有功者十余人。

①师古曰："索卢，姓也。恢，名也。反城，据城以反也。一曰，反，音幡。今语贼犹曰幡城。索，音先各反。"

赤眉别校董宪等众数万人在梁郡，王匡欲进击之，廉丹以为新拔城罢劳，①当且休士养威。匡不听，引兵独进，丹随之。合战成昌，②兵败，匡走。丹使吏持其印韍符节付匡曰："小儿可走，吾不可！"遂止，战死。校尉汝云、王隆等二十余人别斗，闻之，皆曰："廉公已死，吾谁为生？"驰犇贼，皆战死。③莽伤之，下书曰："惟公多拥选士精兵，众郡骏马仓谷帑藏皆得自调，④忽于诏策，离其威节，骑马呵噪，⑤为狂刃所害，乌呼哀哉！赐谥曰果公。"

①师古曰："罢，读曰疲。"

②师古曰："成昌，地名也。"

③师古曰："犇，古奔字也。"

④师古曰："谓发取也，音徒钓反。"

⑤师古曰："忽，谓怠忽。噪，群呼也，音先到反。"

国将哀章谓莽曰："皇祖考黄帝之时，中黄直为将，破杀蚩尤。今臣居中黄直之位，愿平山东。"莽遣章驰东，与太师匡并力。又遣大将军阳浚守敖仓，司徒王寻将十余万屯雒阳填南宫，①大司马董忠养士习射中军北垒，大司空王邑兼三公之职。司徒寻初发长安，宿霸昌厩，②亡其黄钺。寻士房扬素狂直，乃哭曰："此经所谓'丧其齐斧'者也！"③自刭去。莽击杀扬。

①师古曰："填，音竹刃反。"

②师古曰："霸昌观之厩也。《三辅黄图》曰在城外也。"

③应劭曰："齐，利也。亡其利斧，言无以复断斩也。"师古曰："此《易·巽卦》上九爻辞也。"

四方盗贼往往数万人攻城邑，杀二千石以下。太师王匡等战数不利。莽知天下溃畔，事穷计迫，乃议遣风俗大夫司国宪等分行天下,①除井田奴婢山泽六筦之禁,即位以来诏令不便于民者皆收还之。待见未发,会世祖与兄齐武王伯升、宛人李通等②帅舂陵子弟数千人,招致新市平林朱鲔、陈牧等合攻拔棘阳。是时,严尤、陈茂破下江兵,成丹、王常等数千人别走,入南阳界。

①师古曰:"行,音下更反。"

②师古曰:"世祖,谓光武皇帝。"

十一月,有星孛于张,东南行,五日不见。莽数召问太史令宗宣,诸术数家皆缪对,言天文安善,群贼且灭。莽差以自安。

四年正月,汉兵得下江王常等以为助兵,击前队大夫甄阜、属正梁丘赐,皆斩之,杀其众数万人。初,京师闻青、徐贼众数十万人,讫无文号旌旗表识,①咸怪异之。好事者窃言:"此岂如古三皇无文书号谥邪?"②莽亦心怪,以问群臣,群臣莫对。唯严尤曰:"此不足怪也。自黄帝、汤、武行师,必待部曲旌旗号令,今此无有者,直饥寒群盗,犬羊相聚,不知为之耳。"莽大说,③群臣尽服。及后汉兵刘伯升起,皆称将军,攻城略地,既杀甄阜,移书称说。莽闻之忧惧。

①师古曰:"文,谓文章。号,谓大位号也。一曰,号,谓号令也。识,读与帜同,音志反。"

②师古曰:"欲其事成,故云然也。"

③师古曰:"说,读曰悦。"

汉兵乘胜遂围宛城。初,世祖族兄圣公先在平林兵中。三月辛巳朔,平林、新市、下江兵将王常、朱鲔等共立圣公为帝,改年为更始元年,拜置百官。莽闻之愈恐。欲外视自安,①乃染其须发,进所征天下淑女杜陵史氏女为皇后,聘黄金三万斤,车马奴婢杂帛珍宝以巨万计。莽亲迎于前殿两阶间,成同牢之礼于上西堂。备和嫔、美御、和人三,位视公;嫔人九,视卿;美人二十七,视大夫;御人八十一,视元士:凡百二十人,皆佩印绂,执弓韣。②封皇后父谌为和平侯,拜为宁始将军,谌子二人皆侍中。是日,大风发屋折木。群臣上寿曰:"乃庚子雨水洒道,辛丑清靓无尘,③其夕毂风迅疾,从东北来。④辛丑,《巽》之宫日也。《巽》为风为顺,后谊明,母道得,温和慈惠之化也。《易》曰:'受兹介福,于其王母。'⑤《礼》曰:'承天之庆,万福无疆。'⑥诸欲依废汉火刘,皆沃灌雪除,殄灭无余杂矣。百谷丰茂,庶草蕃殖,⑦元元欢喜,兆民赖福,天下幸甚!"莽日与方士涿郡昭君等于后宫考验术,纵淫乐焉。大赦天下,然犹曰:"故汉氏春陵侯群子刘伯升与其族人婚姻党与,妄流言惑众,悖畔天命,及手害更始将军廉丹、前队大夫甄阜、属正梁丘赐,及北狄胡虏逆舆泊南僰虏若豆、孟迁,不用此书。⑧有能捕得此人者,皆封为上公,食邑万户,赐宝货五千万。"

①师古曰:"视,读曰示。"

②师古曰:"《礼记·月令》'仲春之月玄鸟至之日,以太牢祠于高禖,天子亲往,后妃率九嫔御,乃礼天子所御。带以弓韣,授以弓矢,于高禖之前'。韣,弓衣也。带之者,求男子之祥也,故莽依放之焉。韣,音独。"

③师古曰:"靓即静字也。"

④师古曰:"榖风即谷风也。"

⑤师古曰:"《晋卦》六二爻也。介,大也。王母,君母。"

⑥师古曰:"《礼》之祝词也。"

⑦师古曰:"蕃,滋也。殖,生也。"

⑧师古曰:"舆,匈奴单于名也。泊,及也。若豆、孟迁,蛮僰之名也。言伯升已下,孟迁以上,不在赦令之限也。"

又诏:"太师王匡、国将哀章、司命孔仁、兖州牧寿良、卒正王闳、杨州牧李圣亟进所部州郡兵①凡三十万众,迫措青、徐盗贼。②纳言将军严尤、秩宗将军陈茂、车骑将军王巡、左队大夫王吴亟进所部州郡兵凡十万众,迫措前队丑虏。明告以生活丹青之信,③复迷惑不解散,皆并力合击,殄灭之矣!大司空隆新公,宗室戚属,前以虎牙将军东指则反虏破坏,西击则逆贼靡碎,④此乃新室威宝之臣也。如黠贼不解散,将遣大司空将百万之师征伐剿绝之矣!"⑤遣七公干士隗嚣等七十二人分下赦令晓谕云。嚣等既出,因逃亡矣。

①师古曰:"亟,急也。"

②师古曰:"措,读与笮同,音庄客反。下亦放此。"

③师古曰:"生活,谓来降者不杀之也。丹青之信,言明著也。"

④师古曰:"靡,散也,音武皮反。"

⑤师古曰:"剿,截也,音子小反。"

四月,世祖与王常等别攻颍川,下昆阳、郾、定陵。①莽闻之愈恐,遣大司空王邑驰传至雒阳,②与司徒王寻发众郡兵百万,号曰"虎牙五威兵",平定山东。得颛封爵,政决于邑,除用征诸明兵法六十三家术者,各持图书,受器械,备军吏。倾府库以遣邑,多赍珍宝猛兽,欲视饶富,用怖山东。③邑至雒阳,州郡各选精兵,牧守自将,定会者四十二万人,余在道不绝,车甲士马之盛,自古出师未尝有也。

①师古曰:"三县之名也。郾,音一扇反。"

②师古曰:"传,音张恋反。"

③师古曰:"视,读曰示。"

六月,邑与司徒寻发雒阳,欲至宛,道出颍川,过昆阳。昆阳时已降汉,汉兵守之。严尤、陈茂与二公会,二公纵兵围昆阳。严尤曰:"称尊号者在宛下,宜亟进。①彼破,诸城自定矣。"邑曰:"百万之师,所过当灭,今屠此城,喋血而进,②前歌后舞,顾不快邪!"遂围城数十重。城中请降,不许。严尤又曰:"'归师勿遏,围城为之阙',③可如兵法,使得逸出,以怖宛下。"邑又不听。会世祖悉发郾、定陵兵数千人来救昆阳,寻、邑易之,④自将万余人行陈,⑤敕诸营皆按部毋得动,独迎,与汉兵战,不利。大军不敢擅相救,汉兵乘胜杀寻。昆阳中兵出并战,邑走,军乱。风蜚瓦,⑥雨如注水,大众崩坏号呼,⑦虎豹股栗,⑧士卒奔走,各还归其郡。邑独与所将长安勇敢数千人还雒阳。关中闻之震恐,盗贼并起。

①师古曰:"亟,急也。"

②师古曰:"喋,音牒。"

③师古曰:"此兵法之言也。遏,遮也。阙,不合也。"

④师古曰:"轻易之也。易,音亦豉反。"

⑤师古曰:"巡行军陈也。行,音下更反。"

⑥师古曰:"蜚,古飞字。"

⑦师古曰:"呼,音火故反。"

⑧师古曰:"言战惧甚。"

又闻汉兵言,莽鸩杀孝平帝。莽乃会公卿以下于王路堂,开所为平帝请命金縢之策,泣以视群臣。①命明学男张邯称说其德及符命事,因曰:"《易》言:'伏戎于莽,升其高陵,三岁不兴。'②'莽',皇帝之名。'升',谓刘伯升。'高陵',谓高陵侯子翟义也。言刘升、翟义为伏戎之兵于新皇帝世,犹殄灭不兴也。"群臣皆称万岁。又令东方槛车传送数人,言"刘伯升等皆行大戮"。民知其诈也。

①师古曰:"视,读曰示。"

②师古曰:"《同人卦》九三爻辞也。莽,平草也。言伏兵戎于草莽之中,升高陵而望,不敢前进,至于三岁不能起也。"

先是,卫将军王涉素养道士西门君惠。君惠好天文谶记,为涉言:"星孛扫宫室,刘氏当复兴,国师公姓名是也。"涉信其言,以语大司马董忠,数俱至国师殿中庐道语星宿,①国师不应,后涉特往,对歆涕泣言:"诚欲与公共安宗族,②奈何不信涉也!"歆因为言天文人事,东方必成。涉曰:"新都哀侯小被病,功显君素耆酒,③疑帝本非我家子也。④董公主中军精兵,涉领宫卫,伊休侯主殿中,如同心合谋,共劫持帝,东降南阳天子,可以全宗族;不者,俱夷灭矣!"伊休侯者,歆长子也,为侍中五官中郎将,莽素爱之。歆怨莽杀其三子,又畏大祸至,遂与涉、忠谋,欲发。歆曰:"当待太白星出,乃可。"忠以司中大赘起武侯孙伋亦主兵,复与伋谋。伋归家,颜色变,不能食。妻怪问之,语其状。妻以告弟云阳陈邯,邯欲告之。七月,伋与邯俱告,莽遣使者分召忠等。时忠方讲兵都肆,⑤护军王咸谓忠谋久不发,恐漏泄,不如遂斩使者,勒兵入。忠不听,遂与歆、涉会省户下。莽令蓳恽责问,皆服。中黄门各拔刃将忠等送庐,忠拔剑欲自刭,侍中王望传言大司马反,黄门持剑共格杀之。省中相惊传,勒兵至郎署,皆拔刃张弩。更始将军史谌行诸署,⑥告郎吏曰:"大司马有狂病,发,已诛。"皆令弛兵。⑦莽欲以厌凶,⑧使虎贲以斩马剑挫忠,⑨盛以竹器,传曰"反虏出"。下书赦大司马官属吏士为忠所诖误,谋反未发觉者。收忠宗族,以醇醯毒药、尺白刃丛棘并一坎而埋之。刘歆、王涉皆自杀。莽以二人骨肉旧臣,恶其内溃,⑩故隐其诛。伊休侯叠又以素谨,歆讫不告,⑪但免侍中中郎将,更为中散大夫。后日殿中钩盾土山仙人掌旁有白头公青衣,⑫郎吏见者私谓之国师公。衍功侯喜素善卦,莽使筮之,曰:"忧兵火。"莽曰:"小儿安得此左道?是乃予之皇祖叔父子侨欲来迎我也。"

①师古曰:"庐者,宿止之处。道,谓说之也。"

②师古曰:"诚,实也。"

③师古曰:"耆,读曰嗜。"

④如淳曰:"言莽母洛薄嗜酒,淫逸得莽耳,非王氏子也。设此诈欲以自别不受诛也。"

⑤师古曰:"肄,习也,大习兵也。肄,音亦二反。"

⑥师古曰:"行,音下更反。"

⑦师古曰:"弛,放也。"

⑧师古曰:"厌,当也,音一叶反。"

⑨师古曰:"挫,读曰锉,音千卧反。"

⑩师古曰:"王涉,骨肉也。刘歆,旧臣。"

⑪师古曰:"讫犹竟也。歆竟不以所谋告之。"

⑫郑氏曰:"仙人以掌承承露盘也。"

　莽军师外破,大臣内畔,左右亡所信,不能复远念郡国,欲谭邑与计议。①崔发曰:"邑素小心,今失大众而征,恐其执节引决,宜有以大慰其意。"于是莽遣发驰传谕邑:②"我年老毋適子,③欲传邑以天下。敕亡得谢,见勿复道。"邑到,以为大司马。大长秋张邯为大司徒,崔发为大司空,司中寿容苗䜣为国师,同说侯林为卫将军。莽忧懑不能食,④亶饮酒,啖鳆鱼。⑤读军书倦,因冯几寐,不复就枕矣。⑥性好时日小数,及事迫急,亶为厌胜。遣使坏渭陵、延陵园门罘罳,曰:"毋使民复思也。"又以墨污色其周垣。⑦号将至曰"岁宿",申水为"助将军",右庚"刻木校尉",前丙"耀金都尉",又曰:"执大斧,伐枯木;流大水,灭发火。"如此属不可胜记。

①师古曰:"谭,古呼字。"

②师古曰："谓谕告之。传,音张恋反。"

③师古曰："阁,读曰嫡。"

④师古曰："懑,音满,又音闷。"

⑤师古曰："𪐴音但。下亦类此。鳆,海鱼也,音鼋。"

⑥师古曰："冯,读曰凭。"

⑦师古曰："污染之变其旧色也。污,音一故反。"

秋,太白星流入太微,烛地如月光。

成纪隗崔兄弟共劫大尹李育,①以兄子隗嚣为大将军,攻杀雍州牧陈庆、安定卒正王旬,并其众,移书郡县,数莽罪恶万于桀纣。

①师古曰："成纪,陇西之县。"

是月,析人邓晔、于匡起兵南乡百余人。①时析宰将兵数千屯鄡亭,备武关。②晔、匡谓宰曰："刘帝已立,君何不知命也!"宰请降,尽得其众。晔自称辅汉左将军,匡右将军,拔析、丹水,攻武关,都尉朱萌降。进攻右队大夫宋纲,杀之,西拔湖。③莽愈忧,不知所出。崔发言:"《周礼》及《春秋左氏》,国有大灾,则哭以厌之。④故《易》称'先号咷而后笑'。⑤宜呼嗟告天以求救。"莽自知败,乃率群臣至南郊,陈其符命本末,仰天曰:"皇天既命授臣莽,何不珍灭众贼?即令臣莽非是,愿下雷霆诛臣莽!"因搏心大哭,气尽,伏而叩头。又作告天策,自陈功劳,千余言。诸生小民会旦夕哭,为设飧粥,⑥甚悲哀及能诵策文者除以为郎,至五千余人。蒮悍将领之。

①师古曰："析,南阳之县。南乡,析县之乡名。析,音先历反。"

②师古曰："鄡,音口尧反。"

③师古曰："湖,弘农之县也,本属京兆。"

④师古曰："《周礼》春官之属女巫氏之职曰:'凡邦之大灾,歌哭而请。'哭者,所以告哀也。《春秋左氏传》宣十二年'楚子围郑,旬有七日,郑人卜行成,不吉;卜临于太官,且巷出车,吉。国人大临,守陴者皆哭。'故发引之以为言也。厌,音一叶反。"

⑤师古曰："《同人》九五爻辞。号咷,哭也。咷,音逃。"

⑥师古曰："飧,古飡字,音千安反。"

莽拜将军九人,皆以虎为号,号曰"九虎",将北军精兵数万人东,内其妻子宫中以为质。时省中黄金万斤者为一匮,尚有六十匮,黄门、钩盾、臧府、中尚方处处各有数匮。长乐御府、中御府及都内、平准帑臧钱帛珠玉财物甚众,①莽愈爱之,赐九虎士人四千钱。众重怨,无斗意。②九虎至华阴回溪,距隘,北从河南至山。于匡持数千弩,乘堆挑战。邓晔将二万余人从阌乡南出枣街、作姑,③破其一部,北出九虎后击之。六虎败走。史熊、王况诣阙归死,莽使使责死者安在,皆自杀;其四虎亡。④三虎郭钦、陈翚、成重收散卒,保京师仓。⑤

①师古曰:"御府有令丞,少府之属官也,掌珍物。中御府者,皇后之府臧也。平准令丞属大司农,亦珍货所在也。"

②师古曰:"重,音直用反。"

③师古曰:"阌,读与闻同。作姑,邪道所由也。"

④师古曰:"六人败走,二人诣阙自杀,四人亡。"

⑤师古曰:"九人之中,六人败走,三人保仓也。京师仓在华阴灌北渭口也。翚,音晖。"

　　邓晔开武关迎汉,丞相司直李松将二千余人至湖,与晔等共攻京师仓,未下。晔以弘农掾王宪为校尉,将数百人北度渭,入左冯翊界,降城略地。李松遣偏将军韩臣等径西至新丰,与莽波水将军战,波水走。韩臣等追奔,遂至长门宫。王宪北至频阳,所过迎降。①大姓栎阳申砀、下邽王大皆率众随宪。属县𬸚严春、②茂陵董喜、蓝田王孟、槐里汝臣、盩厔王扶、阳陵严本、杜陵屠门少之属,③众皆数千人,假号称汉将。

①师古曰:"所至之处,皆来迎而降附也。"

②师古曰:"属县,三辅诸县也。𬸚属右扶风。𬸚,读与邰同。其人姓严,名春。"

③师古曰:"姓屠门,名少。"

　　时李松、邓晔以为京师小小仓尚未可下,何况长安城,当须更始帝大兵到。即引军至华阴,治攻具。而长安旁兵四会城下,闻天水隗氏兵方到,皆争欲先入城,贪立大功卤掠之利。

　　莽遣使者分赦城中诸狱囚徒,皆授兵,杀豨饮其血,与誓曰:

"有不为新室者，社鬼记之！"更始将军史谌将度渭桥，皆散走。谌空还。众兵发掘莽妻子父祖冢，烧其棺椁及九庙、明堂、辟雍，火照城中。或谓莽曰："城门卒，东方人，不可信。"莽更发越骑士为卫，门置六百人，各一校尉。

十月戊申朔，兵从宣平城门入，民间所谓都门也。①张邯行城门，逢兵见杀。②王邑、王林、王巡、䔿恽等分将兵距击北阙下。汉兵贪莽封力战者七百余人。③会日暮，官府邸第尽奔亡。二日己酉，城中少年朱弟、张鱼等恐见卤掠，趋谨并和，④烧作室门，斧敬法闼，⑤呼曰："反虏王莽，何不出降？"⑥火及掖廷承明，黄皇室主所居也。莽避火宣室前殿，火辄随之。宫人妇女谯呼曰："当奈何！"时莽绀袀服，⑦带玺韨，持虞帝匕首。天文郎案栻于前，⑧日时加某，莽旋席随斗柄而坐，曰："天生德于予，汉兵其如予何！"⑨莽时不食，少气困矣。

①师古曰："长安城东出北头第一门。"

②师古曰："行，音下更反。"

③师古曰："获莽当得封，故贪之而力战。"

④师古曰："众群行谨而自相和也。和，音乎卧反。"

⑤师古曰："敬法，殿名也。闼，小门也。谓斧斫之也。"

⑥师古曰："呼，音火故反。其下亦同。"

⑦师古曰："谯，古啼字也。绀，深青而杨赤色。袀，纯也。纯为绀服也。袀，音均，又弋旬反。"

⑧师古曰："栻，所以占时日。天文郎，今之用栻者也。音式。"

⑨师古曰："《论语》称孔子曰：'天生德于予，桓魋其如予何？'故莽引之以为言也。"

三日庚戌，晨旦明，群臣扶掖莽，自前殿南下椒除，①西出白虎门，和新公王揖奉车待门外。莽就车，之渐台，欲阻池水，犹抱持符命、威斗，公卿大夫、侍中、黄门郎从官尚千余人随之。王邑昼夜战，罢极，②士死伤略尽，驰入宫，间关至渐台，③见其子侍中睦解衣冠欲逃，邑叱之令还，父子共守莽。军人入殿中，呼曰："反虏王莽安在？"有美人出房曰："在渐台。"众兵追之，围数百重。台上亦弓弩与相射，稍稍落去。矢尽，无以复射，短兵接。王邑父子、䜣恽、王巡战死，莽入室。下铺时，众兵上台，王揖、赵博、苗䜣、唐尊、王盛、中常侍王参等皆死台上。商人杜吴杀莽，取其绶。校尉东海公宾就，故大行治礼，④见吴问绶主所在。曰："室中西北陬间。"⑤就识，斩莽首。军人分裂莽身，支节肌骨脔分，争相杀者数十人。⑥公宾就持莽首诣王宪。宪自称汉大将军，城中兵数十万皆属焉，舍东宫，⑦妻莽后宫，乘其车服。

①服虔曰："邪行阁道下者也。"师古曰："除，殿陛之道也。椒，取芬香之名也。"

②师古曰："罢，读曰疲。"

③师古曰："间关犹言崎岖展转也。"

④师古曰："公宾，姓也。就，名也。以先经治礼，故识天子绶也。"

⑤师古曰："陬，隅也，音子侯反，又音邹。"

⑥师古曰："《三辅旧事》云，脔，切千段。"

⑦师古曰："舍，止宿也。"

六日癸丑，李松、邓晔入长安，将军赵萌、申屠建亦至，以王宪得玺绶不辄上，多挟宫女，建天子鼓旗，收斩之。传莽首诣更始，县宛市，百姓共提击之，①或切食其舌。

①师古曰："提，掷也，音徒计反。"

莽扬州牧李圣、司命孔仁兵败山东，圣格死，仁将其众降，已而叹曰："吾闻食人食者死其事。"拔剑自刺死。及曹部监杜普、陈定大尹沈意、九江连率贾萌皆守郡不降，为汉兵所诛。赏都大尹王钦及郭钦守京师仓，闻莽死，乃降，更始义之，皆封为侯。太师王匡、国将哀章降雒阳，传诣宛，斩之。严尤、陈茂败昆阳下，走至沛郡谯，自称汉将，召会吏民。尤为称说王莽篡位天时所亡圣汉复兴状，茂伏而涕泣。闻故汉钟武侯刘圣聚众汝南称尊号，尤、茂降之。以尤为大司马，茂为丞相。十余日败，尤、茂并死。郡县皆举城降，天下悉归汉。

初，申屠建尝事崔发为《诗》，①建至，发降之。后复称说，②建令丞相刘赐斩发以徇。史谌、王延、王林、王吴、赵闳亦降，复见杀。

初,诸假号兵人人望封侯。申屠建既斩王宪,又扬言三辅黠共杀其主。吏民惶恐,属县屯聚,建等不能下,驰白更始。

①师古曰:"就发学《诗》。"

②师古曰:"妄言符命,不顺汉。"

二年二月,更始到长安,下诏大赦,非王莽子,他皆除其罪,故王氏宗族得全。三辅悉平,更始都长安,居长乐宫。府臧完具,独未央宫烧攻莽三日,死则案堵复故。更始至,岁余政教不行。明年夏,赤眉樊崇等众数十万人入关,立刘盆子,称尊号,攻更始,更始降之。赤眉遂烧长安宫室市里,害更始。民饥饿相食,死者数十万,长安为虚,①城中无人行。宗庙园陵皆发掘,唯霸陵、杜陵完。六月,世祖即位,然后宗庙社稷复立,天下艾安。②

①师古曰:"虚,读曰墟。"

②师古曰:"艾,读曰乂。"

赞曰:王莽始起外戚,折节力行,以要名誉,宗族称孝,师友归仁。及其居位辅政,成、哀之际,勤劳国家,直道而行,动见称述。岂所谓"在家必闻,在国必闻","色取仁而行违"者邪?①莽既不仁而有佞邪之材,又乘四父历世之权,遭汉中微,国统三绝,而太后寿考为之宗主,故得肆其奸慝,以成篡盗之祸。②推是言之,亦天时,非人力之致矣。及其窃位南面,处非所据,颠覆之势险于桀纣,而莽晏然自以黄、虞复出也。乃始恣睢,奋其威诈,③滔天虐民,穷凶极恶,④毒流诸夏,乱延蛮貉,犹未足逞其欲焉。是以四海之内,嚣然丧其乐生之心,⑤中外愤怨,远近俱发,城池不守,支体分裂,遂令天下城邑为虚,⑥丘垅发掘,害遍生民,辜及朽骨,自书传所载乱臣贼子无道之人,考其祸败,未有如莽之甚者也。昔秦燔《诗》《书》以立私议,莽诵六艺以文奸言,⑦同归殊途,俱用灭亡,皆炕龙绝气,非命之运,⑧紫色蛙声,余分闰位,⑨圣王之驱除云尔!⑩

①师古曰:"《论语》载孔子对子张之言也。不仁之人假仁者之色,而所行

　　则违之。朋党比周,故能在家在国皆有名誉。故赞引之。"

②师古曰:"肆,放也,极也。"

③师古曰:"睢,音呼季反。"

④师古曰:"滔,漫也。"

⑤师古曰:"嚣然,众口愁貌也。音五高反。"

⑥师古曰:"虚,读曰墟。"

⑦师古曰:"以六经之事文饰奸言。"

⑧服虔曰:"《易》曰'亢龙有悔',谓无德而居高位也。"苏林曰:"非命,非
　天命之命也。"

⑨应劭曰:"紫,间色;郑,邪音也。"服虔曰:"言莽不得正王之命,如岁月
　之余分为闰也。"师古曰:"郑者,乐之淫声,非正曲也。近之学者,便谓
　蛙之鸣,已失其义。又欲改此赞郑声为蝇声,引《诗》'匪鸡则鸣,苍蝇
　之声',尤穿凿矣。"

⑩苏林曰:"圣王,光武也。为光武驱除也。"师古曰:"言驱逐蠲除,以待圣
　人也。"

汉书卷一〇〇上
列传第七〇上

叙传上

师古曰:"叙《汉书》以后分为下卷。"

班氏之先,与楚同姓,令尹子文后也。子文初生,弃于瞢中,而虎乳之。①楚人谓乳"穀",谓虎"於檡",②故名穀於檡,字子文。楚人谓虎"班",其子以为号。③秦之灭楚,迁晋、代之间,因氏焉。④

①师古曰:"瞢,云瞢泽也。《春秋左氏传》曰:'楚若敖娶于䢵,生鬬伯比。若敖卒,从其母畜于䢵,淫于䢵子之女,生子文焉。䢵夫人使弃诸瞢中,兽乳之。䢵子田,见之,惧而归,夫人以告,遂使收之。'瞢与梦同,并音莫风反,又音莫凤反。"

②如淳曰:"穀音构。牛羊乳汁曰构。"师古曰:"穀读如本字,又音乃苟反。於,音乌。檡字或作菟,并音涂。"

③师古曰:"子文之子鬬班,亦为楚令尹子。"

④师古曰:"遂以班为姓。"

始皇之末,班壹避墜于楼烦,①致马牛羊数千群。值汉初定,与民无禁,当孝惠、高后时,以财雄边,②出入弋猎,旌旗鼓吹,年百余岁,以寿终。故北方多以"壹"为字者。③

①师古曰:"墜,古地字。楼烦,雁门之县。"

②师古曰:"国家不设衣服车旗之禁,故班氏以多财而为边地之雄豪。"

③师古曰:"马邑人聂壹之类也。今流俗书本多改此传壹字为懿,非也。

壹生孺。孺为任侠,州郡歌之。孺生长,官至上谷守。长生回,以茂材为长子令。①回生况,举孝廉为郎,积功劳,至上河农都尉,②大司农奏课连最,入为左曹越骑校尉。成帝之初,女为婕妤,致仕就第,赀累千金,徙昌陵。昌陵后罢,大臣名家皆占数于长安。③

①师古曰:"上党之县。长,读如本字。"

②师古曰:"上河,地名。农都尉者,典农事。"

③师古曰:"占,度也。自隐度家之口数而著名籍也。占,音之赡反。"

况生三子:伯、斿、稚。伯少受《诗》于师丹。大将军王凤荐伯宜劝学,召见宴昵殿,①容貌甚丽,诵说有法,拜为中常侍。时上方乡学,②郑宽中、张禹朝夕入说《尚书》、《论语》于金华殿中,③诏伯受焉。既通大义,又讲异同于许商,迁奉车都尉。数年,金华之业绝,出与王、许子弟为群,在于绮襦纨绔之间,非其好也。④

①张晏曰:"亲戚宴饮会同之殿。"

②师古曰:"乡,读曰向。"

③师古曰:"金华殿在未央宫。"

④晋灼曰:"白绮之襦,冰纨之绔也。"师古曰:"纨,素也。绮,今细绫也。并贵戚子弟之服。"

家本北边,志节慷慨,数求使匈奴。河平中,单于来朝,上使伯持节迎于塞下。会定襄大姓石、李群辈报怨,杀追捕吏,①伯上状,因自请愿试守期月。②上遣侍中中郎将王舜驰传代伯护单于,③并奉玺书印绶,即拜伯为定襄太守。④定襄闻伯素贵,年少,自请治剧,畏其下车作威,吏民竦息。伯至,请问耆老父祖故人有旧恩者,⑤迎延满堂,日为供具,⑥执子孙礼。郡中益弛。⑦诸所宾礼皆名豪,怀恩醉酒,共谏伯宜颇摄录盗贼,具言本谋亡匿处。伯曰:"是所望于父师矣。"⑧乃召属县长吏,选精进掾史,⑨分部收捕,⑩及它隐伏,旬日尽得。郡中震栗,咸称神明。⑪岁余,上征伯。伯上书愿过故郡上父祖冢。有诏,太守都尉以下会。⑫因召宗族,各以亲疏加恩施,散数百金。北州以为荣,长老纪焉。⑬道病中风,⑭既至,以侍中光禄大夫养病,⑮赏赐甚厚,数年未能起。

①师古曰:"报私怨而杀人,吏追捕之,又杀吏。"

②师古曰："欲守定襄太守。期，音基。"

③师古曰："传，音张恋反。"

④师古曰："即，就也，就其所居而拜。"

⑤师古曰："请，召也。"

⑥师古曰："酒食之具也。供，音居用反。"

⑦师古曰："弛，解也。见伯不用威刑，故自解纵。"

⑧师古曰："齿为诸父，尊之如师，故曰父师。"

⑨师古曰："精明而进趋也。"

⑩师古曰："分，音扶问反。"

⑪师古曰："稞，古粟字。"

⑫师古曰："同赴其所。"

⑬师古曰："纪，记也。"

⑭师古曰："中，伤也，为风所伤。"

⑮师古曰："受其秩俸而在家自养也。"

　　会许皇后废，班婕妤供养东宫，①进侍者李平为婕妤，而赵飞燕为皇后，伯遂称笃。久之，上出过临候伯，伯惶恐，起眂事。②

①李奇曰："元后，成帝母。"

②师古曰："眂，古视字。"

　　自大将军薨后，①富平、定陵侯张放、淳于长等始爱幸，出为微行，行则同舆执辔；入侍禁中，设宴饮之会，及赵、李诸侍中皆引满举白，②谈笑大噱。③时乘舆幄坐张画屏风，④画纣醉踞妲己作长夜之乐。上以伯新起，数目礼之，⑤因顾指画而问伯："纣为无道，至于是虖？"伯对曰："《书》云'乃用妇人之言'，⑥何有踞肆于朝？⑦所谓众恶归之，不如是之甚者也。"⑧上曰："苟不若此，此图何戒？"伯曰："'沈湎于酒'，微子所以告去也；⑨'式号式呼'，《大雅》所以流连也。⑩《诗》《书》淫乱之戒，其原皆在于酒。"上乃喟然叹曰："吾久不见班生，今日复闻谠言！"⑪放等不怿，⑫稍自引起更衣，因罢出。时长信庭林表适使来，闻见之。⑬

①师古曰："王凤。"

②服虔曰："举满杯，有余白沥者，罚之也。"孟康曰："举白，见验饮酒尽不也。"师古曰："谓引取满觞而饮，饮讫，举觞告白尽不也。一说，白者，罚

爵之名也。饮有不尽者,则以此爵罚之。魏文侯与大夫饮酒,令曰:'不釂者,浮以大白。'于是公乘不仁举白浮君是也。"

③师古曰:"关,古笑字也。噱,噱笑声也,音其略反。或曰,噱,谓唇口之中,大笑则见,此说非。"

④师古曰:"坐,音材卧反。"

⑤师古曰:"目视而敬之。"

⑥师古曰:"今文《尚书·泰誓》之辞。"

⑦师古曰:"肆,放也,陈也。"

⑧师古曰:"《论语》称孔子曰:'纣之不善,不如是之甚也。是以君子恶居下流,天下之恶皆归焉。'故伯引此为言。"

⑨师古曰:"微子,殷之卿士,封于微,爵称子也。殷纣错乱天命,微子作诰,告箕子、比干而去纣。其诰曰:'用沈酗于酒,用乱败厥德于下。我其发出狂,吾家耄逊于荒。'事见《尚书·微子篇》。"

⑩师古曰:"《大雅·荡》之诗曰:'式号式呼,俾昼作夜。'言醉酒号呼,以昼为夜也。流连,言作诗之人嗟叹,而泣涕流连也。而说者乃以流连为荒亡,尽失之矣。《大雅》所以流连,不谓饮酒之人也。呼,音火故反。"

⑪师古曰:"谠言,善言也,音党。"

⑫师古曰:"怿,悦也,音亦。"

⑬孟康曰:"长信,太后宫名也。庭林表,宫中妇人官名也。"师古曰:"长信宫庭之林表也。林表宫名耳,庭非官称也。"

后上朝东宫,太后泣曰:"帝间颜色瘦黑,①班侍中本大将军所举,宜宠异之,益求其比,以辅圣德。②宜遣富平侯且就国。"上曰:"诺。"车骑将军王音闻之,以风丞相御史③奏富平侯罪过,上乃出放为边都尉。后复征,又太后与上书曰:"前所道尚未效,④富平侯反复来,其能默虖?"⑤上谢曰:"请今奉诏。"是时,许商为少府,师丹为光禄勋,上于是引商、丹入为光禄大夫,伯迁水衡都尉,与两师并侍中,⑥皆秩中二千石。每朝东宫,常从;及有大政,俱使谕指于公卿。上亦稍厌游宴,复修经书之业,太后甚悦。丞相方进复奏,富平侯竟就国。会伯病卒,年三十八,朝廷愍惜焉。

①师古曰:"间,谓比日也。"

②师古曰:"比,类也,音必寐反。"

③师古曰:"风,读曰讽。"

④张晏曰:"谓上所言'班侍中本大将军所举,宜宠异之'。"

⑤如淳曰:"富平侯张放复来,太后安能默然不以为言。"

⑥如淳曰:"两师,许商、师丹。"

斿博学有俊材,左将军丹举贤良方正,以对策为议郎,迁谏大夫、右曹中郎将,与刘向校秘书。每奏事,①斿以选受诏进读群书。②上器其能,赐以秘书之副。时书不布,③自东平思王以叔父求《太史公》、诸子书,大将军白不许。语在《东平王传》。④斿亦早卒,有子曰嗣,显名当世。

①师古曰:"斿每奏校书之事。"

②师古曰:"于天子前读书。"

③师古曰:"谓不出之于群下。"

④师古曰:"此言东平王求书不得,而斿获赐秘书,明见宠异。"

稚少为黄门郎中常侍,方直自守。成帝季年,立定陶为太子,数遣中盾请问近臣,①稚独不敢答。②哀帝即位,出稚为西河属国都尉,迁广平相。

①师古曰:"盾,读曰允。《百官表》云詹事之属官也。《汉旧仪》云秩四百石,主徼巡宫中。"

②师古曰:"言其慎。"

王莽少与稚兄弟同列友善,兄事斿则弟畜稚。①斿之卒也,修缌麻,赙赗甚厚。②平帝即位,太后临朝,莽秉政,方欲文致太平,③使使者分行风俗,采颂声,④而稚无所上。⑤琅邪太守公孙闳言灾害于公府,大司空甄丰遣属驰至两郡讽吏民,⑥而劾闳空造不祥,稚绝嘉应,嫉害圣政,皆不道。太后曰:"不宣德美,宜与言灾害者异罚。且后宫贤家,我所哀也。"⑦闳独下狱诛。稚惧,上书陈恩谢罪,愿归相印,入补延陵园郎,太后许焉。食故禄终身。由是班氏不显莽朝,亦不罹咎。⑧

①师古曰:"事斿如兄,遇稚如弟。"

②师古曰:"送终者布帛曰赙,车马曰赗。赙,音附。赗,音芳凤反。"

③师古曰:"言欲以文教致太平。"

④师古曰:"行,音下更反。"

⑤师古曰:"不称符瑞及歌颂。"

⑥师古曰:"遗言祥应而隐除灾害。"

⑦师古曰:"班婕妤有贤德,故哀闵其家。"

⑧师古曰:"罹,遭也。"

初,成帝性宽,进入直言,是以王音、翟方进等绳法举过,①而刘向、杜邺、王章、朱云之徒肆意犯上,②故自帝师安昌侯,诸舅大将军兄弟及公卿大夫、后宫外属史,许之家有贵宠者,莫不被文伤诋。③唯谷永尝言:"建始、河平之际,许、班之贵,倾动前朝,熏灼四方,赏赐无量,空虚内臧,女宠至极,不可尚矣;今之后起,天所不飨,什倍于前。"永指以驳讥赵、李,亦无间云。④

①师古曰:"论天子之过失。"

②师古曰:"肆,极也。"

③师古曰:"诋,毁也,音丁礼反。"

④师古曰:"虽谷永尝有此言,而意专在赵、李耳。自余刘向之徒,又皆不论班氏也。间,非也,音居苋反。"

稚生彪。彪字叔皮,幼与从兄嗣共游学,家有赐书,内足于财,好古之士自远方至,父党扬子云以下莫不造门。①

①师古曰:"造,至也,音千到反。"

嗣虽修儒学,然贵老严之术。①桓生欲借其书②,嗣报曰:"若夫严子者,绝圣弃智,修生保真,清虚澹泊,归之自然,③独师友造化,而不为世俗所役者也。渔钓于一壑,则万物不奸其志;④栖迟于一丘,则天下不易其乐。不绁圣人之罔,⑤不馣骄君之饵,⑥荡然肆志,谈者不得而名焉,⑦故可贵也。今吾子已贯仁谊之羁绊,系名声之缰锁,⑧伏周、孔之轨躅,⑨驰颜、闵之极挚,⑩既系挛于世教矣,何用大道为自眩曜?⑪昔有学步于邯郸者,曾未得其仿佛,又复失其故步,遂匍匐而归耳!⑫恐似此类,故不进。"⑬嗣之行己持论如此。

①师古曰:"老,老子也。严,庄周也。"

②师古曰:"桓谭。"

③师古曰:"澹泊,安静也。澹,音徒滥反。泊,音步各反,又音魄。"

④师古曰:"奸,犯也,音干。"

⑤师古曰:"絓,读与挂同。圣人,谓周、孔。"

⑥应劭曰:"饵,音六畜之畜。"师古曰:"饵,古喚字也。饵,谓爵禄。君所以制使其臣,亦犹钓鱼之设饵。"

⑦师古曰:"肆,放也。"

⑧师古曰:"缰,如马缰也,音姜。"

⑨郑氏曰:"躅,迹也。三辅谓牛蹄处为躅。"师古曰:"躅,音丈欲反。"

⑩刘德曰:"挚,至也,人行之所极至。"

⑪师古曰:"言用老子、庄周之道何为?但欲以名自眩曜耳。眩,音州县之县。"

⑫师古曰:"匐,音扶。匐,音蒲北反。"

⑬师古曰:"言不与其书。"

　　叔皮唯圣人之道然后尽心焉。①年二十,遭王莽败,世祖即位于冀州。时隗嚣据垄拥众,招辑英俊,②而公孙述称帝于蜀汉,天下云扰,③大者连州郡,小者据县邑。嚣问彪曰:"往者周亡,战国并争,天下分裂,数世然后乃定,其抑者从横之事复起于今乎?④将承运迭兴在于一人也?⑤愿先生论之。"对曰:"周之废兴与汉异。昔周立爵五等,诸侯从政,⑥本根既微,枝叶强大,⑦故其末流有从横之事,其势然也。汉家承秦之制,并立郡县,主有专己之威,臣无百年之柄,至于成帝,假借外家,⑧哀、平短祚,国嗣三绝,危自上起,伤不及下。故王氏之贵,倾擅朝庭,能窃号位,而不根于民。⑨是以即真之后,天下莫不引领而叹,十余年间,外内骚扰,远近俱发,假号云合,咸称刘氏,不谋而同辞。方今雄桀带州城者,皆无七国世业之资。《诗》云:'皇矣上帝,临下有赫,鉴观四方,求民之莫。'⑩今民皆讴吟思汉,乡仰刘氏,已可知矣。"⑪嚣曰:"先生言周、汉之势,可也,至于但见愚民习识刘氏姓号之故,而谓汉家复兴,疏兮!昔秦失其鹿,刘季逐而掎之,⑫时民复知汉虖!"既感嚣言,又愍狂狡之不息,乃著《王命论》以救时难。其辞曰:

①张晏曰:"固不欲言父讳,举其字耳。"

②师古曰:"辑,与集同。"

③师古曰:"言盗贼扰乱如云而起。"

④师古曰:"抑,语辞。"

⑤师古曰:"迭,互也,音大结反。"

⑥师古曰:"言诸侯之国各别为政。"

⑦师古曰:"本根,谓王室也。枝叶,谓诸侯。"

⑧师古曰:"假,音工暇反。借,音子夜反。"

⑨师古曰:"言无据援。"

⑩师古曰:"《大雅·皇矣》之诗也。皇,大也。上帝,天也。莫,定也。言大矣天之视下,赫然甚明,监察众国,求人所定而受之。"

⑪师古曰:"乡,读曰向。"

⑫师古曰:"掎,偏持其足也,音居蚁反。"

　　昔在帝尧之禅曰:"咨尔舜,天之历数在尔躬。"舜亦以命禹。①息于稷契,咸佐唐虞,②光济四海,奕世载德,③至于汤武,而有天下。虽其遭遇异时,禅代不同,至于应天顺民,其揆一也。④是故刘氏承尧之祚,氏族之世,著乎《春秋》。⑤唐据火德,而汉绍之,始起沛泽,则神母夜号,以章赤帝之符。由是言之,帝王之祚,必有明圣显懿之德,丰功厚利积众之业,⑥然后精诚通于神明,流泽加于生民,故能为鬼神所福飨,天下所归往,未见运世无本,功德不纪,⑦而得屈起在此位者也。⑧世俗见高祖兴于布衣,不达其故,以为适遭暴乱,得奋其剑,游说之士至比天下于逐鹿,幸捷而得之,不知神器有命,不可以智力求也。⑨悲夫!此世所以多乱臣贼子者也。若然者,岂徒暗于天道哉?又不睹之于人事矣!

①师古曰:"事见《论语》。"

②师古曰:"契,读与卨同,字本作偰。"

③师古曰:"载,乘也。言相因不绝。"

④师古曰:"言尧舜以文德相禅,汤武以征伐代兴,各上应天命,下顺人心。"

⑤师古曰:"谓士会归晋,其处者为刘氏。"

⑥师古曰:"累,古累字。"

⑦师古曰:"不纪,不为人所记。"

⑧师古曰:"屈起,特起也。屈,音其勿反。"

⑨刘德曰:"神器,玺也。"李奇曰:"帝王赏罚之柄也。"师古曰:"李说是也。"

　　夫饿馑流隶,饥寒道路,①思有短褐之袭,儋石之畜,②所愿不过一金,然终于转死沟壑。何则?贫穷亦有命也。况牒天子之贵,四海之富,神明之祚,可得而妄处哉?故虽遭罹阨会,窃其权柄,③勇如信、布,强如梁、籍,成如王莽,然卒润镬伏质,亨醢分裂,④又况幺麽,尚不及数子,⑤而欲暗奸天位者虖!⑥是故驽蹇之乘不骋千里之途,燕雀之畴不奋六翮之用,楶棁之材不荷栋梁之任,⑦斗筲之子不秉帝王之重。⑧《易》曰"鼎折足,覆公𫗧",⑨不胜其任也。

①师古曰:"隶,贱隶也。"

②师古曰:"袭,谓亲身之衣也,音先列反。一说云衣破坏之余曰袭。儋石,解在《蒯通传》,音丁滥反。畜,读曰蓄。"

③师古曰:"罹亦遭也,音离。"

④师古曰:"质,锧也,伏于锧上而斩之也。锧,音竹林反。"

⑤郑氏曰:"麽,音麼,小也。晋灼曰:"此骨偏麽之麽也。"师古曰:"郑音是也。幺、麽,皆微小之称也。幺,音一尧反。麽,音莫可反。骨偏麽自音麻,与此义不相合。晋说失之。"

⑥师古曰:"奸,音干。"

⑦师古曰:"楶即薄栌,所谓枅也。棁,梁上短柱也。楶,音节,字亦或作节。棁,音之说反。"

⑧师古曰:"斗筲,言小器也,解在《公孙刘田传》。筲,音山交反。"

⑨师古曰:"《鼎卦》九四爻辞也。𫗧,食也,音速。"

　　当秦之末,豪桀共推陈婴而王之,婴母止之曰:"自吾为子家妇,而世贫贱,①卒富贵不祥,不如以兵属人,②事成少受其利,不成祸有所归。"婴从其言,而陈氏以宁。王陵之母亦见项氏之必亡,而刘氏之将兴也。是时陵为汉将,而母获于楚,有汉

使来,陵母见之,谓曰:"愿告吾子,汉王长者,必得天下,子谨
事之,无有二心。"遂对汉使伏剑而死,以固勉陵。其后果定于
汉,陵为宰相封侯。夫以匹妇之明,③犹能推事理之致,探祸福
之机,而全宗祀于无穷,垂策书于春秋,④而况大丈夫之事虖!
是故穷达有命,吉凶由人,婴母知废,陵母知兴,审此四者,帝
王之分决矣。⑤

①师古曰:"而,汝也。"

②师古曰:"属,委也,音之欲反。"

③师古曰:"凡言匹夫匹妇,谓凡庶之人,一夫一妇当相配匹。"

④师古曰:"春秋,史书记事之总称。"

⑤师古曰:"分,音扶问反。"

　　盖在高祖,其兴也有五:①一曰帝尧之苗裔,二曰体貌多
奇异,三曰神武有征应,四曰宽明而仁恕,五曰知人善任。使加
之以信诚好谋,达于听受,见善如不及,用人如由己,从谏如顺
流,趣时如嚮赴;②当食吐哺,纳子房之策;拔足挥洗,揖郦生
之说;寤戍卒之言,断怀土之情;③高四皓之名,割肌肤之
爱;④举韩信于行陈,收陈平于亡命,英雄陈力,群策毕举:此
高祖之大略,所以成帝业也。若乃灵瑞符应,又可略闻矣。初
刘媪任高祖而梦与神遇,⑤震电晦冥,有龙蛇之怪。及其长而
多灵,有异于众,是以王、武感物而折券,吕公睹形而进女;秦
皇东游以厌其气,吕后望云而知所处;⑥始受命则白蛇分,西
入关则五星聚。故淮阴、留侯谓之天授,非人力也。

①师古曰:"《王命论》叙高祖之德,及班氏《汉书》叙目所称引,事皆具见
本书,不须更解,以秽篇籍。其有辞句隐互,寻览难知者,则具释焉。浮
泛之说,盖无取也。"

②师古曰:"嚮,读曰响。如响之赴声也。"

③师古曰:"洛阳近沛,高祖来都关中,故云断怀土之情也。断,音丁唤
反。"

④晋灼曰:"不立戚夫人子。"

⑤师古曰:"任,谓怀任也。"

⑥师古曰："厌，音一叶反。"

　　历古今之得失，验行事之成败，稽帝王之世运，考五者之所谓，取舍不厌斯位，符瑞不同斯度，①而苟昧于权利，越次妄据，②外不量力，内不知命，则必丧保家之主，失天年之寿，遇折足之凶，伏铁钺之诛。③英雄诚知觉寤，畏若祸戒，④超然远览，渊然深识，收陵、婴之明分，绝信、布之觊觎，⑤距逐鹿之瞽说，审神器之有授，毋贪不可几，为二母之所笑，⑥则福祚流于子孙，天禄其永终矣。

①刘德曰："厌，当也。"师古曰："音一涉反。"

②师古曰："昧，贪也。"

③师古曰："铁，音方于反。"

④师古曰："若，顺也。"

⑤师古曰："分，音扶问反。觊，音冀。觎，音逾。"

⑥师古曰："不可几，谓不可庶几而望也。一说，几，读曰冀。"

　　知隗嚣终不寤，乃避墬于河西。①河西大将军窦融嘉其美德，访问焉。②举茂材，为徐令，以病去官。后数应三公之召。仕不为禄，所如不合；③学不为人，博而不俗；言不为华，述而不作。

①师古曰："墬，古地字。"

②师古曰："每事皆与谋。"

③师古曰："如，往也。不苟得禄，故所往之处，不合其意。"

　　有子曰固，弱冠而孤，①作《幽通之赋》，以致命遂志。②其辞曰：

①师古曰："谓年二十也。"

②刘德曰："致，极也。陈吉凶性命，遂明己之志。"

　　系高顼之玄胄兮，氏中叶之炳灵，①繇凯风而蝉蜕兮，雄朔野以飏声。②皇十纪而鸿渐兮，有羽仪于上京。③巨滔天而泯夏兮，考遵愍以行谣，④终保己而贻则兮，里上仁之所庐。⑤懿前烈之纯淑兮，穷与达其必济，⑥咨孤蒙之眇眇兮，将圮绝而罔阶，⑦岂余身之足殉兮，伟世业之可怀。⑧

①应劭曰："系，连也。胄，绪也。言己高阳颛顼之连绪也。颛顼北方水位，

故称玄。中叶,谓令尹子文也。虎乳,故曰炳灵。"

②应劭曰:"凯风,南风也。朔,北方也。言先祖自楚迁北,若蝉之蜕也。"师古曰:"繇,读与由同。由,从也。蜕,音税。飏读与扬同。"

③应劭曰:"十纪,汉十世也。"张晏曰:"《易》曰:'鸿渐于陆,其羽可以为仪'。成帝时,班况女为婕妤,父子并在京师为朝臣也。"晋灼曰:"皇,汉皇也。"

④应劭曰:"巨,王莽字巨君也。"张晏曰:"彪遇王莽之败,忧思歌谣也。"师古曰:"滔,漫也,言不畏天也。泯,灭也。夏,诸夏也。考,班固自言其父也。遘,遇也。愍,忧也。徒歌曰谣。"

⑤师古曰:"言其父遭时浊乱,以道自安,终遗盛法而处仁者所居也。《论语》称孔子曰:'里仁为美,择不处仁,焉得智?'故引以为辞。"

⑥师古曰:"因自言美前人之余业,穷则独善,达能兼济也。济,合韵音子齐反。"

⑦师古曰:"眇眇,微缅也。圮,毁也。固自言孤弱,惧将毁绝先人之迹,无阶路以自成。"

⑧师古曰:"殉,营也。怀字与愇同。愇,是也。怀,思也。愇,音于匪反。"

靖潜处以永思兮,经日月而弥远,匪党人之敢拾兮,庶斯言之不玷。①魂茕茕与神交兮,精诚发于宵寐,梦登山而迥眺兮,覼幽人之仿佛,②揽葛藟而授余兮,眷峻谷曰勿隧。③昒昕寤而仰思兮,心蒙蒙犹未察,④黄神邈而靡质兮,仪遗谶以臆对。⑤曰乘高而遄神兮,道遐通而不迷,⑥葛绵绵于樛木兮,咏南风以为绥,⑦盖慉慉之临深兮,乃二雅之所祗。⑧既谇尔以告象兮,又申之以炯戒:⑨盍孟晋以迨群兮?辰倏忽其不再。⑩

①师古曰:"拾,音负拾。"应劭曰:"拾,更也。自谦不敢与乡人更进也。"师古曰:"靖,古静字也。拾,音其业反。玷,缺也。更,音工衡反。"

②张晏曰:"幽人,神人也。"师古曰:"覼,见也,音迪。"

③师古曰:"揽,执取也。言入峻谷者当攀葛藟,可以免于颠坠,犹处时俗者当据道义,然后得用自立。故设此喻,托以梦也。藟,葛蔓也。一说,藟,葛属也。葛之与藟,皆有蔓焉。揽音揽。藟,音力水反。"

④孟康曰:"昒昕,早旦也。觉寤思念,未知其吉凶也。"师古曰:"昒,音忽。

昕,音欣。"

⑤应劭曰:"黄帝善占梦,久远无从得问,准其谶书,以意求其象也。贾谊曰'谶言其度'。"应劭曰:"臆,胸臆也。"师古曰:"对,合韵音丁忽反。"

⑥师古曰:"登山见神,故曰乘高也。遻,遇也,音五故反,又五各反。"

⑦应劭曰:"《周南·国风》其诗曰:'南有樛木,葛藟累之,乐只君子,福履绥之。'"师古曰:"樛木,下垂之木也。绥,安也。樛,音居虬反。累,音力追反。"

⑧师古曰:"《诗·小雅·小宛》之篇曰:'惴惴小心,如临于谷。'惴惴,恐惧之貌也。《小旻篇》曰:'战战兢兢,如临深渊,如履薄冰。'言恐坠陷也。故云《二雅》之所祇。惴,音之瑞反。"

⑨师古曰:"谇,告也。炯,明也。谇,音碎。炯,音公迥反。"

⑩服虔曰:"盍,何不也。孟,勉也。晋,进也。迨,及也。何不早进仕以及辈也?"师古曰:"辰,时也。倏忽,疾也。言时疾过,不再来也。倏,音式六反。"

承灵训其虚徐兮,伫盘桓而且俟,①惟天墬之无穷兮,鱻生民之胸在。②纷屯邅与蹇连兮,何艰多而智寡!③上圣寤而后拔兮,岂群黎之所御!④昔卫叔之御昆兮,昆为寇而丧予。⑤管弯弧欲毙仇兮,仇作后而成己。⑥变化故而相诡兮,孰云豫其终始!⑦雍造怨而先赏兮,丁繇惠而被戮;⑧栗取吊于逌吉兮,王膺庆于所戚。⑨畔回冗其若兹兮,北叟颇识其倚伏。⑩单治里而外凋兮,张修襮而内逼,⑪吹中鱻为庶几兮,颜与冉又不得。⑫溺招路以从己兮,谓孔氏犹未可,安陶陶而不菲兮,卒陨身乎世祸。⑬游圣门而靡救兮,顾覆醢其何补?⑭固行行其必凶兮,免盗乱为赖道;⑮形气发于根柢兮,柯叶汇而灵茂。⑯恐网蜽之责景兮,庆未得其云已。⑰

①孟康曰:"虚徐,怀疑也。"张晏曰:"伫,久也。俟,待也。"

②晋灼曰:"鱻,古鲜字也。"应劭曰:"胸,无几也。"师古曰:"墬,古地字也。鱻,少也。言天地长久而人寿短促也。鱻,音先践反。"

③孟康曰:"世艰难多,智者少,故遘祸也。"师古曰:"《易·屯卦》六二爻辞曰'屯如邅如',《蹇卦》六四爻辞曰'往蹇来连',皆谓险难之时也。邅音竹延反。连,音力善反。"

④师古曰："黎，众也。言上圣之人犹遇纷难，睹机能窹，然后自拔。文王羑里，孔子于匡是也。至于众庶，岂能豫御之哉？"

⑤孟康曰："御，迎也。昆，兄也。卫叔武迎兄成公，成公令前驱，射杀之。"师古曰："御，音五驾反。卫叔，解在《五行志》。"

⑥师古曰："谓管仲射桓公中带钩，桓公反国，以为相也。"

⑦师古曰："诡，违也。"

⑧师古曰："雍，雍齿也。丁，丁公也。繇，读与由同。"

⑨应劭曰："栗，孝景姬也，有子而以妒见废。王，宣帝王婕妤也，以无子为忧，而以谨敕得母元帝也。"师古曰："迪，古攸字也。攸亦所也。"

⑩师古曰："眄，乱貌也。回冘，转旋之意也。叟，老人称也。《淮南子》曰：'北塞上之人，其马无故亡入胡中，人皆吊之。其父曰："此何讵不为福？"居数月，其马将胡骏马而归，人皆贺之。对曰："此何讵不为祸？"家富马良，其子好骑，堕而折髀，人皆吊之。对曰："此何讵不为福？"居一年，胡夷大入，丁壮者皆控弦而战，塞上之人死者十九，此独以跛之故，父子相保。'老子《德经》曰：'祸兮福所倚，福兮祸所伏。'故颇识其倚伏。倚，音于绮反。"

⑪应劭曰："单，单豹也，静居其所，以理五内，处深山，为虎所食。张，张毅也，外修恭敬，斯徒车围皆与亢礼，不胜其劳，内热而死。"师古曰："襮，表也。单，音善。襮，音布谷反。"

⑫师古曰："吙，古聿字也。龢，古和字也。聿，曰也。曰中和之道可以庶几免于祸难，而颜回早死，冉耕恶疾，为善之人又不得其报也。"

⑬邓展曰："慆慆，乱貌也。茈，避也。"师古曰："溺，桀溺也。路，子路也。《论语》称'长沮、桀溺耦而耕，孔子过之，使子路问津焉。桀溺曰："子，孔丘之徒欤？"对曰："然。"曰："慆慆者，天下皆是也。而谁以易之？且而与其从避人之士，岂若从避世之士哉？"'言天下皆乱，汝将用谁变易之乎？避人之士，谓孔子；避世之士，溺自谓也。而子路安之，卒不能避，乃遇蒉聩之乱，身死敌也。慆，音土高反。茈，音扶味反，字本作腓，其音同。"

⑭师古曰："《礼记》云：'孔子哭子路于中庭。既哭，进使者而问故。使者曰："醢之矣。"遂命覆醢。'赋言子路游于圣人之门，而孔子不能救之以免于难，虽为覆醢，无所补益。"

⑮师古曰："《论语》称'闵子侍侧，訚訚如也；子路，行行如也。子乐，曰：

"若由也,不得其死然。'"又称'子路曰:"君子上勇乎?"曰:"君子义以为上。君子有勇而无义为乱,小人有勇而无义为盗。"'赋言子路裹行行之性,其凶必也,所以免为于乱盗者,赖闻道于孔子也。行行,刚强之貌也。行,音胡浪反。"

⑯师古曰:"柢,本也。汇,盛也。灵,善也。言草木本根气强,则枝叶盛而善美;人之先祖有大功德,则胤绪亦蕃昌也。柢,音丁计反。茂,合韵音莫口反。"

⑰师古曰:"庆,发语辞,读与羌同。已,止也。《庄子》云:'网两问景曰:"曩子行,今子止,曩子坐,今子起,何其无持操欤?"景曰:"吾有待而然。吾所待,又有待而然。"'赋言景之行止皆随于形,草木枝叶各裹根柢,人之余庆资以积善,亦犹此也。"

黎淳耀于高辛兮,芈强大于南氾;①嬴取威于百仪兮,姜本支庳三止:②既仁得其信然兮,卬天路而同轨。③东山虐而歼仁兮,王合位庳三五;④戎女烈而丧孝兮,伯祖归于龙虎:⑤发还师以成性兮,重醉行而自耦。⑥震鳞漦于夏庭兮,匝三正而灭周;⑦巽羽化于宣宫兮,弥五辟而成灾。⑧

①应劭曰:"黎,楚之先也。醇,美也。高辛,帝喾之号。芈,楚姓。氾,崖也。"师古曰:"言黎在高辛之时为火正,有美光耀,故其后嗣霸有楚国于南方也。氾,江水之别也,音祀。《邵南》之诗曰'江有氾'。芈,音弭。"

②应劭曰:"嬴,秦姓也,伯益之后也。伯益为虞,有仪鸟兽百物之功,秦所由取威于六国也。姜,齐姓也。止,礼也。齐,伯夷之后。伯夷为秩宗,典天地人鬼之礼也。

③刘德曰:"人道既然,仰视天道,又同法也。"师古曰:"仁得,谓求仁而得仁。卬,读曰仰。"

④应劭曰:"东山,纣也。歼,尽也。王,武王也。欲合五位三所,即《国语》岁日月星辰之所在也。"师古曰:"山,古邻字也。仁即三仁也。《国语》称泠州鸠对景王曰:'昔武王伐殷,岁在鹑火,月在天驷,日在析木之津,辰在斗柄,星在天鼋。星与日辰之位皆在北维,颛顼之所建也,我姬氏出自天鼋。又析木者,有建星及牵牛焉,则我皇妣大姜之姓。伯陵之后,逢公之所凭神也。岁之所在,则我有周之分野也。月之所在,辰为农祥也,我太祖后稷之所经纬也。王欲合是五位三所而用之。'五位,谓岁日

月辰星也。三所,谓逄公所凭神,周分野所在,后稷所经纬也。"

⑤孟康曰:"伯,晋文公也。岁在卯出,历十九年,过一周,岁在酉入;卯为龙,酉为虎也。"师古曰:"戎女,骊戎之女,谓骊姬也。烈,酷也。孝,谓太子申生也。伯,读曰霸。言文公霸诸侯也。徂,往也。言以龙往出,以兽归戎也。"

⑥师古曰:"发,武王名也。性,命也。武王初观兵于孟津,八百诸侯不期而会,皆曰纣可伐矣。武王曰:'尔未知天性。'还师二年,纣杀比干,囚箕子,武王乃伐克之,于是成天命也。重,谓重耳,晋文公名也。耦,合也。文公初出奔至齐,齐桓公妻之,有马二十乘。文公欲安之,齐姜乃与子犯谋,醉而遣之。后遂反国,与时会也。"

⑦应劭曰:"《易·震》为龙,鳞虫之长也。敎,沫也。"师古曰:"谓褒姒也,解在《五行志》。三正,历夏、殷、周也。敎,音丑之反。正,音之盈反。"

⑧应劭曰:"《易·巽》为鸡,羽虫也。宣帝时,未央宫路轮厩中雌鸡化为雄,元后统政之祥也。至平帝,历五世而王莽篡位。"

　　道悠长而世短兮,覙冥默而不周,①胥仍物而鬼谋兮,乃穷宙而达幽。②妫巢姜于孺筮兮,旦算祀于挈龟。③宣曹兴败于下梦兮,鲁卫名谥于铭谣。④姒聆呱而刻石兮,许相理而鞠条。⑤道混成而自然兮,术同原而分流。⑥神先心以定命兮,命随行以消息。⑦斡流迁其不济兮,故遭罹而赢缩。⑧三栾同于一体兮,虽移盈然不忒。⑨洞参差其纷错兮,斯众兆之所惑。⑩周贾荡而贡愤兮,齐死生与祸福,⑪抗爽言以矫情兮,信畏牺而忌服。⑫

①刘德曰:"覙,远也。周,至也。冥默,玄深不可通至也。"

②应劭曰:"胥,须也。仍,因也。谋,谋也。《易》曰:'人谋鬼谋,百姓与能。'往古来今曰宙。圣人须因卜筮,然后谋鬼神,极古今,通幽微也。"

③应劭曰:"妫,陈姓也。巢,居也。姜,齐姓也。孺,少也。陈完少时,其父历公使周史卜,得居有齐国之卦也。"李奇曰:"算,数也。祀,年也。周公卜居洛,得出三十、年七百也。"师古曰:"挈,刻也。《诗·大雅·绵绵》之篇曰'爰挈我龟',言刻开之,灼而卜之。挈,音口计反。"

④应劭曰:"周宣王牧人梦众鱼与旐旟之祥,而中兴。曹伯阳国人梦众君子立于社宫,谋亡曹,而曹亡也。"孟康曰:"鲁文成之世,童谣言'稠父

丧劳,宋父以骄'。后昭公名稠,遂死于野井。定公名宋,即位而骄。卫
灵公掘地得石椁,其铭曰'灵公',遂以为谥。"

⑤应劭曰:"姒,叔向之母也。石,叔向之子也。听其啼声刻,知其后必灭羊
舌氏。许负相周亚夫,从理入口,当饿死。鞫,穷也。条,亚夫所封也。"
师古曰:"鞫,告也。"

⑥师古曰:"大道混壹,归于自然,人之所趋虽有流别,本则同耳。"

⑦师古曰:"言神明之道,虽在人心之前已定命矣,然亦随其所行,以致祸
福。"

⑧师古曰:"斡,转也。言人之生,各有遭遇,不能必济,免于困厄,各随其
所逢以致赢亏也。"

⑨孟康曰:"晋大夫栾书,书子黡,黡子盈。书贤而覆黡,黡恶而害盈也。"
师古曰:"栾书,栾武子也。黡,栾桓子也。盈,栾怀子也。《春秋左氏
传》称秦伯问于士鞅曰:'晋大夫其谁先亡?'对曰:'其栾氏乎!栾黡汰
虐以甚,犹可以免。其在盈乎!武子之德在人,如周人之思邵公,爱其甘
棠,况其子乎?栾黡死,盈之善未能及人。武子所施没矣,黡之恶实彰,
将于是乎在。'其后至襄公二十一年,终为范宣子所逐,而出奔楚,自楚
适齐。二十三年,自齐入于晋,晋人遂灭栾氏也。"

⑩师古曰:"众兆,兆庶也。"

⑪孟康曰:"庄周、贾谊也。贡,惑也。愤,乱也。放荡惑乱死生祸福之正
也。"

⑫孟康曰:"庄周不欲为牺牛,贾谊恶忌服鸟也。"师古曰:"抗,举也。爽,
差也。谓二人虽举言齐死生,壹祸福,而心实不然,是差谬也。"

　　所贵圣人之至论兮,顺天性而断谊。①物有欲而不居兮,
亦有恶而不避,②守孔约而不贰兮,乃辂德而无累。③三仁殊
而一致兮,夷、惠舛而齐声。④木偃息以蕃魏兮,申重茧以存
荆。⑤纪焚躬以卫上兮,皓颐志而弗营。⑥侯中木之区别兮,苟
能实而必荣。要没世而不朽兮,乃先民之所程。⑦

①师古曰:"断谊,谓以谊断之。断,音丁奂反。"

②师古曰:"言富贵人之所欲,不以其道则君子不居;死亡人之所恶,处得
其节则君子不避也。"

③师古曰:"孔,甚也。辂,轻也。言守其甚约,执心不贰,举德至轻,无所累

惑，斯为可矣。《诗·大雅·烝人》之篇曰：'德辖如毛，人鲜克举之。'辖，音弋九反，又音犹。"

④师古曰："三仁，纣贤臣也。《论语》称'微子去之，箕子为之奴，比干谏而死'。孔子曰：'殷有三仁焉'。夷，伯夷也。惠，柳下惠也。赋言微子、箕子、比干所行各异，而并称仁。伯夷不义武王伐殷，至于不食周粟而死。柳下惠三黜不去，恋父母之邦。志执乖舛，俱有令名。"

⑤师古曰："木，段干木也。客居魏，魏文侯敬而礼之，过其间未尝不轼也。秦欲伐魏，或谏曰：'魏君贤者是礼，国人称仁，未可图也。'秦遂止兵。申，谓申包胥。荆即楚也。茧，足下伤起如茧也。楚昭王时，吴师入郢，昭王出奔。申包胥如秦乞师，逾越险阻，曾茧重胝，立于秦庭，号哭七日。秦哀公出师救楚，而败吴师。昭王反国，将赏包胥。包胥辞曰：'吾所以重茧，为君耳，非为身也。'逃不受赏。"

⑥师古曰："纪，纪信也，脱汉王于难而为项羽所烧。皓。四皓也，处商洛深山，高祖求之不得，自秦其志，无所訾屈。"

⑦应劭曰："侯，维也。"张晏曰："苟能有仁义之道，必有荣名也。"师古曰："侯，发语辞也。《尔雅》曰：'伊、惟，侯也。'程，正也。言人之操行，所尚不同，立德立言，期于不朽，亦犹兰蕙松栝，各有本性，馨烈材干，并擅贞芳。此乃古昔贤人以为正道也。《论语》称子夏曰'君子之道，譬诸草木，区以别矣'，故赋引之。"

观天罔之纮覆兮，实棐谌而相顺，①谟先圣之大猋兮，亦厸德而助信。②虞《韶》美而仪凤兮，孔忘味于千载。③素文信而底麟兮，汉宾祚于异代。④精通灵而感物兮，神动气而入微。养游睇而猿号兮，李虎发而石开。⑤非精诚其焉通兮，苟无实其孰信！⑥操末技犹必然兮，矧湛躬于道真！⑦

①应劭曰："棐，辅也。谌，诚也。相，助也。"师古曰："《尚书·大诰》曰：'天棐谌辞'。《诗·大雅·荡》之篇曰：'天生烝人，其命匪谌'。《易·上系》辞曰：'天之所助者，顺也。'赋言天道惟诚是辅，唯顺是助，故引以为辞也。棐读与匪同。谌，音上林反。"

②刘德曰："厸，近也。"师古曰："谟，谋也。猋，道也。厸，古邻字。《诗·小雅·巧言》之篇曰：'秩秩大猋，圣人谟之'。《论语》称孔子曰：'德不孤，必有邻。'《易·上系》辞曰：'人之所助者信也。'赋言若能谋圣人之大

道,有德者必为同志所依,履信者必获他人之助。谟,音摹,又音莫。"

③师古曰:"《韶》,舜乐名也。《虞书·舜典》曰:'箫《韶》九成,凤凰来仪。'
　《论语》云:'孔子在齐闻《韶》,三月不知肉味。'赋言孔子去舜千岁也。"

④应劭曰:"底,致也。孔子作《春秋》素王之文,有视明礼修之信,而致麟。
　汉封其后为褒成及绍嘉公系殷后,为二代之客。"

⑤师古曰:"养,养由基也,楚之善射者。游睍,流眄也。楚王使由基射猿,
　操弓而眄之,猿抱木而号,知其必见中也。李,李广也,夜遇石,以为猛
　兽而射之,中石没羽也。"

⑥师古曰:"信,合韵音新。"

⑦师古曰:"矧,况也。湛,读曰耽。躬,亲也。射者微技,犹能精诚感于猿
　石,况立身种德,亲耽大道而不倦者乎!"

　　登孔、颢而上下兮,纬群龙,之所经,①朝贞观而夕化兮,
犹喧己而遗形,②若胤彭而偕老兮,诉来哲以通情。③

①应劭曰:"颢,太颢也。孔,孔子也。群龙,喻群圣也。自伏羲下讫孔子,
　终始天道备矣。"孟康曰:"孔,甚也。颢,大也。圣人作经,贤者纬之也。"
　师古曰:"应说孔、颢,是也。孟说经纬,是也。颢,音胡老反。"

②应劭曰:"贞,正也。观,见也。喧,忘也。《易》曰:'天地之道,贞观者
　也。'"张晏曰:"言朝观大道而夕死可也。"师古曰:"形已尚可遗忘,况
　外物者哉? 喧,音许元反,又音许远反。"

③师古曰:"彭,彭祖也。老,老聃也。言有继续彭祖之志,升蹑老聃之迹
　者,则可与言至道而通情也。"

　　乱曰:天造中昧,立性命兮,①复心弘道,惟贤圣兮。②浑
元运物,流不处兮,③保身遗名,民之表兮。舍生取谊,亦道用
兮,④忧伤夭物,忝莫痛兮!⑤昊尔太素,曷渝色兮?⑥尚粤其
义,沦神域兮!⑦

①应劭曰:"天道始造万物,草创于冥昧之中,中,皆立其性命也。"师古
　曰:"《易·屯卦》象辞曰'天造草昧',故赋引之。"

②应劭曰:"《易》曰:'复其见天地之心乎!'《论语》曰:'人能弘道。'"师古
　曰:"复,音扶目反。"

③师古曰:"浑元,天地之气也。处,止也。浑,音胡昆反。"

④应劭曰:"孟子曰:'生,我所欲也;义,我所欲也。二者不可得,兼舍生而

取义也。'"师古曰:"舍,置也。"

⑤晋灼曰:"忝,没也。言死莫痛于是也。"师古曰:"此说非也。忝,辱也。言不达性命,自取忧伤,为物所夭,既辱且痛,莫过于是。"

⑥服虔曰:"守死善道,不染流俗,是为浩尔太素,何有变渝者哉?"师古曰:"渝,音逾。"

⑦应劭曰:"尚,上也。粤,于也。《易》曰:'知几,其神乎!'沦,入也。"师古曰:"尚,庶几也,愿也。"

永平中为郎,典校秘书,专笃志于博学,以著述为业。或讥以无功,又感东方朔、杨雄自谕以不遭苏、张、范、蔡之时,曾不折之以正道,明君子之所守,故聊复应焉。其辞曰:

宾戏主人曰:"盖闻圣人有壹定之论,列士有不易之分,亦云名而已矣。①故太上有立德,其次有立功。夫德不得后身而特盛,功不得背时而独章,是以圣哲之治,栖栖皇皇,②孔席不暖,墨突不黔。③由此言之,取舍者昔人之上务,著作者前列之余事耳。④今吾子幸游帝王之世,躬带冕之服,⑤浮英华,湛道德,⑥晋龙虎之文,旧矣。⑦卒不能摅首尾,奋翼鳞,振拔污涂,跨腾风云,⑧使见之者景骇,闻之者嚮震。⑨徒乐枕经籍书,纡体衡门,⑩上无所蒂,下无所根。独摅意乎宇宙之外,锐思于豪芒之内,潜神默记,恒以年岁。⑪然而器不贾于当己,用不效于一世,⑫虽驰辩如涛波,摛藻如春华,⑬犹无益于殿最。⑭意者,且运朝夕之策,定合会之计,使存有显号,亡有美谥,不亦优乎?"

①如淳曰:"唯贵得名也。"

②师古曰:"不安之意也。"

③师古曰:"孔,孔子。墨,墨翟也。突,灶突也。黔,黑也。言志在明道,不暇安居。"

④刘德曰:"取者,施行道德;舍者,守静无为也。"

⑤师古曰:"带,大带也。冕,冠也。"

⑥师古曰:"湛,读曰沉。华,谓名誉也。言外则有美名善誉,内则履道崇德也。"

⑦孟康曰:"奆,被也。《易》曰'大人虎变,其文炳'也,言文章之盛久也。"
晋灼曰:"奆,视也。言目厌见其文久矣。"师古曰:"寻其下句,孟说是
也。奆,音莫限反。"

⑧师古曰:"摅,申也。泞,停水也。涂,泥也。以龙为喻也。泞,音一故反,
又音乌。"

⑨师古曰:"鹯,读曰响。见景则骇,闻响则震。合韵音之人反。"

⑩师古曰:"纤,屈也。衡门,横一木于门上。"

⑪如淳曰:"恒,音亘竟之亘。"师古曰:"宇宙之外,言宏广也。豪芒之内,
喻纤微也。恒,工赠反。"

⑫刘德曰:"贾,雠也。"师古曰:"当己,谓及己身尚在,犹言当年也。贾,音
古,又音工暇反。雠,音上究反。"

⑬师古曰:"大波曰涛。摛,布也。藻,文辞也。"

⑭师古曰:"殿,音丁见反。"

　　主人逌尔而笑曰:①"若宾之言,斯所谓见势利之华,暗道
德之实,守突奥之荧烛,未卬天庭而睹白日也。②曩者王涂芜
秽,周失其御,侯伯方轨,战国横骛,于是七雄虓阚,分裂诸
夏,③龙战而虎争。游说之徒,风飏电激,并起而救之,④其余
焱飞景附,煜霅其间者,盖不可胜载。⑤当此之时,搰朽摩纯,
铅刀皆能壹断,⑥是故鲁连飞一矢而蹶千金,虞卿以顾眄而捐
相印也。⑦夫啾发投曲,感耳之声,合之律度,淫哇而不可听
者,非《韶》、《夏》之乐也;⑧因势合变,偶时之会,风移俗易,乖
忤而不可通者,非君子之法也。⑨及至从人合之,衡人散之,⑩
亡命漂说,羁旅骋辞,⑪商鞅挟三术以钻孝公,李斯奋时务而
要始皇,⑫彼皆蹑风云之会,履颠沛之势,⑬据徼乘邪以求一
日之富贵,⑭朝为荣华,夕而焦瘁,⑮福不盈眦,祸溢于世,⑯
凶人且以自悔,况吉士而是赖虖!⑰且功不可以虚成,名不可
以伪立,韩设辩以徼君,吕行诈以贾国。⑱《说难》既酋,其身乃
囚;秦货既贵,厥宗亦隧。⑲是故仲尼抗浮云之志,孟轲养浩然
之气,⑳彼岂乐为迂阔哉?道不可以贰也。㉑方今大汉洒埽群
秽,夷险芟荒,㉒廓帝纮,恢皇纲,基隆于义、农,规广于黄、唐;

其君天下也,炎之如日,威之如神,函之如海,养之如春。㉓是
以六合之内,莫不同原共流,沐浴玄德,㉔禀卬太和,枝附叶
著,㉕譬犹中木之殖山林,鸟鱼之毓川泽,㉖得气者蕃滋,失时
者苓落,㉗参天墬而施化,岂云人事之厚薄哉?㉘今子处皇世
而论战国,耀所闻而疑所觌,㉙欲从旄敦而度高庠泰山,怀氿
滥而测深虖重渊,亦未至也。"㉚

①师古曰:"遒,古迺字也。迺,笑貌也。"

②应劭曰:"《尔雅》,东南隅谓之突,西南隅谓之奥。"师古曰:"突、奥,室
　中之二隅也。荧荧,小光之烛也。卬,读曰仰。卬,音乌了反,其字从穴
　夭声也。"

③应劭曰:"七雄,秦及六国也。"师古曰:"虓,音呼交反。阚,音呼敢反。"

④师古曰:"飏,读与扬同。"

⑤师古曰:"飋,疾风也。煜霅,光貌也。煜,音于及反。霅,音下甲反。煜,
　又音育。"

⑥师古曰:"搦,按也,音女角反。斵,音丁焕反。"

⑦应劭曰:"鲁连,齐人也。齐围燕,燕将保于聊城。鲁连系帛书于矢射与
　之,为陈利害。燕将得之,泣而自杀。讥切魏新垣衍,使不尊秦为帝。秦
　时围邯郸,为却五十里,赵遂以安。赵王以千金为鲁连寿,不受。魏齐为
　秦所购,迫急走赵,赵相虞卿与齐有故,然愍其穷,于是解相印,间行与
　奔魏公子无忌也。"李奇曰:"蹶,蹪也。距也。"师古曰:"蹶,音厥,又音
　其月反。"

⑧李奇曰:"𪄳,不正之音也。"师古曰:"啾发,啾啾小声而发也。投曲,趣
　合屈曲也。感耳,动动众庶之耳也。然而不合律度,君子所不听也。淫
　𪄳,非正之声也,不谓蛙黾之鸣也。啾,音子由反。"

⑨师古曰:"虽偶当时之会,而不可以移风易俗。"

⑩师古曰:"从,音子庸反。"

⑪师古曰:"漂,浮也,音匹遥反。"

⑫应劭曰:"王霸、富国强兵,为二术也。"师古曰:"王一也,霸二也,富国
　强兵三也。"

⑬师古曰:"颠沛,僵仆也。"

⑭师古曰:"徼,要也。据可以要迎之时也。徼,音工尧反。徼字或作激。激,

发也。”

⑮师古曰："焦,音在消反。瘁,与悴同。"

⑯李奇曰："当富贵之间,视不满目,故言不盈眦也。"

⑰师古曰："赖,利也。"

⑱师古曰："贾,市贾也,音古。"

⑲应劭曰："酋,音酋豪之酋。酋,雄也。《说难》,《韩非》书篇名也。吕不韦效千金于秦,立子楚为王,封十万户侯,以阴事自杀也。"师古曰："吕不韦初见子楚在赵,而云'此奇货可居',故班氏谓子楚为秦货耳。安说千金乎?应说失之矣。"

⑳张晏曰："孔子云:'不义而富且贵,于我如浮云。'孟轲曰:'我善养吾浩然之气,而无害,则塞乎天地之间也。'"师古曰："浩然,纯壹之气也。"

㉑师古曰："迂,远也,音于。"

㉒师古曰："洒,所蟹反,汛也。汛,音信。"

㉓师古曰："函,容也,读与含同。"

㉔师古曰："原,水泉之本也。流者,其末流也。"

㉕师古曰："卬,读曰仰。著,音直洛反。"

㉖师古曰："殖,生也,长也。毓,与育同。"

㉗师古曰："苓,与零同。"

㉘师古曰："墬,古地字。"

㉙师古曰："觌,见也,音徒历反。"

㉚应劭曰："《尔雅》,前高曰旄丘,如覆敦者敦丘,侧出曰氿泉,正出曰滥泉。"师古曰："敦,音丁回反。度,音徒各反。氿,音轨。"

　　宾曰："若夫秦、斯之伦,衰周之凶人,既闻命矣。敢问上古之士,处身行道,辅世成名,可述于后者,默而已虖?"

　　主人曰:"何为其然也!昔咎繇谟虞,箕子访周,①言通帝王,谋合圣神,殷说梦发于傅岩,周望兆动于渭滨,②齐宁激声于康衢,汉良受书于邳沂,③皆俟命而神交,匪词言之所信,④故能建必然之策,展无穷之勋也。近者陆子优繇,《新语》以兴;⑤董生下帷,发藻儒林;刘向司籍,辩章旧闻;杨雄覃思,《法言》、《太玄》;⑥皆及时君之门闱,究先圣之壸奥,⑦婆娑虖术艺之场,休息虖篇籍之囿,以全其质而发其文,用纳虖圣听,列炳于后人,斯非其亚与!⑧若乃夷抗行于首阳,惠降志于辱仕,⑨颜耽乐于箪瓢,孔终篇于西狩,⑩声盈塞于天渊,真吾徒之师表也。且吾闻之:壹阴壹阳,天墬之方;⑪乃文乃质,王道之纲;有同有异,圣哲之常。故曰:慎修所志,守尔天符,委命共己,味道之腴,⑫神之听之,名其舍诸!⑬宾又不闻鲧氏之璧韫于荆石,⑭随侯之珠臧于蚌蛤虖?⑮历世莫视,不知其将含景耀,吐英精,旷千载而流夜光也。应龙潜于潢污,鱼鼋媟之,⑯不睹其能奋灵德,合风云,超忽荒,而躆颢苍也。⑰故夫泥蟠而天飞者,应龙之神也;先贱而后贵者,和、随之珍也;时暗而久章者,君子之真也。⑱若乃牙、旷清耳于管弦,离娄眇目于豪分;⑲逢蒙绝技于弧矢,班输榷巧于斧斤;⑳良、乐轶能于相驭,乌获抗力于千钧;㉑和、鹊发精于针石,研、桑心计于无垠。㉒仆亦不任厕技于彼列,故密尔自娱于斯文。"㉓

①师古曰:"访亦谋。"

②师古曰:"说,傅说也。解已在前。望,谓太公望,即吕尚也。钓于渭水,文王将出猎,卜之,曰:'所得非龙非螭、非豹非黑,乃帝王之辅。'果遇吕尚于渭阳,与语大悦,曰:'吾太公望子久矣。'故号曰太公望。"

③郑氏曰:"五达曰康,四达曰衢。"晋灼曰:"沂,崖也。下邳水之崖也。"师古曰:"齐宁,宁戚也。声激,谓叩角所歌也。沂,音牛斤反。"

④师古曰:"信,合韵音新。"

⑤郑氏曰:"优繇,不仕也。"师古曰:"繇,读与由同。"

⑥师古曰:"覃,大也。深也。"

⑦应劭曰:"宫中门谓之闱,宫中巷谓之壶。"师古曰:"壶,音苦本反。"

⑧师古曰:"亚,次也。与,读曰欤。"

⑨师古曰:"夷,伯夷也。惠,柳下惠也。辱仕,谓为士师三黜也。"

⑩师古曰:"谓作《春秋》止于获麟也。狩,合韵音守。"

⑪师古曰:"墬,古地字。"

⑫师古曰:"共,读曰恭。腴,肥也。"

⑬师古曰:"舍,废也。诸,之也。言修志委命,则明神听之,祐以福禄,自然有名,永不废也。"

⑭师古曰:"龢,古和字也。韫亦臧也,音于粉反。"

⑮师古曰:"蟀即蚌字也,音平项反。蛤,音工合反。"

⑯师古曰:"应龙,龙有翼者。潢污,停水也。媟,谓侮狎之也。潢,音黄。污,音乌。"

⑰师古曰:"蹻,以足据持也。颢,颢天也。元气颢污,故曰颢天。其色苍苍,故曰苍天。蹻,音戟。"

⑱师古曰:"时暗,有时而暗也。"

⑲师古曰:"牙,伯牙也。旷,师旷也。离娄,明目者也。眇,细视也。"

⑳师古曰:"逢蒙,古善射者也。班输即鲁公输班也。一说,班,鲁班也,与公输氏为二人也,皆有巧艺也。故《乐府》云:'谁能为此器,公输与鲁班。'榷,专也。一曰,竞也。榷,音角。"

㉑师古曰:"良,王良也。乐,伯乐也。轶,与逸同。相,相马也。驭,善驭也。乌获,壮士也。"

㉒孟康曰:"研,古之善计也。桑,桑弘羊也。"师古曰:"和,秦医和也。鹊,扁鹊也。研,计研也,一号计倪,亦曰计然。垠,崖也。"

㉓师古曰:"密,静也,安也。"

汉书卷一〇〇下

列传第七〇下

叙传下

固以为唐虞三代,《诗》《书》所及,世有典籍,故虽尧舜之盛,必有典谟之篇,然后扬名于后世,冠德于百王,①故曰:"巍巍乎其有成功,焕乎其有文章也!"②汉绍尧运,以建帝业,至于六世,史臣乃追述功德,私作本纪,③编于百王之末,厕于秦、项之列。太初以后,阙而不录,故探纂前记,缀辑所闻,④以述《汉书》,起元高祖,终于孝平王莽之诛,十有二世,二百三十年,综其行事,旁贯五经,上下洽通,⑤为'春秋考纪'、表、志、传,凡百篇。⑥其叙曰:⑦

①师古曰:"德为百王之上也。"

②师古曰:"此篇《论语》载孔子美尧舜之言也。"

③师古曰:"谓武帝时司马迁作《史记》。"

④师古曰:"纂,与撰同。辑,与集同。

⑤师古曰:"固所撰诸表序及志,经典之义在于是也。"

⑥师古曰:"春秋考纪,谓帝纪也。而俗之学者不详此文,乃云《汉书》一名春秋考纪,盖失之矣。"

⑦师古曰:"自'皇矣汉祖'以下诸叙,皆班固自论撰《汉书》意,此亦依放《史记》之叙目耳。史迁则云为某事作某本纪、某列传。班固谦,不言作而改言述,盖避作者之谓圣,而取述者之谓明也。但后之学者不晓此为《汉书》叙目,见有述字,因谓此文追述《汉书》之事,乃呼为'汉书述',失之远矣。挚虞尚有此惑,其余曷足怪乎!"

皇矣汉祖,纂尧之绪,实天生德,聪明神武。秦人不纲,罔漏于

楚，①爰兹发迹，断蛇奋旅。神母告符，朱旗乃举，粤蹈秦郊，婴来稽
首。革命创制，三章是纪，应天顺民，五星同晷。②项氏畔换，黜我
巴、汉，③西土宅心，战士愤怨。④乘衅而运，席卷三秦，割据河山，
保此怀民。⑤股肱萧、曹，社稷是经，爪牙信、布，腹心良、平，龚行天
罚，赫赫明明。述《高纪》第一。

①师古曰："言秦失纲维，故高祖因时而起。罔漏于楚，谓项羽虽有害虐之
　心，终免于患也。一说，楚王陈涉初起，后又破灭也。"

②师古曰："晷，景也。"

③孟康曰："畔，反也。换，易也。不用义帝要，换易与高祖汉中也。"师古
　曰："此说非也。畔换，强恣之貌，犹言跋扈也。《诗·大雅·皇矣》篇曰
　'无然畔换'。"

④刘德曰："宅，居也。西方人皆居心于高祖，犹系心也。《书》曰'惟众宅
　心'。"晋灼曰："西土，关西也。高祖入关，约法三章，秦民大悦，皆宅心
　高祖。"

⑤师古曰："保，安也。怀人，怀德之人也。"

　　孝惠短世，高后称制，罔顾天显，吕宗以败。①述《惠纪》第二，
《高后纪》第三。

①刘德曰："罔，无也。顾，念也。显，明也。言吕氏无念天之明道者，徒念
　王诸吕，以至于败亡矣。"

　　太宗穆穆，允恭玄默，化民以躬，帅下以德。农不供贡，罪不收
孥，①宫不新馆，陵不崇墓。②我德如风，民应如中，③国富刑清，登
我汉道。④述《文纪》第四。

①张晏曰："除民田租之税，是不供贡也。"

②师古曰："墓，合韵音谟。"

③师古曰："《论语》称孔子曰：'君子之德风，小人之德中也。'故引以为
　辞。"

④师古曰："登，成也。"

　　孝景莅政，诸侯方命，①克伐七国，王室以定。匪怠匪荒，务在
农桑，著于甲令，民用宁康。②述《景纪》第五。

①孟康曰："《尚书》云'方命圮族'，言鲧之恶，坏其族类。吴楚七国亦然。"

②晋灼曰:"甲令,即《景纪》令甲也。"

世宗晔晔,思弘祖业,①畴咨熙载,髦俊并作。②厥作伊何?百蛮是攘,③恢我疆宇,外博四荒。④武功既抗,亦迪斯文,⑤宪章六学,统壹圣真。封禅郊祀,登秩百神;协律改正,飨兹永年。⑥述《武纪》第六。

①师古曰:"晔晔,盛貌也。"

②师古曰:"畴,谁也。咨,谋也。熙,兴也。载,事也。谋于众贤,谁可任用,故能兴其事业也。作,起也。"

③师古曰:"攘,却也。"

④师古曰:"恢,广也。博,大也。"

⑤刘德曰:"迪,进也。"

⑥张晏曰:"改正,谓从建寅之月也。"

孝昭幼冲,冢宰惟忠。燕、盖诪张,实睿实聪,①罪人斯得,邦家和同。述《昭纪》第七。

①如淳曰:"诪音辀。"应劭曰:"诪张,诳也。"

中宗明明,寅用刑名,①时举傅纳,听断惟精。②柔远能迩,焯耀威灵,③龙荒幕朔,莫不来庭。④丕显祖烈,尚于有成。⑤述《宣纪》第八。

①刘展曰:"寅,敬也。"

②李奇曰:"时,是也。于是时也,选用贤者。"师古曰:"傅,读曰敷。《虞书·舜典》曰'敷纳以言'。敷,陈也,谓有陈言者则纳而用之。"

③师古曰:"《虞书·舜典》曰'柔远能迩。'柔,安也。能,善也。故引之云。焯,炽也,音充善反。"

④孟康曰:"谓白龙堆荒服沙幕也。"师古曰:"龙,匈奴祭天龙城,非谓白龙堆也。朔,北方也。"

⑤师古曰:"丕,大也。烈,业也。"

孝元翼翼,高明柔克,①宾礼故老,优繇亮直。②外割禁囿,内损御服,离宫不卫,山陵不邑。③阉尹之眚,秽我明德。④述《元纪》第九。

①师古曰:"翼翼,敬也。《尚书·洪范》云'高明柔克',谓人虽有高明之度,而当执柔,乃能成德也。叙言元帝有柔克之姿也。"

②师古曰："故老,谓贡禹、薛广德也。优繇,谓宽容也。亮直,谓朱云也。繇,读与由同。"

③张晏曰："不徙民著县。"

④如淳曰："任弘恭、石显使为政,以病其治也。"师古曰:"谓宦人为阉者,言其精气奄闭不泄也。一曰,主奄闭门者。尹,正也。閟,与祕同。"

孝成煌煌,临朝有光,威仪之盛,如圭如璋。壶闱恣赵,朝政在王,①炎炎燎火,亦允不阳。②述《成纪》第十。

①师古曰:"赵,谓赵皇后及昭仪也。王,谓外家王凤、王音等。"

②张晏曰:"天子盛威,若燎火之阳,今委政王氏,不炎炽矣。"师古曰:"允,信也。"

孝哀彬彬,克揽威神,①雕落洪支,底剧鼎臣。②婉娈董公,惟亮天功,《大过》之困,实桡实凶。③述《哀纪》第十一。

①师古曰:"彬彬,文质备也。言哀帝忿孝成之时权在臣下,故自揽持其威神也。揽,执取也,其字从手。"

②服虔曰:"雕落洪支,废退王氏也。底,致也。《周礼》有屋诛,诛大臣于屋下,不露也。《易》曰'鼎折足,其形渥,凶',谓诛朱博、王嘉之属也。"晋灼曰:"剧,刑也。"师古曰:"剧者,厚刑,谓重诛也,音握。服言屋下,失其义也。"

③应劭曰:"以董贤为三公,乃欲共成天功也。《易·大过卦》'栋桡,凶',言以小材而为栋梁,不堪其任,至于折桡而凶也。"师古曰:"婉娈,美貌。亮,助也。《尚书·舜典》曰'寅亮天功',故引之也。桡,曲也,音女教反。"

孝平不造,新都作宰,不周不伊,丧我四海。①述《平纪》第十二。

①师古曰:"造,成也。遭家业不成。《周颂》曰'闵予小子,遭家不造',故引之也。言其自号宰衡,而无周公、伊尹之忠信也。"

汉初受命,诸侯并政,制自项氏,十有八姓。述《异姓诸侯王表》第一。

太祖元勋,启立辅臣,支庶藩屏,侯王并尊。述《诸侯王表》第二。

侯王之祉,祚及宗子,公族蕃滋,支叶硕茂。①述《王子侯表》第三。

①师古曰:"茂,合韵音莫口反。"

受命之初,赞功剖符,奕世弘业,爵土乃昭。①述《高惠高后孝文功臣侯表》第四。

①师古曰:"赞功,佐命之功也。奕,大也。"

景征吴楚,武兴师旅,后昆承平,亦犹有绍。①述《景武昭宣元成哀功臣侯表》第五。

①师古曰:"言景、武之时以军功,故封侯者多,昭、宣以后虽承平,尚有以勋获爵土者。"

亡德不报,爰存二代,①宰相外戚,昭媸见戒。②述《外戚恩泽侯表》第六。

①应劭曰:"二代,三王后也。"师古曰:"二代,谓殷、周也。言德泽深远,故至汉朝其子孙又受茅土,以奉祭祀。"

②张晏曰:"媸,是也。明其是者,戒其非也。"

汉迪于秦,有革有因,①粗举僚职,并列其人。②述《百官公卿表》第七。

①刘德曰:"迪,至也。"

②晋灼曰:"粗,音粗粗之粗。"师古曰:"粗音才户反,谓大略也。"

篇章博举,通于上下,略差名号,九品之叙。述《古今人表》第八。

元元本本,数始于一,①产气黄钟,造计秒忽。②八音七始,五声六律,③度量权衡,历算逌出。④官失学微,六家分乖,⑤壹彼壹此,庶研其几。述《律历志》第一。

①张晏曰:"数之元,本起于初九之一也。"

②刘德曰:"秒,禾芒也。忽,蜘蛛网细者也。"师古曰:"秒,音眇,其字从禾。"

③刘德曰:"七始,天地四方人之始也。"师古曰:"解在《礼乐志》。"

④师古曰:"逌,古攸字也。攸,所也。"

⑤刘德曰:"六家,谓黄帝、颛顼、夏、殷、周、鲁历也。"

上天下泽,春雷奋作,①先王观象,爰制礼乐。厥后崩坏,郑卫荒淫,风流民化,涵涵纷纷。②略存大纲,以统旧文。述《礼乐志》第二。

①刘德曰:"《兑》下《乾》上《履》,《坤》下《震》上《豫》。履,礼也。豫,乐也。取《易》象制礼作乐。"师古曰:"《易》象曰'上天下泽《履》,雷出地奋《豫》',故具引其文。"

②师古曰:"言上风既流,下人则化也。涵涵,流移也。纷纷,杂乱也。涵,音莫践反。"

雷电皆至,天威震耀,五刑之作,是则是效,①威实辅德,刑亦助教。季世不详,背本争末,②吴、孙狙诈,申、商酷烈。③汉章九法,太宗改作,④轻重之差,世有定籍。述《刑法志》第三。

①刘德曰:"《震》下《离》上,《噬嗑》,利用狱。雷电,取象天威也。"师古曰:"《易》象辞曰'雷电,《噬嗑》,先王以明罚敕法',故引之。"

②师古曰:"不祥,谓不尽用刑之理也。《周书·吕刑》曰'告尔详刑'。"

③师古曰:"狙,音千豫反。"

④张晏曰:"改,除肉刑也。"

厥初生民,食货惟先。割制庐井,定尔土田,什一供贡,下富上尊。商以足用,茂迁有无,货自龟贝,至此五铢。扬榷古今,监世盈虚。①述《食货志》第四。

①师古曰:"扬,举也。榷,引也。扬榷者,举而引之,陈其趣也。榷,音居学反。"

昔在上圣,昭事百神,类帝禋宗,望秩山川,明德惟馨,永世丰年。季末淫祀,营信巫史,①大夫胪岱,侯伯僭畤,②放诞之徒,缘间而起。③瞻前顾后,正其终始。述《郊祀志》第五。

①邓展曰:"营,惑也。"

②郑氏曰:"胪岱,季氏旅于太山是也。"应劭曰:"僭畤,秦文公造四畤祭天是也。"师古曰:"旅,陈也。胪亦陈也。胪、旅,声相近,其义一耳。"

③师古曰:"谓方士言神仙之术也。"

炫炫上天,县象著明,①日月周辉,星辰垂精。百官立法,宫室

混成,②降应王政,景以烛形。③三季之后,厥事放纷,④举其占应,
览故考新。述《天文志》第六。

①师古曰:"炫炫,光耀之貌,音胡畎反。昙,古悬字。"

②张晏曰:"星辰有宫室百官,各应其象以见咎征也。"

③张晏曰:"王政失于此,星辰变于彼,犹景之象形。"

④师古曰:"三季,三代之末也。放,失也。纷,乱也。"

《河图》命庖,《洛书》赐禹,八卦成列,九畴迪叙。①世代实宝,
光演文武,《春秋》之占,咎征是举。告往知来,王事之表。述《五行
志》第七。

①李奇曰:"《河图》即八卦也。《洛书》即《洪范》九畴也。"师古曰:"庖,庖
　牺也。迪,古攸字。"

《坤》作坠势,高下九则,①自昔黄、唐,经略万国,燮定东西,疆
理南北。②三代损益,降及秦、汉,革划五等,制立郡县。③略表山
川,彰其剖判。述《地理志》第八。

①张晏曰:"《易》曰'地势《坤》'。"刘德曰:"九则,九州土田上中下九等
　也。"师古曰:"坠,古地字。《易》象曰:'地势《坤》,君子以厚德载物。'高
　下,谓地形也。一曰,地之肥瘠也。"

②师古曰:"燮,和也。疆理,谓立封疆而统理也。"

③晋灼曰:"划,音划削之划。"师古曰:"音初限反。"

夏乘四载,百川是导。①唯河为艰,灾及后代。商竭周移,秦决
南涯,②自兹距汉,北亡八支。③文堙枣野,武作《瓠歌》,④成有平
年,后遂滂沱。⑤爰及沟渠,利我国家。述《沟洫志》第九。

①师古曰:"四载,解在《沟洫志》。"

②服虔曰:"河竭而商亡。移亦河移徙也。"如淳曰:"《秦始皇本纪》决河灌
　大梁,遂灭之,通为沟,入淮、泗。"

③服虔曰:"本有九河,今塞,余有一也。"

④服虔曰:"堙,音因。文帝塞河于酸枣也。"张晏曰:"河决瓠子,武帝亲
　临,悼功不成而作歌。

⑤刘德曰:"成帝治河已平,改元曰河平元年。"

虑羲画卦,书契后作,①虞夏商周,孔纂其业,纂《书》删《诗》,

缀《礼》正《乐》，②象系大《易》，因史立法。③六学既登，遭世罔弘，④群言纷乱，诸子相腾。⑤秦人是灭，汉修其缺，刘向司籍，九流以别。⑥爰著目录，略序洪烈。⑦述《艺文志》第十。

①师古曰："虑，读与伏同。"

②师古曰："篹，与撰同。"

③师古曰："谓修《春秋》定帝王之文。"

④师古曰："罔，无也。无能弘大正道也。"

⑤师古曰："腾，驰也。"

⑥应劭曰："儒、道、阴阳、法、名、墨、从横、杂、农，凡九家。"

⑦师古曰："洪，大也。烈，业也。"

　　上嫚下暴，惟盗是伐，①胜、广燋起，梁、籍扇烈。②赫赫炎炎，遂焚咸阳，宰割诸夏，命立侯王，诛婴放怀，诈虐以亡。述《陈胜项籍传》第一。

①师古曰："《易·上系辞》云：'小人而乘君子之器，盗思夺之矣；上嫚下暴，盗思伐之矣。'引此言者，谓秦胡亥之时。"

②师古曰："飞火曰燋。扇，炽也。烈，猛也。言陈胜初起而项羽烈盛也。燋音必遥反。"

　　张、陈之交，斿如父子，携手逐秦，拊翼俱起。①据国争权，还为豺虎，②耳谋甘公，作汉藩辅。述《张耳陈余传》第二。

①应劭曰："逐，逃也。"师古曰："逐，古遁字也。拊翼，以鸡为喻，言知将旦，则鼓击其翼而鸣也。"

②师古曰："言反相吞噬也。"

　　三桥之起，本根既朽，①枯杨生华，曷惟其旧！②横虽雄材，伏于海坞，沐浴尸乡，北面奉首，旅人慕殉，义过《黄鸟》。③述《魏豹田儋韩信传》第三。

①刘德曰："《诗》云'包有三桥'。《尔雅》曰'烈、桥，余也。'谓木斩氄而复桥生也。喻魏、齐、韩皆天而复起，若氄木更生也。"师古曰："桥，音五葛反。"

②应劭曰："《易》云'枯杨生华'，暂贵之意也。曷惟其旧，言不能久也。"师

古曰："枯杨生华，《大过卦》九五爻辞也。旧，合韵音白。"

③刘德曰："《黄鸟》之诗刺秦穆公要之从死，言今横不要而有从者，故曰
过之。"

信惟饿隶，布实黥徒，越亦狗盗，芮尹江湖。①云起龙襄，化为
侯王，②割有齐、楚，跨制淮、梁。③绾自同闾，镇我北疆，④德薄位
尊，非胙惟殃。吴克忠信，胤嗣乃长。述《韩彭英卢吴传》第四。

①张晏曰："吴芮为番阳令，在江湖之间。尹，主也。"

②师古曰："襄，举也。"

③张晏曰："韩信前王齐，徙楚。英布王淮南，彭越王梁也。"

④应劭曰："闾，音捍。卢绾与高祖同里，楚名里门为捍。"师古曰："《左氏
传》云'高其闬闳'，旧通语耳，非专楚也。"

贾躯从旅，为镇淮、楚。①泽王琅邪，权激诸吕。濞之受吴，疆土
逾矩，②虽戒东南，终用齐斧。③述《荆燕吴传》第五。

①张晏曰："刘贾晚乃从军也。"晋灼曰："躯，无几也。"师古曰："二说皆非
也。躯，古以为勤字。言贾从军，有勤劳也。"

②师古曰："矩，法制也。"

③张晏曰："齐斧，越斧也，以整齐天下也。"晋灼曰："虽戒勿反而反，竟用
此斧于吴也。"师古曰："《易》云'丧其齐斧'，故引以为辞。"

太上四子：伯兮早夭，仲氏王代，娣宅于楚。①戊实淫缺，平陆
乃绍。②其于于京，奕世宗正，③勔劳王室，用侯阳成。子政博学，三
世成名，④述《楚元王传》第六。

①师古曰："《诗·卫风》云'伯兮朅兮'，《邶风》又曰'仲氏任只'。此序方
论高祖兄伯及仲，故引二句为之辞也。"

②师古曰："楚戊为薄太后服奸，削东海郡，遂与吴共反而诛。景帝更立平
陆侯礼，续元王之后也。"

③师古曰："正，合韵音征。"

④师古曰："谓刘德、刘向、刘歆，俱有名闻。"

季氏之诎，辱身毁节，信于上将，议臣震栗。①栾公哭梁，田叔
殉赵，见危授命，谊动明主。布历燕、齐，叔亦相鲁，民思其政，或金
或社。②述《季布栾布田叔传》第七。

①张晏曰："申意于上将。上将，樊哙也，欲以十万众横行匈奴中，布曰：

'唅可斩也。'时议臣皆恐。"师古曰："信，读曰申。"

②李奇曰："鲁人爱田叔，死，送之以金。齐贵栾布，为生立社。"

高祖八子，二帝六王。三赵不辜，淮厉自亡，燕灵绝嗣，齐悼特昌。掩有东土，自岱徂海，支庶分王，前后九子。六国诛毙，適齐亡祀。城阳、济北，后承我国。①趄趄景王，匡汉社稷。②述《高五王传》第八。

①张晏曰："济北王恐，吴楚反后徙王淄川。元朔中，齐国绝，悼惠王后唯有城阳、淄川，武帝乃割临淄环悼惠王冢，以与淄川，令奉祀也。"师古曰："適读曰嫡。"

②师古曰："趄趄，武貌，音纠。"

猗与元勋，包汉举信，①镇守关中，足食成军，营都立宫，定制修文。平阳玄默，继而弗革，②民用作歌，化我淳德。汉之宗臣，是谓相国。述《萧何曹参传》第九。

①刘德曰："包，取也。"师古曰："包汉，谓劝高祖且王汉中也。举信，举韩信也。信，合韵音新。"

②师古曰："革，改也。言曹参为相，守静无为，一遵萧何约束，不变改也。"

留侯袭秦，作汉腹心，①图折武关，解阨鸿门。②推齐销印，敺致越、信；③招宾四老，惟宁嗣君。陈公扰攘，归汉乃安，④毙范亡项，走狄擒韩，⑤六奇既设，我罔艰难。⑥安国廷争，致仕杜门。绛侯矫矫，诛吕尊文。亚夫守节，吴楚有勋。述《张陈王周传》第十。

①刘德曰："袭秦，椎始皇于博狼沙中。"

②师古曰："图折武关，谓从沛公入武关，说令为疑兵，又啖秦将以利，劝因其怠懈击之类也。"

③师古曰："敺与驱同。越，彭越也。信亦韩信也。谓于垓下围项羽时也。信，合韵音新。"

④师古曰："攘，音人养反。"

⑤师古曰："走狄，谓解平城之围也。禽韩，伪游云梦也。"

⑥师古曰："罔，无也。"

舞阳鼓刀，滕公厩驺，①颍阴商贩，曲周庸夫，攀龙附凤，并乘天衢。②述《樊郦滕灌傅靳周传》第十一。

①师古曰："鼓刀,谓屠狗也。"

②师古曰："乘,登也。"

北平志古,司秦柱下,①定汉章程,律度之绪。建平质直,犯上干色;②广阿之厘,食厥旧德。③故安执节,责通请错,蹇蹇帝臣,匪躬之故。④述《张周赵任申屠传》第十二。

①师古曰："志,记也,谓多记古事也。司,主也。"

②师古曰："周昌先封建成侯,盖谓此也。平字当为成,传写误耳。"

③张晏曰："任敖也。吏遇吕后不谨,敖击伤主吏也。"师古曰："厘亦勤字也。《易·讼卦》六三爻辞曰'食旧德',食犹飨也。"

④师古曰："《易·蹇卦》六二爻辞曰'王臣蹇蹇,匪躬之故'。此言申屠嘉召责邓通,请诛朝错,皆不为己身,实有蹇蹇之节也。"

食其监门,长揖汉王,画袭陈留,进收敖仓,塞陷杜津,王基以张。①贾作行人,百越来宾,从容风议,博我以文。②敬矀役夫,迁京定都,③内强关中,外和匈奴。叔孙奉常,与时抑扬,税介免胄,礼义是创。④或哲或谋,观国之光。⑤述《郦陆朱娄叔孙传》第十三。⑥

①师古曰："杜亦塞也。谓说令塞白马津。"

②李奇曰："作《新语》也。"师古曰："《论语》称颜回喟然叹曰'夫子博我以文',谓以文章开博我也。此言陆贾尝之越也。从,音千容反。风,读曰讽。"

③师古曰："矀,读与由同。言刘敬由戍卒而来纳说。"

④师古曰："税,舍也。介,甲也。创,始造之也。创,合韵音初良反。"

⑤师古曰："《诗·小雅·小旻》之篇曰'或哲或谋',言有智者,有谋者。《易·观卦》六四爻辞曰'观国之光,利用宾于王'。故合而为言也。"

⑥师古曰："本传作朱、刘,终书其赐姓也。此言朱、娄,本其旧族耳。"

淮南僭狂,二子受殃。安辩而邪,赐顽以荒,敢行称乱,窘世薦亡。①述《淮南衡山济北传》第十四。

①师古曰："窘,仍也。薦,读曰荐。荐,再也。长迁死雍,其子安又自杀也。"

蒯通壹说,三雄是败,覆郦骄韩,田横颠沛。被之拘系,乃成患害。①充、躬罔极,交乱弘大。②述《蒯伍江息夫传》第十五。

①师古曰："言五被初不从王反,王系其父母,乃进邪谋,终以遇害也。"

②师古曰:"《小雅·青蝇》之诗云'谗言罔极,交乱四国'。此叙言江充、息
　夫躬之恶,引以为辞也。"

万石温温,幼瘝圣君,①宜尔子孙,夭夭伸伸,②庆社于齐,不
言动民。③卫、直、周、张,淑慎其身。④述《万石卫直周张传》第十
六。

①邓展曰:"《尔雅》'瘝、逢,遇也'。"师古曰:"此说非也。言万石幼而恭
　谨,感瘝高祖,以见识拔也。《尔雅》云'遻,遇也',非谓瘝也。《诗·小
　雅·小宛》之篇曰'温温恭人'。"

②师古曰:"《诗·周南·螽斯》之篇曰'宜尔子孙振振兮',《论语》称孔子
　'燕居,伸伸如也,夭夭如也',谓和舒之貌。此言万石子孙既多,又皆和
　睦,故引以为辞也。夭,音于骄反。"

③邓展曰:"庆为齐相,齐为立社也。"

④师古曰:"《卫诗·燕燕》之篇曰'终温且惠,淑慎其身'。淑,善也。引此
　诗言以美四人也。"

孝文三王,代孝二梁,①怀折亡嗣,孝乃尊光。②内为母弟,外
捍吴楚,怙宠矜功,僭欲失所,思心既霿,牛祸告妖。③帝庸亲亲,厥
国五分,④德不堪宠,四支不传。⑤述《文三王传》第十七。

①师古曰:"代孝王参及梁孝王武、梁怀王揖。"

②师古曰:"折,谓夭也。孝亦谓梁孝王也。"

③师古曰:"霿,儚也,音莫候反。解在《五行志》。"

④师古曰:"庸,用也。用亲亲之道,故分梁为五国,立孝王男五人为王。太
　子买为梁王,次子明为济川王,彭离为济东王,定为山阳王,不识为济
　阴王。"

⑤晋灼曰:"子,父母之四支也。"师古曰:"此说非也。谓孝王支子四人封
　为王者皆绝于身,不传胤嗣,唯梁恭王买有后耳。其事具在本传。"

贾生矫矫,弱冠登朝。①遭文睿圣,屡抗其疏,暴秦之戒,三代
是据。建设藩屏,以强守圉,②吴楚合从,赖谊之虑。③述《贾谊传》
第十八。

①师古曰:"矫矫,高举之貌也,合韵音骄。"

②师古曰:"圉,合韵音御。"

③师古曰:"劝文帝大封梁、淮阳。梁卒距吴楚,不得令西也。从,音子容

反。”

　　子丝慷慨，激辞纳说，①摛辞正席，显陈成败。②错之琐材，智
小谋大，③祸如发机，先寇受害。④述《爰盎朝错传》第十九。

　　①师古曰：“爰盎字丝。此加子者，子是嘉称，以偶句耳。

　　②师古曰：“摛，执取也。其字从手，亦或作揽。”

　　③师古曰：“《易·下系》辞曰：‘德薄而位尊，智小而谋大，力少而任重，鲜
　　　不及矣。’此叙言朝错所以及祸。”

　　④师古曰：“发机，言其速也。吴楚未败之前，错已诛死。”

　　释之典刑，国宪以平。冯公矫魏，增主之明。①长孺刚直，义形
于色，下折淮南，上正元服。②庄之推贤，於兹为德。述《张冯汲郑
传》第二十。

　　①张晏曰：“矫辞以免魏尚也。”师古曰：“张说非也。矫，正也，正言其事。”

　　②师古曰：“淮南王谋反，惮黯正直。武帝不冠不见黯。故云下折淮南，上
　　　正元服也。元，首也，故谓冠为元服。”

　　荣如辱如，有机有枢，①自下摩上，惟德之隅。②赖依忠正，君
子采诸。③述《贾邹枚路传》第二十一。

　　①刘德曰：“《易》曰‘枢机之发，荣辱之主也。’”张晏曰：“乍荣乍辱，如辞
　　　也。”

　　②师古曰：“《诗·大雅·仰》之篇曰‘抑抑威仪，惟德之隅’，言有廉隅也。
　　　此叙言贾山直词刺上，亦为方正也。一曰，隅，谓得道德之一隅也。”

　　③师古曰：“诸，之也。”

　　魏其翩翩，好节慕声，①灌夫矜勇，武安骄盈，凶德相挺，祸败
用成。②安国壮趾，王恢兵首，③彼若天命，此近人咎。④述《窦田灌
韩传》第二十二。

　　①师古曰：“翩翩，自喜之貌。”

　　②师古曰：“挺，谓柔挺也，音式延反。”

　　③孟康曰：“《易》‘壮于趾，征凶’。安国临当为丞相，堕车，蹇。后为将，多
　　　所伤失而忧死。此为不宜征行而有凶也。”师古曰：“‘壮于趾’，《大壮》
　　　初九爻辞也。壮，伤也。趾，足也。直谓堕车蹇耳，不言不宜征行也。”

　　④师古曰：“彼，韩安国也。此，王恢也。壮趾，天命也。谋兵，人咎也。”

　　景十三王，承文之庆。①鲁恭馆室，江都诊轻；②赵敬险诐，中

山淫茝；③长沙寂漠，广川亡声；胶东不亮，常山骄盈。④四国绝祀，河间贤明，⑤礼乐是修，为汉宗英。述《景十三王传》第二十三。

①师古曰："言景帝庸主耳，所以子皆得王者，由文帝之德庆流子孙也。庆，合韵音卿。"

②师古曰："诊，谓轻狡也，音初教反。"

③师古曰："诐，辩也。一曰，佞也。茝，酝酒也，音咏，合韵音荣。"

④如淳曰："亮，信也。闻淮南谋反，作战具守备，后辞及之，发病死，是为不信于汉朝。"

⑤李奇曰："临江哀王阏、临江闵王荣、胶西于王端、清河哀王乘皆无子，国除。"

李广恂恂，实获士心，控弦贯石，威动北邻，①躬战七十，遂死于军。敢怨卫青，见讨去病。陵不引决，忝世灭姓。②苏武信节，不讪王命。③述《李广苏建传》第二十四。

①师古曰："北邻，谓匈奴也。"

②师古曰："忝，辱也。"

③师古曰："信，读曰申。"

长平桓桓，上将之元，①薄伐猃允，恢我朔边，②戎车七征，冲輣闲闲，③合围单于，北登阗颜。票骑冠军，猋勇纷纷，④长驱六举，电击雷震，⑤饮马翰海，封狼居山，西规大河，列郡祁连。⑥述《卫青霍去病传》第二十五。

①师古曰："桓桓，武貌也。元，首也。"

②师古曰："恢，广也。"

③邓展曰："輣，兵车名也。"师古曰："輣，音彭。"

④师古曰："如猋之勇，纷然盛也。"

⑤师古曰："六举，凡六出击匈奴也。震，合韵音之人反。"

⑥张晏曰："置郡至祁连山。"

抑抑仲舒，再相诸侯，①身修国治，致仕县车，下帷覃思，论道属书，②谠言访对，为世纯儒。③述《董仲舒传》第二十六。

①师古曰："《尔雅》云'抑抑，密也'。"

②师古曰："属，音之欲反。"

③师古曰："谠，善言也。访对，谓对所访也。谠，音党。"

文艳用寡，子虚乌有，寓言淫丽，托风终始，①多识博物，有可观采，蔚为辞宗，赋颂之首。②述《司马相如传》第二十七。

①师古曰："寓，寄也。风，读曰讽。"

②师古曰："蔚，文彩盛也，音郁。"

平津斤斤，晚跻金门，①既登爵位，禄赐颐贤，②布衾蔬食，用俭饬身。③卜式耕牧，以求其志，忠瘝明君，乃爵乃试。兒生矗矗，束发修学，④偕列名臣，从政辅治。述《公孙弘卜式兒宽传》第二十八。

①师古曰："斤斤，明察也。跻，升也。金门，金马门也。"

②师古曰："颐，养也，谓引招贤人而养也。"

③师古曰："饬，整也，读与敕同。"

④师古曰："矗矗，勉也。"

张汤遂达，用事任职，媚兹一人，日旰忘食，①既成宠禄，亦罗咎慝。安世温良，塞渊其德，②子孙遵业，全祚保国。述《张汤传》第二十九。

①师古曰："《诗·大雅·下武》之篇曰'媚兹一人，应侯慎德'。一人，天子也。媚，爱也。此叙言张汤见爱于武帝。"

②师古曰："《诗·邶风·燕燕》之篇曰'仲氏任只，其心塞渊'。渊，深也。塞实，也。谓其德既实且深也。此叙言子孺亦有之。"

杜周治文，唯上浅深，①用取世资，幸而免身。延年宽和，列于名臣。钦用材谋，有异厥伦。②述《杜周传》第三十。

①师古曰："言观天子之意也。"

②师古曰："伦，类也。言异其本类。"

博望杖节，牧功大夏。贰师秉钺，身衅胡社。①致死为福，每生作祸。②述《张骞李广利传》第三十一。

①李奇曰："李广利，胡杀之以血涂社也。"师古曰："衅者，以血祭耳，非涂也。"

②师古曰："每，贪也。张骞致死封侯，李广利求生而死也。"

乌呼史迁，薰胥以刑！①幽而发愤，乃思乃精，错综群言，古今是经，勒成一家，大略孔明。②述《司马迁传》第三十二。

①晋灼曰："《齐》、《韩》、《鲁诗》作薰。薰，师也，从人得罪相坐之刑也。"师

古曰："晋说近是矣。《诗·小雅·雨无正》之篇曰'若此无罪,沦胥以铺'。胥,相也。铺,遍也。言无罪之人,横相牵率,遍得罪也。《韩诗》沦字作薰。薰者,谓相薰蒸,亦渐及之义耳。此叙言史迁因坐李陵,横得罪也。"

②师古曰："孔,甚也。"

孝武六子,昭、齐亡嗣。①燕刺谋逆,广陵祝诅。昌邑短命,昏贺失据。戾园不幸,宜承天序。②述《武五子传》第三十三。

①如淳曰："昭帝及齐王无嗣也。"师古曰："嗣,合韵音祚。"

②师古曰："序,合韵音似豫反。"

六世耽耽,其欲浟浟①文武方作,是庸四克。②助、偃、淮南,数子之德,不忠其身,善谋于国。③述《严朱吾丘主父徐严终王贾传》第三十四。

①师古曰："六,谓武帝也。《易·颐卦》六四爻辞曰'虎视耽耽,其欲浟浟'。耽耽,威视之貌也,浟浟,欲利之貌也。耽,音丁含反。浟,音涤。今《易》涤字作逐。"

②晋灼曰："方,并也。"师古曰："言并任文武之臣,是用克开四方也。

③师古曰："淮南,谓淮南王安谏武帝不宜兴兵讨越也。"

东方赡辞,诙谐倡优,①讥苑捍偃,正谏举邮,②怀肉污殿,弛张沉浮。述《东方朔传》第三十五。

①师古曰："诙,音恢。"

②师古曰："邮,与尤同。尤,过也。"

葛绎内宠,屈氂王子。①千秋时发,宜春旧仕。②敞、义依霍,庶几云已。③弘惟政事,万年容已。咸睡厥诲,孰为不子?述《公孙刘田杨王蔡陈郑传》第三十六。

①师古曰："公孙贺妻,卫皇后姊,故云内宠也。"

②张晏曰："千秋讼卫太子冤,发言值时也。"师古曰："宜春侯,王䜣也。"

③如淳曰："若此人等无益于治,可为庶几而已也。"师古曰："敞,杨敞。义,蔡义。"

王孙裸葬,建乃斩将。云廷讦禹,福逾刺凤,①是谓狂狷,敞近其衷。②述《杨胡朱梅云传》第三十七。

①师古曰："逾,远也。"

②师古曰："狷,中也。《论语》称孔子曰:'不得中行而与之,必也狂狷乎!'此言朱云以上盖狂狷耳,云敞之操近于中行也。狷,音竹仲反。"

　　博陆堂堂,受遗武皇,①拥毓孝昭,末命导扬。②遭家不造,立帝废王,权定社稷,配忠阿衡。怀禄耽宠,渐化不详,阴妻之逆,至子而亡。③秺侯狄孥,虔恭忠信,④奕世载德,貤于子孙。⑤述《霍光金日磾传》第三十八。

①师古曰:"《论语》称孔子曰'堂堂乎张也',盖美子张仪形盛也,故引之。"

②刘德曰:"武帝临终之命也,光能导达显扬也。"

③师古曰:"阴,谓覆蔽之。"

④师古曰:"匈奴休屠王之子,故曰狄孥。秺音妒。信,合韵音新。"

⑤师古曰:"貤,延也,音弋豉反。"

　　兵家之策,惟在不战。营平皤皤,立功立论,①以不济可,上谕其信。②武贤父子,武人之俊。述《赵充国辛庆忌传》第三十九。

①师古曰:"皤皤,白发貌也,音蒲何反。"

②师古曰:"《春秋左氏传》晏子对齐景公曰:'君所谓可,而有不焉;臣献其不,以成其可。'此叙言宣帝令击西羌,充国不从,固上屯田之策也。"

　　义阳楼兰,长罗昆弥,安远日逐,义成郅支。陈汤诞节,救在三哲,①会宗勤事,疆外之桀。述《傅常郑甘陈段传》第四十。

①郑氏曰:"三哲,谓刘向、谷永、耿育皆讼救汤也。"师古曰:"诞节,言其放纵不拘也。"

　　不疑肤敏,应变当理,①辞霍不婚,逡遁致仕。②疏克有终,散金娱老。定国之祚,于其仁考。广德、当、宣,近于知耻。③述《隽疏于薛平彭传》第四十一。

①刘德曰:"肤,美也。敏,疾也。言于阙下卒变,定方遂诈,非卫太子也。"师古曰:"《诗·大雅·文王》之篇曰'殷士肤敏',谓微子也,故引以为辞。"

②师古曰:"遁,读与巡同。"

③晋灼曰:"当,宣帝时始仕,至元帝时以岁恶民流,便乞骸骨去。此为知耻。"师古曰:"此说非也。当为平当也。宣,彭宣也。言广德、平当、彭宣三人不苟于禄位,并为知耻也。本传赞曰:'薛广德保悬车之荣,平当逡

巡有耻,彭宣见险而止:异乎苟惠失之者矣。'"

四皓遁秦,古之逸民,不营不拔,严平、郑真。①吉困于贺,涅而不缁;禹既黄发,以德来仕。②舍惟正身,胜死善道;郭钦、蒋诩,近遁之好。③述《王贡两龚鲍传》第四十二。

①应劭曰:"爵禄不能营其志,威武不能屈其身也。《易》曰'不可荣以禄',又曰'确乎不可拔也'。"

②师古曰:"《论语》称孔子曰:'不曰白乎?涅而不缁。'涅,污泥也。可以染皂。缁,黑色也。言天性洁白者,虽处污涅之中,其色不变也。缁,合韵音侧仕反。"

③应劭曰:"《易》曰'好遁君子吉',言遭暴乱之世,好以和顺遁去,不离其害也。"

扶阳济济,闻《诗》闻《礼》。玄成退让,仍世作相。①汉之宗庙,叔孙是谟,革自孝元,诸儒变度。②国之诞章,博载其路。③述《韦贤传》第四十三。

①师古曰:"仍,频也。"

②如淳曰:"造迭毁之义也。"师古曰:"谟,谋也,合韵音慕。"

③师古曰:"诞,大也。谓宪章之大者,故广载之。"

高平师师,惟辟作威,图黜凶害,天子是毗。①博阳不伐,含弘光大,天诱其衷,庆流苗裔。述《魏相丙吉传》第四十四。

①邓展曰:"师师,相ımı法也。"师古曰:"《尚书·洪范》云'惟辟作威',言威权者,唯人君得作之耳。《诗·小雅·节南山》之篇曰:'尹氏太师,惟周之氏,秉国之钧,四方是维,天子是毗。'言大臣之职,辅佐天子者也。此叙言魏相欲崇君道而黜私权,故引《书》《诗》以为言也。"

占往知来,幽赞神明,①苟非其人,道不虚行。②学微术昧,或见仿佛,疑殆匪阙,违众近世,③浅为尤悔,深作敦害。④述《眭两夏侯京翼李传》第四十五。

①师古曰:"《易·上系辞》曰'神以知来,知以藏往',言蓍卦之德兼神知也。《说卦》曰'昔者圣人之作《易》也,幽赞于神明而生蓍',言欲深致神明之道,助以成教,故为蓍卜也。"

②师古曰:"《下系》之辞也。言人能弘道,非其人则不能传。"

③师古曰:"《论语》称孔子曰:'多闻阙疑,慎言其余则寡尤;多见阙殆,慎

行其余则寡悔。'殆,危也。谓有疑则阙之也。此叙言术士不阙疑殆,故
遭祸难也。"

④师古曰:"尤,过也。敦,厚也。"

广汉尹京,克聪克明;延寿作翊,既和且平。矜能讦上,俱陷极
刑。翁归承风,帝扬阙声。①敞亦平平,文雅自赞;②尊实赳赳,邦家
之彦;③章死非罪,士民所叹。述《赵尹韩张两王传》第四十六。

①张晏曰:"受任为右扶风,卒,宣帝下诏襃扬,赐金百斤。"

②师古曰:"读便。便,辩也。赞,助也,以文雅助治术也。一说,赞,进也,
　　以文雅自进也。"

③师古曰:"赳赳,材劲貌也,音纠。"

宽饶正色,国之司直。丰緊好刚,辅亦慕直。①皆陷狂狷,不典
不式。②崇执言责,隆持官守。③宝曲定陵,并有立志。④述《盖诸葛
刘郑毋将孙何传》第四十七。⑤

①师古曰:"緊,是也,音乌契反。"

②师古曰:"典,经也。式,法也。"

③如淳曰:"崇为尚书仆射,是言责之官也。哀帝及傅太后欲封从弟商,崇
　　谏不听也。"晋灼曰:"隆谏武库兵不宜以给董贤家,此为持官守也。"

④邓展曰:"孙宝曲桡定陵侯淳于长也。"晋灼曰:"何并斩侍中王林卿奴,
　　是立志也。"

⑤师古曰:"本传毋将隆在孙宝下。今此叙云毋将孙何,是叙误也。"

长倩忬忬,觊霍不举,①遇宣乃拔,傅元作辅,不图不虑,见踬
石、许。②述《萧望之传》第四十八。

①苏林曰:"忬忬,行步安舒也。"师古曰:"不肯露索而见霍光,故不得大
　　官也。忬,音弋于反。"

②师古曰:"《诗·小雅·雨无正》之篇云'旻天疾威,不虑不图'也。虑,思
　　也。图,谋也。言幽王见天之威,不思谋也。此叙言望之思谋不详,卒为
　　石显及许、史所颠踬也。踬,音竹二反。"

子明光光,发迹西疆,列于御侮,厥子亦良。述《冯奉世传》第四
十九。

宣之四子,淮阳聪敏,①舅氏蓬蔯,几陷大理。②楚孝恶疾,东
平失轨,③中山凶短,母归戎里。④元之二王,孙后大宗,⑤昭而不

穆,大命更登。⑥述《宣元六王传》第五十。

①师古曰:"敏,疾也,合韵音美。"

②师古曰:"蘷蕛,口柔,观人颜色而为辞佞者也。言淮阳宪王舅张博为诋
辞,几陷王于大罪也。蘷,音渠。蕛,音除。几,音巨依反。"

③师古曰:"恶疾,谓瞀病也。轨,法则也。"

④张晏曰:"戎氏女归戎氏之里也。"

⑤孟康曰:"谓哀、平帝。"

⑥邓展曰:"昭而不穆,有父无子。"张晏曰:"大命,帝位也。"师古曰:"更,
音工衡反。"

乐安褒褒,古之文学,①民具尔瞻,困于二司。②安昌货殖,朱
云作娸。③博山惇慎,受莽之疚。④述《匡张孔马传》第五十一。

①师古曰:"褒褒,盛貌也,音弋救反。学,合韵音下教反。"

②师古曰:"《诗·小雅·节南山》之篇曰'赫赫师尹,民具尔瞻',言师尹
之任,位尊职重,下所瞻望,而乃为不善乎,深责之也。此叙言匡衡失
德,不终相位,故引以为辞耳。二司者,司隶校尉王尊劾奏衡追奏石显
扬著先帝任用倾覆之臣,司隶校尉王骏劾奏衡专地盗土也。司,合韵
音先寺反。"

③晋灼曰:"娸,丑也。"师古曰:"朱云廷言欲斩张禹,是为丑恶之娸,音
敏,合韵音丘吏反。"

④师古曰:"疚,病也。孔光后更曲意从莽之欲,以病其德行也。"

乐昌笃实,不桡不诎,遘闵既多,是用废黜。①武阳殷勤,辅导
副君,既忠且谋,飨兹旧勋。高武守正,因用济身。②述《王商史丹傅
喜传》第五十二。

①师古曰:"《诗·邶·柏舟》曰:'遘闵既多,受侮不少'。遘,遇也。闵,病
也。谓见病害甚众也。此叙言王商深为王凤所排陷也。"

②师古曰:"言傅喜不阿附傅太后,故得免祸。"

高阳文法,扬乡武略,政事之材,道德惟薄,位过厥任,鲜终其
禄。①博之翰音,鼓妖先作。②述《薛宣朱博传》第五十三。

①师古曰:"鲜,少也,音先践反。"

②刘德曰:"《易》曰'翰音登于天,贞凶'。上九处非其位,亢极,故'何可长
也?'位在上高,故曰翰音。博拜时闻有鼓声也。"师古曰:"'翰音登于

天'，《中孚卦》上九爻辞也。翰音高飞而且鸣，喻居非其位，声过其实也。"

高陵修儒，任刑养威，用合时宜，器周世资。义得其勇，如虎如貔，进不跬步，宗为鲸鲵。①述《翟方进传》第五十四。

①师古曰："半步曰跬，音空蕊反。"

统微政缺，灾眚屡发。永陈厥咎，戒在三七。邺指丁、傅，略窥占术。述《谷永杜邺传》第五十五。

哀、平之恤，丁、傅、莽、贤。武、嘉戚之，乃丧厥身。高乐废黜，咸列贞臣。述《何武王嘉师丹传》第五十六。

渊哉若人！实好斯文。初拟相如，献赋黄门，辍而覃思，草《法》纂《玄》，①斟酌六经，放《易》象《论》，②潜于篇籍，以章厥身。③述《杨雄传》第五十七。

①师古曰："辍，止也。纂，与撰同。言止不复作赋，草创《法言》及撰《太玄经》也。"

②师古曰："放，音甫往反。《论》，《论语》也。"

③师古曰："章，明也。"

犷犷亡秦，灭我圣文，①汉存其业，六学析分。是综是理，是纲是纪，师徒弥散，著其终始。②述《儒林传》第五十八。

①师古曰："犷犷，粗恶之貌。言无亲也。犷，音矿，又音九永反。"

②师古曰："散，谓分派也。"

谁毁谁誉，誉其有试。①泯泯群黎，化成良吏。②淑人君子，时同功异。没世遗爱，民有余思。述《循吏传》第五十九。

①师古曰："《论语》称孔子曰：'吾之于人，谁毁谁誉，如有所誉，其有所试。'此叙言人之从政，可试而知，故引以为辞也。"

②师古曰："黎，众也。言群众无知，从吏之化而成俗也。"

上替下陵，奸轨不胜，猛政横作，刑罚用兴。曾是强圉，掊克为雄，①报虐以威，殃亦凶终。②述《酷吏传》第六十。

①师古曰："《诗·大雅·荡》之篇曰'曾是强圉，曾是掊克'。强圉，强梁御善也。掊克，好聚敛，克害人也。言任用此人为虐于下也。掊，音平侯反。"

②师古曰:"《尚书·吕刑》曰'皇帝哀矜庶戮之不辜,报虐以威',言哀闵
不辜之人横被杀戮,乃报答为虐者以威而诛绝也。"

四民食力,罔有兼业,大不淫侈,细不匮乏,盖均无贫,遵王之
法。①靡法靡度,民肆其诈,②逼上并下,荒殖其货。③侯服玉食,败
俗伤化。④述《货殖传》第六十一。

①师古曰:"《论语》称孔子曰'盖均无贫',言为政平均不相陵夺,则无贫
匮之人也,故引之。"

②师古曰:"肆,极也。"

③师古曰:"荒,大也。"

④张晏曰:"玉食,珍食也。"

开国承家,有法有制,家不臧甲,国不专杀。①剑乃齐民,作威
作惠,②如台不匡,礼法是谓!③述《游侠传》第六十二。

①师古曰:"杀,合韵音所例反。"

②师古曰:"剑,况也。齐人,齐等之人也。"

③如淳曰:"台,我也。我,国家也。"师古曰:"匡,正也。台,音怡。"

彼何人斯,窃此富贵!营损高明,作戒后世。①述《佞幸传》第六
十三。

①师古曰:"《诗·小雅·巧言》之篇,刺谗人也。其诗曰:'彼何人斯?居河
之麋。'贱而恶之也。此叙亦深疾佞幸之人,故引诗文以讥之。营,惑
也。"

於惟帝典,戎夷猾夏;①周宣攘之,亦列《风》《雅》。②宗幽既
昏,淫于褒女,③戎败我骊,遂亡酆鄠。④大汉初定,匈奴强盛,围我
平城,寇侵过境。⑤至于孝武,爰赫斯怒,王师雷起,霆击朔野。⑥宣
承其末,乃施洪德,震我威灵,五世来服。⑦王莽窃命,是倾是覆,备
其变理,为世典式。述《匈奴传》第六十四。

①师古曰:"于,叹辞也。帝典,《虞书·舜典》也。载舜命咎繇作士,戒之
曰:'蛮夷猾夏。'猾,乱也。夏,诸夏也。于读曰乌。"

②师古曰:"攘,却也。"

③师古曰:"宗幽,幽王居宗周也。"

④张晏曰:"申侯与戎共伐周,败于骊山下,遂杀幽王。平王东徙,都成

周。"

⑤师古曰:"境,合韵音竟。"

⑥师古曰:"霆,疾雷也,音廷。"

⑦师古曰:"自宣至平,凡五帝。"

　　西南外夷,种别域殊。南越尉佗,自王番禺。攸攸外寓,闽越、东瓯。①爰洎朝鲜,燕之外区。汉兴柔远,与尔剖符。②皆恃其岨,乍臣乍骄,孝武行师,诛灭海隅。述《西南夷两越朝鲜传》第六十五。

①师古曰:"攸攸,远貌。"

②师古曰:"柔,安也。剖符,谓封之也。"

　　西戎即序,夏后是表。①周穆观兵,荒服不旅。②汉武劳神,图远甚勤。王师骓骓,致诛大宛。③娺娺公主,乃女乌孙,④使命乃通,条支之濒。⑤昭、宣承业,都护是立,总督城郭,三十有六,修奉朝贡,各以其职。述《西域传》第六十六。

①张晏曰:"表,外也。禹就叙以为外国也。"师古曰:"此说非也。表,明也,明以德化也。"

②张晏曰:"观,示也。旅,陈也。犬戎终王而周穆王以不享征之,是以荒服不陈于廷也。"

③郑氏曰:"骓骓,盛也。"师古曰:"此说非也。《小雅·四牡》之诗曰:'四牡骓骓,骓骓骆马。'骓骓,喘息之貌。马劳则喘,此叙言汉远征西域,人马弊也。骓,音它丹反。"

④孟康曰:"娺,音题。娺娺,惕惕,爱也。"师古曰:"此说非也。骓,音上支反。娺娺,好貌也。《魏诗·葛屦》之篇曰'好人提提',音义同耳。女,妻也,音乃据反。言汉以好女配乌孙也。"

⑤师古曰:"濒,涯也,音频,又音宾。"

　　诡矣祸福,刑于外戚。①高后首命,吕宗颠覆。薄姬磝魏,宗文产德。②窦后违意,考盘于代。③王氏仄微,世武作嗣。子夫既兴,扇而不终。④钩弋忧伤,孝昭以登。上官幼尊,类祸厥宗。⑤史娣、王悼,身遇不祥,及宣飨国,二族后光。恭哀产元,夭而不遂。邛成乘序,履尊三世。⑥飞燕之妖,祸成厥妹。丁、傅僭恣,自求凶害。中山无辜,乃丧冯、卫。⑦惠张、景薄,武陈、宣霍,成许、哀傅,平王之作,人事歆羡,非天所度。⑧怨咎若兹,如何不恪!⑨述《外戚传》第六十七。

① 师古曰:"诡,违也。言祸福相违,终始不一也。"

② 如淳曰:"薄姬在魏,许负相,当生天子。魏豹闻负言,不与汉,遂禽而死也。"师古曰:"磌,古坠字。"

③ 师古曰:"《诗·卫风》曰'考盘在涧'。考,成也。盘,乐也。此叙言窦姬初欲适赵,而向代,违其本意,卒以成乐也。"

④ 师古曰:"扇,炽也。"

⑤ 应劭曰:"《诗》云'是类是祃'。礼,将征伐,告天而祭谓之类,告以事类也。至所征伐之地,表而祭之谓之祃。祃者,马也。马者兵之首,故祭其先神也。言上官后虽幼尊贵,家族以恶逆诛灭也。"师古曰:"祃,音莫暇反。"

⑥ 张晏曰:"至成帝乃崩也。"师古曰:"乘序,谓登至尊之处也。"

⑦ 师古曰:"冯昭仪,中山孝王母也,为傅氏所陷。卫姬,中山孝王后也,为王莽所灭。"

⑧ 师古曰:"作,起也。度,居也。言惠帝至平帝王皇后七人,时虽处尊位,人心羡慕,以非天意所居,故终用不昌也。度,音徒各反。"

⑨ 师古曰:"恪,敬也。"

元后娠母,月精见表。①遭成之逸,政自诸舅。②阳平作威,诛加卿宰。③成都煌煌,假我明光。④曲阳歊歊,亦朱其堂。⑤新都亢极,作乱以亡。述《元后传》第六十八。

① 师古曰:"娠,音身。"

② 师古曰:"言成帝贪自逸乐,而委政于王氏。"

③ 师古曰:"谓王商及王章也。"

④ 师古曰:"煌煌,炽貌。"

⑤ 师古曰:"歊歊,气盛也,音许骄反。"

咨尔贼臣,篡汉滔天,行骄夏癸,虐烈商辛。①伪稽黄、虞,缪称典文,②众怨神怒,恶复诛臻。③百王之极,究其奸昏。述《王莽传》第六十九。

① 张晏曰:"桀名癸,纣名辛。"

② 师古曰:"稽,考也。"

③张晏曰:"复,周也。臻,至也。十二岁岁星一复,莽称帝十三岁而见诛
也。《左氏传》曰'美恶周必复'。"师古曰:"复,音扶目反。"

　　凡《汉书》,叙帝皇,①列官司,建侯王。②准天地,统阴阳,③阐
元极,步三光。④分州域,物土疆,⑤穷人理,该万方。⑥纬六经,缀
道纲,⑦总百氏,赞篇章。⑧函雅故,通古今,⑨正文字,惟学林。⑩
述《叙传》第七十。

　①张晏曰:"十二纪也。"

　②张晏曰:"《百官表》及《诸侯王表》也。"

　③张晏曰:"准天地,《天文志》也。统,合也。阴阳,《五行志》也。"

　④张晏曰:"阐,大也。元,始也。极,至也。三光,日月星也。大推上极元
　　始以来,及星辰度数,谓《律历志》。"

　⑤张晏曰:"《地理》及《沟洫志》也。"

　⑥张晏曰:"人理,《古今人表》。万方,谓《郊祀志》有日月星辰天下山川人
　　鬼之神。"

　⑦张晏曰:"《艺文志》也。"

　⑧师古曰:"赞,明也。"

　⑨张晏曰:"包含雅训之故,及古今之语。"

　⑩师古曰:"信惟文学之林薮也。凡此总说帝、纪、表、志、列传,备有天地
　　鬼神人事,政治道德,术艺文章。泛而言之,尽在《汉书》耳,亦不皆如张
　　氏所说也。"